Eckhard Jesse (Hrsg.)

DEUTSCHE GESCHICHTE

Vom Kaiserreich bis heute

unter Mitarbeit von
Lars Flemming
Alexander Gallus
Hanka Kliese
Mario Paul
Thomas Schubert

Compact Verlag

Chefredaktion: Dr. Angela Sendlinger
Redaktion: Dr. Matthias Feldbaum
Produktion: Wolfram Friedrich
Abbildungen: dpa picture-alliance, Frankfurt; Gruppo Editoriale Fabbri, Mailand;
Lidman Production, Stockholm
Titelabbildungen: dpa picture-alliance, Frankfurt (4); Lidman Production, Stockholm (1)
links: Angela Merkel; oben: Fall der Berliner Mauer am 9.11.1989;
unten: Franz von Lenbach: *Otto von Bismarck*; rechts: D-Mark-Münzen
Umschlaggestaltung: Axel Ganguin

ISBN-10: 3-8174-6120-8
ISBN-13: 978-3-8174-6120-2
5461201

Besuchen Sie uns im Internet: www.compactverlag.de

Vorwort des Herausgebers

Dieser Band richtet sich an alle Interessierten, die sich über die deutsche Geschichte seit 1871 zu informieren gedenken. Deutschland wurde erst 1871 ein Nationalstaat. Es erlebte in den letzten einhundert Jahren eine Reihe tief greifender Brüche. Das Kaiserreich brach im November 1918 als Folge des verlorenen Krieges zusammen. Die Weimarer Republik, die erste deutsche Demokratie, scheiterte mit der Ernennung Adolf Hitlers zum Reichskanzler am 30. Januar 1933. Sein „Tausendjähriges Reich" ging zwölf Jahre später in Schutt und Asche unter. Zwischen 1945 und 1949, als die Alliierten in Deutschland die Politik bestimmten, kam es zur Teilung des Landes und 1949 zur Herausbildung zweier Staaten auf deutschem Boden: der freiheitlichen Bundesrepublik Deutschland und der diktatorischen Deutschen Demokratischen Republik, die von 1949 bis 1990 existierte. Am 3. Oktober 1990 trat die durch die friedliche Herbstrevolution 1989 inzwischen demokratisch gewordene DDR der Bundesrepublik bei. Seit jenem Tag ist Deutschland wieder vereint.

Jedes Jahr (von 1871 bis zur Gegenwart) wird in einer Chronik auf einer Doppelseite vorgestellt. Neben den Ereignissen und Vorgängen aus der deutschen Politik finden sich insgesamt vier kleinere Rubriken: „Wirtschaft & Wissenschaft", „Kunst & Kultur", „Gesellschaft & Sport" (jeweils bezogen auf Deutschland) sowie „Weltgeschichte". Diese Rubrik wurde aufgenommen, um einer Nabelschau vorzubeugen. Durch diese Anlage eignet sich der Band als Nachschlagewerk.

Die großen Phasen – Kaiserreich (1871–1918); Weimarer Republik (1918–1933); Drittes Reich (1933–1945); Die Teilung Deutschlands (1945–1949); Das geteilte Deutschland (1949–1990); Das wieder vereinigte Deutschland (1990–heute) – enthalten jeweils eine Einleitung in die Epoche, zwei „Knotenpunkte" (herausragende, typische Ereignisse für die Zeit) und Porträts. Für das Kaiserreich (Wilhelm II.) und für das Dritte Reich (Adolf Hitler) ist es jeweils eine Person, für die anderen Phasen sind es jeweils zwei Personen: die Reichspräsidenten Friedrich Ebert und Paul von Hindenburg für die Weimarer Republik; Konrad Adenauer und Kurt Schumacher für die Zeit von 1945–1949; Willy Brandt und Erich Honecker für das geteilte Deutschland; die Bundeskanzler Helmut Kohl und Gerhard Schröder für das wieder vereinigte Deutschland. So lassen sich Verbindungslinien ziehen, die bei der chronologischen Vorgehensweise zu kurz kommen.

Die Chronik wird eingerahmt von einem Überblick zur deutschen Geschichte bis 1871 und einer zusammenhängenden Darstellung der Zeit von 1871 bis zur unmittelbaren Gegenwart. Auf diese Weise erhält der Leser Einblicke in die Grundzüge deutscher Politik aus Vergangenheit und Gegenwart.

Der Herausgeber bedankt sich bei seinen Mitarbeitern von der Technischen Universität Chemnitz für die zügige Erstellung der Chronik. An den Einleitungen, den Porträts und den „Knotenpunkten" hat sich Alexander Gallus beteiligt. Die Chronik für 1871–1902 stammt von Lars Flemming, für 1903–1932/33 von Hanka Kliese, für 1933–1948/49 und 1975–1990 von Thomas Schubert, für 1949–1974 von Alexander Gallus, für 1990/91 bis zur Gegenwart von Mario Paul.

Chemnitz, September 2003

Eckhard Jesse

Vorwort des Herausgebers zur dritten Auflage

Die dritte Auflage wurde nicht nur gründlich durchgesehen, sondern auch für die Zeit bis Mitte August 2006 ergänzt. Das Personenverzeichnis enthält die im Text erwähnten Namen (mit Geburtsjahr und – gegebenenfalls – Todesjahr).

Chemnitz, August 2006 Eckhard Jesse

Inhalt

Die Geschichte Deutschlands bis 1871

Zeittafel zur deutschen Geschichte bis 1871

843	Teilung des Fränkischen Reichs im Vertrag von Verdun
843–876	Ostfränkisches Königtum von Ludwig dem Deutschen
870	Reichsteilung im Vertrag von Meerssen
919–936	Heinrich I.
936–973	Otto I., der Große
955	Schlacht auf dem Lechfeld gegen Ungarn
962	Kaiserkrönung Ottos des Großen in Rom
1039–1056	Heinrich III.
1056–1106	Heinrich IV.
1077	Gang nach Canossa durch Heinrich IV.
1096–1099	1. Kreuzzug
1122	Wormser Konkordat
1125–1137	Lothar III. (von Supplinburg)
1147–1149	2. Kreuzzug
1152–1190	Friedrich I. Barbarossa
1189–1192	3. Kreuzzug
1199	Gründung des Deutschen Ordens
1202–1204	4. Kreuzzug
1212–1250	Friedrich III.
1220–1230	Sachsenspiegel
1228–1229	5. Kreuzzug
1248–1254	6. Kreuzzug
1268	Ende der Stauferzeit durch Hinrichtung Konradins
1273–1291	Rudolf I. von Habsburg
1346–1378	Karl IV.
1348	Gründung der ersten deutschen Universität in Prag
1351	Ausbreitung der Pest bis Deutschland
1414–1418	Konzil von Konstanz
1438–1439	Albrecht II. von Habsburg
1440–1493	Friedrich III.
1488	Gründung des Schwäbischen Bundes
1493–1519	Maximilian I.
1517	Beginn der Reformation durch Martin Luther
1519–1556	Karl V.
1521	Reichsacht über Martin Luther (Wormser Edikt)
1522	Übersetzung des Neuen Testaments durch Luther
1529	Belagerung Wiens durch die Türken
1530	Augsburgisches Bekenntnis
1531	Schmalkaldischer Bund
1545–1563	Konzil von Trient
1546–1547	Schmalkaldischer Krieg
1555	Augsburger Religionsfriede
1556–1564	Kaiser Ferdinand I.
1564–1576	Kaiser Maximilian II.
1576–1612	Kaiser Rudolf II.
1608	Gründung der protestantischen Union
1609	Gründung der katholischen Liga
1612–1619	Kaiser Matthias
1618–1648	Dreißigjähriger Krieg
1619–1637	Kaiser Ferdinand II.
1620	Schlacht am Weißen Berg
1629	Restitutionsedikt
1632	Schlacht bei Lützen
1634	Ermordung Wallensteins
1635	Friede von Prag
1637–1657	Kaiser Ferdinand III.
1648	Westfälischer Friede in Münster und Osnabrück
1640–1688	Friedrich Wilhelm von Brandenburg („Großer Kurfürst“)
1655–1660	1. Nordischer Krieg
1658–1705	Kaiser Leopold I.
1658–1668	1. Rheinbund
1679	Frieden von Nimwegen

1683	2. Belagerung Wiens durch die Türken
1685	Edikt von Potsdam
1700–1721	2. Nordischer Krieg
1701–1713	Friedrich I., König in Preußen
1705–1711	Kaiser Joseph I.
1711–1740	Kaiser Karl VI.
1713–1740	Friedrich Wilhelm I. von Preußen
1740–1786	Friedrich II., der Große
1740–1780	Maria Theresia
1740–1742	1. Schlesischer Krieg
1740–1748	Österreichischer Erbfolgekrieg
1742–1745	Kaiser Karl VII. Albrecht
1744–1745	2. Schlesischer Krieg
1745–1765	Kaiser Franz I. Stephan
1745	Schlacht bei Kesselsdorf
1756–1763	Siebenjähriger Krieg (3. Schlesischer Krieg)
1757	Schlacht bei Leuthen
1763	Friede von Hubertusburg
1765–1790	Kaiser Joseph II.
1778–1779	Bayerischer Erbfolgekrieg
1785	Stiftung des deutschen Fürstenbundes
1786–1797	Friedrich Wilhelm II. von Preußen
1790–1792	Kaiser Leopold II.
1792–1806	Kaiser Franz II.
1797–1840	Friedrich Wilhelm III. von Preußen
1801	Friede von Lunéville
1803	Reichsdeputationshauptschluss
1805	Dreikaiserschlacht bei Austerlitz
1805	Friede von Preßburg
1806	Gründung des Rheinbundes
1806	Ende des Heiligen Römischen Reichs Deutscher Nation
1806	Schlacht bei Jena und Auerstedt
1807	Friede von Tilsit
1807	Edikt zur Bauernbefreiung in Preußen
1808	Neue Städteordnung des Freiherrn vom und zum Stein
1813	Friedrich Wilhelms III. Aufruf „An mein Volk“
1813	Völkerschlacht bei Leipzig
1814–1815	Wiener Kongress
1815	Gründung des Deutschen Bundes
1815	Heilige Allianz
1815	Gründung der Burschenschaften deutscher Studenten in Jena
1817	Wartburgfest
1819	Karlsbader Beschlüsse
1820	Wiener Schlussakte
1832	Hambacher Fest
1832	„Sechs Artikel“ des Bundestages gegen liberale Kräfte
1833	„Frankfurter Wachensturm“ gegen den Bundestag
1834	Deutscher Zollverein
1837	Enthebung der „Göttinger Sieben“ von ihren Ämtern
1835–1848	Kaiser Ferdinand I. von Österreich
1840–1861	König Friedrich Wilhelm IV. von Preußen
1844–1847	Weberaufstände, v. a. in Schlesien
1848	Kommunistisches Manifest
1848	Märzrevolution in Wien
1848	Märzrevolution in Berlin
1848	Abdankung König Ludwigs I. von Bayern
1848	Vorparlament in Frankfurt am Main
1848	Aufstand in Baden
1848	Aufstand in Wien
1848	Zusammentritt der Nationalversammlung in Frankfurt am Main
1848	Erzherzog Johann von Österreich Reichsverweser
1848	Aufstand in Frankfurt am Main
1848–1916	Kaiser Franz Joseph I. in Österreich
1848	„Oktroyierte Verfassung“ in Preußen
1849	Verabschiedung der Reichsverfassung
1849	Ablehnung der Kaiserkrone durch Friedrich Wilhelm IV.
1849	Niederschlagung der Erhebungen zur Durchsetzung der Reichsverfassung
1849	Scheitern des Dreikönigsbündnisses zwischen Preußen, Hannover und Sachsen
1849	Dreiklassenwahlrecht in Preußen
1849	Rumpfparlament in Stuttgart
1849	Rücktritt des Reichsverwesers Erzherzog Johann
1850	Ölmützer Punktation
1861–1888	König Wilhelm I. von Preußen
1861	Gründung der Deutschen Fortschrittspartei
1862	Berufung Otto von Bismarcks zum preußischen Ministerpräsidenten
1862–1866	Preußischer Verfassungskonflikt
1863	Gründung des Allgemeinen Deutschen Arbeitervereins
1863	Frankfurter Fürstentag
1864	Deutsch-Dänischer Krieg

1866	Österreichisch-Preußischer Krieg („Deutscher Krieg“)
1866	Schlacht bei Königgrätz
1866–1870	Norddeutscher Bund
1866	Preußische Annexionen (Schleswig und Holstein, Hannover, Kurhessen, Nassau, Frankfurt)
1867	Gründung der Nationalliberalen Partei
1867	Verfassung des Norddeutschen Bundes
1869	Gründung der Sozialdemokratischen Arbeiterpartei
1870	Emser Depesche
1870–1871	Deutsch-Französischer Krieg

„Im Anfang war das Reich. Was die deutsche Geschichte von der Geschichte der großen westeuropäischen Nationen unterscheidet, hat hier seinen Ursprung. Im Mittelalter trennten sich die Wege. In England und Frankreich begannen sich damals Nationalstaaten herauszuformen, während sich in Deutschland der moderne Staat auf einer niedrigen Ebene, der territorialen, entwickelte. Gleichzeitig bestand ein Gebilde fort, das mehr sein wollte als ein Königreich unter anderen: das Heilige Reich. Dass Deutschland später als Frankreich und England ein Nationalstaat und noch später eine Demokratie wurde, hat Gründe, die weit in die Geschichte zurückreichen.“ So beginnt der Berliner Historiker Heinrich August Winkler sein großes Werk zur deutschen Geschichte – über den „langen Weg nach Westen“. In der Tat war Deutschland im Vergleich zu anderen europäischen Staaten eine „verspätete Nation“, kam es erst 1871 – durch die „kleindeutsche Lösung“ – zu einem Nationalstaat. Vom Reich war früh die Rede. Nach dem Untergang des weströmischen Reichs 476 bestand das oströmische Reich fort. Als Karl der Große im Jahre 800 vom Papst zum Kaiser gekrönt wurde, setzte sich das Kaisertum Roms im Frankenreich fort. Nach der Reichsteilung im Vertrag von Verdun 843 bekam Ludwig der Deutsche, der Enkel Karls des Großen, das Land östlich des Rheins. Aus dem ostfränkischen Reich entwickelte sich das Deutsche Reich – nicht von heute auf morgen, sondern allmählich. Im Jahre 919 wurde nach dem Tode Konrads I. der Sachsenherzog Heinrich I. sein Nachfolger, nicht der Bruder Konrad I., wie es dem fränkischen Geblütsrecht entsprochen hätte. Es dauerte freilich noch eine geraume Zeit, ehe der Begriff vom „Reich der Deutschen“ („regnum Teutonicorum“) aufkam und sich durchzusetzen begann (nicht vor der Jahrtausendwende). Der Terminus vom „Heiligen Römischen Reich Deutscher Nation“ ist erst für das Jahr 1157 nachgewiesen, also nach dem „Canossagang“ von Heinrich IV. (1077) und dem „Investiturstreit“ (1122).

Reiterstatuette Karls des Großen aus dem Dom von Metz

Gang nach Canossa: König Heinrich IV. bittet den Abt Hugo von Cluny und die Markgräfin Mathilde von Tuszien um Fürsprache bei Papst Gregor VII.

Die Entwicklung im Deutschen Reich war hinfort von einem dreifachen Dualismus geprägt: Bei der Auseinandersetzung zwischen der geistlichen Macht des Papstes und der weltlichen Macht des Kaisers ging weder die eine noch die andere Seite als Sieger hervor. Das Papsttum verlor ebenso an Einfluss wie der Kaiser, der den Reichsständen nicht Paroli bieten konnte. Ein Minussummenspiel war die Folge. Der zweite Dualismus ist die Glaubensspaltung im 16. Jahrhundert. Mit der Reformati-

on, die Martin Luther einleitete, entstand neben der römisch-katholischen die evangelisch-lutherische Konfession, ohne dass dies die Absicht Luthers gewesen war. Er wollte die Kirche erneuern, nicht spalten.
Luther soll auf dem Reichstag zu Worms 1521 standfest Folgendes gesagt haben: „Ich werde den Worten, die ich geschrieben habe, solange treu bleiben, bis ich durch Schriften oder ein überzeugendes Argument eindeutig widerlegt werde. Ich glaube dem Papst und den Konzilen nicht, denn es ist bekannt, dass sie sich

Westfälischer Friede: der Friedensschwur im Rathaus zu Münster

Martin Luther

oft irrten und sich widersprachen.“ Luthers Übersetzung des Neuen Testaments ins Deutsche trug viel zu einer einheitlichen Sprache im Reichsgebiet bei, begünstigt durch die Erfindung des Buchdrucks Mitte des vorangegangenen Jahrhunderts. Im Augsburger Religionsfrieden von 1555 wurde die Konfessionsspaltung anerkannt. Die Fürsten konnten frei entscheiden, welche Konfession sie annehmen wollten, nicht aber ihre Untertanen („cuius regio, eius religio“).
Dieser Dualismus endete mit einem Sieg beider Konfessionen, also mit einem Plussummenspiel der Parteiungen. Nach dem Augsburger Religionsfrieden setzte in vielen Gebieten des Reichs eine z. T. erfolgreiche Rekatholisierung ein („Gegenreformation“). 1608 entstand die protestantische „Union“, 1609 die katholische „Liga“.
Der Dreißigjährige Krieg (1618–1648), der nicht nur konfessioneller Natur war, sondern auch machtpolitische Gegensätze zwischen den Franzosen und den Habsburgern enthüllte, führte in Deutschland zu verheerenden Verwüstungen. Gab es vor dem Krieg etwa 17 Mio. Deutsche, so danach nur noch 10 Mio. Im Westfälischen Frieden wurde der Calvinismus als Religion rechtlich anerkannt. Außerdem mussten die Untertanen nicht mehr die Konfessionszugehörigkeit der jeweiligen Landesherren annehmen. Dieser Friedensschluss, der den Schlusspunkt unter die konfessionellen Streitigkeiten setzte, machte die Ohnmacht des Reichs deutlich. Der Kaiser war gegenüber den deutschen Fürstentümern ohne Autorität.
Der Dualismus zwischen Österreich und Preußen, der in der Folge einen wesentlichen Teil der kriegerischen und nicht-kriegerischen Auseinandersetzungen bestimmte, endete weder mit einem Minussummen- noch mit einem Plussummenspiel, sondern mit einem Nullsummenspiel: Die „kleindeutsche Lösung“, die schließlich 1871 zustande kam, war ein Sieg Preußens und eine Niederlage der Habsburger. Danach hatte es zunächst nicht ausgesehen.

Der Kaiser und die Kurfürsten auf dem Reichstag zu Worms

Das Habsburgerreich wurde nach dem erfolgreichen „Großen Türkenkrieg“ (1683–1699) eine Großmacht, die sich weit ausdehnen konnte. Von 1438 bis 1806, dem Ende des Heiligen Römischen Reichs Deutscher Nation, stellten die Habsburger überwiegend den deutschen Kaiser. Das Herrschaftsgebiet des Vielvölkerstaates reichte über das des Reichs hinaus. Der Gegenspieler Habsburgs wurde das mächtige Preußen. Der „Große Kurfürst“ Friedrich Wilhelm I. (1640–1688) rüstete ebenso auf wie sein Nachfolger Friedrich III. (1688–1713), der sich 1701 als Friedrich I. zum „König in Preußen“ krönen ließ. Friedrich Wilhelm I. (1713–1740), der „Soldatenkönig“, baute die Machtstellung Preußens weiter aus. Gleiches gilt für Friedrich II., den Großen (1740–1786), der Preußen in drei „schlesischen Kriegen“ zur Großmacht formte. Im Gegensatz zum katholischen Österreich zeichnete sich das protestantische Preußen durch Toleranz aus. So nahm es französische Hugenotten auf.

Friedrich Wilhelm I., der Große Kurfürst

Habsburger: Kaiser Maximilian I. und seine Gemahlin Maria von Burgund; der spätere Kaiser Karl V. (unten Mitte); Ferdinand I. (links davon); Maximilians Schwiegerenkel Ludwig von Ungarn (unten rechts)

Das Reich spielte als Machtfaktor eine immer geringere Rolle, wenngleich der „Reichspatriotismus“ keineswegs an Bedeutung verlor. Preußen, nicht das zunehmend von inneren Spannungen heimgesuchte Österreich, schien dazu berufen, bei der Einigung Deutschlands eine vorwärts treibende Rolle zu spielen. Doch so weit war es noch nicht.

Als Ergebnis der kriegerischen Ereignisse der napoleonischen Ära zerfiel das buntscheckige Gebilde des Heiligen Römischen Reichs Deutscher Nation im Jahr 1806. 1804 hatte der Habsburger Kaiser Franz II. neben dem Titel des „Römischen Kaisers“ auch den des Kaisers von Österreich angenommen. Diesem Schritt folgte 1806 die Gründung des Rheinbundes: 16 deutsche Mittelstaaten (u. a. die Königreiche Bayern und Württemberg) verließen das Reich. Franz II. erklärte auf Druck Napoleons das Ende des Deutschen Reichs. Ihm war allerdings die Bedeutung dieses Schrittes völlig unklar –

im Gegensatz zum schwedischen König Gustav IV. Adolf, der seinen Untertanen das Ende des Reichs mit den folgenden Worten mitteilen ließ: „Wenn die heiligsten Verbindungen ... jetzt aufgelöset worden, so kann doch niemals die teutsche Nation vernichtet werden, und durch die Gnade des Allerhöchsten wird Teutschland, dereinst aufs Neue vereinigt, zu Macht und Ansehen wieder hergestellt werden.“

Die einen tief greifenden Wandel in fast ganz Europa auslösende Französische Revolution, die Menschen- und Bürgerrechte proklamierte („Freiheit, Gleichheit und Brüderlichkeit“), sowie die Befreiungskriege, die patriotische Begeisterung und ein Gefühl der nationalen Zusammengehörigkeit hervorriefen, förderten den Wunsch des deutschen Volkes sowohl nach Einheit (Nationalstaat) als auch nach Freiheit (Verfassung und Volksvertretung). Nationale Strömungen und liberale Forderungen bildeten dabei weitgehend eine Einheit. Preußen erholte sich vom Zusammenbruch in den napoleonischen Kriegen besser als Österreich. Das mit Karl Reichsfreiherr vom und zum Stein, Karl August Fürst von Hardenberg, Wilhelm von Humboldt, Gerhard Johann David von Scharnhorst und August Wilhelm Anton Graf Neidhardt von Gneisenau verbundene Reformwerk umfasste u. a. die Bauernbefreiung, die Selbstverwaltung auf kommunaler Ebene (Städteordnung), die Gewerbefreiheit, die Steuerreform, die Erneuerung des Heereswesens. Es bildete die Voraussetzung für die Befreiung Preußens von der französischen Herrschaft. Der Wiener Kongress (1814–1815)

Der Wiener Kongress

regelte die Neuordnung Europas unter der maßgeblichen Beteiligung des österreichischen Staatskanzlers Fürst Metternich, des russischen Zaren Alexander I., des britischen Außenministers Viscount Castlereagh, des preußischen Staatskanzlers Fürst von Hardenberg und des französischen Außenministers Charles Maurice Talleyrand. Der Deutsche Bund, ein lockerer Staatenverbund aus 38 Fürstentümern und vier Reichsstädten, trat an die Stelle des Heiligen Römischen Reichs. Nur Teile von Preußen und Österreich gehörten ihm an. Die Bundesakte, der Verfassungsvertrag des Deutschen Bundes, sah eine Bundesversammlung vor, die über den Status eines Gesandtenkongresses der einzelnen Bundesstaaten nicht hinauskam. Mit dem Wiener Kongress von 1814–15 und der „Heiligen Allianz“ von 1815 (ein Manifest von Zar Alexander I., dem Kaiser von Österreich und dem preußischen König zur Sicherung der alten Machtverhältnisse) setzte eine Restaurationsperiode ein, die alle Hoffnungen auf ein vereinigtes Deutschland unter freiheitlichen Vorzeichen zunächst zunichte machte.

Lediglich in einigen vornehmlich süddeutschen Ländern (z. B. Baden) kristallisierte sich ein schwach ausgeprägter Konstitutionalismus heraus – eine Herrschaftsform, die die Souveränität des Monarchen durch die Verfassung beschränkt(e). Die zweite Kammer, bestellt aufgrund eines Wahlrechts, das ein Mindestmaß an Steuern, Einkommen oder Besitz voraussetzte (Zensuswahlrecht), verfügte allerdings nur über begrenzte Rechte. Die Sehnsucht nach einem deutschen Gesamtparlament bekam durch die Julirevolution von 1830 in Frankreich neuen Auftrieb, und weitere deutsche Länder erhielten (allerdings noch stark ständisch geprägte) Volksvertretungen, deren Befugnisse die Fürsten in der Folge zu beschneiden suchten.

Mit der Gründung des Deutschen Zollvereins 1834, der ein einheitliches Zollgebiet vorsah und dem 18 Staaten unter Führung Preußens angehörten, war eine wichtige Voraussetzung geschaffen worden – und zwar im Sinne einer „kleindeutschen Lösung". Die Versuche Österreichs, um die Jahrhundertmitte einen großdeutschen Handels- und Zollverband ins Leben zu rufen, blieben ohne Erfolg.

Die revolutionären Ereignisse in Frankreich im Februar 1848, die zur Abdankung des Monarchen und zur Bildung einer republikanischen Regierung führten, griffen schnell auf die Staaten des Deutschen Bundes über. Ohne dass es zu übermäßig starken revolutionären Erhebungen gekommen war, wichen die Regierungen der Fürsten zurück und ernannten liberale Minister („Märzminister"). In Österreich musste der verhasste Metternich zurücktreten, und der preußische König Friedrich Wilhelm IV. erwies nach dem Tode von über 200 Aufständischen diesen seine Reverenz, setzte sich an die Spitze der Einigungsbewegung und erklärte in einer Proklamation: „Ich habe heute die alten deutschen Farben angenommen und mich und mein Volk unter das ehrwürdige Banner des Deutschen Reichs gestellt. Preußen geht fortan in Deutschland auf." Das „dritte Deutschland" (also das Staatengebilde ohne Preußen und Österreich) wünschte mehrheitlich die deutsche Einigung.

Ein aus der revolutionären Bewegung hervorgegangenes Vorparlament, das vornehmlich aus Abgeordneten süddeutscher Landtage bestand, beschloss Grundsätze zur Wahl für eine verfassunggebende Nationalversammlung. Das von großen Teilen des Bürgertums gewünschte erste deutsche Parlament, (teilweise) nach einem allgemeinen (Männer-)Wahlrecht bestellt, nahm am 18.5.1848 in der Frankfurter Paulskirche seine Arbeit auf. Es setzte sich vornehmlich aus liberalen Honoratioren zusammen („Professorenparlament"). Die Bevölkerung wählte die Abgeordneten wegen ihres hohen Ansehens und weil sie als einflussreiche Persönlichkeiten galten. Parteien oder auch nur parteiähnliche Zusammenschlüsse bestanden in Baden, der Pfalz und Sachsen noch nicht.

Schon bald machte sich die mangelnde Erfahrung und Ungeübtheit der Parlamentarier bemerkbar. Nach kurzer Zeit kristallisierten sich Fraktionen heraus, benannt nach ihren Versammlungslokalen, in denen sie tagten (z. B. „Casino" oder „Deutscher Hof"). Auch wenn die Fraktionsbildung locker gehandhabt wurde und Abspaltungen zur Tagesordnung gehörten, handelte es sich um Vorformen von Parteien. Mühsam schleppten sich die Verhandlungen in der Nationalversammlung hin. Allein die Debatte über die Grundrechte nahm nahezu ein halbes Jahr in Anspruch. Auch die Diskussion über die Frage nach der Gestalt des Reichs (groß- oder kleindeutsch?) erhitzte die Gemüter. Die im März 1849 verkündete Reichsverfassung sah die kleindeutsche Lösung vor (zustande gekommen überwiegend gegen die Stimmen der Anhänger des politischen Katholizismus) und legte die Erblichkeit der Kaiserwürde fest.

Der preußische König Friedrich Wilhelm IV., im Denken des Gottesgnadentums gefangen, lehnte es nach einigen Überlegungen ab, die mit dem „Ludergeruch" der Revolution „verunehrte" Kaiserkrone anzunehmen. Die alten Dynastien hatten sich nämlich von ihrer Schwäche erholt und erstarkten wieder so, dass das Werk der Frankfurter Nationalversammlung sich bald als Fehlschlag entpuppte. Nach und nach brach diese auseinander. Die teilweise schon mit sozialistischen Forderungen verbundenen revolutionären Erhebungen nämlich wurden schnell niedergeschlagen. Das „Rumpfparlament", dem nur die Gruppe der Linken angehörte, tagte bis Juni 1849 in Stuttgart, ehe es vom Militär gewaltsam auflöste wurde.

Der erste umfassende Versuch, die Einheit und die Freiheit Deutschlands zu verwirklichen, scheiterte v. a. daran, dass die ohne ausreichenden Sinn für Machtpolitik agierenden Parlamentarier, deren Bemühungen zudem wenig Widerhall in der Bevölkerung fanden, die Gefahr und die Stärke der Dynastien unterschätzten. Sie unterließen es daher, die Zentralgewalt mit dem Reichsverweser auszubauen. Die nationale Einheit und die Freiheit in einem Anlauf zu verwirklichen, überforderte die Nationalversammlung. Fortan wurde der Einheitsgedanke weniger von freiheitlichen Regungen getragen. Die Ideen der Einheit und der Freiheit traten auseinander.

Das liberale Bürgertum, die treibende Kraft der 48er Revolution, sollte sich von seinem verlorenen Selbstbewusstsein in den nächsten Jahrzehnten kaum mehr erholen. Daher bestimmte weniger bürgerliche Emanzipation, sondern mehr Fürstenmacht die Zukunft. Nach der gescheiterten Revolution von 1848 erlahmte der Einheitsgedanke in Deutschland, flammte jedoch immer wieder auf (v. a. im Zusammenhang mit der Einigung Italiens).

Auf die Dauer ließen sich die teils politisch herbeigesehnten, teils wirtschaftlich motivierten Einheitsbestrebungen nicht unterdrücken. Otto von Bismarck, 1862 zum Ministerpräsidenten von Preußen ernannt, nahm in jenem Jahr mit einer Äußerung seine Politik im nächsten Jahrzehnt vorweg: „Nicht durch Reden und Majoritätsbeschlüsse werden die großen Fragen der Zeit entschieden – das ist der Fehler von 1848 und 1849 gewesen –, sondern durch Eisen und Blut." Entschlossen setzte Bismarck, begünstigt durch eine spezifische außenpolitische Konstellation, seine Worte in die Tat um. Nach zwei Kriegen – gegen Dänemark (1864) und gegen Österreich (1866) – entstand der Norddeutsche Bund. Aus ihm ging 1871 nach dem Krieg gegen Frankreich – durch den Anschluss süddeutscher Staaten – das Deutsche Kaiserreich hervor. Die nationale Einheit war damit weitgehend das Werk von Fürsten und Militärs.

Sie entsprang weniger einer Volksbewegung, und die Einheit zog nicht die unumschränkte Freiheit nach sich. Auch wenn Eduard von Simson, der letzte Präsident der Frankfurter Nationalversammlung, dem Reichstag als Erster präsidierte, wehte hier keineswegs der Geist der Revolution von 1848. Allerdings ist es verkehrt, nur auf die Rolle der Fürsten zu schauen und die der breiten Nationalbewegung gänzlich zu vernachlässigen. So verdient die Feststellung des Berliner Historikers Hagen Schulze Beachtung: „Das neue deutsche Kaiserreich besaß ... von Anfang an eine doppelte Legitimation. Es besaß einerseits die Zustimmung der fürstlichen Standesgenossen, andererseits war es parlamentarisch und plebiszitär fundiert. Das war das Doppelgesicht des neuen deutschen Nationalstaates – symptomatisch war allerdings auch der Gegensatz zwischen den grauen Zivilanzügen der Parlamentsdelegation, die dem Akt etwas Gedrückt-Alltägliches verliehen, und den schimmernden Uniformen der Fürsten und Generäle, die die Erinnerung an die Reichsgründung überstrahlten."

Sitzung der Nationalversammlung unter ihrem Präsidenten Heinrich von Gagern in der Frankfurter Paulskirche 1848

Um auf das Eingangszitat von Heinrich August Winkler zurückzukommen: Das Denken vom „Reich" spielte in der deutschen Geschichte eine große Rolle. „Reich" und „Nation" mussten sich nicht decken. Der „deutsche Weg" und der „britische Weg" in Richtung Demokratie unterschieden sich voneinander. Während in Großbritannien das Parlament immer mehr an Einfluss gewonnen und die Macht des Monarchen stark zurückgedrängt hatte, durfte nur ein Teil der Bürger das Wahlrecht ausüben. Verschiedene Wahlrechtsreformen (1832, 1867, 1884, 1918, 1928) erweiterten den Kreis der Wahlberechtigten. Hingegen war es im Deutschen Reich umgekehrt: Wärend der Reichstag weitgehend machtlos blieb (der Kaiser setzte den Reichskanzler ein, den das Parlament nicht absetzen konnte), wurde er nach allgemeinem (Männer-)Wahlrecht gewählt. Beides gehört zusammen: das demokratische Wahlrecht ebenso wie die Parlamentarisierung des politischen Systems. Doch im 19. Jh. kamen diese Elemente weder in Großbritannien noch in Deutschland zur Deckung.

Eckhard Jesse

Das Deutsche Kaiserreich
(1871–1918)

Reichseinigung durch „Eisen und Blut“

Otto von Bismarck

Im Mai 1868 bekannte Otto von Bismarck: „Erreicht Deutschland sein nationales Ziel noch im 19. Jahrhundert, so erscheint mir das als etwas Großes, und wäre es in zehn oder gar fünf Jahren, so wäre das etwas Außerordentliches, ein unverhofftes Gnadengeschenk von Gott.“ Es sollte bis zur Reichseinigung weniger Zeit vergehen – am 18.1.1871 fand im Spiegelsaal des Versailler Schlosses die Kaiserproklamation statt, und sie manifestierte die Gründung des ersten deutschen Nationalstaats im Herzen Europas. Vorangegangen waren die drei Einigungskriege gegen Dänemark 1864, Österreich 1866 und Frankreich 1870/71. Nicht zuletzt der Sieg Preußens über die österreichischen Truppen bei Königgrätz Anfang Juli 1866 machte den Weg zur „kleindeutschen“ Gründung des Reichs frei, das im Norddeutschen Bund einen Vorläufer hatte. Nicht durch „Reden und Majoritätsbeschlüsse“, sondern vielmehr durch „Eisen und Blut“ wollte Bismarck die deutsche Frage im preußischen Sinne lösen – und er tat dies auch.

Das Deutsche Reich wurde „von oben“ geschaffen, in Form eines Fürstenbündnisses und gestützt auf die Bajonette des preußischen Militärs. Auch wenn der neue Nationalstaat auf Zustimmung des Volkes zählen konnte, so blieb er im Wesentlichen ein Obrigkeitsstaat, dessen Macht sich auf seine Armee und Verwaltung stützte. Reichstag und Parteien kämpften zwar um politischen Einfluss und Mitsprache, etwa bei der Gesetzgebung, doch unterlagen sie vielfach der starken „Kanzlerdiktatur“ – ebenso wie übrigens die im Bundesrat versammelten deutschen Fürsten. Der preußische König, der zugleich „Deutscher Kaiser“ war, dominierte zusammen mit seinem Reichskanzler, der zugleich preußischer Ministerpräsident war, die politischen Strukturen des neu gegründeten Reichs. Gleichwohl eröffneten etwa die Parlamentsmacht im Reichstag, beflügelt durch das allgemeine Wahlrecht, oder – nicht gering zu schätzende – Ansätze von Rechtsstaatlichkeit Möglichkeiten zu einer politischen Modernisierung. Das Kaiserreich besaß insgesamt ein zwiespältiges und widersprüchliches Wesen.

Ein Staat voller Widersprüche

Von Anfang an litt das neue staatliche Gebilde unter vielfältigen Ambivalenzen: v. a. an der ungleichzeitigen Entwicklung einer modernen, Dynamik gewinnenden Industriegesellschaft und einem autoritären, Status-quo-fixierten Herrschaftssystem. Aus dieser Diskrepanz leiteten manche Historiker sogar einen „deutschen Sonderweg“ ab, der bis in den Abgrund des Dritten Reichs und des Zweiten Weltkriegs führen sollte. Auch wenn diese These zu Recht mit Kritik belegt worden ist, so litt der erste deutsche Nationalstaat an erheblichen politischen und gesellschaftlichen Spannungen. Dies entsprach allerdings einer durchaus gemeineuropäischen Normalität. Die „innere Reichsgründung“ wollte nicht gelingen. Das Deutschland jener Zeit, innerlich zerklüftet, war von verschiedenen Konfliktlinien geprägt. Sie verliefen zwischen den Konfessionen und Territorien, zwischen Landwirtschaft und Industrie, Bürgertum und Adel, Arbeit und Kapital. Es fehlte eine ausgeprägte bürgerliche Kultur, eine Art „common sense“. So mag man auch später die rauschhafte nationale Aufbruchstimmung bei Ausbruch des Ersten Weltkriegs erklären. Endlich gab es, so mochte es scheinen, einen gemeinsamen „Geist von 1914“, der über die tiefen Brüche des Kaiserreichs, das zwischen Tradition und Moderne schwankte, ohne je ein inneres Gleichgewicht zu finden, hinwegtäuschte. Bismarck vermochte es ebenso wenig wie seine Nachfolger, den innenpolitischen Spannungen des Reichs erfolgreich zu begegnen. Stattdessen unterteilte er die verschiedenen, miteinander ringenden Gruppen in „Reichsfreunde“ auf der einen und „Reichsfeinde“ auf der anderen Seite. Letztere befehdete er mit Ausnahmegesetzen. Zunächst trafen diese im sog. „Kulturkampf“ die katholische Zentrumspartei, Ende der 1870er Jahre setzte der Kampf gegen die Sozialdemokratie ein. Das zwölf Jahre geltende „Sozialistengesetz“ aus dem Jahr 1878 zeitigte allerdings nicht das gewünschte Ergebnis. Statt die Sozialdemokraten zu schwächen, gewannen diese stetig an Stimmen hinzu und bildeten bald die stärkste deutsche Partei.

Mit dem Sozialistengesetz einher ging die schrittweise Einführung einer staatlichen Sozialversicherung in den 1880er Jahren: 1883 Krankenversicherung, 1884 Unfallversicherung sowie 1889 Alters- und Invalidenversicherung. Diese Neuerungen wurden zum Vorbild für andere europäische Staaten. Sie entsprangen freilich der Tradition des ostelbischen Paternalismus und stellten ursprünglich eine Abwehrstrategie gegen die Expansion der Sozialisten dar. Worin die Motivation für seine Sozialpolitik bestand, erläuterte Bismarck selbst ohne Umschweife im Jahr 1884: „Wenn es keine Sozialdemokratie gäbe, würden die mäßigen Fortschritte, die wir überhaupt in der Sozialreform bisher gemacht haben, auch noch nicht existieren.“ Eine Integration der Arbeiterschaft in das Kaiserreich gelang hingegen nur beschränkt. Die deutsche Gesellschaft zerfiel in widerstreitende Lager und Milieus.

Unter Wilhelm II. sollten sich die innen- und gesellschaftspolitischen Spannungen ebenso wenig wie in den beiden vorherigen Jahrzehnten in Wohlgefallen auflösen. Daran änderte der – in Abgrenzung zu Bismarck – anfänglich propagierte „Neue Kurs“ langfristig wenig. Er zielte auf eine Politik des Ausgleichs und der Versöhnung anstelle einer Politik der Spaltung und Konfrontation. Die Reformbemühungen krankten an ihrer Halbherzigkeit. Im „Wilhelminismus“ wurden zahlreiche Widersprüche und Spannungen von einem lautstarken, pompösen Politikstil und monarchischen Auftreten überdeckt. Hinter dieser Fassade gärte Unsicherheit, die sich zum Ende des Kaiserreichs fast zwangsläufig außenpolitisch entladen musste. Schließlich vollzog sich bis dahin eine Militarisierung der gesamten Gesellschaft, war eine Zurückdrängung ziviler Gesinnung zu beobachten. Die unausgeglichene und angespannte politische Kultur des Kaiserreichs entlud sich im Ruf nach deutschen Kolonien und Weltmachtstreben. Weder unter Bismarck noch unter Wilhelm II. war Deutschland innenpolitisch jemals ein wirklich glückliches

Die Sozialdemokraten gewannen ab 1890 immer größere Bedeutung: eine Versammlung von Arbeiterinnen in Berlin

Reich gewesen. Immer wieder brach der Widerspruch zwischen mangelnder politischer und sehr rascher wirtschaftlich-sozialer Modernisierung schmerzhaft auf. Das Kaiserreich erscheint rückblickend als ein hochexplosives Gemisch aus Altem und Neuem.

Bismarcks geschicktes Jonglieren mit den fünf europäischen Bällen

Die Außenpolitik des Deutschen Reichs zwischen 1871 und 1918 war durch ein ständiges Schwanken zwischen Ost und West gekennzeichnet. Sie verlief keineswegs geradlinig und kontinuierlich. Um die äußere Politik des Reichs richtig zu begreifen – oder besser: zu begehen –, muss man, einem eifrigen Wanderer gleich, Berge besteigen und Täler durchschreiten, auf zumeist abschüssigen Wegen. Im Aufriss erscheint die Außenpolitik des Deutschen Reichs wie ein wellenförmiger dritter Weg. Er bezeichnet das Einheitliche der deutschen Außenpolitik zwischen 1871 und 1918, die Berge und Täler der Welle dagegen das Unterschiedliche. Die Epoche grob eingeteilt, steht die Ära Bismarcks derjenigen Wilhelms II. gegenüber. Bismarck erkannte Deutschlands Mittellage und seine „ungeschickte Größe", von welcher der historische Publizist Sebastian Haffner später sprechen sollte, als Grundproblematik des jungen Reichs. Dem ersten Kanzler glückte es, das Reich in seiner kleindeutschen Variante durch eine anspruchsvolle Bündnispolitik in das europäische Kräftegleichgewicht einzufügen.

Seine Politik bestand in einem ständigen Balancieren zwischen Ost und West. Zeitweise gelang es Bismarck, mal in der Rolle eines „ehrlichen Maklers", mal in der eines listigen Fuchses einen erheblichen Grad konservativer Stabilität für das europäische Staatensystem zu erreichen, auch indem er Deutschlands Saturiertheit propagierte. Er verstand das „Spiel mit den fünf Kugeln" und wusste, den Gegensatz zwischen England und Russland auszunutzen. Bismarcks Strategie fußte im Wesentlichen auf zwei Grundsätzen. Erstens: Binde dich an jede Großmacht, ohne aber an eine von ihnen angebunden zu sein. Zweitens: Ziele darauf, einer von dreien zu sein, solange die Weltlage durch das fragile Gleichgewicht von fünf Großmächten bestimmt wird.

Bismarck beherrschte sein Handwerk als Außenpolitiker geradezu spielerisch, doch nicht eigentlich staatsmännisch, weil er nicht zukunftsweisend wirkte. Dem Althistoriker Matthias Gelzer zufolge kennzeichnen den Staatsmann zwei Fähigkeiten, von denen Bismarck nur eine hatte: „Die eine ist das rasche Überschauen der gegebenen Verhältnisse und dient so dem Bedürfnis der Stunde, in dem sie nüchtern rechnet mit den vorhandenen Strömungen. Die andere, vornehmere ist die politische Schöpferkraft, welche die Mitlebenden auf neue Bahnen führt, selbst neue Verhältnisse schafft." Bismarcks pragmatisches, flexibles Reagieren auf unmittelbare Krisen ist unbestritten. In seiner Zeit wirkte er friedenssichernd und schwamm gegen den Strom der Zeit, gegen die Stimmung einer auf Krieg drängenden Bevölkerung. Gleichwohl hat er es versäumt, seine Außenpolitik zu verstetigen und sie in ein einsichtiges System zu überführen. Sie litt an ideeller Armut und das Reich in der Folge an Wankelmut. Bereits sein Nachfolger im Amt des Reichskanzlers Leo von Caprivi war von Bismarcks Aushilfensystem hoffnungslos überfordert. Nahezu verzweifelt äußerte Caprivi, er könne nicht „mit fünf Glaskugeln spielen, er könne nur zwei Glaskugeln gleichzeitig halten". Tatsächlich beruhte Bismarcks Bündnispolitik auf einer verwirrend komplizierten Diplomatie.

Koloniale Expansion: Deutsche Soldaten besetzen ein Eingeborenendorf im Jahr 1906

Vom „Platz an der Sonne" in die „Ur-Katastrophe" des Weltkriegs

Mit Überforderung ging unter Wilhelm II. eine Überschätzung der eigenen Macht einher. Diese Haltung fand im Drang nach kolonialer Expansion („Platz an der

Sonne") deutlichen Ausdruck. Die erste Talfahrt deutscher Außenpolitik nach der Reichsgründung hatte begonnen. Sie bedeutete: von Multilateralität hin zur Bilateralität, Schaffung überschaubarer Fronten, Entpolitisierung und gleichzeitige Ideologisierung der Politik. Nach 1890 brach sich der „Neue Kurs" unter Wilhelm II. Bahn. Dieser verlief in Zickzacklinien, war widersprüchlich und unkoordiniert. Wie wenig durchdacht diese Außenpolitik war, ist beispielsweise daran zu erkennen, dass das Reich den Rückversicherungsvertrag mit Russland 1890 zwar nicht erneuerte, aber einen Handelsvertrag mit dem Zarenreich abschloss. Ebenso unüberlegt war der Schlieffenplan, der einem Zweifrontenkrieg mit dem raschen Marsch nach Westen – durch das neutrale Belgien – begegnen wollte. Denn er wirkte einer beabsichtigten, weiteren Verständigung mit England entgegen; die Verletzung der belgischen Neutralität würde das Vereinigte Königreich in jedem Falle zum Kriegsgegner Deutschlands machen. Und so geschah es dann auch.

An beiden Beispielen ist eine neue Tendenz der deutschen Außenpolitik festzumachen: Militär und Wirtschaft, „Mars" und „Merkur", wurden die zentralen Machtelemente und gerieten in einen Gegensatz zur Politik. Die Spannung zwischen „Staatskunst und Kriegshandwerk" (Gerhard Ritter) steigerte sich bis zum Zerreißen, als das Deutsche Reich durch sein Engagement in Südafrika und Kleinasien sowie die verstärkte Flottenrüstung sein Verhältnis zu England vergiftete. Zudem war durch die beendete Rückversicherung mit Russland nun wieder ein französisch-russisches Bündnis möglich. Deutschland hatte sich auf diesem Wege selbst isoliert und war nur noch mit Österreich-Ungarn verbunden, das durch seine Balkanfixierung eine große Gefahr darstellte.

Wilhelm II. und seine Reichskanzler hatten das Reich Europa entfremdet und die anderen Mächte ermuntert, einen Ring um Deutschland zu schließen. Die lebendige Balance eines friedensfördernden Systems war durch ein mechanisch wirkendes Mächte-Gleichgewicht ersetzt worden, das auf den Kriegsfall ausgerichtet war. Dennoch hätte der Krieg vermieden werden können, wäre mit dem objektiven Machtverfall Deutschlands nicht ein subjektiv stark gestiegenes Kraftgefühl einhergegangen, das zur Flucht nach vorn in den Weltkrieg führte. Daran konnte auch Theobald von Bethmann Hollweg mit seiner Entspannungspolitik gegenüber England nichts ändern.

Die Krisenstrategie des Reichskanzlers scheiterte, und Deutschland wurde durch Österreichs Verwicklung auf dem unruhigen Balkan in die „Ur-Katastrophe des Jahrhunderts" (George F. Kennan), den Ersten Weltkrieg, hineingerissen. Militärs und Bevölkerung waren anfangs begeistert. Doch rasch nahm der Krieg dramatische, desillusionierende Züge an. Er unterschied sich von Kabinettskriegen früherer Jahrhunderte und war von unbeschreiblicher Brutalität gekennzeichnet, weswegen v. a. Frankreich nach dem Sieg kaum Maß halten konnte. Der Versailler Vertrag belastete das Gedeihen der Weimarer Republik erheblich. Labile politische Systeme und v. a. eine unsichere internationale Ordnung sollten die anbrechende Zwischenkriegszeit prägen. Insbesondere die Weimarer Republik litt unter dem Erbe von Kaiserreich und Erstem Weltkrieg. Die anfängliche Hoffnung vieler Deutscher, der Krieg werde eine reinigende Wirkung entfalten und die Bedingungen für neue Stabilität schaffen, wurde rasch und radikal enttäuscht. *Alexander Gallus*

Deutsches U-Boot auf Beobachtungsfahrt

1871

Politik

Deutsch-Französischer Krieg: Die Friedensverhandlungen von Frankfurt a. M. (Mai 1871). Ganz rechts: Otto von Bismarck, ganz links: Jules Favre

Gründung des Deutschen Reichs durch die Kaiserproklamation im Spiegelsaal des Schlosses von Versailles (18.1.). Bis zum Schluss hatte sich der preußische König Wilhelm I. geweigert, den Titel „Deutscher Kaiser" anzunehmen; er wollte stattdessen „Kaiser von Deutschland" sein. Der Großherzog von Baden umging das Problem, indem er das Kaiserhoch auf „Kaiser Wilhelm den Siegreichen" ausrief. **Berlin** wird Reichshauptstadt. Die deutsch-französischen Friedensverhandlungen beginnen in Versailles (26.1.). Paris kapituliert nach viermonatiger Belagerung (28.1.). Im **Vorfrieden von Versailles** beschließen Frankreich und Deutschland das Ende der Kampfhandlungen. Frankreich muss Elsass-Lothringen an das Reich abtreten und 5 Mrd. Francs Reparationen zahlen (26.2.). Die **Wahlen** zum ersten deutschen Reichstag stehen unter dem Eindruck der nationalen Begeisterung (3.3.): Wahlsieger sind Bismarcks Nationalliberale (30,2% der Stimmen), gefolgt vom Zentrum (18,7%), Wahlverlierer die Konservativen (14,7%). Die Wahlbeteiligung liegt bei 50,7%. Gewählt wird auf Grundlage des Reichswahlgesetzes von 1849, nach allgemeinem, gleichem, direktem und geheimem Männer-Wahlrecht (absolute Mehrheitswahl). Kaiser Wilhelm I. eröffnet mit einer Thronrede im Weißen Saal des Königlichen Schlosses in Berlin den **Reichstag** (21.3.). Als vorläufiger Versammlungsort des Reichstags dient das preußische Abgeordnetenhaus. Am 16.4. tritt die **Reichsverfassung** in Kraft. Nach dem Vorbild des Norddeutschen Bundes ist das Deutsche Reich (**„kleindeutsche Lösung"**, also ohne Österreich) ein **Bundesstaat** unter **preußischer Hegemonie**. An der Spitze der **konstitutionellen Monarchie** steht der **Kaiser** (zugleich preußischer König). Er ernennt und entlässt den **Reichskanzler** (zugleich preußischer Ministerpräsident). Dieser ist nur dem Kaiser – nicht dem Reichstag – verantwortlich. Erster Reichskanzler wird **Otto von Bismarck**. Der **Reichstag** besitzt das Budget-Recht und stimmt über Gesetzesvorlagen ab. Kaiser und Bundesrat können ihn auflösen. Über den **Bundesrat**, nach dem Kaiser wichtigstes Bundesorgan, nehmen die Fürstenhäuser der Einzelstaaten auf die Reichspolitik Einfluss, wobei Preußen mit seinen 17 Stimmen das Vetorecht hat. Verkehrs-, Zoll- und Postwesen werden vom Reich bestimmt. Lediglich Bayern und Württemberg erhalten hier **Reservatrechte**. Der **Friede von Frankfurt** bestätigt die Bestimmungen des Vorfriedens von Versailles (10.5.). Der Deutsch-Französische Krieg ist damit offiziell beendet. Das **französische Revanche- und Sicherheitsbedürfnis** belastet von da ab das deutsch-französische Verhältnis und bestimmt nachhaltig die europäische Politik.

Otto von Bismarck (Gemälde von Franz von Lenbach)

Ein kaiserlicher Erlass wandelt das Bundeskanzleramt des Norddeutschen Bundes in das **Reichskanzleramt** um (12.5.). Es ist neben dem Auswärtigen Amt die vorerst einzige Zentralbehörde des Reichs. Der Reichstag verabschiedet das **„Militärpensionsgesetz"** (11.6.), das Offizieren enorme finanzielle Vergünstigungen gewährt. Kaiser Wilhelm I. eröffnet das neue Sitzungsgebäude des **Deutschen Reichstages** in Berlin (16.10.). Der **„Kanzelparagraph"** findet Aufnahme in das Strafgesetzbuch (10.12.). Er ist Ausgangspunkt für den **„Kulturkampf"** gegen die Katholische Kirche. Demnach droht Geistlichen eine Haftstrafe, wenn diese ihr Amt „in einer den öffentlichen Frieden bedrohenden Weise" ausüben.

Wirtschaft & Wissenschaft

Ausgelöst durch die französischen Reparationszahlungen entsteht in Deutschland ein enormer Wirtschaftsaufschwung (**„Gründerjahre"**): Industrie und Eisenbahnnetz werden ausgebaut, der Handel blüht auf. Der Finanzüberschuss löst an den Kapitalmärkten eine hemmungslose **Spekulationswelle** aus. Begünstigt wird diese Entwicklung neben dem Abbau der Zoll- und Handelsbeschränkungen v. a. durch die Vereinheitlichung des Währungssystems (Einführung der Goldmark durch das **Reichsmünzgesetz** vom 4.12.). Karl Schlickeysen erfindet die Mörtelmaschine. **Theodor Mommsen** gibt die ersten Bände seines Werkes *Römisches Staatsrecht* heraus. Die Einführung der Trockenplatte revolutioniert die Fotografie. Die Erfindung geht auf den britischen Arzt **Richard L. Maddox** zurück. *Die periodische Gesetzmäßigkeit der chemischen Elemente* des russischen Chemikers **Dmitrij Iwanowitsch Mendelejew** erscheint erstmals in deutscher Sprache.

Kunst & Kultur

Richard Wagner vollendet seine Oper *Siegfried* (Februar). **Friedrich Nietzsches** *Die Geburt der Tragödie aus dem Geist der Musik* erscheint. In Berlin stellt Reinhold Begas das ***Schillerdenkmal*** fertig. **Rudolf Mosse** gründet die liberale Zeitung *Berliner Tageblatt und Handelszeitung*. **Fjodor M. Dostojewskis** Werk *Die Dämonen* verhilft dem Autor zu Weltruhm. Mit der Veröffentlichung seines Versepos *Huttens letzte Tage* landet **Conrad Ferdinand Meyer** seinen ersten großen Erfolg. **Johannes Brahms** komponiert das *Schicksalslied* nach einem Gedicht Friedrich Hölderlins.

Gesellschaft & Sport

Wilhelm Auerbach gibt sein Buch *Das Schwimmen, sicher, leicht und schnell zu erlernen* heraus. Darin beschreibt er zahlreiche Sprünge, u. a. den später nach ihm benannten „Auerbach-Salto". Das Buch geht bereits zwei Jahre später in die zweite Auflage. Der Unternehmer **Alfred Krupp** errichtet für die Kinder seiner Belegschaft zwölf Privatschulen.

Weltgeschichte

In Bordeaux wählt die französische Nationalversammlung den Republikaner **Adolphe Thiers** zum Ministerpräsidenten (16.2.). Am 18.3. übernimmt die **Kommune** die Macht in Paris, die Regierung Thiers flieht nach Versailles. In blutigen Straßenkämpfen mit über 20.000 Opfern zerschlagen französische Regierungstruppen unter der Führung von General Mac Mahon in der **„Pariser Blutwoche"** (21.–28.5.) die Kommune. Es folgen über 10.000 Strafurteile. Die Nationalversammlung wählt Thiers zum ersten Staatspräsidenten der Dritten Republik (31.8.). Das **„Gesetz des freien Bauches"** gewährt allen Neugeborenen von Sklaven in Brasilien die Freiheit (28.9.). Unter Ausnutzung der französischen Schwäche gelingt es dem Osmanischen Reich, Tunesien unter seiner Kontrolle zu bringen (25.10.). Großbritannien gewährt den Niederlanden freie Hand in **Sumatra**. Zum Ausgleich erhält es deren Besitzungen in Guinea (Dezember). **Charles Darwin** sorgt mit *Die Abstammungslehre des Menschen und die natürliche Zuchtwahl* für weltweites Aufsehen. In London wird die **„Royal Albert Hall"** fertig gestellt. Ursprünglich als Zentrum der schönen Künste und Wissenschaft errichtet, dient sie heute als Konzertsaal.

Charles Darwin

Kaiserproklamation in Versailles (18.1.1871)

Der 73-jährige preußische König Wilhelm I. wurde am 18.1.1871 im Spiegelsaal des Versailler Schlosses zum Deutschen Kaiser proklamiert. Otto Fürst von Bismarck war es nach zum Teil komplizierten Verhandlungen gelungen, das bestehende Bündnis zwischen dem Norddeutschen Bund und den süddeutschen Staaten Bayern, Württemberg, Baden und Hessen-Darmstadt in einen bundesstaatlichen Zusammenschluss – das neue Deutsche Reich – umzuwandeln. Die symbolische Reichsgründung und die Verleihung der deutschen Kaiserwürde in Versailles unterstrichen zugleich den Sieg gegen den „Erbfeind“ Frankreich und machten die Schaffung des Reichs zu einer

Kaiser Wilhelm I. wird in Berlin begeistert begrüßt (Ausschnitt aus einem Gemälde von Adolph von Menzel)

Geburt des Krieges. Zwar war die militärische Auseinandersetzung zwischen Deutschland und Frankreich, die im Juli 1870 begonnen hatte, noch nicht beendet, und Paris konnte bislang nicht erobert werden. Bereits im September des Jahres mussten die französischen Truppen unter Führung Napoleons III. aber bei Sedan kapitulieren, und der französische Kaiser wurde gefangen genommen.

Es nimmt daher kaum Wunder, dass die Kaiserproklamation durch und durch militärische Züge trug. Abordnungen nahezu aller Truppenteile erschienen mit ihren Regimentsfahnen. Mehr als 500 Offiziere waren im Spiegelsaal anwesend und erwiesen dem Monarchen die Ehre. Der König zog gegen Mittag in den Saal ein und stellte sich vor den mit einem eisernen Kreuz geschmückten Altar, während ein Chor das „Jauchzet dem Herrn“ laut erklingen ließ. Im Halbkreis davor angeordnet, hatten die Prinzen und Fürsten, die Generale und Minister sowie der Bundeskanzler Aufstellung genommen. Nach dem Chorgesang stimmten alle einen Vers des Chorals „Sei Lob und Ehre“ an, bevor die Liturgie einsetzte. Der Militäroberpfarrer erinnerte in seiner Predigt daran, dass der 18.1. seit der preußischen Königskrönung im Jahr 1701 der Tag der Kaiserproklamation gewesen sei. Der neue Staat stand mithin ganz in der Tradition Preußens.

Nach Beendigung des Gottesdienstes bestätigte Wilhelm, die ihm von den Fürsten angetragene Kaiserwürde anzunehmen. König Wilhelm verlas die Urkunde zur Gründung des deutschen Kaiserreichs und bat dann Bundeskanzler Otto von Bismarck, die „Proklamation an das deutsche Volk“ zu verkünden. Der von Bismarck verfasste Text endet mit der Verpflichtung des Kaisers, „den Frieden zu wahren, die Unabhängigkeit Deutschlands, gestützt auf die geeinte Kraft seines Volkes, zu verteidigen. Uns aber und unseren Nachfolgern in der Kaiserkrone wolle Gott verleihen, allzeit Mehrer des Deutschen Reichs zu sein, nicht in kriegerischen Eroberungen, sondern in den Gütern und Gaben des Friedens, auf dem Gebiete nationaler Wohlfahrt, Freiheit und Gesittung.“

Nach der feierlichen Proklamation ließ es sich Großherzog Friedrich von Baden nicht nehmen, laut auszurufen: „Seine Majestät der Kaiser Wilhelm lebe hoch!“ Als Antwort, das verzeichnete Kronprinz Friedrich Wilhelm von Preußen in seinem Tagebuch, erfüllte ein „sich mindestens sechsmal wiederholendes Hurra“ dröhnend den Spiegelsaal von Versailles, „während

Die Kaiserproklamation im Spiegelsaal von Versailles (18.1.1871)

die Fahnen über dem Haupte des neuen Kaisers von Deutschland wehten und ‚Heil dir im Siegerkranz‘ ertönte“. Von der Zeremonie sichtlich bewegt, schloss der Kaiser den Kronprinzen, den Prinzen Karl und die mit ihm verwandten Fürsten in die Arme. Dann verließ er, gefolgt von Prinzen, Fürsten und Generalen, unter den Klängen des Hohenfriedberger Marschs, den Saal.

Das gemeinsame Kriegserlebnis in den Jahren 1870/71 schwächte partikularistische Strömungen, die in Deutschland traditionell stark waren. Hatten die Deutschen über Jahrhunderte hinweg vorrangig den Bruderkampf betrieben, so führten sie jetzt erstmals einen Nationalkrieg (gegen Frankreich), der die Verfechter der Einheit entscheidend stärkte. Die Gründung des Reichs in Versailles, ohne dass sich auch nur ein ziviler Rock gezeigt hätte oder die Volksvertretung aktiv beteiligt gewesen wäre, unterstrich zugleich die preußisch-militärisch-obrigkeitsstaatliche Tradition, die im neu geschaffenen deutschen Nationalstaat dominieren sollte. Das alte Establishment beherrschte die Szene, die bürgerliche Nationalbewegung, ohne die die Reichsgründung kaum möglich gewesen wäre, fand am Tag der Proklamation keinen sichtbaren Ausdruck. Die Militärmonarchie triumphierte. In den Worten des Historikers Dieter Hertz-Eichenrode war es „der Kuss des Kriegsgottes Mars, der das Dornröschen Germania weckte“ und einen langen Schatten auf die künftige Geschichte des Reichs werfen sollte. Die Politik trat im Kaiserreich auch in späteren Jahren im militärischen Gewande auf. Diese Kombination war traditionsbildend.

Otto von Bismarck

Zudem symbolisierte die Kaiserproklamation auf französischem Boden die vergiftete Erbfeindschaft zwischen Deutschland und Frankreich. Der Generaladjutant Wilhelms I. nannte den Gründungsakt „ein Wahrzeichen der Rache, die Deutschland für mehrhundertjährige Unbill nahm, als Kennzeichen der Siege, durch die wir das von Ludwig XIV. geraubte Straßburg wiedererwarben.“ Frankreich war gedemütigt und sann auf Revanche, die allerdings ein halbes Jahrhundert auf sich warten lassen musste.

Schon manchem Zeitgenossen behagte die Kaiserproklamation zu Versailles nicht. So heißt es selbst in einem Brief des fürstlichen Teilnehmers Prinz Otto von Bayern an seinen Bruder, den bayerischen König Ludwig II.: „Ich kann Dir gar nicht beschreiben, wie unendlich weh und schmerzlich es mir während jener Szene zu Mute war. Alles so kalt, so stolz, so glänzend, so prunkend und großtuerisch und herzlos und leer.“ Reichskanzler Bismarck bereitete es ebenfalls Sorgen, das in Versailles heftig aufwogende nationale Triumph- und Überlegenheitsgefühl könne nicht nur im innen-, sondern auch im außenpolitischen Bereich zu Maßlosigkeit verleiten. Der Reichsgründer war von der Furcht erfüllt, es würde sich ein „cauchemar des coalitions“ gegen Deutschland bilden – eine erdrückende Koalition seiner Gegner.

Zunächst gelang es ihm, sich gegenüber den Militärs durchzusetzen und für die Politik einen Sieg zu erringen, doch eine langfristige Stabilisierung seiner staatlichen Schöpfung wollte ihm nicht glücken. Im Krieg sollte das Kaiserreich im Herbst 1918 untergehen. Frankreich ließ es sich nicht nehmen, die Schmach von Versailles aus dem Jahr 1871 nun auch symbolisch zu kompensieren: Marschall Ferdinand Foch diktierte der deutschen Waffenstillstandskommission in einem Eisenbahnwagen im Wald von Compiègne die alliierten Bedingungen zur Beendigung der Kampfhandlungen.

Alexander Gallus

1872

Politik

Das **Reichsstrafgesetzbuch** tritt in Kraft (1.1.). Es geht zurück auf das preußische Strafgesetzbuch von 1851 und das Strafgesetzbuch des Norddeutschen Bundes von 1870. Erstmals ist das Strafrecht in allen deutschen Bundesstaaten einheitlich geregelt. Das vom Reichstag verabschiedete **Schulaufsichtsgesetz** unterstellt alle kommunalen und privaten Unterrichts- und Erziehungsanstalten der staatlichen Aufsicht (11.3.). Sämtliche Personalentscheidungen obliegen staatlicher Kontrolle. Katholische Ordensangehörige werden vom Schuldienst ausgeschlossen. Weitere Maßnahmen im Rahmen des sog. Kulturkampfes folgen. So verbietet ein Reichsgesetz den **Jesuitenorden**, die Redemptoristen und die Lazaristen (7.4.). Papst **Pius IX.** protestiert und ruft zum Widerstand gegen die Verfolgung der Kirche auf. Die Mitbegründer der Sozialdemokratischen Arbeiterpartei, **August Bebel** und **Wilhelm Liebknecht**, werden im „Leipziger Hochverratsprozess" wegen „Vorbereitung zum Hochverrat" und Majestätsbeleidigung zu zwei Jahren Festungshaft verurteilt (26.3.). Sie hatten sich gegen den Deutsch-Französischen Krieg und die Annexion Elsass-Lothringens ausgesprochen. Im preußischen Landtag spalten sich die Konservativen. Es entsteht die bismarcktreue Fraktion der **„Neuen Konservativen"** (Mai). Das Deutsche Reich und Großbritannien schließen einen **Auslieferungsvertrag** über die Behandlung straffällig gewordener Personen (14.5.). Als Reaktion auf Bismarcks antikirchliche Politik gründet sich der **„Verein der Deutschen Katholiken"** (22.5.). Im Essener Kohlerevier bricht ein **Bergarbeiterstreik** aus, der sich schnell im Ruhrgebiet ausbreitet (18.6.). Die über 15.000 streikenden Kumpels fordern eine 25-prozentige Lohnerhöhung und die Einführung der achtstündigen Schicht. Der Streik endet am 28.7. ergebnislos. In Berlin erhebt sich ein **Aufstand** gegen soziale Missstände wie Wohnungsnot und Mietwucher (25.7.). An ihm beteiligen sich über 4000 Bürger. Die Polizei benötigt über sechs Tage, um den Aufstand unter Kontrolle zu bringen. Auf dem **„Drei-Kaiser-Treffen"** in Berlin verständigen sich die Monarchen Deutschlands, Österreich-Ungarns und Russlands, Kaiser Wilhelm I., Kaiser Franz Joseph I. und Zar Alexander II., auf ein informelles Bündnis (s. **Dreikaiserbund** von 1873) hinsichtlich außenpolitischer Fragen und der gemeinsamen Abwehr demokratischer Strömungen (7.–11.9.). Die Gespräche gestalten sich schwierig; sie offenbaren, dass die für die europäische Politik charakteristischen Probleme der Bismarckära, die russischen Kompensationsansprüche, das deutsche Sicherheitsbedürfnis, der preußisch-deutsche Hegemonialanspruch, v. a. die von Deutschland angestrebte Isolierung Frankreichs, und der latente russisch-österreichische Interessenkonflikt nur schwer in Einklang zu bringen sind. Verbindliche Einführung der **Unterrichtssprache Deutsch** für die höheren Schulen in Posen (26.10.). Damit soll die Assimilation der polnischen Bevölkerung forciert werden. **Verwaltungsreform** in Preußen: Die neue Kreisordnung für die östlichen preußischen Provinzen beseitigt die gutsherrliche Polizeigewalt, in den Landkreisen entstehen selbstverwaltende Gebietskörperschaften mit Kreistag und Landrat (13.12.).

August Bebel

Ludwig Feuerbach

Wirtschaft & Wissenschaft

Das Reichsgesetz über die Maß- und Gewichtsordnung führt das **metrische System** ein (11.3.). Die **„Kaiser-Wilhelm-Universität"** in Straßburg wird eröffnet (1.5.). *Das Kapital* von **Karl Marx** erscheint erstmals in russischer Sprache (1.5.). Aus dem „Bankhaus Michael Kaskel"

Karl Marx

geht die **„Dresdner Bank“** hervor (12.11.). Im Januar 1873 erfolgt der Börsengang. Der neu gebaute **Potsdamer Bahnhof** (Tiergarten) in Berlin wird für den Verkehr freigegeben (1.11.). Das erste reichsweite Arzneibuch, die ***Pharmacapoea Germanica***, erscheint. Der Hallenser **Georg Cantor** begründet die Mengenlehre. **Julius von Sachs** gelingt der Nachweis der Photosynthese.

Kunst & Kultur

Das ***Berliner Tageblatt*** des Verlegers Rudolf Mosse erscheint erstmals (1.1.). **Wilhelm Busch** veröffentlicht seine Bildersatire *Die fromme Helene*. Der Philosoph **Ludwig Feuerbach**, bekannt durch seine Werke *Wesen des Christentums* und *Grundsätze der Philosophie der Zukunft*, in denen er die Religion kritisiert, stirbt 68-jährig (13.9.). In seiner letzten theologischen Schrift *Der alte und der neue Glaube* tritt **David Friedrich Strauß** für eine humanistische Vernunftreligion ein. **Gustav Freytag** veröffentlicht *Ingo und Ingraban*, den ersten Teil des sechsbändigen Romanzyklus *Die Ahnen*. **Arnold Böcklin** vollendet die *Schlacht der Kentauren*. In Dresden entsteht an der Außenwand des Stallhofs der **Fürstenzug**.

Gesellschaft & Sport

Lujo Brentano, Gustav Schmoller und Adolf Wagner gründen in Eisenach den **„Verein für Socialpolitik“** (VfS). Er tritt für nationale Wirtschaftspolitik und eine Verbesserung der Lage der Arbeiter ein. Ihr sozialpolitisches Engagement bringt den Mitgliedern des Vereins den Spottnamen „Kathedersozialisten“ ein. Der Pfarrer **Friedrich von Bodelschwingh** übernimmt die Leitung der „Heil- und Pflegeanstalt für Epileptische“ in Betel und führt die Arbeitstherapie ein. **Johann Jakob Weilenmann** veröffentlicht sein Buch *Aus der Firnenwelt*, in dem er von seinen abenteuerlichen Bergbesteigungen im Alleingang berichtet.

Gustav Freytag

Adolf Wagner

Weltgeschichte

In **Frankreich** werden den Mitgliedern der **„Ersten Internationale“** per Gesetz die Bürgerrechte entzogen (14.3.). In Spanien bricht nach der Ernennung von Don Carlos zum König Karl VII. der **Dritte Karlistenkrieg** aus (2.5.). Frankreich führt die **allgemeine Wehrpflicht** ein (Mai), die französische Nationalversammlung erhöht sie kurze Zeit später auf fünf Jahre. Der britische Premierminister **Benjamin Disraeli** erklärt in seiner berühmt gewordenen Rede den Ausbau des britischen Imperiums zur vorrangigen Aufgabe seiner zukünftigen Außenpolitik (24.6.). Großbritannien führt im sog. **„Ballot Act“** das geheime Wahlrecht ein (18.7.). Der mexikanische Präsident und Nationalheld **Benito Juárez Garcia** stirbt (18.7.). Die Präsidentschaftswahlen in den USA bestätigen Präsident **Ulysses Simpson** für weitere vier Jahre im Amt (5.11.). Im ersten Länderspiel der modernen **Fußballgeschichte** trennen sich Schottland und England in Glasgow 0:0 (30.11.). Im **britischen Unterhaus** formieren sich die irischen Abgeordneten zur Fraktion der **„Homerulers“**. Sie fordern für Irland ein eigenständiges Parlament und eine unabhängige Regierung. Aus Buda und Pest entsteht die ungarische Hauptstadt **Budapest**. In **Japan** geht die erste Eisenbahn in Betrieb.

Benjamin Disraeli

1873

Politik

Rudolf Virchow, Abgeordneter der Deutschen Fortschrittspartei, ruft im preußischen Landtag zum „Kampf der Kulturen" auf (17.1.). Der Begriff **„Kulturkampf"** bezeichnet seither die Auseinandersetzung zwischen Bismarck und dem deutschen Katholizismus. **Bismarck** begründet in einer Rede im preußischen Herrenhaus sein Vorgehen gegen die Kirche mit dem „uralten Machtstreit" zwischen „Königsherrschaft" und „Priesterherrschaft" (10.3.). Vorerst berühmtestes Opfer des „Kanzelparagraphen" ist der Primas von Polen und Erzbischof von Gnesen, **Graf Ledóchowski**, der seines Amtes enthoben wird (15.4.). Der preußische Landtag verabschiedet auf Vorlage von Kultusminister Adelbert Falk die **„Maigesetze"** (11.5.). Sie legen die Ausbildung und Anstellung von Geistlichen, die kirchliche Disziplinargewalt und Finanzverwaltung sowie die Anwendung kirchlicher Strafmittel in staatliche Hände. So müssen Geistliche als Einstellungsvoraussetzung ein „Kulturexamen" an einer deutschen Universität ablegen. Bismarcks Versuch der Nationalisierung der Kirche löst heftigen, zumeist passiven Widerstand unter den deutschen Katholiken aus. Zeitweise können viele Pfarrämter nicht besetzt werden, da die Priester enthoben, verhaftet oder geflohen sind. Der „Kulturkampf" erreicht damit seinen Höhepunkt. Schärfster Widersacher Bismarcks ist das **Zentrum**. Bei den **preußischen Landtagswahlen** können sie ihre Mandate von 58 auf 88 ausbauen. Sie stellen hinter den Nationalliberalen (174 Sitze) die zweitstärkste Fraktion. Großer Wahlverlierer sind die Konservativen. Lediglich 30 der ursprünglich 114 Abgeordneten gelingt der Wiedereinzug ins Parlament. Das **Reichsmünzgesetz** ersetzt die alte Talerwährung durch die reine Goldwährung (9.7.). Der nationalliberale Abgeordnete **Eduard Lasker** erhebt im preußischen Landtag schwere Korruptionsvorwürfe gegen Mitglieder der preußischen Regierung im Zusammenhang mit dem Gründerboom (14.7.). Handelsminister Heinrich von Itzenblitz und der Bismarck-Vertraute Hermann Wagner treten daraufhin zurück. Das Deutsche Reich tritt dem Konsultativpakt („Schönbrunner Konvention") zwischen Russland und Österreich-Ungarn bei (22.10.). Das sog. **„Dreikaiserabkommen"** beruht auf den Vereinbarungen des „Drei-Kaiser-Treffens" von 1872. Die drei konservativen Monarchien sichern sich gegenseitige Verständigung und gemeinsames Vorgehen im Falle einer europäischen Krise zu. Papst **Pius IX.** protestiert in einem Brief an Kaiser Wilhelm I. gegen die Unterdrückung der Katholischen Kirche in Preußen (7.8.). Nach der Zahlung der französischen Reparationszahlungen an das Deutsche Reich räumen die deutschen **Besatzungstruppen** die französischen Gebiete (Herbst). Von der Kriegsentschädigung fließen 1,4 Mrd. Mark ins Reichsbudget und werden für den Ausbau des Eisenbahnnetzes sowie die Errichtung des Reichstages verwendet; 2,6 Mrd. Mark erhalten die deutschen Staaten gemäß ihrer Kriegsbeteiligung. Die durch den Börsenkrach ausgelöste **Wirtschaftskrise** beschäftigt die Politik. Konservative und Zentrum beklagen den Freihandel, die britische Industriekonkurrenz und den Preisdruck auf dem internationalen Getreidemarkt. Sie fordern eine

Kaiser Wilhelm I.

Schutzzollpolitik für die deutsche Industrie und Landwirtschaft.

Wirtschaft & Wissenschaft

Der Chemiker **Justus von Liebig** stirbt 69-jährig in München (18.4.). Der Börsensturz in Wien (9.5.) löst den **„Gründerkrach“** aus. Im Oktober fallen die Kurse an der Berliner Börse rapide. Firmen und Bankgesellschaften brechen weltweit zusammen. Dem „Gründerfieber“ folgt eine mehrere Jahre andauernde Phase der wirtschaftlichen **Depression**. Die nationale Begeisterung und vor allem Kreditverbilligungen aufgrund der aus Frankreich fließenden Reparationszahlungen hatten auf dem deutschen Kapitalmarkt eine Spekulationseuphorie und kurzzeitige Hochkonjunktur ausgelöst. Der Archäologe **Heinrich Schliemann** entdeckt bei Ausgrabungen in Kleinasien den legendären Schatz des Priamos (31.5.). **Hermann Wilhelm Vogel** schafft mit der Entdeckung der Farbempfindlichkeit der Fotoplatten die Voraussetzung für die Farbfotografie. Der Physiker **Ernst Abbe** entwickelt seine Theorie für mikroskopische Abbildungen und damit die Grundlage für die moderne Mikroskopie.

Kunst & Kultur

Kaiser Wilhelm I. weiht am „Sedan-Tag“ in Berlin die von Johann Heinrich Strack errichtete **Siegessäule** feierlich ein (2.9.). Die *Victoria* auf der Siegessäule stammt von Friedrich Drake. Das neue **Wiener Burgtheater** entsteht nach den Plänen des Architekten Gottfried Semper. **Friedrich Nietzsche** beginnt mit der Herausgabe seiner *Unzeitgemäßen Betrachtungen*. Der Maler **Hans Thoma** stellt das Gemälde *Der Rhein bei Säckingen* fertig. **Carl Humann** vermacht dem Königlichen Museum ein von ihm bei Ausgrabungen des antiken Pergamon 1864 gefundenes Marmorrelief.

Pius IX.

Gesellschaft & Sport

Der erste deutsche **Schlafwagen** geht in Potsdam in Betrieb (1.10.). Die *Erziehungskunst* von **Alban Stolz** erscheint. Der Achter „Germania“ erzielt bei **Ruderwettbewerben** in Rotterdam und Amsterdam große Erfolge. **Wilhelm Auerbachs** Buch *Das Schwimmen, sicher, leicht und schnell zu erlernen* kommt in der zweiten Auflage heraus.

Weltgeschichte

Jules Verne

Nach dem Thronverzicht von König Amadeus I. wird **Spanien** zur Republik (16.2.). Die **Niederlande** beginnen den bis 1904 andauernden Kolonialkrieg gegen den Sultan von Aceh (25.3.). Kaiser Franz Joseph I. eröffnet in Wien die fünfte **Weltausstellung** (1.5.), zu der über 6,7 Mio. Besucher kommen. Die französische Nationalversammlung löst Präsident **Adolphe Thiers** per Misstrauensvotum ab und wählt **Patrice Mac Mahon** zu seinem Nachfolger (24.5.). Der Sultan von **Sansibar** verbietet den Sklavenhandel (5.6.). In der **„Schönbrunner Konvention“** vereinbaren Österreich-Ungarn und Russland, europäische Konflikte gemeinsam und friedlich zu lösen (6.6.). **Frankreich** widersetzt sich den italienischen Bestrebungen, den Kirchenstaat **Italien** einzugliedern (September). Österreich-Ungarn räumt **Kroatien** eine Teilautonomie ein (November). Auf Beschluss des eidgenössischen Bundesrates bricht die **Schweiz** seine diplomatischen Beziehungen zum Vatikan ab (12.12.). Zur Stabilisierung der Währung binden die **USA** den Dollar an den Goldkurs (12.12.). In **Russland** kämpft die sozialistisch-intellektuelle Bewegung der „Narodniki“ für die Verbreitung ihrer revolutionären Ideen. **Japan** führt die allgemeine Wehrpflicht und den gregorianischen Kalender ein. **Jules Vernes** *In achtzig Tagen um die Welt* erscheint.

1874

Politik

In **Elsass-Lothringen** tritt die Reichsverfassung in Kraft (1.1.). Die Bewohner des sog. „Reichslandes“ erhalten das Reichstagswahlrecht. Die Landesgesetzgebung obliegt dem Reich. Weitere Sonderregelungen bestehen in Verwaltung, Gesetzgebung und Militär. Bei den **Reichstagswahlen** behaupten die Nationalliberalen mit 29,7% der Stimmen ihre Position als stärkste Partei (10.1.). Das Zentrum kann stark zulegen und kommt auf 27,9%. Die Konservativen verlieren

Ferdinand Lassalle

abermals deutlich (7,0%). Als eigentliche Wahlgewinner gelten die Sozialdemokraten, die mit neun Abgeordneten (6,8%) in den Reichstag einziehen. Die Wahlbeteiligung liegt bei 61,2%. Die Einführung der obligatorischen **Zivilehe in Preußen** – eine weitere Maßnahme im Kulturkampf – entreißt dem Klerus ein Jahrhunderte altes Vorrecht (9.3.). Reichstag und Regierung einigen sich auf einen Bewilligungszeitraum für Heeresvorlagen von sieben Jahren (Septennat). Der Reichstag wollte im „Kampf um den eisernen Etat“ ursprünglich jährlich, Bismarck lediglich einmalig (Äternat) über den **Militärhaushalt** abstimmen lassen (20.4.). Durch das **Expatriierungsgesetz** („Reichsverbannungsgesetz“) können Geistliche, die ihr Amt ohne staatliche Zustimmung ausüben, des Ortes oder gar des Landes verwiesen werden (4.5.). Das **„Reichspressegesetz“** verankert die Pressefreiheit im Reichsgebiet gesetzlich (7.5.). Der Gesetzgeber kann sie jedoch, wie im Kulturkampf geschehen, einschränken. Preußen setzt zur Verwaltung der im Zuge des Kulturkampfes verwaisten katholischen Bistümer sog. **„Staatspfarrer“**, staatstreue Geistliche, ein (20.5.). Nach ihren Erfolgen bei den Reichstagswahlen verschärft Bismarck seinen Kampf gegen die Sozialdemokratie. Er verbietet in Preußen den 1863 von Ferdinand Lassalle gegründeten **„Allgemeinen Deutschen Arbeiterverein“** (25.6.). Die Wirkung der Maßnahme verpufft allerdings, weil ihr nicht alle Bundesstaaten folgen. In Bad Kissingen scheitert der **Attentatsversuch** des katholischen Böttchergesellen Eduard Kullmann aus Magdeburg auf Otto von Bismarck (13.7.). Der Reichskanzler wird bei dem Pistolenattentat nur leicht verletzt, der Attentäter festgenommen. Kullmann begründet die Tat mit seiner Wut auf Bismarcks Kulturkampfmaßnahmen. Der Kulturkampf erreicht damit einen weiteren Höhepunkt. Auf einem Kongress debattieren die Vertre-

Johann Philipp Reis

ter der **„Sozialdemokratischen Deutschen Arbeiterpartei“** (SDAP) über die Einigung der Arbeiterbewegung, speziell über ein Zusammengehen mit dem ADAV (18.–21.7.). Der Parteivorsitzende Wilhelm Liebknecht vetritt dabei den Grundsatz „Einigung, nicht Vereinigung“. Der innerlich zerstrittene ADAV unterbreitet der SDAP ein **Einigungsangebot** (10.10.). Vertreter des **ADAV** und der **SDAP** beraten in Berlin über die Vereinigung der beiden Organisationen (2.11.). Liebknechts Losung von der „Einigung ohne Vereinigung“ wird zugunsten der **„Vereinigung um jeden Preis“** überwunden, programmatische Differenzen bleiben allerdings bestehen. Der Publizist **Otto Glagau** startet in der Familienzeitschrift „Die Gartenlaube“ eine Enthüllungsserie zum „Börsen- und Gründerschwindel“ (Dezember).

Wirtschaft & Wissenschaft

Johann Philipp Reis, Erfinder des Telefons, stirbt 40-jährig in Friedrichsdorf (14.1.). Die **„Gründerkrise“** legt die deutsche Wirtschaft lahm. Bereits bis

Ende April werden 61 Banken sowie 116 Industrie- und Eisenbahngesellschaften liquidiert. Das **Deutsche Archäologische Institut**, 1859 als privates Institut gegründet, verlegt seine Zentrale nach Berlin und wird dem Reich unterstellt. *Die Grundzüge der physiologischen Psychologie* von **Wilhelm Wundt** erscheinen. **Friedrich Wilhelm Raiffeisen** gründet die „Landwirtschaftliche Generalbank" in Neuwied.

Kunst & Kultur

August Heinrich Hoffmann von Fallersleben, mit dem *Lied der Deutschen* Schöpfer der deutschen Nationalhymne, stirbt im Alter von 75 Jahren in Westfalen (19.1.). Der Maler **Adolph von Menzel** beendet die Arbeit an seinem Gemälde *Das Eisenwalzwerk* (März). Der Dichter **Fritz Reuter** stirbt 63-jährig in Eisenach (12.7.). **Richard Wagner** vollendet mit der Oper *Götterdämmerung* den *Ring der Nibelungen* (21.11.). **Johann Strauß** veröffentlicht seine Operette *Die Fledermaus*. Die Novelle *Pole Poppenspäler* von **Theodor Storm** erscheint.

Richard Wagner

Gesellschaft & Sport

Ein Reichsgesetz führt die obligatorische **Pockenschutzimpfung** ein (7.5.). Das erste **Städtische Krankenhaus** öffnet am Friedrichshain in Berlin (8.10.). Der Erfinder der „Litfaßsäule" (1855 erstmals in Berlin aufgestellt), der Verleger **Ernst Theodor Litfaß**, stirbt 68-jährig in Berlin (27.12.). Der **„Turn- und Ruderverein Rotterdam"** gründet sich als erster deutscher Ruderverein im Ausland. Das **Fußballspiel** erobert Deutschland. Die Braunschweiger Turnführer Konrad Koch und August Hermann bringen die ersten *Regeln für das Fußballspiel* von einer Großbritannienreise mit nach Deutschland.

Einzug König Alfons XII. in Madrid

Weltgeschichte

Russland führt die allgemeine Wehrpflicht ein (13.1.). Britische Truppen verwüsten in Westafrika die Residenz von König Kalkalli, Kumassi (4.2.). Der Konservative **Benjamin Disraeli** gewinnt die britischen Unterhauswahlen und tritt sein Amt als britischer Premierminister an (17.2.). Gründung der **Sozialdemokratischen Partei Österreichs** (5.4.). Der schottische Missionar und Afrikaforscher **David Livingstone** wird mit einem Staatsbegräbnis in London beigesetzt (18.4.). Die französische Nationalversammlung verabschiedet ein Gesetz zur Einschränkung der **Kinderarbeit** (19.5.). Japan fällt im chinesischen **Formosa** ein (25.5.). Großbritannien annektiert die **Fidschi-Inseln** (26.9.). Die Staaten Europas, die USA und Ägypten vereinbaren in der **„Berner Konvention"** die einheitliche Regelung des internationalen Briefpostverkehrs (9.10.). Mit der Ernennung **Alfons XII.** zum König endet in Spanien die Republik (19.12.). **Ägypten** besetzt den südlichen Sudan. In **Japan** brechen unter der Federführung der Samurai Revolten gegen die prowestliche Politik des Kaisers aus. **Modest Mussorgski** komponiert die *Bilder einer Ausstellung*. **Émile Zola** veröffentlicht *Der Bauch von Paris*. Henry Morton Stanley startet seine Kongoexpedition (November). In Paris sorgt eine Gruppe der ersten **Impressionisten**, unter ihnen Claude Monet und Camille Pissarro, mit ihrer Ausstellung für weltweites Aufsehen. Der Zirkusunternehmer Phineas Taylor Barnum begründet im New Yorker **Madison Square Garden** den ersten Sportpalast der Welt.

Émile Zola

1875

Politik

In Preußen und Sachsen tritt das **Reichsmünzgesetz** in Kraft. Die „Goldmark" zu 100 Pfennigen ist das verbindliche Zahlungsmittel (1.1.). **Papst Pius IX.** verurteilt in seiner Enzyklika *Quod nunquam* Bismarcks Vorgehen gegen den deutschen Katholizismus (5.2.). Das **„Reichspersonenstandsgesetz"** schreibt die standesamtliche Eheschließung für das gesamte Reichsgebiet vor. Ebenso wird die Ehescheidung gesetzlich geregelt. Die kirchliche Trauung hat damit ausschließlich religiös-symbolische Bedeutung (6.2.). Das Bankgesetz sieht die Umwandlung der „Preußischen Bank" in die **„Reichsbank"** zum 1.1.1876 vor (14.3.). **Bismarck** spricht in einem Brief an Kaiser Wilhelm I. von einer potenziellen „Kriegsgefahr im Westen" (5.4.). Die freikonservative Zeitung *Die Post* veröffentlicht mit Billigung Bismarcks unter der Überschrift **„Ist der Krieg in Sicht?"** einen Leitartikel von Constantin Rössler, in der er das jüngste französische Aufrüstungsprogramm verurteilt und einen Präventivkrieg in Erwägung zieht (8.4.). Obwohl sich Bismarck beeilt, deutsche Präventivkriegsabsichten zu dementieren, sorgt der Artikel für internationale Irritationen und belastet das deutsch-französische Verhältnis (**„Krieg-in-Sicht-Krise"**). Das sog. **„Brotkorbgesetz"** verbietet staatliche Zuschüsse an Geistliche, wenn diese gegen die „Maigesetze" verstoßen (22.4.). Die

Alexander II.

Katholische Kirche leistet indes heftigen Widerstand. Allein in den ersten vier Monaten des Jahres werden über 700 Personen, zumeist kirchliche Funktionäre, zu Geld- und Haftstrafen verurteilt oder gar vertrieben, Versammlungen werden aufgelöst, Wohnungen durchsucht, über 20 Zeitungen beschlagnahmt. Die Londoner ***Times*** veröffentlicht einen Artikel, in dem Deutschland – nicht Frankreich – als Gefahr für den europäischen Frieden gilt (6.5.). Der englische Botschafter **Lord Russell** protestiert bei Kaiser Wilhelm I. im Namen seiner Regierung offiziell gegen die deutsche friedensgefährdende Politik (9.5.). **Zar Alexander II.** und sein Kanzler Alexander von Gortschakow weilen in Deutschland (9.–13.5.). In einem **Rundtelegramm** sucht die russische Regierung den Eindruck zu vermitteln, der Frieden sei allein dank ihrer Intervention gerettet worden (13.5.). Gleichzeitig sieht sie sich in der Rolle eines europäischen Friedensgaranten. Auf einem gemeinsamen Parteitag in Gotha (22.–27.5.) vereinigen sich der 1863 von Ferdinand Lassalle gegründete „Allgemeine Deutsche Arbeiterverein" (ADAV) und die von August Bebel und Wilhelm Liebknecht im Jahr 1869 gegründete „Sozialdemokratische Arbeiterpartei" (SDAP) zur **„Sozialistischen Arbeiterpartei Deutschlands"** (SAP). In ihrem „Gothaer Programm" fordern die Sozialdemokraten eine sozialistische Gesellschaft und die Beseitigung der sozialen und politischen Ungleichheit. Preußen erlässt als Antwort auf die Enzyklika Papst

Adolph von Menzel: *Das Eisenwalzwerk* (1875)

Pius' IX. das **„Klostergesetz“**, durch das mit Ausnahme reiner Krankenpflegerorden alle religiösen Orden verboten, deren Vermögen konfisziert und Mitglieder des Landes verwiesen werden (31.5.). Für **Ostpreußen** werden kommunale Selbstverwaltungseinheiten, die sog. Provinzialverbände, geschaffen. Sie treten neben die staatliche Provinzialverwaltung (29.6.).

Wirtschaft & Wissenschaft

Der Astronom **Friedrich Wilhelm Argelander** stirbt 76-jährig in Bonn. Mit der Unterzeichnung der **Meterkonvention** auf der internationalen Konferenz in Paris, an der auch Deutschland teilnimmt, führen 17 Staaten das metrische System ein (20.5.). Dem Zellforscher **Oscar Hertwig** gelingt am Beispiel der Seeigel die Beobachtung der Befruchtungsvorgänge als Verschmelzung zweier Zellkerne. **Karl G. P. Linde** entwickelt den Kühlschrank mit Ammoniakkreislauf, **Karl Bamberg** den Fluidkompass.

Kunst & Kultur

Der Dichter **Eduard Mörike** stirbt 70-jährig in Stuttgart (4.6.). Kaiser Wilhelm I. weiht das **Hermannsdenkmal** Ernst von Bandels nach über 37-jähriger Bauzeit in Detmold feierlich ein (16.8.). In Berlin wird das Denkmal für den preußischen Staatsminister und Reformator **Heinrich Friedrich Karl Freiherr von und zum Stein** auf dem Dönhoffplatz eingeweiht (26.10.). Heutiger Standort ist die Straße Unter den Linden. Der Maler **Adolph von Menzel** veröffentlicht sein Gemälde *Das Eisenwalzwerk*. Die Monumentalmalerei erlebt ihre Blütezeit: **Anton von Werner**, bekannt durch sein Gemälde der Kaiserproklamation, wird Direktor der „Hochschule für bildende Künste“ in Berlin.

Gesellschaft & Sport

Die Einwohnerzahl Berlins überschreitet die Millionengrenze. Damit hat die Bevölkerungszahl in der **Hauptstadt** seit der Reichsgründung um 20% zugenommen. Die Folge ist eine Verschärfung der sozialen Frage, insbesondere eine katastrophale Wohnungssituation. **Lorenz von Steins** Buch *Die Frau auf dem Gebiet der Nationalökonomie* erscheint. Es ist Ausdruck des Leitbilds von der bürgerlichen Familie mit klarer Rollenverteilung. Die Berliner Mädchenschulen nehmen den Turnunterricht in den Fächerkanon auf. Eine Oxforder Hochschulmannschaft weilt zu einem Fußballgastspiel in Deutschland.

Weltgeschichte

Mit nur einer Stimme Mehrheit verabschiedet die französische Nationalversammlung eine Verfassungsreform: Die **Dritte Republik** beginnt (30.1.). Auf Grundlage des „Cadre-Gesetzes“ nimmt Frankreich eine umfassende **Heeresreform** in Angriff (12.3.). **Frankreich** bittet Großbritannien, Russland und Österreich-Ungarn, die deutsche Regierung von Präventivkriegsabsichten abzubringen (29.4.). Gebietstausch zwischen **Russland** und **Japan**: Russland erhält 18 Kurilen-Inseln, Japan den südlichen Teil der Halbinsel Sachalin, in deren vollständigem Besitz es jetzt ist (7.5.). Aufstände der nichtmuslimischen Bevölkerung gegen die türkische Provinzverwaltung in Bosnien und Herzegowina leiten die **„Balkankrise“** ein (Juli). Die Ermordung von Präsident Gabriel Garcia Moreno beendet die Jesuitenherrschaft in **Ecuador** (6.8.). Als erster Mensch durchschwimmt der Brite **Matthew Webb** den Ärmelkanal (25.8.). Er benötigt 21 Stunden und 35 Minuten. Das **Osmanische Reich** erklärt angesichts der exorbitanten Überschuldung den Staatsbankrott (6.10.). **Frankreich** setzt in einem neuen Wahlgesetz das aktive Wahlrecht für Männer auf 21, das passive auf 25 Jahre fest (20.11.). **Großbritannien** erwirbt mit maßgeblicher Unterstützung des Bankhauses Rothschild die ägyptischen Suezkanalaktien und sichert sich damit die Seeverbindung nach Indien (24.11.). Die Oper *Carmen* von **Georges Bizet** wird aufgeführt. Die Londoner *Times* veröffentlicht die erste Wetterkarte.

George Bizet: Carmen (Titelblatt)

1876

Politik

Das **Reichsmünzgesetz** wird nach Preußen und Sachsen (1875) für das gesamte Reichsgebiet verbindlich. Die „Goldmark“ zu 100 Pfennigen ist damit einziges offizielles Zahlungsmittel (1.1.). Aus der „Preußischen Bank“ entsteht die **Reichsbank** und damit die Zentralnotenbank des Reichs (1.1.). Das sog. **„Hilfskassengesetz“** tritt in Kraft. Es sieht die finanzielle Unterstützung von Arbeitern und ihren Familien im Krankheits- und Todesfalle vor (14.4.). Der Präsident des Reichskanzleramts, **Rudolf Delbrück**, tritt aufgrund wirtschaftspolitischer Meinungsverschiedenheiten mit Reichskanzler Otto von Bismarck zurück (14.4.). Der deutsche und der französische Konsul werden bei Aufständen gegen die türkische Herrschaft in Bulgarien ermordet (6.5.). Die Regierungschefs der drei Monarchien Deutschland, Österreich-Ungarn und Russland einigen sich bei einem **„Dreikanzlertreffen“** in Berlin auf ein gemeinsames Memorandum zur Orientfrage (14.5.). Die Gründung der **„Deutschkonservativen Partei“** unter dem Vorsitzenden Otto von Helldorf-Bedra überwindet die durch die Reichsgründung herbeigeführte Spaltung der Konservativen. Nach schweren Wahlniederlagen waren die Konservativen nun bereit, das Reich zu unterstützen. Die preußisch-agrarisch orientierte Partei tritt für strenge Loyalität gegenüber dem König ein und unterstützt Bismarck im Kampf gegen die Sozialdemokratie sowie gegen den preußischen Katholizismus (7.6.). Bismarck lehnt ein **Vermittlungsersuchen** des russischen Kanzlers Gortschakow ab (18.8.). Dieser hatte sich für eine deutsche Initiative zur Einberufung einer internationalen Konferenz über die Orientfrage ausgesprochen. Auf Beschluss eines Parteitages der SAP in Gotha wird der ***Vorwärts*** zum alleinigen Zentralorgan der Partei (19.– 23.8.). Chefredakteure sind die beiden Parteivorsitzenden Wilhelm Liebknecht und Wilhelm Hasenclever. **Zar Alexander II.** richtet über den deutschen Militärbevollmächtigten in Petersburg, den Generaladjutanten Bernhard Franz Wilhelm von Werder, eine Anfrage an die deutsche Regierung. Darin erbittet er Auskunft über das deutsche Verhalten in der Orientkrise, speziell im Falle eines Konflikts zwischen Russland und Österreich-Ungarn (1.10.). Bismarck antwortet ausweichend auf das russische Auskunftsersuchen. Deutschland habe an einer Schwächung weder Russlands noch Österreich-Ungarns Interesse (1.11.). Vor dem Reichstag unterstreicht Bismarck das deutsche Desinteresse auf dem **Balkan**. Gleichzeitig macht er die deutsche Neutralität von der Integrität Österreich-Ungarns abhängig (5.12.). In Konstantinopel beginnt eine Botschafterkonferenz zur **„Orientfrage“** (11.12.). Der Reichstag verabschiedet die **„Justizgesetze“** (21.12.): Gerichtsverfassungsgesetz, Zivilprozessordnung, Strafprozessordnung und Konkursordnung. Erstmals gelten in Deutschland einheitliche Rechts-normen. Die **preußischen Landtagswahlen** bringen keine Überraschung. Die Nationalliberalen bleiben stärkste Partei, gefolgt vom Zentrum. Die Konservativen können sich leicht erholen, die Sozialdemokraten sind durch das Verbot von 1874 von der Wahl ausgeschlossen. Der **„Kulturkampf“** entfaltet in Preußen fatale Auswirkungen: Die katholischen Bischöfe sind abgesetzt, verhaftet oder des Landes verwiesen, nahezu ein Viertel der katholischen Pastorenstellen ist vakant.

Richard-Wagner-Festspielhaus in Bayreuth

Wirtschaft & Wissenschaft

Die **Deutsche Reichspost- und Telegrafenverwaltung** vereinheitlicht das Post- und Telegrafenwesen (1.1.). Gründung des **„Centralverbandes Deutscher Industrieller“**. Er ist vehementer Befürworter einer Schutzzollpolitik (15.2.). **Nikolaus August Otto** beantragt die Patentierung seines 1862 gebauten und seither weiterentwickelten Viertaktmotors (5.6.). **Robert Koch** entdeckt das Milzbrandbakterium, klärt die Ursache des Milzbrandes und entwickelt bakteriologische Züchtungsmethoden. **Adolph Wagner** veröffentlicht die *Grundlegung der politischen Ökonomie*. Die nach dem Historiker Johann Joseph von Görres benannte katholische **„Görres-Gesellschaft“** wird in Bonn gegründet. Sie setzt sich für die Förderung der Wissenschaft ein.

Kunst & Kultur

In Berlin findet die erste Aufführung des Dramas *Penthesilea* von **Heinrich von Kleist** statt (25.4.). **Johann Wolfgang von Goethes** Tragödie *Faust* wird in Weimar uraufgeführt (6.5.). Erste Bayreuther Festspiele (13.–17.8.): Mit der ersten Gesamtaufführung von *Der Ring der Nibelungen* wird das **Richard-Wagner-Festspielhaus** eingeweiht. **Conrad Ferdinand Meyers** *Jörg Jenatsch* erscheint. **Theodor Storm** veröffentlicht seine Novelle *Aquius submersus*. Der Roman *Ein Kampf um Rom* von **Felix Dahn** erobert die Jugend. **Karl Ludwig Goedecke** gibt die erste kritische Schillerausgabe in 17 Bänden heraus.

Gesellschaft & Sport

Mit **Franziska Tiburtius** praktiziert in Berlin die erste deutsche Ärztin. Der erste öffentliche **Rohrpostdienst** geht in Berlin in Betrieb. Württemberg führt die **Simultanschule** ein (18.9.). Die Berliner Frauenrechtlerin **Hedwig Dohm** fordert das Wahlrecht für Frauen. Die erste deutsche **Rollschuhbahn** eröffnet in der Berliner Hasenheide.

Weltgeschichte

Sitting Bull

Die Verfassung der Dritten Republik tritt in **Frankreich** in Kraft (1.1.). Der dritte **Karlistenkrieg** in Spanien endet mit der Flucht des Karlistenkönigs Don Carlos und dem Sieg des Hauses Bourbon (28.2.). **Alexander Graham Bell** stellt das erste brauchbare Telefon der Öffentlichkeit vor (Februar). In **Bulgarien** erhebt sich die Bevölkerung mit russischer Unterstützung gegen die türkische Herrschaft (4.5.). **Russland** schränkt den Gebrauch der ukrainischen Sprache auf den Alltag ein (18.5.). In Theatern, Musikstücken und Büchern ist sie verboten. **Spanien** gibt sich eine neue Verfassung und wird zur konstitutionellen Monarchie (24.5.). **Serbien** und **Montenegro** eröffnen den Kampf gegen das Osmanische Reich (1.6.). In der Schlacht am **„Little Big Horn“** erringen die vereinten Indianerstämme der Sioux und Cheyenne unter der Führung von Sitting Bull und Crazy Horse gegen eine Kavallerieabteilung des Generals George Armstrong Custer einen letzten großen Sieg (25.6.). **Colorado** wird 38. Bundesstaat der USA (1.8.). Nach militärischen Erfolgen der Osmanen auf dem **Balkan** fordert Zar Alexander II. Sultan Abdul Hamid II. zum Einstellen der Kampfhandlungen auf (30.10.). Aufgrund der drohenden Intervention schließt das Osmanische Reich einen Waffenstillstand mit Serbien (31.10.). Großbritannien und Frankreich übernehmen die Schuldenverwaltung des bankrotten **Ägypten** (18.11.). Die Weltausstellung findet in Philadelphia statt.

SCIENTIFIC AMERICAN

Alexander Graham Bells Telefon wird im *Scientific American* vorgestellt

1877

Politik

Die **Reichstagswahlen** bestätigen das Ergebnis von 1874 (10.1.). Die Nationalliberalen bleiben trotz geringer Verluste mit 27,2% der Stimmen stärkste Partei, gefolgt vom Zentrum (9,8%) und den Deutsch-Konservativen (9,8%), die sich deutlich erholen konnten. Die Sozialdemokraten setzen ihren Aufwärtstrend fort und erzielen 9,1%. In der Reichshauptstadt Berlin gelingt es ihnen gar, zwei der sechs zu vergebenden Mandate zu gewinnen. Die Wahlbeteiligung liegt bei 61,6%. Das **Gerichtsverfassungsgesetz** (GVG) tritt in Kraft (27.1.). Damit wird im gesamten Reichsgebiet die Jahrhunderte lang bestehende Patrimonialgerichtsbarkeit aufgehoben, wonach der Grundherr über seine Hörigen Recht sprach. Die **Strafprozessordnung** (StPO) tritt in Kraft (1.2.). Das Zentrum beantragt im Reichstag Änderungen der **Gewerbeordnung** (23.3.). Der „Antrag Galen" fordert u. a. das Verbot der Sonntagsarbeit und die Einschränkung der Gewerbefreiheit. **„Kanzlerkrise"** in Berlin (März). Kaiser Wilhelm I. lehnt Bismarcks Forderung nach der Entlassung von General Albert von Stosch, preußischer Staatsminister und Chef der Admiralität, ab („Affäre Stosch"). Bismarck zieht sich daraufhin in einen längeren Urlaub zurück (bis Februar 1878). Stosch, potenzieller Kanzlerkandidat von Kronprinz Friedrich III., ist Gegner von Bismarcks Innenpolitik. Die Sozialdemokraten bringen ihrerseits einen Änderungsantrag zur **Gewerbeordnung** in den Reichstag ein (11.4.). Sie verlangen die Abschaffung von Nacht- und Sonntagsarbeit sowie gesetzliche Regelungen zu Arbeitszeit, Mindestlohn und Arbeitsbedingungen. Der Reichstag debattiert über die Änderungsanträge von Zentrum und Sozialdemokraten zur **Gewerbeordnung** (16.–18.4.). Die Sitzung endet ergebnislos, die Vorlagen werden an einen Ausschuss weitergereicht. Im sog. **„Kissinger Diktat"** – benannt nach dem Kurort Bad Kissingen – umreißt Bismarck das Leitbild seiner Außenpolitik als einer „politischen Gesamtsituation, in welcher alle Mächte außer Frankreich unser bedürfen, und von Koalitionen gegen uns durch ihre Beziehungen zueinander nach Möglichkeit abgehalten werden" (15.6.). Das **„Reichspatentgesetz"** tritt in Kraft (1.7.). Die Sozialdemokraten nehmen erstmals an den Landtagswahlen in Sachsen teil (19.9.). Dabei gelingt es **Wilhelm Liebknecht** als erstem Vertreter seiner Partei, ein Direktmandat unter dem Zensuswahlrecht zu gewinnen. Seine Wahl findet allerdings keine Anerkennung, da er noch nicht drei Jahre sächsischer Staatsangehöriger ist. In der deutschen Innenpolitik bricht ein Streit über die **Wirtschafts- und Finanzpolitik** des Reichs aus. Während die Nationalliberalen den Freihandel befürworten, wendet sich Bismarck zunehmend den Konservativen zu, die eine Schutzzollpolitik fordern. Bismarck, der auf die Stimmen der Nationalliberalen angewiesen ist, versucht deren rechten Flügel für seine Politik zu gewinnen, indem er dem Fraktionsvorsitzenden der Nationalliberalen im Reichstag, **Rudolf von Bennigsen**, anbietet, sein Stellvertreter als Reichskanzler und preußischer Ministerpräsident zu werden (17.12.). Bennigsen, zugleich Präsident des preußischen Abgeordnetenhauses, verzichtet, nachdem seine Forderung, zwei weitere Nationalliberale in die Regierung zu übernehmen, von Wilhelm I. und Bismarck abgelehnt wurde.

Gottfried Keller

Johannes Brahms

Wirtschaft & Wissenschaft

Hermann Blohm und Ernst Voss gründen in Hamburg die erste deutsche Werft **„Blohm & Voss"** (5.4.). Mit dem In-Kraft-Treten des „Reichspatentgesetzes" entsteht in Berlin das **„Reichspatentamt"** (1.7.). Der Unternehmer Leopold Ullstein gründet den **„Ullstein Verlag"** (14.7.). Er kauft das bankrotte *Neue Berliner Tageblatt* und die *Berliner Zeitung* auf. Das Markenzeichen **„made in Germany"** entsteht durch die Einführung der Kennzeichnungspflicht ausländischer Waren in Großbritannien (23.8.).

Robert Koch gelingt die erste Anfertigung von Mikroskopiefotos von Mikroorganismen. Die Einführung der **gesetzlichen Fleischbeschau** verbessert die gesundheitshygienischen Verhältnisse.

Kunst & Kultur

Richard Wagner stellt den Text für sein Weihespiel *Parsifal* fertig (April), die Arbeiten an der Partitur beendet er 1882. Die *Symphonie Nr. 2, D-Dur* von **Johannes Brahms** wird in Wien uraufgeführt (30.12.). **Peter Rosegger** veröffentlicht sein autobiografisches Werk *Waldheimat*. Der Maler **Wilhelm Leibl** stellt die Gemälde *Das ungleiche Paar* und *Die Dorfpolitiker* fertig. **Friedrich Spielhagen** veröffentlicht den Roman *Die Sturmflut*. **Karl Emil Franzos** gibt seine Novellensammlung *Die Juden von Barnow* heraus. **Gottfried Kellers** Liebesgeschichte *Romeo und Julia auf dem Dorfe* erscheint.

Gesellschaft & Sport

Der **„Deutsche Schachbund“** (DSB) gründet sich in Leipzig (18.7.). **Karl Friedrich Zöllner** veröffentlicht seine *Abhandlung über den Spiritismus*. Der Spiritismus („Hellseherei“) entstand Mitte des Jahrhunderts in den USA und erfreute sich, nach Europa gekommen, auch in Deutschland zunehmender Beliebtheit. Fertigstellung der 40 km langen **„Berliner Ringbahn“** nach über 10-jähriger Bauzeit (15.11.). Der **Kartoffelkäfer** wird erstmals nach Europa und auch nach Deutschland eingeschleppt.

Weltgeschichte

Indien wird Kaiserreich, erste Kaiserin von Britisch-Indien ist die Königin Victoria (1.1.). Österreich-Ungarn und Russland verständigen sich in der **„Budapester Konvention“** über ihr Verhalten im Fall eines russisch-türkischen Krieges (15.1.). Österreich-Ungarn sichert seine Neutralität zu und erhält dafür das Recht, bei einem russischen Sieg Bosnien und Herzegowina zu besetzen. Großbritannien annektiert die Burenrepublik **Transvaal** (12.4.). **Russland** erklärt dem Osmanischen Reich den Krieg (24.4.). Der Sezessionskrieg in den **USA** ist endgültig beendet (24.4.): Mit dem Rückzug der letzten Bundestruppen aus New Orleans erhält der letzte Südstaat seine Souveränität zurück. **Rumänien** nutzt den Russisch-Türkischen Krieg, um sich vom Osmanischen Reich unabhängig zu erklären (21.5.). Der Amerikaner **Asaph Hall** entdeckt die Mars-Monde Phobos und Deimos, der Italiener **Giovanni Schiaparelli** kanalförmige Oberflächenformen auf dem Mars, worauf er die These über mögliches Leben auf dem Planeten aufstellt. In **Wimbledon** beginnt das erste Tennisturnier der Welt (9.7.). Der erste **„Wiener Opernball“** findet statt (11.7.). Die Afrikaexpedition des Briten **Henry Morton Stanley** erreicht die Kongomündung (8.8.). Die Russen erringen in der Schlacht um die Festung Plewen einen entscheidenden Sieg über die Türken (27.6.). Uraufführung von **Peter Tschaikowskys** *Schwanensee* in Moskau.

Sir Henry Morton Stanley

Kaiser Wilhelm II.

(1859–1941)

Leben

Wilhelm II. erblickte am 27.1.1859 als ältester Sohn des preußischen Kronprinzen Friedrich Wilhelm, später Kaiser Friedrich III., und der englischen

Wilhelm II.

„Princess Royal" Viktoria in Berlin das Licht der Welt. Infolge eines Geburtsfehlers blieb sein linker Arm verkürzt und fast gelähmt. Die Behinderung sorgte ebenso für seelische Störungen wie die lieblose und von Härte geprägte Erziehung, insbesondere durch seinen Lehrer, den calvinistischen Prinzenerzieher Georg Ernst Hinzpeter. Dessen Pflichteifer und unnachgiebige Strenge missachteten das kindliche Anlehnungsbedürfnis. In Wilhelms Erinnerungen heißt es: „Man mag über die Hinzpeter'sche Pädagogik denken, wie man will, – dass aber ein Unterricht, dem die Freude fehlt, von falschen psychologischen Voraussetzungen ausgeht, erscheint mir außer Zweifel. Denn freudlos wie das Wesen des pedantischen und herben Mannes mit der hageren dürren Figur und dem Pergamentgesicht, der im Kalvinismus groß geworden war, ebenso freudlos war seine Erziehungsmethode und freundlos die Jugendzeit, durch die mich die harte Hand des ‚spartanischen Idealisten' geführt hat." Wilhelm blickte auf eine im Ganzen verpfuschte Kindheit zurück, die keine Kindlichkeit duldete.

Nach dem Besuch des Gymnasiums in Kassel studierte er zwischen 1877 und 1879 in Bonn und diente gleichzeitig als Offizier im 1. Garde-Regiment zu Fuß, dem vornehmsten Preußens. Gerade die Studienjahre empfand Wilhelm als überaus glückliche Zeit. Schon damals sollte der Corpsstudent und junge preußische Leutnant seine Vorliebe für Kostüme und Uniformen, Hoffeste und Paraden, Prunk und militärisches Gepränge entwickeln. 1881 heiratete er Auguste Viktoria von Schleswig-Holstein-Sonderburg-Augustenburg.

Am 15.6.1888 schließlich bestieg Wilhelm II. den deutschen Kaiserthron, nachdem in einem Jahr Vater wie Großvater gestorben waren. Die Regierung übernahm er mit den Worten: „Ich bin entschlossen, Frieden zu halten mit jedermann, soviel an Mir liegt. Meine Liebe zum deutschen Heere und meine Stellung zu demselben werden mich niemals in Versuchung führen, dem Lande die Wohltaten des Friedens zu verkümmern, wenn der Krieg nicht eine durch den Angriff auf das Reich oder auf dessen Verbündete uns aufgedrängte Notwendigkeit ist. Unser Heer soll uns den Frieden sichern. Deutschland bedarf weder neuen Kriegsruhms noch irgendwelcher Eroberungen." Diese Friedensbeteuerungen konnten freilich nicht über seinen Hang zum Militärischen und seine Großmannssucht hinwegtäuschen. Ein wirklicher „Friedenskaiser", als den er sich selbst gerne bezeichnete, war Wilhelm nie.

Bismarck misstraute ihm von Anfang an. Das Aufeinandertreffen beider am Tag der Thronbesteigung konnte die bald zwischen ihnen aufbrechenden Spannungen nicht wirklich überspielen: Nach der Thronrede machte der 73-jährige Bismarck vor dem 29-jährigen Monarchen eine tiefe Verbeugung und küsste ihm die Hand, woraufhin der Kaiser die Hand des Reichskanzlers ergriff und mehrfach herzlich drückte. Wie so oft im Wilhelminischen Reich sollten

Theatralik und Wirklichkeit weit auseinander klaffen.
Richtig zur Geltung gelangte Wilhelm II., der gleichzeitig König von Preußen war, erst nach der Entlassung Otto von Bismarcks und der Ernennung Leo von Caprivis zum neuen Reichskanzler. Eine zeitgenössische Karikatur der englischen Zeitschrift *Punch* zeigt, wie der „Lotse" Bismarck das Schiff verlässt, auf dem ein junger, unerfahrener Kaiser zurückbleibt. Neben ihren so unterschiedlichen Persönlichkeiten und Temperamenten trugen vorrangig Meinungsunterschiede in zwei politischen Angelegenheiten zum Bruch zwischen Kanzler und Kaiser bei: im Innern die Sozialpolitik und in der Außenpolitik das Verhältnis zu Russland. Während Bismarck ein freundschaftliches Verhältnis zum Zarenreich als einen notwendigen Bestandteil seines kunstvollen Bündnissystems betrachtete, begegnete Wilhelm den Russen von Anfang an mit großem Misstrauen und wollte die Bande zu ihnen lockern.
Härter stießen Kaiser und Kanzler in Fragen der Sozialpolitik aufeinander. Wilhelm hielt das Sozialistengesetz für gescheitert, schließlich hätten die Sozialdemokraten trotz aller Verbote und Unterdrückungsmaßnahmen stetig an Stimmen und Anhängern gewonnen. Wilhelm II. verstand sich als Repräsentant einer neuen Zeit, er wollte einen „Neuen Kurs" steuern, der anfangs von sozialen Ideen – etwa zu einem besseren Arbeiterschutz – erfüllt und der modernen Technik wie Wissenschaft gegenüber aufgeschlossen war. Der Kaiser wollte die innenpolitische Stagnation während der letzten Jahre der Ära Bismarck aufbrechen. Sozialpolitisch indes fehlte ihm ein tieferes Verständnis für die Lage und Bedürfnisse der Arbeiterschaft. Der hoffnungsvolle Beginn hielt nicht, was er versprach. So überrascht es kaum, dass der von einem unsteten Gemüt beherrschte Kaiser bei einer Rekrutenvereidigung im November 1891 drastischer, als es Bismarck je ausgedrückt hätte, sagte: „Denket daran, dass die deutsche Armee gerüstet sein muss gegen den inneren Feind sowohl als gegen den äußeren. Mehr denn je hebt der Unglaube und Missmut sein Haupt im Vaterlande empor, und es kann vorkommen, dass ihr eure eignen Verwandten und Brüder niederschießen und -stechen müsst."

Wilhelm II. (Mitte) mit Paul von Hindenburg (links) und Erich Ludendorff (rechts)

Dies war ein Beispiel für die vielen unkontrollierten Reden und Taktlosigkeiten Wilhelms, ebenso wie für seine Neigung zu Überschwang, die letztlich seinem unausgeglichenen Wesen und einem seit der Kindheit anhaltenden Minderwertigkeitskomplex entsprang. Immer wieder suchte der Kaiser, diesen zu kompensieren – beispielsweise durch seine Marinebegeisterung. Die Flotte entwickelte sich zu Wilhelms Lieblingsobjekt. Ab 1898 förderte er tatkräftig das deutsche Flottenbauprogramm, um Deutschland als Weltmacht einen „Platz an der Sonne" zu sichern. Der Schlachtflottenbau ließ Nüchternheit vermissen und trug irrationale Züge, wurde von Omnipotenzfantasien beflügelt und war Ausdruck eines säbelrasselnden Imperialismus im Wilhelminischen Reich. Nachdem sich Frankreich und Russland bereits miteinander verbündet hatten, trug die fast wahnhafte Rüstung zur See dem Reich auch Englands Gegnerschaft ein. Am Ende stand das Deutsche Reich vor Ausbruch des Ersten Weltkriegs in der Mitte Europas isoliert da, sieht man von Österreich ab.
Offiziell übte Wilhelm II. zwischen 1914 und 1918 die Funktion des „Obersten Kriegsherrn" aus, doch in Wirklichkeit trat er zunehmend in den Hintergrund. Innenpolitisch hatte sein „persönliches Regiment" schon länger Schaden genommen. Die anhaltende Überforderung des Regenten wurde im Jahr 1908 während der sog. „Daily-Telegraph-Affäre" besonders deutlich. Reichskanzler Bernhard Fürst von Bülow stellte den Kaiser durch die nicht ausreichend korrigierte Veröffentlichung eines unbedachten Interviews in der konservativen britischen Tageszeitung bloß. Dies führte zu einem Vertrauensverlust zwischen Kaiser und Kanzler, der im Folgejahr von seinem Amt zurücktrat. Doch das änderte nichts an der schweren Erschüt-

terung des Ansehens der Monarchie und beflügelte Parlamentarisierungstendenzen. Wilhelm erlitt in jener Zeit einen Nervenzusammenbruch und erwog kurzzeitig seine Abdankung.
Zu diesem Schritt entschloss er sich indes erst zehn Jahre später. Auf Anraten der Obersten Heeresleitung flüchtete Wilhelm am 10.11.1918 nach Holland und unterzeichnete bald darauf – am 28.11. – die Thronentsagung. Ein Jahr nach dem Tod von Auguste Viktoria heiratete Wilhelm ein zweites Mal – die verwitwete Prinzessin Hermine von Schönaich-Carolath. Von seinem Landsitz im niederländischen Doorn aus drückte er antidemokratischen Bestrebungen im Reich wiederholt seine Sympathien aus. Im Jahr 1940 begrüßte er die siegreichen Truppen der Deutschen Wehrmacht in Doorn mit den Worten: „Da sind ja meine Soldaten!" Kurz vor seinem Tod leistete sich Wilhelm mit einem Glückwunschtelegramm an Hitler nach dem deutschen Sieg über Frankreich eine letzte Taktlosigkeit: „Unter dem tiefgreifenden Eindruck der Waffenstreckung Frankreichs beglückwünsche ich Sie und die gesamte deutsche Wehrmacht mit den Worten Kaiser Wilhelms des Großen von 1870: ‚Welche Wendung durch Gottes Fügung!' In allen Deutschen erklingt der Choral von Leuthen, den die Sieger von Leuthen, des großen Königs Soldaten anstimmten: Nun danket alle Gott." Am 4.6.1941 starb Wilhelm im Exil, ohne auf die Politik in Deutschland nochmals Einfluss geübt zu haben. Auf Veranlassung Hitlers wurde er in der Nähe des Doorner Schlosses mit militärischen Ehren beigesetzt.

Wilhelm II. macht Papst Leo XIII. seine Aufwartung

Würdigung

Das Jahr 1890 war eine Zäsur – nicht nur für die deutsche, sondern auch für die europäische Geschichte. Am 20.3. jenes Jahres wurde Otto von Bismarck als Kanzler des wesentlich von ihm begründeten Deutschen Reichs entlassen. Erst jetzt begann die Wilhelminische Epoche, nach Kaiser Wilhelm II. benannt, der bereits von 1888 an das Zepter führte. Zugleich endete eine Periode der Berechenbarkeit und Balance – außenpolitisch zumal: ein sprunghafter und kriegslüsterner Kaiser an der Spitze eines Obrigkeitsstaates, verantwortlich für den Ersten Weltkrieg und die Unausweichlichkeit der „deutschen Katastrophe"? In einer solchen Darstellung steckt viel Wahres, wenn sie auch eine vereinfachende, retrospektive Interpretation präsentiert – das Kaiserreich einzig als Etappe eines Sonderwegs in den Abgrund von zwei Weltkriegen und dem Dritten Reich. Man macht es sich zu leicht, Wilhelm II. einfach zum Sündenbock zu stempeln. Zwar hat er in seinen Reden nicht selten nach der Weltmacht gegriffen, aber an der Diplomatie vor Kriegsausbruch und der Kriegsführung, die in den Händen von Paul von Hindenburg und Erich Ludendorff lag, wenig Anteil gehabt. Schon im November 1914 äußerte er gegenüber dem späteren letzten deutschen Reichskanzler Prinz Max von Baden bei dessen Besuch im Hauptquartier: „Der Generalstab sagt mir gar nichts und fragt mich auch nicht. Wenn man sich in Deutschland einbildet, dass ich das Heer führe, so irrt man sich sehr. Ich trinke Tee und säge Holz und gehe spazieren, und dann erfahre ich von Zeit zu Zeit, das und das ist gemacht, ganz wie es den Herren beliebt.“ Der Kaiser ist aber mitnichten von jeglicher Verantwortung freizusprechen; schließlich hat Wilhelm II. zur deutschen Selbstüberschätzung und einer Militarisierung der öffentlichen Meinung beigetragen.

Zwischen der Bismarck-Ära und dem Wilhelminismus besteht ein Bruch, allerdings in zweierlei Hinsicht: Zum einen hat schon Wilhelms militärisch geprägte Sprache im Unterschied zu Bismarcks ziviler Sprechweise gestanden und eine Gesellschaft in einer Art von Uniform-Bann symbolisiert. Das Militärische reichte sogar bis in den Reichstag hinein: „Das deutsche Parlament“, meinte der liberale Abgeordnete Ludwig Bamberger einmal, „ist das Einzige auf der Welt, in welchem die Minister und ihre Vertreter mit dem Säbel an der Seite erscheinen und mit der Hand auf dem Degenknauf ihre Reden halten.“

Zum anderen aber hat Wilhelm, Modernität und Fortschritt gegenüber durchaus aufgeschlossen, die Herrschaft eines altersstarren Reichskanzlers abgelöst. Nur verspielte der Kaiser rasch den hoffnungsvollen Beginn, der beispielsweise durch die Abschaffung des Sozialistengesetzes oder zwei Erlasse zur Sozialpolitik gekennzeichnet war. Im Juni 1891 erhielt er sogar Zuspruch des Führers der bayerischen Sozialdemokraten, Georg von Vollmar, der das „Unbewegliche“ der Bismarck'schen Politik „in Bewegung gekommen“, die „frühere Erstarrung“ aufgebrochen sah.

Doch schon bald sorgte das unausgeglichene und impulsive Wesen des Regenten für eine Wende zum Schlechteren. Sie fand deutlichen Ausdruck in einer martialischen Rhetorik, die im Gegensatz zur friedlichen Realität stand. Um nur eine Kostprobe aus dem Jahr 1899 zu geben: „Ehe nicht die sozialdemokratischen Führer durch Soldaten aus dem Reichstag herausgeholt und füsiliert sind, ist keine Besserung zu erhoffen.“

Der letzte deutsche Monarch besaß einen schwankenden, unberechenbaren Charakter. Er war ein Kaiser der Widersprüche, der zugleich ein Spiegelbild der Deutschen bildete. Es fand ein regelrechter Identifikationsprozess zwischen Wilhelm und seinem Volk statt, das nach einer nationalen Symbolfigur ebenso suchte wie er für den Geist der Zeit und Anerkennung empfänglich war. Insofern prägte der Kaiser die gesamte Epoche. Es war eine ambivalente Zeit, und das Mehrdeutige wie Zwiespältige kennzeichnet auch die Biografie des Kaisers: Wilhelm war Ikone einer Zeit, die zwischen Altem und Neuem, Rückschrittlichkeit und Modernisierung, zwischen Aufbruch und Umbruch, Selbstsicherheit und Zweifel, zwischen Fortschrittsoptimismus und Kulturpessimismus, schließlich zwischen der Rationalität wissenschaftlich-technischer Innovation und der Irrationalität, ja dem Wahn des Schlachtflottenbaus schwankte. Es waren diese Gegensätze, welche die eigentümliche, letztlich explosive Mischung des Reichs nach 1890 ausmachten. Wilhelm II. war sein erster Repräsentant.

Alexander Gallus

B.Z. am Mittag

Nr. 263 Berliner Zeitung 42. Jahrgang — 1 Uhr Sonnabend 9. November 1918

Der Kaiser hat abgedankt.

Thronverzicht des Kronprinzen — Ebert wird Reichskanzler — Einberufung einer Nationalversammlung

Nach Rücktritt der Sozialdemokraten.

Sämtliche sozialdemokratischen Mitglieder, Staatssekretär Scheidemann und die Unterstaatssekretäre Dr. David, Bauer, Schmidt und August Müller, sind, wie wir erfahren, heute vormittag aus der Regierung ausgetreten.

Damit ist eine völlige Aenderung der innerpolitischen Lage eingetreten. Das ...

Berlin, 9. November.

Amtlich durch W. T. B.

Der Kaiser und König hat sich entschlossen, dem Throne zu entsagen.

Der Reichskanzler bleibt noch so lange im Amte, bis die mit der Abdankung des Kaisers, dem Thronverzicht des Kronprinzen des Deutschen Reiches und von Preußen und der Einsetzung der Regentschaft verbundenen Fragen geregelt sind.

Er beabsichtigt, dem Regenten die Ernennung des Abgeordneten Ebert zum Reichskanzler und die Vorlage eines Gesetzentwurfes wegen der sofortigen Ausschreibung allgemeiner Wahlen für die verfassunggebende deutsche Nationalversammlung vorzuschlagen, der es obliegen würde, die künftige Staatsform des deutschen Volkes einschließlich der Volksteile, die ihren Eintritt in die Reichsgrenzen wünschen sollten, endgültig festzustellen.

Der Reichskanzler
Max, Prinz von Baden.

Im Großen Hauptquartier

Der Staatssekretär des Auswärtigen ... Dr. Solf, und der Chef des ... Dr. v. Delbrück treffen, wie wir hören, vormittag im Großen Hauptquartier ...

Deutsche Republiken

Die *Berliner Zeitung* vom 9.11.1918

1878

Politik

Berliner Kongress (Juni–Juli 1878)

Der evangelische Hofprediger Adolf Stoecker gründet in Berlin die **„Christlichsoziale Arbeiterpartei“** (5.1.). Ihr Ziel, die Arbeiterschaft von der Sozialdemokratie abzubringen, erreicht sie nicht. 1881 nennt sie sich in „Christlich-soziale Partei“ um und verfällt dem Antisemitismus. Vor dem Reichstag erklärt Bismarck, er stünde als **„ehrlicher Makler“** für eine Vermittlung zwischen den Mächten in der Orientkrise bereit (19.2.). Das sog. **„Stellvertretergesetz“** schafft das Amt des Vizekanzlers (17.3.). Seine Ernennung obliegt dem Kaiser, seine Befugnisse gleichen denen des Reichskanzlers. Der **Attentatsversuch** des geistesgestörten Klempnerlehrlings Max Hödel auf Kaiser Wilhelm I. in Berlin „Unter den Linden“ scheitert, der Kaiser bleibt unverletzt (11.5.). Bei einem erneuten **Attentatsversuch** in Berlin „Unter den Linden“ wird der in seiner Kutsche vorbeifahrende Kaiser Wilhelm I. durch die Schüsse aus der Schrotflinte des Bauern Karl Eduard Nobiling schwer verletzt, überlebt aber trotz hohen Blutverlustes (2.6.). Unter der Leitung Bismarcks findet der sog. **„Berliner Kongress“** statt (13.6.–13.7.). Teilnehmer sind Großbritannien, Frankreich, Russland, Deutschland, Österreich-Ungarn, Italien und das Osmanische Reich. Der Kongress revidiert den zwischen Türken und Russen geschlossenen Vorfrieden von San Stefano (3.3.), da sich Großbritannien und Österreich-Ungarn vom russischen Machtzuwachs bedroht sehen. Großbritannien erhält Zypern, Russland Bessarabien, muss aber auf Großbulgarien verzichten, das dem Osmanischen Reich tributpflichtig bleibt. Serbien und Montenegro werden selbstständig. Österreich-Ungarn bekommt das Okkupationsrecht für Bosnien und Herzegowina zugesprochen. Obwohl als diplomatischer Erfolg Bismarcks gewertet, zieht der Kongress eine Verschlechterung der deutsch-russischen Beziehungen und eine Verschärfung des russisch-österreichischen Konflikts nach sich. Der Reichstag verabschiedet eine neue **Gewerbeordnung** (17.7.). Danach ist die **Kinderarbeit** bis auf die Landwirtschaft und Heimarbeit verboten, wird aber für Kinder unter 14 Jahren auf 6 Stunden und für Kinder von 14 bis 16 Jahren auf 10 Stunden täglich begrenzt. Die vorgezogenen **Reichstagswahlen** bringen ein überraschendes Ergebnis (30.7.): Die Nationalliberalen müssen starke Verluste hinnehmen und landen gleichauf mit dem Zentrum bei 23,1% der Stimmen. Gewinner der Wahl sind die konservativen Parteien („Deutschkonservative Partei“ und „Deutsche Reichspartei“) mit 13,0 und 13,6%. Die Sozialdemokraten, die sich seit der letzten Reichstagswahl einer Pressekampagne ausgesetzt sehen, fallen auf 7,6% zurück. Die Wahlbeteiligung liegt bei 63,4%. Mit den Stimmen der Nationalliberalen und Konservativen verabschiedet der Reichstag das „Gesetz gegen die gemeingefährlichen Bestrebungen der Sozialdemokratie“ (21.10.). Das sog. **„Sozialistengesetz“** verbietet unter Androhung der Verfolgung und Verhaftung alle sozialdemokratischen, sozialistischen und kommunistischen Vereinigungen und Aktivitäten. Es gilt zunächst für zwei Jahre. Die Reichstagsmandate der Sozialdemokraten bleiben jedoch erhalten.

Wirtschaft & Wissenschaft

Robert Koch veröffentlicht seine *Untersuchungen über die Aetiologie der Wundinfectionskrankheiten*. **Friedrich Engels** gibt seine volkswirtschaftliches Werk *Herrn Eugen Dührings Umwälzung der Wissenschaft* heraus, in der er seine Lehre vom wissenschaftlichen Kommunismus entwickelt. **Julius Robert von Mayer** stirbt im Alter von 64 Jahren in Heilbronn (20.3.). Er gilt als Entdecker des Energieerhaltungsgesetzes. **Ernst Abbe** gelingt die Konstruktion eines Mikroskops mit homogener Ölimmersion, das eine wesentliche Verbesserung der Auflösung ermöglicht. In der Augsburger Maschinenfabrik wird erstmals die **Schnellpresse** in der Druckerei eingesetzt.

Kunst & Kultur

Theodor Storm veröffentlicht seine Novelle *Carsten Curator*. **Theodor Fontanes** *Vor dem Sturm* erscheint. Der Schriftsteller und Dramaturg **Karl Gutzkow** stirbt im Alter von 67 Jahren in Frankfurt a. M. (16.12.). Er gilt als einer der Hauptpersonen der literarischen Bewegung des „Jungen Deutschland". Der Philosoph **Friedrich Nietzsche** gibt sein Werk *Menschliches, Allzumenschliches. Ein Buch für freie Geister* heraus. Der Maler **Wilhelm Leibl** beginnt die Arbeit an seinem Gemälde *Drei Frauen in der Dorfkirche*. **Adolph Friedrich Erdmann von Menzel** vollendet sein Werk *Das Ballsouper*.

Wilhelm Leibl: *Drei Frauen in der Dorfkirche*

Gesellschaft & Sport

Heinrich von Treitschkes *Der Sozialismus und der Meuchelmord* erscheint. Der Lebensphilosoph **Rudolf Eucken** veröffentlicht seine Abhandlung *Geschichte und Kritik der Grundbegriffe der Gegenwart*. In Gotha geht das **erste europäische Krematorium** in Betrieb. Die Kirchen protestieren heftig, die Katholische Kirche droht gar mit Exkommunikation. Deutsches Patent auf ein „Perpetuum mobile". Der **erste deutsche Fußballverein**, der „Fußballverein 1878 Hannover", wird gegründet. Die Rollschuhhallenbahn in Berlin eröffnet.

Weltgeschichte

Leo XIII.

Eine Reihe revolutionärer Ausschreitungen in **Russland** führten zum ersten großen Schauprozess gegen die Aufständigen (23.1.). Terror wird zur Normalität in Russland. Nach dem Tod von Papst Pius IX. (7.2.) folgt Vincenzo Gioacchino Graf Pecci als **Leo XIII.** auf den Heiligen Stuhl (20.2.). Der Vertrag von Zanjón beendet den Aufstand der Kreolen in **Kuba** (10.2.). Das Land bleibt unter spanischer Herrschaft, die Sklaverei wird abgeschafft. Mit dem **Vorfrieden von San Stefano** endet der 8. Russisch-Türkische Krieg (3.3.). Die Vereinbarungen werden durch den „Berliner Kongress" wieder aufgehoben. Der „Allgemeine Postverein" nennt sich in Paris zum **„Weltpostverein"** um (1.6.). Britisch-indische Truppen marschieren in Afghanistan ein und entfachen den 2. **Britisch-Afghanischen Krieg** (21.11.). **Papst Leo XIII.** verurteilt in seiner Enzyklika *Quod Apostolici muneris* die sozialdemokratische Bewegung als „Pestseuche" (28.12.). In Paris findet die **Weltausstellung** statt. Der französische Mediziner **Louis Pasteur** veröffentlicht sein Werk *Die Mikroben*. Der britische Methodististen-Pfarrer William Booth gibt der von ihm 1865 gegründeten **Heilsarmee** militärische Strukturen. **David Hughes** baut das erste Kohlemikrofon. Die elektrische **Straßenbeleuchtung** erhellt die Straßen Londons. Der Schotte **Dugald Clerk** konstruiert den ersten Zweitaktmotor. Die Weltausstellung findet in Sydney statt. In **Palästina** entsteht die erste jüdische Siedlung.

1879

Politik

Das sog. **„Maulkorbgesetz“** zur Einschränkung der Redefreiheit im Parlament scheitert im Reichstag (7.3.). Die **Zivilprozessordnung** tritt in Kraft (24.3.). **Machtkampf** zwischen Nationalliberalen und Konservativen. Der nationalliberale Reichstagspräsident und Berliner Oberbürgermeister **Max von Forckenbeck** tritt aus Protest gegen den wirtschafts- und finanzpolitischen **Kurswechsel** (Schutzzollpolitik) Bismarcks zurück (20.5.). Nachfolger ist der Deutschkonservative **Otto Theodor von Seydewitz**. Nach dem ebenfalls zurückgetretenen Nationalliberalen **Franz August Freiherr Schenk von Stauffenberg** übernimmt mit **Georg Arbogast von und zu Franckenstein** ein bayerischer Zentrumspolitiker das Amt des Reichstagsvizepräsidenten (23.5.). Eine Entspannung des Kulturkampfes deutet sich an. Der Rücktritt des liberalen preußischen Kulturministers **Adalbert Falk** leitet das Ende des Kulturkampfs ein (7.7.). Reichskanzler **Otto von Bismarck** spricht sich in seiner Rede zum Zolltarifgesetzentwurf für eine Abkehr vom Freihandel zum Schutz der deutschen Wirtschaft aus (9.7.). Der Reichstag verabschiedet mit den Stimmen der Deutschen Reichspartei, der Konservativen und des rechten Flügels der Nationalliberalen die **Gesetze zur Schutz- und Finanzpolitik** (12.7.). Sie erheben Schutzzölle auf ausländische Waren und erhöhen die Tabaksteuer. Die Schutzzollfrage spaltet die Nationalliberalen. Der Konservative **Robert von Puttkamer** wird preußischer Kultusminister (14.7.). Die sog. **„Franckensteinsche Klausel“** findet Aufnahme in die Schutzzollgesetze (15.7.). Sie war eine Zustimmungsbedingung des Zentrums zu den Gesetzen und sieht vor, alle Einnahmen aus den Schutzzolltarifen, die 130 Mio. Mark übersteigen, den Bundesstaaten zuzuführen. Zar Alexander II. beklagt im sog. **„Ohrfeigenbrief“** an Kaiser Wilhelm I. das deutsche Verhalten im Berliner Kongress und die deutsche Schutzzollpolitik. Er droht mit einem Kurswechsel der russischen Außenpolitik (15.8.). **Bismarck** versucht angesichts der deutsch-russischen Verstimmungen in mehreren Denkschriften, Wilhelm I. von der Notwendigkeit eines Bündnisses mit Österreich-Ungarn zu überzeugen (24.8.–24.9.). **Bündnisverhandlungen** zwischen Bismarck und dem österreich-ungarischen Außenminister **Graf Gyula Andrássy** in Wien (24.9.). Das neu geschaffene **Reichsgericht in Leipzig** nimmt als oberste Gerichtsinstanz seinen Dienst auf (1.10.). Unterzeichnung des geheimen **Zweibundvertrages** zwischen Deutschland und Österreich-Ungarn in Wien (7.10.). In dem Defensivbündnis sichern sich beide Mächte gegenseitigen Beistand im Falle eines russischen Angriffs oder der Unterstützung eines Angriffs durch Russland zu. Der Berliner Historiker **Heinrich von Treitschke** prägt in dem Artikel *Unsere Aussichten* in den von ihm veröffentlichten *Preußischen Jahrbüchern* den Ausspruch „Die Juden sind unser Unglück“ (November). Seine antisemitischen Positionen lösen heftigen Widerspruch aus. Prominentester Gegner im sog. **„Antisemitismusstreit“** ist der

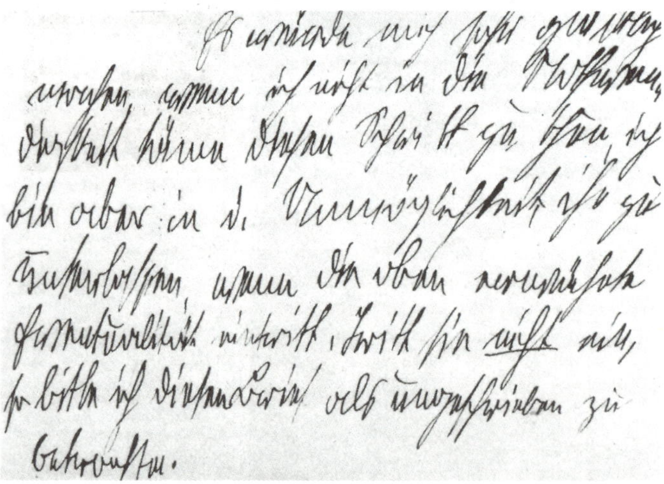

Auszug aus der schriftlichen Rücktrittsandrohung Bismarcks gegenüber Wilhelm I. anlässlich des Zweibundvertrages mit Österreich

Werner von Siemens

Historiker **Theodor Mommsen**. Die **preußischen Landtagswahlen** bringen eine politische Wende: Die Konservativen können ihre Sitze mehr als verdoppeln (von 41 auf 110) und stellen die stärkste Fraktion, die Nationalliberalen brechen ein (von 169 auf 85 Sitze).

Wirtschaft & Wissenschaft

Ernst Werner von Siemens stellt die erste elektrogetriebene Grubenlokomotive und die erste elektrische Gesteinsbohrmaschine vor (31.5.). Der Duisburger „Hörder-Verein" wendet erstmals in Deutschland das sog. **„Thomasverfahren"** bei der Stahlerzeugung an (22.9.). Durch das Verfahren, bei dem als Nebenprodukt das Düngemittel „Thomasschlacke" entsteht, können die phosphorhaltigen deutschen Erze für die Verhüttung gewonnen werden. Der preußische Landtag beschließt den Ankauf von privaten Eisenbahnen (20.12.). Es beginnt die **Verstaatlichung der Eisenbahn**. **Heinrich von Treitschke** veröffentlicht den ersten Band der *Deutschen Geschichte im 19. Jahrhundert*. Den Chemikern **Constantin Fahlberg** und **Ira Remsen** gelingt die Herstellung des künstlichen Süßungsmittels **Saccharin**.

Kunst & Kultur

Julius und **Heinrich Hart** geben den ersten *Deutschen Literaturkalender* heraus. Der Baumeister **Gottfried Semper**, Architekt des Wiener Burgtheaters, stirbt im Alter von 74 Jahren in Rom (15.5.). **Max Liebermann** stellt das Gemälde *Der zwölfjährige Jesus im Tempel unter den Schriftgelehrten* fertig. **Wilhelm Buschs** Bildergeschichte *Fips der Affe* erscheint. **Wilhelm Raabe** gibt die *Krähenfelder Geschichten* heraus. **Theodor Storm** veröffentlicht *Eekenhof*.

Gesellschaft & Sport

In München eröffnet nach den Plänen des Mediziners **Max Josef von Pettenkofer** das **erste Hygiene-Institut der Welt**. **August Bebel** veröffentlicht in Leipzig illegal das gesellschaftskritische Werk *Die Frau und der Sozialismus*, in dem er die Befreiung und Gleichberechtigung der Frau fordert. Der Journalist **Wilhelm Marr** entwickelt in seinen antijüdischen Veröffentlichungen den Begriff „Antisemitismus". ***Der Wachturm***, Zeitschrift der Religionsgemeinschaft der „Ernsten Bibelforscher" („Zeugen Jehovas"), erscheint. In Frankfurt a. M. eröffnet die **erste deutsche Markthalle**.

Weltgeschichte

Édouard Manet

Frankreich: Die Republikaner gewinnen die Wahlen zum Abgeordnetenhaus (5.1.). Staatspräsident **Patrice Mac Mahon** tritt daraufhin zurück, Nachfolger ist der Republikaner **Jules Grévy.** Der sog. **„Salpeterkrieg"** zwischen Chile sowie Bolivien und Peru beginnt (5.4.). Die bulgarische Nationalversammlung wählt den hessischen Prinzen Alexander von Battenberg zum Fürsten **Alexander I. von Bulgarien** (29.4.). Großbritannien sichert sich im **2. Britisch-Afghanischen Krieg** die Kontrolle über die Pässe und die außenpolitische Vertretung des Landes (19.5.). Schlacht bei Ulundi zwischen Großbritannien und den Zulu (4.7.). **Zululand** wird dem britischen Imperium einverleibt. Aufstände in **Afghanistan**. Die britischen Diplomaten werden aus Kabul vertrieben (10.12.). Der Amerikaner **Thomas Alva Edison** baut die erste Kohlefaserglühlampe und führt die Schraubfassung ein (Oktober). Belgien beginnt mit der Eroberung des Kongo. Die **Weltausstellung** findet in Sydney statt. **Peter Tschaikowsky** komponiert die Oper *Eugen Onegin*. Der französische Maler **Édouard Manet** vollendet sein impressionistisches Werk *Wintergarten*.

1880

Politik

Preußen führt eine **Rechtschreibreform** durch (27.1.). Deutschland und Russland führen in Berlin Sondierungsgespräche über die Verlängerung des „Dreikaiserabkommens“ von 1873 (31.1.–1.2.). Der Reichstag verlängert die **Heeresvorlage** um weitere 7 Jahre (16.4.). Es sieht eine Aufstockung der Friedensstärke des Heeres um 26.000 Mann und jährliche Reserveübungen vor. Mit knapper Mehrheit lehnt der Reichstag die sog. **„Samoavorlage“** ab (27.4.). Das Scheitern des Gesetzes, das Kredite für koloniale Erwerbungen versprach, löste in der vom Kolonialfieber ergriffenen deutschen Bevölkerung große Entrüstung aus. **August Bebel** begründet in seinem Artikel *Erwiderung* in der Zeitschrift *Sozialdemokrat* die antimilitärische Haltung der Sozialdemokraten (18.4.). Der Abgeordnete der Deutschen Fortschrittspartei, **Rudolf Virchow**, fordert die Aufnahme der bürgerlichen Grundrechte in die Reichsverfassung (29.4.). Zugleich spricht er sich für eine klare Abgrenzung seiner Partei zu den Nationalliberalen aus. Der preußische Landtag hebt das sog. „Brotkorbgesetz“ auf (14.7.). Es ist das erste der sog. **„Milderungsgesetze“** zur Abschwächung der Kulturkampfmaßnahmen. Die SAP reagiert auf die „Sozialistengesetze“. Auf einem Kongress im Schweizer Wyden organisieren die Sozialdemokraten die illegale Parteiarbeit (20.–23.8.). **Wilhelm Hasselmann**, Gegner der neuen Strategie, wird aus der Partei ausgeschlossen. Die Zeitung „Sozialdemokrat“ fungiert fortan als offizielles Parteiorgan. **Spaltung der Nationalliberalen Partei** (28.8.). Als Reaktion auf die Hinwendung der Nationalliberalen zur Schutzzollpolitik und der Abkehr von den Kulturkampfmaßnahmen spaltet sich der linke Flügel um **Franz August Freiherr Schenk von Stauffenberg** und **Ludwig Bamberger** von der Partei ab und bildet die **„Liberale Vereinigung“**. Die sog. **„Sezessionisten“** befürworten die Aufrechterhaltung des Freihandels und erhalten vor allem die Unterstützung der Finanz- und Kapitalgesellschaften. Die Nationalliberalen können sich von dieser Schwächung nicht mehr erholen. Gespräche zwischen **Bismarck** und dem österreichischen Außenminister **Heinrich Freiherr von Heymerle** offenbaren die Schwierigkeit der Verlängerung des „Dreikaiserabkommens“ angesichts der Interessensgegensätze auf dem Balkan zwischen der Donaumonarchie und dem Zarenreich (4./5.9.). Reichskanzler **Bismarck** übernimmt neben dem Amt des preußischen Ministerpräsidenten und Außenministers das des Handelsministers, um wirtschafts- und sozialpolitische Maßnahmen besser koordinieren zu können (16.9.). Die andauernden sozialen Missstände führen zu **Arbeiterunruhen** in Hamburg-Altona. Der Senat verhängt daraufhin den „kleinen Belagerungszustand“ über Hamburg und verweist sozialdemokratische Politiker der Stadt (24.10.). Deutsch-russische Verhandlungsgespräche enden angesichts der russisch-österreichischen Gegensätze ergebnislos (28.11.). Der Hofprediger und Politiker **Adolf Stoecker**, Vorsitzender der Christlichsozialen Arbeiterpartei, gründet die **„Berliner Bewegung“**, eine Vereinigung, die sich ganz dem Antisemitismus und dem Kampf gegen die Sozialdemokratie verschrieben hat.

Johannes Brahms

Wirtschaft & Wissenschaft

Der Firmengründer und Namensgeber der „Farbenfabriken Friedrich Bayer & Co“ (1863 gegr.), **Friedrich Bayer**, stirbt im Alter von 54 Jahren in Würzburg (6.5.). Nach sechsjähriger Bauzeit weiht Kaiser Wilhelm I. in Berlin den neuen **Anhalter Bahnhof** ein (15.6.). Auf einer Ausstellung in Mannheim stellt die Firma **Siemens** den ersten elektrischen Aufzug vor. Die Reichspost führt den **Fernsprecher** ein. Der Bakteriologe **Carl Joseph Eberth** entdeckt den Typhus-Erreger. **Wilhelm Carl Raydt** gelingt die Verwendung von Kohlensäure als Druckmittel. Er schafft damit die Grundlage für den Druckausschank und die Herstellung kohlensäurehaltiger Getränke.

Kunst & Kultur

632 Jahre nach der Grundsteinlegung feierliche Einweihung des **Kölner Doms** mit einem großen Stadtfest und im Beisein Kaiser Wilhelms I. (15.10.). Die Bauarbeiten waren zu Beginn des 16. Jahrhunderts abgebrochen und erst 1842 wieder aufgenommen worden. Der Philologe **Konrad Duden** legt mit der Veröffentlichung seines *Orthographischen Wörterbuches der deutschen Sprache* die Grundlage für die Vereinheitlichung der deutschen Rechtschreibung. **Theodor Storm** veröffentlicht die Novelle *Die Söhne des Senators*. Der Komponist **Johannes Brahms** vollendet die Klavierstücke *Ungarische Tänze*.

Gesellschaft & Sport

Eröffnung der **Pferdebahn** in Potsdam (13.5.). Die Armenpflege organisiert sich. Vertreter karitativer Einrichtungen gründen in Berlin den **„Deutschen Verein für Armenpflege und Wohltätigkeit“**. Entstehung des **„Schlafgängerwesens“** aufgrund akuter Wohnungsnot. Obdachlose Arbeiter und Handwerksgesellen mieten sich einen privaten Schlafplatz an. Der Großteil der Vermieter sind kinderreiche Familien. Die ersten **Warenhäuser** eröffnen in Deutschland. Das erste deutsche Handbuch mit **Fußball-Regeln** erscheint.

Kölner Dom (Zustand von 1824)

Weltgeschichte

Louis Pasteur

Papst Leo XIII. verteidigt in seiner Enzyklika *Arcanum divinae sapientiae* die christliche Ehe und spricht sich gegen die Gleichberechtigung der Frau aus (10.2.). Die französische Regierung setzt das seit 1830 bestehende Verbot des **Jesuitenordens** durch (30.3.). Der britische Premierminister **Benjamin Disraeli** tritt nach der Niederlage seiner Konservativen bei den Unterhauswahlen zurück. Der Liberale **William Gladstone** ist sein Nachfolger (18.4.). Der 14.7. wird in Erinnerung an die Revolution von 1789 per Gesetz zum **Nationalfeiertag der Französischen Republik** (6.7.). Die französische Nationalversammlung gewährt den Teilnehmern des Kommuneaufstandes Amnestie (10.7.). Der **2. Britisch-Afghanische Krieg** endet mit dem Sieg der Briten am Baba Wali (1.9.). Protektoratsvertrag zwischen Frankreich und dem **Teke-Reich** am Kongo (10.9.). Brazzaville wird als französischer Stützpunkt gegründet. Annektion **Tahitis** durch Frankreich (30.12.). Die **Weltausstellung** findet in Melbourne statt. **Louis Pasteur** findet den Erreger der Hühnercholera. **Lewis Wallace** veröffentlicht seinen Roman *Ben Hur*. Die Schweizer Schriftstellerin **Johanna Spyri** beginnt mit der Herausgabe der „Heidi-Geschichten“. Der erste Band der Bestseller-Reihe heißt *Heidis Lehr- und Wanderjahre*. Studenten gründen in Montreal den „McGill University Hockey Club“, den **ersten Eishockeyclub** der Welt (heute „Montreal Canadiens“).

1881

Politik

Versuch der **Sozialgesetzgebung**. Reichskanzler Otto von Bismarck bringt einen Gesetzentwurf über die **Unfallversicherung** der Arbeiter in den Reichstag ein (15.1.). Er sieht die Einrichtung einer Reichsversicherungsanstalt und die staatliche Bezuschussung der Versicherungsprämien vor. Das Gesetz stößt auf heftigen Widerstand der Parlamentarier („Subventionierung der Armen"). Der auf Initiative Bismarcks gebildete preußische **„Volkswirtschaftsrat"** tritt erstmals zusammen (27.1.). Er besteht aus Vertretern von Industrie, Landwirtschaft und Politik, dient der Koordinierung der Wirtschaftspolitik und soll nach Bismarcks Vorstellung Vorbildwirkung für das Reich entfalten. Bismarck verteidigt in einer Reichstagsrede seinen Vorstoß zur **Unfallgesetzgebung** und appelliert an die soziale Verantwortung der Parteien (2.4.). Das Gesetz **scheitert** allerdings im Reichstag wie im Bundesrat. Vor dem Reichstag brandmarkt **Bismarck** die ablehnende Haltung des Parlaments gegenüber den Unfallgesetzen (5.5.). Den Abgeordneten wirft er Realitätsverlust und unverantwortliches Verhalten gegenüber den Wählern vor. Auf Beschluss der Hamburger Bürgerschafft tritt die Stadt dem deutschen Zollverein bei (15.6.). Deutschland, Russland und Österreich-Ungarn erneuern in Berlin das sog. **„Dreikaiserbündnis"** (18.6.). Die Monarchien sichern sich in dem Geheimvertrag gegenseitige Neutralität im Falle eines Krieges eines Vertragspartners mit einer anderen Macht zu. Zugleich akzeptieren Deutschland und Russland die Annektion Bosniens und Herzegowinas durch Österreich-Ungarn. Nach **Arbeiterunruhen** wird der „kleine Belagerungszustand" über Leipzig verhängt. Führende Sozialdemokraten, unter ihnen Wilhelm Liebknecht und August Bebel, müssen die Stadt verlassen (28.6.). Der national eingestellte „Verband der Vereine Deutscher Studenten", der sog. **„Kyffhäuserverband"**, gründet sich (8.8.). Die **Reichstagswahlen** bringen den konservativen Parteien und den Nationalliberalen deutliche Verluste ein (27.10.). Die Nationalliberalen fallen auf 14,6% der Stimmen zurück. Die stärkste Fraktion stellt das Zentrum (23,2%), Gewinner sind die linksliberalen Parteien „Liberale Vereinigung" und „Deutsche Fortschrittspartei" (8,4 und 12,8%). Die Sozialdemokraten erlangen trotz Verbot 6,1%. Die Wahlbeteiligung liegt bei 56,3%. Bismarck muss fortan mit wechselnden Mehrheiten regieren.

Leopold von Ranke

Die erste elektrische Straßenbahn Deutschlands

Robert von Puttkammer übernimmt das Amt des preußischen Innenministers, Reichstagspräsident **Gustav von Gossler** folgt ihm im Amt des preußischen Kultusministers. Eine **„kaiserliche Botschaft"** an den Reichstag kündigt Sozialgesetze zu Unfall, Krankheit, Rente und Invalidität an (17.11.). Das sozialdemokratische Zentralorgan „Sozialdemokrat" veröffentlicht unter der Überschrift „Entweder – Oder" einen Leitartikel, der dem ehemaligen Parteivorsitzenden **Wilhelm Hasselmann**, der sich von der illegalen Arbeit der Partei distanzierte, Verrat an den Arbeitern vorwirft. Der Reichstag verweigert Bismarck die benötigten finanziellen Mittel zur Bildung eines **„Reichsvolkswirtschaftsrates"** (Dezember).

Wirtschaft & Wissenschaft

Karl Julius Ploetz, bekannt durch die Herausgabe der Ploetz-Nachschlagewerke, stirbt im Alter von 61 Jahren in Görlitz (6.2.). Der Sozialdemokrat **Johann Heinrich Wilhelm Dietz** gründet in Stuttgart den „Dietz-Verlag" (31.12.). Das erste Buch bringt der Verlag aufgrund der Beschränkungen durch die Sozialistengesetze erst 1883 heraus. Der Historiker **Leopold von Ranke** beginnt mit der Veröffentlichung seiner *Weltgeschichte in 16 Bänden*. **Georg Meisenbach** erfindet die **Autotypie**, ein Verfahren, das die Vervielfältigung von Fotos ermöglicht und den Zeitungsdruck revolutioniert. **Karl Ludwig Goedeke** gibt den *Grundriss zur Geschichte der Literatur* heraus.

Kunst & Kultur

Der „Deutsche Hausschatz" beginnt die Veröffentlichung der großen Orient-Reiseerzählungen **Karl Mays**. **Theodor Storms** Novelle *Der Herr Etatsrath* erscheint. **Johannes Brahms** stellt die *Tragische Ouvertüre* fertig. **Anton von Werner** schafft das Gemälde *Der Berliner Kongress 1878*. **Max Liebermann** vollendet die Gemälde *Schumacherwerkstatt* und *Waisenhaus in Amsterdam*. **Eduard von Gebhardts** Gemälde *Himmelfahrt Christi* erscheint. Der Philosoph **Friedrich Nietzsche** veröffentlicht *Morgenröte. Gedanken über moralische Vorurteile*.

Gesellschaft & Sport

Das **erste Fernsprechamt** Deutschlands nimmt in Berlin seinen Dienst auf (1.4.). Die **erste elektrische Straßenbahn** Deutschlands, erbaut von der Firma „Siemens & Halske", geht ebenfalls in Berlin in Betrieb (15.4.). Unter der Bezeichnung *Verzeichnis der bei der Fernsprecheinrichtung Betheiligten* erscheint in Berlin das **erste Telefonbuch** (14.7.). Es umfasst lediglich 150 Einträge. Die **Auswanderungswelle** in die USA erreicht ihren Höhepunkt. Über 200.000 Deutsche verlassen in diesem Jahr das Reich in Richtung „neue Welt".

Weltgeschichte

Alexander III.

Chile besetzt die peruanische Hauptstadt Lima und erringt damit den Sieg im sog. **„Salpeterkrieg"** (17.1.). Die Bauarbeiten am **Panama-Kanal** beginnen unter französischer Leitung (1.2.). Der Republikaner **James Abraham Garfield** wird 20. Präsident der Vereinigten Staaten von Amerika (4.3.). Zar **Alexander II.** fällt einem **Bombenattentat** der revolutionären Bewegung „Norodnaja Wolja" zum Opfer (13.3.). Nachfolger ist sein Sohn **Alexander III.** Antisemitische Übergriffe erschüttern das Land, der Staatsterror wird alltäglich. **Rumänien** ruft das **Königreich** aus und ernennt den Hohenzollern-Fürst Karl Eitel Friedrich zum König **Karl I.** (26.3.). **Österreich-Ungarn** erlässt eine Verordnung, die das Tschechische neben Deutsch als zweite Amtssprache in Böhmen und Mähren anerkennt (19.4.). Die Prager Universität wird daraufhin zweigeteilt. **Frankreich** baut mit der Übernahme der außenpolitischen Vertretung Tunesiens seine Vorherrschaft in Nordafrika aus (12.5.). In Nordafrika breitet sich auf dem Gebiet des späteren Sudan der **„Mahdi-Aufstand"** gegen die ägyptische Herrschaft aus (29.6.). Der berüchtigte Bandit **„Billy the Kid"** wird nach seinem Gefängnisausbruch erschossen (14.7.). US-Präsident **James Garfield** stirbt an den Folgen eines Attentats (19.7.). **Chester Arthur** tritt seine Nachfolge an (20.7.). Unter seinem späteren Präsidenten **Paulus „Ohm" Krüger** gewinnt der Burenstaat **Transvaal** seine Unabhängigkeit von Großbritannien zurück (3.8.). **Italien** beginnt seine kolonialen Eroberungen in Afrika und besetzt den Hafen von Assab in Eritrea.

1882

Politik

Ernst Abbe

Kaiser Wilhelm I. bekräftigt in einem von Innenminister Robert von Puttkamer entworfenen Erlass an die preußische Regierung seinen politischen Führungsanspruch (4.1.). Er verpflichtet alle preußischen Beamten, die Politik der Regierung uneingeschränkt zu unterstützen. **Italien** sucht die politische Annäherung an Österreich-Ungarn und Deutschland. Bei den Verhandlungen in Wien macht Reichskanzler Otto von Bismarck deutlich, dass es ihm in erster Linie um die Isolierung Frankreichs geht (18.1.). Eine Vorlage des Vorsitzenden der Zentrumsfraktion im Reichstag, **Ludwig Windthorst**, zur Aufhebung des „Expatriierungsgesetzes" von 1874 scheitert im Bundesrat, nachdem sie im Reichstag mit großer Mehrheit angenommen wurde (Januar). **Bismarck** ringt um Mehrheiten im Reichstag. In einem Erlass wirbt er für eine Mitte-Rechts-Koalition zwischen Konservativen und Nationalliberalen, um nicht von den Stimmen des Zentrums abhängig zu sein (Februar). Arbeiter protestieren in Berlin gegen das von der Regierung geplante Tabakmonopol, das u. a. eine Erhöhung der Tabaksteuer vorsieht (12.3.). Mit dem **Beitritt Italiens** erweitert sich der „Zweibund" zwischen Deutschland und Österreich-Ungarn zum **„Dreibund"** (20.5.). Die Staaten sichern sich gegenseitigen Beistand im Falle eines Angriffs eines Vertragspartners durch zwei oder mehrere Mächte zu. Kommt es zu einem Konflikt mit nur einer Großmacht, verpflichten sich die Bündnispartner zu Neutralität. Italien und Deutschland gewähren sich darüber hinaus gegenseitige Unterstützung bei einer Auseinandersetzung mit Frankreich. Ein zweites vom Reichstag verabschiedetes **„Milderungsgesetz"** schwächt die Kulturkampfmaßnahmen weiter ab (31.5.). Der Reichstag lehnt das **Gesetz zur Monopolisierung des Tabakhandels** ab (14.7.). Der **erste internationale antijüdische Kongress** findet in Dresden statt (9.–15.9.). Organisatoren sind die **„Christlich-soziale Partei"** (ehemals Christlichsoziale Arbeiterpartei) und die **„Deutsche Reformpartei"**. Verhandlungen am Rande der Veranstaltung über den Zusammenschluss der beiden antisemitischen Gruppierungen scheitern. Bismarck gibt seine ablehnende Haltung gegenüber deutschen **Kolonialbestrebungen** auf. Er stimmt den Plänen des Bremer Kaufmanns **Franz Adolf Eduard Lüderitz** zu, eine Handelsstation an der Küste Südwestafrikas zu errichten (16.11.). Gründung des **„Deutschen Kolonialvereins"** in Frankfurt a. M. (6.12.) auf Initiative von **Fürst Herman zu Hohenlohe-Langenburg**. Vertreter der Industrie und Hochfinanz fordern die außenpolitische Expansion des Reichs zur Schaffung deutscher Kolonien. Die **preußischen Landtagswahlen** bestätigen den politischen Trend. Die Konservativen können weiter zulegen und stellen mit Abstand die stärkste Fraktion, gefolgt vom Zentrum. Die Nationalliberalen setzen ihren Abwärtstrend fort und verlieren ein Viertel ihrer Mandate. Die Sozialdemokraten waren von der Wahl ausgeschlossen. Der sozialdemokratische Theoretiker **Karl Kautsky** gründet die Zeitschrift *Neue Zeit*. Er fungiert als Herausgeber und Chefredakteur.

Wirtschaft & Wissenschaft

Ernst Abbe, **Carl Zeiss** und **Otto Schott** gründen in Jena eine Glasfabrik zur Herstellung optischer Gläser, das „JENAer Glaswerk Schott & Genossen". **Robert Koch** verkündet die Entdeckung des Tuberkelbazillus (24.3.). **Friedrich Ratzel** begründet die „Anthropogeographie". **Max von Pettenkofer** macht in seinem *Handbuch der Hygiene* die Lebens- und Umweltbedingungen als Ursache der Epidemien aus. Der Mediziner **Hermann von Helmholtz** veröffentlicht *Die Thermodynamik chemischer Elemente*. Der **„Deutsche Verein zur Förderung der Luftschifffahrt"** bringt die erste Fachzeitschrift zur Luftfahrt heraus.

Kunst & Kultur

54 Musiker gründen in Berlin das **„Philharmonische Orchester“** (1.5.). Das Bayreuther Festspielhaus erlebt die Uraufführung von **Richard Wagners** Oper *Parsifal* (26.7.). **Friedrich Nietzsche** gibt *Die fröhliche Wissenschaft* heraus, in der er die Religion als Illusion bezeichnet. **Friedrich August von**

Cosima Wagner, Richard Wagner, Franz Liszt und Hans von Wolzogen in Bayreuth

Wilhelm Busch

Kaulbach malt *Lautenschlägerin in antiker Tracht*. **Wilhelm Busch** veröffentlicht die Bildergeschichte *Plisch und Plum*.

Gesellschaft & Sport

In Berlin gründet sich der **„Christliche Verein Junger Männer“** (22.1.). Kaiser Wilhelm I. eröffnet die **Berliner Stadtbahn** (6.2.). Elektrisches Licht erleuchtet erstmals den **Potsdamer Platz** in Berlin (1.3.). Die Industrialisierung verändert die **Berufsverteilung** Deutschlands. Nur noch 40% der Erwerbstätigen arbeiten in der Landwirtschaft, wohingegen der Anteil der in der Industrie Beschäftigten (37%) stetig zunimmt. Der sog. **„Goßler’sche Spielererlass“**, benannt nach dem preußischen Kultusminister Gustav von Goßler, organisiert erstmals die Spielbewegung in Deutschland.

Weltgeschichte

Vincent van Gogh

John Davison Rockefeller gründet in New York den „Standart Oil Trust“, den ersten Konzernzusammenschluss von über 40 Ölgesellschaften (2.1.). Durch eine Wahlrechtsreform vervierfacht sich die Zahl der Wahlberechtigten in **Italien** auf 2,6 Millionen (22.1.). **Königreich Serbien**: Unter Zustimmung Österreichs wird Fürst Milan IV. Obrenovič zu **König Milan I. von Serbien** gekrönt (6.3.). **Jesse James**, Bandit und Volksheld in den USA, wird erschossen (3.4.). Der britische Naturforscher und Begründer der Evolutionstheorie, **Charles Darwin**, stirbt im Alter von 73 Jahren in London (19.4.). Französische Marineeinheiten besetzen die Festung **Hanoi** im Königreich Anman, dem heutigen Vietnam (25.4.). Die **USA** regeln im sog. „Chinese Exclusion Act“ die Einwanderung chinesischer Arbeiter in das Land (6.5.). **Russland** untersagt seiner jüdischen Bevölkerung per Gesetz, auf dem Land zu wohnen (15.5.). Mit der Bombardierung Alexandrias durch britische Kriegsschiffe (11.7.) beginnt die britische Unterwerfung **Ägyptens**, das formal weiter dem Osmanischen Reich angehört. Die antisemitischen Übergriffe in Russland lösen eine **Flüchtlingswelle** osteuropäischer Juden aus, vor allem in die USA und nach Palästina. Uraufführung des Orchesterzyklus *Mein Vaterland* des tschechischen Komponisten **Friedrich Bedřich Smetana** in Prag (5.11.). **Vincent van Gogh** malt den *Strand von Scheveningen*. **Karl Millöcker** komponiert die Operette *Der Bettelstudent*. Die **Weltausstellung** findet in Moskau statt.

1883

Politik

Die von **Karl Kautsky** herausgegebene sozialdemokratische Zeitschrift ***Neue Zeit*** erscheint erstmals (1.1.). Aufgrund des Sozialistengesetzes erfolgt der Druck im Ausland. **Karl Marx** stirbt im Alter von 64 Jahren in London (14.3.). Er gilt als der führende Theoretiker des Sozialismus, seine bekanntesten Werke sind *Das Kommunistische Manifest* und *Das Kapital*, in denen er die Lehre vom „historischen Materialismus" entwickelt. General **Paul Bronsart von Schellendorf** wird nach General Georg von Kameke preußischer Kriegsminister (3.3.). Auf dem Kongress der deutschen **Sozialdemokratie** in Kopenhagen brandmarkt die Partei Bismarcks Sozialreformen als taktisches Mittel, um die Sozialdemokratie den Arbeitern zu entfremden (29.3.–2.4.). Die Partei ruft ihre Abgeordneten zu strenger Disziplin und zum Kampf gegen die Sozialgesetze auf. Das Deutsche Reich und das Königreich **Madagaskar** schließen in Berlin eine Handelskonvention (15.5.). Der Chef des deutschen Generalstabes und der Chef des Militärkabinetts werden per Erlass direkt dem Kaiser unterstellt (24.5.). **Beginn der „Sozialgesetzgebung"**. Mit großer Mehrheit verabschiedet der Reichstag das **„Krankenversicherungsgesetz"** (31.5.). Das Gesetz ist obligatorisch. Es sieht kostenfreie ärztliche Behandlung und die Lohnfortzahlung vom dritten Tag bis zur 26. Woche vor. Die Beiträge tragen zu einem Drittel die Arbeitgeber und zu zwei Dritteln die Arbeitnehmer, die Organisation obliegt den „Allgemeinen Ortskrankenkassen". Bismarcks Absichten sind keinesfalls rein karitativ, vielmehr sucht er die Arbeiterschaft von der Sozialdemokratie zu trennen (Politik von **„Zuckerbrot und Peitsche"**). **Rudolf von Bennigsen**, Fraktionsvorsitzender der Nationalliberalen im Reichstag, tritt von allen politischen Ämtern zurück (11.6.). Gründe sind innerparteiliche Zerwürfnisse über den Kurs der Partei und die anhaltende Erfolglosigkeit der Partei bei Wahlen. Das **„Krankenversicherungsgesetz"** tritt in Kraft (15.6.). Die Hamburger Handelskammer beantragt „Reichsschutz" für ihre Erwerbungen in Kamerun (Juli). Das dritte der sog. **„Milderungsgesetze"** beendet die Kulturkampfmaßnahmen in Preußen (11.7.). Lediglich die Zivilehe und die staatliche Aufsicht über alle Lehr- und Erziehungsanstalten bleiben bestehen. Der Bremer Kaufmann **Franz Adolf Eduard Lüderitz** erwirbt an der südwestafrikanischen Küste den Hafen Angra Pequena mit Hinterland und errichtet eine Handelsstation mit dem Namen „Lüderitz" (August). Die Sozialdemokraten treten erstmals bei den Berliner **Kommunalwahlen** an und ziehen mit fünf Abgeordneten in die Stadtverordnetenversammlung ein (18.10.). Deutschland schließt sich dem geheimen „Freundschafts- und Beistandsvertrag" zwischen Österreich-Ungarn und Rumänien für den Fall eines russischen Angriffs an (30.10.). **Rumänien** erhält dadurch Anschluss an den Dreibund. Kleine und mittelständische Bauern gründen in Eisenach den **„Allgemeinen Deutschen Bauernverein"** (26.11.). Der **„Zentralverband der Vereine der Tischler Deutschlands"** gründet sich in Mainz (29.12.). Zuvor hatte eine Streikbewegung der Tischler in Deutschland für Aufsehen gesorgt.

Richard Wagner

Wirtschaft & Wissenschaft

Der Unternehmer **Emil Rathenau** gründet die Deutsche Edison-Gesellschaft für angewandte Elektrizität. **Gottlieb Daimler** und **Wilhelm Maybach** konstruieren den ersten leichten Benzinmotor, einen Einzylinder-Viertakt-Motor mit Glührohrzündung. **Friedrich Kluge** bringt das erste *Etymologische Wörterbuch der deutschen Sprache* heraus. Der Mathematiker **Georg Cantor** entwickelt in seiner *Grundlage einer allgemeinen*

Niederwalddenkmal am Rhein

Mannigfaltigkeitslehre die Mengenlehre und schafft damit die Voraussetzung für die Analysis. **Oswald Schmiedeberg** begründet mit dem *Grundriss der Arzneimittellehre* die wissenschaftliche Pharmakologie.

Kunst & Kultur

Der Komponist **Richard Wagner** stirbt im Alter von 69 Jahren in Venedig (13.2.). Kaiser Wilhelm I. weiht zur Erinnerung an den deutsch-französischen Krieg das ***Niederwalddenkmal*** bei Rüdesheim am Rhein feierlich ein (28.9.). Eröffnung des **„Deutschen Theaters“** in Berlin mit der Aufführung von Friedrich Schillers *Kabale und Liebe* (29.9.). **Friedrich Nietzsche** gibt die ersten zwei Bände von *Also sprach Zarathustra* heraus, in denen er die Lehre vom Übermenschen entwickelt. **Max Liebermann** malt den *Münchner Biergarten*. **Theodor Fontane** veröffentlicht *Schach von Wuthenow*, eine Abhandlung über die preußische Geschichte.

Gesellschaft & Sport

Der Alkoholkonsum der deutschen Bevölkerung steigt, die Kneipenkultur boomt. Der in Berlin gebildete **„Deutsche Verein gegen den Missbrauch geistiger Getränke“** kämpft gegen das drohende Volksleiden an. In Leipzig eröffnet die erste **„Kinder- und Säuglingsfürsorge“**. Der **„Deutsche Ruder-Verband“** (DRV) gründet sich in Köln (18.3.). Der **„Verband Deutscher Gebirgs- und Wandervereine“** konstituiert sich als Dachverein der deutschen Wandervereine in Fulda. Die erste **„Kieler Woche“** mit internationalen Segelwettbewerben findet statt.

Weltgeschichte

Carlo Collodi: *Pinocchios Abenteuer* (Illustration)

In Lyon beginnt der sog. **„Anarchistenprozess“** (8.1.). Der US-Kongress bewilligt ein Gesetz zum Aufbau der Kriegsmarine (3.3.). Die erste Überland-Telefonverbindung entsteht zwischen New York und Chicago (24.3.). **Paulus „Ohm“ Krüger** wird Präsident des Burenstaates **Transvaal** (16.4.). Der Angriff chinesischer und vietnamesischer Freischärler auf den französisch kontrollierten Hafen von Hanoi zwingt die Franzosen zu einer Militärintervention (19.5.). Die **„Brooklyn Bridge“**, die längste Hängebrücke der Welt, eröffnet in New York (25.5.). Frankreich beginnt mit der Eroberung **Madagaskars** (10.6.). Russische Exulanten gründen in Genf die marxistisch-revolutionäre Gruppe **„Befreiung der Arbeit“** (25.9.). Frankreich bringt im Vertrag von Masa **Tunesien** vollständig unter seine Kontrolle (8.10.). Der Oberste Gerichtshof der Vereinigten Staaten von Amerika verweigert den **Indianern** das US-Bürgerrecht (3.11.). Britisch-ägyptische Truppen müssen bei der Bekämpfung des **„Mahdi-Aufstandes“** eine schwere Niederlage einstecken und Kordofan den Freiheitskämpfern überlassen (3.11.). Die **Weltausstellung** findet in Amsterdam statt. Der Abenteuerroman *Die Schatzinsel* von **Robert Louis Stevenson** erscheint. Der italienische Schriftsteller **Carlo Collodi** veröffentlicht sein weltbekanntes Kinderbuch *Die Abenteuer des Pinocchio*.

1884

Politik

Die beiden linksliberalen Parteien „Deutsche Fortschrittspartei" und „Liberale Vereinigung" schließen sich zur **„Deutschen Freisinnigen Partei"** zusammen (5.3.). Das Amt des Vorsitzenden übernimmt **Franz August Freiherr Schenk von Stauffenberg.** Kurswechsel der Nationalliberalen. Auf Initiative des Frankfurter Oberbürgermeisters **Johannes Miquel** stellt sich die Partei in der sog. **„Heidelberger Erklärung"** hinter die Regierungspolitik (23.3.). Nach langen und schwerfälligen Verhandlungen verlängern Deutschland, Österreich-Ungarn und Russland das **„Dreikaiserabkommen"** von 1881 um weitere drei Jahre (27.3.). Gründung der **„Gesellschaft für deutsche Kolonisation"** unter dem Vorsitzenden **Carl Peters** (28.3.). Die Organisation setzt sich für staatliche Kolonial- und Siedlungspolitik ein. Bereits im November erwirbt sie von Stammeshäuptlingen im heutigen Tansania Land, woraus **Deutsch-Ostafrika** entsteht. Vertrag zwischen dem Königreich **Togo** und dem Deutschen Reich. Darin bittet der König von Togo um den Schutz Deutschlands (5.7.). Der **„Allgemeine Evangelisch-Protestantische Missionsverein"** gründet sich in Weimar (5.6.). Unter dem Leitmotiv „Literarische Mission" sucht der Verein v. a. Gebiete in China und Japan zu missionieren. **Erste deutsche Kolonie** (Deutsch-Südwestafrika). Reichskanzler Otto von Bismarck stellt die Erwerbungen von **Franz Adolf Eduard Lüderitz** an der südwestafrikanischen Küste unter den Schutz des Deutschen Reichs (24.4.). Gegen die Stimmen der Freisinnigen und des Zentrums verlängert der Reichstag das **„Sozialistengesetz"** um weitere zwei Jahre (9.5.). **Zweites Sozialgesetz**. Der Reichstag verabschiedet das **Unfallversicherungsgesetz** (27.6.). Es verpflichtet die Arbeitgeber zur Versicherung ihrer Arbeiter gegen Unfälle, richtet Berufsgenossenschaften und eine Erwerbsunfähigkeitsrente aus Unternehmerbeiträgen und staatlichen Zuschüssen ein. Der deutsche Generalkonsul, **Gustav Nachtigal**, schließt mit einheimischen Herrschern einen Vertrag, der **Kamerun zum Schutzgebiet des Deutschen Reichs** erklärt (14.7.). Ein Treffen in Skierniewice zwischen Kaiser Wilhelm I., Kaiser Franz Joseph I. und Zar Alexander III. bekräftigt die politische Zusammenarbeit der Monarchien des **„Dreikaiserabkommens"** (15.–17.9.). Ein Landungskorps der Kreuzerfregatte „Elisabeth" und des Kanonenbootes „Hyäne" hissen auf der Insel Matupi (im **„Bismarck-Archipel"** gelegen) die Reichsflagge (1.11.). Auf Anregung des belgischen **Königs Leopold II.** beginnt die von Bismarck einberufene **„Kongokonferenz"** (auch „Berliner Afrika-Konferenz") in Berlin (15.11.). 12 europäische Mächte, die USA und das Osmanische Reich klären ihre Kolonialinteressen in Afrika **(„Wettlauf um Afrika")**. Die **Reichstagswahlen** bringen keine Veränderungen. Stärkste Fraktion bleibt das Zentrum mit 22,6% Stimmenanteil, gefolgt von den Nationalliberalen und den linksliberalen Freisinnigen mit jeweils 17,6%. Die Deutschkonservativen erlangen 15,2%, die Sozialdemokraten steigern

Die Berliner Afrika-Konferenz

Robert Koch

sich auf 9,7%. Die Wahlbeteiligung liegt bei 60,5%.

Wirtschaft & Wissenschaft

Das **erste deutsche Elektrizitätsversorgungsunternehmen** gründet sich unter dem Namen „Städtische Elektricitäts-Werke" in Berlin (8.5.). Der Begründer der deutschen Ägyptologie, **Carl Richard Lepsius**, verstirbt 73-jährig in Berlin (10.7.). **Alfred Edmund Brehm**, Zoologe und Forschungsreisender, stirbt im Alter von 55 Jahren im thüringischen Reuthendorf (11.11.). Eine **Aktienrechtsreform** setzt den Mindestnennwert von 5000 auf 1000 Mark herab und verschärft das Aktienrecht zum Schutz der Anleger. Fortschritte im Kampf gegen die Infektionskrankheiten. Der Bakteriologe **Friedrich Löffler** entdeckt den Diphtherie-Erreger, **Arthur Nikolaier** den des Tetanus; **Robert Koch** weist den Cholera-Erreger nach, **Georg Gaffky** gelingt die Züchtung des Typhus-Bakteriums. Der Chemiker **Ludwig Knorr** entdeckt das fiebersenkende Mittel Antipyrin.

Kunst & Kultur

Kaiser Wilhelm I. legt den Grundstein für das neue **Reichstagsgebäude** von **Paul Wallot** am Berliner Königsplatz (9.6.). Der Maler **Adrian Ludwig Richter** stirbt im Alter von 80 Jahren in Dresden (19.6.). **Heinrich Laube**, Publizist und Theaterregisseur, stirbt im Alter von 88 Jahren in Wien (1.8.). Bekannt wurde Laube durch sein Engagement in der Vormärzbewegung „Junges Deutschland". Die Novelle *Zur Chronik von Grieshuus* von **Theodor Storm** erscheint.

Gesellschaft & Sport

Karl Abs gewinnt die erste Weltmeisterschaft der Profi-Ringer in New York (18.5.). Gründung des **„Deutschen Radfahrer-Bundes"** (später „Bund Deutscher Radfahrer") in Leipzig (17.8.). Das preußische Kultusministerium institutionalisiert die **erste Universitätszahnklinik** in Berlin (9.10.). **Friedrich Engels** veröffentlicht sein gesellschaftskritisches Werk *Der Ursprung der Familie, des Privateigenthums und des Staates*. Der „Velociped-Wettfahrer-Verein" baut in Berlin die **erste Radrennbahn Deutschlands**.

Paul Wallot: Der Berliner Reichstag

Weltgeschichte

Mark Twain

Gründung der **„Fabian Society"**, Vorläuferorganisation der „Labour Party", in London (4.1.). Der Amerikaner **Lewis E. Waterman** erhält das Patent für den Füllfederhalter (12.2.). Als Folge des „Salpeterkrieges" tritt **Bolivien** im „Vertrag von Valparaiso" Antofagasta an Chile ab und verliert damit den direkten Zugang zum Meer (4.4.). China muss sich nach dem „Vertrag von Tientsin" aus **Tonking** (Vietnam) zurückziehen, das an Frankreich fällt. Wahlrechtsreform in **Großbritannien**: Die Zahl der wahlberechtigten Männer steigt auf 5 Mio. (26.6.). Das von Elektromotoren angetriebene **Luftschiff „La France"** absolviert seinen ersten Flug (9.8.). Kaiser Franz Joseph I. eröffnet die **Arlbergbahn** von Bregenz nach Innsbruck (20.9.). Uraufführung der Komödie ***Der Raub der Sabinerinnen*** von Franz und Paul Schönthan in Stettin (21.9.). Eine internationale Konferenz zur Regelung der Zeitfragen in Washington teilt die Erde in 24 **Zeitzonen** und legt den Nullmeridian auf das englische Greenwich fest (Oktober). Der mexikanische Diktator **Porfirio Diaz** tritt seine zweite Amtszeit als Präsident an (1.12.). **Hiram Stevens Maxim** konstruiert das erste funktionstüchtige **Maschinengewehr**. **Mark Twains** Jugendroman *Die Abenteuer des Huckleberry Finn* erscheint.

1885

Politik

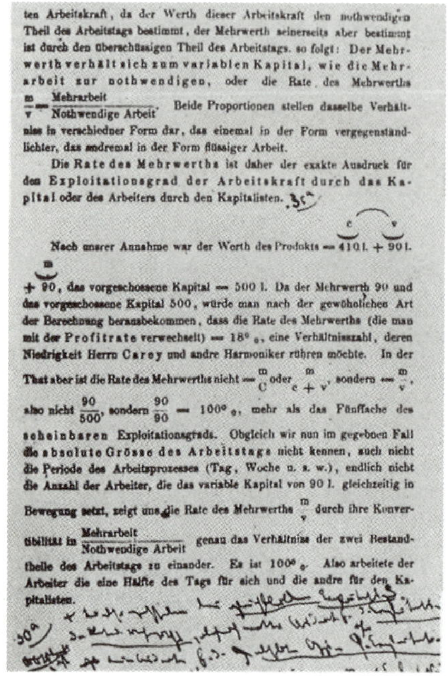

ten Arbeitskraft, da der Werth dieser Arbeitskraft den nothwendigen Theil des Arbeitstags bestimmt, der Mehrwerth seinerseits aber bestimmt ist durch den überschüssigen Theil des Arbeitstags, so folgt: Der Mehrwerth verhält sich zum variablen Kapital, wie die Mehrarbeit zur nothwendigen, oder die Rate des Mehrwerths $\frac{m}{v} = \frac{\text{Mehrarbeit}}{\text{Nothwendige Arbeit}}$. Beide Proportionen stellen dasselbe Verhältniss in verschiedner Form dar, das einemal in der Form vergegenständlichter, das andremal in der Form flüssiger Arbeit.

Die Rate des Mehrwerths ist daher der exakte Ausdruck für den Exploitationsgrad der Arbeitskraft durch das Kapital oder des Arbeiters durch den Kapitalisten.

Nach unsrer Annahme war der Werth des Produkts $= \underbrace{410\,l.}_{c} + \underbrace{90\,l.}_{v} + \underbrace{90}_{m}$, das vorgeschossene Kapital = 500 l. Da der Mehrwerth 90 und das vorgeschossene Kapital 500, würde man nach der gewöhnlichen Art der Berechnung herausbekommen, dass die Rate des Mehrwerths (die man mit der Profitrate verwechselt) = 18 %, eine Verhältnisszahl, deren Niedrigkeit Herrn Carey und andre Harmoniker rühren möchte. In der That aber ist die Rate des Mehrwerths nicht $= \frac{m}{C}$ oder $\frac{m}{c+v}$, sondern $= \frac{m}{v}$, also nicht $\frac{90}{500}$, sondern $\frac{90}{90} = 100\,\%$, mehr als das Fünffache des scheinbaren Exploitationsgrads. Obgleich wir nun im gegebnen Fall die absolute Grösse des Arbeitstags nicht kennen, auch nicht die Periode des Arbeitsprozesses (Tag, Woche u. s. w.), endlich nicht die Anzahl der Arbeiter, die das variable Kapital von 90 l. gleichzeitig in Bewegung setzt, zeigt uns die Rate des Mehrwerths $\frac{m}{v}$ durch ihre Konvertibilität in $\frac{\text{Mehrarbeit}}{\text{Nothwendige Arbeit}}$ genau das Verhältniss der zwei Bestandtheile des Arbeitstags zu einander. Es ist 100 %. Also arbeitete der Arbeiter die eine Hälfte des Tags für sich und die andre für den Kapitalisten.

Seite aus dem *Kapital* von Karl Marx

Das **Unfallversicherungsgesetz** tritt in Kraft (1.1.). **Streit um die Karolinen** zwischen dem Deutschen Reich und Spanien (23.1.): Die Hamburger Firma „Robertson & Hernsheim" fordert Reichsschutz für ihr Handelsmonopol auf den Karolinen an. Zugleich trifft ein spanisches Kriegsschiff auf der Insel Yap ein und beansprucht die Karolinen für die Krone Spaniens. Carl Peters ruft die **„Deutsch-Ostafrikanische Gesellschaft"** ins Leben (12.2.). Sie geht aus der 1884 ebenfalls von Peters gegründeten **„Gesellschaft für deutsche Kolonisation"** hervor und setzt sich für die Erwerbung und Ausbeutung ostafrikanischer Gebiete ein. Nach dreimonatigen Verhandlungen endet die **„Berliner Afrika-Konferenz"** mit der Unterzeichnung der **„Kongoakte"** (26.2.): Die 14 teilnehmenden Staaten einigen sich auf die Neutralisierung des gesamten Kongobeckens und die Einrichtung einer Freihandelszone für das Gebiet. Das gilt auch für den „Unabhängigen Kongostaat", der als Eigentum des belgischen Königs Leopold II. anerkannt wird. Die Konferenz verhindert die britische Hegemonie in Zentralafrika. Das Deutsche Reich ist endgültig in den Kreis der Kolonialmächte aufgenommen. Die **„Deutsch-Ostafrikanische Gesellschaft"** erhält einen kaiserlichen Schutzbrief, der den Sultan von Sansibar zur Anerkennung der deutschen Schutzherrschaft verpflichtet (27.2.). Der Reichstag verabschiedet das **„Gesetz über die Postdampfschiffsverbindungen mit überseeischen Ländern"** (23.3.). Es subventioniert die deutschen Dampferlinien nach Ostasien mit jährlich 4,4 Millionen Mark. Heftige Debatten im Reichstag und im preußischen Landtag über die sog. **„Polenfrage"**. Preußen weist mehr als 30.000 Polen russischer Staatsangehörigkeit aus den Ostprovinzen aus (26.3.). Gründung der **„Deutschen Kolonialgesellschaft für Südwestafrika"** (30.4.). Das Kolonialfieber hat Deutschland vollends ergriffen. Immer mehr Unternehmer, Abenteurer und Missionare brechen nach Afrika auf und schließen private Schutzverträge mit den Einheimischen. Die **„Deutsche Landwirtschaftsgesellschaft"**, eine Vereinigung von Landwirten und Wissenschaftlern zur Förderung der wissenschaftlich-technischen Entwicklung, gründet sich in Berlin (14.5.). Einrichtung der Kolonie Deutsch-Neuguinea (17.5.): Die **„Deutsche Neuguinea-Kompagnie"** erhält einen kaiserlichen Schutzbrief für koloniale Erwerbungen. Über 12.000 streikende **Berliner Maurer** fordern die Erhöhung des Stundenlohnes auf 50 Pfennige und die Herabsetzung der Wochenarbeitszeit auf unter 60 Stunden (Juli/August). Der Streik ist teilweise erfolgreich – in einigen Betrieben setzt sich der Zehnstundentag durch –, zieht aber eine Verfolgungswelle gegen Gewerkschaftsfunktionäre nach sich. Der **„Karolinenstreit"** verschärft sich (25.8.): Ein deutsches Kriegsschiff hisst die Reichsflagge auf der Insel Yap. **Papst Leo XIII.** beendet den **Streit um die Karolinen** zwischen Deutschland und Spanien durch einen Schiedsspruch (22.10.): Die Inseln verbleiben in spanischem Besitz, das Reich erhält Handelsfreiheit und eine Marinestation. Keine Veränderungen im preußischen Abgeordnetenhaus: Die Konservativen gewinnen die **Landtagswahlen** klar vor dem Zentrum und den

Nationalliberalen, die durch die Abspaltung der Freisinnigen geschwächt sind.

Wirtschaft & Wissenschaft

Reinhard und Max Mannesmann entwickeln ein Verfahren zum nahtlosen Walzen von Stahlrohren und melden darauf ein Patent an (27.1.). Die Berliner Universität richtet als erste in Deutschland einen Lehrstuhl für **Meteorologie** ein (1.10.). **Wilhelm Maybach** und **Gottlieb Wilhelm Daimler** konstruieren das erste Motorrad: ein Holzgestell auf zwei Rädern mit Benzinmotor. Der Biologe **Albert Bernhard Frank** weist die Symbiose von Pflanzen und Pilzen nach. Friedrich Engels gibt posthum den zweiten Band des gesellschaftskritischen Werkes ***Das Kapital*** von Karl Marx heraus (Juli). Der Historiker **Theodor Mommsen** veröffentlicht den letzten Band seiner *Römischen Geschichte*.

Spiegelsaal von Schloss Herrenchiemsee

Kunst & Kultur

Georg Büchners Lustspiel *Leonce und Lena* wird 47 Jahre nach seiner Veröffentlichung in München uraufgeführt (31.5.). Unter der Schirmherrschaft von Großherzog Karl Alexander gründet sich in Weimar die **„Goethe-Gesellschaft"** (20.6.). **Carl Spitzweg**, berühmt durch seine Biedermeier-Gemälde, stirbt 77-jährig in München (23.9.). Fertigstellung des ***Neuen Schlosses Herrenchiemsee*** für den bayerischen König Ludwig II. **Friedrich Nietzsche** gibt den vierten und letzten Band seines philosophischen Werkes *Also sprach Zarathustra* heraus, in dem er die „Sklavenmoral" des Christentums anprangert, seine Lehre vom Übermenschen entwickelt und sein Werk als „fünftes Evangelium" anpreist.

Friedrich Nietzsche

Gesellschaft & Sport

Gründung des ersten Berliner Fußballclubs unter dem Namen **„Berliner Fußballclub Frankfurt"** (6.5.). In Dresden entsteht der **„Zentralverband Deutscher Keglerclubs"** (7.6.). Deutschlands **erstes öffentliches Elektrizitätskraftwerk** geht in der Berliner Markgrafenstraße in Betrieb (15.8.). **Auswanderung** lässt nach. Im Vergleich zu 1881 hat sich die Zahl der Emigranten nach Übersee halbiert (nur noch ca. 100.000). Die meisten Auswanderer kommen nach wie vor aus wirtschaftlich schwach entwickelten Gebieten. Über 95% von ihnen suchen in den USA einen Neuanfang. *Die Gefahren der Alpen* von Emil Zsigmondy, das **erste Lehrbuch der Alpinistik**, erscheint.

Weltgeschichte

Der Aufstand im **Sudan** erreicht mit der Eroberung der Hauptstadt Khartum durch die Truppen des Mahdi seinen Höhepunkt (26.1.). Mit der Besetzung der Stadt Massaua in **Eritrea** verstärkt Italien seine Bemühungen, in Nordostafrika eine Kolonie zu errichten (6.2.). Der Demokrat **Grover Cleveland** folgt Chester A. Arthur im Amt des US-Präsidenten (4.3.). **Frankreich** muss im sog. „Tonkin-Krieg" gegen China die Stadt Lang Son räumen (28.3.). Die Niederlage führt in Paris zum Rücktritt des Kabinetts des Linksrepublikaners **Jules Ferry**, dessen Nachfolge der Radikale **Henri Brisson** antritt (6.4.). Die **Tollwutimpfung** durch den französischen Biologen Louis Pasteur erfolgt (6.7.). Ein Aufstand in **Ostrumelien** führt zum Anschluss der osmanischen Provinz an Bulgarien (18.9.). **Serbien** erklärt **Bulgarien** daraufhin den Krieg (13.11.). Beginn des **3. Britisch-Burmesischen Krieges**, nachdem sich der König Thibau von Burma geweigert hatte, einen britischen Residenten im Land anzuerkennen (14.11.). Serbien erleidet im Krieg gegen Bulgarien bei **Sliwnitza** eine entscheidende Niederlage (22.11.). Frankreich sichert sich im Vertrag von Tamatave das Protektorat über **Madagaskar** (17.12.).

1886

Politik

Reichskanzler Otto von Bismarck verteidigt in seiner Reichstagsrede zur **„Polenfrage“** das Vorgehen seiner Regierung (28.1.). Der Reichstag verabschiedet ein Gesetz zum Bau eines Kanals zwischen Nord- und Ostsee, dem **„Kaiser-Wilhelm-Kanal“** (16.3.). Nach langwierigen Debatten scheitert ein Gesetzentwurf zur Monopolisierung des **Branntweinhandels**, von dem sich die Regierung höhere Steuereinnahmen versprach, an der Reichstagsmehrheit (27.3.). Verschärfung der „Sozialistengesetze“. Der **„Streikerlass“** des preußischen Innenministers Robert von Puttkamer beendet die „milde Praxis“ und ordnet ein härteres Vorgehen gegen sozialdemokratische und gewerkschaftliche Aktivitäten an (11.4.). Das sog. **„Schutzgebietsgesetz“** tritt in Kraft (16.4.). Es regelt die Rechtsverhältnisse in den deutschen Kolonien, wobei für Deutsche und „Eingeborene“ eine unterschiedliche Behandlung vorgesehen ist. Beginn der **Germanisierungspolitik** mit der Verkündung des „Gesetzes betreffend die Beförderung deutscher Ansiedlungen in den Provinzen Westpreußen und Posen“ (26.4.). Ziel des sog. **„Ansiedlungsgesetzes“**, das Landerwerb für deutsche Bauern in Aussicht stellt, ist die Verdrängung der polnischen Bevölkerungsteile aus den preußischen Ostprovinzen. Das preußische Abgeordnetenhaus stimmt dem ersten **„Friedensgesetz“** im Kulturkampf zu (10.5.). Es schafft das sog. „Kulturexamen“ ab und erkennt die päpstliche Disziplinargewalt an. Reichskanzler **Otto von Bismarck** sucht durch die Ernennung seines Sohnes Herbert zum Staatssekretär im Auswärtigen Amt den eigenen politischen Einfluss zu stärken (16.5.). Entmündigung (9.6.) und Absetzung (10.6.) des bayerischen Königs **Ludwig II.**, nachdem ihn eine von der Regierung beauftragte ärztliche Kommission für „seelengestört“ erklärt hatte. Die Regentschaft übernimmt ein Onkel des Königs, **Prinz Luitpold** (10.6.). Ludwig II. ertrinkt unter ungeklärten Umständen im Starnberger See (13.6.). Sein geisteskranker Bruder Otto I. übernimmt die Nachfolge, die Regentschaft verbleibt bei Prinz Luitpold. Die Verurteilung von führenden Sozialdemokraten, unter ihnen August Bebel, zu mehrmonatigen Haftstrafen wegen „Geheimbundbildung“ im „Freiberger Prozess“ bildet den Auftakt zu einer Reihe von **„Geheimbundprozessen“** (4.8.). Streikbeginn der Hamburger Bäckergehilfen (26.8.). Sie fordern Lohnerhöhung, monatliche statt halbjährliche Lohnzahlung und den Zwölfstundentag. Das Reich erklärt die **Marshall-Inseln** zum deutschen Schutzgebiet (16.9.). Der Theologe Willibald Beyschlag gründet in Erfurt den **„Evangelischen Bund zur Wahrung der deutsch-protestantischen Interessen“** (5.10.). Der Streik der Hamburger Bäckergehilfen bricht zusammen (8.10.). Einziger Erfolg ist eine Lohnerhöhung. Bismarck bringt im Reichstag eine **Heeresvorlage** ein (drittes Septennat), die eine weitere Erhöhung der Friedenspräsenzstärke um 10% auf ca. 470.000 Mann vorsieht (25.11.). **Arbeiterunruhen** in

Ludwig II. von Bayern

Schloss Neuschwanstein

Frankfurt a. M. und Umgebung veranlassen die Behörden zur Verhängung des sog. „kleinen Belagerungszustandes“ und der Ausweisung sozialdemokratischer Funktionäre (18.12.). Südwestafrika: Das Reich und Portugal schließen einen Vertrag über die Nordgrenze von **Kap Frio** (30.12.).

Wirtschaft & Wissenschaft

Der Reichstag lehnt einen Antrag von Nationalliberalen und Sozialdemokraten ab, das **Bierbrauen** mit anderen Stoffen als Hopfen und Malz unter Strafe zu stellen (13.2.). Der Historiker **Leopold von Ranke** stirbt 90-jährig in Berlin (23.5.). **Geburtsstunde des Automobils** (3.7.): Carl Benz fährt erstmals mit dem von ihm konstruierten und von einem Verbrennungsmotor angetriebenen Motorwagen durch Mannheim. Der Pfarrer **Sebastian Kneipp** verhilft mit seiner Schrift *Meine Wasserkur* der Naturheilkunde zu großer Popularität. **Ernst Abbe** gelingt die Entwicklung eines Apochromaten, der die Herstellung von weit verbesserten Mikroskoplinsen ermöglicht. Der Psychiater **Richard von Krafft-Ebing** analysiert in seiner *Psychopathia sexualis* die Vielfalt sexueller Verhaltensformen.

Kunst & Kultur

Samuel Fischer gründet in Berlin den **„S. Fischer Verlag“** (1.9.). Auf einer internationalen Konferenz in Bern unterzeichnen führende europäische Staaten, darunter Deutschland, eine **Konvention zum Schutz des Urheberrechts** in Literatur und Kunst (9.9.). **Ernst Wichert** gibt den ersten Band seines dreiteiligen Romans *Der Große Kurfürst* heraus. Der literarisch-naturalistische Verein **„Durch“**, dem u. a. Gerhart Hauptmann und Eugen Wolff angehören, gründet sich in Berlin. **Friedrich Nietzsche** veröffentlicht sein philosophisches Werk *Jenseits von Gut und Böse*. Fertigstellung des ***Schlosses Neuschwanstein***.

Gesellschaft & Sport

In Berlin tagt der erste deutsche **Keglerkongress** (19.6.). Gründung des **„Deutschen Schwimmverbandes“** in Berlin (8.8.). Die *Vossische Zeitung* veröffentlicht erstmals eine **Bodenwetterkarte** für Mittel- und Nordeuropa mit Prognosen für den Erscheinungstag (1.11.). Die Preußische Eisenbahn führt separate **Raucherabteile** ein (1.12.). Die Strickmaschinenfabrik „NSU“ in Neckarsulm beginnt mit der **serienmäßigen Produktion von Fahrrädern**. Der Theologe **Adolf von Harnack** bringt den ersten Band seiner dreibändigen Schrift *Lehrbuch der Dogmengeschichte* heraus. Sie analysiert die Entwicklung der christlichen Lehre und arbeitet das Dogma als Verkirchlichung der Hellenisierung des Evangeliums durch die Gnosis heraus.

Weltgeschichte

Freiheitsstatue in New York

Die Ernennung des Revanchisten **Georges Boulanger** zum Kriegsminister stürzt die Französische Republik in eine tiefe Krise (7.1.). Der Friedensvertrag von Bukarest beendet den **Serbisch-Bulgarischen Krieg** (3.3.). Serbien erhält dank der österreichischen Intervention seine verlorenen Gebiete zurück. **Generalstreik** in den USA zur Durchsetzung des Achtstundentags (1.5.). Der amerikanische Apotheker John S. Pemberton erfindet den **Coca-Cola-Sirup** (8.5.). Der weltweite Siegeszug des Erfrischungsgetränks beginnt. Spaltung der Liberalen in Großbritannien: Premierminister **William Ewart Gladstone** tritt nach dem Scheitern seines Gesetzesentwurfes über die Teilautonomie für Irland (**„Home Rule“**) zurück (25.7.). Nachfolger ist sein Amtsvorgänger, der Konservative **Robert Arthur Salisbury**. **Bulgarienkrise**: Russische Agenten entführen Fürst Alexander I. von Bulgarien (21.8.). Eine provisorische Regierung übernimmt die Macht in Sofia, wird aber durch einen Volksaufstand verjagt (24.8.). Mit der Aufgabe des Apachenhäuptlings **Geronimo** endet der Freiheitskampf der Indianer in den USA (3.9.). Einweihung der **Freiheitsstatue in New York** durch US-Präsident Stephen Grover Cleveland (28.10.).

1887

Politik

Bismarcks **Heeresvorlage** (drittes Septennat) scheitert im Reichstag (14.1.). Das Parlament wollte sie lediglich für drei, nicht für sieben Jahre bewilligen. Noch am gleichen Tag löst der Reichskanzler den Reichstag auf. Nationalliberale, Deutschkonservative und die Deutsche Reichspartei, die Bismarcks Heeresvorlage unterstützen, schließen für die Reichstagswahl ein Bündnis, das sog. **„Kartell“** (15.1.). **Verlängerung der Dreibundes** zwischen dem Deutschen Reich, Österreich-Ungarn und Italien um weitere fünf Jahre (20.2.). Sieger der **Reichstagswahlen** sind die Parteien des „Kartells“, die zusammen eine absolute Mehrheit erringen (21.2.). Die Nationalliberalen können deutlich zulegen und landen mit 22,2% der Stimmen noch vor dem Zentrum (20,1%). Die Freisinnigen fallen auf 12,9% zurück. Die Sozialdemokraten verbessern sich auf 10,1%. Die Wahlbeteiligung liegt 17 Prozentpunkte höher als 1884 und erreicht mit 77,5% einen Rekord. Bismarck muss nach den Wahlen nicht mehr mit wechselnden Mehrheiten regieren und bringt seine **Heeresvorlage** dank der Stimmen der Kartell-Parteien durch den Reichstag (11.3.). Der

Karl May

preußische Landtag verabschiedet das zweite **„Friedensgesetz“** im Kulturkampf (24.3.). Bis auf die Jesuiten sind die katholischen Orden wieder zugelassen. **„Schnaebelé-Affäre“** belastet deutsch-französisches Verhältnis. Bismarck veranlasst die Freilassung des französischen Zollkommissars Guillaume Schnaebelé, den deutsche Beamte ins Reich gelockt und mit der Begründung des Spionageverdachts verhaftet hatten (30.4.). Papst Leo XIII. erklärt den **Kulturkampf** für **beendet** (23.5.).

AEG

Signet der Firma AEG

Reichskanzler Otto von Bismarck und der russische Botschafter Paul Graf Schuwalov unterzeichnen in Berlin den **geheimen Rückversicherungsvertrag** (18.6.). Die Vertragspartner sichern sich gegenseitige Neutralität zu, falls Deutschland von Frankreich oder Russland von Österreich-Ungarn angegriffen wird. In einem geheimen Zusatzprotokoll erkennt das Reich die russischen Interessen auf dem Balkan und am Bosporus an, was im Widerspruch zum Zwei- bzw. Dreibund steht. Der Vertrag gilt zunächst bis 1890. Er soll Deutschland vor einem Zweifrontenkrieg bewahren und ein russisch-französisches Bündnis verhindern. Nach monatelangen Debatten verabschiedet der Reichstag ein **„Branntweinsteuergesetz“** (24.6.). Es verbindet sozial-, gesundheits- und finanzpolitische Ziele, indem es die Erfassung des erzeugten Branntweins bestimmt und dem Staat höhere Steuereinnahmen verspricht. Die **Reichsbank** sperrt auf Betreiben Bismarcks den deutschen Kapitalmarkt für russische Anleihen, was eine Verschlechterung der deutsch-russischen Beziehungen nach sich zieht (10.11.). Der deutsche Generalstab macht sich aufgrund einer Initiative von Generalquartiermeister Alfred Graf von Waldersee in einer Denkschrift an Kaiser Wilhelm I. für einen **Präventivkrieg** gegen Russland stark (30.11.). Die „Gesellschaft für deutsche Kolonisation“ und der „Deutsche Kolonialverein“ schließen sich zur **„Deutschen Kolonialgesellschaft“** unter dem Vorsitzenden Hermann Fürst zu Hohenlohe-Langenburg zusammen (19.12.). Sie ist die größte und einflussreichste Organisation zur Vertretung der deutschen Kolonialinteressen. Als wichtigstes Publikationsorgan fungiert die *Deutsche Kolonialzeitung*.

Wirtschaft & Wissenschaft

Auf Beschluss des Reichstages gründet sich in Berlin die **„Physikalisch-technische Reichsanstalt“** als oberste Maß- und Gewichtsbehörde (28.3.). Aus der Berliner „Deutschen Edison-Gesellschaft“ geht die „Allgemeine Elektricitäts-Gesellschaft“ (**AEG**) hervor (23.5.). Der Unternehmer **Alfred Krupp** stirbt im Alter von 75 Jahren in Essen (14.7.). Das von ihm erfundene Gussstahlverfahren verhalf seiner Firma, die 1887 über 21.000 Mitarbeiter zählte, zur Blüte. Die Produktion von Kanonen brachte Alfred Krupp den Beinamen „Kanonenkönig“ ein. Emil Berliner erhält ein Reichspatent auf das von ihm erfundene **Grammophon** (8.11.). Der Siegeszug der Schallplatte beginnt.

Kunst & Kultur

Die Schriftstellerin **Eugenie Marlitt** stirbt 61-jährig in Arnstadt (22.6.). Der Literaturhistoriker Erich Schmidt entdeckt bei Recherchen in Weimar den ***Urfaust*** von Johann Wolfgang von Goethe. **Friedrich Nietzsche** gibt seine philosophische Schrift *Zur Genealogie der Moral* heraus. **Karl May** beginnt in der neu gegründeten Jugendzeitschrift *Der gute Kamerad* mit der Veröffentlichung seiner Wild-West-Erzählungen. Die erste Abenteuergeschichte ist *Der Sohn des Bärenjägers*. Eröffnung der Berliner Varieté-Bühne **„Wintergarten“** am „Central-Hotel“. **Hermann Sudermanns** autobiografischer Roman *Frau Sorge* erscheint.

Berliner Mietskaserne mit den berüchtigten „Hinterhöfen“

Gesellschaft & Sport

Die rasante Bevölkerungsentwicklung und daraus resultierende Wohnungsnot veranlassen die Berliner Behörden zum Erlass einer **Bauordnung**, die Mindestgrößen für Hinterhöfe von Mietshäusern festlegt und die die bebaubare Grundstücksfläche beschränkt (15.1.). Ein vom Reichstag verabschiedetes Gesetz schreibt vor, dass Kunstbutter zukünftig als **„Margarine“** zu kennzeichnen ist (12.6.). Die *Berliner Abendpost* erscheint als erste eigene Zeitungsgründung des Verlegers **Leopold Ullstein** (1.9.). Die Frauenrechtlerin **Helene Lange** fordert in ihrer Schrift *Die höhere Mädchenschule und ihre Bestimmung* die Gleichberechtigung der Frauen im wissenschaftlichen Unterricht.

Weltgeschichte

Durch einen Vertrag mit Hawaii sichern sich die USA das alleinige Recht zur Errichtung eines Marinestützpunktes auf **Pearl Harbor** (20.1.). Uraufführung von Giuseppe Verdis Oper ***Othello*** in Mailand (5.2.). **Mittelmeerabkommen** zwischen Großbritannien und Italien zur Erhaltung des Status quo (12.2.). **Österreich-Ungarn** tritt der Mittelmeerentente bei (24.3.). Der Schweizer Unternehmer **Julius Maggi** beginnt mit der Produktion von Suppenwürze (1.5.). Mit großen Prunkfeiern begehen die Briten das 50-jährige **Thronjubiläum von Königin Victoria** (20.6.). Großbritannien erobert **Zululand** und verwehrt damit der südafrikanischen Republik Transvaal den Zugang zum Meer (21.6.). Das bulgarische Parlament wählt Prinz Ferdinand von Sachsen-Coburg Koháry als Nachfolger von Alexander I. zu **Fürst Ferdinand I. von Bulgarien** (7.7.). Die Bulgarienkrise ist damit beigelegt, die internationale Anerkennung bleibt Ferdinand I. allerdings vorerst verwehrt. Großbritannien, Italien und Österreich-Ungarn, bereits durch das Mittelmeerabkommen verbunden, schließen den **„Orient-Dreibund“** zur Wahrung des Status quo und der Unabhängigkeit des Osmanischen Reichs (16.12.).

1888

Politik

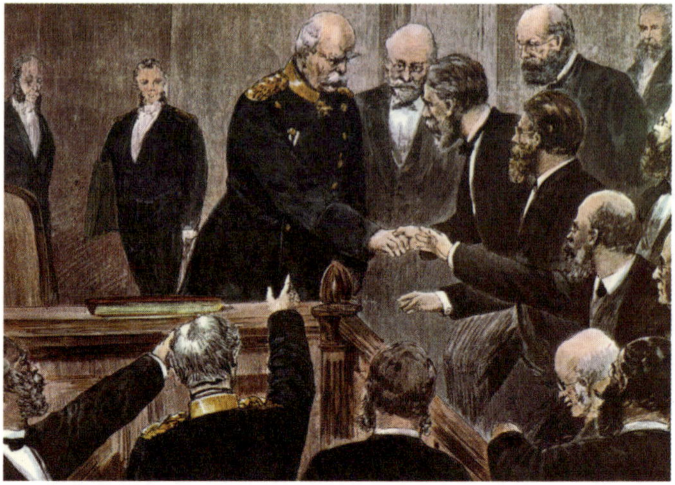

Reichstagsabgeordnete huldigen Otto von Bismarck (Februar 1888)

Der Reichstag verabschiedet das **Landwehrgesetz** (6.2.). Es erhöht die Wehrpflicht um sieben Jahre und die Mobilisierungsstärke des Heeres um 700.000 Mann. In seiner letzten großen außenpolitischen Rede prägt Reichskanzler Otto von **Bismarck** seinen berühmt gewordenen Spruch „Wir Deutschen fürchten Gott, aber sonst nichts auf der Welt". Um zukünftig stabile Regierungen zu ermöglichen, stimmt der Reichstag mit den Stimmen der „Kartell-Parteien" einer Vorlage von Konservativen und Nationalliberalen zur **Verlängerung der Legislaturperiode** von drei auf fünf Jahre zu (9.2.). Für die Umsetzung des **Landwehrgesetzes** bewilligt der Reichstag in einem Anleihegesetz 278 Millionen Mark (10.2.). Nach kontroversen Debatten, in denen die Sozialdemokraten schwere Vorwürfe der Bespitzelung und Provokation gegen staatliche Behörden erheben, stimmt der Reichstag der Verlängerung der **„Sozialistengesetze"** um weitere zwei Jahre zu (17.2.). **Kaiser Wilhelm I.** stirbt im Alter von 91 Jahren in Berlin (9.3.). Sein als liberal geltender, schwer kranker Sohn **Friedrich III.** folgt ihm als König von Preußen und Kaiser auf dem Thron. Das Reich erklärt die Südseeinsel **Nauru** zum deutschen Protektorat (16.4.). Das preußische Abgeordnetenhaus stimmt der Verlängerung der **Legislaturperiode** auf fünf Jahre zu (7.6.). Friedrich III. entlässt den konservativen preußischen Innenminister **Robert von Puttkamer** (8.6.). Ein Reichsgesetz schafft das **Schulgeld** für Kinder ab, die eine Volksschule in ihrem Wohnort besuchen (14.6.). Nach nur 99-tägiger Regentschaft stirbt **Kaiser Friedrich III.** 56-jährig an Kehlkopfkrebs in Potsdam (15.6.). Neuer Preußischer König und Deutscher Kaiser wird sein 29-jähriger Sohn **Wilhelm II.** Das Jahr 1888 geht daher als **„Dreikaiserjahr"** in die Geschichtsschreibung ein. Ein **Streik der Hamburger Tischler** zur Durchsetzung eines Mindestlohns und der Verringerung der Arbeitszeit endet nach Aussperrungen ergebnislos (31.7.). **Alfred Graf von Waldersee** löst Helmuth Graf von Moltke als Chef des preußischen Generalstabs ab (August). Der Volksprediger Adolf Stoecker fordert in seinem in der *Kreuzzeitung* veröffentlichten sog. **„Scheiterhaufenbrief"** die sofortige Entlassung des Reichskanzlers Bismarck (14.8.). Bismarck erteilt der Deutschen Bank die Genehmigung zur Beteiligung am türkischen Eisenbahnbau (2.9.). Aufruhr in der deutschen Innenpolitik (23.9.). Bismarck fühlt sich durch die von dem Staatsrechtler **Heinrich von Geffcken** veröffentlichten Kriegstagebuchaufzeichnungen Friedrichs III. angegriffen, zweifelt deren Echtheit an und veranlasst die Verhaftung Geffckens wegen Landesverrats. Die letzten Zollschranken innerhalb des Reichs fallen mit dem Beitritt Hamburgs und Bremens zum **Deutschen Zollverein** (15.10.). In **Deutsch-Ostafrika** bricht ein arabischer Aufstand unter Führung des Häuptlings Buschiri aus. Die

Heinrich Hertz

Hereros kündigen den Schutzvertrag mit dem Deutschen Reich (30.10.). Bismarck bringt eine **Gesetzesvorlage zur Alters- und Invalidenversicherung** in den Reichstag ein (27.11.). Die **preußischen Landtagswahlen** bestätigen die Konservativen trotz leichter Verluste als mit Abstand stärkste Fraktion, gefolgt vom Zentrum und den wiedererstarkten Nationalliberalen. Die Freisinnige Partei muss hingegen deutliche Stimmenverluste hinnehmen. Die Legislaturperiode beträgt erstmals fünf Jahre.

Wirtschaft & Wissenschaft

Friedrich Wilhelm Raiffeisen, Gründer der landwirtschaftlichen Kreditgenossenschaften, stirbt 69-jährig in Neuwied (11.3.). Der Physiker **Heinrich Rudolf Hertz** weist die Existenz elektromagnetischer Wellen nach und bestätigt damit die Lichttheorie des schottischen Mathematikers James Clerk Maxwell (29.11.). Er legt damit die Grundlage für die drahtlose Telegrafie und den Rundfunk. **Carl Zeiss** stirbt im Alter von 72 Jahren in Jena (3.12.). Zusammen mit Ernst Abbe und Otto Schott verhalf er dem Jenaer Unternehmen zu Weltruhm bei der Herstellung optischer Präzisionsinstrumente. Carl Benz unternimmt die **erste Autofahrt** nach München (12.12.).

Theodor Fontane an seinem Schreibtisch in Berlin

Kunst & Kultur

Eröffnung des **Berliner Lessingtheaters** mit der Aufführung von Gotthold Ephraim Lessings Schauspiel *Nathan der Weise* (11.9.). **Theodor Storm** gibt seine berühmteste Novelle *Der Schimmelreiter* heraus. Am 4.7. stirbt er im Alter von 70 Jahren im holsteinischen Hademarschen. **Friedrich Nietzsche** veröffentlicht mehrere Schriften, darunter *Der Fall Wagner*, *Der Anti-Christ* und *Dionysos-Dithyramben*. **Theodor Fontanes** Roman *Irrungen, Wirrungen* erscheint. **Gerhart Hauptmann** gibt die naturalistische Novelle *Bahnwärter Thiel* heraus. Der Komponist **Hugo Wolf** vollendet seine *Mörike- und Eichendorff-Lieder*.

Gesellschaft & Sport

Der **„Deutsche Turnerbund“** schließt den niederösterreichischen Turngau aus dem Verband aus, da dieser nur Mitglieder arischer Abstammung in seinen Vereinen duldet (15.7.). **Frauen** auf dem Vormarsch: Hedwig Kettler gründet in Weimar den Frauenverein **„Reform“**, Minna Cauer, Vertreterin des radikalen Flügels der Frauenbewegung, den Verein **„Gemeinwohl“**, der u. a. das Frauenstimmrecht fordert.

Weltgeschichte

Der französische Kriegsminister und Revanchist **Georges Boulanger** schmiedet gemeinsam mit dem im Exil lebenden Prinzen Napoleon Pläne zum Sturz der Republik (2.1.). **Österreich** führt die Krankenversicherungspflicht für Arbeiter und Angestellte ein (3.3.). Großbritannien erklärt **Borneo** und **Burnei** zu britischen Schutzgebieten (12.5.). **Kronprinzessin Isabella von Brasilien** verkündet während einer Europareise überraschend das **„Goldene Gesetz“**, die sofortige entschädigungslose Freilassung aller Sklaven in ihrem Land (13.5.). In Brasilien kommt es zu einer Staatskrise, da die enttäuschten Konservativen zu den oppositionellen Republikanern überlaufen. Eine Mordserie an Prostituierten erschüttert London (31.8.). Der Mörder, der nie gefasst werden kann, geht als **„Jack the Ripper“** in die Geschichte ein. Die **Schweizer Sozialdemokraten** gründen in Bern eine eigene Partei (21.10.). Die in Konstantinopel unterzeichnete internationale **Suezkanal-Konvention** erklärt den Suezkanal zum internationalen Gewässer (29.10.). Der britische Unternehmer Cecil Rhodes erwirbt das Recht zum Abbau von Erzvorkommen in Matabeleland, woraus später Rhodesien entsteht (30.10.). Der Ire **John Boyd Dunlop** erhält das Patent auf seinen Luftreifen, der sich in der Fahrradproduktion durchsetzt (31.10.). Gründung der „**Sozialdemokratischen Arbeiterpartei Österreichs“** auf dem Hainefelder Parteitag (30.12.). Der Franzose **Auguste Rodin** vollendet das Bronzedenkmal *Die Bürger von Calais*.

1889

Politik

Große Streikwelle überzieht Deutschland (1.1.–30.4.). Im gesamten Reichsgebiet entlädt sich die soziale Unzufriedenheit in über 1000 Streiks mit fast 400.000 Beteiligten. Ihre wichtigsten Forderungen: Verkürzung der Arbeitszeit, Lohnerhöhungen und Verbesserung der Arbeitsbedingungen. Der Reichstag verabschiedet gegen die Stimmen der Sozialdemokraten und Freisinnigen das „Gesetz betreffend den Schutz der deutschen Interessen und Bekämpfung des Sklavenhandels in Ostafrika", das 2 Mio. Mark für den Aufbau einer Schutztruppe zur Niederschlagung des Aufstandes in **Deutsch-Ostafrika** bereitstellt (30.1.). Reichskanzler Otto von Bismarck schlägt dem britischen Premierminister Robert Arthur Salisbury den Abschluss eines deutsch-britischen Bündnisses zur Abwehr eines französischen Angriffs vor (11.1.). Der britische Premierminister weist die **deutsche Bündnisofferte** zurück (23.3.). **Größter Arbeitskampf der Reichsgeschichte beginnt** (25.4.). Ein Streik auf der Bochumer Zeche „Präsident" breitet sich auf das gesamte Ruhrgebiet aus (90.000 Beteiligte) und erfasst schnell die Bergarbeiter in Sachsen (13.000), in Niederschlesien (12.000) und im Saarland (10.000). Kaiser Wilhelm II. empfängt eine **Delegation streikender Ruhrbergarbeiter** (15.5.). Die Gespräche enden mit der Unterzeichnung eines Protokolls, das keinerlei Wirkung entfaltet. Die Streiks brechen, teils unter staatlichem Druck, nach und nach zusammen, stärken aber die Gewerkschaften und tragen zum Sturz Bismarcks bei. In Berlin gründet sich die **einzige deutsche Frauengewerkschaft**, der „Verband weiblicher Handels- und Büroangestellter" (19.5.). **Sozialversicherungsgesetzgebung** abgeschlossen. Mit knapper Mehrheit verabschiedet der Reichstag das **„Gesetz zu Alters- und Invaliditätsversicherung"** (24.5.). Für das Gesetz stimmen Konservative, Nationalliberale und einige Zentrumspolitiker, dagegen Linksliberale, Sozialdemokraten und das Gros des Zentrums. Das Gesetz sieht eine Zwangsversicherung vor und gewährt die Rente ab dem 70. Lebensjahr bei 30-jähriger Beitragszahlung. Die Beiträge teilen sich Arbeitnehmer, Arbeitgeber und Staat zu je einem Drittel. Bismarck bringt einen Gesetzentwurf in den Reichstag ein, der die Verlängerung des **„Sozialistengesetzes"** auf unbestimmte Zeit vorsieht (20.10.). Auf Initiative des Politikers und Publizisten Max Liebermann von Sonnenberg schließen sich in Bochum antisemitische Gruppierungen und die „Christlichsoziale Partei" Adolf Stoeckers zur **„Deutschsozialen Partei"** zusammen (11.6.). Deutschland sichert sich durch einen **Handelsvertrag mit Japan** den Zugang zum japanischen Markt (11.6.). Die USA, Großbritannien und das Deutsche Reich beschließen auf der **„Samoa-Konferenz"** in Berlin die gemeinsame Verwaltung der Samoa-Inseln (14.6.). Das **„Gesetz zu Alters- und Invaliditätsversicherung"** tritt in Kraft (22.6.). Als Folge der Streikbewegung gründet sich auf dem **Bergarbeitertag** in Dorstfeld der „Verband zur Wahrung und Förderung der bergmännischen Interessen im Rheinland und Westfalen" (18.8.). Die deutschen Schutztruppen schlagen unter Führung von Reichskommissar Hermann von Wissmann den **Aufstand in Deutsch-Ostafrika** nieder (1.10.). Mit der Verurteilung von 44 Sozialde-

Gerhart Hauptmann auf der Insel Hiddensee

mokraten endet der „Elberfelder Prozess“, der letzte der sog. **„Geheimbundprozesse“** (30.12.).

Wirtschaft & Wissenschaft

Beginn der maschinellen Datenverarbeitung (8.1.). Der Deutsch-Amerikaner **Hermann Hollerith** erhält in Washington ein Patent auf seine Lochkartenmaschine. **Joseph von Mehring** und **Oskar Minkowski** veröffentlichen im *Centralblatt für klinische Medizin* die Forschungsergebnisse ihre Tierversuche (8.6.). Sie entdeckten, dass es sich bei der **Zuckerkrankheit** um eine Ausfallerscheinung der Bauchspeicheldrüse handelt. Der Ingenieur **Otto Lilienthal** behandelt in seinem Buch *Der Vogelflug als Grundlage der Fliegekunst* technisch-physikalische Fragen des Fliegens. **Emil Adolph von Behring** entdeckt bei Tierexperimenten das **Diphtherie-Antidoxin**.

Kunst & Kultur

Der Philosoph **Friedrich Nietzsche** erleidet in Turin einen Nervenzusammenbruch und wird wenig später in die psychiatrische Klinik in Jena eingeliefert (3.1.). In dieser Zeit entstehen die sog. „Wahnsinnsepisteln“ (*Götzendämmerung*, *Ecce homo*). Literaten und Künstler rufen in Berlin den Theaterverein **„Freie Bühne“** zur Aufführung zeitgenössischer gesellschaftskritischer Dramen ins Leben (10.4.). Gründung der „Freien fotografischen Vereinigung“ in Berlin (26.10.). Der Komponist **Hugo Wolf** veröffentlicht die *Goethe-Lieder*. **Gerhart Hauptmann** schafft mit dem Schauspiel *Vor Sonnenaufgang* ein grundlegendes Werk des Naturalismus.

Gesellschaft & Sport

Das Hamburger „Allgemeine Krankenhaus“ in Eppendorf eröffnet den Betrieb (1.3.). Mit seiner Aufnahmekapazität von 1300 Patienten ist es das **größte Krankenhaus Deutschlands**. Der Verleger Rudolf Mosse gründet die ***Berliner Morgenzeitung*** (1.4.). Das **Wanderzirkusunternehmen Busch** gibt in Berlin seine erste Vorstellung (18.9.). **Erste Bergbesteigung des Kilimandscharo** durch den deutschen Geografen Hans Meyer und den österreichischen Bergsteiger Ludwig Purtscheller (6.10.). Die Lehrerin Helene Lange setzt sich für die höhere Mädchenbildung im Reich ein und ruft die **„Realkurse für Frauen“** ins Leben (Oktober). Gründung des **„Deutschen Guttemplerordens“** zur Bekämpfung des Alkoholismus.

Weltgeschichte

Eiffelturm in Paris

Der österreichische Thronfolger **Erzherzog Rudolf** verübt Selbstmord (30.1.). Die **Panama-Aktiengesellschaft** geht in Konkurs, der Bau des Kanals stoppt und löst in Frankreich eine innenpolitische Krise aus (4.2.). **Japan** erhält eine Verfassung nach westlichem Vorbild und wird zur konstitutionellen Monarchie (11.2.). Verbot der revanchistischen Bewegung der **Boulangisten** in Frankreich (25.2.). **Alexander I. Obrenović** besteigt nach dem Verzicht seines Vaters Milan I. den serbischen Thron und errichtet ein autoritäres Regime (6.3.). Massendemonstration der Anhänger des Generals **Georges Boulanger** in Paris (24.3.). Boulanger flieht nach Brüssel, um einer Anklage zu entgehen (3.4.). Einweihung des ***Eiffelturms*** anlässlich der Weltausstellung in Paris (15.5.). Vertreter der USA und 17 lateinamerikanischer Länder versammeln sich in Washington zum ersten **„Panamerikanischen Kongress“** (2.10.). Revolte in **Brasilien**: Kaiser Peter II. tritt nach einem Militärputsch zurück, das Land wird eine **Republik** (15.11.). Die Schriftstellerin **Bertha Freifrau von Suttner** veröffentlicht den pazifistischen Roman *Die Waffen nieder!* Gründung des **„Arbeiter-Samariter-Bundes“** in Wien.

Bertha von Suttner

1890

Politik

Der Reichstag lehnt eine Gesetzesvorlage Otto von Bismarcks zur unbeschränkten Verlängerung des **„Sozialistengesetzes“** ab (25.1.). Der Rücktritt Bismarcks als preußischer Minister für Handel und Verkehr verdeutlicht die politischen Differenzen des Reichskanzlers mit Kaiser Wilhelm II. (31.1.). Gegen den Widerstand Bismarcks und ohne dessen Gegenzeichnung veröffentlicht Wilhelm II. die sog. **„Februarerlasse“** zu einer Arbeitsschutzgesetzgebung (4.2.). **Sozialdemokraten gewinnen Reichstagswahlen** (20.2.). Bei den Wahlen zum 8. Reichstag erringen die Sozialdemokraten mit 19,7% den größten Stimmenanteil, was sich aufgrund des absoluten Mehrheitswahlrechts nicht in der Sitzverteilung widerspiegelt. Die stärkste Fraktion stellt das Zentrum mit 18,6%. Die „Kartellparteien“ müssen erdrutschartigen Verluste hinnehmen und verlieren ihre Mehrheit. Die Nationalliberalen fallen auf 16,3% zurück, die Konservativen auf 12,4, die Deutsche Reichspartei gar auf 6,7%. Zulegen können die Freisinnigen (16,0%). Die Wahlbeteiligung liegt bei 71,5%. **Bismarck** legt dem Kaiser als Konsequenz aus der Wahlniederlage ein Maßnahmenbündel vor (25.2.). Es enthält u. a. eine Verschärfung des „Sozialistengesetzes“, eine neue Militärvorlage und den **Plan eines Staatsstreichs**. Wilhelm II. lehnt Bismarcks Umsturzpläne ab (2.3.). Reichskanzler Otto von Bismarck reicht bei Kaiser Wilhelm II. sein **Rücktrittsgesuch** ein (18.3.). Eine Ära geht zu Ende (20.3.): Wilhelm II. gibt Bismarcks Rücktrittsgesuch statt und entlässt ihn als Reichskanzler und preußischen Ministerpräsidenten. Nachfolger in beiden Ämtern ist General **Georg Leo Graf von Caprivi**. **„Neuer Kurs“** in der deutschen Politik. Reichskanzler Caprivi verzichtet auf die Verlängerung des **„Rückversicherungsvertrages“** mit Russland, da er Bismarcks Bündnissystem für zu kompliziert erachtet (27.3.). Der **1. Mai** wird erstmals als Arbeiterkampftag begangen (1.5.). Der russische Außenminister **Nikolaus von Giers** schlägt Deutschland ein beiderseitiges Abkommen anstelle des Rückversicherungsvertrages vor, dies lehnt die Reichsregierung jedoch ab (14.5.). Adolf Stoecker gründet den **„Evangelisch-sozialen Kongress“**, der die Arbeiterschaft von den Sozialdemokraten zu entfremden und die sozialen Missstände von monarchistischer Seite aus zu bekämpfen sucht (28.5.). Der Reichstag verabschiedet eine Militärvorlage Caprivis zur **Heeresverstärkung** (28.6.). Arbeitgeber organisieren sich. Mit dem Ziel, die Metallindustrie des Reichs zu vereinigen, konstituiert sich in Berlin der **„Gesamtverband**

Berliner Bürger erweisen Otto von Bismarck nach dessen Entlassung die Ehre (März 1890)

Karikatur aus der englischen Zeitschrift *Punch:* Der Lotse verlässt das Schiff

deutscher Metallindustrieller" (9.6.). **„Helgoland-Sansibar-Vertrag"** zwischen Deutschland und Großbritannien (1.7.). Das Reich erhält die Insel Helgoland, die britische Monarchie die afrikanischen Inseln Sansibar und Uganda. Die Verlängerung des **„Sozialistengesetzes"** findet keine Mehrheit im Reichstag und tritt damit außer Kraft (30.9.). Auf ihrem Hallenser Parteitag nennt sich die „Sozialdemokratische Arbeiterpartei Deutschlands" in **„Sozialdemokratische Partei Deutschlands" (SPD)** um (12.–18.10.). Ludwig Windthorst und Franz Hitze gründen den zentrumsnahen **„Volksverein für das katholische Deutschland"** (24. 10.). Bildung der **„Generalkommission der Gewerkschaften Deutschlands"** als Dachorganisation der sozialistisch orientierten Gewerkschaften (17.11.).

Wirtschaft & Wissenschaft

Robert Koch stellt auf dem „Internationalen medizinischen Kongress" ein Mittel zur Heilung der Tuberkulose vor, das sog. Tuberkulin (4.10.). **Emil Adolph von Behring** veröffentlicht Forschungsergebnisse zur Immunität gegen Diphtherie und Tetanus und schafft damit die Grundlage der Serumtherapie (4.12.). Der Archäologe **Heinrich Schliemann**, Entdecker Trojas, stirbt im Alter von 68 Jahren in Neapel (26.12.). **Paul Rudolph**, Assistent Ernst Abbes, erfindet das anastigmatische Objektiv. Erste Flugversuche **Otto Lilienthals** mit einem vogelähnlichen Flugapparat. **Georg Simmel** veröffentlicht sein soziologisches Hauptwerk *Über soziale Differenzierung*.

Kunst & Kultur

Uraufführung des Stücks *Tod und Verklärung* von **Richard Strauss** auf dem Eisenacher Tonkünstlerfest (21.6.). Bruno Wille gründet in Berlin den Theaterverein **„Freie Volksbühne"** (29.7.). Mit niedrigen Eintrittspreisen sucht der Verein auch den Arbeitern den Theaterbesuch zu ermöglichen. **Julius Langbehn** gibt sein Buch *Rembrandt als Erzieher* heraus, in dem er die Missstände der Gesellschaft als Folge des Kapitalismus anprangert und für die „Wiedergeburt des deutschen Volkes" nach idealistischen Grundsätzen plädiert. Das Werk beeinflusst maßgeblich die **deutsche Heimatkunstbewegung**. **Max Liebermann** schafft das Gemälde *Frau mit Ziegen*. Gerhart Hauptmann veröffentlicht das Drama *Das Friedensfest*.

Gesellschaft & Sport

Eine weltweite **Grippeepidemie** erfasst Deutschland. Prominentestes Opfer ist **Kaiserin Augusta**, Witwe des verstobenen Wilhelm I., die im Alter von 79 Jahren in Berlin stirbt (7.1.). Die Lehrerin Helene Lange ruft in Friedrichsroda den **„Allgemeinen Deutschen Lehrerinnenverein"** ins Leben (27.5.). In Berlin konstituiert sich der **„Bund Deutscher Fußballspieler"** als erste nationale Dachorganisation des deutschen Fußballs (4.11.). Gründung des **„Deutschen Gymnasialvereins"** zur Erhaltung und Förderung der humanistischen Bildung (15.12.).

Weltgeschichte

Das von Italien besetzte Gebiet am Roten Meer erhält offiziell den Namen **„Eritrea"** (2.1.). **Brasilien**: Die Revolutionsregierung führt die Trennung von Kirche und Staat sowie die Gleichberechtigung religiöser Glaubensgemeinschaften ein (7.1.). Der amerikanische Kongress verabschiedet das **„Sherman-Anti-Trust-Gesetz"** zur Vermeidung von Wirtschaftsmonopolen (2.7.). Eine internationale Konferenz in Brüssel beschließt die **Bekämpfung des Sklavenhandels** in Afrika (2.7.). Der niederländische Maler **Vincent van Gogh** erliegt 37-jährig den Folgen eines Suizidversuchs (29.7.). **Großbritannien** und **Frankreich** grenzen ihre Kolonialinteressen in Ostafrika ab: Sansibar bleibt britische, Madagaskar französische Kolonie (5.8.). Im US-Bundesstaat New York findet erstmals ein **elektrischer Stuhl** zur Hinrichtung eines Menschen Verwendung (6.8.). **Mississippi** ist der erste Bundesstaat nach dem Bürgerkrieg, der die Rechte der schwarzen Bevölkerung per Verfassungsänderung einschränkt (1.11.). Mit dem Tod Wilhelm III., König der **Niederlande** und Großherzog von **Luxemburg**, endet die Personalunion beider Staaten (23.11.). US-Truppen schlagen mit einem Massaker an über 200 Sioux in Wounded Knee den letzten **Indianeraufstand** nieder (29.12.).

1891

Politik

Reichskanzler Leo Graf von Caprivi

Proklamation von **Deutsch-Ostafrika** zur Reichskolonie: Die „Deutsch-Ostafrikanische Gesellschaft" überträgt dem Reich die Verwaltung des Gebiets (1.1.). **Alfred Graf von Schlieffen** löst Alfred Graf von Waldersee als Chef des preußischen Generalstabs ab (9.2.). **Ernst Lieber** tritt nach heftigen innerparteilichen Richtungskämpfen mit dem konservativen Flügel die Nachfolge von Ludwig Windhorst als Führer des **Zentrums** an (14.3.). In der preußischen Schulpolitik kommt es zu einer leichten Entspannung (12.4.): Das preußische Kultusministerium erlaubt per Erlass den **Privatunterricht in polnischer Sprache**. Aus Protest gegen den nach ihrer Sicht Deutschland benachteiligenden „Helgoland-Sansibar-Vertrag" gründen Alfred Hugenberg und Carl Peters in Berlin den **„Allgemeinen Deutschen Verband"** (9.4.). Die überparteiliche nationalistisch-völkische Vereinigung rekrutiert sich vorwiegend aus Adel und Bürgertum. Die „Alldeutschen" fordern eine auf Kolonialbesitz ausgerichtete Großmachtpolitik des Reichs und zu diesem Zweck den Ausbau der Flotte. Erneuerung des **„Dreibundes"** zwischen Deutschland, Österreich-Ungarn und Italien (6.5.). Die **„Gewerbeordnungsnovelle"** tritt in Kraft (1.6.). Sie verbessert den Arbeitsschutz und die Arbeitsbedingungen. Frauen dürfen nicht länger als elf Stunden am Tag arbeiten und erhalten nach der Entbindung vier Wochen bezahlten Urlaub, Kindern unter 13 Jahren ist Sonntags- und Fabrikarbeit verboten. Das **„Gewerbegerichtsgesetz"** eröffnet die Möglichkeit, Arbeitsstreitigkeiten vor dem Gewerbegericht zu verhandeln (1.6.). Gewerkschaftlicher Konzentrationsprozess setzt sich fort: Als Ergebnis des allgemeinen Metallarbeiterkongresses in Frankfurt a. M. konstituiert sich der **„Deutsche Metallarbeiterverband"** als Vorform der Industriegewerkschaften (1.–6.6.). Die **Steuerreform** in Preußen nach den Plänen des preußischen Finanzministers Johannes von

Otto Lilienthal

Miquel führt die progressive Einkommenssteuer auf Grundlage der Selbsteinschätzung ein (24.6.). **„Carl-Zeiss-Stiftung"** mit Vorbildwirkung (1.7.): Ernst Abbe überträgt der Stiftung Firmenanteile und räumt den Firmenmitarbeitern zahlreiche Privilegien ein: Gewinnbeteiligung, Bezahlung von Urlaub und Überstunden, Altersvorsorge, Abfindung bei Entlassung. Auf ihrem Parteitag in Erfurt verabschieden die Sozialdemokraten ein neues Programm (14.–20.10.). Das sog. **„Erfurter Programm"** löst das „Gothaer Programm" ab und stellt neben einer Reihe sozialer Forderungen die Erlangung der politischen Macht, die Überwindung der Klassengesellschaft sowie die Umwandlung von Privat- in Volkseigentum als oberste Ziele heraus. **Buchdruckerstreik** (8.11.): Über 10.000 Beschäftigte der Druckindustrie treten reichsweit für Lohnerhöhungen und die Einführung des Neunstundentages in den Ausstand. Das Deutsche Reich schließt sich dem **österreichisch-rumänischen Beistandsabkommen** zur Abwehr eines möglichen russischen Angriffs an (23.11.). Der Reichstag bewilligt die von Reichskanzler Leo Graf von Caprivi initiierten **Handelsverträge** mit Österreich-Ungarn, Italien, Belgien und der Schweiz (18. 12.). Sie sehen u. a. eine Herabsetzung der Agrarzölle zur Förderung des Exports vor. In Stuttgart erscheint erstmals die Zeitschrift *Gleichheit* – ein Blatt, das die Interessen der Arbeiterinnen vertritt (28.12.). Herausgeberin ist die Sozialistin **Clara Zetkin**.

Wirtschaft & Wissenschaft

Nikolaus August Otto, Konstrukteur des nach ihm benannten Verbrennungsmotors, stirbt im Alter von 58 Jahren in Köln (26.1.). Dem Ingenieur **Oskar von Miller** gelingt im Rahmen der „Internationalen Elektrotechnischen Ausstellung" in Frankfurt a. M. die **erste Fernübertragung von Drehstrom** auf der Strecke von Lauffen am Neckar nach Frankfurt (24.8.). Gabriel Lippmann stellt sein Verfahren zur Entwicklung von **Farbfotografien** vor. Der Bielefelder Apotheker August Oetker entwickelt das Backpulver „Backin", mit dem die Erfolgsgeschichte der Firma **„Dr. Oetker"** beginnt. **Otto Lilienthal** gelingt bei Versuchen in den Rhinower Bergen bei Potsdam erstmals ein Flug mit einem Gleitflugzeug.

Kunst & Kultur

Der Theaterverein „Freie Bühne" führt **Gerhart Hauptmanns** naturalistisches Schauspiel *Einsame Menschen* im Berliner „Residenz-Theater" das erste Mal auf (11.1.). Im Berliner „Ullstein-Verlag" erscheint erstmals die ***Berliner Illustrirte Zeitung*** (das „e" fehlt bis 1943), eines der meistgelesenen Blätter Deutschlands (14.12.). Frank Wedekins Kindertragödie ***Frühlings Erwachen*** über jugendliche Sexualität und gesellschaftlich-moralische Zwänge sorgt für Aufsehen. Vollendung des *Lenbachhauses* in München. **Max Liebermann** malt *Bürgermeister Petersen*. Gründung des **„Schlierseer Bauerntheaters"**.

Gesellschaft & Sport

Die **erste Luxuskreuzfahrt in der Geschichte der Passagierschifffahrt** beginnt mit dem Auslaufen des Dampfers „Auguste Victoria" in Cuxhaven (22.1.). Gründung des „Deutschen Athletenverbandes für Ringer und Gewichtheber" in Duisburg (8.6.). Erstmals seit 1844 findet wieder eine **Wallfahrt zum „Heiligen Rock"** nach Trier statt, an der sich 1,9 Mio. Menschen beteiligen (20.8.). „Germania 1888 Berlin" gewinnt die erste (inoffizielle) **Deutsche Fußballmeisterschaft**. Veranstalter ist der „Bund Deutscher Fußballspieler". Da die Tornetze meist aus Stahl sind, „klingelt" es seither im Tor. Das Großherzogtum Baden lässt erstmals Frauen zur Immatrikulation an der mathematisch-technischen Fakultät der Heidelberger Universität zu.

Weltgeschichte

Brasilien erhält eine Verfassung (23.2.). Der Nationalkonvent der 20 selbstständigen Bundesstaaten wählt **Manuel Deodoro da Fonseca** zum ersten Präsidenten der Republik (25.2.). **Britisch-italienische Konvention** (15.4.): Beide Staaten grenzen ihre Interessen in Nordafrika ab, erkennen ihre Besitzstände in Ägypten und Eritrea gegenseitig an. Baubeginn der **„Transsibirischen Eisenbahn"** in Wladiwostok (31.5.). Das *Strand Magazin* veröffentlich die Kriminalgeschichten ***Die Abenteuer des Sherlock Holmes*** von Arthur Conan Doyle (Juli). **Russisch-französische Annäherung** bei einem Besuch der französischen Flotte in Kronstadt (23.7.). Ein geheimer Notenaustausch zwischen **Frankreich** und **Russland** beschließt das gemeinsame politische Handeln und bildet die Grundlage für die spätere Militärkonvention (27.8.). Der Selbstmord des Präsidenten José Manuel Balmaceda beendet den seit Jahresbeginn tobenden **chilenischen Bürgerkrieg** (19.9.). General **Georges Boulanger** begeht nach dramatischen Verlusten seiner Boulangisten bei den Pariser Kommunalwahlen Selbstmord (30.9.).

General Georges Boulanger begeht Selbstmord

1892

Politik

Der **Streik der Buchdrucker** bricht unter dem Druck von Polizei und Justiz erfolglos zusammen (14.1.). **Regierungskrise in Preußen** (15.1.): Leo Graf von Caprivi sucht das Zentrum für seine Regierungspolitik, v. a. für seine geplante Militärvorlage zu gewinnen, indem er dem preußischen Abgeordnetenhaus einen **Volksschulgesetzentwurf** vorlegt, der dem Klerus maßgeblichen Einfluss auf die Schulpolitik einräumt (Wiedereinführung der Konfessionsschule). Die liberalen Parteien entfachen daraufhin einen Proteststurm; der Gesetzentwurf scheitert. Die Reichsregierung überträgt der „Steyler-Missionsgesellschaft" die Kolonie **Togo**, das den Rang einer „Apostolischen Präfektur" erhält (22.2.). **Zentralisierung der Gewerkschaftsbewegung**: Auf dem ersten Kongress der Gewerkschaften Deutschlands in Halberstadt beschließen die Delegierten die Einrichtung von Zentralverbänden, um die Position der örtlichen Gewerkschaftsorganisationen gegenüber den Unternehmen zu stärken (14.–18.3.). Die Beschlüsse stehen im Widerspruch zum Vereinsgesetz, wonach überregionales Engagement der Gewerkschaften untersagt ist. Gegen die Stimmen der Sozialdemokraten und Freisinnigen nimmt der Reichstag eine Krankenversicherungsnovelle zur **Einschränkung der gesetzlichen Leistungen** an (19.3.). Der Reichstag stimmt dem Gesetz über die „Gesellschaften mit beschränkter Haftung" (**GmbH**) zu (19.3.). **Caprivis** Gesetzentwurf zur Reformierung der Landgemeinden scheitert am

Rudolf Diesel

Widerstand der Konservativen. Caprivi gibt daraufhin das Amt des preußischen Ministerpräsidenten auf, bleibt aber Reichskanzler und preußischer Außenminister (23.3.). Die Ernennung des Konservativen **Botho Graf von Eulenburg** zu seinem Nachfolger verdeutlicht die Diskrepanz zwischen preußischer und Reichspolitik. **Krise der preußischen Konservativen**: Das Scheitern von Caprivis Volksschulgesetzentwurf führt zu innerparteilichen Richtungskämpfen in den Reihen der Deutsch-Konservativen; ihr Führer **Otto Heinrich von Helldorf** tritt zurück (6.4.). **Otto von Bismarck** kritisiert in einem Artikel der *Westfälischen Allgemeinen Zeitung* die Außenpolitik Caprivis (26.6.). Hauptangriffspunkt ist der Verzicht der Reichsregierung auf die Erneuerung des „Rückversicherungsvertrages" mit Russland. Der preußische Ministerpräsident **Botho Graf von Eulenburg** übernimmt auch das Amt des preußischen Innenministers (9.8.). Die ersten Missionare der „Steyler-Missionsgesellschaft" landen auf **Togo** (27.8.). Berta von Suttner und Alfred Hermann Fried gründen in Berlin die **„Deutsche Friedensgesellschaft"** (9.11.). Als Publikationsorgan fungiert die Monatszeitschrift *Die Waffen nieder!* Reichskanzler Caprivi bringt eine **große Militärvorlage** in den Reichstag ein (23.11.). Sie ist die bis dato höchste der Reichsgeschichte und sieht eine Erhöhung der Heeresstärke auf 585.000 Mann vor. Im Gegenzug

Die Krupp-Werke in Essen

soll sich die Dienstpflicht von drei auf zwei Jahre verringern. Auf ihrem Berliner Parteitag nimmt die „Deutsche Konservative Partei“ das sog. **„Tivoliprogramm“** an, in dem sie sich offen zum Antisemitismus bekennt (8.12.). Im Saarland treten über 25.000 Bergarbeiter der Staatsgruben für die Einführung einer neuen Arbeitsordnung in den Streik (28.12.).

Wirtschaft & Wissenschaft

Die Essener Stahlfirma **Krupp** präsentiert bei einer Vorführung in Anwesenheit Kaiser Wilhelm II. ein neues Geschütz mit einer Reichweite von 20 km (24.4.). Der Ingenieur und Unternehmer **Werner von Siemens** stirbt im Alter von 75 Jahren in Berlin (6.12.). Fertigstellung des 485 km langen Teilstücks der **Anatolischen Eisenbahn** zwischen Ismid und Ankara unter maßgeblicher Beteiligung der „Deutschen Gesellschaft für den Bau der kleinasiatischen Bahnen“ und der Deutschen Bank (31.12.). Gottlieb Daimler und Wilhelm Maybach konstruieren den ersten **Zweitakt-Reihenmotor**. **Rudolf Diesel** lässt sich seinen Verbrennungsmotor patentieren. Hermann Aron erfindet den **Drehstromzähler**.

Kunst & Kultur

Die Maler Franz von Stuck, Fritz von Uhde und Wilhelm Trübner setzen dem dominierenden Historismus eine neue Kunstauffassung entgegen und gründen in München den **„Verein bildender Künstler“** (4.4.). Gerhart Hauptmann veröffentlicht sein bedeutendstes Drama, ***Die Weber***. Thema ist das Schicksal der schlesischen Weber. Der „George-Kreis“ beginnt mit der Herausgabe der ***Blätter für die Kunst***. Der erste Abenteuerroman von **Karl May**, *Durch die Wüste*, erscheint. Im Gedenken an den bayerischen König Ludwig II. veröffentlicht **Stefan George** die Gedichtreihe *Algabal*.

Gesellschaft & Sport

In Hamburg fordert eine schwere **Cholera-Epidemie** – eine letzte in Deutschland – über 8000 Opfer unter der Bevölkerung (August). Maximilian Harden ruft in Berlin die politische Wochenzeitschrift ***Zukunft*** ins Leben (1.10.). Für Aufsehen sorgt das Blatt vor allem durch seine Kritik an Caprivis Politik und durch seine beißende Berichterstattung über die „Hofkamarilla“ der Kaiserin. Mit der Gründung des „Deutschen Vereins für das Fortbildungsschulwesen“ entstehen in Deutschland die **Berufsschulen**. Erstmals müssen Zuschauer bei einem Fußballspiel – einer Berliner gegen eine Dresdner Mannschaft – **Eintrittsgeld** entrichten. Eröffnung der ersten deutschen **Kunsteisbahn** in München.

Weltgeschichte

William Ewart Gladstone

Eröffnung der neuen großen Einwanderungsschleuse auf der Insel **Ellis Island** in New York (1.1.). **Frankreich** führt Schutzzölle für ausländische Waren ein (17.1.). Russisches Militär schlägt im polnischen Lodz eine **Streikbewegung** anlässlich der Maifeiern mit über 60.000 Beteiligten nieder (6.5.). **Währungsreform** in Österreich-Ungarn (11.8.): Die Goldkrone tritt neben den Silbergulden. Ein Misstrauensvotum gegen den konservativen britische Premierminister **Robert Arthur Salisbury** hat Erfolg (10.8.). Neuer Premier ist sein Amtsvorgänger, der 84-jährige Liberale **William Ewart Gladstone** (15.8.). Gründung der **„Italienischen Sozialistischen Partei“** unter Filippo Turati (15.8.). Russland und Frankreich sichern sich in einer **geheimen Militärkonvention** gegenseitigen Beistand im Falle eines deutschen Angriffs zu (17.8.). Frankreich verbietet die Arbeit für Kinder unter 13 Jahren (2.11.). Der Demokrat **Stephen Grover Cleveland** gewinnt die US-Präsidentschaftswahlen gegen den Republikaner Benjamin Harrison (8.11.). Französische Truppen erobern die Hauptstadt des Königreichs **Dahome** in Westafrika (17.11.). **„Panamaskandal“** überschattet Frankreich und zwingt Ministerpräsident Émile Loubet zum Rücktritt (29.11.).

1893

Politik

Otto von Lilienthal mit seinem Gleitfluggerät

Der **Streik der Saarländer Bergarbeiter** bricht nach Massenaussperrungen zusammen und zieht die Auflösung nahezu aller Arbeiterorganisationen des Saarlandes nach sich (18.1.). Deutsch-türkische Verhandlungen über „Bagdadbahn". Die deutsche Regierung sichert sich gegen französische und britische Konkurrenz die Rechte am Weiterbau der **„Anatolischen Eisenbahn"** und überträgt diese der von der Deutschen Bank finanzierten „Deutschen Gesellschaft für den Bau der kleinasiatischen Bahnen" (15.2.). Großagrarier mobilisieren gegen Caprivis Handelspolitik: In Berlin konstituiert sich der **„Bund der Landwirte"** (18.2.). Wichtigste Forderung der Vereinigung, die binnen kurzem an die 200.000 Mitglieder zählt, ist die Wiedereinführung der Getreideschutzzölle zur Förderung der deutschen Landwirtschaft. Mit der Einführung der mitteleuropäischen Zeit per Reichsgesetz gilt im gesamten Reichsgebiet eine **Einheitszeit** (1.4.). Der **Reichstag** lehnt die Militärvorlage der Regierung ab (6.5.). Hauptstreitpunkte sind die Erhöhung der Truppenstärke und die Verringerung der Dienstpflicht. Reichskanzler Leo Graf von Caprivi löst den Reichstag daraufhin auf. Die Heeresfrage spaltet die Linksliberalen: Die „Deutsche Freisinnige Partei" zerfällt in die großindustriell orientierte **„Freisinnige Vereinigung"** und die **„Freisinnige Volkspartei"** unter Eugen Richter (6.5.). **Kaiser Wilhelm II.** zeigt sich über das Scheitern der Militärvorlage verärgert und zieht in einer Ansprache vor preußischen Generälen einen Staatsstreich in Erwägung (9.5.). „Kartell-Parteien" siegen bei den **Reichstagswahlen** (15.6.). Die Sozialdemokraten können zwar gegenüber 1890 zulegen und mit 22,3% wieder den größten Stimmenanteil erringen, stellen aber aufgrund des absoluten Mehrheitswahlrechts im Reichstag nur die viertstärkste Fraktion hinter dem Zentrum (19,1%), den Konservativen (13,5%) und den Nationalliberalen (13,0%). Wahlverlierer sind die in zwei Parteien gespaltenen Freisinnigen. Die Wahlbeteiligung liegt bei 72,4%. Preußen novelliert aufgrund der Steuerreform das **Dreiklassenwahlrecht** (29.6.). Der Reichstag bewilligt mit knapper Mehrheit die **Militärvorlage** der Regierung (15.7.). Das für fünf Jahre gültige Gesetz (Quinquennat) erhöht die Heeresstärke auf 585.000 Mann und verkürzt die Dienstpflicht auf zwei Jahre. Als Gegengewicht zu den Gewerkschaften organisieren sich Angestellte im **„Deutschnationalen Handlungsgehilfenverband"** (7.9.). Der Parteitag der Sozialdemokraten streitet ergebnislos über das Verhältnis der **SPD** zu den Gewerkschaften. (22.–28. 10.). Weder der Gewerkschaftszwang für Parteimitglieder noch die organisatorische Verflechtung mit den Gewerkschaften kann sich durchsetzen. Eine Teil-

Carl Benz am Steuer seines ersten vierrädrigen Motorwagens (1893)

nahme an den preußischen Landtagswahlen lehnen die Delegierten aufgrund des Dreiklassenwahlrechts ab. Die **Handelsverträge** des Reichs mit Spanien, Rumänien und Serbien passieren mit knapper Mehrheit den Reichstag (15.12.). Die Konservativen können ihre Mandatsmehrheit bei den **Wahlen zum preußischen Abgeordnetenhaus** weiter ausbauen und rangieren nun deutlich vor dem Zentrum und den Nationalliberalen. Die „Freisinnige Volkspartei“ schneidet deutlich besser ab als ihre „Stiefschwester“, die „Freisinnige Verreinigung“.

Wirtschaft & Wissenschaft

Gründung des „Verbandes Deutscher Elektrotechniker“ (**VDE**) in Berlin (22.1.). Auf Initiative des Gelsenkirchener Unternehmers Emil Kirdorf schließen sich 98 Kohlezechen des Ruhrgebietes zum **„Rheinisch-Westfälischen Kohlesyndikat“** zusammen (16. 2.). Der Dachverband kontrolliert die Produktionszahlen und den Kohlepreis. **Otto Lilienthal** erhält ein Patent auf ein Segelflugzeug und einen Flügelschlagapparat (30.9.). Hugo Stinnes gründet die **„Hugo Stinnes OHG“**, die sich zu einer der größten Unternehmensgruppen Deutschlands entwickelt. Eugen Langen erfindet die **elektrische Hängebahn**. Das Reich leidet unter einer schweren **Wirtschaftskrise**.

Kunst & Kultur

Uraufführung von Gerhart Hauptmanns Drama ***Die Weber*** durch den Theaterverein „Freie Bühne“ im „Neuen Theater Berlin“ (26.2.). Die erste **„Große Berliner Kunstausstellung“** eröffnet (14.5.). Die Freie Künstlervereinigung **„Berliner Secession“** organisiert eine Gegenveranstaltung zur Kunstausstellung in Alt-Moabit, nachdem eine Vielzahl von Werken beim Organisationskomitee der Kunstausstellung keine Aufnahme fand. Premiere der Märchenoper ***Hänsel und Gretel*** von Engelbert Humperdinck in Weimar (23. 12.). **Karl May** veröffentlicht in den *Gesammelten Reiseerzählungen* die *Winnetou*-Bände und die Orientabenteuer. In Hamburg findet die erste **internationale Fotoausstellung** statt.

Engelbert Humperdinck

Gesellschaft & Sport

Der **„Centralverein deutscher Staatsbürger jüdischen Glaubens“** gründet sich in Berlin (26.3.). Er setzt sich für die gesellschaftliche Gleichbehandlung der Juden in Deutschland ein. Berlin erlaubt das **Fahrradfahren** auf allen Straßen der Hauptstadt (1.5.). Auf einer Konferenz in Gera gründen die Vertreter der Arbeitersportvereine den **„Arbeiterturnerbund“** (21.–22.5.). Preußen führt erstmals **Bahnsteigkarten** ein (1.10.). Die Lehrerin und Frauenrechtlerin Helene Lange, Führerin der deutschen Frauenbewegung, beginnt mit der Herausgabe der Monatszeitschrift ***Die Frau***. **Georg Hax** gewinnt die erste Europameisterschaft im Turmspringen.

Weltgeschichte

Gründung der **„Independent Labour Party“** in Bradford (14.1.). **Stephen Grover Cleveland** tritt sein Amt als 24. US-Präsident an (4.3.). In **Belgien** streiken 250.000 Arbeiter für die Einführung des allgemeinen Wahlrechts (11.4.). Die **Weltausstellung** eröffnet mit einer Rekordausstellungsfläche von 81 ha. in Chicago (1.5.). Mit dem Zusammenbruch der Börse an der New Yorker Wall Street erreicht die Weltwirtschaftskrise die USA (27.6.). **Rosa Luxemburg** gründet die „Sozialistische Partei des Königreichs Polen und Litauen“ (30.7.). **Griechenland**: Nach 9-jähriger Bauzeit ist die 6,5 km lange Kanalverbindung zwischen dem Ionischen und dem Ägäischen Meer für den Schiffsverkehr freigegeben (6.8.). Bei den **Wahlen zum französischen Abgeordnetenhaus** erringen die Linksparteien einen überwältigenden Sieg, die Monarchisten brechen erdrutschartig ein (3.9.). Das unter französischer Schutzherrschaft stehende **Laos** erhält im Vertrag von Hongkong alle Gebiete am linken Mekong-Ufer vom Königreich Siam (3.10.). Die britische Regierung lässt einen **Bergarbeiterstreik** mit über 300.000 Beteiligten für höhere Löhne vom Militär blutig beenden (17.11.). Britische Truppen schlagen unter erstmaligem Einsatz eines Maschinengewehrs einen Eingeborenenaufstand in **Rhodesien** nieder.

1894

Politik

Treffen zwischen **Otto von Bismarck** und Kaiser Wilhelm II. in Berlin (20.1.). Der Besuch ist Ausdruck einer formellen Versöhnung. Deutschland und Russland schließen einen **Handelsvertrag**, der die Einfuhrbeschränkungen für russische Waren aufhebt (10.2.). Besonders der russische Getreideexport litt unter den Zollbestimmungen des Reichs. **Reichskanzler Leo Graf von Caprivi** sucht Ausgleich mit preußischen Junkern (26.2.): Der Bundesrat hebt den Identitätszwang für ausgeführtes Getreide auf und räumt damit den Großagrariern die Möglichkeit ein, staatliche Zuschüsse in Anspruch zu nehmen. Das Deutsche Reich erhält in einem Vertrag mit Frankreich den Zugang zum Sanga, einem Nebenfluss des Kongo, verliert aber im Gegenzug seinen Anspruch auf das Hinterland **Kameruns** (15.3.). Der **Reichstag** stimmt gegen den heftigen Widerstand der Konservativen dem deutsch-russischen Handelabkommen zu (16.3.). Caprivi verliert daraufhin die Unterstützung der Konservativen. Die neue **Synodalordnung in Preußen** erweitert die staatliche Unabhängigkeit der evangelischen Landeskirche (28.5.). Kaiser Wilhelm II. nimmt die Ermordung des französischen Staatspräsidenten François Sadi Carnot durch einen Anarchisten zum Anlass, eine **„Umsturzvorlage"** zu fordern (24.6.). Der Plan, der u. a. die Abschaffung des allgemeinen Wahlrechts und neue Ausnahmegesetze gegen die erstarkte Sozialdemokratie vorsieht, hat die Unterstützung des preußischen Militärs und des preußischen Ministerpräsidenten **Botho Graf von Eulenburg**, nicht aber die Caprivis. Der „Allgemeine Deutsche Verband" heißt nun **„Alldeutscher Verband"** (Juli). Als Publikationsorgan fungieren die *Alldeutschen Blätter*. Mit dem **„Gewerkverein christlicher Bergarbeiter"** für den Oberamtsbezirk Dortmund konstituiert sich die erste christliche Gewerkschaft in Deutschland (26.8.). Deutsche Truppen schlagen den sog. **„Hottentottenaufstand"** in Westafrika nieder (15.9.). Kaiser Wilhelm II. votiert in seiner **„Polenrede"** für ein härteres Vorgehen gegen die polnische Bevölkerung in den deutschen Gebieten (22.9.). Die erste Probenummer der sozialdemokratischen ***Leipziger Volkszeitung*** erscheint (29.9.). Das preußische Abgeordnetenhaus lehnt die **„Umsturzvorlage"** Kaiser Wilhelms II. ab und löst damit eine Regierungskrise aus (12.10.). Zwischen Caprivi und Eulenburg kommt es zum Zerwürfnis über das Vorgehen gegen die Sozialdemokraten. Wilhelm II. entlässt Caprivi und Eulenburg (26.10.). Der bayerische Ministerpräsident **Chlodwig Fürst zu Hohenlohe-Schillingsfürst** beerbt sie im Amt des Reichskanzlers und preußischen Ministerpräsidenten. Mit der Einstellung Hohenlohe-Schillingsfürsts setzt sich das **„persönliche Regiment"** Wilhelm II. durch. Deutsche Marinekorps landen auf der Insel **Matubi** im „Bismarck-Archipel" (1.11.). Das Reich verkündet das deutsche Protektorat über das nordöstliche **Neuguinea** (3.11.). Gründung des **„Vereins zur Förderung des Deutschtums in den Ostmarken"** in Posen (3.11.). Ihre polenfeindliche Politik bringt den Mitgliedern des Ostmarkenvereins den Beinamen „Hakatisten" ein. Die „Umsturzvorlage" ist das Thema der ersten Sitzung des **Reichstages** im **neuen Plenarsaal** (6.12.). Die antisemitischen Gruppierungen „Deutschsoziale Partei" und „Deutsche Reformpartei" schließen sich zur **„Deutschsozialen Reformpartei"** zusammen.

Ernst Haeckel

Wirtschaft & Wissenschaft

Der Physiker Heinrich Rudolf Hertz stirbt im Alter von 36 Jahren in Bonn (1.1.). Der Verleger Albert Langen verlegt den Firmensitz des **„Albert Langen Verlages"** nach Leipzig. Fortschritt in der **Meteorologie**: Der „Deutsche Verein zur Förderung der Luftschifffahrt" lässt einen unbemannten Registrierballon aufsteigen, der eine Höhe von 18.450 m erreicht. Friedrich Engels veröffentlicht in Hamburg den dritten Band des von ihm fertig gestellten ***Kapitals*** von Karl Marx. **Emil Behring** und **Paul Ehrlich** gelingt die Gewinnung eines Impfstoffes gegen

Diphtherie aus Pferdeserum. Der Zoologe **Ernst Haeckel** gibt seine *Systematische Philogenie* heraus.

Kunst & Kultur

Einweihung des **neuen Reichstagsgebäudes** durch Kaiser Wilhelm II. in Berlin (5.12.). Attraktion des nach den Plänen von Paul Wallot konstruierten Baus ist die Glas-Eisen-Kuppel mit aufgesetzter Krone. **Theodor Fontane** beginnt in der *Deutschen Rundschau* mit der Veröffentlichung der Romanfolge *Effi Briest*. **Lou Andreas-Salomé**, ehemalige Freundin Friedrich Nietzsches, gibt das biografische Werk *Friedrich Nietzsche in seinen Werken* heraus. **Heimatdichtung** erlebt Blütezeit: **Ludwig Ganghofer**, Lieblingsschriftsteller Wilhelms II., landet mit dem zweibändigen Roman *Die Martinsklause* einen Bestseller.

Gesellschaft & Sport

Gründung des **„Bundes deutscher Frauenvereine“** als Dachverband der deutschen Frauenbewegung in Berlin (29.3.). Hauptforderungspunkte sind die gesellschaftliche und politische Gleichstellung der Frau, insbesondere Chancengleichheit in der Bildung. Erste Vorsitzende des Verbandes ist Auguste Schmidt. **Emanuel Lasker** gewinnt in den USA die Schach-Weltmeisterschaft. Den Titel behält er bis 1921. **August Lehr** gewinnt in Antwerpen die erste Weltmeisterschaft auf dem Niederrad. Der Sieg des Hochradspezialisten gilt als Sensation. Die Rennstrecke beträgt eine Meile. Der „Berliner Verein Friedrich Wilhelm“ baut als erster deutscher Fußballklub einen **separaten Fußballplatz**.

Weltgeschichte

Teilnehmer des ersten Autorennens der Welt zwischen Rouen und Paris durchqueren Mantes

Österreich-Ungarn führt die mitteleuropäische Zeit ein (1.6.). Frankreich protektiert das westafrikanische **Dahome** (22.6.). Der „Internationale Athletikkongress“ in Paris beschließt die **Wiederbegründung der Olympischen Spiele** (23.6.). Ermordung des französischen Staatspräsidenten **François Sadi Carnot** durch einen italienischen Anarchisten in Lyon (24.6.). Präsident Cleveland lässt den **größten Arbeitskampf der US-Geschichte** mit über 100.000 Beteiligten durch Bundestruppen niederschlagen (26.6.). Das **erste Autorennen der Welt** findet zwischen Rouen und Paris statt (22.7.). Italien (11.7.) und Frankreich (26.7.) erlassen **„Anarchistengesetze“**. Beginn des **Chinesisch-Japanischen Krieges** um Korea (15.9.). Großbritannien annektiert die Landverbindung zwischen der Kapkolonie und Natal, das **Pondoland** (25.9.). **Zar Alexander III.** sirbt im Alter von 49 Jahren (1.11.). Nachfolger ist sein Sohn **Nicolaus II.** (21.10.). Ein französisches Militärgericht verurteilt den jüdischen Offizier **Alfred Dreyfus** wegen – angeblicher – Spionagetätigkeit für das Deutsche Reich zu lebenslanger Verbannung auf die südamerikanischen Teufelsinseln (22.12.).

Verurteilung des jüdischen Offiziers Alfred Dreyfus

1895

Politik

Die Reichsregierung beschließt, den **Streit um die Widmung des neuen Reichstagsgebäudes** für unbestimmte Zeit auszusetzen (10.1.). Da sich die Parlamentarier und der Kaiser auf keinen gemeinsamen Vorschlag für die Inschrift über dem Westportal einigen können, bleibt der Platz bis 1916 leer. Die bayerischen Bauernvereine mobilisieren gegen die Handelspolitik des Reichs und gründen den **„Bayerischen Bauernbund"** (2.3.). Zusammen mit Frankreich und Russland fordert das Deutsche Reich Japan zur Räumung der eroberten Gebiete im Chinesisch-Japanischen Krieg auf (23.4.). **Otto von Bismarck** und der Reichstag bleiben unversöhnt: Die Parlamentarier lehnen einen offiziellen Glückwunsch zum 80. Geburtstag des ehemaligen Reichskanzlers ab (1.4.). Eine kaiserliche Verordnung erklärt die **gesetzliche Sonntagsruhe** in der Industrie für verbindlich, nachdem die Unternehmen die gleich lautende Bestimmung der Gewerbeordnung mehrfach missachtet hatten (1.4.). Kaiser Wilhelm II. sagt Zar Nicolaus II. Rückendeckung für die russische Asienpolitik zu und verlangt im Gegenzug dessen Unterstützung bei Errichtung eines **deutschen Hafens in China** (26.4.). Das **Zentrum** sucht im Reichstag erfolglos, die **„Umsturzvorlage"** nach klerikalen Gesichtspunkten umzugestalten, fordert u. a. die Einschränkung der Meinungs-, Presse- und Forschungsfreiheit (8.5.). Die Reichstagsabgeordneten lehnen die **„Umsturzvorlage"** mit großer Mehrheit ab (11.5.), die Sozialdemokraten und Linksliberalen prinzipiell, das Zentrum und die Nationalliberalen teilweise. Lediglich die Konservativen stimmen ihr vorbehaltlos zu. Die ***Alldeutschen Blätter*** fordern ein deutsches Protektorat über Marokko (4.8.). Der Philosoph und Politiker **Friedrich Engels**, Mitbegründer des wissenschaftlichen Sozialismus, stirbt im Alter von 74 Jahren in London (5.8.). Deutsch-britisches Verhältnis weiter angespannt: Der britische Premierminister Robert Arthur Salisbury

Berlin: Kaiser-Wilhelm-Gedächtniskirche

Wilhelm C. Röntgen

präsentiert Kaiser Wilhelm II. im Rahmen dessen Englandbesuchs einen **Aufteilungsplan für die Türkei** (7.8.). Der Kaiser lehnt ab. Der sog. **„Essener Meineidsprozess"** verurteilt sieben leitende Funktionäre des Bergarbeiterverbandes zu mehrjährigen Haftstrafen (17.8.). Mit dem **„Bund der Industriellen"** entsteht eine der einflussreichsten Arbeitgeberdachorganisationen des Kaiserreichs (27.11.). Nach dem Scheitern der „Umsturzvorlage" gehen die staatlichen Behörden im Rahmen des Vereinsgesetzes verschärft gegen die Sozialdemokraten vor: Das Berliner Polizeipräsidium löst elf sozialdemokratische Vereine und den Parteivorstand der **SPD** wegen (angeblicher) Verstöße gegen das preußische Vereinsgesetz auf (29.11.). Anlass ist die Kritik mehrerer sozialdemokratischer Blätter an der Reichspolitik. Die Leitung der SPD übernimmt vorübergehend die Reichstagsfraktion. **Ernst Hasse**, Vorsitzender des „Alldeutschen Verbandes", sorgt mit seiner Schrift *Großdeutschland und Europa um das Jahr 1950* für großes öffentliches Aufsehen. Der Liberale **Friedrich Naumann** gründet eine eigene Wochenzeitschrift, *Die Hilfe*. Schwerpunktthemen des Blattes sind eine Wahlrechtsreform und die Gleichberechtigung der Frau.

Wirtschaft & Wissenschaft

Der Verleger **Anton Philipp Reclam** stirbt im Alter von 87 Jahren in Leipzig (5.1.). Einweihung des **„Kaiser-Wilhelm-Kanals“** mit einer prunkvollen Feier und in Anwesenheit des Kaiserpaares in Hamburg-Altona (21.6.). Der Kanal verbindet Nord- und Ostsee. Der Unternehmer **Adam Opel** stirbt 58-jährig in Rüsselsheim (8.9.). Meilenstein in Medizin und Technik: Der Physiker **Wilhelm Conrad Röntgen** entdeckt die nach ihm benannten „Röntgen-Strahlen“ (8.11.). Die Gefährlichkeit der Strahlung bleibt zunächst noch unerkannt. Der Stuttgarter Wilhelm Fein erfindet die **elektrische Handbohrmaschine**. **Sigmund Freud** und **Josef Breuer** veröffentlichen ihre *Studien über Hysterie*.

Kunst & Kultur

Uraufführung der Oper ***Der arme Heinrich*** von Hans Pfitzner in Mainz (2.4.). Der Schriftsteller **Gustav Freytag**, einer der Protagonisten des realistischen Romans, stirbt im Alter von 78 Jahren in Wiesbaden (30.4.). **Jugendstil** und **Symbolismus** auf dem Vormarsch: Otto Julius Bierbaum und Julius Meier-Graefe geben in Berlin die Kunst- und Literaturzeitschrift ***Pan*** heraus (April). Einweihung der ***Kaiser-Wilhelm-Gedächtniskirche*** in Berlin-Charlottenburg anlässlich des 25. Jahrestages der Schlacht von Sedan, die den Deutsch-Französischen Krieg entschied (2.9.). **Vorstufe des Films** entwickelt: Die Brüder Max und Emil Skladanowsky führen im Berliner Varieté „Wintergarten“ „lebende Bilder“ vor (1.11.). Vollendung des ***Wittelsbacher Brunnens*** in München. **Theodor Fontane** veröffentlicht seinen bekanntesten Roman *Effi Briest* als Buch.

Gesellschaft & Sport

Die **zweite Berufs- und Gewerbezählung** zeigt die Auswirkungen der Industrialisierung auf die Gesellschaft (21.6.). Nur noch 37,5% aller Beschäftigten arbeiten in der Landwirtschaft, der Anteil der in Industrie und Bergbau Angestellten steigt auf 37,4%. Mit 1,6 Millionen Einwohnern ist Berlin die dicht besiedeltste Stadt der Welt. Die „Deutsche Turnerschaft“ führt das **Frauenturnen** ein. **Konrad Koch** veröffentlicht seine Regeln zur Vereinheitlichung des Fußballspiels. Studentische Bibelkreise schließen sich zur **„Deutschen Christlichen Studentenvereinigung“** zusammen. Gründung des **„Deutschen Vereins zum Heiligen Lande“**.

Adam Opel

Weltgeschichte

Alfred Nobel

Italienische Truppen dringen in den Norden Äthiopiens ein und lösen den **2. Italienisch-Äthiopischen Krieg** aus (13.1.). Der französische Staatspräsident Jean Paul Pierre Casimir-Périer tritt als Konsequenz aus der **„Panama-Affäre“** zurück (15.1.). Die Nationalversammlung wählt **Félix Faure** zu seinem Nachfolger (17.1.). Beginn des **kubanischen Unabhängigkeitskampfes** gegen die spanische Kolonialmacht (24.2.). Der Friede von Schimonoseki beendet den **Chinesisch-Japanischen Krieg** (17.4.): China muss Taiwan an Japan abtreten und die Unabhängigkeit Koreas anerkennen, das faktisch unter japanischer Hegemonie steht. Eröffnung der Eisenbahnlinie zwischen der portugiesischen Delagoabucht in Moçambique und der Burenrepublik Transvaal (8.7.). Französische Truppen erobern die Hauptstadt **Madagaskars** und stellen das Land unter französische Schutzherrschaft (30.9.). Großbritannien beginnt mit der Eroberung des Reichs der **Aschanti in Ghana** (12.11.). „Burenkrieg“ kündigt sich an: Britische Freischärler fallen von der Kapkolonie aus in die **Burenrepublik** ein (29.12.). Der schwedische Erfinder und Unternehmer **Alfred Nobel** stiftet testamentarisch Erlöse aus seinem Vermögen für Auszeichnungen besonderer Leistungen (**„Nobel-Preis“**).

1896

Politik

Einweihung des *Kyffhäuserdenkmals*

Kaiser Wilhelm II. gratuliert in der sog. **„Krügerdepesche"** dem Präsidenten der Burenrepublik Transvaal, Paul „Ohm" Krüger, zum Sieg über die britischen Freischärler (3.1.). Die Folge ist eine weitere Verschlechterung der deutsch-britischen Beziehungen. Der **Bundesrat** erlässt eine Verordnung, die die Arbeitszeit in den Bäckereien auf höchstens 12 Stunden täglich beschränkt (6.3.). **Sachsen** ersetzt das Zensus- durch das Dreiklassenwahlrecht (28.3.). Die Maßnahme richtet sich gegen die Wahlerfolge der Sozialdemokraten im **„roten Sachsen"**. Im sächsischen Landtag ist die SPD mit 14 von 82 Abgeordneten vertreten, und auch ein Drittel der 23 sächsischen Reichstagsabgeordneten sind Sozialdemokraten. Das Berliner Amtsgericht ordnet die dauernde Schließung der sozialdemokratischen Parteileitung an (19.5.). Die **SPD** geht daraufhin in Revision. Die „Tarifgemeinschaft der Buchdrucker" schließt den **ersten Tarifvertrag in Deutschland** ab (19.5.). Er gilt zunächst für 5 Jahre und schafft als Kontrollorgane ein Tarifamt und einen Tarifausschuss. Der **7. internationale Bergarbeiterkongress** tagt in Aachen (25.–28.5.). Die Delegierten fordern die Einführung des Achtstundentages und das gesetzliche Verbot der Frauenarbeit in allen Gruben. Der Reichstag verabschiedet gegen die Stimmen der Konservativen eine **Änderung des „Vereins- und Versammlungsgesetzes"** (17. 6.). Sie erlaubt allen Vereinen, innerhalb des Reichs zusammenzuarbeiten. Der Änderungsvorschlag **scheitert** allerdings am Widerstand des Bundesrates und der Reichsregierung. Der Reichstag verabschiedet gegen die Stimmen der Sozialdemokraten das **„Bürgerliche Gesetzbuch"** (1.7.). Das BGB vereinheitlicht das Privatrecht im Reich. Das vom Reichstag verabschiedete sog. **„Schutztruppengesetz"** unterstellt die Kolonialtruppen der Kolonialabteilung (18.7.). Das Gesetz beendet die Kompetenzstreitigkeiten zwischen dem Marine- und dem Kolonialamt. **Otto von Bismarck** veröffentlicht in den *Hamburger Nachrichten* das **Zusatzprotokoll des deutsch-russischen Rückversicherungsvertrages** (24.10.). Das Bekanntwerden der bislang geheimen Bestimmungen sorgt für internationale Verstimmung und mehrt das Misstrauen gegenüber dem Reich. Der Parteitag der „Deutschen Volkspartei" in Ulm schlägt die **Einrichtung einer freiwilligen Arbeitslosenversicherung** vor (Oktober). Die Beiträge sollen Arbeitnehmer, Arbeitgeber und Kommunen aufbringen. Die **Sozialdemokraten** beschließen auf ihrem Parteitag in Gotha die Wahl weiblicher Vertauenspersonen und verpflichten alle Mitglieder der Partei und der Arbeitnehmerorganisationen, die Arbeit am 1. Mai ruhen zu lassen (11.–16.10.). In **Hamburg** treten über 18.000 Hafenarbeiter und Seeleute in den Ausstand (21.11.). Sie fordern Arbeitszeitverkür-

Robert und Clara Schumann

zungen und Lohnerhöhungen. Der Theologe und Politiker Friedrich Naumann gründet in Erfurt den **„National-Socialen Verein“**, der für ein nationales demokratisches Kaisertum Partei ergreift (25.11.). Die deutsche Admiralität beginnt mit der Ausarbeitung von Plänen zur Errichtung einer Handelsstation in der Bucht vor **Kiautschou** an der chinesischen Küste. Versuche der deutschen Regierung, die Bucht für 50 Jahre von China zu pachten, bleiben erfolglos.

Wirtschaft & Wissenschaft

Einweihung der „Volkssternwarte“ in Berlin-Treptow (4.4.). Hauptattraktion ist das von dem Astronomen **Friedrich Simon Archenhold** konstruierte längste Linsenfernrohr der Welt. Es hat ein Länge von 21 m. Der Historiker **Heinrich von Treitschke** stirbt im Alter von 61 Jahren in Berlin (28.4.). Der Ingenieur und Flugpionier **Otto Lilienthal** erliegt 48-jährig den Folgen eines Absturzes in Berlin (10.8.). **Julius Bachem** gibt den ersten Band des *Staatslexikons der Görresgesellschaft* heraus. Der Unternehmer **Hermann Hollerith** gründet in New York die „Tabulating Machine Corporation“, aus der 1911 der IBM-Konzern hervorgeht. Baubeginn der **Berliner Untergrundbahn**.

Kunst & Kultur

Der Journalist Georg Hirth gründet in München die literarisch-satirische Wochenzeitschrift *Jugend* (1.1.). Nach dem Blatt ist die Stilrichtung **„Jugendstil“** benannt. Uraufführung von **Gerhart Hauptmanns** naturalistischem Schauspiel *Florian Geyer* am „Deutschen Theater“ in Berlin (4.1.). Die Pianistin **Clara Schumann** stirbt im Alter von 77 Jahren in Frankfurt a. M. (20.5.). Einweihung des Kaiser Wilhelm I. gewidmeten ***Kyffhäuserdenkmals*** (18.6.). Kaiser Wilhelm II. nimmt an der feierlichen Eröffnung der ***Porta Westfalica*** teil (18.10.). Der Bühnentechniker Karl Lautenschläger führt am Münchener Residenztheater die **erste Drehbühne** ein.

Gesellschaft & Sport

Frühform der Umwelttechnik: In Hamburg geht die **erste Müllverbrennungsanlage** in Betrieb (1.1.). Die politisch-satirische Wochenzeitschrift ***Simplicissimus*** erscheint erstmals in München (4.4.). In Berlin findet unter der Leitung der Frauenrechtlerin Lina Morgenstern **der erste Internationale Frauenkongress** mit über 17.000 Delegierten aus 14 Nationen statt (16.-29.9.). **Gilbert Fuchs** gewinnt bei den ersten Eiskunstlauf-Weltmeisterschaften den Titel. Bei den ersten Olympischen Sommerspielen der Neuzeit erringen die deutschen Teilnehmer 5 Gold-, 2 Silber- und 2 Bronzemedaillen. Matthias Zdarsky veröffentlicht unter dem Titel *Alpine Lilienfelder Skifahr-Technik* **das weltweit erste Lehrbuch des Skilaufs**.

Weltgeschichte

Frankreich und Großbritannien grenzen ihre Kolonialinteressen in Südostasien ab, wobei **Siam** als Pufferstaat bestehen bleibt (15.1.). Britische Truppen erobern Kumasi, die Hauptstadt des Reichs der **Aschanti in Ghana** (17.1.). Italien unterliegt in der entscheidenden Schlacht um **Äthiopien** bei Adua den einheimischen Truppen Kaiser Menilek II. (1.3.). Eröffnung der **ersten Olympischen Spiele** der Neuzeit in Athen (6.4.). Mit griechischer Unterstützung bricht auf **Kreta** ein Aufstand der christlichen Bevölkerung gegen die türkische Besatzungsmacht aus (Mai). Vollendung der **„Anatolischen Eisenbahn“** von Konstantinopel nach Konia (29.7.). Großbritannien errichtet ein Protektorat über das **Aschanti-Reich** (16.8.). Nach einem Banküberfall armenischer Terroristen in **Konstantinopel** verüben türkische Regierungstruppen ein 3-tägiges Massaker an der armenischen Minderheit (26.8.). Im Vertrag von Addis Abeba verzichtet Italien auf Gebietsansprüche in **Äthiopien** (26.10.). Der Republikaner **William McKinley** gewinnt die US-Präsidentschaftswahlen gegen den Demokraten Steven Grover Cleveland (3.11.). Eine **Pestepidemie** in Indien fordert 2 Millionen Menschenleben. Henryk Sienkiewicz veröffentlich den Bestseller ***Quo vadis?***

Finale des 100-m-Laufs bei den Olympischen Spielen in Athen

1897

Politik

Der **Hamburger Hafenarbeiterstreik** bricht ergebnislos zusammen (6.2.). Deutschland beteiligt sich mit der Entsendung eines Kriegsschiffs an den internationalen Bemühungen um die Beilegung des griechisch-türkischen Konflikts wegen Kreta (21.2.). Der Reichstag nimmt das neue **„Handelsgesetzbuch“** (HGB) an (7.4.). Die Kaiserliche Disziplinarkammer enthebt auf Antrag des Reichstages **Carl Peters**, den Reichskommissar von **Deutsch-Ostafrika**, seines Amtes (24.4.). Der Kolonialpolitiker hatte sich der grausamen Behandlung der einheimischen Bevölkerung schuldig gemacht. Flottenausbau vorerst gescheitert: Die Budgetkommission des Reichtages nimmt drastische Kürzungen im Marineetat vor (8.5.). Die **Flottenvorlage** des Staatssekretärs Fritz von Hollmann ist damit abgelehnt. Kaiser Wilhelm II., dessen Lieblingsprojekt die Marine ist, fordert verärgert die Entlassung Hollmanns. Die preußische Regierung legt dem Landtag das sog. **„kleine Sozialistengesetz“** vor (13.5.). Es erteilt den staatlichen Behörden die Befugnis, alle ordnungs- und staatsgefährdenden Vereine und Versammlungen aufzulösen und zu verbieten. Der Reichstag hebt gegen den Willen der Regierung das sog. **„Verbindungsverbot“** für politische Vereine auf (18.5.). Erfolglos bleibt der Versuch der Politik, mit dem **„Gesetz über das Auswanderungswesen“** die Auswanderungswelle zu stoppen (9.6.). **Alfred Graf von Tirpitz** löst Fritz von Hollmann als Staatssekretär des Reichsmarineamtes ab (10.6.). Unter seiner Ägide beginnt eine neue Epoche in der deutschen Flottenpolitik. Das sog. **„kleine Sozialistengesetz“** scheitert mit der knappen Mehrheit von drei Stimmen im preußischen Abgeordnetenhaus (24.7.). Vor allem die liberalen und bürgerlichen Parteien – auch die Nationalliberalen – stimmen gegen die Regierungsvorlage, da sie selbst staatliche Repressalien befürchten. Alfred Graf von Schlieffen, Chef des Generalstabs, formuliert in einer Denkschrift erstmals die deutsche Kriegsstrategie im Falle einer europäischen Auseinandersetzung (2.8.). Der sog. **„Schlieffenplan“** sieht eine zunächst defensive Haltung im Osten und die Eroberung Frankreichs unter gleichzeitiger Verletzung der belgischen und luxemburgischen Neutralität vor. Ein deutsches Geschwader besetzt die chinesische Halbinsel **Kiautschou** und errichtet einen Marinestützpunkt (14.11.). **Carl Peters** scheitert im Berufungsverfahren gegen seine Entlassung (15.11.). Das Urteil löst in nationalistischen Kreisen heftige Proteste aus, Peters zieht sich aus der deutschen Politik zurück. Außenpolitik Deutschlands auf den Punkt gebracht: Der Staatssekretär des Äußeren und spätere Reichskanzler **Bernhard Graf von Bülow** prägt in seiner Reichstagsrede den Satz: „Wir wollen niemanden in den Schatten stellen, aber wir verlangen auch unseren **Platz an der Sonne**“ (6.12.). Arthur Graf von Posadowsky-Wehner, Staatssekretär des Reichsinnenamtes, ver-

Bernhard Graf von Bülow

Der erste Dieselmotor

schickt ein geheimes Rundschreiben an die Bundesstaaten, in der er die gesetzliche Festschreibung der strafrechtlichen Verfolgung von Streikorganisatoren fordert (11.12.). Der Erlass gilt als Vorbereitung der sog. **„Zuchthausvorlage“**. Preußen richtet das praktische Seminarjahr für Lehramtskandidaten ein.

Wirtschaft & Wissenschaft

Unternehmen reagieren auf den Preisverfall am Roheisenmarkt und schließen sich im **„Rheinisch-Westfälischen Roheisensyndikat“** zusammen (1.1.). **Robert Bosch** erhält das Patent auf die Magnetzündung für Motoren (11.6.). Der Pfarrer und Naturheilforscher **Sebastian Kneipp** stirbt 75-jährig in Bad Wörishofen (17.6.). Die Firma Krupp und die Augsburger Maschinenfabrik produzieren in Zusammenarbeit mit Rudolf Diesel den **ersten Prototypen des Dieselmotors**. Der Physiker **Karl Ferdinand Braun** erfindet die Kathodenstrahlröhre – die „Braun'sche Röhre“. **Friedrich Ratzel** begründet mit der *Politischen Geographie* den gleichnamigen Forschungszweig.

Kunst & Kultur

Der Berliner Theaterverein **„Freie Volksbühne“** konstituiert sich neu (12.3.). Gründung der **„Gesellschaft für Kunst und Handwerk“** in München. Der Verein verschreibt sich der Förderung des Jugendstils. Die **VII. internationale Kunstausstellung** in München präsentiert erstmals Möbel im Jugendstil. Fertigstellung des ***Hamburger Rathauses*** und des ***Münchener Justizpalastes***. **Jacob Wassermanns** *Die Juden von Zirndorf* erscheint. **Theodor Fontane** veröffentlicht in der Familienzeitschrift *Über Land und Meer* seinen Gesellschaftsroman ***Der Stechlin***. **Stefan George** gibt die Gedichtsammlung *Das Jahr der Seele* heraus.

Stefan George

Gesellschaft & Sport

Gründung des **„Caritasverbandes für das katholische Deutschland“** als Dachorganisation der Caritasvereine in Köln (7.11.). Die Wohlfahrtsverbände widmen sich der Alten-, Kranken- und Waisenpflege. Ida von Kortzfleisch ruft den **„Verein für wirtschaftliche Frauenschulen auf dem Lande“** ins Leben. Der **Tourismus** entwickelt sich zum Wirtschaftsfaktor. Vor allem in den bürgerlichen Familien sorgt der jährliche Urlaub für eine willkommene Abwechslung. Voraussetzung für die Anbindung an die Ausflugsziele ist das sehr gut ausgebaute Eisenbahnnetz. **Fußball**: In ersten internationalen Vergleichen deutscher Städte verliert Hamburg gegen Kopenhagen mit 0:5, Dresden gegen eine Prager Auswahl mit 2:4.

Weltgeschichte

Die erste **Volkszählung in Russland** ergibt eine Bevölkerungszahl von 126,5 Millionen (9.2.). Die russische Regierung verbannt den Arbeiterführer Wladimir I. Lenin nach Sibirien (26.2.). Griechische Truppen besetzen **Kreta** (7.4.). Dem italienischen Physiker Guglielmo Marconi gelingt die erste Übertragung eines Funksignals über eine Strecke von 5 km (14.5.). Der **erste Weltkongress der Zionisten** geht in Basel zu Ende (31.8.). Die Zionisten unter ihrem Vorsitzenden, dem österreichischen Journalisten **Theodor Herzl,** fordern einen eigenen Nationalstaat in Palästina. Gründung des **„Allgemeinen Jüdischen Arbeiterbundes in Russland und Polen“** (7.10.). Griechenland und das Osmanische Reich schließen im Vertrag von Konstantinopel Frieden (4.12.): Griechenland räumt Kreta und zahlt eine Kriegsentschädigung an die Türken. Das Osmanische Reich räumt Thessalien. **Russland** besetzt unter Ausnutzung der chinesischen Schwäche den chinesischen Hafen Port Arthur (13.12.). Uraufführung des Dramas ***Cyrano de Bergerac*** von Edmond Rostand in Paris (28.12.). Es ist das meistgespielte Theaterstück in Frankreich im 20. Jahrhundert. Bram Stokers Roman ***Dracula*** erscheint. Das *New York Journal* veröffentlicht die *Katzenjammer Kids*, den **ersten Comic** der Welt.

1898

Politik

Das Deutsche Reich und das Chinesische Kaiserreich schließen einen Vertrag, der China zur Verpachtung der **Halbinsel Kiatschou** verpflichtet (6.3.). Deutschland sichert sich zudem das Recht zum Eisenbahnbau und zur Erschließung der Bodenschätze. Der Vertrag gilt für 99 Jahre. **Beginn des deutsch-britischen Flottenwettrüstens**: Der Reichstag verabschiedet das **erste Flottengesetz** (28.3.). Es sieht den Bau einer Schlachtflotte mit 2 Geschwadern in den nächsten 6 Jahren vor. Alfred Graf von Tirpitz gewinnt die Parlamentarier für das Vorhaben, in dem er sie vor die Wahl stellt: eine oder keine Flotte. Angesichts der öffentlichen Stimmung und der Reichstagswahlen geben die Parteien ihren Widerstand gegen die Vorlage auf. Der britische Kolonialminister Joseph Chamberlain unterbreitet dem preußischen Botschafter in London, Paul Graf von Hatzfeld-Wildenburg, ein **Bündnisangebot** (29.3.). Der sächsische Landtag verbietet auf Antrag der Konservativen Frauen und Jugendlichen die Teilnahme an politischen Versammlungen (31.3.). Gründung des **„Deutschen Flottenvereins"** (30.4.). Der Verband unterstützt die Rüstungspolitik der Regierung und fördert in der deutschen Bevölkerung eine regelrechte Marinehysterie. Der Reichstag verabschiedet das „Gesetz betreffend die Disziplinarverhältnisse der Privatdozenten" (7.5.). Die sog. **„Lex Arons"** unterstellt alle Privatdozenten an preußischen Universitäten dem Kultusministerium und verwehrt Sozialdemokraten den Zugang zum akademischen Lehramt an Hochschulen. Sozialdemokraten und Zentrum gewinnen die **Reichstagswahlen** (16.6.). Die SPD erringt mit 27,2% den mit Abstand stärksten Stimmenanteil, stellt aber aufgrund des absoluten Mehrheitswahlrechts und der Wahlbündnisse mit 56 Sitzen nur die zweitstärkste Fraktion. Das Zentrum (18,8%) erhält 102 Mandate. Die Nationalliberalen (12,5%), die linksliberalen (zusammen 9,7%) wie die konservativen Parteien (zusammen 15,6%) verlieren deutlich. Die Wahlbeteiligung geht auf 68,1% zurück. Der ehemalige Reichskanzler und preußische Ministerpräsident **Otto von Bismarck** stirbt im Alter von 83 Jahren auf seinem Gut Friedrichsruh (30.7.). Nach seinem Tod erscheinen seine Memoiren: *Gedanken und Erinnerungen*. Das Deutsche Reich und Großbritannien schließen in London den geheimen **„Angola-Vertrag"** (30.8.). Darin vereinbaren beide Staaten die Aufteilung Angolas und Moçambiques im Falle eines portugiesischen Staatsbankrotts. Das preußische Kriegsministerium verbietet per Erlass Soldaten sämtliche Aktivitäten im sozialdemokratischen Sinne (30.8.). Selbst die Teilnahme an solchen Veranstaltungen und das Lesen sozialdemokratischer Zeitungen sind untersagt. Kaiser auf Orientreise: **Wilhelm II.** vereinbart bei einem Treffen mit Sultan Abdul Hamid II. in Istanbul den Ausbau der „Anatolischen Eisenbahn" zur „Bagdadbahn" (5.10.). In Damaskus hält er seine berühmte Rede, in der er sich zum Schutzherrn aller Mohammedaner erklärt (8.11.). Auch nach den **preußischen Landtagswahlen** dominieren die Konservativen das Abgeordnetenhaus. Mit großem Abstand folgen Zentrum und Nationalliberale. Die linksliberale Freisinnige Vereinigung bleibt konstant, die Freisinnige Vereinigung verfällt zur Splitterpartei.

Thomas Mann

Theodor Fontane

Wirtschaft & Wissenschaft

Mit dem „Rheinisch-Westfälischen Elektrizitätswerk" (**RWE**) entsteht in Essen eines der größten Energieunternehmen Deutschlands (25.4.). Ein Reichsgesetz schränkt den Verkauf von künstlichen Süßstoffen zur Förderung der heimischen **Zuckerindustrie** ein (6.7.). Der Physiker Karl Ferdinand Braun erhält das Patent auf einen Sendeerreger, den sog. **„Braun'schen Sender"**, der die Telegrafie wesentlich verbessert (14. 10.). Die **erste eiserne Straßenbrücke** über den Rhein wird in Bonn-Beuel für den Verkehr frei gegeben (17.12.). In Bochum schließen sich 13 Bergbauunternehmen zur „Westdeutschen Benzol Verkaufsvereinigung", zusammen, der späteren **„Aral AG"**. Schallplatten gehen in Produktion: In Hannover gründet sich die **„Deutsche Grammophon Gesellschaft"**.

Kunst & Kultur

Unter Führung von Walter Leistikow, Max Klinger und Max Liebermann gründet sich die Künstlervereinigung **„Berliner Secession"** (2.5.). Sie wendet sich gegen bestehende Kunstauffassungen und fördert Jugendstil und Impressionismus. Der Dichter **Theodor Fontane**, einer der bedeutendsten deutschen Vertreter des Realismus, stirbt im Alter von 78 Jahren in Berlin (20.9.). Uraufführung von **Gerhart Hauptmanns** Schauspiel *Fuhrmann Henschel* im „Deutschen Theater" Berlin (5.11.). Der Tischler Karl Schmidt gründet die **„Dresdner Werkstätten für Handwerkskunst"**. Das Kleinunternehmen sorgt mit preiswerten Kleinmöbeln im Jugendstil für Aufsehen. **Thomas Mann** veröffentlicht die Novelle *Der kleine Herr Friedemann*.

Gesellschaft & Sport

In Leipzig findet der **erste Marathonlauf** statt (3.7.). Die Erstausgabe der *Berliner Morgenpost* erscheint (20.9.). Eine deutsche Fußballauswahl bezwingt in einem **ersten inoffiziellen Länderspiel** in Paris die französische Vertretung mit 7:0 (12.12.). Den Franzosen gelingt einen Tag später mit 2:1 die Revanche. Hamburg richtet die **ersten deutschen Leichtathletikmeisterschaften** aus. Den Titel über 100 Meter gewinnt Paul Fischer in 12,2 Sek. Der „Allgemeine Verein für Verbesserung der Frauenkleidung" setzt sich für die Ersetzung des gesundheitsschädlichen Korsetts durch das sog. **„Reformkleid"** ein. Die **erste Handelshochschule** entsteht in Leipzig.

Weltgeschichte

„Dreyfus-Affäre" spaltet die Nation und stürzt die Dritte Republik in die Krise, nachdem der Schriftsteller **Émile Zola** in seiner Schrift „Ich klage an" die französische Politik und Justiz der Beweisfälschung beschuldigt hatte (Januar). Gründung der **„Sozialdemokratischen Arbeiterpartei Russlands"**, aus der später die „Kommunistische Partei" hervorgeht (15.3.). **Kubakrise** eskaliert: Die USA erklären Spanien den Krieg (25.4.). Annektion der Hawaii-Inseln durch die USA (7.7.). Das **Reich des Mahdi** bricht nach der Niederlage in der Schlacht bei Omduram gegen ein britisch-ägyptisches Heer zusammen (2.9.). Die österreichische Kaiserin Elisabeth II. **„Sisi"** fällt dem Attentat eines italienischen Anarchisten zum Opfer (10.9.). Mit der Räumung des Niltals durch französische Truppen endet die **„Faschodakrise"** zwischen Großbritannien und Frankreich (7.11.). **Spanien** verliert den Krieg gegen die USA und muss die Philippinen, Puerto Rico und Guam an die Vereinigten Staaten abtreten. **Kuba** erhält die formelle Unabhängigkeit (10.12.). **Marie und Pierre Curie** entdecken das radioaktive Element Radium (26.12.).

Kaiserin Elisabeth („Sisi") wird von dem Anarchisten Luccheni auf dem Quai du Mont-Blanc in Genf ermordet (10.9.1898)

1899

Politik

Der sozialdemokratische Theoretiker und Leiter des Parteiorgans *Sozialdemokrat*, **Eduard Bernstein**, zweifelt in seiner Schrift *Die Voraussetzungen des Sozialismus und die Aufgaben der Sozialdemokratie* die Marx'sche Lehre an (z. B. mit Blick auf die „Verelendungstheorie") und löst in der SPD den sog. **„Revisionismusstreit"** aus (Januar). Der ehemalige Reichskanzler, preußische Ministerpräsident und Admiral **Leo Graf von Caprivi** stirbt im Alter von 67 Jahren in Skyren (6.2.). **Deutsch-Neuguinea** erweitert: Das Deutsche Reich erwirbt von Spanien für 17 Mio. Mark die Karolinen, die Marianen und die Palau-Insel (12.2.). **Heeresvorlage** vom Reichstag verabschiedet (16.3.): Angesichts des enormen Kostenbedarfs für den Flottenausbau fällt die Aufstockung des Heeresbudgets gering aus. Das neue **Quinquennat** plant lediglich eine Erhöhung der Friedenspräsenzstärke um 16.000 Mann und die Einführung eines neuen Gewehrmodells, der K 98. Die **„Neuguinea-Kompanie"** überträgt die Hoheitsrechte über die Insel an die Reichsregierung (1.4.). Der **deutsche Gewerkschaftskongress** in Frankfurt a. M. spricht sich erstmals für die Einführung von Tarifverträgen aus (8.–13.5.). In Mainz findet der **erste Kongress der christlichen Gewerkschaften** Deutschlands statt (21.–22.5.). Bayern führt als erster deutscher Staat eine **Warenhaussteuer** zum Schutz des Einzelhandels ein (9.6.). Die Regierung bringt die sog. **„Zuchthausvorlage"** in den Reichstag ein (20.6.). Sie geht zurück auf die Pläne von Arthur Graf von Posadowsky-Wehner, Staatssekretär des Reichsinnenamtes, und sieht die strafrechtliche Verfolgung von Streikführen vor. Deutsche Marineeinheiten besetzen die von Spanien erworbenen Gebiete: die Karolinen, die Marianen und die Palau-Insel (30.6.). Preußische Junker verhindern den Ausbau der Binnenschifffahrt: Die preußische Regierung bringt die sog. **„Kanalvorlage"** in den Landtag ein (19.8.). Sie sieht den Bau eines Mittellandkanals zwischen Oder, Elbe, Weser und Rhein vor. Der Gesetzentwurf scheitert am Widerstand der Konservativen, da sie einen Preisverfall durch ausländische Getreideexporte fürchten. Der Parteitag der Sozialdemokraten in Hannover steht ganz im Zeichen des **„Revisionismusstreits"** (9.–14.10.). Bernsteins Marxismuskritik findet viele Anhänger, kann sich aber zunächst nicht durchsetzen. **„Samoa-Vertrag"** zwischen Deutschland und Großbritannien (14.11.): Das Empire verzichtet auf seine Ansprüche in Samoa, das Kaiserreich auf die Tonga-Inseln. Der Reichstag lehnt mit den Stimmen der Sozialdemokraten, der Liberalen und des Zentrums die **„Zuchthausvorlage"** ab (20. 11.). Offerte erneuert: **Joseph Chamberlain**, britischer Kolonialminister, spricht sich öffentlich für eine Allianz Großbritanniens mit den Vereinigten Staaten und Deutschland aus (29.11.). Das Deutsche Reich und die USA teilen sich im **„Vertrag von Samoa"** die Samoa-Inseln auf (2.12.). Die Demarkationslinie ist der 171. Längengrad. Die Regierung beendet den Konfrontationskurs gegen die Sozialdemokratie: Die sog. **„Lex Hohenlohe"**, benannt nach Reichskanzler Chlodwig Fürst zu Hohenlohe-Schillingsfürst, passiert den Reichstag (7.12.). Sie hebt alle Verbindungsverbote für Vereine auf. Die Deutsche Bank erhält vom türkischen Sultan Abd Al Hamid II. den Zuschlag für die Finanzierung der **„Bagdad-Bahn"** (24.12.).

Wilhelm Raabe

Wirtschaft & Wissenschaft

Deutsche Archäologie auf dem Vormarsch: **Robert Koldewey** beginnt mit der Ausgrabung des mesopotamischen Babylon

(16.3.), **Theodor Wiegand** mit der Milets (3.10.). Der Chemiker **Robert Wilhelm Bunsen** stirbt im Alter von 88 Jahren in Heidelberg (16.8.). Die Firma „Friedrich Bayer & Co“ bringt das Schmerzmittel **„Aspirin“** auf den Markt. **Ernst Haeckel**, Zoologe und Philosoph, sorgt mit seiner naturphilosophischen Schrift *Die Welträthsel* für Aufsehen. Der Göttinger Mathematiker **David Hilbert** schafft mit den *Grundlagen der Geometrie* ein Standartwerk der theoretischen Physik. Die „Daimler-Motoren-Gesellschaft“ beginnt mit der **Serienherstellung von Viertaktmotoren**.

Kunst & Kultur

Uraufführung von Paul Linckes ***Frau Luna*** im Berliner „Apollo-Theater“ (1.5.). Das Thema der Operette, eine Reise zum Mond, lockt die Zuschauer in Scharen in die Spielhäuser und begründet einen neuen Operettentypus, den **„Berliner Stil“**. Gründung der literarisch-künstlerischen Monatszeitschrift ***Die Insel*** in München (Oktober). **Karl Mays** Roman *Am Jenseits* erscheint. May zählt zu den meist gelesenen Autoren der Zeit. **Heimatliteratur** hat Hochkonjunktur: Mit dem Roman *Das Schweigen im Walde* landet der bayerische Schriftsteller Ludwig Ganghofer einen weiteren Bestseller. **Wilhelm Raabe** veröffentlicht seine historische Erzählung *Hastenbeck*.

Gesellschaft & Sport

In Berlin-Friedenau findet das **„Einhundert-Kilometer-Rennen“** um das „Goldene Rad“ statt (7.5.). Gründung des **„Deutschen Automobilclubs“** (DAC), des späteren ADAC, in Berlin (10.7.). Preußen gewährt Studenten der Ingenieurwissenschaften das Promotionsrecht zum **Dr.-Ing.** Gründung des **„Deutschen Skat-Verbandes“** in Altenburg. Deutschland erleidet in einem **Fußballländerspiel** gegen Großbritannien ein Debakel: 2:13. Ein von Wilhelm Maybach konstruierter **Daimler-Rennwagen** siegt auf dem internationalen Autorennen in Nizza. Der Erfolg bedeutet den Durchbruch für die Firma Daimler, der Rennwagen erhält den Namen **„Mercedes“**. *Hinterm Ofen sitzt 'ne Maus* steigt zum **Schlager des Jahres** im Reich auf.

Weltgeschichte

Alfred Dreyfus

Auf den **Philippinen** beginnt der Unabhängigkeitskrieg gegen die US-amerikanische Kolonialmacht (4.2.). Russland hebt die seit 1809 bestehende **Autonomie Finnlands** auf (15.2.). **„Sudan-Vertrag“** zwischen Frankreich und Großbritannien zur Beilegung der „Faschodakrise“ (21.3.): Frankreich überlässt den Briten das gesamte Nildelta und bleibt dafür im Besitz des westlichen Sudan. **Erste Haager Friedenskonferenz** (29.7.): Die Vertreter aus 26 Staaten debattieren über Rüstungsbeschränkungen, Friedenserhaltung und die „Humanisierung“ des Krieges. Wichtigstes Ergebnis ist die Verabschiedung einer **„Landfriedensordnung“**. Darin sind Kriegsgefangenen- und Besatzungsrecht sowie die Zulässigkeit von Waffen geregelt. Die französische Justiz hebt das Kriegsgerichtsurteil gegen **Alfred Dreyfus** auf und verurteilt ihn zu 10 Jahren Festungshaft (9.9.). Staatspräsident Émile Loubet begnadigt ihn am 19. September. Der **„Burenkrieg“** beginnt (11.10.): Unterstützt vom Oranjefreistaat erklärt die südafrikanische Burenrepublik Transvaal Großbritannien den Krieg. Der Philosoph **Houston Stewart Chamberlain** gibt *Die Grundlagen des 19. Jahrhunderts* heraus. **Sigmund Freud** legt mit dem Werk *Die Traumdeutung* die Grundlage für die moderne Psychologie.

Sigmund Freud

1900

Politik

Das **Bürgerliche Gesetzbuch** (BGB) und das **Handelsgesetzbuch** (HGB) treten nach einer langen Periode, in der in den deutschen Ländern unterschiedliche Gesetze galten, in Kraft. Damit ist für den Bereich des Privatrechts die deutsche Reichseinheit hergestellt (1.1.). **Frauen** wird fortan uneingeschränkt das **Recht zum Hochschulstudium** gewährt. Ein Erlass des Großherzogtums Baden beendet die bildungspolitische Diskriminierung der deutschen Frauen, die bislang nur als Gasthörerinnen an den Hochschulen geduldet waren (28.2.). Das deutsche Kolonialreich wird ausgedehnt. Die deutsche Flagge weht nun auf **Samoa,** das 1722 von Europäern entdeckt wurde. Durch den Bau des Panama-Kanals soll Samoa vor allem für den Handel an Bedeutung gewinnen (1.3.). Im Rahmen eines dreitägigen Festakts wird der **18. Geburtstag des Kronprinzen Wilhelm** gefeiert. Dieses Datum bringt die Großjährigkeitserklärung des Thronfolgers Kaiser Wilhelms II. mit sich (6.5.). Der Deutsche Reichstag nimmt das neue **Flottengesetz** an, das einen enormen Ausbau der deutschen Hochseeflotte vorsieht. Die Aufrüstung soll zur Erweiterung der kolonialen Besitztümer und als Spritze für die deutsche Wirtschaft dienen. Die Kosten für den Flottenausbau belaufen sich auf etwa 300 Mio. Reichsmark pro Jahr (12.6.). Ein Pionier der deutschen Sozialdemokratie, **Wilhelm Liebknecht**, stirbt im Alter von 74 Jahren in Berlin (7.8.). Bis zu seinem Tod leitet er die Redaktion des sozialdemokratischen Parteiorgans *Vorwärts*. Gemeinsam mit August Bebel war er als erster Abgeordneter seiner Partei 1867 in den deutschen Reichstag eingezogen, nach der Aufhebung des Sozialistengesetzes 1874 wurde er erneut Mitglied des Reichstages. In Deutschland trifft der russische Revolutionär **Wladimir Iljitsch Uljanow**, genannt **Lenin**, ein (6.9.). Lenin war bereits 1897 wegen seiner politischen Umtriebe nach Sibirien verbannt worden und hält sich nach Ende der Verbannung illegal in München auf. Dort widmet er sich vorerst der Herausgabe der zum Schmuggel in seine Heimat bestimmten illegalen Zeitschrift *Iskra* (russisch „Funke"). In Mainz findet die erste **Konferenz sozialdemokratischer Frauen Deutschlands** statt (16.9.). Rednerinnen sind Clara Zetkin, Rosa Luxemburg und Ottilie Baader. Die sozialdemokratischen Frauen fordern einen erhöhten gesetzlichen Schutz für Arbeiterinnen und beklagen innerhalb ihrer Partei vorurteilsbehaftete Verhaltensweisen der Genossen gegenüber den weiblichen Mitreiterinnen. **Bernhard Fürst von Bülow** wird von Wilhelm II. zum neuen Reichskanzler berufen (17.10.). Sein Vorgänger, der betagte aristokratisch-liberale Politiker **Chlodwig Fürst von Hohenlohe-Schillingsfürst** hat aus Altersgründen um seine Entlassung aus dem Amt gebeten. Fürst von Bülow hatte in den vorangegangenen Monaten durch seinen leidenschaftlichen Patriotismus und sein Engagement für die Aufrüstung der Flotte auf sich aufmerksam gemacht, der aus dem Amt scheidende Fürst von Hohenlohe-Schillingsfürst hingegen galt als zurückhaltend und um Ausgleich bemüht. Eine Frau versucht, ein **Attentat auf Wilhelm II.** zu verüben (16.11.). Sie wirft eine Axt an den kaiserlichen Wagen.

Kaiser Wilhelm II. eröffnet im Weißen Saal des Berliner Stadtschlosses eine Sitzung des Reichstags (Mai 1900)

Max Planck

Wirtschaft & Wissenschaft

Graf Ferdinand von Zeppelin steigt mit seinem 128 m langen, starren **Luftschiff LZ 1** in die Höhe (2.7.). Die „fliegende Zihens der österreichisch-ungarischen Armee verboten (25.12.).

Friedrich Nietzsche auf dem Krankenbett

garre" ist insgesamt ca. 18 Min. unterwegs, legt dabei sechs Kilometer zurück, zerbricht aber aufgrund technischer Mängel beinahe bei der Landung. Fortan wird an der Verbesserung von LZ 1 gearbeitet – mit Erfolg. Der **Personenschnelldampfer „Deutschland"** erringt bei einer Geschwindigkeit von ca. 44 km/h das **Blaue Band** für die schnellste Atlantiküberquerung (5.7.). **Max Planck** stellt in Berlin seine revolutionäre **Quantentheorie** vor und läutet damit die Ära der modernen Physik ein (14.12.).

Kunst & Kultur

In Boston wird **Gerhard Hauptmanns** Stück *Die Versunkene Glocke* vor zahllosen Zuschauern aufgeführt (6.1.). Der deutsche Philosoph, Schriftsteller und Komponist **Friedrich Nietzsche** verstirbt in Weimar (25.8.). Seine **Philosophie nach dem Tode Gottes** sowie der **Nihilismus**, mit dem er das Verschwinden von Werten und Normen des Abendlandes bezeichnet, nicht jedoch die ihm postum durch die Nationalsozialisten auferlegte Ideologie der Barbarei, stellen sein radikalkritisches wie brillantes Erbe dar. **Arthur Schnitzlers** Erzählung *Leutnant Gustl* führt zu einem Skandal und wird wegen Beleidigung des Ansehens der österreichisch-ungarischen Armee verboten (25.12.).

Gesellschaft & Sport

In Leipzig gründen die Vertreter der 68 deutschen Vereine den **Deutschen Fußballbund** (DFB); (28.1.). Es wird erstmals der **Daviscup** verliehen. Anlässlich eines Tennisspiels zwischen den USA und Großbritannien stiftet der amerikanische Tennisspieler **Dwight F. Davis** den fortan auch in Deutschland heiß begehrten Silberpokal (9.2.). Begleitet von großen Feierlichkeiten wird der **Elbe-Trave-Kanal** eröffnet (16.6.). In Paris finden im Rahmen der Weltausstellung die **II. Olympischen Spiele** statt. Für die Deutschen gibt es Goldmedaillen in den Disziplinen Rudern (Vierer mit Steuermann) und 200-m-Rücken der Herren (14.–22.7.).

Weltgeschichte

Auf **Kreta** beginnen Ausgrabungen, die zur Erforschung des Palastes von **Knossos** dienen sollen (23.3.). Bereits eine Woche nach Beginn der Arbeit stößt der Archäologe Arthur John Evans auf die Mauern der Palastanlage. Der vermögende Evans, welcher eigens für seine Arbeiten die Stätten von Knossos kauft, wird vierzig Jahre mit dem Erforschen der minoischen Kultur auf Kreta beschäftigt sein. **Frankreich** dehnt seinen Kolonialbereich in Afrika aus und erobert in der Schlacht bei Kousseri **Tschad** (22.4.). In **China** sorgt die fremdenfeindlich gestimmte Organisation der **„Boxer"** durch eine Reihe von Terroranschlägen für Aufruhr. **Klemens Freiherr von Ketteler**, der Deutsche Gesandte in China, wird auf offener Straße in Peking ermordet (20.6.). In seiner populären wie unbesonnenen **„Hunnenrede"** fordert **Wilhelm II.** ein absolut schonungsloses Vorgehen deutscher Soldaten in China (27.7.). Die von den Anschlägen der Boxer betroffenen Staaten Italien, Russland, Japan, Österreich und Großbritannien bilden gemeinsam mit den Deutschen eine 63.000 Mann starke Truppe, die den „Boxeraufstand" niederschlägt." Bei den Säuberungen wird auch die Zivilbevölkerung in Mitleidenschaft gezogen (23.9.). In den USA wird der Republikaner **William McKinley** in seinem Amt als Präsident bestätigt. Der Vizepräsident heißt Theodore Roosevelt (6.11.).

1901

Politik

Das **Urheberrechtsgesetz** tritt mit Beginn des Jahres in Kraft (1.1.). Eduard Bernstein und Julius Motteler, zwei einstmals verfolgte Sozialdemokraten, kehren aus ihrem Londoner Exil zurück (12.2.). Großbritannien und das Deutsche Reich nehmen Bündnisverhandlungen auf (3.3.). Zur Diskussion steht ein „Defensiv-Arrangement". Ein psychisch gestörter Mann verübt in Bremen ein **Attentat** auf **Kaiser Wilhelm II.,** der Kaiser erleidet leichte **Verletzungen** (6.3.). Es folgt die Verstärkung des kaiserlichen Sicherheitsdienstes. Im Rahmen der Ermittlungen wird der Monarch als Zeuge vernommen (18.3.). Das **Kriegshinterbliebenenversorgungsgesetz** und das **Kriegsinvalidengesetz** werden vom Reichstag angenommen (4.5.). Mitglieder des **Reichstages** erhalten **Diätenzahlungen** (8.5.). Es werden Anwesenheitsgelder von 20 Mark eingeführt sowie Freifahrten mit den Eisenbahnen während der Legislaturperiode gewährt. Das Reichsgericht erklärt den Schlosser, der im März ein Attentat auf Kaiser Wilhelm II. ausgeübt hatte, für nicht zurechnungsfähig (24.6.). Das Bundesland **Sachsen** stürzt infolge des Zusammenbruchs der Leipziger Bank in eine **Regierungskrise** (25.6.). Zahlreiche Unternehmen müssen Konkurs anmelden, hohe Arbeitslosigkeit ist die Folge. Der deutsche Kaiser weigert sich, den von der Berliner Stadtverordnetenversammlung gewählten **Bürgermeister Gustav Kauffmann** in seinem Amt zu bestätigen (6.7.). Der britische **König Eduard VII**. und Wilhelm II. treffen auf Schloss Wilhelmshöhe zusammen (23.8.). Der frühere preußische Finanzminister und bedeutende Repräsentant des sog. „Neuen Kurses", **Johannes von Miquel**, verstirbt im Alter von 72 Jahren (8.9.). Er zählte zu den wichtigsten Mitarbeitern Otto von Bismarcks. Die Berliner Stadtverordneten beschließen die Wiederwahl Gustav Kauffmanns zum Bürgermeister (5.9.). Im Reichstag in Berlin tagt der „Verband fortschrittlicher Frauenvereine" unter Vorsitz der Frauenrechtlerin **Minna Cauer** (3.10.). Die preußische Regierung verbietet das Sprechen der polnischen Sprache in deutschen Schulen. Polnische Kinder, die dieser Anordnung nicht folgen, müssen vielerorts sogar mit körperlicher Züchtigung rechnen (3.11.). Die Jugendbewegung **„Wandervögel"** wird in Berlin-Steglitz gegründet (4. 11.). Ihre Wurzeln hat die Organisation in den politischen Traditionen des Bürgertums. Nach einem Beschluss des preußischen Innenministeriums soll die Wahl Gustav Kauffmanns zum Bürgermeister Berlins nicht mehr dem deutschen Kaiser zur Zustimmung vorgelegt werden (23.11.). Abgeordnete der Sozialdemokraten und der Zentrumspartei sprechen sich im Deutschen Reichstag gegen das **Duellieren** aus (27.11.). Die preußischen Behörden verbieten den Gebrauch der polnischen Sprache bei öffentlichen Veranstaltungen von Vereinen in polnischer Trägerschaft (16.12.). Der deutsche Kaiser empfängt im Potsdamer Neuen Palais den ehemaligen japanischen Regierungschef **Hirobimo Ito** (14.12.). In der Reichshauptstadt Berlin wird die **Siegesallee** eingeweiht (18.12.). Bei antisemitischen Ausschreitungen nahe Mannheim schänden die Täter den jüdischen Friedhof und die Leichenhalle (25.12.).

Gutenberg-Museum in Mainz

Wilhelm C. Röntgen

Wirtschaft & Wissenschaft

Im Tal der Wupper wird die **Schwebebahn** für den Personenverkehr in Betrieb genommen

(1.3.). Sie ist das einzige Personenbeförderungsmittel dieser Art weltweit. Das **Gutenberg-Museum** in Mainz öffnet seine Pforten (23.6.). Dort werden Exponate aus der Druckkunst zur Schau gestellt. In Frankfurt a. M. nimmt die zweite Handelshochschule im Deutschen Reich, die Akademie für Handel- und Sozialwissenschaften, den Betrieb auf (21.10.). Der erste Nobelpreis für Physik wird an den deutschen Wissenschaftler **Wilhelm Conrad Röntgen** verliehen. Einen deutschen Preisträger gibt es mit **Emil von Behring** auch im Bereich Medizin (10.12.).

Kunst & Kultur

In Frankfurt a. M. wird August Strindbergs Passionsdrama *Ostern* uraufgeführt (9.3.). Die Darmstädter Künstlerkolonie eröffnet die Bau- und Kunstausstellung (15.5.). Der deutsche Kunst- und Literaturhistoriker **Hermann Grimm** stirbt (16.6.). Zum 25. Mal finden in Bayreuth die Richard-Wagner-Festspiele statt (23.7.). Höhepunkt ist die Aufführung des Stückes *Der fliegende Holländer*. Der russische Maler **Wassily Kandinsky** eröffnet eine Ausstellung in München (15.8.). Es werden Werke der Künstlergruppe *Phalanx* gezeigt. Im Berliner Residenztheater wird *Die Marquise von Keith* von Frank Wedekind uraufgeführt (11.10.).

Gesellschaft & Sport

Das **Kabarett** erfreut sich nach Eröffnung des **Überbrettl** in Berlin als Form antibürgerlichen Amusements zunehmend großer Beliebtheit (18.1.). Ein Mercedes-Rennwagen der Canstatter Daimler-Motorengesellschaft und sein Pilot gewinnen in Rekordzeit das Langstreckenrennen im Rahmen der **Autowoche von Nizza** (25.3.). Der afroamerikanische sog. „Wunderfahrer" Marshall W. Taylor fährt in Berlin sein erstes Radrennen. Sieger wird der Deutsche **Willi Arend** (8.4.). Im Leipziger Kristall-Palast findet eine vielbeachtete allgemeine **Motorwagen-Ausstellung** statt (22.10.). In Berlin-Friedenau fährt der Radsportler **Piet Dickentmann** einen neuen Stundenweltrekord (31.10.).

Mercedes-Rennwagen während der Autowoche von Nizza

Weltgeschichte

Die Eingeborenen auf den **Philippinen** lehnen die US-Herrschaft ab, es kommt zu Unruhen (6.1.). Auf Schloss Osborne stirbt 81-jährig **Königin Victoria** von Großbritannien (22.1.). Die Nachfolge der Königin, die eine Blütezeit des britischen Bürgertums herbeiführte, tritt ihr ältester Sohn an. Der Guerillakrieg der **Buren** dauert fort (16.3.). Seit 1899 kämpft Großbritannien gegen die Burenrepubliken Transvaal und Oranjefreistaat, wobei viele europäische Staaten das Verhalten der Briten verurteilen. Durch Studentenunruhen in mehreren russischen Städten wird dem Widerstand gegen das bestehende **Zarenregime** massiv Ausdruck verliehen (18.3.). In **Norwegen** wird das kommunale Wahlrecht für Frauen eingeführt (25.5.). Die Frauen sind jedoch nur dann zur Wahl berechtigt, wenn sie oder ihr Ehegatte über ein bestimmtes jährliches Einkommen verfügen. Bei einem Revolverattentat eines Anarchisten wird der amerikanische Präsident **William McKinley** so schwer verletzt, dass er einige Tage darauf im Krankenhaus verstirbt (6.9.). Sein Mörder wird zum Tode verurteilt und auf dem elektrischen Stuhl hingerichtet (29.10.). In Stockholm werden erstmals **Nobelpreise** in den Bereichen Physik, Chemie, Medizin oder Physiologie, Literatur und Friedenserhaltung verliehen (10.12.).

Königin Victoria von England

1902

Politik

Der deutsche Reichskanzler **Bernhard Graf von Bülow** beleidigt in einer Debatte um das umstrittene Vorgehen der Briten im Burenkrieg den britischen Kolonialminister **Joseph Chamberlain** (8.1.). Das bereits angeschlagene deutsch-britische Verhältnis nimmt dadurch erneut Schaden. Unter Vorsitz des Fürsten **Karl zu Löwenstein** gründet sich in Kassel die **Antiduell-Liga** (11.1.). Das Duellieren ist zwar im Deutschen Reich bereits verboten, wird aber nur in den wenigsten Fällen strafrechtlich verfolgt. Die **SPD** fordert im Reichstag die Einführung einer Arbeitslosenversicherung zur Unterstützung der Erwerbslosen (17.1.). Eine Delegation des Vereins für Frauenstimmrecht trägt Reichskanzler von Bülow ihre Interessen und Forderungen vor, stößt dabei allerdings auf wenig Entgegenkommen (20.3.). Er verweist die reformwilligen Damen lediglich an die Parlamente. **Kaiser Wilhelm II.** beendet mit Aufhebung des Diktaturparagraphen nach dreißig Jahren den Ausnahmenzustand in **Elsass-Lothringen** (10.5.). In Potsdam empfängt der Kaiser den Schah von Persien **Muzaffar Ad Din** zum Staatsbesuch (29.5.).

Rosa Luxemburg

Das preußische Abgeordnetenhaus billigt die Aufstockung des sog. Polenfonds (5.6.). Der Fonds stellt Gelder für den Kauf polnischer Ländereien zur Verfügung. **Auguste Schmidt**, eine Pionierin der deutschen Frauenbewegung, verstirbt in Leipzig (10.6.). Sie saß unter anderem dem „Bund Deutscher Frauenvereine" vor. Der Dreibund zwischen Deutschland, Österreich-Ungarn und Italien wird verlängert (28.6.). Seine Form bleibt unverändert, die Dauer beträgt zwölf Jahre. Der langjährige Führer der nationalliberalen Bewegung im Deutschen Reich, **Rudolf von Bennigsen**, stirbt (7.8.). In Berlin verstirbt der Mediziner und Politiker **Rudolf Virchov** (5.9.). Er war Mitbegründer der Fortschrittspartei im Jahre 1861. In München findet der Parteitag der Sozialdemokraten statt (14.9.). Für innerparteiliche Divergenzen sorgt die anvisierte Gründung einer von der SPD unabhängigen Organisation von Sozialdemokraten in Posen. **August Bebel** und **Rosa Luxemburg** warnen vor einer Schwächung der sozialistischen Bewegung. Die sozialdemokratische Zeitung *Vorwärts* sorgt für einen Skandal, indem sie einen Artikel zur Homosexualität des Industriellen **Friedrich Alfred Krupp** veröffentlicht (15.11.). Wenige Tage darauf verstirbt der Sohn des Firmengründers Alfred Krupp im Alter von 48 Jahren, der offiziellen Erklärung nach an einem Schlaganfall (22.11.). Unter seiner Ägide etablierte sich die Firma als Deutschlands Waffenschmiede. An seinem Grab erhebt der deutsche Kaiser Wilhelm II. den schweren Vorwurf gegen den *Vorwärts*, der Artikel über Krupp sei „Mord" gewesen (26.11.). In seiner *Reformrede* greift der Rottenburger Bischof **Paul Wilhelm Keppler** die sog. Reformkatholiken scharf an (1.12.). Diese hatten in den vergangenen Jahren vor allem eine Reformierung der Gottesdienste sowie die Modernisierung der Ausbildung für zukünftige Geistliche gefordert. Nach der Beschlagnahmung eines britischen Dampfers beschießen deutsche und britische Kriegsschiffe die venezolanische Hafenstadt **Porto Caballo** (13.12.). Ein neues Zollgesetz wird im Reichstag verabschiedet (14.12.).

Frühjahrsmode 1902

Wirtschaft & Wissenschaft

Ein deutsches Konsortium erhält die Erlaubnis für den Bau der **Bagdad-Bahn**, die von Konstantinopel bis zum persischen Golf Passagiere und Waren transportieren soll (16.1.). Das in Deutschland stark verbreitete „**Gesundbeten**“ wird von Kaiser Wilhelm II. abgelehnt und als „Kurpfuscherei” bezeichnet (6.2.). Laut einer Veröffentlichung der Zeitung *Der Tag* werden in der Lüneburger Heide täglich 400 Barrel Erdöl gewonnen (27.2.). Das Deutsche Reich hat zwei Nobelpreisträger: den Historiker **Theodor Mommsen** und den Chemiker **Emil Fischer** (10.12.). Mommsen versteht es wie kein Zweiter, historische Darstellung und sprachliche Künste zu vereinen.

Kunst & Kultur

In Berlin findet erstmals eine Ausstellung des Künstlers **Heinrich Zille** statt (19.1.). Seine Kunst ist umstritten, da er Szenen aus dem Arbeiterleben zum Motiv wählt und somit auf die Missstände im Berliner „Milieu“ aufmerksam macht. Die Schriftstellerin **Mathilde Wesendonk** stirbt im Alter von 73 Jahren (31.8.). Ihr enger Freund **Richard Wagner** vertonte mehrere ihrer Gedichte. In Hagen öffnet das **Folkwang-Museum** seine Pforten (9.7.). Dort können internationale Exponate aus der Jugendstilepoche besichtigt werden. Das Alte Schauspielhaus in Frankfurt stellt seinen Betrieb ein, zum Abschluss wird das Stück *Iphigenie* aufgeführt (30.10.).

Gesellschaft & Sport

Mit der sog. Freien Hochschule nimmt die erste deutsche **Volkshochschule** in der Reichshauptstadt Berlin ihren Betrieb auf (15.2.). Enorme Zuschauerzahlen bestätigen das Konzept der modernen, unabhängigen Bildung. Die neue Technik der **Schrittmachermaschine** verhilft dem Münchner Radsportler **Thaddäus Robl** bei den Steher-Weltmeisterschaften zu Sieg und Weltrekord (22.4.). Beim Internationalen Schwimm-Meeting in Wien setzen sich Schwimmer, die den Kraulstil schwimmen, durch (10.8.). Die Technik des **Crawl** etabliert sich in Deutschland bald als effektivste Schwimmart. Zum Abschluss der Fahrradsaison kündigen die Händler eine Senkung der Preise wegen steigender Produktion im Inland an (31.10.).

Zeichnung von Heinrich Zille

Weltgeschichte

Erstmalig schließen eine europäische und eine asiatische Großmacht auf Basis der Gleichberechtigung einen diplomatischen Pakt (30.1.). Es handelt sich um **Großbritannien** und **Japan**, die unter anderem ihr gemeinsames Interesse an der Unabhängigkeit des koreanischen und chinesischen Kaiserreichs besiegeln. In Frankreich wird der **Parti Socialiste Français** gegründet (2.3.). Er setzt sich für eine Trennung von Staat und Kirche ein. **Cecil Rhodes**, Begründer des britischen Imperialismus, stirbt im Alter von 48 Jahren (26.3.). Ihm zu Ehren werden bis heute an der Universität Oxford sog. Cecil-Rhodes-Stipendien verliehen. Im russischen Reich erheben sich Studenten, Arbeiter und Bauern gegen das unmenschliche System der autokratischen Zarenherrschaft (15.4.). Mit **Alfons XIII.** übernimmt ein 16-Jähriger die spanische Regentschaft (17.5.). Der **Burenkrieg** zwischen dem britischen Empire und den Burenstaaten Oranjefreistaat und Transvaal findet mit Unterzeichnung des Vertrages von Vereeniging sein Ende (31.5.). **Edward II.** wird in der Westminster Abbey feierlich zum König Großbritanniens und Irlands gekrönt (9.8.).

1903

Politik

In Wien findet die **deutsch-tschechische Gleichberechtigungskonferenz** statt (6.1.). Im Mittelpunkt der Gespräche steht das Problem der Sprachenregelung in Böhmen und Mähren. Die Konferenz wird abgebrochen, weil die Deutschen der tschechischen Forderung nach Gleichberechtigung der Sprachen nicht nachkommen wollen (20.1.). Der Reichstag verabschiedet ein neues **Gesetz zur Kinderarbeit** (31.1.). Es verbietet zwar gesundheitsgefährdende Arbeiten für Kinder wie in Ziegeleien oder Baubetrieben, setzt aber das Mindestalter für Kinderarbeit von zwölf auf zehn Jahre herab. Bei einer Debatte um sozialpolitische Maßnahmen fordern die Sozialdemokraten im Reichstag die Einführung eines allgemeinen **Maximalarbeitstages** (7.2.). Der Vorschlag stößt auf Ablehnung von allen Seiten. Das Deutsche Reich beendet gemeinsam mit Italien und Großbritannien die **Venezuela-Krise** (14.2.). Nach einem Erlass des preußischen Arbeitsministers ist es verboten, in Betrieben **sozialdemokratische Propaganda** zu betreiben (26.2.). Bei Zuwiderhandlung müssen nichtständige Beamte mit sofortiger **Entlassung**, vereidigte Beamte mit einem Disziplinarverfahren rechnen. Der Reichstag debattiert über Haussklaverei in den deutschen Kolonien (21.3.). Die **SPD** fordert die Abschaffung der Sklaverei und muss sich letztlich mit einer Lockerung der Regelungen zufrieden geben. Ein Vertrag zwischen Deutschland, Italien und Großbritannien beendet den sog. **„Zollkrieg“** (7.5.). Bei einer Wahlbeteiligung von 76,1% erringen die **Sozialdemokraten** mit 31,7% bei den **Wahlen zum Reichstag** einen erdrutschartigen Sieg (16.6.). Die Konservativen erzielten nur 10,0%, die Nationalliberalen 13,8% und die Zentrumspartei 19,7% der Stimmen. Erstmals wurde in Kabinen gewählt, die von den Wählern einzeln betreten werden sollten. Der Sozialdemokrat Eduard Bernstein fordert seine Genossen im Reichstag dazu auf, einen Platz im **Präsidium** beanspruchen (15.7.). Die SPD ist zu dieser Zeit die zweitstärkste Fraktion. Im sächsischen Crimmitschau streiken tausende Weber (22.8.). Sie fordern einen zehnstündigen Arbeitstag und mehr Lohn. 400 Delegierte nehmen am ersten **Deutschen Städtetag** in Dresden teil (1.9.). Im Zentrum der Gespräche stehen Probleme wie die ungleiche Verteilung der Bevölkerung durch die Industrialisierung und sozialpolitische Maßnahmen wie die Armenfürsorge. Der Parteitag der deutschen Sozialdemokraten in Dresden verurteilt in einer Resolution den Revisionismus (30.9.). Der Beschluss richtet sich vor allem gegen das Parteimitglied **Eduard Bernstein**. Bei den Landtagswahlen in Preußen müssen die Sozialdemokraten eine Niederlage hinnehmen (20.11.). Aufgrund des Dreiklassenwahlrechts erhalten sie kein einziges Mandat. Über die Industriestadt Crimmitschau wird der **Belagerungszustand** verhängt (3.12.). 8000 **Weber** legen ihre Arbeit nieder und empfangen Solidaritätsbekundungen aus dem gesamten Deutschen Reich. Die Fabrikbesitzer kommen den Forderungen der Streikenden nicht nach, die Fronten verhärten sich. Konservative Reichstagsabgeordnete fordern öffentlich **Repressionen** gegen die **Sozialdemokratie** (15.12.).

Theodor Mommsen

Wirtschaft & Wissenschaft

Erstmals erfolgt im Deutschen Reich die Identifikation eines Verbrechers über **Fingerabdrücke** (1.3.). Die kriminalistische Technik der Daktyloskopie wird von der Polizei in Dresden der Öffentlichkeit vorgestellt. Auf Wunsch des deutschen Kaisers gründen die Konzerne Siemens, Braun und AEG eine Gesellschaft für drahtlose Telegrafie: **Telefunken** (27.5.). Nach dem Tode Friedrich Alfred Krupps erbt dessen 16-jährige Tochter Bertha das Unternehmen (1.7.). Der deutsche Althistoriker **Theodor Mommsen** stirbt im Alter von 85 Jahren in Berlin (1.11.). Zum Lebenswerk des Nobelpreisträgers gehören seine Schriften zur römischen Geschichte.

Kunst & Kultur

Am Kleinen Theater Berlin inszeniert der Regisseur **Max Reinhardt** erstmalig Maxim Gorkis Stück *Nachtasyl* vor Publikum (25.1.). Sein fantasievoller Stil, der sich vom Naturalismus abwendet, gelangt durch die Aufführung zu großer Anerkennung. **Max Dreyers** Stück *Tal des Lebens* kann wegen der Zensur nur in einer geschlossenen Vorstellung präsentiert werden (1.2.). **Gerhard Hauptmanns** *Rose Bernd* wird im Deutschen Theater Berlin uraufgeführt (31.10.). Das Drama über eine Kindsmörderin hat einen realen Bezug, denn Hauptmann selbst ist zu dieser Zeit Geschworener in einem solchen Prozess. Als Reaktion auf die zunehmende Ausgrenzung moderner Künstler gründen Vertreter verschiedener deutscher Kunstzentren den **Deutschen Künstlerbund** (15. 12.). Stellvertretender Vorsitzender wird **Max Liebermann**.

Gesellschaft & Sport

In Stuttgart gründet sich die „Deutsche Motorradfahrer-Vereinigung" (**DMV**), ein Vorläufer des Allgemeinen Deutschen Automobilclubs (**ADAC**). Bei der Austragung der ersten Deutschen Fußballmeisterschaft gelangt der **VFB Leipzig** im Endspiel gegen den DFC Prag zum Sieg und erhält die Siegestrophäe (31.5.). Der Anpfiff erfolgte eine Stunde später als geplant, da kein Ball vorhanden war. Der Weltmeister **Alfred Görnemann** stürzt bei einem 100-km-Steherrennen in Dresden und erliegt seinen schweren Verletzungen (11.10.).

Weltgeschichte

In Konstantinopel wird das Unternehmen **Bagdad-Bahn** mit der Unterzeichnung der letzten Verträge besiegelt (6.3.). Die Bahn soll eine 1800 km lange Strecke zurücklegen, vom türkischen Ankara bis in die persische Hafenstadt Basra. Nach groß angelegten Streiks der niederländischen Eisenbahner legt Ministerpräsident **Abraham Kuyper** einen Gesetzesvorschlag gegen die Protestaktionen vor (8.3.). Darin bezeichnet er den Streik als tyrannisches Zwangsmittel und sieht drakonische Sanktionen gegen die Streikenden bis hin zur Freiheitsstrafe vor. In Russland kommt es zu einem weiteren **antisemitischen Terrorakt** (19.4.). Bei dreitägigen Ausschreitungen werden mehrere Juden auf offener Straße erschlagen. Der serbische **König Alexander I. Obrenović** und seine Gemahlin fallen einem Meuchelmord zum Opfer. Serbische Offiziere dringen nachts in den Königspalast ein und töten das Königspaar sowie mehrere Mitglieder der Regierung (11.6.). Die **Tour de France** startet erstmalig, Sieger ist der Franzose Maurice Garin (1.7.). **Papst Leo III.** stirbt 93-jährig an einer Lungenentzündung (20.7.), sein Nachfolger wird Kardinal Giuseppe Sarto, der nach der Krönung den Namen **Pius X.** trägt (9.8.). Die Flugpioniere **Orville** und **Wilbur Wright** starten in North Carolina den ersten **Motorflug** der Weltgeschichte (17.12.).

Der erste Motorflug der Brüder Orville und Wilbur Wright

Teilnehmer der ersten „Tour de France"

1904

Politik

In Deutsch-Südwestafrika erheben sich die **Hereros** (2.1.). Daraufhin erfolgt eine Verstärkung der deutschen Schutztruppe in der Kolonie. Die Sozialistin **Rosa Luxemburg** wird wegen Majestätsbeleidigung zu einer dreimonatigen Gefängnisstrafe verurteilt (16. 1.). Bei den Hamburger Wahlen zur Bürgerschaft erhöht die **SPD** ihre Mandate durch enormen Stimmenzuwachs von einem auf dreizehn (12.2.). Der preußische Generalfeldmarschall **Alfred von Waldersee** verstirbt im Alter von 71 Jahren in Hannover (5.3.). Waldersee führte den Oberbefehl bei der Niederschlagung des „Boxeraufstands“ in China. Ein Teil der aufständischen Hereros muss sich bei Okaharui **Major von Glasenapp** und seiner Truppe geschlagen geben (2.4.). Eine Isolation der Deutschen im internationalen Mächtegefüge zeichnet sich ab, nachdem Frankreich und Großbritannien die **Entente Cordiale** unterzeichnen (8.4.). Im Deutschen Reichstag stimmen die Abgeordneten der SPD gegen die Aufstockung der Mittel für den Kampf gegen die Hereros in Deutsch-Südwestafrika (17.4.). Auf der Jahresversammlung des **Deutschen Flottenverbandes** (DFV) fordern die Delegierten eine erneute Aufrüstung der Flotte. Staatssekretär **Alfred von Tirpitz**, der die Vergrößerung der Flotte bislang forciert hatte, spricht sich deutlich gegen diese Ansprüche aus (15.4.). Die Königstreuen im Deutschen Reich schließen sich zum „Reichsverband gegen die Sozialdemokratie“ zusammen (9.5.). Erklärtes Ziel ist der Kampf gegen jegliche Form antimonarchistischer Bestrebungen. König **Eduard VII.** von Großbritannien besucht das Deutsche Reich anlässlich der Kieler Woche (25.6.). Diese Geste bleibt ohne Auswirkungen auf die für die Deutschen missliche außenpolitische Lage. Bei Waterberg kommt es zur entscheidenden Niederschlagung des **Herero-Aufstandes** (11.8.). Die Eingeborenen hatten sich aufgrund der unmenschlichen Behandlung, die sie durch ihre deutschen Besatzer erfahren mussten, erhoben. Vor dem Hintergrund des Russisch-Japanischen Krieges droht Großbritannien dem Deutschen Reich mit Krieg, falls weitere Kohletransporte für das russische Ostseegeschwader erfolgen (24.8.). Kaiser Wilhelm II. sicherte seinem Neffen, dem russischen Zaren Nikolaus II., bislang uneingeschränkte Unterstützung zu. Ein Vertragsentwurf Wilhelms II., der auf ein Bündnis mit Russland abzielt, stößt auf Ablehnung (30.10.). Russische Außenpolitiker fürchten, mit einer Annahme des Vertrags Frankreich zu brüskieren. Der Gouverneur in Deutsch-Südwestafrika **Theodor Leutwein** wird wegen angeblich nachgiebiger Haltung im Herero-Aufstand beurlaubt (12.11.). Der Reichskanzler Bernhard von Bülow legt dem Reichstag eine Denkschrift über den Aufstand der Hereros in Deutsch-Südwestafrika vor (3.12.). In Bo-

Kamelpatrouille in Deutsch-Südwestafrika

Bau der Bagdadbahn

chum streiken Kumpels gegen die Erhöhung der Schichtzeit (5.12.). Die Arbeitsverweigerung in der **Stinnes-Zeche** bildet den Auftakt für eine Reihe groß angelegter **Bergarbeiterstreiks** in der Region. Nach Annahme eines Antrags der Sozialdemokraten sollen in Bremen Kammern zur gesetzlichen Vertretung der Arbeiter geschaffen werden (7.12.). In Berlin findet der erste Parteitag der preußischen Sozialdemokraten statt (28.12.).

Wirtschaft & Wissenschaft

Kaiser Wilhelm II. spricht auf eine sog. **Edison-Walze** (3.3.). Der deutsche Hochfrequenztechniker **Christian Hülsmeyer** meldet sein Telemobiloskop zum Patent an (30.4.). Diese Erfindung gilt als Vorläufer des **Radargeräts**. Deutschland und Russland schließen miteinander einen **Handelsvertrag** ab (28.7.). Die Türkei und das Deutsche Reich unterzeichnen eine gemeinsame **Kabelkonvention**. Der erste Streckenabschnitt der Bagdadbahn ist fertig gestellt (25.10.). Zahlreiche deutsche Unternehmen sind am Bau beteiligt. Die Farbenfabriken Friedrich Bayer & Co. und die Badische Anilin- und Sodafabrik AG (**BASF**) fusionieren (23.11.).

Kunst & Kultur

Arthur Schnitzlers Stück *Reigen*, in dem die körperliche Liebe aller sozialen Schichten dargestellt wird, darf wegen der Zensur nicht aufgeführt werden (16.3.). Die erste Ausgabe des Werkes *Die Büchse der Pandora* von **Frank Wedekind** wird durch die Berliner Polizei beschlagnahmt (23.3.). In Düsseldorf wird die „Internationale Kunst- und Große Gartenausstellung" im Beisein des Kronprinzen Wilhelm von Preußen feierlich eröffnet (1.5.). Neben der ausgedehnten Gartenanlage zieht eine Kunstausstellung mit internationalen Exponaten zahlreiche Besucher an. Die Reichshauptstadt Berlin bekommt ein neues Museum: Auf der sog. Museumsinsel wird das neue **Kaiser-Friedrich-Museum** eingeweiht (18.10.).

Gesellschaft & Sport

In **Berlin** finden die Weltmeisterschaften im Eiskunstlauf statt. Für Furore sorgen die Sprünge des schwedischen Weltmeisters **Ulrich Salchow** (24.2.). Nach Beschluss der Badekommission soll auf der Nordseeinsel **Föhr** ein Familienbad am Strand errichtet werden (6.4.). Der Berliner Schwimmer **Georg Zacharias** stellt über 500-m-Brust einen neuen Weltrekord auf (5.8.). In **St. Louis** finden die dritten Olympischen Spiele der Neuzeit statt (29.8.). Die Teilnehmerzahl ist wesentlich geringer als bei den vorangegangenen Spielen in Paris, außerdem gehen keine Frauen an den Start. Die Deutschen können **drei Goldmedaillen** nach Hause holen, allesamt im Bereich des Schwimmsports.

Weltgeschichte

Theodor Herzl

In Port Arthur beschießen japanische Torpedoboote russische Kriegsschiffe (8.2.). Zwei Tage später erklären die Japaner Russland den **Krieg** (10.2.). Hintergrund des Krieges ist das Konkurrieren der beiden Mächte im Bereich der kolonialen Expansion. Ein britischer Diplomat berichtet von Zwangsarbeit, Hinrichtungen und Folter in der Kolonie Belgisch-Kongo. Der belgische **König Leopold III.** verwirft diese Berichte als britisches Propagandamanöver (14.2.). Sieben europäische Fußballverbände heben in Paris die Fédération Internationale de Football Association (**FIFA**) aus der Taufe (21.5.). Der Vertreter der sog. Russifizierungspolitik in Finnland **Nikolaj I. Bobrikow** wird von dem aufbegehrenden finnischen Beamten Eugen Schaumann erschossen (16.6.). Schaumann, der nach dem Attentat sich selbst richtet, setzt damit ein Zeichen im erbitterten Kampf der Finnen gegen die russische Unterjochung. Der Begründer des Zionismus und Hoffnungsträger der vielerorts unterdrückten Juden **Theodor Herzl** verstirbt im Alter von 44 Jahren an Herzschwäche (3.7.). **Theodore Roosevelt** lässt bei den Präsidentschaftswahlen seinen demokratischen Herausforderer Alan Brooks deutlich hinter sich und kann sein Amt mit 71% der Stimmen bestätigen (8.11.).

1905

Politik

Die **Christlich-soziale Arbeiterbewegung** kann stetig wachsende Mitgliederzahlen verzeichnen: Zu Jahresbeginn sind 195.401 Menschen im Deutschen Reich der Bewegung zugehörig – fast doppelt so viele wie im Vorjahr (1.1.). Im Ruhrgebiet streiken mehr als 200.000 Bergarbeiter für kürzere Arbeitszeiten und gegen geplante Zechenschließungen (19. 1.). Die Kumpel beenden den **Streik**, als die Reichsregierung eine Reform der Berggesetzgebung in Aussicht stellt (9.2.). Der deutsche Kaiser Wilhelm II. macht auf einer Reise Station in **Marokko**, um dessen Souveränität zu bekräftigen (31.3.). Im Hintergrund des Besuchs stehen anhaltende Unstimmigkeiten zwischen den Deutschen und den Franzosen, die koloniale Ansprüche in Marokko geltend machen wollen. Ein Gesetz über die **Erhöhung** der Friedenspräsenzstärke des deutschen **Heeres** wird im Reichstag erlassen (1.4.). Es sieht eine Vergrößerung von 10.000 auf 500.000 Mann innerhalb der kommenden vier Jahre vor. Bei einem Parteitag der Nationalliberalen in Dresden sprechen sich die Delegierten eindeutig gegen einen Zusammenschluss mit den Sozialdemokraten aus (21.5.). Eine Novelle für das preußische **Berggesetz** soll das Problem der langen Arbeitszeiten im Bergbau fortan regeln (26.5.). Die Abänderung der Bestimmungen beinhaltet u. a. die Einführung von Achteinhalbstundenschichten. Bei einem schweren Brandunglück in einer Dortmunder Zeche sterben 39 Bergleute, die Tragödie löst erneute Forderungen einer reformierten Gesetzgebung in Form eines **Reichsberggesetzes** aus (10.7.). Die **Zentrumspartei** kann bei den bayrischen Landtagswahlen die Mehrzahl der Stimmen auf sich vereinen (17.7.). Auf der Insel Björko schließen der russische Zar **Nikolaus II.** und der Deutsche **Kaiser Wilhelm II.** gemeinsam ein Defensivbündnis ab (25.7.). In Ermangelung der Zustimmung beider Regierungen kommt es allerdings nicht zum In-Kraft-Treten des Vertrages. In Deutsch-Ostafrika ermorden Rebellen einen deutschen Feldwebel und zwei Siedler (21.8.). Nach Beendigung eines dreimonatigen Streiks im rheinischen Baugewerbe wird den Arbeitern eine Verkürzung des Arbeitstages auf zehn Stunden gewährt (31.1.). In Jena halten die **Sozialdemokraten** einen Parteitag mit 400 Delegierten ab (17.–23.9.). Für Zündstoff zwischen dem rechten und linken Flügel sorgt eine Debatte über politische Massenstreiks. **August Bebel**, der den Massenstreik als legitimes Mittel erklärt, versucht in einer mehrstündigen Rede zwischen den kontroversen Positionen zu vermitteln. Gemeinsam mit Frankreich schlägt das Deutsche Reich dem marokkanischen Sultan die Durchführung einer **Marokko-Konferenz** vor (28.5.). Aufständische Eingeborene brennen in Deutsch-Ostafrika eine Küstenstation nieder (7.10.). In Berlin legt der preußische Generalstabschef **Alfred Graf von**

Kaiser Wilhelm II. besucht den Sultan von Marokko (Tanger 1905)

Parteitag der Sozialdemokraten in Jena: Paul Singer, August Bebel und Wilhelm Pfannkuch (von links)

Schlieffen einen Plan zur militärischen Niederschlagung von Russland und Frankreich vor (26.12.). Die beiden seit 1892 verbündeten Mächte sollen in einem Zweifrontenkrieg besiegt werden. Bei dem Plan handelt es sich um die letzte amtliche Denkschrift des Generalstabs, die als sein Testament betrachtet und als sog. „Schlieffen-Plan" in die Annalen der Geschichte eingehen wird.

Wirtschaft & Wissenschaft

Der einstige Inhaber der Firma Carl Zeiss **Ernst Abbe** verstirbt in Jena (14.1.). Soziale Verbesserungen in seinen Betrieben sowie technische Neuerungen im Bereich der Optik sind sein Vermächtnis. Die **Relativitätstheorie** des deutschen Physikers **Albert Einstein** verändert die Welt der Physik (17.3.). Die berühmte einsteinsche Gleichung stößt in der Wissenschaft vorerst auf Skepsis. Drei deutsche Wissenschaftler werden mit dem Nobelpreis geehrt: **Robert Koch** für seine bakteriologischen Forschungen, **Philipp Lenard** für die Entdeckung der Strahlendurchlässigkeit von dünnen Aluminiumscheiben und **Adolf Ritter von Baeyer** für das Gelingen der Indigovollsynthese (10.12.).

Kunst & Kultur

Bei der Aufführung des shakespeareschen Stückes *Ein Sommernachtstraum* in Berlin wendet der Regisseur Max Reinhardt erstmals das dramaturgische Mittel der **Drehbühne** an (31.1.). Der deutsche Grafiker und Maler **Adolph Friedrich Erdmann von Menzel** stirbt 89-jährig in Berlin (9.2.). Berühmt sind seine Werke über die friderizianische Zeit und das Leben der Arbeiter während der Industrialisierung. In Dresden gründen Studenten der Architektur den Künstlerbund „Die Brücke" (7.6.). Damit legen die jungen Künstler wie **Karl Schmidt-Rottluff** den Grundstein für den Siegeszug der antibürgerlichen Kunst des **Expressionismus** in Deutschland.

Gesellschaft & Sport

In Eisenach findet der sog. **Erste Deutsche Studententag** statt (11.3.). Diskussionen um staatliche Eingriffe in den Universitätsbetrieb und das Verbot konfessioneller Verbindungen

Albert Einstein

bestimmen die Tagesordnung. Beim Endspiel in Köln gewinnt **Union 72 Berlin** 2:0 gegen den Karlsruher FV und wird damit **Deutscher Fußballmeister** (21.5.). Der familiär geführte **Brockhaus-Verlag** feiert seinen 100. Geburtstag (5.10.). Eine **Volkszählung** im Deutschen Reich ergibt, dass sich die Zahl der Einwohner seit der Reichsgründung 1871 um 47,7% erhöht hat (1.12.). Es werden insgesamt 60.641.278 Menschen gezählt.

Weltgeschichte

Die russische Besatzung vor Port Arthur kapituliert (2.1.). Japans Sieg im Russisch-Japanischen Krieg ist damit besiegelt. Bei einer Demonstration von 30.000 Arbeitern vor dem St. Petersburger Winterpalais eröffnen russische Militärs unvorhergesehen das Feuer und schlagen die friedlich aufbegehrenden Massen brutal nieder (22.1.). 1000 Menschen müssen am sog. **Petersburger Blutsonntag** ihr Leben lassen. Die französische Abgeordnetenkammer genehmigt ein Gesetz zur Trennung von Kirche und Staat (22.4.). Eine Minderung des Einflusses der Kirche auf den Staat Frankreich erreicht das Gesetz nicht. In Paris entgeht der spanische **König Alfons XIII.** nur knapp einem Bombenattentat (31.5.). Die Besatzung des Panzerkreuzers „Fürst Potemkin" meutert (27.6.). Die revoltierenden Matrosen laufen die Hafenstadt Odessa an und erzwingen mit Bombendrohungen Verpflegung und Kohlezufuhr. Nach Vermittlung des amerikanischen Präsidenten **Theodore Roosevelt** schließen Japan und Russland einen Friedensvertrag (5.9.). Die innere Autonomie des russischen Großfürstentums **Finnland** wird wieder hergestellt (4.11.). Die Österreicherin **Bertha von Suttner** erhält für ihr unermüdliches Engagement in der europäischen Friedensbewegung den **Friedensnobelpreis** (10.12.).

1906

Politik

Das Gesetz zur Regelung der **Kinderarbeit** im Deutschen Reich wird gelockert (1.1.). Fortan dürfen Kinder unter zehn Jahren in familieneigenen Betrieben unter Einhaltung bestimmter Auflagen arbeiten. **Helmuth von Moltke** tritt die Nachfolge **Alfred Graf von Schlieffens** als Leiter des Generalstabs

Caspar David Friedrich: *Kreidefelsen auf Rügen*

der Armee an (1.1.). Schlieffen hatte das Amt seit 1891 inne. In Algericas (Spanien) wird auf einer Konferenz die Krise um **Marokko** beigelegt (16.1.). Bei den Verhandlungen der europäischen Mächte befindet sich das Deutsche Reich einmal mehr im diplomatischen Abseits. Der deutsche Bakteriologe und Nobelpreisträger **Robert Koch** mahnt bei einem Vortrag die unzulänglichen Gesundheitsverhältnisse in Deutsch-Ostafrika an (12.3.). Durch eine Änderung des **Vereinsgesetzes** erhalten Frauen zukünftig die Erlaubnis, an politischen Versammlungen teilzunehmen (14.3.). Im preußischen Landtag beschließen die Abgeordneten eine Änderung der Wahlordnung von 1849 (2.4.). Die Zahl der Abgeordneten wird um zehn erhöht. Reichkanzler **Bernhard Fürst von Bülow** erleidet einen Ohnmachtsanfall, nachdem er im Reichstag eine Rede zur deutschen Außenpolitik und zum Marokko-Konflikt vorgetragen hat (5.4.). Anlässlich des Tages der Arbeit kommt es in Hamburg zu einer großen Streikbewegung (1.5.). Zur Verbesserung der Wohnverhältnisse für Arbeiter und gering besoldete Beamte genehmigt das preußische Abgeordnetenhaus eine Summe von 15 Mio. Mark (12.5.). Die sozialdemokratische Zeitung *Vorwärts* schockiert mit Berichten über das Vorgehen der deutschen Kolonialarmee in **Südwestafrika** (22.6.). In Mannheim findet der Parteitag der **Sozialdemokraten** statt (23.–29.9.). Wie im Vorjahr bestimmt das Thema **Massenstreiks** die Agenda. Bergarbeiterverbände fordern eine Lohnerhöhung von 15% für deutsche Bergarbeiter (5.10.). Der Berliner Stadtkommandant **Kuno Graf von Moltke** stolpert über die sog. **Eulenburg-Affäre** (27.10.). Der konservative Publizist **Maximilian Harden** bezichtigt Moltke und einen Vertrauten des Kaisers, Philipp Fürst zu Eulenburg und Hertefeld, der Homo-

Gerhart Hauptmann

sexualität und löst damit einen großen Skandal um die „Hofkamarilla“ aus. Reichskanzler **Bernhard Fürst von Bülow** spricht in einer Rede im Reichstag über die zunehmende außenpolitische **Isolation** des Deutschen Reichs im europäischen Mächtegefüge (14.11.). Er fürchtet v. a. eine **Einkreisung** der Deutschen durch ein Bündnis verschiedener europäischer Mächte. In der Reichshauptstadt Berlin eröffnen die Sozialdemokraten eine Parteischule. Vermittelt werden dort unter anderem die Gebiete Arbeiterrecht, Gewerkschaftswesen und historischer Materialismus (15.11.). Die Geschichte einer sensationellen **Reichstagsauflösung** nimmt ihren Lauf: Die Zentrumspartei unter der Ägide von **Matthias Erzberger** lehnt mit Unterstützung der Sozialdemokraten eine Regierungsvorlage ab (13.12.). Die Vorlage sollte zur Errichtung eines Kolonialministeriums dienen. Die sonst regierungstreue **Zentrumspartei** ging nach der Ablehnung sogar so weit, eine eigene Forderung zur Reduzierung der deutschen Kolonialtruppen einzubringen.

Wirtschaft & Wissenschaft

In Berlin-Tegel startet der Ingenieur August von Parseval die erste Fahrt mit einem **nichtstarren Luftschiff** (26.5.). Es wird angetrieben von einem 90 PS starken Motor und besitzt im Gegensatz zum starren Luftschiff kein Innengerüst. In Nauen bei Potsdam eröffnet die Firma **Telefunken** ihre erste Großfunkstelle (19.8.). Der Probelauf verläuft erfolgreich. Dem Münchener Physiker **Arthur Korn** gelingt es, ein Porträt auf telegrafischem Wege zu versenden (17.10.). Bei diesem Vorläufer der Telekopie handelt es sich um ein Porträt des deutschen Kronprinzen Wilhelm. Das erste deutsche **U-Boot** wird in Kiel vorgestellt (14.12.).

Kunst & Kultur

Gerhard Hauptmanns Fantasiestück *Und Pippa tanzt* wird im Lessing-Theater zu Berlin erstmals aufgeführt (19.1.). In der Berliner Nationalgalerie öffnet die Deutsche Jahrhundertausstellung ihre Tore (24.1.). Im Mittelpunkt stehen romantische Werke wie die des Malers **Caspar David Friedrich**. Die expressionistische Künstlergruppe „Die Brücke" stellt in einer Dresdner Lampenfabrik Gemälde, Grafiken und Drucke aus (24.9.). Der deutsche Regisseur **Max Reinhardt** inszeniert im Rahmen der Berliner Kammerspiele Henrik Ibsens Stück *Gespenster* (8.11.). Der Schriftsteller **Ludwig Thoma** muss wegen Beleidigung der Kirche eine mehrwöchige Haftstrafe antreten (16.12.).

Gesellschaft & Sport

Das Wahrzeichen der Stadt Hamburg, der sog. **Michel**, wird bei einem Brand zerstört (3.7.). Der Radsportler **Thaddäus Robl** gewinnt souverän das 100-km-Dauerrennen um den Großen Preis von Europa (30.9.). Auf der Radrennbahn Steglitz verfolgen 1000 Zuschauer das Rennen. Der **VfB Leipzig** gewinnt die Deutsche Fußballmeisterschaft (27.5.). In **Köpenick** gibt sich der erwerbslose Schuster Wilhelm Voigt als **Hauptmann** aus, heuert mehrere Soldaten an, verhaftet im Rathaus den Bürgermeister und beschlagnahmt die Stadtkasse (16.10.). Der selbst ernannte „Hauptmann von Malzahn" muss für diesen amüsanten Streich, der sogar den deutschen Kaiser belustigte, eine zweijährige Gefängnisstrafe verbüßen.

Wilhelm Voigt, der Hauptmann von Köpenick

Weltgeschichte

Theodore Roosevelt

Ein Erdbeben zerstört die Stadt **San Francisco** (18.4.). Tausend Menschen sterben, 250.000 verlieren ihr Obdach. Bei einem tragischen Unfall wird der berühmte Wissenschaftler und Nobelpreisträger **Pierre Curie** von einem Pferdefuhrwerk erfasst und stirbt (19.4.). Ein Urteil des Obersten Gerichtshofs der USA bestätigt das Urteil gegen **John D. Rockefeller**, der gegen das Anti-Kartell-Gesetz verstoßen hat (15.5.). Ihm wird vorgeworfen, das Öl-Monopol auszuüben. Eine Bombe im Bukett zur Vermählung des spanischen **Königs Alfons XIII.** und seiner Braut Prinzessin **Victoria Eugenie von Battenberg** verfehlt ihr Ziel (31.5.). Das frischvermählte Paar entgeht dem Attentat, das von einem spanischen Anarchisten verübt wird. Einer der Aufsehen erregendsten Justizskandale in Frankreich geht zu Ende: Der Hauptmann **Alfred Dreyfus** erhält die völlige Rehabilitation (12.6.). Der jüdische Offizier war wegen angeblichem Geheimnisverrats verbannt worden. Bei einem **Attentat** auf den russischen Ministerpräsidenten Peter Stolypin lassen 27 Menschen ihr Leben (25.8.). Der restriktive Minister überlebt, zwei seiner Kinder erleiden Verletzungen bei der Bombenexplosion. Der amerikanische Präsident **Theodore Roosevelt** erhält den **Friedensnobelpreis** (10.12.).

1907

Politik

Im Deutschen Reich finden **Wahlen** zum zwölften **Reichstag** statt (25.1.). Die Partei der Sozialdemokraten hat dabei hohe Verluste zu beklagen; sie erringt nur noch 43 Mandate und verliert damit mehr als die Hälfte ihrer Abgeordneten. Sie fällt nicht zuletzt dem Mehrheitswahlrecht zum Opfer. Erfolgreich sind hingegen das Zentrum (105 Sitze) und die Liberalen (96 Sitze). Der konservativ bis linksliberal geprägte Bülow-Block bleibt auch nach den sog. „Hottentottenwahlen" in der Regierungsverantwortung. Bei den **Bürgerschaftswahlen** in Hamburg verdoppelt die SPD trotz des für sie nachteilig angelegten Wahlrechts ihre Mandate (1.2.). Bei seiner Eröffnungsrede zum neu gebildeten Reichstag hebt der deutsche **Kaiser Wilhelm II.** die Bedeutung der Kolonialpolitik als wichtigste Aufgabe für das Parlament hervor (19.2.). Reichskanzler **Bernhard Fürst von Bülow** greift in einer Reichstagsrede offen die Sozialdemokraten an und beschwört den nationalen Gedanken (25.1.). Mit der Aufhebung des Kriegszustands in der Kolonie Deutsch-Südwestafrika beendet Kaiser Wilhelm II. den sog. **Hottentottenkrieg** (31.3.). Die Niederschlagung der aufbegehrenden Hottentotten hatte zehntausende Todesopfer gefordert. Eine **Mädchenschulreform** soll die Angleichung an Knabenschulen bezüglich der Lehrpläne herbeiführen (15.4.). Fortan gehören naturwissenschaftliche Disziplinen und Mathematik auch für Mädchen auf den Lehrplan. Der deutsche Gouverneur Jesko von Puttkamer stolpert über ein amouröses Abenteuer (25.4.). Der Kolonialpolitiker wird in den Ruhestand geschickt, weil er seine Mätresse in die Kolonie geschmuggelt hatte.

Paula Modersohn-Becker und ihr Ehemann Otto Modersohn

Zum 1. Mai fordern die Arbeiter nachdrücklich die Einführung des **Achtstundentags** (1.5.). Nach vier Monaten enden die Streiks in der deutschen Holzindustrie (11.5.). Die Forderungen der Arbeiter nach mehr Lohn und verkürzten Arbeitszeiten werden sämtlich bewilligt. In einem skandalösen Prozess wird der von **Kuno Graf Moltke** angeklagte Publizist **Maximilian Harden** freigesprochen (29.10.). Die Öffentlichkeit zeigt sich empört über das Urteil, denn Harden hatte Moltke im Rahmen der sog. Eulenburg-Affäre homosexuelle Verfehlungen vorgeworfen. Auch der deutsche Reichskanzler von Bülow zieht in einem Beleidigungsprozess vor Gericht (6.11.). Ihm hatte der Schriftsteller **Adolf Brand** vorgeworfen, gegen den Homosexuellen-Paragraphen 175 zu verstoßen. Brand wird zu öffentlicher Widerrufung und Gefängnisstrafe verurteilt. Beim zweiten **Parteitag** der preußischen Sozialdemokratie in Berlin lehnt die Basis die Gründung einer preußischen Landesorganisation ab (21.11.). Im preußischen Landtag beschließen die Abgeordneten eine Vorlage, die Landenteignungen zugunsten der Deutschen in den gemischtsprachigen Gebieten Westpreußen und Posen legitimiert (26.11.). Der Reichskanzler von Bülow droht seinen **Rücktritt** an (4.12.). Hintergrund sind die fortwährenden Zwistigkeiten unter den regierenden Parteien des sog. Bülow-Blocks. In **Sachsen** demonstrieren die Sozialdemokraten für eine Reform des Wahlrechts (8.12.). Es soll ein allgemeines, gleiches und freies **Wahlrecht** für das Deutsche Reich entstehen.

Wirtschaft & Wissenschaft

Anlässlich der 33. Vollversammlung des deutschen Handelstags wird die **Weltwirtschaftskrise** von Vertretern aus ganz Deutschland besorgt diskutiert (9.4.). Wohlhabende Frauen sollen Kompetenzen im Bereich Finanzen und Wirtschaft erwerben (26.4.). Zu diesem Zwecke wird in Berlin das **Banktechnische Seminar für Frauen** eröffnet. Der deutsche Forscher **Eduard Buchner** erhält den Nobelpreis für Chemie, mit dem Physiknobelpreis wird der Deutsch-Amerikaner **Albert Abraham Michelson** geehrt (10.12.). Im Deutschen Reich bricht die Kohlennot aus, die Preise schnellen in die Höhe, die Ausfuhr von Kohle in andere Länder wird vorerst eingestellt (10.12.).

Kunst & Kultur

Der beliebte *Simplicissimus* erhält Konkurrenz: In München erscheint die Kulturzeitschrift *März* als Gegenstück zu dem populären Satiremagazin unter der Ägide von herausragenden Schriftstellern wie **Hermann Hesse** und **Ludwig Thoma** (8.1.). Das Stück *Die Jungfern vom Bischofsberg* von **Gerhard Hauptmann** wird im Berliner Lessingtheater uraufgeführt (2.2.). Die Bewertungen von Presse und Publikum sind vernichtend. Die **Worpsweder Künstlerkolonie** verliert eine bedeutsame Protagonistin. Die Künstlerin **Paula Modersohn-Becker** stirbt wenige Wochen nach der Geburt ihres Kindes (20.11.). In Köln findet die Uraufführung von Isidore de Laras Oper *Solea* statt (19.12.).

Gesellschaft & Sport

Die gehobene Gesellschaft ist vernarrt in den **Pferdesport**. Die Pferderennbahn **Karlshorst** verbucht zum Saisonauftakt einen überwältigenden Rekord von 25.000 Zuschauern (1.4.). In Mannheim besiegt der **Freiburger FC** die Mannschaft von Victoria 89 Berlin mit 3:1 und gewinnt die Deutsche Fußballmeisterschaft (2.6.). Kronprinzessin **Luise von Sachsen** lanciert einen Skandal, indem sie ihren Liebhaber, den italienischen Komponisten **Enrico Toselli**, ehelicht (25.9.). Auf der Suche nach einem **halben Pfennig** bittet ein Potsdamer die Öffentlichkeit um Hilfe (7.10.). Er war aufgefordert worden, 87½ Pfennige Einkommenssteuer zu entrichten.

Enrico Toselli und Kronprinzessin Luise von Sachsen

Weltgeschichte

Maria und Mario Montessori

In Rom eröffnet die Pädagogin **Maria Montessori** ein Kinderhaus (6.1.). Dort wendet sie ihre revolutionären Ideen zur „selbstständigen Erziehung“ von Kindern an. Im rumänischen Fürstentum Moldau revoltieren Kleinbauern gegen die Großgrundbesitzer, 11.000 Bauern müssen dabei ihr Leben lassen (8.2.). **Finnland** statuiert ein Exempel für die europäische Frauenbewegung: Der finnische Landtag öffnet sich erstmals für weibliche Abgeordnete aller Schichten und wird demokratisch von Männern und Frauen nach dem Verhältniswahlrecht gewählt (25.4.). In Paris veröffentlicht eine Zeitschrift die ersten **Farbfotografien** (10.6.). In Norwegen lehnen die Parlamentarier das allgemeine Wahlrecht für Frauen ab, es tritt ein eingeschränktes Wahlrecht für Frauen in Kraft (14.10.). Korea gerät durch die Abdankung seines alten Kaisers gänzlich unter Kontrolle der autoritären Besatzungsmacht Japan (19.7.). Mit dem Eintritt **Russlands** erweitert sich die sog. **Entente Cordiale** zwischen Großbritannien und Frankreich zu einer Tripelallianz (31.8.). Bei der sechsten Nobelpreisverleihung erhält der Autor des beliebten Werkes *Das Dschungelbuch* **Rudyard Kipling** die Auszeichnung in der Kategorie Literatur (10.12.). Der schwedische König Oscar II. verstirbt in Stockholm; für ihn besteigt sein Sohn Gustav V. den Thron (8.12.).

1908

Politik

Der Publizist **Maximilian Harden** wird zu einer viermonatigen Gefängnisstrafe verurteilt (3.1.), da er **Kuno Graf von Moltke** homosexueller Tendenzen bezichtigt hatte. In einem vorangegangenen Prozess konnte Harden noch einer Haftstrafe entgehen. In Berlin kommt es bei einer Demonstration für die Einführung des **allgemeinen Wahlrechts** zu gewaltsamen Auseinandersetzungen mit der Polizei, 30 Demonstranten erleiden dabei Verletzungen (12.1.). Im Deutschen Reichstag steht auf Initiative der SPD die Thematik des Wahlrechts auf der Tagesordnung (22.1.). Der Reichskanzler **Bernhard von Bülow** signalisiert keinerlei Interesse an einer Wahlrechtsreform und verurteilt die Demonstrationen der Sozialdemokraten. Nach dritter Lesung verabschieden die Abgeordneten im Deutschen Reichstag eine Novelle zum **Flottengesetz** (27.3.). Sie beinhaltet eine bedeutsame Aufrüstung der Flotte, v. a. in der sog. „Dreadnought-Klasse". Hintergrund ist der zunehmende Konkurrenzkampf mit der bislang unangefochtenen Seemacht Großbritannien. Immer mehr Fälle von **Antisemitismus** kommen im Deutschen Reich zur Sprache (28.3.). An der Berliner Universität erregt ein Konflikt Aufsehen, in dem der Universitätsrichter eindeutig judenfeindliche Verhaltensweisen eines Studenten für rechtmäßig erklärt. In **Bayern** ist es den Bischöfen fortan verboten, an liberalen Vorträgen und Versammlungen teilzunehmen (1.4.). Bei den **Liberalen** scheiden sich die Geister an der Bülow-orientierten Blockpolitik. Gegner dieses regierungstragenden Kurses verlassen die Partei und gründen die „Demokratische Vereinigung", welche auf einen Konsens mit den Sozialdemokraten ausgerichtet ist (21.4.). Mit Abschluss des **Nordsee-Abkommens** zwischen dem Deutschen Reich, Großbritannien, Dänemark, Schweden, Frankreich und den Niederlanden soll zukünftig der Status quo für die Nordsee geregelt werden (23.4.). Die Sozialdemokraten schaffen in Preußen erstmalig den Sprung in das Parlament (16.6.). Damit gaben die preußischen Wähler indirekt ihr Votum für die von der SPD geforderte Wahlrechtsreform ab. Der deutsche **Kaiser Wilhelm II.** legt einmal mehr Zeugnis für sein mangelndes diplomatisches Geschick ab: In Gesprächen mit dem britischen Oberst Stuart Montagu Wortley äußert der Monarch unbedarft, dass er im Gegensatz zu der Mehrzahl seiner Landsleute die Briten möge und sich gut vorstellen könne, mit Großbritannien gemeinsam einen Kampf gegen die Japaner im pazifischen Ozean zu führen. Seine Verlautbarungen passieren ungeprüft das Auswärtige Amt und sind schließlich in der britischen Zeitung *Daily Telegraf* zu lesen, was dem Deutschen Reich viel Empörung und Misstrauen im Ausland einbringt (28.10.). Auch Reichskanzler Bernhard von Bülow gerät durch die sog. „Daily-Telegraph-Affäre" in Be-

Zeppelin-Luftschiff über dem Bodensee

Wilhelm Busch: *Max und Moritz*

drängnis und bietet seinen Rücktritt an (31.10.). Sein Ersuchen wird vom Kaiser abgelehnt. In einem Gespräch mit General Helmut von Moltke erklärt **Kronprinz Wilhelm**, dass die missliche außenpolitische Lage der Deutschen nur durch einen Krieg verbessert werden könne (29.11.). In Deutsch-Südwestafrika häufen sich die Übergriffe von Hottentotten gegen deutsche Siedler. Drei Farmer werden dabei erschossen (23.12.).

Wirtschaft & Wissenschaft

In Hildesheim stellt der Ingenieur **August Krukkow** das erste automatische Fernsprechwählamt für den Betrieb zur Verfügung (10.7.). **Ferdinand Graf von Zeppelin** schickt sein starres Luftschiff „LZ 4" auf die Reise von Friedrichshafen nach Mainz (14.7.). Während eines Sturms bei Stuttgart explodiert das zigarrenförmige Gefährt (5.8.). Ein Komitee das private Spenden sammeln möchte, soll Graf von Zeppelin die Finanzierung eines neuen Luftfahrzeugs erleichtern. In Stockholm erhält der Deutsche **Paul Ehrlich** den Nobelpreis für Medizin (10.12.).

Kunst & Kultur

Wilhelm Busch, der geistige Vater von *Max und Moritz,* dem Raben „Hans Huckebein" und der „frommen Helene" verstirbt 75-jährig im niedersächsischen Mechtshausen (9.1.). Der Humorist hinterlässt satirische Bildergeschichten und Gedichte für viele Generationen. *Der Graf von Gleichen* von Wilhelm Schmidtbonn wird im Schauspielhaus Düsseldorf erstmalig aufgeführt. Im Münchner Schauspielhaus findet die Uraufführung von **Ludwig Thomas** Stück *Moral* statt. Der deutsche Schriftsteller **Rudolf Eucken** wird mit dem Literaturnobelpreis geehrt (10.12.).

Gesellschaft & Sport

In ihrem ersten **Länderspiel** muss die deutsche Nationalelf eine 3:5-Niederlage gegen die Schweiz hinnehmen (5.4.). Auf dem Landhof-Spielfeld in Basel sahen 3000 Zuschauer eine überlegene schweizerische Elf. Beim Länderspiel in Berlin unterliegen die deutschen Kicker dem englischen Nationalteam mit 1:5 (20.4.). Erfolge feiern die Deutschen bei der **Olympiade** in London; mit Goldmedaillen im Schwimmen (100-m-Rücken) und Kunstspringen, Silber und Bronze in der Leichtathletik (4x400-m-Staffel, 800 m). Der deutsche Schachweltmeister **Emanuel Lasker** verteidigt seinen Titel souverän mit 8:3 Punkten (17.8.). Der Mathematiker Lasker erlangt weltweite Anerkennung für seine spieltheoretischen Veröffentlichungen.

Weltgeschichte

In Lissabon fallen der portugiesische **König Karl I.** und sein Sohn **Kronprinz Ludwig Philip** einem Attentat zum Opfer (1.2.). Die Nachfolge des Königs tritt sein zweiter Sohn **Prinz Manuel** an, der bei dem Attentat nur leichte Verletzungen erlitt. Der liberale britische Premierminister **Henry Campbell-Bannerman** tritt aus gesundheitlichen Gründen zurück. Für ihn kommt der Reformer **Herbert Henry Asquith** ins Amt (6.4.). Der französische Maler **Claude Monet** zerstört aus Unzufriedenheit seine letzten Bilder (15.5.). Bei der Überführung des Leichnams von Emile Zola ins Panthéon feuert ein Militärjournalist Schüsse auf den Offizier **Alfred Dreyfus** ab (4.6.). Großbritanniens Frauenrechtlerinnen, die sog. **Suffragetten**, geben nicht auf. 250.000 Frauen treffen sich im Londoner Hyde Park, um für das Frauenstimmrecht zu demonstrieren (21.6.). In London werden die IV. **Olympischen Spiele** eröffnet (13.7.). Eine neue Ära der Automobilbranche bricht an: Das erste zur Massenproduktion bestimmte Auto von Henry Ford rollt aus der Montagehalle (12.8.). Nach einem Beschluss der Behörden wird die Insel **Kreta** von der Türkei losgelöst und ist nun Griechenland zugehörig (6.10.). Eine **Erdbebenkatastrophe** in Sizilien fordert 100.000 Menschenleben (28.12.).

Fließbandmontage bei Ford

1909

Politik

Angestellte, die sozialdemokratische Ansichten vertreten und bessere soziale Bedingungen in den Betrieben fordern, haben es schwer, eine Anstellung zu erhalten (29.1.). Im Reichstag wird bekannt, dass bei vielen Arbeitgebern sog. „schwarze Listen" mit den Namen der „aufsässigen" Arbeiter existieren. Das Starrluftschiff „LZ 3" **Ferdinand Graf von Zeppelins** heißt nun „Reichsflugschiff Z 1". Grund dafür ist die Übernahme des Luftfahrzeugs durch das **Kriegsministerium** (3.2.). Der national gesinnte Sozialpolitiker **Adolf Stoecker** stirbt in Bozen (7.2.). Er war Gründer der nur mäßig angenommenen Christlich-Sozialen Arbeiterpartei. **Friedrich von Holstein**, Diplomat im Auswärtigen Amt seit 28 Jahren, erliegt in Berlin seinem zweiten Schlaganfall (8.5.). Es gelang ihm häufig, trotz der unglücklichen Kompetenzüberschreitungen des Kaisers, die angeschlagenen auswärtigen Beziehungen wieder ins Lot zu bringen. **Karl Liebknecht** wird nach einer fast zweijährigen Haftstrafe wegen der Verbreitung antimilitärischer Schriften aus dem Gefängnis entlassen (2.6.). Der Publizist Maximilian Harden und der Berliner Stadtkommandant Kuno Graf von Moltke schließen nach mehreren Gerichtsverfahren einen Vergleich (15.6.). Der deutsche **Kaiser Wilhelm II.** und der russische **Zar Nikolaus II.** treffen in Finnland zusammen (17.6.). Trotz der betont freundschaftlichen Atmosphäre steht das Treffen unter keinem guten Stern, war doch der deutsche Kaiser durch seine diplomatischen Entgleisungen der letzten Monate bei der russischen Presse und Bevölkerung in Ungnade gefallen. Reichskanzler **Bernhard von Bülow** scheitert bei der Durchsetzung seiner Finanzreform und ersucht den Kaiser um Entlassung (26.6.). Die **Sozialdemokraten** begehren in Berlin gegen die vorgesehenen steuerlichen Mehrbelastungen für Arbeiter auf (1.7.). Der deutsche Kaiser gibt dem Wunsch Bernhard von Bülows nach einem Rücktritt statt (14.7.). Der scheidende Reichskanzler hatte zuvor den Zerfall des sog. Bülow-Blocks hinnehmen müssen. Seine Nachfolge tritt der Verwaltungsfachmann **Theobald von Bethmann Hollweg** an. Der nationalistisch geprägte **Alldeutsche Verband** trifft zu seiner Jahrestagung zusammen (5.9.). Die Delegierten fordern eine Forcierung deutscher Expansionspolitik in Übersee und warnen vor dem Machtzuwachs slawischer Völker in Europa. Der Sozialdemokrat **August Bebel** äußert sich öffentlich gegen die Todesstrafe (24.10.). In **Sachsen** demonstrieren ca. 6000 gewerkschaftlich organisierte Arbeiter für Lohnerhöhungen und kürzere Arbeitszeiten (22.10.). Das Militär geht hart gegen die aufbegehrende Menge vor, der Streik endet mit zahlreichen Verhaftungen und ohne Erfüllung der Forderungen. Erstmals wird in Sachsen nicht nach dem **Dreiklassenwahlrecht** gewählt. Der auf diese Weise neu konstituierte sächsische Landtag wird feierlich eröffnet (11.11.). Im hessischen Landtag wird ein Gesetzentwurf verabschiedet, der die Direktwahl einführen soll (10.12.). In Hamburg findet der neunte internationale **Zionistenkongress** statt (26.12.). Mehrere Redner sprechen sich für eine Aufhebung des Einwanderungsverbots in Palästina aus und fordern das Recht für den Erwerb von Ländereien ein.

Karl Liebknecht

Theobald von Bethmann Hollweg

Wirtschaft & Wissenschaft

Die Deutsche Reichspost macht bargeldlose Zahlung möglich (2.1.). V. a. Geschäftsleute bedienen sich der neuen Zahlungsmethode durch **Postschecks.** Dank dem Luftfahrtpionier **Ferdinand Graf von Zeppelin** soll es bald eine regelmäßige Luftschiffverbindung zwischen Straßburg und Friedrichshafen geben (6.5.). Ein Fahrzeug aus dem Hause **Benz** stellt gemeinsam mit seinem französischen Piloten einen Geschwindigkeitsrekord auf und durchbricht die 200-km/h-Marke (5.11.). Zwei Deutsche Wissenschaftler nehmen in diesem Jahr einen Nobelpreis entgegen (10.12.). **Ferdinand Braun** für Physik und **Emil Theodor Kocher** im Bereich Chemie.

Kunst & Kultur

Die *Elektra* von **Richard Strauss** nach dem Drama von **Hugo Edler von Hoffmannsthal** wird in Dresden uraufgeführt und löst Begeisterungsstürme aus (25.1.). Bei Hamburg verstirbt der impressionistische Dichter **Freiherr Detlev von Liliencron** (22.7.). Bekannt ist v. a. seine Liebeslyrik. **Siegfried Wagner**, Sohn Richard Wagners, leitet erstmalig die Wagner-Festspiele in Bayreuth (28.8.). Die deutsche Schriftstellerin **Lina Morgenstern** stirbt 79-jährig in Berlin (19.12.). Ihr Vermächtnis geht über die Grenzen der Literatur hinaus, Morgenstern engagierte sich für die wissenschaftliche Fortbildung von Frauen und gründete darüber hinaus den „Kinderschutzverein“.

Gesellschaft & Sport

Auf einer 150 m langen Bahn aus Holz in Berlin Zoo wird das erste **Sechstagerennen** Europas veranstaltet (15.–21.3.). In Berlin Treptow öffnet die erste **Volkssternwarte** für alle Gesellschaftsschichten ihre Pforten (4. 4.). Der Magdeburger Schwimmer **Oskar Schiele** stellt einen neuen Weltrekord über 200-m-Rücken auf (27.6.), noch im selben Jahr gelingt ihm ein neuer Weltrekord über 100-m-Kraul (3.10.). Auf der Berliner Radrennbahn ereignet sich ein schweres Unglück (18.7.). Ein schweizer Radrennfahrer verliert die Kontrolle über sein Rad und wird über die Barriere ins Publikum geschleudert, neun Menschen sterben.

Weltgeschichte

Selma Lagerlöf

In Washington hält der 27. Präsident der Vereinigten Staaten **William H. Taft** seine Antrittsrede (19.1.). Taft trat im November des Vorjahres die Nachfolge Theodore Roosevelts an. Der US-Polarforscher **Robert E. Peary** erreicht gemeinsam mit seiner kleinen Mannschaft als erster Mensch den **Nordpol** (6.4.). Die **Suffragetten** halten die britische Männerwelt in Atem: Militante Vertreterinnen der Frauenbewegung stürmen das Unterhaus und bringen neben den Parlamentariern 3000 überforderte Polizisten zur Verzweiflung (29.6.). Bei der **Tour de France** kann mit François Faber aus Luxemburg erstmalig ein Nichtfranzose den Sieg mit nach Hause nehmen (5.7.). **Louis Blériot** gelingt mit seinem Eindecker der Pionierflug über den Ärmelkanal (25.7.). In Spanien wird der progressive Erziehungsforscher **Francisco Ferrer** hingerichtet (13.10.). Die Erschießung Ferrers beruht auf einer unrechtmäßigen Anschuldigung und löst Proteste in ganz Europa aus. Koreanische Nationalisten ermorden den populären japanischen Fürsten Hirobumi Ito (25.10.). Die schwedische Schriftstellerin **Selma Lagerlöf**, geistige Mutter des kleinen Nils Holgersson, wird mit dem Nobelpreis für Literatur ausgezeichnet (10.12.).

Selma Lagerlöf: Nils Holgersson (Illustration von Bertil)

1910

Politik

14 Beamte der Reichspost müssen sich vor Gericht verantworten, weil sie bei den Wahlen zur Stadtversammlung in **Kattowitz** polnischen Kandidaten ihre Stimme gaben (12.1.). Das Wahlrecht für Beamte, das selbst Bismarck für unantastbar erklärte, darf laut Vizekanzler **Clemens Gottlieb von Delbrück** in diesem Fall gewisse Einschränkungen erfahren. Ein sozialdemokratischer Traum ist aus: Kaiser **Wilhelm II**. verkündet in seiner Thronrede, dass er nicht gedenke, das Wahlrecht in absehbarer Zeit maßgeblich zu reformieren (10.2.). Ein neuer Gesetzentwurf untermauert die Beibehaltung des **Dreiklassenwahlrechts**. In Preußen folgen Hunderttausende dem Aufruf der SPD, gegen die unbefriedigende Wahlrechtsnovelle der Regierung zu demonstrieren (13.2.). Im preußischen Abgeordnetenhaus verlangen deutschkonservative Abgeordnete eine strengere Geschäftsordnung (16.2.). Grund dafür sind die häufigen Zwischenrufe der Sozialdemokraten. Die „Deutsche Volkspartei", die „Freisinnige Vereinigung" und die „Freisinnige Volkspartei" schließen sich zur „Fortschrittlichen Volkspartei" zusammen (6.3.). Die Initiative dazu geht von dem Theologen und Reichstagsabgeordneten **Friedrich Naumann** aus. Das **britische Unterhaus** zeigt sich besorgt aufgrund der stetigen Aufrüstung der deutschen Flotte (14.3.). Der Abgeordnete **Winston Churchill** spricht sich dennoch gegen eine stärkere Rüstung der britischen Flotte als Reaktion aus. Im Deutschen Reich gewinnt die **Marine** zusehends an Popularität (16.3.).

Wilhelm II. auf der Jagd mit seinem Gast Zar Nikolaus II.

Ihren größten Unterstützer findet sie im deutschen Kaiser selbst, der keine Kosten zur Stärkung des Marineetats scheut. **Friedrich von Bodelschwingh**, bedeutender Wegbereiter der Sozialfürsorge und Politiker in Deutschland, stirbt in Bethel bei Bielefeld (2.4.). Eine polizeilich genehmigte **Arbeiterkundgebung** findet auf der Theresienwiese in München statt (1.5.). Der deutsche **Kronprinz** lenkt für kurze Zeit die vertraglichen Geschicke seines Landes (27.5.). Hintergrund ist eine Operation Wilhelms II. an der rechten Hand, die ihn am Unterzeichnen von Dokumenten hindert. Der deutsche Kaiser **Wilhelm II**. erhitzt mit einer Rede in Königsberg die Gemüter (25.8.). Seine Ansichten zur Rolle der Frau, die „stille Arbeit im Hause" verrichten soll, und zur lückenlosen Erhaltung der Rüstungspolitik, in der er den Schlüssel zum Frieden sieht, stoßen parteiübergreifend auf Empörung. Bei einer Rede in Marienburg versucht der Kaiser, seine prekären Äußerungen über die Rüstungsfrage etwas abzumildern (27.8.). Auf dem Parteitag der SPD in Magdeburg geht **August Bebel** mit seinen badischen Genossen, die im Landtag gemeinsam mit **Nationalliberalen** in Haushaltsfragen abgestimmt hatten, hart ins Gericht (18.9.). Die nationalliberale Partei sei die „erste Kapitalistenpartei" und eine Zusammenarbeit der Sozialdemokraten mit bürgerlichen Parteien undenkbar. In **Berlin-Moabit**, einem vorrangig von Arbeitern bewohnten Viertel, liefern sich Lohnstreikende und Polizisten eine folgenschwere Straßenschacht (24.9.). 100 Personen erleiden Verletzungen, zwei Arbeiter sterben bei den

Unruhen. Auf ihrem **Parteitag** sehen sich die Nationalliberalen darin einig, dass ihr Todfeind die Sozialdemokratie sei (2.10.).

Wirtschaft & Wissenschaft

Der sog. **Halleysche Komet** verunsichert die Europäer (11.5.). Seine Annäherung an die Erde führt vielerorts zu **Weltuntergangstheorien**, verläuft letztlich jedoch unspektakulär. Der Bakteriologe und Nobelpreisträger **Robert Koch** verstirbt in Baden-Baden (27.5.). Das erste **Passagierluftschiff** der Welt „LZ 7" besteht erfolgreich seinen Probeflug von Friedrichshafen nach Düsseldorf (22.6.). Ein weiterer Flug mit Vertretern der Presse endet allerdings kläglich im Teutoburger Wald (28.6.). Bei der Nobelpreisverleihung in Stockholm werden die beiden deutschen Wissenschaftler **Albrecht Kossel** (Medizin) und **Otto Wallach** (Chemie) ausgezeichnet (10.12.).

Kunst & Kultur

Die erste Ausgabe der Zeitschrift *Der Sturm* läutet das literarische Zeitalter des Expressionismus ein (3.3.). Gründer des Blattes ist **Herwarth Walden**, zweiter Ehemann der herausragenden expressionistischen Lyrikerin **Else Lasker-Schüler**. Im Theater des Westens findet die erste Aufführung des Balletts *Le Carneval* statt (20.5.). Es handelt sich dabei um die erste Aufführung außerhalb Russlands. In Berlin beginnen die Arbeiten zum Neubau des **Berliner Opernhauses** (1.9.). Der Erzähler **Wilhelm Raabe** verstirbt in Braunschweig (15.11.). Der deutsche Schriftsteller **Paul Heyse** erhält den Nobelpreis für Literatur (10.12.).

Gesellschaft & Sport

Ein Zug mit Militärheimkehrern wird in Köln-Mühlheim von einem Expresszug erfasst (30.3.). Die traurige Bilanz der Kollision: 21 Soldaten sterben, 100 erleiden Verletzungen. In Basel besiegt die **Deutsche Nationalauswahl** bei einem Länderspiel die gastgebende Elf aus der Schweiz knapp mit 3:2 (3.4.). Die **Deutsche Fußballmeisterschaft** entscheidet der Karlsruher FV in der Verlängerung durch einen Treffer gegen Holstein Kiel für sich (15.5.). Die Zitterpartie wurde in Köln ausgetragen. Thaddäus Robl, Ikone des deutschen Radsports und mehrfacher Weltrekordler, stirbt im frühen Alter von 32 Jahren (18.10.).

Robert Koch

Weltgeschichte

Bei den Wahlen in Großbritannien gelingt der **Labour Party**, ehemals Independent Labour Party, erstmalig unter diesem Namen der Sprung in das Unterhaus (14.1.). Land unter in der Stadt der Liebe: Die Seine tritt über die Ufer und beschert den Franzosen eine **Jahrhundert-Flut** (26.1.). Im Zuge zahlreicher Reformen wird in China die **Sklaverei** abgeschafft (10.3.). Die **Weltausstellung** in Belgien gerät zu einer Farce (23.4.). Zu Ausstellungsbeginn sind nur zwei Abteilungen fertig gestellt, später zerstören mehrere Brände die Pavillons und das Restaurant Metropol. In London stirbt Großbritanniens König Edward VII. (6.5.). Blutige Rassenunruhen begleiten die Weltmeisterschaft im Schwergewichtsboxen (4.7.). Der farbige Titelverteidiger **Jack Johnson** kämpft im sog. „Rassenkampf" gegen **Jeff Jeffries** und die Vorurteile der weißen Bevölkerung. Den sportlichen Wettkampf entscheidet Johnson für sich, Ausschreitungen sind die Folge. Das Kaiserreich **Korea** wird japanisches Generalgouvernement (22.8.). In **Portugal** übernehmen demokratisch orientierte Kräfte bei einem Umsturz die Macht, der König ergreift die Flucht (4.10.). Der oppositionelle russische Dichter **Leo Tolstoi** stirbt in einer Bahnstation bei Lipzek (2.11.).

Leo Tolstoi (Gemälde von I. Repin)

1911

Politik

Die Proklamation des **Deutschen Kaiserreichs** im Spiegelsaal von **Versailles** jährt sich zum 40. Mal (18.1.). Nach vier Jahrzehnten ist die Euphorie einer wachsenden Unzufriedenheit des deutschen Volkes mit den gegenwärtigen innenpolitischen Geschehnissen gewichen. In Berlin stirbt der Vorsitzende der sozialdemokratischen Fraktion im Reichstag **Paul Singer** (31.1.). Anlässlich des **Internationalen Frauentags** demonstrieren hunderttausende Frauen im Deutschen Reich für ihr Recht an Wahlen teilzunehmen (19.3.). Mit offensiven Protestaktionen folgen die Demonstrantinnen um **Clara Zetkin** v. a. dem Vorbild der britischen Frauen, die schon seit längerer Zeit ihren Forderungen öffentlich Nachdruck verleihen. In einer Grundsatzrede äußert der britische Außenminister **Edward Grey** den Wunsch nach einem internationalen Rüstungsbegrenzungsabkommen (30.3.). Der deutsche Reichskanzler **Theodor Bethmann von Hollweg** lehnt jedoch jegliche Form der **Abrüstung** für das Deutsche Reich rundweg ab. Das **preußische Abgeordnetenhaus** kündigt Maßnahmen gegen den zunehmenden Ankauf westpreußischer Ländereien durch polnische Bürger an (17.5.). Grund zur Sorge sehen die Parlamentarier darin, dass durch vermehrte Ansiedlung der Polen das „deutsche Element" in diesem Gebiet geschwächt werden könne. **Elsass-Lothringen** kann endlich seinen unliebsamen Sonderstatus ablegen (26.5.). Es erhält eine frei gewählte Volksvertretung und eine Verfassung. Der Reichstag sucht die Vollendung der Bismarckschen Ideen und erweitert die **Sozialgesetze** (30.5.). Vorgesehen sind u. a. Waisen- und Witwenfürsorge. Mit dem sog. **Panthersprung nach Agadir** wollen die Deutschen

Das Kanonenboot „Panther" auf dem Weg nach Agadir

Reichskanzler Theobald von Bethmann Hollweg (links)

dem Kolonialstreben Frankreichs in Nordafrika Einhalt gebieten (1.7.). Während Frankreich vorerst nicht auf das Anlegen des Kanonenbootes „Panther" im Westen Marokkos reagiert, betrachtet Großbritannien diesen Einsatz als Vorläufer kriegerischer Auseinandersetzungen. Die sozialdemokratische Spitze übt scharfe Kritik an der Marokkopolitik der Regierung (4.8.). 10.000 Arbeiter demonstrieren in **Leipzig** gegen den aktuellen Marokko-Kurs (20.8.). Der nationalistisch gesinnte **Alldeutsche Verband** fordert auf einer Massenkundgebung bei Chemnitz ein rationales Vorgehen in der Marokko-Frage (23.8.). Aus **Dänemark** werden Rufe nach einem Anschluss **Schleswig-Holsteins** laut (25.8.). Für Wilhelm II. ist ein Eingehen auf diese Forderung undenkbar. Die Wahrscheinlichkeit eines Krieges zwischen dem Deutschen Reich und Frankreich wegen der Marokko-Problematik steigt an (9.9.). In **Elsass-Lothringen** finden Stichwahlen zur Zusammensetzung der zweiten Landtagskammer statt (29. 10.). Das Zentrum kann vor dem Lothringischen Block und den Sozialdemokraten die Mehrzahl der Mandate auf sich vereinen. Mit einem deutsch-französischen Vertrag soll die **Marokko-Krise** beigelegt werden (4.11.). Darin erklärt Deutschland die Anerkennung des französischen Protektorats über Marokko und erhält im Gegenzug Gebiete des **französischen Kongos**. Das konservative Lager zeigt sich mit dem Erhalt des „minderwertigen" Kongo mehr als unzufrieden und sieht in der Einigung eine Schmach für die Deutschen.

Wirtschaft & Wissenschaft

Auf Anregung des deutschen Kaisers wird in Berlin die **Kaiser-Wilhelm-Gesellschaft** (nach 1945 Max-Planck-Gesellschaft) zur Förderung der Naturwissenschaften gegründet (11.1.). In den Rüsselsheimer **Opel-Werken** bricht Feuer aus, ein großer Teil des Fabrikkomplexes wird durch die Flammen zerstört (19.8.). Die **Berliner Börse** erlebt einen „Schwarzen Sonnabend", die deutschen Aktien fallen (9.9.). Die Marokko-Krise verunsichert die Menschen im Deutschen Reich, ängstliche Bürger lösen sogar ihre Sparbücher auf. Hochfinanz fordert den Kaiser auf, eine zeitnahe Lösung des Marokkoproblems herbeizuführen, um die deutsche Wirtschaft nicht noch tiefer in die Krise zu stürzen (9.9.).

Kunst & Kultur

Die Uraufführung von Gerhard Hauptmanns Drama *Die Ratten* findet im Berliner Lessingtheater statt (13.1.). In Dresden wird der *Rosenkavalier* von **Richard Strauss** und **Hugo Edler von Hofmannsthal** erfolgreich uraufgeführt (26.1.). Im Hintergrund der Inszenierung zog der begabte Regisseur **Max Reinhardt** die Fäden, offiziell führte aber **Georg Toller** Regie. In München öffnet die erste Ausstellung der expressionistischen Künstlervereinigung „Blauer Reiter" ihre Pforten (18.12.). Künstler wie **August Macke** und **Franz Marc** stellen ihre Werke aus.

Gesellschaft & Sport

Victoria 89 Berlin gewinnt mit 3:1 gegen den VfB Leipzig und kann damit die Deutsche Fußballmeisterschaft für sich entscheiden (4.6.). In Stockholm schlägt die Deutsche Fußballnationalmannschaft die gastgebende schwedische Elf mit 4:2 (18.6.). Anlässlich des 100. Jahrestags der Turnbewegung und zu Ehren des verdienstreichen „Turnvater Jahn" (Friedrich Ludwig Jahn) finden in Berlin Hasenheide und ganz Preußen Gedenkfeiern statt (18.6.). **Tropische Hitze** im Deutschen Reich: Bei Temperaturen von 35 Grad im Schatten bekommen die preußischen Schüler hitzefrei, es ist der heißeste Sommer seit der Jahrhundertwende (2.8.).

Weltgeschichte

Monaco erhält eine Verfassung und läutet mit dem Verzicht des Fürsten auf unbeschränkte Gewalt das Ende der absoluten Monarchien in Europa ein (8.1.). Die Bürger des **Jemen** kämpfen gegen ihre türkischen Besatzer (19.1.). Der **Unabhängigkeitskampf** scheitert, nachdem die Regierung des Osmanischen Reichs acht Bataillone zum Kampf gegen die Aufständischen entsendet. Der sozialistische Ministerpräsident Frankreichs **Aristide Briand** tritt von seinem Amt zurück (24.2.). Er zieht damit die Konsequenzen aus dem mangelnden Rückhalt aus den eigenen Reihen. Der mexikanische Diktator **Porfirio Díaz** tritt zurück (26.5.). In Mexiko toben Kämpfe zwischen militärischen Garden und Regimegegnern. Im Pariser **Louvre** stiehlt ein Unbekannter das Gemälde *Mona Lisa* von Leonardo da Vinci (22.8.). Der russische Ministerpräsident **Pjotr A. Stolypin** erliegt vier Tage nach einem Revolverattentat seinen schweren Verletzungen (14.9.). **Italien** erklärt dem **Osmanischen Reich** den Krieg (28.9.). Hintergrund sind Interessen der Italiener an **Tripolis** und der Cyrenaika. Der Norweger **Roald Amundsen** und seine Begleiter erreichen als erste Menschen den **Südpol** (14.12.). Dramatisch endet die Expedition seines britischen Kontrahenten **Robert Falcon Scott**, der vier Wochen später als der Norweger am Ziel ankommt und auf dem Rückweg mit seinem Expeditionsteam den Tod findet.

Roald Amundsen mit Begleitern am Südpol (1911)

1912

Politik

Bei den Wahlen zum Reichstag erlangt die **Sozialdemokratische Partei** einen erdrutschartigen **Sieg** (25.1.). Das historische Ergebnis: 110 Sitze für die SPD, 91 Mandate gehen an die Zentrumspartei, die Konservativen verlieren beinahe 50 Plätze und können damit nicht mehr dazu beitragen, eine Mehrheit zu stellen. Die sog. **Hungerwahlen** stehen im Zeichen von Missernten, Lebensmittelmangel und Preiserhöhungen, was sich die sozialdemokratische Opposition zunutze machen kann. In **Bayern** verteidigt das Zentrum seine Mehrheit, wenn auch mit Verlusten (5.2.). Es folgen recht abgeschlagen die Liberalen und Sozialdemokraten, beide mit Zugewinnen. In **Oldenburg** dürfen steuerzahlende Frauen ab dem 24. Lebensjahr zu Kommunalwahlen ihre Stimme abgegeben (5.2.). Die Kumpel im **Ruhrpott** streiken (11.3.). Das Militär erschießt bei Auseinandersetzungen einen jungen Bergarbeiter (15.3.). Unverrichteter Dinge beenden die Gewerkschafter den Streik (20.3.). Aus religiösen Motiven lehnt ein Oberarzt es ab, sich mit einem Beleidiger zu duellieren (1.5.). Diese Entscheidung zieht seine Entlassung aus dem preußischen Militärdienst wegen „Verletzung der Standesehre" nach sich. Der Reichstag verabschiedet gegen das Votum der Sozialdemokraten eine Novelle zum **Flottengesetz**, die eine Erweiterung der Flotte genehmigt (14.5.). Einer Fortsetzung des Wettrüstens mit **Großbritannien** steht damit nichts mehr im Wege, die Wehrausgaben verschlingen zu diesem Zeitpunkt bereits drei Viertel des gesamten Nettoetats des Deutschen Reichs. Fortschrittspartei und Nationalliberale bringen in den preußischen Landtag einen Antrag zur **Wahlrechtsreform** ein (20.5.). Die Einführung des allgemeinen, gleichen und geheimen Wahlrechts findet jedoch bei den Parlamentariern **keine Mehrheit**. Die Ablösung des **Klassenwahlrechts** durch das allgemeine gleiche Wahlrecht wird von der **Bremer Bürgerschaft** ebenfalls abgelehnt (20.6.). Die Führungsriege des Alldeutschen Verbands übt auf der Jahreshauptversammlung in Erfurt herbe Kritik am „seichten" Vorgehen der Reichsregierung in der Marokko-Krise (8.9.). Auf dem Parteitag der Sozialdemokraten in Chemnitz verkündet Parteisekretär **Friedrich Ebert** einen enormen Anstieg der Mitgliederzahlen seit dem vorigen Jahr (15.9.). Die Delegierten thematisieren v. a. die Wege aus der wirtschaftlichen Krise und der Armut der Arbeiter im Deutschen Reich. Wegen Hausfriedensbruch im Plenarsaal des preußischen Landtags muss ein sozialdemokratischer Abgeordneter 100 Mark Geldstrafe zahlen (28.9.). Anlässlich der Kampfhandlungen auf dem Balkan äußert der deutsche Außenminister Alfred von Kiderlen-Waechter, dass sich die Großmächte nicht am Balkankrieg beteiligen werden (2.10.). In sächsischen Schulen ohne konfessionelle Bildung darf laut Beschluss des Landtags Religionsunterricht durchgeführt werden (27.11.). Der Prinzregent **Luitpold von Bayern** stirbt im Alter von 91 Jahren (12.12.). In seiner 26-jährigen Amtszeit erfreute sich der Monarch großer Beliebtheit innerhalb der Bevölkerung. In Stuttgart verstirbt 61-jährig der Außenminister des Deutschen Reichs **Alfred von Kiderlen-Waechter** (30.12.).

Nofretete

Wirtschaft & Wissenschaft

Die **Krupp-Werke** aus Essen begehen ihren 100. Geburtstag (8.12.). Bei den Feierlichkeiten ist auch der deutsche Kaiser Wilhelm II., enger Freund der Familie Krupp, zugegen. Stetig steigende **Fleischpreise** erzürnen die Verbraucher und liefern Anlass für eine Debatte im preußischen Abgeordnetenhaus (25.10.). Eine Lockerung der Einfuhrbedingungen für den Import von Billigfleisch aus dem Ausland soll der unzulänglichen Fleischversorgung Abhilfe schaffen. Wissenschaftlern der Deutschen Orientgesellschaft gelingt ein sensationeller Fund: eine Büste der Königin **Nofretete** (7.12.). Das wertvolle Kalksteinabbild der schönen Frau des Pharaos Echnaton ist seither in Berlin-Charlottenburg zu besichtigen.

Kunst & Kultur

Der Lyriker **Georg Heym** ertrinkt im Berliner Wannsee bei dem Versuch, einem in das Eis Eingebrochenen Hilfe zu leisten (16.1.). Mit Gedichten wie *Umbra Vitae* und *Der Gott der Stadt* machte sich der Schlesier für die Welt der expressionistischen Literatur unsterblich. Ein Gastspiel des italienischen Operntenors **Enrico Caruso** versetzt die Reichshauptstadt Berlin in Verzückung (7.10.). Der Schriftsteller **Gerhart Hauptmann** erhält an seinem 50. Geburtstag die Nachricht, mit dem Nobelpreis für Literatur geehrt zu werden (15.11.). Der Pionier des Naturalismus war beim deutschen Kaiser wegen seiner sozialkritischen Werke in Ungnade gefallen und wird nun nicht zuletzt für diese in Stockholm ausgezeichnet.

Gesellschaft & Sport

Der sog. „Schiebetanz" bringt einen deutschen Handlungsgehilfen vor Gericht (4.12.). Der junge Mann hatte heißblütig den gerade aus Lateinamerika eingeführten **Tango** getanzt und damit gegen den Sittlichkeitsparagraphen 183 des Reichsstrafgesetzbuches verstoßen. **Holstein Kiel** gewinnt die deutsche Fußballmeisterschaft (27.5.). Bei der **Olympiade** in Stockholm nimmt das Deutsche Reich Rang sechs des Medaillenspiegels ein (29.6.–22.7.). Die Bilanz: fünf Goldmedaillen, dreizehn Silberne und siebenfach Bronze. Die Medaillen gehen v. a. auf große Erfolge im Kunstspringen und Brustschwimmen der Herren zurück.

Die siegreiche deutsche Rudermannschaft bei den Olympischen Spielen in Stockholm

Weltgeschichte

Die „Titanic"

In **China** wird die Republik ausgerufen, erster Präsident ist **Yüan Shi-kai** (13.2.). Bei einem anarchistisch motivierten **Attentat** erleidet der italienische Präsident **Victor Emanuel III.** schwere Verletzungen (14.3.). Der als unsinkbar geltende Luxusliner **Titanic** fährt unter Missachtung wichtiger Sicherheitsmaßnahmen in rasendem Tempo durch das gefährliche Eisbergfeld des Nordatlantiks und rammt dabei kurz vor Mitternacht einen 20 m hohen **Eisberg** (14.4.). Ein 90 m langes Loch lässt den aufgeschlitzten Passagierdampfer um 2.20 Uhr sinken. Auf seiner Jungfernfahrt nach New York beherbergt das Schiff der Superlative 2224 Menschen an Bord, 1515 von ihnen sterben bei dem Unglück. Das Organ der Bolschewiki ***Prawda*** („Wahrheit") erscheint erstmalig (5.5.). Herausgegeben von **Josef W. Stalin** und **Wladimir I. Lenin**, dem späteren Anführer der Oktoberrevolution, erreicht das Blatt bald eine Auflage von bis zu 42.000 Exemplaren. Der dänische König Frederik VIII. verstirbt in Hamburg an Kreislaufversagen (14.5.). Sein Sohn Christian X. tritt seine Nachfolge an. Montenegro erklärt dem Osmanischen Reich den Krieg – der **1. Balkankrieg** bricht aus (8.10.). **Thomas Woodrow Wilson** von der Demokratischen Partei wird zum Präsidenten der USA gewählt (5.11.).

1913

Politik

Der preußische Generalfeldmarschall **Alfred Graf von Schlieffen** stirbt (4.1.). Seine strategischen Ideen werden als sog. **Schlieffen-Plan** die Geschicke des deutschen Heeres im Ersten Weltkrieg maßgeblich beeinflussen. **Großbritannien** erhöht seinen Flottenetat und setzt damit das **Wettrüsten** mit dem Deutschen Reich fort (28.3.). Zuvor waren die Briten mit Vermittlungsversuchen am Widerstreben des deutschen Kaisers gescheitert. Das **Militärluftschiff „Z 4"** verschärft bei einer Probefahrt vorübergehend die Spannungen zwischen Deutschland und **Frankreich** (3.4.). Unter starken Windböen gerät der Zeppelin auf Abwege und muss auf dem Truppenübungsplatz Lunéville notlanden, die französische Regierung hält die Irrfahrt des zigarrenförmigen Gefährts indes für einen **Spionageakt**. Die **„Germanisierungspolitik"** des Deutschen Reichs in Posen und Westpreußen wird vom preußischen Landtag weiter gebilligt und darüber hinaus finanziell getragen (23.4.). 175 Mio. Mark fließen laut neuer Gesetzmäßigkeit in die Etablierung von deutschen Besitztümern in den beiden polnischen Gebieten. In Preußen entscheiden die **Konservativen** souverän die Wahlen zum Landtag für sich (3.6.). Der Vorsitzende der Sozialdemokraten **August Bebel** verstirbt im schweizerischen Kurort Passug (13.8.). Der gelernte Drechslermeister Bebel hatte gemeinsam mit **Wilhelm Liebknecht** die Sozialdemokratische Arbeiterpartei Deutschlands ins Leben gerufen. Im französischen Limoges beschließt der Stadtrat, eine Straße nach dem verstorbenen Arbeiterführer zu benennen (26.8.). Dem Satireblatt *Simplicissimus* wird von der Münchner Polizei ein Auslageverbot erteilt, da es eine Karikatur des bayrischen Regenten Ludwig enthält (28.8.). Zum 20. Parteitag der Sozialdemokraten in Jena bestimmen die Delegierten **Hugo Haase** und **Friedrich Ebert** als Nachfolger für August Bebel (14.9.). Die Galionsfigur der Parteilinken **Rosa Luxemburg** scheitert mit ihrem Antrag zur Legitimation des Massenstreiks als politische Waffe. In zahlreichen Veranstaltungen wird dem 100. Jahrestag der Befreiung gegen die napoleonische Fremdherrschaft gedacht (18.10.). Höhepunkt der patriotischen Jubelfeiern ist die Einweihung des **Völkerschlachtdenkmals** bei Leipzig. Die Diskriminierung und Ausgrenzung der Menschen im **Elsass** durch das deutsche Militär soll für die deutsche Innenpolitik nicht ohne Folgen bleiben (6.11.). Ein Leutnant wollte für die Tötung Einheimischer durch deutsche Soldaten ein **Kopfgeld** von zehn Mark als „Belohnung" aussetzen. Die Reichsregierung billigt derartige menschenverachtenden Vorgänge, der Leutnant wird in einem Disziplinarverfahren freigesprochen. Der deutsche Kaiser Wilhelm II. verbietet seinen Offizieren – sofern sie ihre Uniform tragen – den aus Gründen der Sittlichkeit verpönten **Tango** zu tanzen (20.11.). Gegen den Reichskanzler Theobald von Bethmann Hollweg wird durch den Reichstag ein **Misstrauensvotum** gestellt (4.12.). Er hatte die Parla-

Kaiser Wilhelm II. mit seinen Söhnen: Wilhelm II., Kronprinz Wilhelm, Prinz Eitel Friedrich, Prinz Adalbert und Prinz August Wilhelm (von links; 1913)

mentarier durch seine nachlässige Haltung zu den rechtswidrigen Einsätzen deutscher Militärs im Elsass aufgebracht. Der angeschlagene Kanzler veranlasst schließlich die Verlegung der in den Skandal verwickelten Bataillone (5.12.).

Wirtschaft & Wissenschaft

Der rekordverdächtige deutsche **Ozeanschnelldampfer** *Vaterland* läuft in Hamburg vom Stapel (21.4.). Das deutsche Jahrbuch für Marinekunde *Nauticus* veröffentlicht Daten und Fakten zur Aufrüstung der deutschen Flotte (9.7.). Die Deutschen geben nach Frankreich pro Kopf der Einwohner das meiste Geld für die Flottenrüstung aus. Wegen **Spionagetätigkeit** muss sich der Konzern **Krupp** vor Gericht verantworten (5.8.). Die Firma hatte sich in ihrem Berliner Büro regelmäßig von Militärbeamten und Offizieren Informationen über neue Waffen- oder Konstruktionspläne des Heeres „erkauft", um der Konkurrenz voraus zu sein.

Kunst & Kultur

Zum 100. Geburtstag **Richard Wagners** wird eine Büste des Komponisten im Ruhmestempel *Walhalla* nahe bei Donaustauf ausgestellt (22.5.). In Berlin findet die Uraufführung des Films *Der Student von Prag* statt (22.8.). Der Streifen handelt von der Persönlichkeitsspaltung eines junges Mannes, beeindruckend gespielt von **Paul Wegener**. *Woyzeck*, ein Stück des revolutionären Dichters **Georg Büchner**, wird am Münchner Residenztheater uraufgeführt (8.11.). Das *Woyzeck*-Fragment entstammt dem Nachlass des jung verstorbenen Genies. In Leipzig findet die Grundsteinlegung für die „Deutsche Bücherei" statt (19.11.).

Gesellschaft & Sport

Ein entlassener Soldat verkleidet sich als Postbote und überbringt in die örtliche Residenz die Nachricht, der deutsche Kaiser wolle zum Aschermittwoch **Straßburg** besuchen (5.2.). Die Stadt wartet vergebens mit üppiger Beflaggung und Militärparaden auf – der Vorfall sorgt landesweit für große Heiterkeit. Im Endspiel um die **Deutsche Fußballmeisterschaft** in München besiegt der **VfB Leipzig** den SV Duisburg mit 3:1 und kann damit den Pokal mit nach Sachsen nehmen (11.5.). Heiraten kommt groß in Mode: Statistiken zeigen, dass in diesem Jahr im Deutschen Reich so viele **Ehen** geschlossen wurden wie noch nie seit seiner Gründung (17.5.). Die Geburtenzahlen hingegen sind rückläufig.

Weltgeschichte

Der Konservative **Raymond Poincaré** löst den französischen Ministerpräsidenten Armand Fallières in seinem Amt ab (17.1.). Der griechische **König Georg I.** fällt einem **Attentat** zum Opfer (18.3.). In Österreich-Ungarn wird ein furioser **Spionage-Akt** aufgedeckt (25.5.). Der Oberst Alfred Redl hatte sich wegen seiner homosexuellen Affären und daraus folgenden finanziellen Problemen hinreißen lassen, gegen entsprechendes Entgeld jahrelang **Aufmarschpläne** an Russland, Italien und Frankreich zu verraten. Der Skandal wird aufgedeckt, Redl nimmt sich – von Offizieren unter Druck gesetzt – in einem Hotelzimmer das Leben. Der **2. Balkankrieg** bricht aus, Ursache ist der Streit zwischen Serbien und Bulgarien um Makedonien (29.6.). Der Däne **Nils Bohr** revolutioniert die Welt der Physik mit seinem **Atommodell**, das auf der Quantenhypothese von **Max Planck** aufbaut (30.6.). **Henry Ford** gelingt eine Innovation in der Arbeitswelt: Er führt das **Fließband** als Methode der schnellen und zugleich preisgünstigen Fertigung ein (16.8.). Durch die eigens von **US-Präsident Wilson** durchgeführte Sprengung des Gamboa-Staudamms wird der Bau des **Panama-Kanals** vollendet (10.10.). Als erster Nicht-Europäer erhält der Inder **Rabindranath Tagore** den Nobelpreis für Literatur (10.12.).

Henry Ford

Niels Bohr

1914

Politik

Wilhelm II. bei einer Ansprache in Berlin

Als Vorboten des **Krieges** nehmen die Bündnisse in Europa ihre Formation an (11.2.). Das Deutsche Reich bekommt von **Italien** für den Kriegsfall Unterstützung durch Infanterie- und Kavalleriedivisionen im Westteil des Landes zugesichert (11.2.). Die Sozialistin **Rosa Luxemburg** muss sich vor Gericht wegen Widerstands gegen die Staatsgewalt verantworten (20.2.). Luxemburg hatte deutsche Soldaten aufgerufen, nicht die Waffen gegen ihre „ausländischen Brüder" zu erheben und muss dafür eine einjährige **Haftstrafe** verbüßen. Der deutsche **Prinz Wilhelm I.** tritt mit großem Zeremoniell sein Amt als Fürst von Albanien an (7.3.). Der neue Fürst setzt **Turkhan Pascha** als Ministerpräsidenten ein (17.3.). Nach einem **Attentat** auf den österreichisch-ungarischen Thronfolger Franz Ferdinand in Sarajewo gerät Europa aus den Fugen. Es beginnt die sog. **Julikrise** (28.6.).**Wilhelm II**. lässt die Kieler Woche abbrechen und begibt sich eilig nach Berlin. Der Kaiser versucht, die Regierung in Wien zu einem Angriff gegen Serbien zu ermutigen (3.7.). Eigentlich sollte dem Deutschen Reich die Rolle des **Vermittlers** zukommen, doch der deutsche Reichskanzler und der Kaiser streben nicht danach, die österreichische Regierung zu besänftigen. Österreich erklärt nach einer Phase des Zögerns und Abwägens Serbien den **Krieg** (28.7.). Der deutsche Kaiser gibt seine Zustimmung für ein **Ultimatum** an Russland und Frankreich (31.7.). Noch am selben Tag wird der **„Allgemeine Kriegszustand"** von der deutschen Presse postuliert. Von Österreich-Ungarn fordert das Deutsche Reich Unterstützung in einem Krieg gegen Russland ein (31.7.). Einen Tag darauf übergibt in St. Petersburg der Botschafter Friedrich Graf von Pourtalès die deutsche **Kriegserklärung** an **Russland** (1.8.). Die Deutsche Regierung ist bemüht, diese Offensive als Akt der Verteidigung darzustellen und gibt die Mobilmachung Russlands sowie erfundene Angriffe der Franzosen als Begründungen vor. Im Zuge der Vorbereitungen einer **Westoffensive** besetzen deutsche Truppen das neutrale **Luxemburg** (2.8.). Paris lehnt das Ultimatum der Reichsregierung ab, Deutschland erklärt **Frankreich** den Krieg (3.8.). Deutsche Truppen marschieren in Belgien ein – die Westoffensive beginnt (4.8.). Im Deutschen Reichstag billigen die Abgeordneten **einstimmig** 17 **Kriegskredite** (4.8.). Die Taktik des überraschenden Angriffs bringt den deutschen Truppen an der Westfront nicht den erwarteten Erfolg (24.8.). An der **Marne** müssen die Deutschen eine Niederlage hinnehmen (9.9.). Durch den

Berliner Illustrierte Zeitung vom 16.8.1914

Einmarsch in Belgien hatte sich das Deutsche Reich die Briten zum Feind gemacht, die nun gemeinsam mit den Franzosen die deutschen Truppen zum Stehen und den **Schlieffen-Plan** (der einen raschen Sieg im Westen vorsieht) zu Fall bringen. Zudem zeichnet sich ab, dass im Osten die russischen Truppen schneller kampfbereit sind als erwartet. Auch die **Flandernoffensive** scheitert, 100.000 Soldaten sterben (18.11.). **Karl Liebknecht** gegen den Rest des Reichstags: Der leidenschaftliche Pazifist ist der einzige Abgeordnete, der gegen die Bewilligung eines weiteren **Kriegskredites** votiert (2.12.). Seine Genossen sprachen sich, zumindest in der öffentlichen Abstimmung Anfang August allesamt für die Kriegsfinanzierung aus. Dies gilt fortan als „Sündenfall" der internationalistisch gesinnten Sozialdemokratie.

Wirtschaft & Wissenschaft

Die **Lebensmittelpreise** im Deutschen Reich **steigen** weiter an (16.1.). Ein Bericht der Essener Handelskammer zeigt einen ungleichen Anstieg von Lohnniveau und Nahrungsmittelkosten. **Albert Einstein** steht fortan dem Kaiser-Wilhelm-Institut für Physik in Berlin vor (1.4.). Die **Behring-Werke** werden in Bremen aus der Taufe gehoben (16.4.). Pate steht der Bakteriologe Emil von Behring, Entdecker des Diphterie-Impfstoffs. **Max von Laue**, ein deutscher Wissenschaftler der planckschen Schule, erhält den **Nobelpreis** für Physik (10.12.). Sein Verdienst für die Forschung besteht in der Entdeckung der Röntgenstrahleninterferenzen.

Kunst & Kultur

Der Architekt **Walter Gropius** stellt gemeinsam mit anderen Künstlern in der „Werkbund-Ausstellung" in Köln sein Können zur Schau (15.5.). Die Ausstellung ist ein voller Erfolg und markiert eine wichtige Etappe in der Entwicklung der ausstellenden Künstlervereinigung. Der ausgebrochene Krieg fordert Blutzoll von den schönen Künsten: **Alfred Lichtenstein**, ein junger expressionistischer Dichter, fällt bei Reims (25.9.). Der Maler **August Macke** lässt sein Leben für die Deutschen in der Champagne (26.9.). Macke wird 27 Jahre alt. Der 40-jährige Lyriker **Ernst Stadler** kommt als deutscher Soldat in Belgien ums Leben (30.10.).

Walter Gropius

Gesellschaft & Sport

In St. Petersburg gewinnt das deutsche Schach-Genie **Emanuel Lasker** das internationale Schachturnier (22.5.). Die **Spielvereinigung Fürth** besiegt im Endspiel um die Deutsche Fußballmeisterschaft in Magdeburg den VfB Leipzig nach zweifacher Verlängerung mit 3:2 (31.5.). Die Deutschen erleben das erste **Weihnachtsfest** im Schatten der **Kriegshandlungen** (24.12.). Die Warenhäuser bieten Weihnachtsmänner in Uniform und Kriegsspielzeuge zum Schenken an, doch bei 135.000 Soldaten in russischer Kriegsgefangenschaft und zahllosen Gefallenen ist die anfängliche Kriegseuphorie der Deutschen gebremst.

Weltgeschichte

Die Ehefrau des französischen Finanzministers **Joseph Caillaux** erschießt den Chefredakteur des rechtsauslegenden Blattes *Le Figaro*, der einen privaten Briefwechsel zwischen dem sozialistischen Minister und seiner Gattin veröffentlichen will (16.3.). Der Thronfolger Österreich-Ungarns **Erzherzog Franz Ferdinand** besucht mit seiner Frau Sarajewo und fällt mit ihr gemeinsam einem **Attentat** zum Opfer (28.6.). Das Attentat erschüttert Europa: Wien bricht die diplomatischen Beziehungen zu Serbien ab (25.7.). Russland beschließt eine „Vormobilmachung" (25.7.). Österreich-Ungarn erklärt Serbien den **Krieg** (28.7.). Österreichische Schiffe greifen Belgrad an (29.7.). Die Deutschen erklären Russland und Frankreich den Krieg (1.8./3.8.) und zerstören damit die letzte Hoffnung auf ein schnelles Ende des Konflikts. Österreich-Ungarn erklärt Russland den Krieg, Serbien übermittelt eine Kriegserklärung an das Deutsche Reich (6.8.). Überbordender Patriotismus und euphemistische Kriegsvorstellungen treiben die Europäer in diesen Tagen mit wehenden Fahnen in den **Ersten Weltkrieg**. Die **Türkei** greift überraschend Russland an (28.8.), darauf erklären Großbritannien, Frankreich und Russland der Türkei den Krieg (5.11.).

Das Attentat von Sarajewo (28.6.1914)

Am und nach dem 28.6.1914 blickte die Welt entsetzt nach Sarajewo. An diesem Tag fielen in der bosnischen Hauptstadt der österreichische Thronfolger Franz Ferdinand und seine Gemahlin, die Herzogin von Hohenberg, einem Attentat slawischer Nationalisten zum Opfer. Gegen 10 Uhr morgens fuhren die vier Autos mit dem Thronfolgerpaar und dessen Begleitern in die Stadt. Der Erzherzog und seine Frau saßen im zweiten Wagen, einem grauen Viersitzer. Die Kolonne bewegte sich zum Rathaus, wo eine Empfangsfeier stattfinden sollte, als am Appel-Kai aus der zuschauenden Menge eine Handgranate flog. Sie landete auf dem zurückgeklappten Verdeck des Wagens, in dem das herzogliche Paar saß, fiel aber von dort auf die Straße und rollte unter das dritte Auto. Durch die Explosion wurden die Insassen zum Teil schwer verletzt.

Nach einer kurzen Pause setzten der Thronfolger und seine Frau, sichtlich erschüttert und blass, die Fahrt fort. Noch bevor der Bürgermeister seine Begrüßungsrede halten konnte, rief Franz Ferdinand: „Herr Bürgermeister! Da kommt man nach Sarajewo, um einen Besuch zu machen, und da werden Bomben auf einen geworfen.“ Nachdem er sich wieder gefasst und dem Stadtoberhaupt das Wort erteilt hatte, versicherte ihn dieses der unerschütterlichen Untertanentreue seiner Bürgerschaft. Nach der Feier ordnete der Erzherzog an, auf dem Rückweg beim Garnisonsspital vorbeizufahren und die Verwundeten zu besuchen. Als der Wagen für einen Augenblick anhielt – wiederum am Appel-Kai – fielen zwei Schüsse. Aus einer Entfernung von fünf Schritten tötete der knapp zwanzigjährige Student Gavrilo Prinčip den Erzherzog und – unbeabsichtigt – dessen Gattin mit der Pistole.

Der Thronfolger Erzherzog Franz Ferdinand wird zusammen mit seiner Gemahlin in Sarajewo von dem großserbischen Nationalisten Gavrilo Prinčip ermordet

Rasch nach dem Anschlag setzte die Suche nach den Verantwortlichen ein. Die Spur führte nach Serbien. Es spricht viel dafür, dass die großserbische Geheimorganisation „Schwarze Hand“ unter Leitung von Dragutin Dimitrijevic (Deckname: „Apis“) die bosnischen Nationalrevolutionäre angeleitet und sie mit Geldmitteln, Waffen, Ausbildung wie Untergrundwissen versorgt hat. Bereits am 29.6.1914 schrieb der österreichische Legationsrat aus Belgrad, Wilhelm Ritter von Storck, zwar noch nicht direkt Serbien die Schuld zu, betonte allerdings: „Die Schuldigen sind aber indirekt gewiss, und ihre Rädelsführer in der Propagandaabteilung des Auswärtigen Amtes, bei der serbischen Professorenschaft und Pressleitung zu suchen, die Jahre lang Hass gesät und jetzt Mord und Totschlag geerntet haben.“ Und nur wenige Tage später, am 1. 7. 1914, forderte er, man müsse sich durch scharfes Eingreifen davor bewahren, „in der serbischen Öffentlichkeit diesseits und jenseits der Save das ‚Gesicht zu verlieren‘. Die Besserung unseres Verhältnisses zu Serbien war eine kurze Illusion. An ein Schädelspalten wird es leider trotzdem nicht gehen, da Serbien – solange es Russland nicht ins Konzept passt – gewiss wieder jegliche Satisfaktion geben wird.“

Gratis! 3. Extra-Blatt. Gratis!

Vossische Zeitung

Der österreichische Thronfolger und seine Gattin ermordet.

Extrablatt der *Vossischen Zeitung*

Vor allem Österreich-Ungarn verknüpfte damals das Problembündel Balkan mit der Politik der großen Mächte. Die südslawischen Nationalbestrebungen betrafen die Existenzfrage der österreichisch-ungarischen Doppelmonarchie. Die unmittelbare Einbindung auf dem Balkan auch nur einer Großmacht konnte eine dilettantisch ausgeführte Studenten-Terroraktion wie den Mord von Sarajewo zur internationalen Krise machen.

Deutschland und insbesondere Wilhelm II. trifft dabei ein nicht unerheblicher Teil der Schuld dafür, dass die zwei Schüsse von Sarajewo zum Auftakt der Urkatastrophe Europas im 20. Jahrhundert werden konnten. Von Anfang an betätigte sich der Kaiser als Scharfmacher und animierte Österreich zu einem unnachgiebigen Vorgehen gegen Serbien. Zugleich versicherte Berlin die Führung in Wien unbedingter Bündnistreue. Das war ein Blankoscheck, der dem österreichischen Kaiser Franz Joseph freie Hand gab. Darüber hinaus ermutigte der deutsche Generalstabschef Helmuth Moltke Österreich, Serbien den Krieg zu erklären. Dies geschah schließlich am 28.7.1914 – und war umso verhängnisvoller, als Serbien keineswegs isoliert dastand, sondern sich vielmehr russischer und französischer Freundschaftsbeteuerungen erfreuen konnte. Schon bald formte sich aus der „Julikrise" der als dritter Balkankrieg begonnene Erste Weltkrieg heraus. Der Mechanismus der internationalen Verträge und Beistandsverpflichtungen löste einen regelrechten Automatismus aus. Nach dem Überfall Deutschlands auf das neutrale Belgien am 2.8.1914 – dem sog. Schlieffenplan folgend – erklärte auch England dem Reich den Krieg. London – durch den Rüstungswettlauf im Flottenwesen herausgefordert – nutzte gerne die Gelegenheit, das Deutsche Reich in die Schranken zu verweisen. Wenn es auch problematisch ist, Deutschland die Alleinschuld am Ersten Weltkrieg zu geben, so trug es doch eine große Verantwortung dafür, dass sich der austro-serbische Konflikt zu einem Weltbrand ausweiten konnte.

Der Beginn des großen europäischen Krieges löste nicht nur Angst und Entsetzen aus, sondern brachte regelrechte Glücksgefühle zum Ausbruch. In Deutschland sprachen schon die Zeitgenossen vom „Augusterlebnis" und meinten damit die allgemeine Kriegsbegeisterung, die im Übrigen auch die Massen in Wien, Paris, London und St. Petersburg bewegte. Der Schriftsteller Ernst Jünger schrieb damals: „Aufgewachsen in einem Zeitalter der Sicherheit, fühlten wir alle die Sehnsucht nach dem Ungewöhnlichen, nach der großen Gefahr. Da hatte uns der Krieg gepackt wie ein Rausch." Rauschhaft wirkten auch die Worte Thomas Manns aus jenen Tagen: „Krieg! Es war Reinigung, Befreiung, was wir empfanden, und eine ungeheure Hoffnung!" Bis tief in die Bevölkerung hinein herrschte in Deutschland ein Primat des Militärischen vor dem Politischen.

Die Schüsse von Sarajewo änderten den Lauf der Weltgeschichte. Sie waren zwar nicht Ursache, aber Auslöser des Ersten Weltkriegs. Zugleich sind die Ereignisse ein Beispiel dafür, wie eine regional motivierte Tat weit darüber hinausgehende Wirkungen entfalten kann. Das Attentat an sich bewegt sich allerdings viel stärker im innerbalkanischen Rahmen. Das Bedürfnis nach nationaler Unabhängigkeit, zumindest aber nach Autonomie der Südslawen stand dabei im Mittelpunkt. Prinčip, der die tödlichen Schüsse auf den Erzherzog Franz Ferdinand und seine Frau Sophie abfeuerte, meinte in seinen späteren *Bekenntnissen,* der Weltkrieg wäre auch ohne sein Dazutun ausgebrochen. In der Tat erscheint es reizvoll, über alternative Geschichtsverläufe gemäß der Frage „Was wäre gewesen, wenn ...?" zu sinnieren. Das Nachdenken darüber, ob und wie der Erste Weltkrieg zu vermeiden gewesen wäre, wird wohl nie enden. Eines dürfte aber gewiss sein: Um die Krise nicht eskalieren zu lassen, hätte es der Vernunft und Ruhe bedurft. Das Zeitalter war indes eines der Nervosität und Deutschland ein „ruheloses Reich" (Michael Stürmer). *Alexander Gallus*

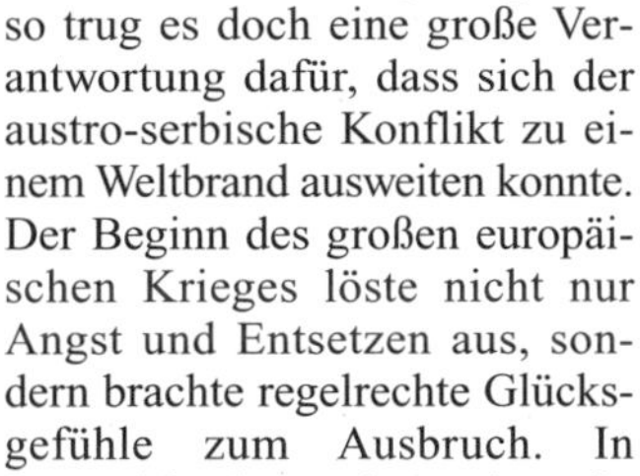
Festnahme des Attentäters

1915

Politik

Deutsche Soldaten sind auf dem Vormarsch in Richtung Osten (7.2.). Die russischen Truppen werden an der Ostfront verdrängt, **Ostpreußen** vom Deutschen Reich eingenommen. Der deutsche Reichskanzler Theobald von Bethmann Hollweg und Großadmiral **Alfred von Tirpitz** sind uneins in der Frage eines möglichen **U-Boot-Krieges** (15.3.). Durch den Einsatz eines deutschen **Zeppelins** werden in Paris des Nachts Teile von Werkhallen und Bahnhöfen zerstört (22.3.). Ein wenig ehrbarer Erfolg gelingt den Deutschen an der **Westfront** (22.4.). Durch den Einsatz von **Giftgas** nahe dem belgischen Ypern kommen 5000 alliierte Soldaten binnen kürzester Zeit ums Leben, 10.000 erleiden Verletzungen. Das Deutsche Reich bricht damit das **Völkerrecht**, denn die Haager Landkriegsordnung verbietet den Einsatz von giftigen Gasen zum Zwecke der Vernichtung. In den USA steigt der Unmut über die Deutschen. Hintergrund ist die **Torpedierung** des britischen **Passagierdampfers** „Lusitania", bei dessen Untergang 120 US-Bürger sterben (7.5.). Die Reichsregierung gibt als Begründung für das Versenken des Schiffes an, dass die Briten mit dem Schutz der Passagiere Munition transportieren wollten. In der Tat befand sich Kriegsmaterial an Bord. Der deutsche Kaiser selbst wendet sich gegen die Torpedierung von Passagierdampfern, nicht zuletzt aus Angst vor einem Eintritt der USA in den Krieg. Der Monarch schaltet sich damit zum ersten Mal offensiv in die Kriegspolitik seines Landes ein. Vor dem Deutschen Reichstag demonstrieren 1500 Frauen für den Frieden (28.5.). In **Deutsch-Südwestafrika** müssen die deutschen Truppen kapitulieren (9.7.). Die Niederlage leitet das Ende der episodenhaften deutschen Kolonialgeschichte ein. Im Rufidji-Fluss vor Ostafrika versenken zwei britische Schiffe den deutschen Kreuzer „Königsberg" (11.7.). In Ostafrika leisten die Deutschen längere Zeit Widerstand als im Süden, jedoch ohne Erfolg. In Serbien starten österreich-ungarische und deutsche Truppen den Angriff (6.10.). Deutsche Militärbehörden veranlassen in Belgien die Hinrichtung der britischen Krankenschwester **Edith Cavell**, da sie alliierten Kriegsgefangenen zur Flucht über die Niederlande verhalf (12.10.). Die standrechtliche Erschießung Cavells löst weltweit Empörung aus. Die serbische Armee flieht nach Albanien (14.10.). Die **preußische Regierung** geht restriktiv gegen **pazifistische Bewegungen** und Vereine vor, sie verbietet Versammlungen und unterbindet die Veröffentlichung von entsprechenden Schriften (7.11.). Im Deutschen Reichstag werden Stimmen gegen den Krieg laut (21.12.). Dies zeigt sich zum einen an dem kontroversen Abstimmungsverhalten, zum anderen an dem schärferen Ton, der in Fragen an die Regierung angeschlagen wird. So verlangt **Karl Liebknecht** vehement Dokumente über den Kriegsaus-

Schützengraben an der Westfront

Der britische Passagierdampfer „Lusitania"

bruch, da er nicht an des Reichskanzlers Version des „aufgedrängten Kampfes” glauben mag. **Philipp Scheidemann** fragt den Kanzler, unter welchen Bedingungen er bereit sei, für den Frieden zu verhandeln. Die Sozialdemokraten sind sich in ihrer Anti-Kriegshaltung uneins, die Partei ist innerlich gespalten.

Wirtschaft & Wissenschaft

Fritz Haber, Leiter der Kaiser-Wilhelm-Institute für physikalische Chemie, beaufsichtigt eigens den ersten großen Einsatz von **Giftgas** durch die deutsche Armee in Belgien (22.4.). Er hatte maßgeblich zur Entwicklung der Giftgase beigetragen. Die bislang gesammelten sog. „Liebesgaben”, Sach- und Geldspenden für deutsche Soldaten, haben laut Angaben des **Roten Kreuzes** einen Wert von insgesamt **47,7 Mio. Mark** (1.9.). Da die Preiserhöhungen im Deutschen Reich keine Grenzen finden, beschließt der Bundesrat die Einführung von **Preisgrenzen** im Lebensmittelbereich (4.11.). Für Milch und Fleisch dürfen fortan keine Wucherpreise mehr genommen werden. Der Deutsche **Richard Willstätter** erhält den Nobelpreis für Chemie (10.12.).

Kunst & Kultur

Paul Wegeners Stummfilm ***Der Golem*** feiert in Berlin große Erfolge (15.1.). Die Lehmgestalt „Golem” geht auf eine jüdische Legende zurück und steht in Zukunft nicht selten Pate für Filme und Romane. In den Münchner Kammerspielen findet die Uraufführung von Paul Lewins *Die Flucht nach Amerika* statt (20.1.). Das Publikum am Stuttgarter Hoftheater erlebt die Premiere der Oper *Mona Lisa* von Max von Schilling (26. 9.). Die sinfonische Dichtung *Alpensinfonie* von **Richard Strauss** wird in Berlin aufgeführt und löst beim Publikum Stürme der Begeisterung aus (28.10.).

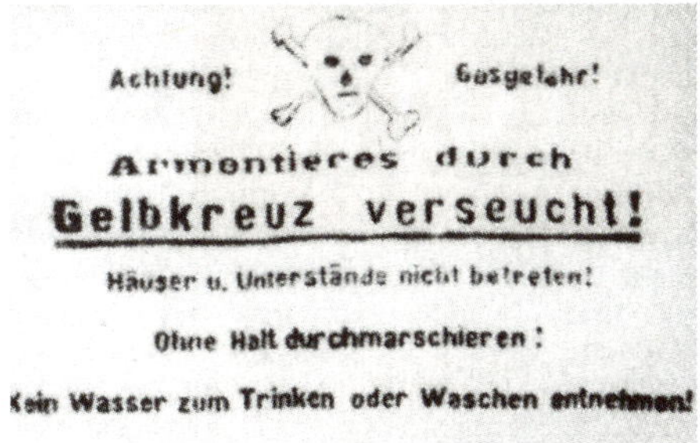

Warnung vor Gelbkreuz-Kampfgas

Gesellschaft & Sport

Das preußische Kultusministerium regelt mit einem Erlass die einheitliche Gestaltung von **Siegesfeiern an Schulen** (18.1.). Nach einem Erfolg der deutschen Armee findet am nächsten Tag keine Schule, sondern eine Feier statt. Die Hohenzollern begehen ein großes Jubiläum (30.4.). Bereits 500 Jahre regiert das Adelsgeschlecht in der Mark Brandenburg, vor dem Hintergrund des Krieges fallen die Feierlichkeiten aber verhalten aus. Die Veröffentlichung der **Geburtenzahlen** für das Deutsche Reich geben Anlass zur Sorge (8.10.). Steuerliche Vergünstigungen für Familien mit mehreren Kindern und soziale Unterstützung sollen hier Abhilfe schaffen.

Weltgeschichte

Bei einem schweren **Erdbeben** in Süditalien werden 11.000 Menschen unter dem Schutt ihrer Behausungen vergraben (19.1.). Der US-amerikanische Spielfilm *Birth of a nation* sorgt aufgrund seiner unverhohlen rassistischen Elemente für einen Skandal und wird schließlich verboten (3.3.). **Italien** erklärt seinem früheren Bündnispartner Österreich-Ungarn den Krieg (23.5.). Zu Beginn der Kampfhandlungen bombardieren die österreich-ungarischen Truppen **Venedig**. Auf Veranlassung der **Jungtürken** begeht die türkische Armee in einem grausamen Massaker **Völkermord** an den Armeniern im Osmanischen Reich (10.6.). Nur wenige christliche Armenier können dem Genozid durch die Türken entkommen, Unzählige sterben bei Deportationen und in Konzentrationslagern. **Bulgarien** tritt in den Krieg ein und kämpft an der Seite Österreich-Ungarns und Deutschlands gegen Serbien (6.9.). **Belgrad** wird durch die sog. Mittelmächte besetzt (9.10.). Die **Briten** müssen sich vor Bagdad den Truppen des Osmanischen Reichs geschlagen geben (22.11.). Wie bereits im Vorjahr verleiht das Nobelpreis-Komitee angesichts der Kriegshandlungen keinen Friedensnobelpreis (10.12.). Der Franzose **Romain Rolland** erhält den Nobelpreis für Literatur.

1916

Politik

Das koloniale Intermezzo der Deutschen in **Kamerun** endet mit einer militärischen Niederlage (7.2.). Die Kolonien Deutsch-Südwestafrika und Togo sind bereits gefallen. Die Oberste Heeresleitung (OHL) unter Erich von Falkenhayn beschließt einen Großangriff auf das französische Verdun (21.2.). Das **Festungszentrum Verdun** ist von enormer Bedeutung für die Franzosen, die Deutschen erhoffen sich ein Ausbluten der Franzosen in dieser Schlacht. Der Leiter des Reichsmarineamtes **Alfred von Tirpitz** nimmt über dem Streit zum uneingeschränkten **U-Boot-Krieg** seinen Hut (15.3.). Wilhelm II. verweigerte den Befehl zu einem solchen Krieg aus Angst vor einem Kriegseintritt der USA, von Tirpitz sah im Einsatz der U-Boote die einzige Chance zu einem Sieg gegen Großbritannien. Im **Skagerrak** vor Nordjütland brechen die Briten ein Gefecht mit der deutschen Flotte ab und weichen in die Nordsee aus (31.5.). Der im Deutschen Reich als heroischer Sieg gefeierte Kampf fordert allein auf deutscher Seite 2563 Todesopfer. Der Kampf um **Verdun** entwickelt sich zu einer unerbittlichen **Materialschlacht** (2.6.). Grabenkämpfe und Trommelfeuer sorgen für erschreckend hohe Verluste auf beiden Seiten. Die Deutschen verfehlen ihr Ziel, Verdun zu nehmen und damit das „Tor zu Paris“ zu öffnen. Die Stadt **Karlsruhe** hat die bislang schwersten Angriffe auf das Deutsche Reich zu beklagen (22.6.). 117 Menschen sterben bei einem **Bombenabwurf** über dem Stadtzentrum. In Nordfrankreich beginnt die britisch-französische Großoffensive (1.7.). Das deutsche Heer soll durch eine lang anhaltende Schlacht mürbe gemacht werden. Erstmalig gelingt es einem deutschen Handels-U-Boot, die britische **Seeblockade** zu durchbrechen (10.7.). Die **Kriegsschuld** der Deutschen ist in einer Denkschrift des letzten deutschen Botschafters in London manifestiert (1.8.). Er selbst hatte die deutsche Regierung inständig gebeten, Österreich-Ungarn an einer Kriegserklärung gegen Serbien zu hindern, da dies einen Eintritt Großbritanniens forciere. Der Kaiser äußert sich nicht dazu, schließt aber den untreuen Diplomaten aus dem preußischen Herrenhaus aus. **General Erich von Falkenhayn** muss die Konsequenzen für das Scheitern der Deutschen im Kampf um Verdun tragen (29.8.). Zudem wird ihm vorgeworfen, den Kriegseintritt Rumäniens nicht vorausgeahnt zu haben. Statt seiner leitet fortan **Paul von Hindenburg** den Generalstab. Das sozialdemokratische Organ *Vorwärts* wird von der Reichsregierung vorübergehend verboten (9.10.). Nach langen Verhandlungen einigen sich der deutsche Reichskanzler Theobald von Bethmann Hollweg und die Regierung Österreich-Ungarns in der **Polen-Frage** (5.11.). Mit der Wiedererrichtung Polens als **Königreich** soll der östliche Nachbar als Pufferstaat gegenüber Russland dienen. Die deutsche Regierung unterbreitet im Namen der Mittelmächte ein **Friedensangebot** an die Entente-Staaten (12.12.). Die schwammig-unbestimmte Friedensnote stößt bei den Alliierten auf Ablehnung. Die Deutschen beenden den Angriff auf **Verdun** (15.12.). Insgesamt fallen 364.000 deutsche Soldaten in den erbitterten Kämpfen um das Festungszentrum.

Getroffene deutsche Stellung an der Somme

Wirtschaft & Wissenschaft

Der Deutschen Reichsbank fehlt es an Kleingeld, so gibt sie anstelle von Kupfermünzen eiserne Geldstücke aus (26.1.). Die Tabaksteuer im Deutschen Reich steigt drastisch an, bisweilen werden Zigaretten oder Zigarren 100% teurer (1.7.). Die deutsche **Landwirtschaft** kränkelt, das zeigt v. a. die schlechte Kartoffelernte in diesem Jahr (28.8.). Auf den Feldern werden mittlerweile Frauen, Kinder und Kriegsgefangene eingesetzt. Der Goldschatz der **Reichsbank** soll wegen der Kriegslage eine Aufstockung erfahren (6.10.). Als leuchtendes Beispiel geht **Kaiserin Auguste Victoria** voran, die wertvolle Schmuckstücke aus ihrer Sammlung an die Reichsbank überreicht.

Kunst & Kultur

In Zürich öffnet das ***Cabaret Voltaire***, wo der deutsche Literat **Hugo Ball** gemeinsam mit seinen Künstlerfreunden Vorstellungen im Zeichen des „Dada" gibt (5.2.). Der 36-jährige Maler **Franz Marc** fällt vor Verdun, er wird von einem Granatsplitter getroffen (4.3.). Ein poetischer Briefwechsel mit der Dichterin Else Lasker-Schüler legt Zeugnis über seine Zeit an der Front ab. Der jüdische Schriftsteller **Franz Werfel** bearbeitet das Drama *Die Troerinnen* von Euripides. Bei der Aufführung in Berlin zeigt sich die Öffentlichkeit empört über die pazifistischen Elemente des Stückes (22.4.). In einem Leipziger Hotel stirbt der nervenkranke Komponist **Max Reger** im Alter von 43 Jahren (11.5.).

Gesellschaft & Sport

Der **Deutsche Fußballbund** informiert, dass bislang 170.000 seiner 200.000 Mitglieder als Soldaten eingezogen wurden (2.1.). Der sog. **Balkanexpress** verkehrt ab sofort zwischen Berlin und Konstantinopel (15.1.). Das **Sportfest** im Deutschen Stadion zu Berlin steht ganz im Zeichen des Krieges; es stehen Disziplinen wie **Handgranatenwurf** und Hochsprung mit Sturmgepäck auf der Agenda (26.3.). Der **Zirkus Busch** öffnet in Berlin seine Tore zur Wintersaison (17.9.). Der begnadete Schachspieler **Emanuel Lasker** verteidigt in Berlin gegen den deutschen Großmeister Siegbert Tarrasch seinen Weltmeistertitel (10.12.).

Weltgeschichte

Montenegro kapituliert nach dreiwöchigen Gefechten gegen Österreich-Ungarn (25.1.). Am Ostermontag besetzen Mitglieder der Untergrundarmee British Volunteers wichtige Gebäude in der irischen Hauptstadt **Dublin**, um gegen die britische Herrschaft zu protestieren (24.4.). Der sog. **Osteraufstand** scheitert, die Anführer werden erschossen. Großbritannien und Frankreich teilen das **Osmanische Reich** unter sich auf (16.5.). Die Verteilung der Interessengebiete fällt zu Ungunsten der Briten aus, denn London ist aufgrund militärischer Niederlagen zu Zugeständnissen gezwungen. **Rumänien** erklärt Österreich den Krieg (27.8.). Die Habsburgermonarchie, die bereits mit den Angriffen der Russen überfordert ist, trifft der Eintritt Rumäniens völlig unverhofft. In Wien erschießt der Sozialist Friedrich Adler den österreichischen Ministerpräsidenten **Karl Graf von Stürgkh** (21.10.). Die Gründung des selbstständigen Königreichs **Polen** ruft in der Bevölkerung große Freude hervor (5.11.). Franz Joseph I., Kaiser von Österreich und Ungarn, stirbt (21.11.). Der Wundertäter **Rasputin** wird in Petrograd hinterhältig von seinen Widersachern ermordet. Aufgrund seiner Heilkräfte genoss der Bauernsohn das Vertrauen der Zarin, was ihm viel Missgunst eintrug.

Kaiser Franz Joseph

1917

Politik

Arbeiterinnen in einer Munitionsfabrik

Für den Fall eines Kriegseintritts der USA erklärt sich **Mexiko** zu einem Bündnis mit den Deutschen bereit (17.1.). Der gekabelte **Schulterschluss** wird von den Briten abgefangen, entschlüsselt und an Amerika weitergeleitet – die Stimmung zwischen den USA und Deutschland verschlechtert sich weiter. Der Fliegerleutnant **Manfred von Richthofen**, wegen seines rotlackierten Kampffliegers der „Rote Baron" genannt, wird vom deutschen Kaiser für seine Verdienste im Luftkampf geehrt (19.1.). Nach Ablehnung des Friedensangebots setzt die deutsche Militärführung nun alles auf einen deutschen Sieg (25.2.). Der **uneingeschränkte U-Boot-Krieg** beginnt, Theobald von Bethmann Hollwegs Stern sinkt indes immer tiefer (25.2.). An der **Westfront** ordnet die Oberste Heeresleitung einen strategischen **Rückzug** an, da **Angriffspläne** der Franzosen in das Lager der Deutschen durchgesickert sind (28.2.). Die parteiliche Einheit der Sozialdemokratie zerbricht am Ersten Weltkrieg (8.4.). In Gotha beschließen die oppositionellen Kräfte unter Führung Hugo Haases, die Unabhängige Sozialdemokratische Partei Deutschlands (**USPD**) zu gründen. Motiviert durch die Revolution in Russland führen Arbeiter deutschlandweit **Massenstreiks** durch und gründen **Arbeiterräte** (16.4.). Sie fordern eine bessere Lebensmittelversorgung, Frieden ohne Annexionen und die Reform des Wahlrechts. Die in Nordfrankreich geführte **Großoffensive** gegen deutsche Truppen scheitert (6.5.). Frankreich hatte sich zum Ziel gemacht, seinen Gegner binnen 48 Stunden zu besiegen, muss die Kämpfe aber unter großen beiderseitigen Verlusten abbrechen. Reichskanzler **Theobald von Bethmann Hollweg** kapituliert (14.7.). Anlass bietet eine Rede des Zentrumspolitikers **Matthias Erzberger**, der auf die alarmierende wirtschaftliche und kriegsstrategische Lage des Landes aufmerksam macht. Die Nachfolge tritt der Staatssekretär für Volksernährung **Georg Michaelis** an. Deutsche **Matrosen meutern** (25.8.). Aus Protest gegen die schlechte Verpflegung und die Monotonie seit der Skagerrak-Schlacht verlassen sie ohne Erlaubnis das Schiff und führen Versammlungen durch, in denen sozialdemokratische Ansichten propagiert werden. Die beiden Anführer müssen sich wegen „Kriegsverrats" verantworten und werden erschossen. Unter Vorsitz des ehemaligen Flottengenerals **Alfred von Tirpitz** wird die Deutsche Vaterlandspartei aus der Taufe gehoben (2.9.). Die deutsche Armee nimmt die baltische Stadt **Riga** ein (3.9.). Die Unruhen in Russland verhelfen den Deutschen unter **Erich Ludendorff** zu einem raschen Sieg innerhalb von drei Tagen. Die neu gegründete **Vaterlandspartei** gibt in Berlin eine Großkundgebung (24.9.). Sie fordert einen „rechten Frieden" mit Annexionen für das Deutsche Reich. In Köln wird **Konrad Adenauer** von der **Zentrumspartei** in das Amt des Bürgermeisters eingeführt (28.9.). Dem neu ins Amt gekommenen Reichskanzler **Georg Michaelis** mangelt es an parlamentarischer Rückendeckung, er **tritt zurück** (24.10.). Sein Nachfolger ist der bayerische Ministerpräsident **Georg Graf von Hertling**. In **Brest-Litowsk** verhandeln das Deutsche Reich und seine Verbündeten mit Russland über einen Sonderfrieden (22.12.). In wesentlichen Fragen der Grenzziehung finden die Sowjetregierung und die Mittelmächte nicht zueinander.

Wirtschaft & Wissenschaft

Ferdinand Graf von Zeppelin stirbt im Alter von 78 Jahren (8.3.). Seine zigarrenförmigen Luftschiffe dienen anfänglich zum **Personentransport**, im Ersten Weltkrieg werden von den Zeppelinen aus **Bomben** über Frankreich und Großbritannien abgeworfen. In Marburg verstirbt der deutsche Nobelpreisträger **Emil von Behring** (31.3.). Der Bakteriologe machte sich durch die Entdeckung des **Diphterieserums** verdient. Der Chemiker **Franz Fischer** stellt Paraffin und **Benzin aus Steinkohle** her (31.5.). Diese Art der Benzingewinnung ist bedeutsam für die Deutschen, um nicht allein vom Import abhängig zu sein, doch für den Großbetrieb ist sie noch zu kostspielig.

Kunst & Kultur

Im Frankfurter Neuen Theater findet die Uraufführung des expressionistischen Stückes *Die Bürger von Calais* von **Georg Kaiser** statt (29.1.). Die Premierenvorstellung der Operette *Schwarzwaldmädel* an der Komischen Oper Berlin ist ein voller Erfolg (25.8.). Die volkstümlichen Melodien von **Leon Jessel** erfreuen breite Schichten der Bevölkerung. Der deutsche Schriftsteller **Walter Flex** stirbt (16.10.). Seine autobiografische Schrift zum Ersten Weltkrieg *Wanderer zwischen zwei Welten* wird später von den Nationalsozialisten für jugendpolitische Propaganda benutzt.

Gesellschaft & Sport

Kinder sammeln Kerne (6.3.). Zur Gewinnung von **Öl** werden von Schulkindern abgelieferte Kerne von Zitrusfrüchten ausgepresst. Auf der **Galopprennbahn** Horn in Hamburg findet das klassische **Derby** statt, Sieger ist der Jockey Wilhelm Kasper (24.6.). In Norddeutschland brechen die **Pocken** aus, 2000 Fälle sind den Ärzten bekannt, 200 Menschen sterben (16.7.). In Berlin werden die deutschen Leichtathletik-Kriegsmeisterschaften ausgetragen (5.8.). Im Mittelpunkt der **Kriegsmesse** in Leipzig steht der Ersatzstoff **Papier** (29.8.). Papiertischdecken, Papierschuhsohlen, Papierunterröcke – der Ersatzstoff wird vielseitig verwendet.

Weltgeschichte

Wladimir Iljitsch Lenin im Februar 1917 in Moskau

Die russische **Zarenherrschaft** findet durch eine bürgerliche Revolution ihr **Ende** (15.3.). Zar Nikolaus II. dankt ab, eine provisorische Regierung lenkt vorerst die Geschicke des Landes. US-Präsident Woodrow Wilson ruft beide Häuser des Kongresses zu einer Abstimmung über den Krieg gegen das Deutsche Reich auf (2.4.). Die Abgeordneten stimmen mit großer Mehrheit für einen Krieg. Die **USA** treten an der Seite der Entente-Mächte in den **Ersten Weltkrieg** ein (6.4.). Der lange Kampf der **Suffragetten** wird von Erfolg gekrönt (19.6.). Das britische Unterhaus segnet den Entwurf über das **Wahlrecht für Frauen** ab 30 Jahren ab. Die britischen Alliierten erzielen einen bedeutenden Erfolg an der Flandernfront (30.7.). Papst Benedikt XV. ruft zum Frieden auf (15.8.). **Mata Hari**, die betörende Tänzerin aus den Niederlanden, wird wegen **Spionagearbeit** zum Tode verurteilt (15.10.). Sie spionierte im Dienst der Deutschen Frankreich aus, zusätzlich wurde sie für den französischen Geheimdienst tätig – eine verhängnisvolle Entscheidung. Die **Hinrichtung** der exotischen Agentin erfolgt zwei Wochen nach dem Richterspruch. **Lenins Bolschewiki** schreiben Geschichte (7.11.): Bei der blutigen **Oktoberrevolution** in Russland wird der weltweit **erste kommunistische Staat** gegründet.

Britische Artillerie im Kampf um Flandern (Juli–November 1917)

1918

Politik

Die deutsche Regierung zeigt sich vom **Friedensprogramm** des US-Präsidenten **Woodrow Wilson** unbeeindruckt, ihr Ziel ist ein Sieg an der Westfront (8.1.). Die Mittelmächte schließen in **Brest-Litowsk** Frieden mit Russland (3.3.). Den deutschen Forderungen nach einer Unabhängigkeit Polens, Finnlands und der Ukraine gibt die kommunistische Regierung nach. Im Westen beginnt die **Frühjahrsoffensive** der deutschen Truppen (21.3.). Die Großoffensive startet erfolgreich, scheitert aber schließlich vor **Amiens** (30.3.). **Erich von Ludendorff** befiehlt einen zweiten Angriff, der hohe Verluste nach sich zieht (9.4.). Durch die Unterstützung der Amerikaner können sich die Alliierten personell kontinuierlich verstärken und sind somit überlegen. Deutsche Truppen erobern **Helsinki** und schlagen die revoltierenden „Roten Garden" in die Flucht (13.4.). Auf Anregung Ludendorffs schließen die Deutschen in Bukarest **Frieden mit Rumänien** (7.5.). Der Verständigungsfrieden gewährt den Deutschen u. a. unbeeinträchtigte Lebensmitteltransporte über die Donau. Ein Wendepunkt des Krieges wird markiert – das **Ende der Westfront** (8.8.). Die durch einen Angriff der Alliierten gespaltene Front wird in nur vier Stunden geschlagen, tausende deutsche Soldaten ergeben sich. Nachdem die deutschen Truppen den Rückweg antreten mussten, fordern die Generäle Ludendorff und Hindenburg den deutschen Kaiser Wilhelm II. auf, einen **Waffenstillstand** einzuleiten sowie seine Regierung zu entlassen (29.7.). Der deutsche Reichskanzler **Georg Graf von Hertling**, Gegner des Waffenstillstands, verliert im Machtkampf gegen die Oberste Heeresleitung und tritt zurück (30.9.). Seine Nachfolge tritt der als liberal geltende Prinz Max von Baden an (3.10.). Im Reichstag stellt er realistisch und ungeschönt die Niederlage der Deutschen im Krieg dar – viele unwissende Abgeordnete sind schockiert. Nach einem ausgiebigen Notenwechsel mit dem US-Präsidenten Wilson, der eine parlamentarische Regierung für die Deutschen fordert, akzeptieren Max von Baden und seine Regierung die Konventionen für einen **Waffenstillstand** (27.10.). Die Parlamentarisierung des Reichstags wird veranlasst, die Machtbefugnisse des Kaisers sind damit bis auf eine repräsentative Funktion gestutzt (28.10.). Dieser Umstand verhindert nicht den Sturz der Hohenzollern-Monarchie. In Kiel erheben sich **Matrosen** des 3. Geschwaders, bilden einen Soldatenrat und übernehmen in der Hafenstadt die Macht (4.11.). Die revolutionäre Aktion verbreitet sich in ganz Deutschland wie ein Strohfeuer, bald werden landesweit Städte von den sog. Arbeiter- und Soldatenräten regiert (7.11.). In München ruft der Sozialist **Kurt Eisner** den „Freien Volksstaat Bayern" aus. Die Welle des Umbruchs schwappt in die Reichshauptstadt Berlin über (9.11.). Prinz Max von Baden verfasst eigenständig ein Telegramm, das den **Rücktritt** des **deutschen Kaisers** verkündet. Damit soll Wilhelm II. vor einem Sturz bewahrt und die Dynastie der Hohenzollern gerettet werden. Der Reichskanzler ernennt außerdem den Mehrheitssozialdemokraten **Friedrich Ebert** zu seinem Nachfolger. In Deutschland ist das **Ende des Kaiserreichs** besiegelt.

Teilnehmer der Friedensverhandlungen im weißrussischen Brest-Litowsk (März 1918)

Nach einem Gasangriff erblindete britische Soldaten in Béthune/Nordfrankreich (April 1918)

Wirtschaft & Wissenschaft

In Nauen nahe Potsdam findet die feierliche Einweihung einer Station für drahtlose Telegrafie statt (5.2.). Die weltweit größte **Funkstation** kann ihre Signale bis zu 10.000 km weit versenden. Der Reichsausschuss für wirtschaftliche Fertigung wird ins Leben gerufen (23.2.). Der Industrielle **Otto von Amerongen** stirbt (6.8.). In den Essener **Krupp-Werken** bekommen die Arbeiter hohen Besuch (11.9.). Der deutsche Kaiser spricht persönlich zu den Arbeitern und hält sie zum unbedingten Durchhalten an. Vertreter der deutschen Wirtschaft setzen sich massiv für den Abbau der **Zwangsbewirtschaftung** ein (29.9.).

Kunst & Kultur

Walter Hasenclevers Stück *Der Sohn* feiert am Hof- und Nationaltheater Mannheim Premiere (18.1.). Hasenclever stellt darin eindrucksvoll den aktuellen Generationenkonflikt dar. Der **Verein Berliner Künstler** kann seine Werke nicht wie gewohnt in der Reichshauptstadt ausstellen, da die Ausstellungshallen als Lazarett genutzt werden müssen (11.6.). Die Exponate sind deshalb in Düsseldorf zu sehen. Der Kölner Kunstverein stellt vielfältige Kriegsmalerei aus (16.7.). Das Grab des Schriftstellers **Hermann Löns** wird von deutschen Soldaten auf französischem Territorium gefunden (22.9.). Löns, Dichter der Heimatkunstbewegung, fiel für die deutsche Armee in Reims.

Gesellschaft & Sport

Ersatzstoffe gehören auch im Ernährungsbereich für die Deutschen zum Alltag (16.5.). Vielerorts bieten die Händler sog. **Kriegsbrotaufstrich** aus Kunsthonigpulver an. Der Schwimmer Curt Bretting verstirbt, er holte 1912 Olympia-Gold im Kraulschwimmen. Beim Motorschrittmacher-Radrennen in Düsseldorf gewinnt der Europameister **Arthur Stellbrink** den begehrten **Großen Preis** (9.6.). Ebenfalls in Düsseldorf finden die „Vaterländischen Kampfspiele“ des **Verbandes der Vereine für Leibesübungen** statt (30.6.). Disziplinen wie Schwimmen in Militärkleidung und Handgranatenweitwurf erfreuen sich reger Beteiligung, Höhepunkt aber ist ein lokales Fußballderby.

Ausrufung der Republik durch Philipp Scheidemann vom Berliner Reichstagsgebäude (9.11.1918)

Weltgeschichte

Der US-Präsident **Woodrow Wilson** gibt in seiner Jahresbotschaft an den Kongress seinen **Friedensplan** bekannt, der als „14-Punkte-Programm" Geschichte machen wird (8.1.). Die **Bolschewiki**, die bei den Dezemberwahlen keine Mehrheit erringen konnten, lösen nun gewaltsam das russische Parlament auf (19.1.). Auf Initiative **Leo D. Trotzkis** wird die **Rote Armee** gegründet (23.2.). Sie soll die neue bolschewistische Sowjetregierung schützen. In einem Haftkrankenhaus im böhmischen Theresienstadt stirbt **Gavrilo Prinčip**, der Mörder des österreichischen Thronfolgers Franz Ferdinand, an Tuberkulose (28.4.). **Claude Debussy**, Schöpfer des musikalischen Impressionismus, erliegt in Paris einem Krebsleiden (25.3.). Antibolschewistische „weiße“ Truppen bekämpfen die sowjetische Regierung (25.5.). **Österreich-Ungarn** steht nach dem Scheitern der letzten Großoffensive gegen Italien vor dem Aus (25.6.). Mitglieder der Geheimpolizei „Tscheka“ ermorden in Swerdlowsk **Zar Nikolaus II**., seine Gemahlin und ihre fünf Kinder (16.7.). Die Bolschewisten hielten die Zarenfamilie gefangen und fürchteten einen Einfall der **konterrevolutionären** Truppen. In Prag wird die **Tschechoslowakische Republik** gegründet (28.10.).

Die Weimarer Republik

(1918–1933)

Dolchstoßlegende und Versailler Vertrag

Die Anfänge der Weimarer Republik standen in vielfacher Hinsicht unter keinem guten Stern – nicht nur innen-, sondern auch außenpolitisch. Rechtskräfte erweckten bald nach der Novemberrevolution den Eindruck, die Heimat sei den kämpfenden Truppen in den Rücken gefallen. Diese Legende vom „Dolchstoß" konnte deshalb aufkommen, weil sich keine fremden Truppen innerhalb des Reichsgebietes befanden. Tatsächlich aber war es die Oberste Heeresleitung, die um einen Waffenstillstand nachsuchte. Wie der Notenwechsel zwischen der deutschen und der amerikanischen Regierung erkennen ließ, bestand Präsident Woodrow Wilson auf einem demokratisch legitimierten deutschen Staat als Vorbedingung für einen Waffenstillstand. So kam es am 28.10.1918 zu einer „Verfassungsreform". Der Reichskanzler war von nun an nicht mehr vom Kaiser abhängig. Die Niederlage war das Ergebnis des Versagens der militärischen Eliten, nicht das der meuternden Massen. Diese Dolchstoßlegende vergiftete die Atmosphäre, und sie bildete eine verhängnisvolle Belastung für die Politik der neuen Kräfte, die nun die „Suppe auslöffeln" mussten, die ihnen andere „eingebrockt" hatten.

Der Versailler Friedensvertrag bedeutete für die junge Demokratie eine große Herausforderung. Die Konferenz in Versailles, an der Deutsche und Vertreter anderer besiegter Völker sowie das bolschewistische Russland nicht teilnehmen konnten, trat ausgerechnet am 18.1. (1919) das erste Mal zusammen – am Tag der deutschen Reichsgründung. Zwar waren sich die Siegermächte in vielen Punkten nicht einig – besonders die Franzosen unter Georges Clemenceau drängten auf eine harte Bestrafung Deutschlands –, doch kam es am 28.6.1919 zu einem Vertragswerk. Es sah u. a. hohe Gebietsverluste für Deutschland vor (im Osten und Westen des Landes und die Aufgabe aller Kolonien), die Begrenzung des Heeres auf 100.000 Mann, die Auslieferung des Kaisers, das Verbot für Österreich, Deutschland beizutreten, und Reparationen. Diese wurden 1921 im Londoner Ultimatum festgelegt und beliefen sich auf 132 Mrd. Goldmark. Nach der Inflation wurde 1924 der Dawes-Plan abgeschlossen, der die Leistungsfähigkeit Deutschlands stärker berücksichtigte. Im Gegensatz zu diesem Plan legte der Young-Plan, der 1929 in Kraft trat, einen Gesamtzeitraum für die Zahlung fest. 1932, im Vertrag von Lausanne, kam es jedoch aufgrund der Weltwirtschaftskrise zum Erlass der Reparationen (nach Zahlung einer Summe von

Die deutsche Delegation während der Friedensverhandlungen in Versailles

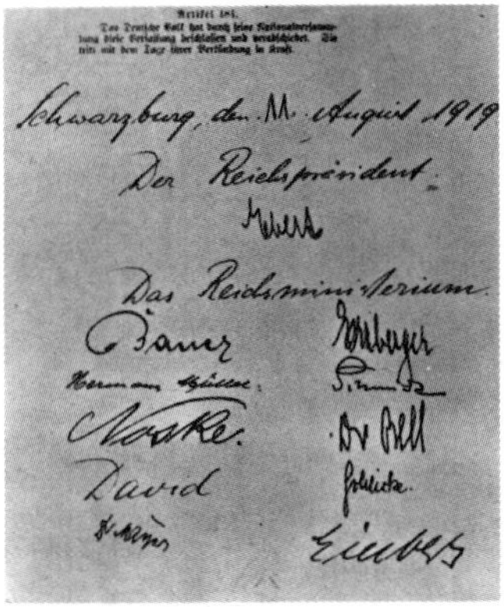

Letzte Seite der Weimarer Verfassungsurkunde

3 Mrd. Reichsmark). Besondere Empörung löste in Deutschland – und zwar auf allen Seiten – der Artikel 231 aus, der Kriegsschuld-Artikel: „Die alliierten und assoziierten Regierungen erklären, und Deutschland erkennt an, dass Deutschland und seine Verbündeten als Urheber für alle Verluste und Schäden verantwortlich sind, die die alliierten und assoziierten Regierungen und ihre Staatsangehörigen infolge des ihnen durch den Angriff Deutschlands und seiner Verbündeten aufgezwungenen Krieges erlitten haben." Dieser „Schmachartikel" war damit nicht nur ein moralischer Makel für Deutschland, sondern zugleich die Basis für materielle Forderungen.

Die Regierung Scheidemann machte der ebenfalls sozialdemokratisch geführten Regierung unter Gustav Bauer Platz. Dieser blieb nichts anderes übrig als die Hinnahme des Vertrags. Der Reichstag stimmte am 23.6.1919 dem Diktatfrieden mit den Stimmen der MSPD, der USPD und des Zentrums zu. Die Alternative wäre eine Besetzung Deutschlands gewesen. Der Versailler Vertrag bildete für die junge Demokratie – nicht zuletzt aufgrund der psychologischen Wirkungen – eine schwere Belastung. Es war das Bestreben aller Regierungen der Weimarer Republik, Revisionen des Vertragswerkes zu erreichen. Die (extreme) Rechte wetterte gegen das „System von Versailles". Die Siegermächte erreichten durch die Demütigung Deutschlands das Gegenteil dessen, was sie beabsichtigten: ein zutiefst verletztes Deutschland, das sich in großen Teilen rechtsaußen orientierte. Als der Nationalsozialismus an die Macht kam, setzte er sich über die Bestimmungen hinweg (z. B. durch die Wiedereinführung der allgemeinen Wehrpflicht). Auf den Tag genau vier Jahre nach der „Machtergreifung" sagte sich das Dritte Reich von dem Vertrag los.

Ungeachtet des Versailler Vertrags gab es in außenpolitischer Hinsicht auch Erfolge. Dazu gehörten die Locarnoverträge. In ihnen wurde u. a. die deutsche Westgrenze festgeschrieben (mit dem Verzicht auf Elsass-Lothringen). Außenminister Gustav Stresemann war allerdings zu einem „Ost-Locarno" nicht bereit. Eine Folge von Locarno war die Aufnahme Deutschlands am 9.9.1926 in den 1920 gegründeten Völkerbund. Gustav Stresemanns Worte vor der Völkerbundversammlung anlässlich Deutschlands Beitritt erwiesen sich als sehr große Illusion. „Deutschland tritt mit dem heutigen Tag in die Mitte von Staaten, mit denen es zum Teil seit langen Jahrzehnten in ungetrübter Freundschaft verbunden ist, die zum anderen Teil im letzten Weltkrieg gegen Deutschland verbündet waren. Es ist von geschichtlicher Bedeutung, dass Deutschland und diese letzteren Staaten sich jetzt im Völkerbund zu dauernder, friedlicher Zusammenarbeit zusammenfinden. Diese Tatsache zeigt deutlicher, als Worte und Programme es können, dass der Völkerbund berufen sein kann, dem politischen Entwicklungsgang der Menschheit eine neue Richtung zu geben. Gerade in der gegenwärtigen Epoche würde die Kultur der Menschheit auf das Schwerste bedroht sein, wenn es nicht gelänge, den einzelnen Völkern die Gewähr zu verschaffen, in ungestörtem, friedlichem Wettbewerb die ihnen vom Schicksal zugewiesenen Aufgaben zu erfüllen." Das Dritte Reich verließ bereits im Jahr der „Machtergreifung" den Völkerbund.

Demokratie voller Widersprüche

Die Weimarer Republik war eine instabile Demokratie, die an ihren vielen Widersprüchen zerbrach. Die Parteien, aufgrund der Bedingungen des kaiserli-

Gesetz

über die Verträge von Locarno und den Eintritt Deutschlands in den Völkerbund

Der Reichstag hat das folgende Gesetz beschlossen, das mit Zustimmung des Reichsrats hiermit verkündet wird:

Artikel 1

Den Verträgen, die dem am 16. Oktober 1925 in Locarno unterzeichneten Schlußprotokoll beigefügt sind und am 1. Dezember 1925 in London unterzeichnet werden sollen, nämlich:
1. dem Vertrag zwischen Deutschland, Belgien, Frankreich, Großbritannien und Italien,
2. dem Schiedsabkommen zwischen Deutschland und Belgien,
3. dem Schiedsabkommen zwischen Deutschland und Frankreich,
4. dem Schiedsvertrag zwischen Deutschland und Polen,
5. dem Schiedsvertrag zwischen Deutschland und der Tschechoslowakei

wird zugestimmt.

Das Schlußprotokoll und seine Anlagen werden nachstehend veröffentlicht.

Artikel 2

Die Reichsregierung wird ermächtigt, die zum Eintritt Deutschlands in den Völkerbund erforderlichen Schritte zu tun.

Artikel 3

Dieses Gesetz tritt mit dem auf die Verkündung folgenden Tage in Kraft.

Berlin, den 28. November 1925.

Der Reichspräsident.

von Hindenburg

Der Reichskanzler.

Dr. Luther.

Stresemann

Gesetz über die Verträge von Locarno und den Eintritt Deutschlands in den Völkerbund

Die Weltbühne

Der Schaubühne XXVI. Jahr

Wochenschrift für Politik · Kunst · Wirtschaft

Begründet von Siegfried Jacobsohn

Unter Mitarbeit von Kurt Tucholsky
geleitet von Carl v. Ossietzky

Inhalt:

Carl v. Ossietzky . . . . George Grosz-Prozeß etc.
Johannes Bückler . . . . Krupp-Thyssen
Kurt Hiller . . . . Der Fall Werner Jurr
Peter Maslowski . . . . . Ehescheidungsreform im Reichstag
Theobald Tiger . . . . Die freie Wirtschaft
Werner Hegemann . . . . Verkehrspolitik
Ignaz Wrobel . . . . Die Herren und Damen von IIIb
Wilhelm Michel . . . . Unmögliche Menschen
Morus . . . . Theater-Subventionen
Bemerkungen — Antworten

Erscheint jeden Dienstag

XXVI. Jahrgang 4. März 1930 Nummer 10

Versandort Potsdam

Verlag der Weltbühne
Charlottenburg · Kantstrasse 152

„Die Weltbühne" von Carl von Ossietzky

chen Obrigkeitsstaates nicht gewohnt, zur politischen Gestaltung herangezogen zu werden, legten eine unzureichende Bereitschaft zu Kompromissen an den Tag. Zudem zeigten sie Verantwortungsscheu, sodass sie meistens mit der Oppositionsrolle vorlieb nahmen. Offenbar waren sie noch in den Formen des Konstitutionalismus gefangen, gingen sie vielfach vom Dualismus zwischen Reichstag und Reichsregierung aus. Zudem gab es in der Weimarer Republik für die Parteien eher einen Oppositions- als einen Regierungsbonus. Die Auseinandersetzung zwischen den Sozialdemokraten und den Kommunisten, die von der ersten bis zur letzten Stunde das System der Weimarer Republik bekämpften, spaltete die Arbeiterschaft. Die Kommunisten beschimpften am Ende der Weimarer Zeit die Sozialdemokraten als „Sozialfaschisten". Das Parteiensystem der Weimarer Republik war ungefestigt. Insgesamt erfreute sich der „Parteienstaat" – die Verfassung erwähnte die Parteien nicht einmal – keiner Beliebtheit. Hingegen stießen vielfach die Bünde auf eine große Nachfrage, weil man sich in ihnen eher „aufgehoben" wusste. Die Nationalsozialisten gerierten sich als „Bewegung". Keine Regierung hielt die volle Legislaturperiode durch, nicht zuletzt wegen der mangelnden Kooperation der Parteien der rechten (DVP) und der linken Mitte (SPD). Viel schwerwiegender als der mangelnde Gestaltungswille 1918/19 sind spätere Fehler der Sozialdemokratie. Selbst sie hat die Weimarer Republik nicht immer so unterstützt, wie es notwendig gewesen wäre. Bei vielen ihrer Anhänger gab es Vorbehalte gegenüber der neuen Ordnung. Die Koalitionen mit den bürgerlichen Parteien wurden nur halbherzig bejaht, wie umgekehrt diese erhebliche Reserven gegenüber der Sozialdemokratie erkennen ließen. Die erste deutsche Demokratie war stark von Klassenschranken geprägt. Die Menschen verkehrten zumeist in fest gefügten Milieus. Im Jahre 1932 gab es nach beiden Reichstagswahlen eine „negative Mehrheit" für die zwei großen antidemokratischen Parteien von rechts (NSDAP) und links (KPD). In der Weimarer Republik vermochte der Staat erst bei Anwendung oder Propagierung von Gewalt einzugreifen. Sie war damit gegenüber der Legalitätstaktik von Extremisten machtlos. Jeder Artikel der Weimarer Reichsverfassung konnte gemäß Art. 76. mit der entsprechenden Mehrheit beliebig geändert werden. So verkündete Adolf Hitler im Jahr 1930 vor dem Leipziger Reichsgericht, die NSDAP werde nur „mit verfassungsmäßigen Mittel" dafür arbeiten, „den Staat in die Form zu bringen, die unseren Ideen entspricht". Er nahm kein Blatt vor den Mund: „Wenn die Bewegung in ihrem legalen Kampf siegt, wird ein deutscher Staatsgerichtshof kommen und der November von 1918 wird seine Sühne finden, und es werden auch Köpfe rollen." Die Weimarer Verfassungsväter waren von dem Gedanken an den obersten Wert der Volkssouveränität beseelt. Deren Missbrauch zogen sie nicht in Betracht. Das formale Demokratieverständnis bot keine angemessenen Handhaben gegen jene, die das demokratische System – der Begriff „System" galt seinerzeit in vielen Kreisen als Schimpfwort – zu delegitimieren suchten. Nur wer gegen Strafgesetze verstieß, konnte zur Rechenschaft gezogen werden. Das galt auch für die beiden Republikschutzgesetze von 1922 und 1930. Mittel waren strafbar, Ziele nicht.

Schwach und unbeliebt

Die politische Kultur in der Weimarer Republik war dadurch gekennzeichnet, dass ein großer Teil der Bürger die Demokratie für den Untergang des Kaiserreiches verantwortlich zu machen suchte. Obrigkeitliches Denken dominierte in allen gesellschaftlichen Schichten – nicht nur bei den alten Eliten in der Justiz, der Bürokratie und im Militär. Selbst Thomas Mann, der in der Weimarer Republik zu ihren glühenden Anhängern gehörte, war zeitweise davon nicht frei, wie sein bekanntes „anti-politisches" Diktum von 1918 besagt: „Ich bekenne mich tief überzeugt, dass das deutsche Volk die politische Demokratie niemals wird

lieben können aus dem einfachen Grund, weil es die Politik selbst nicht lieben kann, und dass der vielverschriebene ‚Obrigkeitsstaat' die dem deutschen Volk angemessene, zukömmliche und von ihm im Grunde gewollte Staatsform ist und bleibt. Der Unterschied von Geist und Politik enthält den von Kultur und Zivilisation, von Seele und Gesellschaft, von Freiheit und Stimmrecht, von Kunst und Literatur; und Deutschtum, das ist Kultur, Seele, Freiheit, Kunst und nicht Zivilisation, Gesellschaft, Stimmrecht, Literatur."
Es gab mehr „Herzensmonarchisten" als „Vernunftrepublikaner", so die berühmten Ausdrücke des Historikers Friedrich Meinecke. Da die Demokratie aus einer Reihe von innen- und außenpolitischen Gründen ohnehin ungefestigt war, wäre die Herausbildung stabilisierender Elemente in der politischen Kultur wichtig gewesen.

Daran mangelte es nicht zuletzt aufgrund grassierender Polarisierung und verbreiteter Systemkritik. Die politischen Milieus blieben weitgehend voneinander abgeschottet. Das geistige Leben war zwar vielfältig, doch spielten diejenigen, die engagiert die freiheitliche Ordnung verteidigten, keine tragende Rolle. Selbst eine Zeitschrift wie die *Weltbühne* Carl von Ossietzkys wartete mit bärbeißiger Kritik an den Zuständen in der Weimarer Republik auf. „Westliches" Denken stieß in intellektuellen Kreisen auf große Vorbehalte. Diese politische Kultur war nicht förderlich für die Herausbildung demokratischen Bewusstseins in einem ungefestigten System.

Banknoten aus der Zeit der Weimarer Republik

Der britische Botschafter Edgar d'Abernon notierte in seinem Tagebuch Ende 1923: „Politische Führer in Deutschland sind nicht gewohnt, dass ihnen die Öffentlichkeit Lorbeeren spendet, und doch haben diejenigen, die das Land durch diese Gefahren hindurch gesteuert haben, mehr Anerkennung verdient, als ihnen zuteil werden wird." Nicht viele Leute aus dem In- oder Ausland brachten der ungeliebten Republik solch warme Worte entgegen. Was vorherrschte, war Sarkasmus, selbst in der politischen Mitte.

Angesichts vielfältiger Strukturdefekte konnte sich die Weimarer Republik niemals stabilisieren, geriet sie Ende der Zwanziger-, Anfang der Dreißigerjahre in eine große Krise, als durch die Weltwirtschaftskrise Arbeitslosigkeit und, damit verbunden, ökonomische Not in hohem Maße das soziale Gefüge erschütterten. Gleichwohl: Das Ende der Demokratie war nicht unumgänglich. Es bedurfte erst vielfältiger Intrigen nicht zuletzt aus der Kamarilla um den greisen Reichspräsidenten Paul von Hindenburg, ehe dieser nach längerem Zögern am 30.1.1933 Adolf Hitler zum Reichskanzler ernannte. Schon zuvor, am 20.7.1932, putschte Reichskanzler Franz von Papen gegen Preußen, das Bollwerk der Demokratie. Deren Repräsentanten lehnten sich nicht mehr auf. Das „Tausendjährige Reich" dauerte zwölf Jahre, lange genug, um manche Traditionen aus der Weimarer Zeit zu zerstören, aber auch lange genug, um den Wert einer demokratischen Gesellschaft erkennen zu können.

Das Scheitern der ersten deutschen Demokratie hat für die zweite deutsche Demokratie viel Anschauungsmaterial geboten. Die Bundesrepublik Deutschland wollte nicht so sein, wie die Weimarer Republik war: schwach und ungeliebt. Viel ist von den „Lehren aus Weimar" die Rede. Darunter lässt sich Unterschiedliches verstehen. Sprechen die einen davon, die Demokratie müsse den Anfängen wehren und sich entschlossen gegen ihre Feinde schützen, so meinen die anderen, solche Maßnahmen unterhöhlten die Demokratie von innen. Mittlerweile verliert die Fixierung auf Weimar an Bedeutung.

Eckhard Jesse

Typische Menschenschlange vor einem Buttergeschäft

1918/19

Politik

1918 – Philipp Scheidemann (SPD) ruft vom Balkon des Reichstags die Republik aus, der Spartakist Karl Liebknecht im Lustgarten die „freie sozialistische Republik“ (9.11.). Reichskanzler **Friedrich Ebert** setzt eine provisorische Regierung ein (10.11.). Der sog. **Rat der Volksbeauftragten**, der aus je drei Mitgliedern der Mehrheitssozialdemokratie und der USPD besteht, verhindert das Vorhaben Karl Liebknechts, Arbeiter- und Soldatenräte nach russischem Vorbild an die Macht zu bringen. In **Compiègne** unterzeichnet der Zentrumspolitiker **Matthias Erzberger** den Waffenstillstand (11.11.). Der Vertrag sieht u. a. den Rückzug der Deutschen aus allen besetzten französischen, belgischen und luxemburgischen Gebieten vor.

1919 – Rosa Luxemburg und Karl Liebknecht gründen auf der Reichskonferenz des Spartakusbundes die **Kommunistische Partei Deutschlands** (1.1.). Im Berliner Zeitungsviertel erheben sich Anhänger des **Spartakusbundes**, um zum **Sturz** der als konterrevolutionär geltenden Regierung aufzurufen (5.1.). Regierungsmitglied **Gustav Noske** lässt durch den Einsatz von Freikorps den sog. **Spartakusaufstand** blutig niederschlagen (11./12.1.). Der untergetauchte **KPD-Chef Karl Liebknecht** veröffentlicht in der *Roten Fahne* einen Artikel unter dem Titel „Trotz alledem!“ (15.1.). Noch am selben Tag wird Liebknecht gemeinsam mit **Rosa Luxemburg** in seinem Wilmersdorfer Versteck gefunden und **verhaftet**. Bei der Überführung nach Moabit erschießen Mitglieder der Gardekavallerie-Schützendivision die beiden Revolutionsführer (15.1.). Bei den **Wahlen zum Reichstag** schreiten erstmals in der deutschen Geschichte **Frauen** zur Wahlurne (19.1.). Folgende große Parteien ziehen in die Nationalversammlung ein: SPD (37,9%), Zentrum (19,7%), DDP (18,5%), DNVP (10,3%), USPD (7,6%). Die Mehrheitssozialdemokraten suchen das Bündnis mit den bürgerlichen Parteien. **Friedrich Ebert** wird von den Abgeordneten zum ersten deutschen **Reichspräsidenten** gewählt (11.2.). Philipp Scheidemann (MSPD) erhält das Amt des Reichskanzlers (13.2.). Unter Führung Gustav Noskes stürzt eine Freiwilligendivision die Rätemacht in Bremen (18.2.). Der bayerische Ministerpräsident **Kurt Eisner** wird auf dem Weg zur Landtagseröffnung von einem Offizier **erschossen** (21.2.). Infolge des Attentats erfolgt die Ausrufung der **Münchner Räterepublik**. In Berlin rufen die Arbeiterräte den Generalstreik aus (25.2.). Reichswehrminister Gustav Noske schickt Regierungstruppen zur Niederschlagung des Aufstands; auch Zivilisten kommen dabei zu Schaden. Freikorps sorgen in München für ein blutiges Ende der Räteherrschaft (2.5.). Mit der Unterzeichnung des **Versailler Vertrages** durch die deutsche Delegation ist der **Erste Weltkrieg** offiziell **beendet** (28.6.). Das Schriftstück zum Frieden stiftet jedoch Unfrieden, viele Deutsche sind empört über die harten Bedingungen (z. B. Gebietsabtretungen, Reparationen). Die Siegermächte heben die Wirtschaftsblockade gegen Deutschland auf (12.7.). Die **Weimarer Verfassung** des linksliberalen Ministers **Hugo Preuß** wird von der Nationalver-

Friedensverhandlungen in Versailles (1919): Lloyd George, Vittorio Emanuele Orlando, Georges Clemenceau, Woodrow Wilson (von links)

Friedensverhandlungen in Versailles (1919): Georges Clemenceau (Mitte), Woodrow Wilson (links) und Lloyd George (rechts)

sammlung **angenommen** (31.7.). Der DDP-Vorsitzende **Friedrich Naumann verstirbt** 59-jährig (24.8.). Der USPD-Vorsitzende **Hugo Haase** erliegt einen Monat nach einem **Attentat** seinen schweren Verletzungen (7.11.). Eine Legende wird geboren: Die sog. **Dolchstoßlegende** erfreut sich rascher Verbreitung bei den zahlreichen Feinden der jungen Republik (18.11.).

Wirtschaft & Wissenschaft

1919 – Der Zoologe **Ernst Haeckel** stirbt in Jena (9.8.). Die **Lokomotive** des Konzerns **Krupp** begibt sich auf ihre Jungfernfahrt (6.12.). Sie besitzt Symbolwert für die Umstellung der Essener Firma auf „Friedensindustrie". Die **Nobelpreise** für die Jahre 1918 und 1919 werden verlie-hen (10.12.). **Max Hermann Planck**, Begründer der Quantentheorie, erhält für 1918 den Physik-Nobelpreis, im Folgejahr wird **Johannes Stark** in dieser Kategorie geehrt. Im Bereich Chemie bekommt der deutsche Wissenschaftler **Fritz Haber** nachträglich den Preis überreicht. Die deutsche Währung ist im Vergleich zum Vorkriegsstand um **1050%** gefallen und erreicht damit ein Rekordtief (28.12.).

Kunst & Kultur

1919 – Wider die Nachkriegswirren befindet sich die **Architektur** in Deutschland in ihrer Blütezeit (21.3.). Unter der Ägide von Walter Gropius wird in Weimar das Kunstinstitut **Bauhaus** eröffnet. Der expressionistische Bildhauer Wilhelm Lehmbruck nimmt sich das Leben (25.3.). Der Maler Lyonel Feininger stellt in Berlin seine Werke zur Schau. In Berlin Zoo findet die Einweihung des **Ufa-Palastes** statt (18.9.). Im Rahmen der Feierlichkeiten hat der Film *Madame Dubarry* von Ernst Lubitsch Premiere. Der Zirkus Schumann wird zu einem neuen **Theater** umgebaut, das **5000 Zuschauer** beherbergen kann (28.11.).

Reichspräsident Ebert eröffnet am 6.2. 1919 die Nationalversammlung im Nationaltheater von Weimar

Gesellschaft & Sport

1919 – Ernst Rowohlt gründet in Berlin einen Verlag (1.2.). Bei einem Leichtathletik-Wettkampf in München gelingt Maria Kießling ein neuer Rekord im 100-m-Lauf (25.5.). **Mangelernährung** in den Jahren des Krieges hat die Kindersterblichkeit in Deutschland deutlich erhöht (19.6.). Die Mannschaft **Norddeutschlands** besiegt Süddeutschland mit 1:0 und gewinnt den DFB-Länderpokal (8.6.). In der Spree wird der **Schwimmwettkampf** „Quer durch Berlin" veranstaltet (27.7.). Den Deutschen fehlt es in der Nachkriegszeit v. a. an **Brennmaterial** (28.12.). Auf dem freien Markt ist dieses nahezu gar nicht mehr erhältlich.

Weltgeschichte

1919 – Der frühere US-Präsident und Friedensnobelpreisträger Theodore Roosevelt stirbt (6.1.). In Moskau findet der Gründerkongress der **Kommunistischen Internationale** (Komintern) statt (2.3.). Sie vereint 35 kommunistische und sozialistische Parteien aus aller Welt. Die Vertreter der Alliierten gründen auf der Pariser Friedenskonferenz den **Völkerbund** (28.4.). Der US-Boxer Jack Dempsey erkämpft sich den Weltmeistertitel im Schwergewicht durch technischen K.o. gegen Titelverteidiger Jess Willard (4.7.). In **Paris** finden Jubelfeiern anlässlich des Sieges der Alliierten im Ersten Weltkrieg statt (14.7.). Die **Sozialisten** verweigern ihre Teilnahme an den offiziellen Festlichkeiten und veranstalten stattdessen auf einem Pariser Friedhof eine Gedenkfeier für die Opfer des Krieges. Die **Räterepublik** in Ungarn bricht zusammen (1.8.). Der Friede von **St. Germain** bestimmt **Deutschösterreich** als Nachfolgestaat für Österreich-Ungarn (10.9.). Elsass-Lothringen geht an Frankreich zurück (4.10.). Die **Rote Armee** kann den Bürgerkrieg in der Sowjetunion, der von drei Fronten ausgeht, für sich entscheiden (21.10.). Im Kampf gegen die „Weißen" nehmen Trotzkis Truppen die westsibirische Hauptstadt **Omsk** ein (15.11.).

Novemberrevolution
(9.11.1918)

Der 9.11.1918 war ein Tag, an dem Altes endete und Neues begann. Kaiser Wilhelm II. hatte auf Drängen des Reichskanzlers Max von Baden abgedankt und fuhr am nächsten Tag ins neutrale Holland, nach Doorn. Die Heimat sah er nie wieder. Kurze Zeit nach der Abdankung rief der Sozialdemokrat Philipp Scheidemann von einem Balkon des Reichstages die Republik aus, zwei Stunden später der Spartakist Karl Liebknecht – im Lustgarten vor dem Schloss – die „freie sozialistische Republik".
Der 9. November ist damit die Geburtstunde der Weimarer Republik, obwohl seinerzeit noch niemand von diesem Namen sprach.
Der Mehrheitssozialdemokratie, von ihr hatte sich die Unabhängige Sozialdemokratische Partei Deutschlands 1917 abgespalten, wird häufig mangelnder Gestaltungswille in der revolutionären Situation vorgeworfen. Wer sie so heftig kritisiert, hat aber zu bedenken: Die Ernährungslage war angesichts von hungernden Menschen katastrophal; die Umstellung der Kriegswirtschaft erforderte Kompetenz; die Demobilmachung musste innerhalb kürzester Zeit bewältigt werden; Millionen von Soldaten hatten Anspruch auf Eingliederung in das Arbeitsleben; für einen Waffenstillstand gab es nur missliche Bedingungen; die Verwaltung stand angesichts chaotischer Umstände vor schwierigen Aufgaben; es galt, das Reich zu erhalten und separatistischen Bestrebungen zu wehren. Und es galt auch – nicht zuletzt – auch jene nicht unbedeutende Kräfte zu integrieren, die noch der Monarchie verhaftet und jedenfalls nicht sozialistisch eingestellt waren. Der Obrigkeitsstaat, dessen Wandlungsfähigkeit sich erwiesen hatte, stieß bei großen Teilen der Bevölkerung nämlich keineswegs auf strikte Ablehnung, so masiv die Verbitterung über den verlorenen Krieg und seine Verantwortlichen auch war. Die SPD mit Friedrich Ebert an der Spitze hatte die Revolution nicht gewollt. Nachdem sie unabwendbar geworden war, setzte sie sich an die Spitze der Bewegung, um einer Radikalisierung Einhalt gebieten zu können. Ihr Hauptziel lag in einer möglichst baldigen Einberufung der demokratisch gewählten Nationalversammlung, die zu weit reichenden Entscheidungen legitimiert sei. Die Präferenz der SPD für den parlamentarischen Weg zeigte ihr Verantwortungsbewusstsein, zumal sie an einer Koalition mit anderen bürgerlichen Parteien interessiert war und diese auch benötigte. Bei den Wahlen zur Nationalversammlung am 19.1.1919 kam es zu keiner sozialistischen Mehrheit, sodass radikale Eingriffe nun erst recht ausbleiben mussten, nachdem man vorher auf sie verzichtet hatte. Eine Kooperation mit der Verwaltung, dem Militär und der Wirtschaft muss – schon allein im Hinblick auf das begrenzte personelle Reservoir – als unumgänglich gelten.
Die Mehrheitssozialdemokratie sah es als ihre Aufgabe an, die demokratischen Spielregeln einzuhalten. Dazu gehörte aber der Verzicht auf eine Legitimation durch die Revolution. So trat der Vorstand der SPD am 9.11. der Forderung der USPD, in der neuen Republik solle die gesamte Macht ausschließlich in den Händen von gewählten Vertrau-

Der Kaiser geht ins Exil

ensmännern der werktätigen Bevölkerung und der Soldaten liegen, mit den folgenden Worten entgegen: „Ist mit diesem Verlangen die Diktatur eines Teils einer Klasse gemeint, hinter dem nicht die Volksmehrheit steht, so müssen wir diese Forderung ablehnen, weil sie unseren demokratischen Grundsätzen widerspricht." Die parlamentarische Demokratie ließ sich in der Tat nicht zunächst durch eine Missachtung ihrer Prinzipien stabilisieren.

Gleichwohl gibt es manche Versäumnisse der Sozialdemokratie. Sie wiegen aber gering im Vergleich zu denen, die sich andere gesellschaftliche Gruppierungen 1918/19 zuschulden kommen ließen. Diese haben zuweilen manche sozialdemokratische Reaktionen oder Nicht-Reaktionen erst hervorgerufen. Hätten Linksextremisten nicht Aufstandsversuche unternommen und damit eine Bürgerkriegssituation geschaffen, wäre der Mehrheitssozialdemokratie eine enge Kooperation mit der militärischen Führung erspart geblieben. Gerade antiparlamentarische Bewegungen von links haben entsprechend der bekannten „Aufschaukelungstheorie" die Rechte in der Weimarer Republik gestärkt. Oder umgekehrt: Das Militär fand sich nicht zu grundlegenden Veränderungen bereit und sah sich als „Staat im Staate" an. Insofern hat die Rechte durch die mangelnde Bereitschaft zur Demokratisierung die Linke gestärkt. Der Radikalisierungsprozess war wechselseitiger Natur.

Philipp Scheidemann ruft die Republik aus

Typisches Straßenbild aus der Zeit der Revolution

Man kann nicht dabei stehen bleiben und nur den mangelnden Gestaltungswillen der SPD feststellen, ohne nach den Ursachen zu fragen. Ihr von Determinismus geprägtes Geschichtsbild schwächte den eigenen Aktivismus. Seien erst einmal die demokratischen Spielregeln gesichert, werde sich ein sozialistisches System dank der Mehrheit der Arbeiterschaft von alleine entwickeln. Der Attentismus der sozialdemokratischen Führung beruhte mithin nicht nur auf der Respektierung des Wählerwillens, sondern dürfte auch ideologisch bedingt gewesen sein. Eine Ursache dafür lag in den Verhältnissen im Kaiserreich, das konspiratives Vorgehen – im Vergleich zum Zarenreich – nicht begünstigte. Ein „Verrat" der Führer der Partei an den eigenen Prinzipien lag nicht vor. Zudem wurden die Sozialdemokraten von dem schlagartigen Zusammenbruch des Kaiserreiches ebenso überrascht wie andere gesellschaftliche Gruppierungen. Man hielt den Obrigkeitsstaat für weitaus gefestigter.

Der Vorwurf gegen die Sozialdemokratie bezieht sich v. a. darauf, dass durch deren Fehler die Demokratie nicht auf eine feste Basis gestellt wurde. Weil eine Demokratisierung der Verwaltung ebenso versäumt worden sei wie die Entmachtung des Militärapparates und die Sozialisierung der Großindustrie, konnten sich die antidemokratischen Kräfte von rechts schnell von dem Schock der Revolution erholen. Statt die Voraussetzung für eine stabile Demokratie zu schaffen, habe die Sozialdemokratie es zugelassen, dass die neue Ordnung unterminiert werde. Insofern könne man 1933 nicht ohne das Jahr 1918/19 sehen. Damals seien politische Entscheidungen von wegweisender Bedeutung gefallen. Die fundamentale Schwäche der gespaltenen Arbeiterbewegung in der Weimarer Zeit gehe auch auf das Scheitern der Revolution zurück. Wie immer man diese These bewertet: Das schicksalhafte Jahr 1933 ist schwerlich mit den Versäumnissen 1918/19 zu erklären. Entschiedene Eingriffe 1918/19 hätten die Demokratie kaum auf eine bessere Basis gestellt.

Eckhard Jesse

1920

Politik

Der **Vertrag von Versailles** tritt mit dem Austausch der Friedensurkunden in Kraft (10.1.). Die Weimarer Republik tritt u. a. Danzig und das Memelgebiet ab, insgesamt wird es um 70.000 km² verkleinert. Die Verabschiedung des **Betriebsrätegesetzes**, das keine Mitbestimmung für Arbeiter vorsieht, löst eine Massendemonstration von **USPD** und **KPD** vor dem Reichstag aus (13.1.). Sicherheitspolizisten beenden die Demonstration mit einem Blutbad, 42 Menschen sterben. Der Mörder des Sozialisten **Kurt Eisner** wird verurteilt (16.1.). Die Alliierten verlangen die Auslieferung des in das niederländische Exil geflohenen **Wilhelm II.** (16.1.). In einer Liste fordern die Siegermächte darüber hinaus die Auslieferung von 895 Personen, darunter befinden sich v. a. höhere Militärs (7.2.). **Adolf Hitler** verkündet im Münchner Hofbräuhaus das „25-Punkte-Programm" der rechtsgerichteten Deutschen Arbeiterpartei (**DAP**), die sich einige Wochen später den Namen Nationalsozialistische Deutsche Arbeiterpartei (**NSDAP**) gibt (24.2.). Rechtsradikale Politiker und Militärs **putschen** in Berlin gegen die Weimarer Reichsregierung (13.3.). **Wolfgang Kapp** ruft sich selbst zum Reichskanzler aus, **Walther Freiherr von Lüttwitz** ernennt er zum Oberbefehlshaber der Reichswehr. Im südlichen **Schleswig** sprechen sich rund 81% der Einwohner in einer Abstimmung für eine Zugehörigkeit zu **Deutschland** aus; zuvor hatten sich 74% der Wähler in Nordschleswig für einen Anschluss an Dänemark entschieden (14.3.). Die deutschen Arbeiter und Angestellten reagieren mit einem **Generalstreik** auf den sog. **Kapp-Putsch** (15.3.). Die Revolte scheitert, Kapp tritt zurück (17.3.). Zu Haftstrafen für die Putschisten kommt es nicht, der Anführer Wolfgang Kapp flieht nach Schweden. Nach dem **Rücktritt** des umstrittenen Reichswehrministers **Gustav Noske** wird **Hans von Seeckt** neuer Chef der Heeresleitung (17.3.). Der Mehrheitssozialdemokrat **Hermann Müller** wird Kanzler der Weimarer Republik (27.3.). Die Reichswehr vereitelt den Aufstand der „Roten Ruhrarmee" und erobert das Rheinland zurück, das sich kurze Zeit in Arbeiterhand befand (2.4.). Truppen der französischen **Rheinarmee** besetzen die Stadt **Frankfurt** am Main (6.4.). Damit wollen die Franzosen ihren Protest gegen die Niederschlagung des Aufstandes im Rheinland deutlich machen. Rechte republikfeindliche Kräfte schließen sich in München zur sog. **Organisation Escherich** zusammen (9.5.). Die Wahlen zum ersten Reichstag legen Zeugnis über einen alarmierenden Stimmungswandel innerhalb der Bevölkerung ab (6.6.). Verlierer sind Demokraten jeglicher Couleur; USPD, DNVP und DVP können indes ihre Stimmenanteile deutlich erhöhen. Die Regierung **Hermann Müller** (MSPD) tritt zurück, neuer Reichskanzler wird **Konstantin Fehrenbach**. In den Gebieten **Westpreußen** und südliches Ostpreußen stimmt die Bevölkerung für eine Zugehörigkeit zu Deutschland (11.7.), Eupen und Malmedy gehen indes an Belgien (24.7.). Auf dem Parteitag der USPD steht die Frage nach einem Anschluss an die **Kommunistische Internationale** auf der Agenda (16.10.). Die Mehrzahl der Abgeordneten spricht sich für einen Eintritt in die Komintern aus. Die NSDAP erwirbt von Reichswehrgeldern den ***Völkischen Beobachter*** (17.12.).

Wolfgang Kapp im Flugzeug auf der Flucht nach Schweden

Wirtschaft & Wissenschaft

Der Soziologe und Nationalökonom Max Weber stirbt in München (14.6.). Die „Arbeitsgemeinschaft deutscher Naturforscher“ stellt **Albert Einsteins** berühmte Relativitätstheorie infrage (26.8.). Nahe Leipzig verstirbt im Alter von 81 Jahren der Psychologe **Max Wundt** (31.8.). Der **Stinnes-Konzern** entwickelt sich durch mehrere **Fusionen** zu einer der führenden Unternehmensgruppen im Deutschen Reich und beschäftigt ca. 30.000 Mitarbeiter (1.10.). In Berlin öffnet die **Hochschule für Politik** ihre Tore (24.10.). Studienleiter wird **Theodor Heuss**. Der deutsche Forscher **Walther H. Nernst** erhält für seine thermochemischen Arbeiten den **Chemienobelpreis** (10.12.).

Kunst & Kultur

Die Premiere des bizarren Films ***Das Cabinet des Dr. Caligari*** ist überaus erfolgreich (27.2.). Der deutsche Regisseur **Max Reinhardt** setzt in Salzburg erstmalig Hugo von Hofmannsthals Mysterienspiel *Jedermann* in Szene (22.8.). Unter dem Titel *In Stahlgewittern* veröffentlicht der Schriftsteller **Ernst Jünger** seine Aufzeichnungen aus dem Ersten Weltkrieg (13.9.). Der kommunistische Regisseur **Erwin Piscator** bringt das sog. **Proletarische Theater** nach Berlin (14.10.). Das bislang verbotene Theaterstück *Reigen* von **Arthur Schnitzler** erhitzt zu seiner Premiere in Berlin die Gemüter sittenstrenger Staatsdiener, das Aufführungsverbot wird aber nach wenigen Wochen wieder aufgehoben (23.12.).

Gesellschaft & Sport

Odin Hannover gewinnt mit einem Sieg über den Sportclub Frankfurt am Main 1880 die **Deutsche Rugbymeisterschaft** (18.4.). Die erste **Deutsche Fußballmeisterschaft** seit Kriegsausbruch entscheidet der **1. FC Nürnberg** mit einem 2:0-Sieg gegen die Spielvereinigung Fürth für sich (13.6.). Adlige Familien verlieren nach einem Beschluss der preußischen Landesversammlung ihre **Standesvorrechte** (23.6.). Im Reitparcours Hamburg-Kleinflottbek findet erstmals das Deutsche Springderby statt (26.6.). Die **Olympischen Spiele** werden aus symbolischen Gründen **ohne** Beteiligung von **Deutschland**, Österreich und Ungarn veranstaltet (14.8.).

Angehörige der Roten Ruhrarmee

Weltgeschichte

Knut Hamsun

Der Führer der französischen Linken Georges Benjamin Clemenceau verliert das Amt des **Staatspräsidenten** an den rechtsauslegenden Republikaner **Paul Deschanel** (17.1.). In Jerusalem kommt es zu schweren Kämpfen zwischen Juden und Arabern (4.4.). Auf der Konferenz des Obersten Rates der Alliierten werden die Mandatsgebiete im Nahen Osten an Großbritannien und Frankreich aufgeteilt (19.–26.4.). In Frankreich wird die Jungfrau von Orleans, **Jeanne d´Arc**, heilig gesprochen (16.5.). Der polnischen Armee gelingt im russisch-polnischen Krieg an der **Weichsel** ein entscheidender **Vorstoß** (16.8.). In der Schlacht um Warschau drängen die Polen die sowjetischen Truppen erfolgreich zurück. Im sog. **Frieden von Sevrès** unterzeichnet die Türkei den Friedensvertrag mit den Alliierten, das Land wird erheblich verkleinert (10.8.). Der Republikaner **Warren G. Harding** gewinnt die Präsidentschaftswahlen in den USA (2.11.). Mit einer Niederlage der „weißen“ konterrevolutionären Truppen endet der Bürgerkrieg in der Sowjetunion (11.11.). In Genf tritt die Bundesversammlung des Völkerbundes zu einer Tagung zusammen (15.11.). Der norwegische Schriftsteller **Knut Hamsun** erhält den Nobelpreis für Literatur (10.12.).

1921

Politik

Der frühere Reichkanzler **Theobald von Bethmann Hollweg** verstirbt im Alter von 64 Jahren (2.1.). Die Reparationszahlungen der Deutschen an die Alliierten werden in Paris auf insgesamt 226 Mrd. Mark berechnet und festgelegt (24.1.). Im *Völkischen Beobachter* ist erstmalig ein Leitartikel von **Adolf Hitler** abgedruckt (27.1.). Die Städte Düsseldorf, Duisburg, Ruhrort, Mühlheim und Oberhausen werden von französischen und belgischen Truppen besetzt, da Deutschland die Reparationszahlungen verweigert hat (1.3.). Ein kommunistisch motivierter **Arbeiteraufstand** im Mansfelder Industriegebiet scheitert nach blutigen Auseinandersetzungen (2.4.). Im Exil verstirbt die Frau Wilhelms II., **Auguste Victoria** (11.4.). Die frühere Kaiserin wird in einem pompösen Zeremoniell zu Grabe getragen. Kanzler **Konstantin Fehrenbach** nimmt über dem Konflikt zu den Reparationszahlungen seinen Hut (4.5.). Da die Deutschen nach wie vor die Vereinbarungen zu den Reparationen nicht angenommen haben, stellen die Alliierten ein **Ultimatum** (5.5.). Der Zentrumspolitiker **Joseph Wirth** bildet gemeinsam mit DDP und SPD ein Kabinett (10.5.). Das neue Kabinett Wirth gibt dem Druck der Siegermächte nach und stimmt dem Ultimatum zu (11.5.). 59,6% der Bevölkerung **Oberschlesiens** votieren für einen Anschluss an Deutschland (20.5.). Gegner des Anschlusses proben in der Folge einen bewaffneten Aufstand, die Oberschlesien-Frage wird daraufhin dem **Völkerbund** übergeben. Bei einer nicht genehmigten Volksbefragung in **Salzburg** spricht sich eine große Mehrheit für einen Anschluss an Deutschland aus (29.5.). Während einer Urlaubsreise in Süddeutschland wird der Zentrumspolitiker **Matthias Erzberger** von zwei Nationalisten der **Organisation Consul ermordet** (26.8.). Erzberger war am Ende des Ersten Weltkrieges durch seine Verständigungs- und „Erfüllungspolitik“ zum Feindbild der politischen Rechten geworden, die den Mord an ihm öffentlich gutheißt. Am Tag seiner Beerdigung finden deutschlandweit **Protestkundgebungen** gegen den zunehmenden Rechtsradikalismus in der Weimarer Republik statt (31.8.). Zu ihrem Parteitag in Görlitz verabschiedet die SPD ein neues Parteiprogramm (17.9.). Die Sozialdemokraten bekennen sich darin zur demokratischen Republik und distanzieren sich vom Marxismus. **Ludwig III.**, der letzte **König von Bayern**, stirbt im ungarischen Exil (18.10.). Der Völkerbund beschließt eine Spaltung des umstrittenen Gebiets **Oberschlesien** zugunsten Polens, das den größeren Teil erhält (20.10.). Das **Reichskabinett Wirth** tritt aus Protest gegen die Oberschlesien-Entscheidung zurück (22.10.). Wirth erhält vom Reichspräsidenten den Auftrag zur Neubildung des Kabinetts (25.10.). Im Münchner Hofbräuhaus kommt es zu einer brutalen Schlägerei zwischen NSDAP-Mitgliedern und Sozialdemokraten (4.11.). Der von Hitler eingesetzte Schlägertrupp nennt sich fortan **Sturmabteilung (SA)**. In Berlin tauschen Deutschland und die **USA** die Ratifikationsurkunden des **Friedensvertrags** aus (11.11.). Als einziger Drahtzieher im sog. **Kapp-Putsch** wird vor dem Leipziger Reichsgericht **Traugott von Jagow** zu einer fünfjährigen Haftstrafe verurteilt (21.12.). Jagow wird zwei Jahre vor Ende seiner Haftzeit begnadigt.

Adolf Hitler

Erich Mendelsohn: Einstein-Turm in Potsdam

Albert Einstein (2. von rechts)

Wirtschaft & Wissenschaft

In Potsdam findet die Einweihung des sog. **Einstein-Turms** von Erich Mendelsohn statt. Bemerkenswert ist auch die Ausstattung der Arbeitsräume mit Möbeln nach Entwurf des Architekten (24.8.). Wegen **Betrugs** wird der Besitzer eines **Wettkonzerns** Max Klante verhaftet (11.9.). Er hatte sich bei Bürgern Darlehen für sein Unternehmen erschlichen und in Zeiten der Inflation mit nicht auszuzahlenden Gewinnen gelockt. Einen neuen **Negativrekord** verbucht die deutsche Mark an der Frankfurter Börse (28.11.). Ursache dafür ist u. a. die Annahme der **Reparationsverpflichtungen**. Der berühmte deutsche Ausnahmewissenschaftler **Albert Einstein** erhält den **Nobelpreis für Physik** (10.12.).

Kunst & Kultur

Der expressionistische Dramatiker Georg Kaiser wird zu einem Jahr Haft verurteilt, weil er gemeinsam mit seiner Frau Mobiliar aus fremden gemieteten Wohnungen verkauft hatte (15.1.). Die Dadaisten **Johannes Baader**, **Georg Grosz** u. a. werden wegen der Verunglimpfung der Reichswehr zu **Geldstrafen** verurteilt (20.4.). Der Kölner Dadaist **Max Ernst** besucht Paris, wo er seine skurrilen Werke, zumeist Collagen, ausstellt (3.5.). Die deutsche Dada-Bewegung gibt wichtige Impulse für die Entstehung des Dada in Frankreich. Der Komponist der berühmten und bei Kindern beliebten Oper *Hänsel und Gretel* **Engelbert Humperdinck** verstirbt in Neustrelitz (27.9.).

Gesellschaft & Sport

Bei den ersten **Olympischen Spielen für Frauen** in Monte Carlo sind die deutschen Damen noch ausgeschlossen (24.3.). Der deutsche Schachkünstler **Emanuel Lasker** muss sich erstmalig seit 1894 in einem Spiel um die Schachweltmeisterschaft geschlagen geben (28.4.). Der Kubaner **José Capablanca** beendet die Ära des „Unbesiegbaren". Die deutsche Mannschaft verliert im Länderspiel gegen **Ungarn** mit 0:3 (5.6.). Mit einem 5:0-Sieg gegen die Mannschaft von Vorwärts Berlin verteidigt der **1. FC Nürnberg** seinen Titel als **Deutscher Fußballmeister** (12.6.). 27.000 Zuschauer sehen in Düsseldorf das Spiel. **Wolfgang Klemperer** stellt einen neuen Weltrekord im Segelfliegen auf (30.8.).

Weltgeschichte

Die Schauspielerin **Asta Nielsen** besetzt als erste Frau in einem Film die Rolle des **Hamlet** (9.2.). In der Stadt **Dublin** bricht ein **Bürgerkrieg** aus, nachdem irische Unabhängigkeitskämpfer öffentlich das Vorgehen der Briten in Irland verurteilt hatten (18.2.). Auf einer internationalen Konferenz in Kairo beschließen die Vertreter die **Teilung Palästinas** in ein jüdisches und ein arabisches Gebiet (12.3.). Vertreter Polens und Sowjetrusslands beenden in Riga den Krieg zwischen den beiden Staaten (18.3.). Kanadischen Forschern der Universität Toronto gelingt erstmalig die Isolation des Bauchspeicheldrüsenhormons **Insulin** (27.7.). Der berühmte Tenor **Enrico Caruso** verstirbt in Neapel (2.8.). Der bisherige Außenminister der Tschechoslowakei **Edvard Beneš** wird zum Ministerpräsidenten ernannt (24.9.). Der frühere Kaiser von Österreich und König Ungarns **Karl I.** putscht gegen die neue ungarische Regierung und versucht, seinen **Thron** in Ungarn zurück zu erobern (21.10.). Nach dreitägigen Kämpfen sind die Anhänger des Monarchen geschlagen, der „König" wird verhaftet und verbannt (24.10.). Die **Irlandfrage** scheint mit der Erklärung Südirlands zum Freistaat unter Status des britischen **Commonwealth** gelöst (6.12.). Nordirland bleibt bei Großbritannien.

1922

Politik

Walther Rathenau verhandelt auf der **Konferenz in Cannes** mit den Alliierten um einen Zahlungsaufschub für die Reparationszahlungen der Deutschen (6.1.). **Aristide Briand** und **David Lloyd George** zeigen sich kompromissbereit, doch **Raymond Poincaré**, der während der Verhandlungen Briands Amtsnachfolge antritt, gibt der deutschen Bitte nicht nach. Die deutschen **Eisenbahner** streiken, sie fordern Teuerungszulagen und bessere Arbeitszeiten (1.2.). Reichspräsident **Friedrich Ebert** reagiert mit **Streikverbot** und Geldstrafen, der Streik wird erfolglos beendet. **Erich von Falkenhayn**, ehemaliger Chef des Generalstabs, stirbt im Alter von 60 Jahren (8.4.). Im italienischen Seebad Rapallo unterzeichnen Deutschland und Sowjetrussland einen Vertrag, in dem die Deutschen als gleichberechtigte Partner fungieren (16.4.). Der sog. **Rapallo-Vertrag** stellt für die vorbelastete Weimarer Republik eine wichtige Etappe zur „Normalisierung" der außenpolitischen Beziehungen dar, die Westmächte reagieren allerdings erzürnt über diesen Vorstoß. **Wolfgang Kapp**, Drahtzieher des misslungenen Putschversuchs, stellt sich den deutschen Behörden und wird verhaftet (17.4.). Auf den

Walther Rathenau

SPD-Politiker **Philipp Scheidemann** wird ein **Blausäureattentat** verübt, der Täter entstammt dem rechten Umfeld und ist der Organisation Consul zugehörig (4.6.). In der Untersuchungshaft in Leipzig stirbt **Wolfgang Kapp** nach einer Augenoperation (12.6.). Bei einem Attentat in Berlin wird der deutsche Außenminister **Walther Rathenau getötet** (24.6.). Rathenau war bei der rechten Republikfeinden als „jüdischer Erfüllungspolitiker" verhasst, seine Mörder gehören der rechtsradikalen **Organisation Consul** an. Der deutsche Reichskanzler Joseph Wirth reagiert auf das Attentat in einer Rede vor dem Reichstag mit den bekannten Worten: „Dieser Feind steht rechts" (25.6.). Der Reichstag verabschiedet in dritter Lesung ein **Gesetz zum Schutz der Republik** (18.7.). Es gibt der Regierung Handhaben zur Bekämpfung republikfeindlicher Kräfte. In Berlin stirbt 79-jährig die verdienstvolle Frauenrechtlerin Minna Cauer (3.8.). Im Rahmen eines gemeinsamen Parteitags beenden USPD und (M)SPD die Zeit der Spaltung und schließen sich zur **Vereinigten Sozialdemokratischen Partei Deutschlands** (VSPD) zusammen (24.9.). Ein uneingeschränktes Bekenntnis der Partei zum **Marxismus** lässt eine eingeschränkte Bündnisfähigkeit für die neue organisierte Sozialdemokratie ahnen. Der „unpolitische" **Thomas Mann**, der gegenüber seinem Bruder Heinrich bislang die Monarchie verteidigte, bekennt sich nun zur **Republik** (15.10.). Königstreue Kräfte werfen Mann vor, seine Bejahung der Demokratie sei ein **Propagandaakt** für den Präsidenten Friedrich Ebert. Reichskanzler **Joseph Wirth tritt zurück**, da er seine „Erfüllungspolitik" nicht von Erfolg gekrönt sieht (14.11.). Der parteilose Wilhelm Cuno übernimmt sein Amt und die Kabinettsbildung (22.11.). In München besuchen ca. 50.000 Menschen eine Kundgebung der Nationalsozialisten (30.11.). **Adolf Hitler** tritt als Hauptredner auf. Der neue Kanzler Cuno scheitert bei dem Versuch, Raymond Poincaré zu

Heinrich und Thomas Mann

Verhandlungen in der Reparationsfrage zu bewegen (9.12.).

Wirtschaft & Wissenschaft

Am Collège de France in Paris stellt der deutsche Physiker **Albert Einstein** seine Erkenntnisse und Theorien vor, was ihm großen Zuspruch aus der französischen Wissenschaft einträgt (4.4.). Der deutsche Botaniker und Schöpfer des Naturschutzes **Hugo Conventz** verstirbt in Berlin-Schöneberg (12.5.). Großbritannien erhebt bis zu 33,3% Einfuhrzoll auf deutsche Waren (21.6.). Im Berliner Lichtspieltheater „Alhambra" wird erstmalig ein Spielfilm mit integrierter **Lichttonspur** aufgeführt (17.9.). Der Großindustrielle **Hugo Stinnes** fordert im wirtschafts- und finanzpolitischen Ausschuss anstelle der geplanten Anleihe zur Marktstabilisierung unbezahlte zweistündige Mehrarbeit für alle Arbeiter (9.11.).

Kunst & Kultur

Der Film *Nosferatu – eine Symphonie des Grauens* wird im Berliner Primus-Palast uraufgeführt (5.3.). Der Streifen entstand nach der Vorlage eines Vampirromans, Regie führte **Friedrich Murnau**. **Bertolt Brecht** schreibt auf einer Zugfahrt das Gedicht *Vom armen B. B.* (26.4.). Im Ufa-Palast Berlin hat der Film ***Dr. Mabuse, der Spieler*** Premiere (27.4.). Das Drama *Die Maschinenstürmer* von **Ernst Toller** wird erstmals aufgeführt, jedoch in Abwesenheit des Autors (30.6.). Toller verbüßt eine Gefängnisstrafe, da er an der Münchner Räteregierung mitgewirkt hatte. In Breslau werden **Gerhart-Hauptmann-Festspiele** zu Ehren des 60 Jahre alten Literaturnobelpreisträgers veranstaltet (8.8.).

Gesellschaft & Sport

Meisterschaften ohne Sieger: Beim Fußballendspiel zwischen dem Hamburger SV und dem 1. FC Nürnberg wird das Spiel um den Titel nach 189 min. abgebrochen, da die Spieler und der Schiedsrichter in der langwierigen Verlängerung von ihren Kräften verlassen werden (18.6.). Das Fußballländerspiel Deutschland – Ungarn in Bochum endet mit einem torlosen Unentschieden (2.7.). In Leipzig nehmen 100.000 Sportler aus 15 Ländern am **1. Deutschen Arbeiter-Turn-und-Sportfest** teil (22.7.). Das Wiederholungsspiel um die Deutsche Fußballmeisterschaft endet 1:1 unentschieden (6.8.). Der DFB spricht dem HSV den Sieg zu, die Hamburger lehnen den Titel ab.

Weltgeschichte

Marsch auf Rom: Benito Mussolini mit schwarzer Kopfbedeckung (27./28.10. 1928)

Ca. 19 Mio. Menschen sind laut einer Veröffentlichung des **Völkerbundes** von der **Hungerkatastrophe** in Sowjetrussland bedroht, täglich sterben Tausende an Hunger und Seuchen (1.1.). Der sog. Friedenspapst **Benedikt XV.** stirbt im Alter von 70 Jahren (22.1.). Sein Nachfolger ist der bisherige Erzbischof von Mailand, Kardinal Achille Ratti, der fortan den Namen **Pius XI.** trägt (6.2.). Mohandas Karamchand **Gandhi** wird wegen seiner Aktivitäten im Freiheitskampf gegen die britische Kolonialherrschaft zu sechs Jahren Haft **verurteilt** (18.3.). An einer Lungenkrankheit verstirbt der 34-jährige frühere Kaiser Österreich-Ungarns **Karl I.** in der Verbannung auf Madeira (1.4.). **Josef W. Stalin** wird zum Generalsekretär der Kommunistischen Partei Russlands gewählt (3.4.). In **Dublin** kommt es zwischen Gegnern und Befürwortern der Unabhängigkeit Nord- und Südirlands zu schweren Gefechten (16.6.). Mitglieder der radikalen Sinn Féin erschießen den irischen Präsidenten **Michael Collins** (22.8.). Die Faschisten unter Benito Mussolini erzwingen im sog. **Marsch auf Rom** die Macht in Italien (28.10.). In Moskau wird die Union der Sozialistischen Sowjetrepubliken (**UdSSR**) gegründet (30.12.).

1923

Politik

60.000 französische und belgische Soldaten besetzen das Ruhrgebiet (11.1.). Ursache für die von Raymond Poincaré eingeleitete **Ruhrbesetzung** ist die Säumigkeit der Deutschen bei der Erfüllung der Reparationen. Reichskanzler Cuno verkündet den **passiven Widerstand** als Reaktion auf die Besetzung der rheinischen Gebiete (13.1.). Deutschland verweigert die Reparationszahlungen an seine Besatzer und lehnt jegliche Zusammenarbeit ab. In München hält die **NSDAP** ihren ersten Parteitag ab (27.1.). In den Essener Krupp-Werken eröffnen französische Soldaten das Maschinengewehrfeuer gegen Mitarbeiter, die gegen die Beschlagnahme von werkseigenen Kraftwagen Widerstand leisten wollten (31.1.). Es sterben 13 Menschen, der antifranzösische Protest in Deutschland wächst an. Der rheinische **Separatismus** wird durch die Ruhrbesetzung forciert, Separatisten rufen in Betrieben zum bewaffneten Widerstand auf und wollen die **Rheinische Republik** proklamieren (19.5.). Bei Düsseldorf wird der ehemalige Freikorps-Kämpfer **Albert Leo Schlageter** wegen Sabotage und Geheimbündelei von den Franzosen erschossen (26.5.). Die politische Rechte erhebt Schlageter zum Mythos. Die Regierung **Wilhelm Cuno** tritt angesichts der wirtschaftlichen Misere und der Misserfolge im Kampf um das Ruhrgebiet zurück. Mit Cunos Amtsnachfolger **Gustav Stresemann** bricht in der Weimarer Republik eine neue Ära an (13.8.). Die **vaterländischen Verbände** erinnern mit Paraden und Kundgebungen an den Sieg der Deutschen in **Sedan** im Jahre 1870, **Erich Ludendorff** und **Adolf Hitler** nehmen an den Veranstaltungen teil (2.9.). Stresemann ruft zur **Beendigung des passiven Widerstands** im Ruhrkampf aus, was heftige Proteste bei den Nationalisten nach sich zieht (26.9.). Die ohnehin angeschlagene deutsche Wirtschaft trägt schwere **Schäden** von der Besetzungszeit davon. Ein von Stresemann angeregtes Ermächtigungsgesetz wird angenommen (1.10.). Es gibt dem Kanzler die Befugnis, ohne parlamentarische Beratungen Maßnahmen zur Sanierung der Wirtschaft einzuleiten. In den rheinischen Gebieten flammen erneut **Separatistenunruhen** auf (21.10.). In Hamburg führt **Ernst Thälmann** einen Aufstand der Kommunisten an, der innerhalb von drei Tagen niedergeschlagen wird (25.10.). **Adolf Hitler** verkündet im Münchner Bürgerbräukeller den Ausbruch der „Nationalen Revolution“ und erklärt die Regierungen in Bayern und Berlin für abgesetzt (8.11.). Die Revolte – der sog. **„Hitler-Putsch“** – endet blutig und mit der Festnahme Hitlers (11.11.). Die **Inflation** in der Weimarer Republik hat ein **Ende** (16.11.). Im Rahmen einer Währungsreform werden die sog. **Rentenbanknoten** ausgegeben. Vor der Reform kostete ein Pfund Zucker 250 Mrd. Mark. Die **NSDAP** und die **KPD** werden kurz nach den gescheiterten Aufständen beider Parteien durch Hans von Seeckt verboten (23.11.). Der Reichskanzler Gustav Stresemann muss nach **100 Tagen** Regierungsverantwortung sein Amt als Kanzler niederlegen, da er in einem Misstrauensantrag der Opposition nicht das Vertrauen der Reichstagsmehrheit erhält (23.11.). Sein Verdienst liegt in der Beilegung des Ruhrkampfes und der Währungsreform. Zentrumsführer **Wilhelm Marx** tritt Stresemanns Nachfolge an und bildet eine bürgerliche Minderheitsregierung (30.11.).

Gustav Stresemann mit seiner Frau (1923)

Wirtschaft & Wissenschaft

Das deutsche „Notgesetz“ wird als Maßnahme gegen die verheerende Wirtschaftskrise erlassen (23.2.). Es soll v. a. **Wucherern** und **Spekulanten**, die aus der Krise unverhältnismäßig Gewinn ziehen, das Handwerk legen. Der Wert der Goldmark steigt auf eine Mio. Papiermark (16.8.). Der Dollar ist nun 50 Mio. Mark wert (13.9.). Das sog. **Wunder Rentenmark** führt die Deutschen aus der **Inflation**, die neue Währung ist auf Goldbasis gedeckt und erhält deswegen den Beinamen „Goldmark" (16.11.). Obwohl es anfänglich Probleme mit der Geldverknappung gibt, wird der Geldumlauf bewusst nicht vermehrt.

Adolf Hitler am 4.1.1923 bei einer Parade des Freikorps Oberland in München (links neben ihm: Alfred Rosenberg)

Kunst & Kultur

Das Mappenwerk *Ecce Homo* von **George Grosz** wird beschlagnahmt, da es angeblich ein „pornographisches Machwerk" sei (25.4.). **Bertolt Brechts** unbequemes Drama *Im Dickicht* (später: *Im Dickicht der Städte*) sorgt bei der Uraufführung in München für **Tumulte** (9.5.). Es kommt zu Prügeleien zwischen Zuschauern, nach sechs Tagen wird das Stück in der Hochburg des Rechtsradikalismus nicht mehr gespielt. Die Avantgarde stellt aus: In Weimar sind im Rahmen der sog. **Bauhauswoche** Werke von **Lyonel Feininger**, **Wassily Kandinsky**, **Walter Gropius** und weiteren Lehrenden des staatlichen Bauhauses zu betrachten (15.8.). Die Berliner Funkstunde AG sendet erstmals ein Unterhaltungskonzert im Radio (29.10.).

Gesellschaft & Sport

Erstmalig wird in Deutschland in verschiedensten Gesellschaftsschichten der **Muttertag** gefeiert (13.5.). Die Idee stammt ursprünglich aus den USA, den Impuls für die Einführung des Muttertags in der Weimarer Republik gab der **Verband Deutscher Blumengeschäftsinhaber**. In Stockholm verliert die Deutsche Nationalmannschaft das Fußballländerspiel gegen Schweden mit 2:1 (29.6.). Die **Deutsche Fußballnationalelf** besiegt in einem Länderspiel in Hamburg die Mannschaft aus **Norwegen** (4.11.). Deutsche dürfen vorerst nicht mehr in die USA auswandern, da die Einwanderungsquote bereits für das kommende Jahr erschöpft ist (2.12.).

Weltgeschichte

Kemal Atatürk

Wladimir I. Lenin, sowjetischer Staats- und Parteichef, verlangt die Abberufung **Josef W. Stalins** vom Amt des Generalsekretärs der Kommunistischen Partei Russlands (4.1.). Der schwer von Krankheit gezeichnete Lenin spricht Stalin ab, die charakterlichen Eigenschaften für einen solchen Posten zu besitzen. Die Linksregierung in **Norwegen** muss wegen großer Probleme bei der Durchsetzung des **Alkoholverbots** der rechten Opposition ihren Platz an der Spitze des Staates überlassen (4.3.). Der britische Ägyptologe **George E. Stanhope Molyneux** stirbt in Kairo im Alter von 56 Jahren (6.4.). Sein früher Tod löst Spekulationen über den sog. **Fluch des Pharao** aus, denn der Wissenschaftler war maßgeblich an der Entdeckung des Tutanchamun-Grabes beteiligt. Für mehrere Tage speit der **Ätna** Lava auf die Pinienwälder Siziliens, die in der Umgebung lebenden Menschen können rechtzeitig vor den glühenden Strömen fliehen (17.6.). In San Francisco erliegt der amerikanische Präsident **Warren G. Harding** überraschend einem Schlaganfall (2.8.). Für ihn kommt der Republikaner **Calvin Coolidge** ins Amt (3.8.). In **Japan** fordert ein schweres Erdbeben 143.000 Todesopfer (25.10.). Die Türkei wird zur Republik erklärt, erster Präsident ist **Kemal Atatürk** (29.10.).

1924

Politik

Erstmals seit Bestehen der Republik löst der Reichspräsident **Friedrich Ebert** vorzeitig den Reichstag auf (13.1.). Kanzler **Wilhelm Marx** bat darum, da er für seine Steuernotverordnungen keine Mehrheit bekommen konnte. Im Zeichen der Demokratie formiert sich in Magdeburg die Organisation „Reichsbanner Schwarz-Rot-Gold", die für den Schutz der labilen Republik und gegen vaterländische Verbände handeln will (22.2.). Das Volksgericht München lässt im Prozess der Drahtzieher des **Hitler-Putsches** nochmal Gnade vor Recht ergehen (1.4.). **Adolf Hitler** wird zu einer Strafe von fünf Jahren Festungshaft – der Mindeststrafe – verurteilt, **Ludendorff** erhält in Anerkennung seiner Verdienste im Ersten Weltkrieg einen **Freispruch**. Bei den Wahlen zum zweiten Reichstag müssen erneut die **Bürgerlichen** eine **Niederlage** einstecken, während die rechten und linken Gegner der Republik Auftrieb erhalten (4.5.). Die Deutschnationalen erhalten nunmehr 95 Sitze und haben somit nur fünf Mandate weniger als die verlustgeprüften Sozialdemokraten. Der Kanzler Wilhelm Marx tritt nebst Kabinett zurück (26.5.). Das Kabinett wird von Marx in gleicher Besetzung neu gebildet (3.6.). Die Regierung kann nicht auf eine Mehrheit im Reichstag zurückgreifen, was die Wahrscheinlichkeit baldiger Neuwahlen erhöht. Im sog. **Dawes-Plan** sollen die Reparationszahlungen der Deutschen neu geregelt werden (16.8.). Der von der politischen Rechten als „Zweites Versailles" angesehene Plan sieht eine kontinuierliche Steigerung der Zahlungen vor, wobei Deutschland zu Beginn die Möglichkeit erhalten soll, sich wirtschaftlich zu stabilisieren. Die Rentenmark hat ihre Schuldigkeit getan und wird von der **Deutschen Reichsmark** abgelöst (30.8.). Ein zweiter Antrag auf Abschiebung **Adolf Hitlers** als österreichischer Staatsbürger scheitert (22.9.). Hitler, der unter angenehmen Bedingungen seine Haftstrafe auf der Festung Landsberg abbüßt, hat indes mit den Diktaten zu seinem Buch ***Mein Kampf*** begonnen. In den USA nimmt die Bevölkerung begeistert eine Aufsehen erregende Reparation von den Deutschen entgegen: **Den Zeppelin LZ 126**, der in einer recht waghalsigen Unternehmung vom Bodensee bis nach New York geflogen wird (12.10.). Zum zweiten Mal in diesem Jahr können die Deutschen ihre Stimme bei Wahlen zum Reichstag abgeben (7.12.). Dabei stehen zwar Kommunisten, Deutschvölkische und Nationalsozialisten nicht mehr so hoch in der Wählergunst, aber **klare Mehrheitsverhältnisse** für eine starke Regierung werden **nicht geschaffen**. Sieger sind die **Sozialdemokraten** mit 131 Abgeordneten, einem Zugewinn von 31 Mandaten. Eine neue Regierungsbildung bleibt für das laufende Jahr aus. Der Revolutionär und Dichter **Erich Mühsam** wird auf Bewährung aus der Haft entlassen (19.12.). Der Kopf der deutschen anarchistischen Bewegung verbüßte die Strafe wegen seiner Aktivitäten in der Münchner Räterepublik. Ein Telegramm der Staatsanwaltschaft bringt die Botschaft von der Haftentlassung **Adolf Hitlers** (20.12.). Reichspräsident **Friedrich Ebert prozessiert** gegen den Journalisten Erwin Rothardt, der ihn als „Landesverräter" bezeichnet hatte. Er führt Eberts Teilnahme am Munitionsarbeiterstreik vom Januar 1918 als Begründung an. Zur Genugtuung der Republikfeinde von rechts kommt es nicht zur Verurteilung des Redakteurs Rothardt.

Friedrich Ebert (Gemälde von Lovis Corinth)

Wirtschaft & Wissenschaft

Der Unternehmer Hugo Stinnes, der nach Ende des Ersten Weltkrieges ein wahres Imperium aufbaute, verstirbt in Berlin mit 54 Jahren (10.4.). Das Geheimnis seines Erfolgs bestand in erster Linie in der skrupellosen

Nutzung der Inflation zu unternehmerischen Zwecken. In Berlin schließen die Deutschen ein **Handelsabkommen** mit Tschechien ab, das Importerleichterungen gewährleistet (31.7.). 2000 Industrielle treffen sich zum sog. Eisenhüttentag in Düsseldorf (30.11.). Der Reichstag genehmigt den Haushaltsplan für das kommende Jahr, der erstmalig wieder auf Basis der Goldwährung erstellt wurde (11.12.).

Kunst & Kultur

Das pazifistische Stück *Hinkemann* von **Ernst Toller** löst bei seiner Premiere in Dresden einen Skandal aus (17.1.). Die Aufführung in Wien findet unter Polizeischutz statt (10.2.). **Karl Valentin** führt erstmals das Schauspiel *Die Raubritter von München* auf (4.4.). Der aus Bayern ausgewiesene Toller wird bei einer Aufführung des *Hinkemann* in Berlin stürmisch gefeiert (11.7.). In Bayreuth finden erstmals nach Kriegsende wieder die **Richard-Wagner-Festspiele** statt, zu diesem Anlass hisst die Familie Wagner die wilhelminische Reichsflagge (22.7.). **Thomas Manns** Werk *Der Zauberberg* erscheint im Verlag S. Fischer (28.11.).

Gesellschaft & Sport

In Preußen legt erstmalig eine Frau die juristische Staatsprüfung ab, es folgt ihre Ernennung zur Assessorin (7.1.). Bei den **Olympischen Winterspielen** in Frankreich sind die Deutschen noch ausgeschlossen (25.1.). Der **1. FC Nürnberg** gewinnt im Endspiel um die Deutsche Fußballmeisterschaft mit 2:0 gegen den Hamburger SV (9.6.). Fußball steht bei den Deutschen hoch im Kurs, 50.000 Zuschauer besuchen das Spiel in Berlin. Auf der deutschen Verkehrsausstellung bestaunen die Besucher das sog. **Kommissbrot**, einen Kleinwagen der Firma Hanomag (10.12.). Während der Weihnachtsfeiertage gab es nach polizeilichen Informationen allein in Berlin 50 **Selbstmorde** und Selbstmordversuche (27.12.).

Hanomag „Kommissbrot“

Weltgeschichte

Franz Kafka

Der sowjetrussische Revolutionsführer **Wladimir I. Lenin** stirbt in einem Sanatorium nahe Moskau (21.1.). In seinem Testament verfügt er die Absetzung Stalins – ohne Erfolg. **Großbritannien** erhält nach den Wahlen zum Unterhaus durch das erfolgreiche Abschneiden der Labour Party erstmals in seiner Geschichte eine Arbeiterregierung (23.1.). Im **US-Bundesstaat Nevada** wird ein zu Tode verurteilter chinesischer Immigrant in der **Gaskammer** hingerichtet (8.2.). Die angeblich schnelle und humane Methode zur Hinrichtung führte erst nach sechs Minuten zum Tod des Mannes. In einem Sanatorium bei Wien verstirbt der lungenkranke Schriftsteller **Franz Kafka** im Alter von vierzig Jahren (3.6.). Kafka gelangt erst nach seinem Tod durch die Veröffentlichung seines Nachlasses zu Weltruhm. Der italienische Sozialistenführer **Giacomo Matteotti** wird in Rom von einem faschistischen Schlägerkommando ermordet (10.6.). Bei den Olympischen Sommerspielen sorgt der finnische Ausnahmeathlet **Paavo Nurmi** für Furore, er gewinnt innerhalb kurzer Zeit Gold im 5000-m-Lauf und im 1500-m-Lauf (5.7.). Der Republikaner **Calvin Coolidge** wird bei den Präsidentschaftswahlen in den USA in seinem Amt mit großer Mehrheit bestätigt (4.11.).

1925

Politik

Die Weimarer Republik erhält eine neue Regierung (15.1.). Dem **zwölften Kabinett** steht der parteilose Kanzler **Hans Luther** vor, der erstmals Deutschnationale an der Macht beteiligt. **Adolf Hitler** nutzt seine vorzeitige Entlassung in die Freiheit, um die verbotene **NSDAP** neu zu konstituieren (27.2.). Auf einer Versammlung der Anhängerschaft im Münchner Bürgerbräukeller erhält die Partei den Deckmantel der **Legalität**. Der erste Präsident der Weimarer Republik **Friedrich Ebert verstirbt** im Alter von 54 Jahren (28.2.). Ebert, der **173 Prozesse** führen musste, um seinen Ruf als unbescholtener Politiker zu verteidigen, erlag einer Bauchfellentzündung nachdem er wegen gerichtlicher Verpflichtungen eine Blinddarmoperation aufgeschoben hatte. Die **Kommunisten** und **Nationalsozialisten** lehnen die Übernahme der Beerdigungskosten durch das Reich ab. Der Fluch der deutschen proletarischen Partei, so die Abgeordneten der KPD, gelte Friedrich Ebert über das Grab hinaus (9.3.). Die **Wahl** eines neuen Präsidenten **scheitert** im ersten Wahlgang, da keiner der Kandidaten die Mehrheit der Stimmen auf sich vereinen kann (29.3.). Große Sehnsucht nach Preußens Gloria: Die Deutschen wählen mit 48,3% den früheren Generalfeldmarschall **Paul von Hindenburg** im zweiten Wahlgang zum **Präsidenten** der Republik (26.4.). Er setzt sich gegen den Bürgerlichen **Wilhelm Marx** (45,3%) durch, der schon als Reichskanzler glücklos agierte. Der kommunistische Kandidat **Ernst Thälmann** stellt mit 6,4% keine ernsthafte Konkurrenz für den populären „Ersatzkaiser" Hindenburg dar. Die alliierten Truppen ziehen aus dem Ruhrgebiet ab (14.7.). Der Rückzug der Besatzer geht in erster Linie auf das Engagement und Verhandlungsgeschick des deutschen **Außenministers Gustav Stresemann** zurück. Im Münchner Verlag von Max Amann erscheint der erste Band von Adolf Hitlers Buch ***Mein Kampf***, das ursprünglich den Titel *Viereinhalb Jahre Kampf gegen Lüge, Dummheit und Feigheit* erhalten sollte (18.7.). Der neue Reichspräsident Paul von Hindenburg hebt das von Friedrich Ebert erlassene **Uniformverbot** auf (26.8.). Auf dem Parteitag der Sozialdemokraten in Heidelberg verabschieden die Delegierten ein Programm, das an marxistische Ideen angelehnt ist (13.–18.9.). Der „Vater" der Weimarer Verfassung **Hugo Preuß** stirbt (9.10.). Im schweizerischen Locarno gelingt dem Außenminister **Stresemann** ein großer Schritt auf dem Weg aus der außenpolitischen Isolation Deutschlands (16.10.). Im **Locarno-Vertrag** werden von den Deutschen die Westgrenzen anerkannt, umgekehrt sichert **Frankreich** eine baldige Räumung der Kölner Zone zu. Ferner bekommt die Weimarer Republik den Eintritt in den **Völkerbund** in Aussicht gestellt. Die innenpolitische Durchsetzung des Vertrags erweist sich als höchst kompliziert, deutschnationale Minister verlassen aus Protest die Regierung, das Kabinett regiert aber stark „zusammengeschrumpft" weiter (25. 10.). Der sog. **Münchner Dolchstoß-Prozess** sorgt für Aufsehen in der Republik (9.12.). Ein Journalist wird zu einer Geldstrafe verurteilt, weil er in einem Artikel zur Dolchstoßlegende behauptet hatte, die Sozialdemokraten und linke Kräfte trügen die Schuld an der Niederlage der Deutschen im Ersten Weltkrieg.

Gustav Stresemann

Wirtschaft & Wissenschaft

Ein kleiner **Röhrensender** der Firma Telefunken soll der Feuerwehr zur **drahtlosen** Telegrafie- und Telefonübertragung dienen (16.2.). Die Leistungen der deutschen Ingenieure und Techniker erfahren im neuen **Deutschen Museum** auf der Münchner „Kohleinsel" eine Würdigung (7.5.). Die Einweihung gerät zum Politikum, da der nationale und patriotische Gedanke demonstrativ hervorgehoben wird. Die Autoindustrie beklagt verheerende **Absatzmängel** wegen der allgemeinen Geldknappheit (26.11.). In diesem Jahr werden zwei deutsche Forscher für ihre Arbeit mit dem Nobelpreis geehrt (10.12.) – **Richard Adolf Zsigmondy** (Chemie) und **Gustav Hertz** (Physik).

Kunst & Kultur

Der Freikörperkulturfilm *Wege zur Kraft und Schönheit* wird im Berliner Ufa-Palast uraufgeführt (16.4.). Die amerikanische **Sam-Wooding-Jazz-Band** verzückt das Berliner Publikum (25.5.). Jazz und Charleston haben ihren Siegeszug in der Republik angetreten. In der Mannheimer Kunsthalle stellt die sog. **Neue Sachlichkeit** aus (14.6.). Die Revue *Trotz alledem* von **Erwin Piscator** und Felix Gasbarra hat auf dem KPD-Parteitag Premiere (12.7.). Sie zeigt die Entwicklung der sozialistischen Bewegung bis zur Ermordung von Karl Liebknecht. Im Berliner Rowohlt Verlag erscheint erstmalig *Die Literarische Welt*, deren Name auf eine Idee des „rasenden Reporters“ **Egon Erwin Kisch** zurückgeht (9.10.).

Gesellschaft & Sport

In der Mode lieben die deutschen Damen den **maskulinen Stil** (29.3.). Strenge Herrenfrisuren, Krawatten und Hosenanzüge werden im Frühjahr zum Leidwesen konservativer Herren von den selbstbewussten Frauen getragen. Der **1. FC Nürnberg** wird mit einem 1:0-Sieg über den FSV Frankfurt Deutscher Fußballmeister (7.6.). Deutschland verliert sein 54. Fußballländerspiel gegen Schweden mit 0:1 (21.6.). Die Mönchengladbacher Schwimmerin Erna Huneus stellt über 100 m Brust einen neuen **Weltrekord** auf (4.10.). Die **Deutsche Fußballnationalmannschaft gewinnt** das Länderspiel gegen die Schweiz mit 4:0 (25.10.).

Austen Chamberlain, Gustav Stresemann und Aristide Briand während der Konferenz von Locarno

Weltgeschichte

Josephine Baker

Der italienische Ministerpräsident **Benito Mussolini** erweitert seine Machtbefugnisse und kündigt verschärfte Repressionen gegen die politische Opposition im Lande an (3.1.). **Leo D. Trotzki** verliert sein Amt als Volkskommissar für Verteidigung, **Stalin** baut indes seine Machtposition innerhalb der Kommunistischen Partei weiter aus (17.1.). Der Gründer der Republik China **Sun Yatsen** stirbt in Peking (12.3.). In der bulgarischen Hauptstadt **Sofia** sterben 207 Menschen bei einem **Attentat**, das wahrscheinlich von Kommunisten verübt wurde (16.4.). Fremdenfeindlich motivierte Unruhen erschüttern China, nachdem ein chinesischer Arbeiter von einem Japaner erschossen wird (30.5.). Der Geheimorden **Ku-Klux-Klan** tagt in Washington (8.8.). 200.000 Menschen nehmen an der Versammlung der Organisation teil, die durch Folterungen und Morde an rassischen Minderheiten Angst und Schrecken verbreitet. In den Pariser Tanztheatern bezaubert die mit einem Bananenröckchen bekleidete Tänzerin und Sängerin **Josephine Baker** die Herrenwelt (7.10.). Im Moskauer **Bolschoi-Theater** kommt ein Meilenstein der internationalen Filmkunst zur Uraufführung: Sergej M. Eisensteins ***Panzerkreuzer Potemkin*** (21.12.).

1926

Politik

Reichskanzler Hans Luther bildet ein neues Kabinett (20.1.). Die **Deutschnationalen** werden nicht mehr an der Regierung beteiligt, die **Sozialdemokraten** erneut ausgeschlossen. Der Reichstag setzt einen Untersuchungsausschuss ein, der sich mit den **Fememorden** und Femeorganisationen in der Republik auseinandersetzt (23.1.). Die Befreiung des **Rheinlands** von seinen Besatzern wird in die Praxis umgesetzt, die ersten alliierten Truppen ziehen ab (1.2.). Die Rheinländer reagieren mit Jubelfeiern, der Kölner Bürgermeister **Konrad Adenauer** beantragt sogar einen schulfreien Tag. Vier Angehörige der sog. Schwarzen Reichswehr werden im Falle eines **Fememordes** zu Zuchthausstrafen verurteilt, sie hatten ein desertierendes Mitglied ihrer Organisation umgebracht (2.2.). Die Kommunisten und Sozialdemokraten im Reichstag fordern eine Enteignung der deutschen Fürsten (2.2.). Deutschland stellt in einer Note den Antrag auf Eintritt in den **Völkerbund** (8.2.). Eine Aufnahme der Deutschen in den Völkerbund scheitert vorerst an einem Veto Brasiliens (9.3.). Reichspräsident Paul von Hindenburg ernennt **Wilhelm Marx** zum Reichskanzler; dessen Amtsvorgänger **Hans Luther** musste wegen der umstrittenen **Flaggenverordnung** seinen Hut nehmen (17.5.). Der parteilose Luther hatte dem Willen der Deutschnationalen nachgegeben, die deutschen diplomatischen Vertretungen in Übersee zu verpflichten, das Banner in den Farben des Kaiserreichs zu hissen. Damit fiel er bei der parlamentarischen Mehrheit in

Wilhelm Marx

Ungnade. Ein **Volksentscheid** für die entschädigungslose **Enteignung** der ehemals regierenden **Fürstenhäuser** scheitert mangels ausreichender Beteiligung (20.6.). Obwohl immerhin 14,5 Mio. Menschen für den entsprechenden Entwurf von KPD und SPD votierten und nur 586 dagegen, wird die Frage der Enteignung nun an die Länder übergeben und nicht einheitlich geregelt. Auf dem ersten **Reichsparteitag der NSDAP** in Weimar setzt sich Adolf Hitler gegen seine Konkurrenten **Gregor und Otto Straßer** durch (4.7.). Bei einem Aufmarsch grüßt Hitler seine Gefolgsleute erstmalig mit ausgestrecktem Arm, dem späteren **Hitler-Gruß**. Im Rahmen einer Sitzung des **Völkerbundes** in Genf nimmt die Weltorganisation **Deutschland** als ständiges Mitglied auf (10.9.). Die Aufnahme markiert eine wichtige Etappe im Annäherungsprozess zwischen Deutschland und Frankreich. In der Presse wird bekannt, dass der älteste Sohn des **Kronprinzen**, Wilhelm, an **Reichswehrmanövern** teilgenommen hat (29.9.). Er trug dabei die alte Heeresuniform. Der Fall erregt nicht zuletzt deswegen Aussehen, weil kein Geringerer als Generaloberst **Hans von Seeckt** die Teilnahme gestattet hatte. Von Seeckt muss von seinem Amt zurücktreten (8.10.). Sein Nachfolger wird Generalleutnant **Wilhelm Heye** (8.10.). Die Kommunisten im Reichstag protestieren gegen die Einführung einer Briefmarke, die das Porträt Friedrichs des

Gustav Stresemann spricht vor der Genfer Versammlung

Großen zeigt (20.10.). Die Marke kommt ungeachtet ihrer Gegner in Umlauf. Der deutsche Außenminister **Gustav Stresemann** bekommt gemeinsam mit dem französischen Staatsmann Aristide Briand für seine verdienstvolle Verständigungspolitik den **Friedensnobelpreis** verliehen (10.12.).

Wirtschaft & Wissenschaft

Durch einen Zusammenschluss der Gesellschaften Junkers Luftverkehr und Aero Lloyd AG wird die deutsche Luftfahrtgesellschaft **Lufthansa** aus der Taufe gehoben (6.1.). An der Friedrich-Wilhelm-Universität Berlin erläutert **Albert Einstein** seine noch umstrittene Relativitätstheorie (25.1.). Wegen großer Absatzprobleme in der Industrie findet in diesem Jahr keine große **Frühjahrsmesse** statt (8.3.). Mit der Gründung der **Vereinigten Stahlwerke AG Düsseldorf** entsteht das deutschlandweit größte Montanunternehmen (5.5.). Der Großindustrielle **August Thyssen** stirbt (4.8.). Seine Nachfolge in der Leitung des Unternehmens tritt sein Sohn **Fritz Thyssen** an, der sich finanziell für die NSDAP engagiert.

Kunst & Kultur

Eine angeblich unsittliche Karikatur **Heinrich Zilles** führt zur Beschlagnahmung des Satiremagazins *Simplicissimus* (4.1.). Das Blatt reagiert mit einem ganzen Titelblatt voller nackter Damen, was eine erneute Beschlagnahmung nach sich zieht. Im kleinen Theater Berlin liest die expressionistische Schriftstellerin **Else Lasker-Schüler** aus ihren Werken (26.2.). Bertolt Brecht und Alfred Döblin halten gemeinsam in Dresden eine Lesung zur Huldigung **Franz Werfels** ab (21.3.). Der bekannte Erzähler **Hans Fallada** wird wegen Unterschlagung zu zweieinhalb Jahren Haft verurteilt (26.3.). Im Hamburger Stadtpark wird ein **Heinrich-Heine-Denkmal** enthüllt (3.8.). Das neue **Bauhaus in Dessau** wird eingeweiht (4.12.).

Bauhaus in Dessau

Gesellschaft & Sport

Im Kölner Dom ist der **Domschatz** wieder zu bestaunen, nachdem er 1918 aus Angst vor einem Zugriff der Siegermächte versteckt gehalten wurde (28.4.). Die **Spielvereinigung Fürth** wird mit einem 4:1-Sieg über Hertha BSC Berlin Deutscher Fußballmeister (13.6.). Der 20-jährige Boxer **Max Schmeling** wird neuer deutscher Meister im Halbschwergewicht (24.8.). Im Titelkampf streckt er den Titelverteidiger Max Dieckmann nach 30 Sekunden mit einer vollen Rechten nieder. Der deutsche Läufer **Otto Peltzer** schlägt den finnischen Olympiasieger Paavo Nurmi über 1500 m und stellt dabei einen neuen Weltrekord auf (11.9.).

Weltgeschichte

Der arabische Herrscher **Abd Al Isis Ibn Saud** lässt sich zum König der Nadschd und Hedschas ausrufen, nachdem er erfolgreich die Osmanen von der arabischen Halbinsel vertrieben hat (8.1.). Dem polnischen **Marschall Józef Clemens Pilsudski** gelingt mit nur 15 Regimenten ein Staatsstreich (12.5.). Die wirtschaftliche Krise in Polen begünstigt Pilsudskis Machtübernahme. Ein Bericht des amerikanischen Arbeitsministeriums zeigt, dass **Kinderarbeit** in den USA nach wie vor nicht ungewöhnlich ist. Ein Drittel der meist unmenschlich lange arbeitenden Kinder ist weniger als zwölf Jahre alt (21.5.). Der italienisch-amerikanische Schauspieler **Rudolph Valentino** stirbt im Alter von 31 Jahren an einer Lungenentzündung (23.8.). Tausende Frauenherzen weinen um den verstorbenen Beau, der zumeist den Liebhaber in seichten Filmen mimte. Das Testament des verstorbenen Revolutionsführers **Wladimir I. Lenin** wird veröffentlicht (18.10.). Er prophezeit darin u. a. den Kampf zwischen Trotzki und Stalin. Der 25-jährige **Prinz Hirohito** wird nach dem Tod seines Vaters neuer **Kaiser von Japan** (25.12.). Der österreichische Dichter **Rainer Maria Rilke** stirbt im Alter von 51 Jahren nahe Montreux an Leukämie (29.12.).

1927

Politik

Die sozialdemokratische Reichstagsfraktion erklärt im Rahmen der Koalitionsverhandlungen, dass sie eine Regierung der Mitte zwar unterstützen möchte, aber keine Beteiligung wünscht (18.1.). Mit dem Abschluss der langwierigen Verhandlungen kommt es zur Bildung einer neuen Regierung für die Weimarer Republik (29.1.). Die **rechtsauslegende Koalition**, an der das **Zentrum**, die rechtsliberale **DVP**, die **Bayerische Volkspartei** und die völkisch-nationale **DNVP** beteiligt sind, löst bei den Alliierten große Besorgnis aus. Drei Stuttgarter Studenten werden wegen Zweikampfes, dem sog. **Mensurenschlagen**, zu einer dreimonatigen Freiheitsstrafe verurteilt (6.2.). Das Fechten von Mensuren ist in der Weimarer Republik verboten, erfreut sich aber dennoch großer Beliebtheit in den nationalistischen Studentenbewegungen. Die Tagung des **Völkerbundes** wird erstmals von Deutschen geleitet (12.3.). Das sog. **Arbeitsnotgesetz** wird gegen den Willen von KPD, DDP und SPD verabschiedet (8.4.). Es legt den **Zehnstundentag** als Höchstgrenze für alle deutschen Arbeitnehmer fest. Das **Gesetz zum**

Leo Trotzki

Schutz der Republik wird mit überwältigender Stimmenmehrheit der Abgeordneten verlängert (17.5.). Der Reichstag beschließt die Einführung der **Pflichtversicherung für Arbeitslose** und ein sog. **Mutterschutzgesetz**, das Frauen in den Wochen vor der Schwangerschaft nach Wunsch von der Arbeit freistellt (7.7.). In Nürnberg findet der **NSDAP-Parteitag** statt (19.8.). Die Presse schätzt den Einfluss der Partei in ihrer Bilanz als gering ein und mutmaßt, dass die Nationalsozialisten ihren Zenit bereits überschritten hätten. Im Rahmen der Feierlichkeiten zur Einweihung des Tannenberg-Denkmals verlautbart Reichspräsident **Paul von Hindenburg**, das deutsche Kaiserreich würde keinerlei Schuld am Ausbruch des Ersten Weltkrieges treffen (18.9.). Im Ausland wird seine Rede als Drohung gedeutet, die Revision des Versailler Vertrags zu fordern. Der 80. Geburtstag des Reichspräsidenten gerät zum Politikum (2.10.). Die mannigfaltigen Feiern und großen Paraden zu Ehren des Jubilars beunruhigen die Alliierten, die die Festakte als militärische Demonstrationen betrachten. Bei den Wahlen zur **Hamburger Bürgerschaft** können KPD und SPD die absolute Mehrheit auf sich vereinen (9.10.). Es kommt aber keine Koalition zustande. Ein Antrag der Sozialdemokraten, der die Abschaffung der **Todesstrafe** fordert, wird vom Reichstagsausschuss für Strafrechtsreform abgelehnt (2.11.). Der Historiker und Politiker Ludwig Quidde erhält in Oslo den Friedensnobelpreis (10.12.). **Quidde**, der Abgeordneter im bayerischen Landtag und der Weimarer Nationalversammlung war, gehört zu den Führern der deutschen Friedensbewegung. Der deutsche Außenminister **Gustav Stresemann** spricht sich bei einem Besuch in Königsberg für die Anerkennung der momentanen deutschen Ostgrenzen aus (16.12.). Um einer zu starken **Parteiensplitterung** vorzubeugen, lassen zahlreiche deutsche Länder Parteien bei Wahlen zum Landtag erst dann zu, wenn sie eine Liste mit 1000 Unterschriften vorweisen können und eine Kaution hinterlegen. Der Staatsgerichtshof Leipzig erklärt diesen Eingriff für **verfassungswidrig** (17.12.).

Ferdinand Sauerbruch

Wirtschaft & Wissenschaft

Die gebeutelte **Universum-Film AG** (Ufa) wird saniert (26.3.). Der deutschnationale Alfred Hugenberg kauft Ufa-Aktien im

Wert von 15 Mio. Mark. Ein **unverhoffter Börsensturz** sorgt für Unruhe in der deutschen Wirtschaftswelt (13.5.). Die Erschütterungen finden ihre Ursache in der verschärften Kreditpolitik der Reichsbank. Der Chirurg **Ferdinand Sauerbruch**, auf dessen Arbeiten die Prothesentechnik zurückgeht, tritt eine Professur für Chirurgie an der Universität Berlin an (3.12.). Der deutsche Forscher **Heinrich Otto Wieland** wird mit dem Nobelpreis für Chemie ausgezeichnet, die Verleihung findet im Folgejahr statt (10.12.).

Kunst & Kultur

Der erste **Goethepreis** der Stadt Frankfurt am Main wird an den Lyriker **Stefan George** verliehen (28.8.). Erwin Piscator eröffnet nach Differenzen an der Berliner Volksbühne ein eigenes Theater, die sog. **Piscator-Bühne** (3.9.). Der Publizist Maximilian Harden stirbt in der Schweiz (30.10.). Sechs Jahre zuvor war er bei einem Attentat durch Rechtsradikale verletzt worden. Der einstige deutsche **Kaiser Wilhelm II**. prozessiert gegen den kommunistischen Regisseur Piscator, der die Figur des Monarchen in einem Theaterstück auftreten lässt (12.12.). Wilhelm II. fühlt sich lächerlich gemacht und fordert deshalb eine Zensur für die entsprechende Szene – mit Erfolg.

Gesellschaft & Sport

Zum ersten Mal seit 1914 findet in Köln wieder ein Rosenmontagszug statt (28.2.). Laut einer deutschen Tageszeitung gehören die Jungennamen Horst, Günter und Heinz sowie die Mädchennamen Inge und Ursula zu den **beliebtesten Vornamen** der Nachkriegszeit (5.3.). Es zeichnet sich ferner ein Trend zu ausländischen Namen ab. Der 1. FC Nürnberg wird mit einem 2:0-Sieg über Hertha BSC Berlin Deutscher Fußballmeister (12.6.). Mit der Eröffnung des Nürburgrings nimmt der schwierigste Rundkurs der Welt den Betrieb auf (18.6.). Er wurde im Rahmen eines Arbeitsbeschaffungsprogramms gebaut. Der deutsche Boxer **Max Schmeling** wird **Europameister** (19.7.).

Weltgeschichte

Die 15-jährige Norwegerin Sonja Henie gewinnt überraschend die Weltmeisterschaften im Eiskunstlauf (20.2.). Tschiang Kai-schek verkündet in der chinesischen Stadt Nanking die Bildung einer nationalrevolutionären Regierung (18.4.). Der erste **Fünfjahresplan** in der Geschichte der Sowjetunion wird erarbeitet (26.4.). In Paris landet der US-Postflieger **Charles Lindbergh**, der innerhalb von 33 Stunden **nonstop** im **Alleinflug** den **Atlantik** überquert hatte (21.5.). Nach Abschluss eines höchst zweifelhaften Indizienprozesses werden die beiden italienischstämmigen US-Bürger **Nicola Sacco** und **Bartolomeo Vanzetti** zu Tode verurteilt und schließlich auf dem elektrischen Stuhl **hingerichtet** (23.8.). Größen wie George Bernard Shaw und Upton Sinclair versuchten erfolglos, die beiden anarchistischen Einwanderer vor der wohl politisch motivierten Hinrichtung zu retten. Die Ära des **Tonfilms** wird in den USA mit der Aufführung des Streifens *The Jazz Singer* eingeleitet (23.10.). **Josef W. Stalin** kann den Machtkampf gegen den opponierenden **Leo D. Trotzki** für sich entscheiden (14.11.). Der Widerpart des Parteichefs der KPdSU wird aus der Partei ausgeschlossen. In New York feiern Konzertbesucher das Wunderkind **Yehudi Menuhin**, einen hoch begabten Elfjährigen, der bereits große Violinenkonzerte gibt (25.11.).

Charles Lindbergh vor der „Spirit of St. Louis“

1928

Politik

Der parteilose Generalleutnant a. D. **Wilhelm Groener** wird als neuer Reichswehrminister vereidigt (19.1.). Sein Amtsvorgänger Otto Gessler stolperte über eine

Joseph Goebbels

Finanzaffäre. In Schleswig-Holstein protestieren rund 140.000 Bauern gegen die Berliner Regierung (28.1.). Grund ist die verheerende Situation der deutschen Landwirtschaft, gegen die im Reichstag noch kein Konzept gefunden wurde. Der deutsche Schriftsteller **Alfred Döblin** spricht sich öffentlich gegen den **Abtreibungsparagraphen 218** aus (14.2.). Der interfraktionelle Ausschuss der regierenden Parteien erklärt die **Regierung** für **gescheitert** und bittet Präsident Hindenburg um die baldige Einberufung von Neuwahlen (18.2.). Außenminister Gustav Stresemann versucht, die Krise des deutschen **Parlamentarismus** zu erläutern (26.2.). Als Ursache nennt er u. a. übertriebenen Parteigeist der Abgeordneten, der es erschwert, Mehrheiten zu bilden. Als erste Partei eröffnet die NSDAP den **Wahlkampf,** für dessen Strategie sich in erster Linie **Joseph Goebbels** verantwortlich zeigt (5.3.). Das Verbot gegen die **NSDAP**-Ortsgruppe Berlin-Brandenburg von 1927 wird wieder aufgehoben (30.3.). Nationalsozialisten in München stören eine Wahlveranstaltung des **Außenministers Gustav Stresemann** (25.4.). Bei den Wahlen zum Reichstag sind die **Sozialdemokraten stärkste Partei** (20.5.). Sie verfügen nun fast über ein Drittel der Mandate. Die Kommunisten gewinnen zwei Prozent hinzu, die Nationalsozialisten müssen zwei Mandate abgeben. Nach langwierigen Streitigkeiten um den Bau eines Panzerschiffs gehen die SPD, die Deutsche Demokratische Partei (DDP), die rechtsliberale Deutsche Volkspartei (DVP) und die Bayerische Volkspartei (BVP) eine **große Koalition** ein (28.6.). Reichskanzler ist der Sozialdemokrat **Hermann Müller,** der mittlerweile schwer kranke **Gustav Stresemann** bleibt Außenminister. Im Rahmen einer Tagung des Völkerbundes in Genf verhandeln die Abgesandten über eine Revision des Dawes-Plans und eine damit verbundene Neuregelung der **Reparationszahlungen** (16.9.). Eine Sachverständigenkommission übernimmt nun die Erarbeitung eines neuen Planes. Die Deutschnationale Volkspartei (DNVP) wählt den Zeitungsmagnat **Alfred Hugenberg** zu ihrem Vorsitzenden (20.10.). Hugenberg war Mitbegründer des Alldeutschen Verbandes und steht für einen Austritt der Deutschen aus dem Völkerbund sowie die Wiederherstellung des Kaiserreichs. Nach der Kündigung des Tarifabkommens durch die Gewerkschafter schließen Unternehmer in der Eisen- und Stahlindustrie **213.000 Arbeiter** aus den Betrieben aus (1.11.). Die preußische Regierung drückt öffentlich ihr Bedauern über das kompromisslose Verhalten der Arbeitgeber aus (7.11.). Im Reichstag beschließen die Abgeordneten, dass den „Ausgesperrten" Unterstützung über die Gemeinden gewährleistet wird (14.11.). Im Sportpalast spricht **Adolf Hitler** erstmals auf einer öffentlichen Kundgebung in Berlin (16.11.). Bereits zwei Stunden vor Beginn der Rede ist die Arena bis auf den letzten Platz belegt. Ein Antrag der Sozialdemokraten, den **Panzerkreuzerbau** einzustellen, wird im Reichstag mehrheitlich abgelehnt (17.11.).

Wirtschaft & Wissenschaft

Nach einer Aussage des deutschen Wirtschaftsministers liegen die Preise in Deutschland über dem europäischen Durchschnitt (3.3.). Der Ingenieur **Fritz von Opel** stellt ein **Raketenauto** vor (11.4.). Das Automobil wird von Pulverraketen angetrieben und besteht die Testfahrt in Rüsselsheim ohne Probleme. Der Innerasienforscher **Wilhelm Filchner** kehrt nach zwei Jahren von einer Asienexpedition zurück, in Deutschland glaubte man bereits nicht mehr an sein Überleben (15.5.). **Albert Schweitzer** wird mit dem Goethepreis der Stadt Frankfurt am Main geehrt (28.8.). Adolf Otto R. Windhaus, ein Göttinger Wissenschaftler, erhält den **Nobelpreis für Chemie** (10.12.).

Kunst & Kultur

Erwin Piscator führt erstmalig *Die Abenteuer des braven Soldaten Schwejk* auf (23.1.). Die Inszenierung zeichnet sich durch technische Finessen wie etwa das Zeigen kurzer Zeichentrickfilme aus. Die *Dreigroschenoper* von **Bertolt Brecht** und **Kurt Weill** wird zu ihrer Premiere in Berlin stürmisch gefeiert (31.8.). Der Künstler **George Grosz** wird zu einer Geldstrafe von 2000 Mark verurteilt (10.12.). Als Grund für die Strafe wird angeführt, seine Bühnenbilder für Piscators Schwejk-Inszenierung seien eine „Verhöhnung der Religion“. Die 28-jährige Schriftstellerin **Anna Seghers** erhält den Kleistpreis für ihre Novelle *Aufstand der Fischer von St. Barbara* (22.12.).

Gesellschaft & Sport

Raketenauto „RAK 1“ von Opel

Boxtalent **Max Schmeling** wird deutscher Meister im Schwergewicht (4.4.). Um gegen die Ablösung der altgedienten Pferdedroschke durch Benzintaxis zu protestieren, fährt der Kutscher Gustav Hartmann bis nach **Paris**, wo er unter großem Jubel empfangen wird. Die Geschichte des sog. **Eisernen Gustav** steht später für die Filmwelt Pate. Bei den **Olympischen Spielen** in Amsterdam können die deutschen Sportler zehn Gold-, sieben Silber- und 13 Bronzemedaillen mit nach Hause nehmen und sind damit auf Rang zwei nach den USA in der Gesamtwertung (28.7.). Die deutsche Schwimmerin Hilde Schrader siegt über 200-m-Brust und stellt im Zwischenlauf einen neuen **Weltrekord** auf.

Weltgeschichte

Roald Amundsen

Die unnahbare Schönheit **Greta Garbo** fasziniert auf der Leinwand in dem Streifen *The Divine Woman*, der ihr den Beinamen „Die Göttliche“ einträgt (14.1.). Stalins ärgster Feind **Leo D. Trotzki** wird nach Almaty (Kasachstan) **verbannt** (17.1.). Die türkische Nationalversammlung beschließt die Trennung von Kirche und Staat, die seit geraumer Zeit vom Reformer **Kemal Atatürk** gefordert wird (8.4.). Am Kuomintag marschiert Tschiang-Kai-schek mit seiner nationalrevolutionären Armee in **Peking** ein (8.6.). Der Polarforscher **Roald Amundsen**, der eigens zur Rettung abgestürzter Expediteure in die arktische Eiswüste fliegt, kann von Suchtrupps nicht gefunden werden (23.6.). Während einige der verunglückten Forscher lebendig aus der Eiswüste geborgen werden, bleibt **Amundsen für immer verschollen**. Der Briand-Kellog-Pakt markiert eine bedeutende Zäsur in der Friedenspolitik (27.8.). In diesem Abkommen zwischen Großbritannien und Frankreich wird Krieg für völkerrechtswidrig erklärt. Der britische Bakteriologe Alexander Fleming entdeckt per Zufall das **Penizillin** (5.9.). Der Republikaner **Herbert Hoover** wird neuer US-Präsident (6.11.). Der Walt-Disney-Tonfilm *Steamboat Willy* macht Mäuse berühmt (18.11.). **Micky** und **Minnie** erobern bei der Premiere die Herzen der amerikanischen Zuschauer im Sturm.

Friedrich Ebert

(1871–1925)

Leben

Friedrich Ebert, geboren am 4.2.1871 in Heidelberg, erlernte das Sattlerhandwerk. Im Jahr 1889 trat er der Sozialdemokratie bei, wurde 1893 Redakteur einer sozialdemokratischen Zeitung in Bremen und ein Jahr später dortiger Parteivorsitzender. Von 1900–05 übte er den Fraktionsvorsitz der SPD in der Bremer Bürgerschaft aus. Nachdem er 1905 Sekretär des Vorstandes der SPD geworden war, siedelte er nach Berlin über. Im Jahr 1912 durch den Gewinn des Wahlkreises Elberfeld-Barmen in den Reichstag gewählt, wurde er ein Jahr später nach dem Tod von August Bebel zusammen mit Hugo Haase Parteivorsitzender. Im Ersten Weltkrieg stieg sein Einfluss weiter an – über die Reihen der Sozialdemokratie hinaus. Wegen Haases Rücktritt war Ebert alleiniger Parteivorsitzender und – gemeinsam mit Philipp Scheidemann – sozialdemokratischer Fraktionsvorsitzender im Reichstag. In diesen Funktionen sprach er sich gegen Annexionen aus. Die Abspaltung der USPD, die einen schnellen Frieden wünschte, ließ sich von ihm nicht verhindern. Ebert befürwortete die Parlamentarisierung des Reichs und wollte eine parlamentarische Monarchie. Am 9.11., am Tage der Ausrufung der Revolution, übertrug der bisherige Kanzler Prinz Max von Baden ihm als Führer der stärksten Reichstagsfraktion kurzfristig dieses Amt. Ebert übernahm am 10.11. mit Hugo Haase den Vorsitz im Rat der Volksbeauftragten. An diesem Tag schloss Ebert mit General Wilhelm Groener einen Pakt zur Aufrechterhaltung von Ruhe und Sicherheit im Reich, um die Ausbreitung revolutionärer Zustände einzudämmen. So unterstützte er das scharfe Vorgehen gegen Aufständische. Sein Ziel war eine möglichst schnelle Einberufung der Nationalversammlung. Nach der Wahl der Nationalversammlung am 11.2. von ihr mit 277 von 379 Stimmen gegen den Fraktionsvorsitzenden der Deutschnationalen Arthur Graf von Posadowsky-Wehner Freiherr von Postelwitz zum Reichspräsidenten gewählt (die Amtszeit wurde 1922 bis zum 30.6. 1925 verlängert), trat er in dieser Funktion überparteilich auf und machte viel vom Notverordnungsrecht Gebrauch, damit die Weimarer Republik ihre Krisenjahre überstehen konnte. Maßgeblich seine Rolle trug zum Erhalt der angefeindeten Republik bei. Der Versailler Friedensvertrag wurde von ihm zwar abgelehnt, aber mangels Alternative sprach er sich für die Annahme aus und hoffte, die Bestimmungen in der Praxis abschwächen zu können. Die Außenpolitik Gustav Stresemanns, die auf Versöhnung mit Frankreich und auf behutsame Revisionen zählte, fand seine volle Unterstützung. Als eine Zeitung ihn wegen seiner Haltung beim Berliner Munitionsarbeiterstreik im Januar 1918 diffamierte, verurteilte ein Magdeburger Gericht zwar die Beleidigung Eberts, hielt aber den Vorwurf des Landesverrats im formal-juristischen Sinn für begründet, obwohl sein Ziel darin bestand, ihn zu beenden. Immer wieder musste Ebert, der zwei Söhne im Krieg verloren hatte, die Gerichte anrufen. Der Reichspräsident starb am 28.2.1925 in Berlin an den Folgen einer verschleppten Blinddarmentzündung .

Friedrich Ebert

Würdigung

Als Verantwortungsethiker reinster Prägung sah sich Ebert seit seinem energischen Verhalten 1918/19 verleumdet – von rechts wie von links. Sieht man einmal von der marxistisch-leninistischen Position ab, die ihn schlicht als „Verräter an der Arbeiterklasse“ abkanzelt, kommen auch andere zu wenig schmeichelhaften Beurteilungen. Eigentümlicherweise befleißigt sich gerade die Position, die sonst nicht müde wird, die Rolle von sozialen Faktoren für die Entwicklung des Geschichtsverlaufs herauszustellen, einer derartigen personalistischen Kritik, ohne die Intentionen Eberts immer angemessen zu erfassen. Seine Politik war ganz auf das Bündnis mit dem Bürgertum ausgerichtet. Auch insofern hätte eine andere Politik die bürgerlichen Kräfte, die man wahrscheinlich nach der Wahl zur Nationalversammlung brauchte, brüskiert, wären vorher gravierende Eingriffe vorgenommen worden. Im Übrigen verkörperte Ebert nur die Position der Mehrheitssozialdemokraten. Zu ihr fand sich keine demokratische Alternative.

Friedrich Ebert

Friedrich Ebert hatte am 9.11. in einem Aufruf an die deutschen Bürger nachhaltig auf die Ernährungsfrage hingewiesen und sich am selben Tage an die Behörden und Beamten mit folgenden Worten gewandt: „Ich weiß, dass es vielen schwer werden wird, mit den neuen Männern zu arbeiten, die das Reich zu leiten unternommen haben, aber ich appelliere an ihre Liebe zu unserem Volke. Ein Versagen der Organisation in dieser schweren Stunde würde Deutschland der Anarchie und dem schrecklichsten Elend ausliefern.“ Sowohl in dem Aufruf Eberts an die deutschen Bürger als auch in dem an das deutsche Heimatheer vom 10.11. war davon die Rede, „Ruhe und Ordnung“ zu wahren. Die wirtschaftliche Leistungsfähigkeit durfte keinen Schaden nehmen. Wer Eberts Politik so vehement verurteilt, müsste erklären, ob und warum denn dessen Ziel, umgehend die Nationalversammlung einberufen zu wollen, kritikwürdig ist. Deutschland war bereits so weit demokratisiert, dass das Vorantreiben der Revolution massive soziale Kosten verursacht hätte. Und wer der SPD in den Wirren von 1918/19 Legalismus vorwirft, schuldet eine Antwort auf die Frage, wieso die Orientierung an den Prinzipien der Legalität abgewertet wird. Ebert hat 1918 eine Katastrophe verhindert, keine Chance verpasst.

Friedrich Ebert

Zu seinen Fehlern und denen der Mehrheitssozialdemokratie ist die Vertrauensseligkeit gegenüber der militärischen Führung zu rechnen. Die Übereinkunft zwischen Ebert und Groener vom 10.11. ist prinzipiell freilich ebenso wenig tadelnswert wie das Abkommen zwischen Gewerkschaften und Unternehmerverbänden vom 15.11.1918. Dies gilt im gleichn Maße für Eberts Kooperationsbemühungen im Hinblick auf das Zentrum und die Linksliberalen. Die eigene Partei ließ sich jedoch zunehmend in die Defensive drängen.
Der pflichtbewusste Ebert, der kein großer Redner, wohl aber ein guter Organisator war, wurde von seinen politischen Gegnern – rechts wie links – diffamiert. Eine Bild von Ebert in der Badehose trug ihm den Spott bürgerlicher Kreise ein, deren Interessen er nach der Revolution 1918 gewahrt hatte. Diese Kampagnen voller Häme setzten ihm zu, sodass sein früher Tod damit zusammenhängen mag.

Eckhard Jesse

1929

Politik

Ein von den Kommunisten eingebrachtes Misstrauensvotum gegen die sozialdemokratische Regierung im preußischen Landtag wird abgelehnt (2.1.). **Heinrich Himmler** wird zum Reichsführer der Schutzstaffel ernannt (6.1.). Reichspräsident Paul von Hindenburg bestätigt offiziell, dass er der rechten paramilitärischen „Stahlhelm"-Organisation zugehörig ist (26.2.). Der Vorsitzende der Deutschnationalen **Alfred Hugenberg** bietet in einem Schreiben an amerikanische Größen aus Wirtschaft und Politik eine enge Zusammenarbeit mit Deutschland im Kampf gegen den **Bolschewismus** an (5.3.). **Carl von Ossietzky** veröffentlicht unter dem Pseudonym Heinz Jäger einen Artikel in der *Weltbühne*, in dem er geheime Unterlaufungen des **Versailler Vertrags** an die Öffentlichkeit bringt (12.3.). Konkret handelt es sich um die inoffizielle Aufrüstung der Luftfahrt in Deutschland. Der Pazifist und Publizist Ossietzky wird für diesen Artikel später zu einer Haftstrafe von einem Jahr und sechs Monaten verurteilt. Die traurige Bilanz vom **Tag der Arbeit**: 33 Tote allein in Berlin; 63 Verletzte; 860 Verhaftungen (1.5.). Viele Demonstrationen waren vorab bereits verboten worden und fanden dennoch statt, die Polizei ging mit Schusswaffen gegen Demonstranten und Passanten vor. Mit einer breiten Mehrheit verabschiedet der Reichstag ein Gesetz über wirtschaftliche Unterstützung für das krisengeschüttelte Ostpreußen (16.5.). Die **Reparationsfrage** für Deutschland unterliegt einer neuen Regelung (7.6.). Die Summe beträgt insgesamt 112 Mrd. Goldmark und muss bis zum Jahr 1988 in Raten beglichen werden. Mitglieder der „Landvolk-Bewegung" zünden eine **Bombe** im Keller des **Berliner Reichstagsgebäudes** (1.9.). Der Anschlag bleibt ohne ernsthafte Folgen, die Täter werden überführt und verhaftet. Der deutsche Außenminister **Gustav Stresemann verstirbt** an den Folgen eines Schlaganfalls (3.10.). Im Ausland geht die Trauer um den Friedensnobelpreisträger mit großer Sorge um den zukünftigen außenpolitischen Kurs Deutschlands einher. Stresemann wird nach einem Staatsakt beigesetzt, Tausende Trauernde folgen seinem Sarg (6.10.). Die weltweite Finanzkrise richtet verheerende Schäden in Deutschland an, die Zahl der Arbeitslosen steigt rapide (25.10.). Der frühere deutsche Reichskanzler **Bernhard von Bülow** stirbt in Rom (28.10.). Bülow hatte sich besonders durch sein **diplomatisches Geschick** in der wilhelminischen Zeit verdient gemacht. Mit dem **Tod Max von Badens** nimmt Deutschland Abschied vom letzten Reichskanzler des Kaiserreichs (6.11.). Baden richtete in seiner kurzen Amtszeit ein Friedensangebot an US-Präsident Woodrow Wilson. Am Kurs Alfred Hugenbergs scheiden sich die deutschnationalen Geister; zehn Abgeordnete der **DNVP** verlassen den Reichstag, da sie mit ihrer Führungsperson nicht zufrieden sind (3.12.). Die NSDAP befindet sich im Aufwind (8.12.). Bei den Landtagswahlen in **Thüringen** erhält sie 11,3% der Stimmen und verbessert sich damit um ganze 6,7 Prozentpunkte. Reichsfinanzminister Rudolf Hilferding ist der wirtschaftlichen Misere nicht gewachsen und verlässt gezwungenermaßen die Regierung (20.12.). Ein **Volksentscheid** der NSDAP gegen den modifizierten Young-Plan zur Reparationsfrage **scheitert** (22.12.).

Blick in die New Yorker Börser während des „Schwarzen Freitags"

Wirtschaft & Wissenschaft

Die Adam Opel AG wird fortan vom US-Automobilkonzern General Motors maßgeblich gelenkt (17.3.). Das amerikanische Unternehmen erwirbt in einem großen Coup die Aktienmehrheit. Ein großer Tag für die **deutsche Technik**: Der Turbinendampfer „Bremen" kommt nach vier Tagen, 18 Stunden und 17 Minuten in New York an und gewinnt damit das begehrte **Blaue Band** für die schnellste Atlantiküberquerung (22.7.). Ein schwarzer Tag an der **Wall Street**: Ein historischer Börsenkrach verändert die Welt, auch Deutschland ist betroffen (25.10.). Deutsche Unternehmen gehen Konkurs, US-Kreditgeber ziehen ihre Gelder aus Europa zurück.

Kunst & Kultur

Beim Propyläen-Verlag in Berlin erscheint der aufrüttelnde Kriegsroman ***Im Westen Nichts Neues*** von Erich Maria Remarque (31.1.). Zu den Festwochen in Wien gelingt dem deutschen Regisseur **Max Reinhardt** ein großer Erfolg mit der Inszenierung von Georg Büchners Drama *Dantons Tod* (2.6.). Der beliebte Berliner Maler und Karikaturist **Heinrich Zille** stirbt (9.8.). Auf dem deutschen Buchmarkt führt *Die Biene Maja* von **Waldemar Bonsels** die Bestsellerliste an (10.9.). **Alfred Döblins** Großstadtroman *Berlin Alexanderplatz* erscheint im Verlag S. Fischer (11.10.). Der deutsche Literat **Thomas Mann** bekommt für seinen Roman *Buddenbrooks* den Nobelpreis für Literatur verliehen (10.12.).

Gesellschaft & Sport

Deutschland besiegt im Fußballländerspiel die Mannschaft aus der Schweiz mit 7:1 (10.2.). Die **Deutsche Liga für Menschenrechte** tagt in Leipzig (17.2.). Als neue Vorstandsmitglieder werden u. a. **Albert Einstein** und **Thomas Mann** gewählt. Durch einen 3:2-Sieg über Hertha BSC gewinnt die **Spielvereinigung Fürth** die Deutsche Fußballmeisterschaft (28.7.). 50.000 Zuschauer sehen das Spiel in Nürnberg. Bei den deutschen Leichtathletikmeisterschaften der Frauen gelingt Grete Heublein ein neuer Weltrekord im Kugelstoßen (21.7.). Der deutsche Sprinter Helmut Körnig stellt mit 21,0 Sek. einen neuen Rekord über 200 m auf (26.8.).

Buddenbrooks von Thomas Mann

Weltgeschichte

Das Zentralkomitee der KPdSU beschließt die Einführung des **Siebenstundentags** (11.1.). In Rom unterzeichnen **Benito Mussolini** und der Kardinalsstaatssekretär Pietro Gasparri die **Lateranverträge**, die dem Vatikan Souveränität zusichern (11.2.). Die Verträge symbolisieren die **Versöhnung** der katholischen Kirche mit dem faschistischen Regime und tragen dazu bei, die Diktatur Mussolinis salonfähig zu machen. Der französische Marschall **Ferdinand Foch** stirbt in Paris (20.3.). Fochs strategische Überlegungen brachten die Deutschen im Ersten Weltkrieg zu Fall. Tschiang-Kai-schek wird Präsident des Obersten Zentralrats in China (7.5.). In Hollywood wird erstmalig der „Academy Award of Merit", bekannt als **Oscar**, verliehen (16.5.). Die Preisvergabe erregt kaum Aufsehen. Das jüdische Viertel in Jerusalem wird von bewaffneten arabischen Freischärlern gestürmt (23.8.). Der französische Staatsmann **Aristide Briand** schlägt im Rahmen einer Tagung des Völkerbundes vor, die „Vereinigten Staaten von Europa" zu schaffen (5.9.). Die beteiligten Staaten sind wenig angetan von Briands europäischem Enthusiasmus. Frankreich trauert um seinen früheren Ministerpräsidenten **Georges B. Clemenceau** (24.11.).

Der begehrte „Oscar"

Paul von Hindenburg

(1847–1934)

Leben

Paul von Hindenburg, eigentlich Paul von Beneckendorff und Hindenburg, wurde am 2.10.1847 in Posen geboren. Nach einem kurzen Besuch der Bürgerschule und des Evangelischen Gymnasiums trat der Elfjährige in die Kadettenschule ein, die er 1865 mit dem Fähnrichsexamen verließ. Nach der Teilnahme an der Schlacht bei Königgrätz (gegen Österreich) und an der Sedanschlacht (gegen Frankreich) setzte sich seine militärische Laufbahn fort. Dem dreijährigen Besuch der Kriegsakademie folgten zahlreiche Beförderungen. Als General der Infanterie in Magdeburg trat der weithin unbekannte Hindenburg 1911 in den Ruhestand. Von der Armee reaktiviert, trug er als „Held von Tannenberg“ maßgeblich zum Sieg im August 1914 über Russland bei. Um Hindenburg entstand ein regelrechter Kult. 1916 übernahm er als Generalstabschef gemeinsam mit Erich Ludendorff, dem Ersten Generalquartiermeister, die Oberste Heeresleitung, die immer mehr Einfluss in der Politik bekam. So sollte das „Hindenburgprogramm“ von 1916 die deutsche Rüstungsproduktion koordinieren. Sie plädierte angesichts der militärisch aussichtslos gewordenen Lage im September 1918 für Waffenstillstandsverhandlungen. Hindenburg riet Kaiser Wilhelm II. zur Abdankung, um die Dynastie zu retten, er hielt selbst den Oberbefehl über das Heer zwecks geordneter Rückführung. Im Jahre 1919 folgte sein zweiter Ruhestand. Vor dem parlamentarischen Untersuchungsausschuss über die Ursachen des deutschen Zusammenbruchs popularisierte er die These vom „Dolchstoß“. Die Memoiren Hindenburgs von 1920 fanden ein großes Echo in Deutschland. Versuche der Konservativen 1919/20, ihn als Kandidaten für das Amt des Reichspräsidenten zu gewinnen, scheiterten schon deshalb, weil Hindenburgs Kandidatur als Affront aufgefasst worden wäre – im Inwie im Ausland.

Paul von Hindenburg

Das war 1925 anders, als bei der Präsidentschaftswahl im ersten Wahlgang kein Kandidat die absolute Mehrheit erreichen konnte. Karl Jarres von der Deutschen Volkspartei und früherer Innenminister, führte vor dem Sozialdemokraten Otto Braun und Wilhelm Marx vom Zentrum. Hindenburg ließ sich zur Bewerbung überreden. Die Parteien des „Reichsblocks“ (die Deutschnationalen, die Deutsche Volkspartei, die Bayerische Volkspartei, die Wirtschaftspartei, die NSDAP) unterstützten Hindenburg, die Parteien des „Volksblocks“ (Zentrum, SPD, DDP) Wilhelm Marx. Hindenburg (48,3%) setzte sich im vorgerückten Alter knapp gegen Marx (45,3%) durch – auch deshalb, weil die Kommunisten nicht bereit waren, auf ihren aussichtslosen Kandidaten Ernst Thälmann zu verzichten. Der parteilose Hindenburg enttäuschte nach den Wahlen 1925 seine rechten Anhänger und überraschte positiv seine Gegner, zunächst zeichnete sich seine Amtsführung durch formalkorrekte Einhaltung der Regeln aus. Später war es sein Bestre-

Paul von Hindenburg nach seiner Vereidigung zum Reichspräsidenten 1925

ben, die SPD aus der Regierung zu verdrängen. Präsidialkabinette boten ihm dazu eine Möglichkeit. Nach seiner Wiederwahl 1932 – im zweiten Wahlgang mit 53% gegen Adolf Hitler, der immerhin 36,8% erzielt hatte, – enttäuschte er erneut seine Anhänger, diesmal diejenigen aus der Mitte. So wurde Reichskanzler Heinrich Brüning von der Zentrumspartei aufgrund von Interventionen großagrarischer Kreise am 30.5.1932 entlassen. Schließlich war Hindenburg trotz gewisser Bedenken dazu bereit, den „böhmischen Gefreiten" Hitler zum Kanzler zu ernennen.
Am 1.2.1933 kam Hindenburg der Forderung Hitlers entgegen und löste den Reichstag auf. Nach dem Reichstagsbrand am 27.2. erließ er die „Notverordnung zum Schutz von Volk und Staat", die eine Verhaftungswelle auslöste. Der „Tag von Potsdam" (21.3.) zeigte Hitler und Hindenburg einträchtig Seite an Seite, wie sie Preußens Ruhm beschworen. Das „Ermächtigungsgesetz" vom 23.3. beseitigte nicht nur die Abhängigkeit der Reichsregierung vom Reichstag, sondern auch vom Reichspräsidenten. Hindenburg baute in den folgenden Monaten gesundheitlich immer mehr ab. Er trat dem Kurs Hitlers nicht entgegen, sondern pries ihn in seinen wenigen Reden. Als im Zuge des sog. „Röhm-Putsches" am 30.6.1934 u. a. auch Kurt von Schleicher ermordet wurde, wünschte der Reichspräsident eine gerichtliche Klärung der Todesumstände. Am 2.8.1934 verstarb Paul von Hindenburg auf seinem Gut in Neudeck – kurz nach einem Besuch Hitlers bei ihm. Die Legende will wissen, dass Hindenburg mit seinen letzten Worten dem „Vaterland" und dem „Kaiser" Tribut zollte. Reichskanzler Hitler übernahm noch am 2.8. das Amt des Reichspräsidenten in Personalunion. Die Wehrmacht wurde von nun an auf ihn vereidigt.

Würdigung

Der Reichspräsident war für viele Bürger der Weimarer Republik eine Art Ersatzmonarch. Der Nachfolger Eberts im Amt des Reichspräsidenten, 24 Jahre älter als dieser, entstammte einer anderen Schicht und verfolgte eine Politik, die der Eberts zuwiderlief, auch wenn er sich anfangs in dessen Kontinuität stellte. Die Amtsführung Hindenburgs ließ zunächst nicht zu wünschen übrig; er unterstützte weitgehend die Außenpolitik Stresemanns, wiewohl er sich dem preußischen Konservatismus verpflichtet fühlte. Erst später nahm sein Kurs verhängnisvolle Formen an und mündete in Hitlers Ernennung zum Reichskanzler.
Um Paul von Hindenburg bildete sich 1914 ein regelrechter Mythos, der bis zu seinem Tode anhielt. Er habe die Überparteilichkeit verkörpert. Davon kann trotz zeitweiliger Loyalität gegenüber der Weimarer Republik nicht die Rede sein. Gewiss war Hindenburg kein Nationalsozialist, aber ebenso wenig ein Demokrat. Pflichtgefühl lässt sich ihm nicht absprechen, doch ist sein Name auch mit dem Osthilfe-Skandal verbunden: Ostpreußische Großgrundbesitzer entfremdeten staatliche Gelder. Auch Hindenburg und sein Sohn Oskar gerieten in den Verdacht, Steuern hinterzogen zu haben.
Die Geschichtswissenschaft streitet sich darüber, ob die Reichspräsidentschaft Hindenburgs der Weimarer Republik von Nutzen war oder von Schaden. Die erste Variante argumentiert u. a. damit, dass auf diese Weise eine Aussöhnung preußischer Konservativer mit dem neuen Staat die Folge hätte sein können. Sie stützt ihre Position v. a. auf die erste Amtsperiode

Wahlplakat zur Reichspräsidentenwahl im Jahr 1932

des Präsidenten. Die andere Variante lautet: Die Wahl Hindenburgs war ein Signal an die Repräsentanten des Obrigkeitsstaates, dass der Kampf gegen die Demokratie zu gewinnen sei. Die Argumentation beruft sich nicht zuletzt auf die zweite Amtsperiode Hindenburgs. Nichts verdeutlicht so sehr den Wandel der politischen Kultur binnen weniger Jahre wie der Ausgang der Reichspräsidentenwahlen 1925 und 1932. Zwar wurde in beiden Fällen Paul von Hindenburg gewählt, aber 1925 stand der Gegenkandidat links von ihm, 1932 (Adolf Hitler) rechts von ihm. Die SPD sah sich gezwungen, den Monarchisten Hindenburg als geringeres Übel zu unterstützen.

Eckhard Jesse

1930

Politik

Die zweite **„Haager Konferenz"** endet mit der Unterzeichnung der „Haager Schlussakte" (20.1.). Darin regeln die Alliierten und das Deutsche Reich die Finanzierung des **„Young-Plans"**. SA-Sturmführer **Horst Wessel** erliegt in Berlin im Alter von 22 Jahren den Folgen eines Überfalls durch kommunistische Freischärler (23.2.). Bekanntheit erlangt er v. a. durch das nach ihm benannte „Horst-Wessel-Lied" der Nationalsozialisten. Großadmiral **Alfred von Tirpitz** stirbt im Alter von 80 Jahren in Ebenhausen (6.3.). Rücktritt des Reichsbankpräsidenten **Hjalmar Schacht** aufgrund von Differenzen mit der Reichsregierung über die Umsetzung des „Young-Plans" (8.3.). Nachfolger ist der ehemalige Reichskanzler Hans Luther. Der Reichstag nimmt den „Young-Plan" an (12.3.). **Regierung scheitert an Arbeitslosenversicherung** (27.3.). Das Kabinett Müller kann sich nicht auf einen gemeinsamen Entwurf zur Finanzierung der Arbeitslosenunterstützung einigen, da SPD und Gewerkschaften eine Kürzung der Leistungen ablehnen und eine Erhöhung der Beiträge auf 4% fordern. Reichskanzler **Hermann Müller**, der letzte Kanzler der Weimarer Republik, der sich auf eine parlamentarische Mehrheit stützen kann, tritt zurück. Reichspräsident Paul von Hindenburg beauftragt den Zentrumspolitiker **Heinrich Brüning** mit der Regierungsbildung (28.3.). Brüning stellt sein bürgerliches Minderheitskabinett vor, das erste der sog. **„Präsidialkabinette"** (30.3.). Die alliierten Truppen schließen die Räumung des Rheinlands ab (30.6.). **Otto Straßer** drängt auf eine stärkere sozialrevolutionäre Ausrichtung der NSDAP und gerät daraufhin in Konflikt mit Hitler. Unter Straßers Ägide spaltet sich ein linker Flügel der Partei ab und formiert sich als „Kampfgemeinschaft Revolutionärer Nationalsozialisten" (3.7.). Die Finanzierungsvorlage der Regierung Brüning zur Haushaltssanierung scheitert im Reichstag am Widerstand von SPD, KPD, NSDAP und DNVP (16.7.). Reichspräsident Hindenburg setzt den Entwurf per **Notverordnung** (nach Art. 48 der Weimarer Reichsverfassung) durch. Der **Reichstag** stimmt einem Antrag der SPD zur Aufhebung der vom Reichspräsidenten erlassenen Notverordnung zu. Hindenburg löst daraufhin den Reichstag auf (18.7.). Bildung der **„Konservativen Volkspartei"** aus gemäßigten Vertretern der DNVP (23.7.). Hindenburg setzt die Notverordnung wieder in Kraft (26.7.). Die „Deutsche Demokratische Partei" (DDP und der „Jungdeutsche Orden" vereinigen sich zur **„Deutschen Staatspartei"**; (27.7.). Nationalsozialisten gelingt der Durchbruch bei den **Reichstagswahlen** (14.9.): Die NSDAP erlangt einen Zuwachs von 800.000 auf 6,4 Mio. Stimmen und stellt mit 107 Abgeordneten (18,3%) die zweitstärkste Fraktion hinter der SPD mit 143 Sitzen (24,5%). Die KPD kann ebenfalls zulegen und erzielt 77 Mandate (13,1%). Die Wahlbeteiligung liegt bei 82,0%. Das Kabinett Brüning regiert weiter. **Adolf Hitler** kündigt in seiner Zeugenaussage in einem Hochverratsprozess gegen drei Reichswehroffiziere an, die Macht auf legalem Wege er-

Heinrich Brüning (links) und der Präsident der Reichsbank Hans Luther

Propagandaplakat der Nationalsozialisten

langen und den Staat nach seinen Vorstellungen umgestalten zu wollen (25.9.). Die Regierung Brüning erlässt die **Notverordnung** zur „Sicherung von Wirtschaft und Finanzen“, die u. a. eine Kürzung der Beamtenbezüge und eine Erhöhung der Arbeitslosenversicherung vorsieht (1.12.).

Wirtschaft & Wissenschaft

In Heidelberg eröffnet das **„Kaiser-Wilhelm-Institut für medizinische Forschung“** (27.5.). Einweihung des **Pergamonmuseums** auf der Berliner Museumsinsel (2.10.). **Hans Fischer** erhält den **Nobelpreis** für Chemie für seine Forschungen über Blut- und Pflanzenfarbstoffe (10.12.). Der Physiker **Manfred von Ardenne** führt in Berlin die ersten elektronischen Fernsehbilder vor (24.12.). **Walter Reppe** entwickelt die Acetylenchemie zur Herstellung von Kunststoffen. Franz Kruckenberg konstruiert den **„Schienenzeppelin“**, ein propellergetriebenes Fahrzeug mit einer Spitzengeschwindigkeit von 230 km/h. **Max Horkheimer** und **Theodor W. Adorno** begründen am „Frankfurter Institut für Sozialforschung“ die berühmte Schule der „kritischen Theorie“.

Kunst & Kultur

Premiere des Films ***Der blaue Engel*** nach Heinrich Manns Roman *Professor Unrat* in Berlin (1.4.). Der Streifen avanciert zum Welterfolg, macht Marlene Dietrich zum Star. Die Titelmusik *Ich bin von Kopf bis Fuß auf Liebe eingestellt* stürmt die Charts. **Cosima Wagner**, Witwe des Komponisten Richard Wagner, stirbt im Alter von 92 Jahren in Bayreuth (1.4.). Sie hat sich besonders um die Organisation der „Bayreuther Festspiele“ verdient gemacht. Uraufführung des Films ***Die Drei von der Tankstelle*** mit Heinz Rühmann, Willy Fritsch und Lilian Harvey in den Hauptrollen (15.9.). Die Reichsfilmprüfstelle verbietet den Antikriegsfilm ***Im Westen nichts Neues*** nach dem Roman von Erich Maria Remarque (11.12.).

Gesellschaft & Sport

Die Frauenrechtlerin **Helene Lange** stirbt im Alter von 82 Jahren in Berlin (13.5.). Eröffnung des **Hygienemuseums** in Dresden (16.5.). **Berlin** reicht seine Bewerbung um die Ausrichtung der Olympischen Spiele beim „Internationalen Olympischen Komitee“ ein (30.5.). **Max Schmeling** gewinnt als erster europäischer Boxer die Weltmeisterschaft im Schwergewicht (12.6.). **Hertha BSC Berlin** besiegt im Endspiel um die Deutsche Fußballmeisterschaft Holstein Kiel mit 5:4 (22.6.). Der „Allgemeine Deutsche Automobilclub“ (**ADAC**) beginnt in Bayern mit der Einrichtung von Pannentelefonen (10.8.). Eröffnung der ersten **Berufsschule für Mädchen** in München (11.11.). **Alfred Rosenbergs** *Der Mythus des 20. Jahrhunderts* erscheint.

Marlene Dietrich in *Der blaue Engel* (1930)

Weltgeschichte

Rücktritt des spanischen Diktators, General **Miguel Primo de Rivera** (28.1.). **Zwangskollektivierung** in der Sowjetunion: Die Regierung beschließt die Enteignung und Deportation der Großbauern, der sog. „Kulaken“, zugunsten der Kolchosen (1.2.). Gründung der „Kommunistischen Partei Vietnams“ unter Mitwirkung **Ho Chi Minhs** in Hongkong (3.2.). Indien kämpft für die Unabhängigkeit: Der Freiheitskämpfer **Mahatma Gandhi** protestiert mit seinen Anhängern im sog. **„Salzmarsch“** gegen die Verdoppelung der Salzsteuern durch die britischen Kolonialherren (12.3.). Entdeckung des Planeten **Pluto** (13.3.). Auf der **Londoner Flottenkonferenz** vereinbaren Großbritannien, Frankreich, die USA, Japan und Italien Rüstungsbeschränkungen (22.4.). Die französische Nationalversammlung verabschiedet ein Gesetz zur Einführung der **Sozialversicherung** (24.4.). **Carol II.** beginnt nach seiner Wahl zum König von Rumänien mit der Errichtung eines autoritären Regimes (8.6.).

1931

Politik

Aufmarsch des „Stahlhelm" zu einer Kundgebung in Berlin

Adolf Hitler ernennt **Ernst Röhm** zum SA-Chef (5.1.). Die Sturmabteilung erhält unter Röhm eine militärische Gliederung. Ein **Misstrauensantrag** von NSDAP und KPD gegen die Regierung Brüning scheitert im Reichstag (7.2.). NSDAP und DNVP ziehen aus dem Reichstag aus, nachdem das Parlament durch eine Änderung der Geschäftsordnung das Stellen von Misstrauensvoten erschwert hatte (10.2.). Der ehemalige Reichskanzler **Hermann Müller** stirbt im Alter von 54 Jahren in Berlin (20.3.). Die Regierung Brüning veröffentlicht Planungen für eine **deutsch-österreichische Zollunion** (21.3.). Reichspräsident Paul von Hindenburg erlässt eine **Notverordnung** zur „Bekämpfung politischer Ausschreitungen" (28.3.). Sie schränkt Versammlungsrecht und Pressefreiheit ein. Der thüringische Landtag zwingt Innenminister **Wilhelm Frick**, den ersten NSDAP-Minister, durch ein Misstrauensvotum zum Rücktritt (1.4.). Regierung bekämpft Wirtschaftskrise mit **Deflationspolitik** (5.6.): Eine **zweite Notverordnung** zur „Sicherung von Wirtschaft und Finanzen" kürzt alle Einkommen, streicht zahlreiche Vergünstigungen und erhöht die Steuern. Ziele der Maßnahmen sind die Sanierung des Staatshaushalts und das Ankurbeln der Exportwirtschaft. Angesichts der verheerenden Auswirkungen der Weltwirtschaftskrise auf Deutschland plädiert der amerikanische Präsident Herbert Clark Hoover für eine einjährige Stundung der deutschen **Reparationsleistungen** (20.6.). Unterzeichnung des sog. **„Hoover-Moratoriums"** über die deutschen Reparationen in London (11.8.). Das **Haager Schiedsgericht** gibt dem französischen Antrag statt und lehnt die Pläne für eine **deutsch-österreichische Zollunion** mit Verweis auf die Bestimmungen des Versailler Vertrags ab (5.9.). Die Kürzung der **Arbeitslosenunterstützung** von 26 auf 20 Wochen mehrt Not und Unzufriedenheit in der Bevölkerung (1.10.). Reichsaußenminister **Julius Curtius**, Initiator der deutsch-österreichischen Zusammenarbeit, tritt nach der Entscheidung des Haager Gerichtshofs zurück (3.10.); die Regierung Brüning folgt ihm (7.10.). Hindenburg beauftragt **Brüning** erneut mit der Regierungsbildung, verlangt aber eine stärkere Rechtsorientierung (9.10.). Reichskanzler Brüning stellt sein neues „Fachkabinett" vor, in dem er zusätzlich das Amt des Außenministers übernimmt (10.10.). „Nationale Opposition" gegen Brüning: Auf Initiative Alfred Hugenbergs schließen sich NSDAP, DNVP, „Stahlhelm", die „Vereinigung Vaterländischer Verbände" und Teile der DVP zur **„Harzburger Front"** zusammen (11.10.). Gemeinsames Ziel ist die Absetzung der Regierung Brüning und die Errichtung einer Diktatur. Unterstützung bezieht die Vereinigung v. a. aus Reihen der Großindustrie und des Militärs. Das sog. „Boxheimer Dokument", ein Plan der NSDAP für Sofortmaßnahmen und Notverordnungen im Falle einer Machtübernahme, sorgt reichsweit für Aufsehen (23.11.). Das Reichsgericht in Leipzig verurteilt **Carl von Ossietzky** wegen „Landesverrats" zu 18 Monaten Haft (23.11.). *Die Weltbühne*, dessen Herausgeber er ist, hatte in einem Artikel von geheimen militärischen Entwicklungsprojekten berichtet. Als Reaktion auf die „Harzburger Front" formieren sich SPD, Gewerkschaften, der

Bertolt Brecht

„Arbeiterturn- und Sportbund“, die „Sozialistische Arbeiterjugend“ und das „Reichsbanner Schwarz-Rot-Gold“ zur **„Eisernen Front“** (23.12.).

Wirtschaft & Wissenschaft

Der **Nobelpreis für Chemie** geht an Friedrich Bergius und Carl Bosch (10.12.). Die Forscher hatten ein Verfahren zur Kohleverflüssigung entwickelt. Otto Heinrich Warburg erhält den **Nobelpreis der Medizin und Physiologie** für seine Erforschung der Zellatmung (10.12.). Die „Darmstädter- und Nationalbank“ (**Danat-Bank**) geht in Konkurs (13.12.). Grund für die Zahlungsunfähigkeit eines der größten deutschen Kreditinstitute ist der Abzug ausländischer Kredite. Um den Zusammenbruch des gesamten deutschen Finanzsystems zu verhindern, bleiben die Banken im Reich auf Anweisung der Regierung tagelang geschlossen. Max Knoll und Ernst Ruska konstruieren das **erste Elektronenmikroskop**.

Kunst & Kultur

Der Spielfilm ***Die Dreigroschenoper*** nach der Romanvorlage von Bertolt Brecht kommt in Berlin auf die Leinwand (19.2.). Uraufführung von Carl Zuckmayers Schauspiel ***Der Hauptmann von Köpenick*** im „Deutschen Theater“ in Berlin (5.3.). Ein Brand des Münchner Glaspalastes vernichtet über 3000 Kunstwerke, darunter bedeutende Gemälde der deutschen Romantik (6.6.). **Karl Jaspers** veröffentlicht das philosophische Werk *Die geistige Situation der Zeit*. **Arnold Zweigs** Roman *Junge Frau von 1914* erscheint. **Erich Kästner** prangert in seiner Satire *Fabian. Die Geschichte eines Moralisten* die gesellschaftlichen Zustände in der Weimarer Republik an.

Gesellschaft & Sport

Berlin erhält vom „Internationalen Olympischen Komitee“ den Zuspruch zur Ausrichtung der Olympischen Spiele 1936 (13.5.). Die **Deutsche Fußballnationalmannschaft** unterliegt in einem Länderspiel dem österreichischen „Wunderteam“ in Berlin mit 0:6 (24.5.). **Hertha BSC Berlin** bezwingt im Endspiel um die Deutsche Fußballmeisterschaft in Köln den TSV 1860 München mit 3:2 (14.6.). **Cilly Aussem** gewinnt als erste deutsche Tennisspielerin die Damenkonkurrenz in Wimbledon (3.7.). **Max Schmeling** verteidigt in Cleveland seinen WM-Titel im Schwergewichtsboxen (3.7.). Ende des Jahres erreicht die **Zahl der Arbeitslosen** im Reich eine Höhe von 5,6 Mio. (31.12.).

Weltgeschichte

Papst **Pius XI.** wendet sich in einer Enzyklika gegen Emanzipation und Geburtenkontrolle (8.1.). Freilassung des indischen Freiheitskämpfers **Mahatma Gandhi** (25.1.). Nach dem Thronverzicht von König Alfons XIII. ist in **Spanien** der Weg zur Republik frei (14.4.). Einweihung des **Empire State Buildings** in New York (1.5.). Es ist mit 312 m das höchste Gebäude der Welt. Weltweite **Bankenkrise**: Die „Österreichische Credit-Anstalt“ bricht zusammen (11.5.). **Paul Doumer** wird neuer französischer Staatspräsident (13.5.). Die **Sowjetunion** führt die Unterrichtspflicht für alle Analphabeten zwischen 16 und 50 Jahren ein (15.8.). Mit der Besetzung der Mandschurei durch japanische Truppen beginnt der **japanisch-chinesische Krieg** (18.9.). Die Bank von England rückt angesichts der Finanzkrise vom Goldstandard für die Pfundwährung ab (21.9.): Zahlreiche Länder folgen, es entsteht der sog. **„Sterlingblock“**. **Spanien** erhält eine liberale Verfassung (4.12.): Wichtigste Neuerung neben der Anerkennung der Bürgerrechte ist die Trennung von Staat und Kirche. **Kanada** erlangt durch das „Statut von Westminster“ die vollkommene Unabhängigkeit von Großbritannien (11.12.).

Empire State Building in New York

1932/33

Politik

1932 – **Adolf Hitler** erhält mit seiner Berufung zum Regierungsrat durch das Braunschweigische Staatsministerium die deutsche Staatsbürgerschaft und kann damit für das Amt des Reichspräsidenten kandidieren (25.2.). Paul von Hindenburg siegt im ersten Wahlgang zur **Reichspräsidentenwahl** vor Adolf Hitler und dem KPD-Kandidaten Ernst Thälmann (13.3.). Der zweite Urnengang zur Wahl des Reichspräsidenten bestätigt **Hindenburg** mit absoluter Mehrheit im Amt (10.4.). Die **„Notverordnung zur Sicherung der Staatsautorität"** verbietet die militärischen Organisationen der NSDAP: SS und SA (13.4.). **Hindenburg** fordert Brüning zum Rücktritt auf. Dieser hatte sich mit seinem Ostsiedlungsprogramm, der Enteignung ostelbischer Güter zur Besiedlung durch Arbeits- und Landlose, den Unmut der Großagrarier eingehandelt (29.5.). **Rücktritt des Kabinetts Brüning** (30.5.). Auf Anraten des Generals **Kurt von Schleicher**, Staatssekretär im Reichswehrministerium, dessen Ziel die „Zähmung" der Nationalsozialisten durch Einbindung ist, beauftragt Hindenburg den Zentrumspolitiker **Franz von Papen** mit der Regierungsbildung (31.5.). Papens **„Kabinett der Barone"** besteht mehrheitlich aus deutschnationalen Adligen, darunter Schleicher als Reichswehrminister (1.6.). Die wichtigsten Herausforderungen für die neue Regierung sind die Massenarbeitslosigkeit und das Verhältnis zur NSDAP. Hindenburg löst auf Antrag Papens den **Reichstag** auf (4.6.). Reichskanzler von Papen hebt das Verbot von **SS** und **SA** auf (28.6.). Kommunisten und Nationalsozialisten sorgen in vielen Städten für bürgerkriegsähnliche Zustände. Höhepunkt ist der durch einen SA-Aufmarsch provozierte **„Altonaer Blutsonntag"**, bei dem 18 – meist unbeteiligte – Menschen ums Leben kommen (17.7.). Papen setzt daraufhin die preußische Regierung unter dem seit 1920 regierenden Ministerpräsidenten Otto Braun (SPD) per Notverordnung ab und ernennt sich selbst zum Reichskommissar von Preußen (20.7.). Eine Klage der preußischen Regierung vor dem Reichsgerichtshof gegen den sog. **„Preußenschlag"** bleibt erfolglos, ein von der SPD erörterter Generalstreik ist angesichts der Massenarbeitslosigkeit aussichtslos. Bei den **Reichstagswahlen** erringt die NSDAP mit 37,4% der Stimmen einen überwältigenden Sieg; es folgen SPD mit 21,6% und KPD mit 14,5% (31.7.). Bei einem Gespräch mit Hindenburg und von Papen macht **Hitler** eine Regierungsbeteiligung der NSDAP von seiner Kanzlerschaft abhängig (13.8.). **Papen beendet die Deflationspolitik** und setzt ein Wirtschaftsprogramm per Notverordnung in Kraft (4.9.). Erneute **Auflösung des Reichstags** nach erfolgreichem Misstrauensvotum gegen Papen (12.9.). **Reichstagswahlen** (6.11.): Die NSDAP fällt auf 33,1% der Stimmen zurück. Die SPD kommt auf 20,4%, die KPD auf 16,9%. Hindenburg vertraut Reichswehrminister **Schleicher** die Regierungsbildung an (3.12.). Schleichers Plan: Rückendeckung seiner Regierung durch die Bildung einer **Gewerkschaftsfront** unter Einbindung des linken Flügels der

Franz von Papen

Plakate vor der Reichstagswahl

NSDAP um Gregor Straßer. Der Plan scheitert, Straßer gibt seine Ämter in der NSDAP auf (8.12.). 1933 – Gespräche zwischen **Hitler** und **von Papen** über eine Regierungsbildung (4.1.). Hindenburg lehnt Schleichers Ersuchen ab, ihm diktatorische Vollmachten zu übertragen (26.1.). **Reichskanzler Kurt von Schleicher** tritt zurück (28.1.).

Wirtschaft & Wissenschaft

1932 – Die vier sächsischen Autohersteller „Audi", „Horch", „DKW" und „Wanderer" schließen sich zur **„Auto Union AG"** zusammen, bleiben aber wirtschaftlich wie juristisch selbstständig (29.6.). Markenzeichen der Zusammenarbeit sind die vier Ringe. **Werner Heisenberg** erhält den **Nobelpreis der Physik** für seine Forschungen in der Quantenphysik (10.12.). **Karl Jaspers** Grundlagenwerk *Philosophie* erscheint. **Karl Jansky** entdeckt die Radiostrahlung aus dem All und legt damit den Grundstein für die Radioastronomie. Die **Wirtschaftskrise** lähmt das Reich: Nur noch 45% der Industriekapazitäten sind ausgelastet, die Produktion beträgt gerade einmal noch 57% jener des Jahres 1928.

Kunst & Kultur

1932 – Uraufführung von Gerhart Hauptmanns Schauspiel ***Vor Sonnenuntergang*** in Berlin (16.2.). *Das blaue Licht*, ein Film der Regisseurin **Leni Riefenstahl**, kommt in Berlin auf die Leinwand (24.3.). Erstmalige Aufführung von **Bertolt Brechts** Drama *Die heilige Johanna der Schlachthöfe* (11.4.). **Hans Fallada** veröffentlicht den Roman *Kleiner Mann – was nun?* (10.6.). Josef von Sternbergs Streifen ***Blonde Venus*** mit Marlene Dietrich feiert seine Premiere in New York (23.9.). Der Schauspieler **Gustaf Gründgens** tritt in Berlin erstmals in der Rolle seines Lebens auf: als Mephistopheles in Goethes *Faust* (2.12.).

Werner Heisenberg

Gesellschaft & Sport

1932 – Die **Zahl der Arbeitslosen** im Reich erreicht mit 6,1 Mio. ihren Höchststand (1.2.). Die Deutsche Eishockeynationalmannschaft gewinnt bei den **Olympischen Winterspielen** in Lake Placid die Bronzemedaille (13.2.). Der **FC Bayern München** gewinnt mit einem 2:0-Sieg über Eintracht Frankfurt in Nürnberg zum ersten Mal die Deutsche Fußballmeisterschaft (12.6.). **Max Schmeling** verliert nach einem umstrittenen Punkteurteil die Boxweltmeisterschaft im Schwergewicht gegen Jack Sharkey (21.6.). **Kurt Stöpel** beendet die Tour de France als Zweitplatzierter (Juli). Der deutsche Olympiaausschuss vergibt die Austragung der **Olympischen Winterspiele 1936** an die Stadt Garmisch-Partenkirchen (3.12.).

Weltgeschichte

1932 – Die **III. Olympischen Winterspiele** in Lake Placid eröffnen mit nur sieben teilnehmenden Nationen (4.2.). Waffenstillstand zwischen **Japan** und **China** (5.5.): Japanische Truppen räumen die chinesische Hafenstadt Shanghai. Der französische Staatspräsident **Paul Doumer** stirbt an den Folgen eines Attentats. (7.5.). Ihm folgt **Albert Lebrun** im Amt. **Engelbert Dollfuß** führt als neuer Bundeskanzler Österreichs eine Mitte-Rechts-Koalition an (20.5.). Die Niederlande, Luxemburg und Belgien einigen sich im „Benelux-Abkommen" auf den Wegfall der Zollschranken (20.6.). **Polen** und die **Sowjetunion** schließen einen Nichtangriffspakt (25.7.). Die **X. Olympischen Sommerspiele** beginnen in Los Angeles (30.7.). Ausbruch des **bolivisch-paraguayischen Krieges** um die Erdölfelder des Gran Chaco (31.7.). Vereinigung der Königreiche Hedschas und Naschd zum **Königreich Saudi-Arabien** (23.9.). Mit dem Beitritt zum Völkerbund erlangt das **Königreich Irak** die Unabhängigkeit von Großbritannien (3.10.). Der Demokrat **Franklin D. Roosevelt** gewinnt die US-Präsidentschaftswahlen gegen den republikanischen Amtsinhaber Herbert Clark Hoover (7.11.).

1933 – Nach 20-jähriger Besatzungszeit räumen die US-Truppen **Nicaragua** (2.1.).

Franklin D. Roosevelt

Tag der Reichstagswahl
(31. 7. 1932)

Franz von Papen

Am 31.7.1932 fanden – auf dem Höhepunkt der weltweiten Wirtschaftskrise – Reichstagswahlen statt, da Reichskanzler Franz von Papen, der einem „Kabinett der Barone" vorstand, den Reichstag durch den Reichspräsidenten auflösen ließ. Sie endeten mit einem Debakel für die Demokratie. Die Nationalsozialistische Deutsche Arbeiterpartei Hitlers und die von Ernst Thälmann angeführte Kommunistische Partei Deutschlands, die auf den Kurs Josef Stalins eingeschworen war, erreichten bei einer hohen Wahlbeteiligung von 84,1% 37,4 und 14,5% der Stimmen. Die NSDAP wurde damit weitaus die stärkste, die KPD die drittstärkste Partei (hinter der SPD: 21,6%). Damit besaßen die beiden Totengräber der Weimarer Republik eine „negative Mehrheit", waren sie doch einig in dem, was sie nicht wollten (den demokratischen Verfassungsstaat), aber nicht in dem, was sie wollten (trotz partieller Zusammenarbeit). Die einen strebten einen „Klassenstaat" nach sowjetischem Vorbild an, die anderen einen „Rassenstaat". Die NSDAP hatte weitaus mehr Zulauf als ihr extremistisches Pendant von links, auch wenn die KPD ihren Stimmenanteil bei der nachfolgenden Reichstagswahl am 6.11.1932 – Kanzler Franz von Papen wurde zuvor das Misstrauen des Parlaments mit 512 gegen 42 Stimmen ausgesprochen – um 2,4 Punkte auf 16,9% steigern konnte und die NSDAP mit 33,1% einen Verlust von 3,3 Punkten hinnehmen musste. Einen Aufsehen erregenden Erfolg erzielten die Nationalsozialisten bereits bei der Reichstagswahl am 14.9.1930, die im Zeichen der Weltwirtschaftskrise stattfand. Sie kam auf 18,3% und erhöhte ihren Anteil damit um sage und schreibe 15,7 Punkte. Die Deutschnationale Volkspartei des Pressezaren Alfred Hugenberg, die mit der NSDAP zunehmend „kungelte", war über weite Strecken der Weimarer Republik ebenfalls keine staatsloyale Partei. Sie erreichte bei der ersten Reichstagswahl 1932 6,2%, bei der zweiten 8,9%. Bei den beiden Reichstagswahlen 1924 – nach der Inflation – war sie immerhin auf 19,5 und 20,5% gekommen. Wohl nichts demonstriert die aufgeladene Atmosphäre besser als die Tatsache, dass an Wahlsonntagen Tote zu beklagen waren. Allein am 31.7. gab es deren neun zu verzeichnen – Opfer politischen Terrors.

Alfred Hugenberg

Die Weimarer Republik war eine Demokratie ohne Demokraten. Zwar hatte die „Weimarer Koalition" der drei staatstragenden Parteien SPD (37,9%), linksliberale Deutsche Demokratische Partei (18,6%) und katholisches Zentrum (15,9%) bei den Wahlen zur Nationalversammlung am 19.1.1919 mehr als 75% erzielt, doch schon bei der ersten Reichstagswahl am 6.6.1920 verfehlten diese drei politischen Kräfte zusammengenommen die absolute Mehrheit (SPD: 21,7%; Zentrum: 13,6%; DDP: 8,3%), die sie niemals mehr erreichen sollten. Die SPD verlor wohl deshalb derart viele Wähler, weil sie sich über die Ergebnisse der als halbherzig angesehenen Revolution enttäuscht zeigten. So steigerte die linkssozialistische USPD ihren Anteil von 17,9 auf 21%, und die KPD, die bei den Wahlen zur Nationalversammlung einen Boykott verübt hatte, kam zunächst nur auf 2,1%. Dass sich ein

Ernst Thälmann an der Spitze einer Marschkolonne des „Roten Frontkämpferbundes“

Teil der Wähler nach rechts wandte, mag u. a. mit den harten Bedingungen des Versailler Friedensvertrages und der Angst vor kommunistischen Aufstandsversuchen zusammenhängen.
Das Problem der Weimarer Republik war nicht die Parteienzersplitterung. Vielmehr wurde die politische Mitte aufgerieben. Hatten die beiden liberalen Parteien DVP und DDP 1919 und 1920 zusammen mehr als 20% der Stimmen erzielt, so kamen sie bei der Reichstagswahl am 31.7.1932 – addiert man ihre Anteile – lediglich auf 2,2%. Solche Einbrüche müssen überraschen, weil die Weimarer Republik in gesellschaftliche Teilkulturen, die kaum Kontakte zu anderen aufwiesen, zerklüftet war. Das liberale Milieu brach zusammen.
Wer waren Hitlers Wähler? Der Mainzer Politikwissenschaftler Jürgen W. Falter kommt in seiner Studie zu dem folgenden Ergebnis: „Zusammenfassend bleibt festzuhalten, dass in der Weimarer Republik blockinternes Wählen in der Tat sehr viel häufiger auftrat als blockübergreifende Stimmabgabe. Innerhalb einer sehr kurzen Zeitspanne wurde das liberale Segment nach 1924 fast vollständig und die deutschnational-konservative Teilkultur zu einem beträchtlichen Teil aufgerieben. Die meisten ihrer Anhänger stießen, teilweise auf dem Weg über neu gegründete Interessengruppierungen, zu der neuen Sammlungsbewegung des bürgerlich-protestantischen Lagers, der NSDAP. Von der Wahlperspektive her betrachtet war es v. a. die Fragmentierung des bürgerlich-protestantischen Lagers und damit das Fehlen einer expliziten, sozial verbindlichen Wahlnorm, durch die der Vormarsch des Nationalsozialismus begünstigt wurde.“
Der Wähleraustausch von links- nach rechtsaußen und umgekehrt nahm also keine großen Dimensionen an. Der Katholizismus erwies sich gegenüber dem Nationalsozialismus als weitgehend immun. So wichen die Ergebnisse der Zentrumspartei bei den einzelnen Wahlen nicht grundlegend voneinander ab (bestes Ergebnis 1919: 15,9%; schlechtestes 1930: 11,8%). Dieselbe Stabilität zeigte sich auch bei der Bayerischen Volkspartei, im Prinzip die (allerdings stärker konservativ orientierte) Zentrumspartei Bayerns. Der größte Erfolg lag bei 4,2% (1920), die größte Niederlage bei 3,0% (1930). Bei der Arbeiterschaft konnte die NSDAP beträchtliche Erfolge erzielen, wenngleich

Wahlplakat der Nationalsozialisten

sich der Mittelstand – v. a. der alte – am stärksten dem Nationalsozialismus zuwandte. Die Wählerschaft der NSDAP umfasste alle sozialen Gruppen, freilich in unterschiedlichem Maße. Eine Charakterisierung, welche die NSDAP von ihrer Wählerstruktur her pauschal als „Mittelstandspartei“ ansieht, greift jedenfalls zu kurz.
Nach dem 31.7. blieb Hitler die Kanzlerschaft vorerst verwehrt, da Reichspräsident Paul von Hindenburg noch nicht bereit war, ihm die Macht anzuvertrauen und Franz von Papen keineswegs daran dachte, zugunsten Hitlers ins zweite Glied zu treten. Ein halbes Jahr nach dem 31.7. bekam die NSDAP durch Intrigen hinter den Kulissen (Franz von Papen sprach sich gegen Kurt von Schleicher aus) allerdings dann doch die Macht, obwohl sie ihren Höhepunkt überschritten zu haben schien – allerdings nicht durch Wahlen. Sie sollte sie freiwillig nicht mehr abgeben. *Eckhard Jesse*

Das Dritte Reich

(1933–1945)

Errichtung und Ausbau der Diktatur

Adolf Hitler

Einen wie großen Einschnitt der 30.1.1933 in der deutschen, ja, in der Weltgeschichte bedeuten sollte, ahnten die Zeitgenossen kaum. Die Jahre der Präsidialkabinette am Ende der Weimarer Republik ließen ein autoritäres Regime nicht als etwas völlig Fremdes erscheinen. Feierlich erklärte Hitler bei der Vereidigung der Regierung, der neben ihm mit Wilhelm Frick und Hermann Göring nur zwei nationalsozialistische Minister angehörten, die Verfassung wie die Kompetenzen des Reichspräsidenten achten zu wollen. Die wenigen, die Hitlers Programmschrift *Mein Kampf* gelesen hatten, nahmen sie meist ohnehin nicht sonderlich ernst. Außerdem schien der NS-Führer „eingerahmt" von konservativen Eliten, die ihm zur Reichskanzlerschaft verholfen hatten. Das von ihnen ersonnene „Zähmungskonzept" sollte jedoch nicht aufgehen.

Im Januar 1933 begann nämlich die stufenweise Errichtung der Diktatur, die „Machtergreifung" beschränkte sich nicht auf einen einzelnen Vorgang, sondern gestaltete sich als revolutionäre Umgestaltung von Staat und Gesellschaft in einem länger andauernden Prozess. Auf dem Wege neuer Gesetzgebung (wie der „Verordnung zum Schutz von Volk und Staat" nach dem Reichstagsbrand Ende Februar, dem „Heimtückegesetz" und nicht zuletzt dem „Ermächtigungsgesetz" im März 1933) sorgten die Nationalsozialisten für die Umwandlung des Verfassungs- und Rechtsstaats in ein totalitäres System sowie die Schaffung eines dauerhaften Ausnahmezustands. Zudem erfolgte die „Gleichschaltung" des politischen, gesellschaftlichen und öffentlichen Lebens, d. h. die Eigenständigkeit bestehender Institutionen wurde abgeschafft. An ihre Stelle trat ein engmaschiges Netz nationalsozialistischer Organisationen, die für die Durchdringung und Beherrschung der Gesellschaft sorgen sollten: Sie reichten, um einige wichtige Beispiele zu nennen, von NSDAP, SA, SS und „Hitler-Jugend" bis hin zur „Deutschen Arbeitsfront" und dem „NS-Beamtenbund".

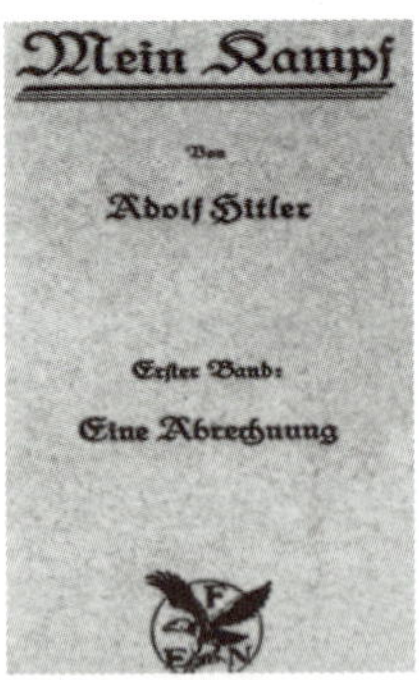

Adolf Hitler: *Mein Kampf* (Titelseite von Band 1)

Es herrschte in jener Zeit ein Klima der Einschüchterung und allgemeinen Verunsicherung. So nimmt es kaum Wunder, dass die NSDAP bei den letzten, bis zu einem gewissen Grade noch „freien" Mehrparteienwahlen am 5.3.1933 nur 43,9% der Stimmen errang. Gleichwohl wäre es zu einfach, die Machtsicherung im Dritten Reich allein mit staatlichem Terror und Gewalt zu erklären. Neben ihren zerstörerischen Potenzialen sorgte die „braune Revolution" (David Schoenbaum) für einen Modernisierungsschub, der sich in den Bereichen der Technik, der Massenmedien und der Wirtschaft, ebenso in sozialpolitischen Maßnahmen ausdrückte. Die Bastionen traditioneller Eliten brachen auf, und insbesonde-

Nationalsozialistische Versammlung im Beisein Adolf Hitlers

re Angehörige der unteren Mittelschichten profitierten von der propagierten „Chancengleichheit" und nutzten die neuen Möglichkeiten sozialen Aufstiegs. Auch diese Politik, durch gezielte Propaganda und Inszenierung überhöht, sorgte für die hohe, bis in die letzten Tage des Zweiten Weltkriegs anhaltende Popularität des Regimes und seines „Führers". Insofern war das Dritte Reich ein widersprüchliches Gebilde, das seinen Unterdrückungsapparat durch ein System der Verführung ergänzte. Letzteres betraf freilich nur jene, die der „Volksgemeinschaft" angehörten; wer ausgegrenzt war, bekam allein die dunkle Seite des Nationalsozialismus zu spüren.

Herrschaftsstruktur im Dritten Reich

Die Herrschaftsstruktur im Dritten Reich und die Herrschaftstechnik Hitlers bilden seit jeher einen Streitpunkt in der Auseinandersetzung mit dem Nationalsozialismus. Besonders im ersten Jahrzehnt nach Kriegsende war der Fokus auf die Person Hitlers gerichtet. Er galt vielen als das Fleisch gewordene Böse und Satan. Die Tendenz zur Dämonisierung Hitlers in der unmittelbaren Nachkriegszeit war angesichts der Kriegsfolgen und überwältigenden Verbrechen nur allzu verständlich und spiegelte die Hilflosigkeit wider, das Geschehene zu erklären. Im Grunde lebte mit der nachträglichen Dämonisierung des „Führers" der zeitgenössische Hitler-Mythos fort.

Dem Nationalsozialismus und Hitlers Herrschaft wohnten (pseudo-)religiöse Elemente inne. Wo in den Wohnstuben vor 1933 eine Figur des Gekreuzigten hing, dort befand sich danach für den Zeitraum von zwölf Jahren meist ein Hitler-Porträt samt Hakenkreuz: der „Führer" als neuer Heilsbringer des Volkes. Neben der Sakralisierung des „Führers" bedeutete die Inszenierung von Aufmärschen, Paraden und Prozessionen sowie die Schaffung eines eigenen Festkalenders eine Übernahme und Umdeutung christlicher Symbolik wie Semantik im Dritten Reich.

In einer solchen Perspektive kommen Hitler als dem „Messias" und der von ihm entwickelten Ideologie, seiner „Religion", eine große, wenn nicht überragende Rolle zu. All jene, die den Nationalsozialismus im Kern als „Hitlerismus" interpretieren, messen der Hitler'schen Ideologie einen hohen Stellenwert zu. Als Hauptziele seiner Weltanschauung gelten die Eroberung von „Lebensraum" und die Entfernung der Juden. In den Bereichen der Innen-, Sozial- und Wirtschaftspolitik gibt es ebenfalls Belege dafür, dass es zu einfach wäre, Hitler auf die Rolle eines prinzipienlosen Opportunisten oder machiavellistischen Machtpolitikers zu beschränken.

Eine andere Frage ist es, inwiefern Hitler seine ideologischen Ziele – gleichsam planmäßig – in die Wirklichkeit umsetzte und welcher Art seine Herrschaft war. Während die einen Hitlers Herrschaft als „Vollzug einer Weltanschauung" (Eberhard Jäckel) und das Dritte Reich als monokratische Ordnung interpretieren, betonen die anderen Planlosigkeit und Kompetenzenchaos. Wiederum andere haben beides zu verbinden gesucht, so Sebastian Haffner in seinen ebenso gedanken- wie einflussreichen *Anmerkungen zu Hitler*: Hitler habe „absichtlich einen

Nationalsozialistischer Aufmarsch in Weimar

Zustand hergestellt, in dem die verschiedensten eigenständigen Machtträger unabgegrenzt, miteinander konkurrierend und einander überschneidend, nebeneinander und gegeneinander standen, und nur er selbst an der Spitze von allen. Nur so konnte er sich selbst die vollkommen unbeschränkte Handlungsfreiheit nach allen Seiten sichern, die er haben wollte. ... er erkannte richtig, dass absolute Herrschaft nicht in einem intakten Staatswesen möglich ist, sondern nur in einem gebändigten Chaos. Deswegen ersetzte er von Anfang an den Staat durch ein Chaos – und man muss ihm zugestehen, dass er es, solange er lebte, zu bändigen verstand."

Andere bezweifeln hingegen,

Straßenbahnwagen in Warschau (1941)

dass Hitler und die Nationalsozialisten jemals eine eigene Herrschaftstheorie entwickelt hätten. Von einer gleichsam fugenlosen Geschlossenheit des Regimes könne ebenso wenig die Rede sein. Es habe ein „polykratisches“ Chaos der Institutionen und Kompetenzen geherrscht, die Staatsbürokratie mit dem Parteiapparat konkurriert, ohne dass eine einheitliche Behördenorganisation und sinnvolle Zuständigkeiten geschaffen worden wären. Starke Zweifel bestehen darüber hinaus an der Überzeugung, die Politik des Dritten Reichs sei in allen wichtigen Fragen von Hitlers Willen abzuleiten. In mancher Hinsicht erscheint der „Führer“, dieser Lesart zufolge, sogar als „in mancher Hinsicht schwacher Diktator“ (Hans Mommsen). Auch wenn in jüngster Zeit die erstarrten Fronten zwischen den unversöhnlich gegenüberstehenden Lagern aus den Anhängern von „Monokratie“- und „Polykratie“-Ansatz ein wenig aufzubrechen beginnen, so ist ein Ende des Streits nicht abzusehen.

Eingang zum Konzentrationslager Auschwitz

Nationalsozialistische „Judenpolitik“ und Gewaltverbrechen

Es kann kein Zweifel daran bestehen, dass die „Vernichtung der jüdischen Rasse in Europa“, wie Hitler sich am 30.1.1939 vor dem Reichstag ausdrückte, zu den Hauptanliegen des Dritten Reichs zählte. Die sog. „Judenpolitik“ der Nationalsozialisten radikalisierte sich stetig und verlief in mehreren Phasen. Am Beginn stand die rechtliche Diskriminierung verbunden mit wirtschaftlicher Entmachtung und persönlicher Bedrohung. Die Terror- und Propagandaakte reichten vom inszenierten „Judenboykott“ vom 1.4.1933 über die „Nürnberger Gesetze“ vom 15.9.1935, wodurch sog. „fremdrassigen Elementen“ u. a. politische Rechte und Ämter verwehrt wurden, bis zur „Reichskristallnacht“ vom 9.11.1938, die als gewaltsamer Pogrom zu den nächsten Phasen überleitete. Nach zwischenzeitlichen Überlegungen am Beginn des Weltkriegs zu einer „territorialen Fernlösung“ (Deportation der Juden nach Madagaskar) erfolgte rasch die Wende zur „physischen Endlösung“, zur Vernichtung großer Teile der europäischen Juden.

Mit dem Russlandfeldzug setzte eine der größten, bald fabrikmäßig durchgeführten Massentötungsaktionen der Geschichte ein. Der „Rassen-“ und „Vernichtungskrieg“ nach Osten bedeutete – in Hitlers Worten – die „Einleitung des Endkampfes gegen den jüdisch-bolschewistischen Todfeind“. Schon seit einiger Zeit hatte das Regime Massentötungen erprobt, indem es ab Herbst 1939 knapp 100.000 geistig Behinderte durch Erschießungen, Giftinjektionen oder Gas umbringen ließ (sog. „Euthanasie-Aktion“). Die ersten Konzentrationslager wurden unmittelbar nach der „Machtergreifung“ errichtet – zur Inhaftierung und Schikanierung von politischen Gegnern (v. a. Kommunisten und Sozialdemokraten). Diese Anstalten hatten indes wenig mit den Vernichtungslagern (Chelmno, Belzec, Sobibor, Treblinka, Majdanek, Auschwitz) gemein, die in den besetzten polnischen Gebieten errichtet und in deren Gaskammern viele Millionen Juden (und Sinti und Roma) getötet wurden. Der industrielle Massenmord war die höchste Steigerung des Terrors und der nationalsozialistischen „Judenpolitik“. Der NS-Gewaltherrschaft dürften durch verbrecherisches Handeln – bloße Kriegshandlungen ausgenommen – nach aktuellen Schätzungen und Ermittlungen mindestens 13 Mio. Menschen zum Opfer gefallen sein, darunter etwa sechs Mio. Juden.

Über den „neuen Lebensraum“ in den Abgrund

Mit Hitler begann nicht die Fahrt ins nächste Tal der Außenpolitik seit Bestehen des Deutschen Reichs, sondern in den Abgrund. Die Außenpolitik des Dritten Reichs lief, wenn man so will, nach einer Art Stufenplan ab: zunächst revisionistisch, dann expansionistisch. Dabei hatte die revisionistische Phase (von der

Adolf Hitler bei einer Militäroperation auf einem Hügel nahe Warschau. Am 1.9.1939 begann mit dem Überfall auf Polen der II. Weltkrieg.

Beseitigung der im Versailler Vertrag festgelegten Rüstungsbeschränkungen im Oktober 1933 bis zur Übergabe des Sudetenlandes an das Deutsche Reich Ende September 1938) eigentlich keinen Eigenwert, vielmehr war die gesamte nationalsozialistische Außenpolitik von vornherein durch eine dogmatische Ideologie von Rasse und Raum festgelegt.
Mit dem Überfall auf die Sowjetunion am 22.6.1941 begann der rassisch-weltanschauliche „Vernichtungskrieg", der auf die „Eroberung von Lebensraum" und die „rücksichtslose Germanisierung" der eingenommenen Gebiete zielte. Die Pläne Hitlers waren dabei für die Zeitgenossen zum Teil recht undurchsichtig: Er kam zwar aus der deutschen Geschichte, wich aber von ihrem bisherigen Verlauf deutlich ab. Hitler stand zwar in der Reihe eines nationalistischen Revisionismus, wilhelminischer Großmachtpolitik und Ludendorff'scher Ideen vom autarken Großraum, aber seine Ideologie von Lebensraum, Rasse und ewigem Kampf schuf aus dieser Tradition etwas Neuartiges, grausam Revolutionäres, das in Selbstzerstörung mündete. Auf den „totalen Krieg" folgte durch den massiven militärischen Widerstand der alliierten Streitkräfte die bedingungslose Kapitulation, schließlich war dem deutschen Widerstand – dem kommunistischen wie dem konservativen – der Erfolg verwehrt geblieben.

„Vergangenheitsbewältigung"
Der Nationalsozialismus wirft bis in unsere Tage hinein lange Schatten. Seine politische Bewältigung reicht(e) von Bemühungen um „Entnazifizierung" und Entschädigung („Wiedergutmachung") bis zu gerichtlicher Auseinandersetzung („Auschwitz-Prozess", „Verjährungsdebatten") und heftigen politischen wie wissenschaftlichen Debatten. Ein Hauptakteur des „Historikerstreits" der Achtzigerjahre sprach von einer Vergangenheit, die nicht vergehen will. Das zwölf Jahre währende Dritte Reich bildet zwar einerseits einen scharf umrissenen Abschnitt unserer Geschichte, andererseits aber ein fortwirkendes Phänomen, das politische Diskussionen hervorruft und das Gemeinschaftsbewusstsein der Deutschen beeinflusst. Der Umgang mit der NS-Zeit firmiert unter dem Begriff der „Vergangenheitsbewältigung", der so nur in der deutschen Sprache vorkommt und schwer in andere zu übersetzen ist.
Jeder Historiker, der sein Augenmerk auf die nationalsozialistische Diktatur richtet, wird mit dieser besonderen Situation konfrontiert – mit einer Geschichte, die abgeschlossen und gegenwärtig zugleich ist. Wie heftige Reaktionen sie hervorrufen kann, zeigen die diversen Intellektuellen-Streitereien, die in mehr oder weniger regelmäßigem Abstand die Seiten der Feuilletons füllen, so zuletzt die Auseinandersetzungen um Daniel Goldhagens *Hitlers willige Vollstrecker* und Norman Finkelsteins *The Holocaust Industry* oder die Walser-Bubis-Debatte.

Nationalsozialistisches Propagandaplakat

Nach wie vor erscheinen der Nationalsozialismus und der um ihn geführte Streit konstitutiv für Geschichte wie Selbstverständnis der Bundesrepublik.

Alexander Gallus

1933

Politik

Adolf Hitler wird zum Reichskanzler ernannt (30.1.). **Reichstagsbrand** in Berlin – Brandstifter ist der holländische Anarcho-Syndikalist Marinus van der Lubbe (27.2.). Reichspräsident Hindenburg erlässt die „Reichtagsbrandverordnung" und eröffnet den Nationalsozialisten ersten Handlungsspielraum zur vollständigen Machtergreifung und Gleichschaltung (28.2.). Bei den halbfreien **Reichstagswahlen** erzielt die NSDAP 43,9% der Stimmen (5.3.). Joseph **Goebbels** wird zum Reichsminister für Volksaufklärung und Propaganda ernannt, und es kommt zur Gründung des gleichnamigen Ministeriums (13.3.). Auf dem Gelände einer alten Pulverfabrik wird in Dachau das erste Konzentrationslager im NS-Staat eröffnet (20.3.). Der Reichstag beschließt gegen die Stimmen der SPD das **„Ermächtigungsgesetz"**, mit dem fortan die Regierung bei der Gesetzgebung das Parlament nicht benötigt (23.3.). Erster Boykott gegen jüdische Geschäfte, Ärzte, Lehrer und Rechtsanwälte (1.4.). Die Gleichschaltung erfolgt u. a. durch Gesetze zum Berufsbeamtentum und durch Einsetzung von Reichsstatthaltern (7.4.). **Aufhebung der Gewerkschaften** und Besetzung ihrer Einrichtungen durch SA-Verbände (2.5.). Die **Deutsche Arbeitsfront (DAF)** wird als nationalsozialistische Organisation von Arbeitnehmern und Arbeitgebern gegründet (10.5.). Massives Arbeitsbeschaffungsprogramm für Bau von Verkehrswegen und Wohnungen initiiert (1.6.). SPD-Parteivorstand geht ins Prager Exil (2.6.). Nach dreimonatiger Repression durch Polizei und SA wird die **SPD verboten** (22.6.). Andere Parteien wie DVP, DNVP, Staatspartei, Zentrum oder Bayerische Volkspartei lösen sich zwischen dem 27. Juni und dem 5. Juli auf oder gehen z. T. in die NSDAP über. Das **„Gesetz gegen die Neubildung von Parteien"** sichert der NSDAP ihre Monopolposition zu (14.7.). **Vatikan** und **Deutsches Reich** unterzeichnen das Reichskonkordat – eine Art Stillhalteabkommen zwischen Kirche und NSDAP (20.7.). Hitler tritt anlässlich des Besuches eines Völkerbundsbeauftragten erstmals international als Reichskanzler auf (17.8.). Nach Angaben der Exil-SPD gibt es in Deutschland rund **45.000 politische Häftlinge** in Konzentrationslagern (25.8.). Im Reichsnährstand wird die gesamte Landwirtschaft in eine Organisation eingebunden (13.9.). Die **Reichskulturkammer** verleibt alle im kulturellen Sinn Tätigen zwangsweise ein und unterzieht sie fortan der staatlichen Kontrolle. Sie ist ein Teil des von Goebbels geleiteten Propagandaministeriums (22.9.). Die **Genfer Abrüstungskonferenz** scheitert an der Haltung der nationalsozialistischen Regierung. Deutschland tritt noch am selben Tag aus dem **Völkerbund** aus – der inoffizielle Beginn der Wiederaufrüstung (14.10.). Hindenburg löst am gleichen Tag den Reichstag auf. Die „Wahlen" zur Neubesetzung des Reichstages, die zugleich ein Plebiszit für den Austritt aus dem Völkerbund darstellen, enden mit über 90-prozentiger Zustimmung für die NSDAP (12.11.). Die Kultur- und Freizeitorganisation **„Kraft durch Freude"** wird ins Leben gerufen (27.11.). Zur forcierten Verbindung von NSDAP und Regierung wird das **„Gesetz zur Sicherung der Einheit von Partei und Staat"** beschlossen. Die Partei soll von nun an das

Reichstagsbrand in Berlin (27./28.2.1933)

Joseph Goebbels

Paul von Hindenburg und Adolf Hitler (März 1933)

deutsche Volk auf Maßnahmen der Regierung vorbereiten (1.12.).

Wirtschaft & Wissenschaft

Über sechs Mio. Menschen sind in Deutschland ohne Arbeit (30.1.). Die Krupp AG in Essen entwickelt erstmals einen **Dieselmotor für PKW** (18.2.). Nachdem **Hjalmar Schacht** von 1923 bis 1930 Reichsbankpräsident war, ernennt Hitler ihn erneut. Schacht plädiert für ein „deficit spending", um die deutsche Wirtschaft anzukurbeln (16.3.). Hitler beruft einen **„Generalrat der Wirtschaft"** ein, der als Beratungsorgan für seine Regierung dient (15.7.). Auf der Berliner Funkausstellung wird erstmalig der zu Propagandazwecken geschaffene **Volksempfänger** präsentiert. Allein während dieser Ausstellung verkaufen sich 100.000 Stück für je 76 Reichsmark (20.8.).

Martin Niemöller

Kunst & Kultur

Bertolt Brecht geht nach Prag in die Emigration, und **Carl von Ossietzky**, der sich noch am 7. Februar kritisch zu Hitler geäußert hatte, wird in Spandau inhaftiert (28.2.). Zahlreiche **Bücherverbrennungen** finden in verschiedenen deutschen Universitätsstädten statt. Es werden u. a. Werke von Karl Marx, Sigmund Freud und Erich Kästner den Flammen preisgegeben. Auf der Liste der verbotenen Bücher stehen rund 12.400 Titel (10.5.). Den Sommer über kommt es zur Beschlagnahme von über 180 kommunistischen und sozialdemokratischen Zeitungsbetrieben durch die NSDAP. Das **„Schriftleitergesetz"** regelt ab sofort die Berufswahl für Journalisten (5.10.).

Gesellschaft & Sport

Max Schmeling geht bei seinem Comebackversuch in New York gegen Max Baer in der 10. Runde k.o. (8.6.). Durch einen 3:0-Sieg gegen Schalke 04 wird Fortuna Düsseldorf **Deutscher Fußballmeister** (11.6.). Der deutsche Zehnkämpfer Hans-Heinrich Sievert stellt in Hamburg einen neuen Weltrekord auf (22.–23.7.). Nationalsozialisten veröffentlichen eine **Ausbürgerungsliste**, u. a. mit den Namen von Heinrich Mann, Kurt Tucholsky oder Philipp Scheidemann (1.9.). Der Pastor **Martin Niemöller** gründet mit Gleichgesinnten den „Pfarrernotbund" (17.–21.9.). Mit der Wahl des nationalsozialistischen Bischofs Ludwig Müller zum Reichsbischof verstärkt sich das Zerwürfnis innerhalb der **Evangelischen Kirche** (27.9.).

Weltgeschichte

Infolge der Rezession in den USA gelingt dem Demokraten **Franklin D. Roosevelt** der Sieg bei den Präsidentschaftswahlen. Roosevelt initiiert seinen **„New Deal"** – der Beginn einer Reform des amerikanischen Wirtschafts- und Gesellschaftssystems (4.3.). Japan tritt aus dem Völkerbund aus (27.3.). Die Besetzung Ostgrönlands durch Norwegen vom 10.7.1931 wird durch den Internationalen Gerichtshof in Den Haag für rechtswidrig erklärt (5.4.). Der inhaftierte **Mahatma Gandhi** tritt in Hungerstreik, woraufhin ihm Großbritannien die Freiheit gewährt (8.5.). China und Japan schließen ein Waffenstillstandsabkommen, um den Konflikt in der Mandschurei zu lösen (31.5.). Nach gelungenem Staatsstreich spricht die **austrofaschistische Regierung Österreichs** ein Betätigungsverbot für die österreichische NSDAP aus (Juni). In Kuba kommt es zum Sturz des Präsidenten nach einem revolutionären Aufstand (12.8.). Sturz der Regierung Edouard Daladier in Frankreich (23.10.). Erste **diplomatische Beziehungen** zwischen USA und UdSSR werden aufgenommen (16.11.). Der sowjetische Außenminister Molotow spricht vor dem Zentralexekutivkomitee der Kommunistischen Partei der Sowjetunion (KPdSU) vom militanten und imperialistischen Charakter der deutschen Machthaber (28.12.).

Die Machtergreifung
(30.1.1933)

Am 30.1.1933 notierte Joseph Goebbels in seinem Tagebuch: „Es ist fast wie ein Traum. Die Wilhelmstraße gehört uns. Der Führer arbeitet bereits in der Reichskanzlei. Wir stehen oben am Fenster, und Hunderttausende von Menschen ziehen im lodernden Schein der Fackeln am greisen Reichspräsidenten und jungen Kanzler vorbei und rufen ihnen ihre Dankbarkeit und ihren Jubel zu." Der spätere Propagandaminister Hitlers sprach von der großen Entscheidung, die gefallen sei, und einer bedeutenden historischen Wende, vor der Deutschland stehe. Es war der Tag der „Machtergreifung" oder Machtübernahme, den die Nationalsozialisten als Beginn der nationalen Revolution feierten.

Die Macht in den Schoß gelegt

Bei genauer Betrachtung indes hatte Hitler die Macht nicht ergriffen, sie war ihm von den Männern in den Schoß gelegt worden, die damals für das Schicksal des Landes verantwortlich waren. Sofort kommt einem John Heartfields Fotomontage mit dem Motto „Millionen stehen hinter mir" in den Sinn, die suggeriert, deutsche Großunternehmen hätten Hitler mit reichlich Reichsmark unterstützt. Die behauptete Verschwörung zwischen Kapitalisten und Faschisten war jedoch eine Chimäre: Die NSDAP finanzierte sich in jener Zeit vorwiegend über Mitgliederbeiträge und Eintrittsgelder für Parteiveranstaltungen.

Wer war es dann, der Hitler die Macht in den Schoß legte? Vor allem drei Personen hielten die Zukunft Deutschlands in ihren Händen: Reichspräsident Paul von Hindenburg, Reichskanzler Kurt von Schleicher und dessen Amtsvorgänger Franz von Papen. Weiter waren von Bedeutung: Oskar von Hindenburg, der Sohn des Staatsoberhauptes, Präsidentenberater Otto Meißner und der Führer der Deutschnationalen, Alfred Hugenberg. Zusammen repräsentierten sie die alten politischen Eliten, die einen großen Anteil an Hitlers Machterlangung hatten.

Adolf Hitler, Paul von Hindenburg und Hermann Göring

Rund um die Jahreswende 1932/33 entspann sich ein Wechselspiel von Intrigen, Verschwörungen, Missverständnissen, gegenseitigen Fehleinschätzungen, Gerüchten, persönlichen Ressentiments und Hass. Hitler erschien dabei oftmals als eine aufs Reagieren beschränkte Figur, die nur wenig Kontrolle über die Entwicklung besaß, obgleich er taktisches Geschick bewies und seine Verwandlungskunst gegenüber den verschiedenen Gesprächspartnern beachtlich war.

„Ich muss! Ich muss!"

Die NSDAP befand sich Ende 1932 in der Krise und hatte an Dynamik verloren. Ihren Zenit, so schien es, hatte die nationalsozialistische Bewegung bei den Reichstagswahlen im Juli 1932 erreicht, als sie mit knapp 37% der Stimmen zur stärksten Partei avancierte. Hitler forderte in der Folge das Amt des Reichskanzlers, doch scheiterte er am Misstrauen Hindenburgs. Die offensichtliche Abneigung des Reichspräsidenten gegen den „böhmischen Gefreiten", wie er den Führer der Nationalsozialisten abschätzig titulierte, beruhigte die Republikfreunde ebenso wie der Ausgang der Novemberwahlen, bei denen die NSDAP deutliche Verluste hinnehmen musste. Sie litt unter Finanznot und inneren Zwistigkeiten, zum Beispiel zwischen SA und SS. Außerdem drohte die Spaltung der Partei, nachdem ihr Reichsorganisationsleiter Gregor Straßer mit Hitler gebrochen hatte. Enttäuscht über die Lage trug Joseph Goebbels in sein Tagebuch ein: „Das Jahr 1932 ist eine einzige Pechsträhne." Hitler, allein seinem Willen gehorchend, wusste aber: „Ich muss in Kürze an die Macht kommen, um die gigantischen Aufgaben in der mir verbleibenden Zeit lösen zu können. Ich muss! Ich muss!"

Anfang 1933 schienen alle Wege zur Erreichung seines Ziels verbaut. Führende deutsche Tageszeitungen sprachen bereits vom Niedergang der Nationalsozialisten. Der „Simplicissimus" spottete: „Eins nur lässt sich sicher sagen, / und das freut uns rundherum: / Hitler geht es an den Kragen. / Dieses Führers Zeit ist um." Es sollte jedoch anders kommen, denn inzwischen mischte Papen hinter den Kulissen mit. Nachdem Schleicher seinen einstigen Schützling als Reichskanzler fallengelassen hatte, sann jener auf Rache am ehemaligen Gönner. Nun wollte er Schleicher, der ab Anfang Dezember selbst das Amt des Reichskanzlers ausübte, stürzen. Am 4.1. traf von Papen zu diesem Zweck mit Hitler zusammen. Die Verschwörung gegen das Kabinett von Schleicher nahm ihren Lauf, und Hitler war aus der Isolation befreit.

Propagandaplakat zur Reichspräsidentenwahl

Fatales politisches Ränkespiel

Obwohl das Treffen rasch publik wurde, erkannte Schleicher darin keine Gefahr. Er unterschätzte Papen, den er, als sein Protegé noch Reichskanzler war, den „Hut", nicht „Kopf" der Regierung nannte. Wieder einmal müsse er seinen, wie er meinte, harmlosen und minderbemittelten Freund väterlich ermahnen: „Mein Fränzchen, du hast schon wieder einen Schnitzer begangen!" Schleicher verkannte die Möglichkeiten Papens, der einen guten Draht zum Reichspräsidenten besaß.

Von Papen wusste, dass die Macht in einer Zeit der Notverordnungen und Präsidialkabinette ausschließlich in der unmittelbaren Umgebung des Reichspräsidenten lag. Bei konspirativen Zusammenkünften verstanden es Papen, Hitlers Entourage, an erster Stelle Hermann Göring, sowie Oskar von Hindenburg, der einen persönlichen Groll gegen Schleicher hegte, und Otto Meißner, der ebenso wie der Sohn den direkten Zugang zum Reichspräsidenten hatte, für ihre Zwecke einzubinden. Mit einer Tatsache hatte Papen allerdings zu kämpfen: Hitler bestand auf dem Amt des Reichskanzlers. Blind vor Rachsucht gegenüber Schleicher, gab er schließlich klein bei.

Franz von Papen

Wie aber sollte er dies Hindenburg beibringen, der weiterhin Vorbehalte gegen Hitler hatte? Der Zufall half. Das Gerücht kam auf, Schleicher, der zugleich Chef der Reichswehr war, beabsichtige einen Militärputsch. Die scheinbar drohende Gefahr beseitigte am Abend des 29.1. den letzten Widerstand beim Reichspräsidenten gegen Hitler. Als das neue Kabinett – das „Kabinett der nationalen Konzentration" – am nächsten Morgen vereidigt wurde, wussten viele Minister noch nicht, wer eigentlich Reichskanzler war. Diese Frage hielt Papen ohnehin für nebensächlich, erkannte er in Hitler doch nur eine Marionette: „In zwei Monaten haben wir Hitler in die Ecke gedrängt, dass er quietscht." Den NS-Führer hatten alle Beteiligten unterschätzt, auch seine Gegner.

Hitlers Weg zur Macht im Januar 1933 war das Ergebnis einer Reihe von Zufällen, unglücklichen Umständen, von Unfähigkeit, Unprofessionalität und Fehleinschätzungen der Verantwortlichen. Hitler hätte bei einem glücklicheren Handeln der beteiligten Akteure und einem weniger eitlen Intrigenspiel rund um den altersmüden Reichspräsidenten wohl vermieden werden können. Ein autoritäres Regime, eine Militärdiktatur unter Schleichers Leitung, wäre allemal besser gewesen als Hitlers totaler Staat. Doch die Geschichte kennt den Konjunktiv nicht. Hitlers Legalitätstaktik – sie war von Erfolg gekrönt.

Alexander Gallus

1934

Politik

Das **„Gesetz zur Verhütung erbkranken Nachwuchses"** tritt in Kraft. Es sieht die Sterilisation von einer halben Mio. behinderten Menschen vor (1.1.). „Gesetz zur Ordnung der nationalen Arbeit" tritt als eine Art Grundlage für ein NS-Arbeitsrecht in Kraft (20.1.). Zehnjähriger Nichtangriffspakt zwischen Deutschland und Polen beschlossen (26.1.). Das **„Gesetz über den Neuaufbau des Reiches"** überträgt alle Länderkompetenzen auf die staatliche Ebene (30.1.). Beginn der **Zentralisierung der deutschen Justiz** im Reichsjustizministerium unter Franz Gürtner (16.2.). Die Ausdehnung des sog. **„Arierparagrafen"** auf die Reichswehr schließt Juden von der Teilnahme am Militärdienst aus (12.3.). Aufhebung des „Reichswirtschaftsrates" (23.3.). Die Erhöhung des deutschen Militäretats wird von Großbritannien und Frankreich mit Sorge betrachtet (29.3.). Göring unterstellt Himmler die **„Geheime Staatspolizei" (Gestapo)** in Preußen (20.4.). Joachim von Ribbentrop wird „Beauftragter für Abrüstungsfragen". Errichtung des **„Volksgerichtshofes"** in Nürnberg zur Verurteilung von Hoch- und Landesverrat (24.4.). Bernhard Rust wird Leiter des Ministeriums für Wissenschaft, Erziehung und Volksbildung (1.5.). Der ehemalige Reichskanzler **Heinrich Brüning emigriert** aus Deutschland (21.5.). 13.1.1935 als Termin für eine Volksabstimmung über den Status des Saargebietes festgelegt (1.6.). Bei seinem **Staatsbesuch in Italien** trifft Hitler zum ersten Mal mit Benito Mussolini zusammen (14./15.6.). Vizekanzler Franz von Papen kritisiert in seiner Marburger Rede die nationalsozialistische Politik (17.6.). Himmler werden alle Konzentrationslager unterstellt (20.6.). Am Morgen des 30. Juni werden der SA-Chef Ernst Röhm sowie zahlreiche andere SA-Führer und politische Gegner verhaftet. Bei der von Hitler angeführten Aktion gegen den – angeblich – drohenden **„Röhm-Putsch"** kommt es an den folgenden Tagen zur Ermordung von u. a. Ernst Röhm, Kurt Schleicher und Gregor Straßer (30.6.–2.7.). Konstantin Hierl ist neuer Reichskommissar für den Arbeitsdienst (7.7.). Hitler rechtfertigt die Zerschlagung der SA-Führung und die Ermordung von Parteimitgliedern vor dem Reichstag (13.7.). Die SS bekommt den Status einer selbstständigen Organisation und wird Hitler direkt unterstellt (20.7.). **Reichspräsident Paul von Hindenburg stirbt** im Alter von 86 Jahren. **„Führer und Reichskanzler" Adolf Hitler** vereinigt per Gesetz in seiner Person ab sofort das Amt des Reichspräsidenten und -kanzlers und lässt die Reichswehr auf sich vereidigen (2.8.). Eine „Volksbefragung" bringt fast 90% Zustimmung für das „Gesetz über das Oberhaupt des Deutschen Reichs" (19.8.). Hitler erklärt anlässlich des sechsten Reichsparteitages die **„nationalsozialistische Revolution"** für abgeschlossen (4.9.). Aufkündigung des deutsch-amerikanischen Handelsvertrages von 1923 (12.10.). Alle Reichsminister werden auf Hitler vereidigt (16. 10.). Deutschland und Polen richten gegenseitig Botschaften ein (26.10.). Reichsstatthalter ebenfalls auf Hitler vereidigt. Ausbürgerung des NS-Altkämpfers Otto Straßer (1.11.). Alle **Großbanken** werden per Gesetz dem **Reichsbankpräsidenten unterstellt**, die Aufgaben der Landesjustizministerien in das Reichsjustizministerium eingegliedert (5.12.). **„Heimtücke"-Gesetz** zur erweiterten Möglichkeit der strafrechtlichen Verfolgung (13.12.).

Ernst Röhm

Benito Mussolini

Wirtschaft & Wissenschaft

Der Chemiker **Fritz Haber**, Nobelpreisträger von 1919, stirbt 65-jährig in Basel (29.1.). Das „Gesetz zur Vorbereitung des organischen Aufbaus der deutschen Wirtschaft" sieht das Reichswirtschaftsministerium als oberstes wirtschaftliches Organ vor (27.2.). **Reichsbankpräsident Hjalmar Schacht** wird kommissarisch **Reichswirtschaftsminister** (30.7.). Verordnung zur Arbeitskräfteverteilung beschränkt freie Berufswahl (10.8.). **„Neuer Plan"** des Reichswirtschaftsministers Schacht zur staatlichen Kontrolle des deutschen Außenhandels (24.9.). Reichswirtschaftskammer als Organ der gesamten gewerblichen Wirtschaft geschaffen (27.11.). Ca. **2,6 Mio. Menschen** sind in Deutschland ohne Arbeit (31.12.).

Kunst & Kultur

„Reichsrundfunkgesellschaft" zentralisiert den Rundfunk (1.1.). Eröffnung des Großen Schauspielhauses in Berlin (14.3.). Lion Feuchtwanger und Heinrich Mann gründen in Paris die **„Deutsche Freiheitsbibliothek"**, in der alle in Deutschland verbotenen Bücher aufgestellt werden (10.5.). Das „Reichstheatergesetz" bringt alle Theater unter die Kontrolle des Reichspropagandaministeriums (15.5.). Konstituierung des **„Deutschen PEN-Clubs"** im Exil (17.6.). Der Schriftsteller Erich Mühsam wird 63-jährig im KZ Oranienburg ermordet (10.7.). Uraufführung des Stückes *Der große Kurfürst* von Hans Rehberg in Berlin (30.11.). **Wilhelm Furtwängler** tritt von allen Ämtern zurück (4.12.).

Gesellschaft & Sport

Adolf Hitler (um 1934)

Deutschland ist **Europameister im Eishockey** (11.2.). Bei der Eröffnung der Berliner Automobilausstellung spricht Hitler vom geplanten Bau eines Volkswagens (7.3.). **Albert Einstein** ausgebürgert (24.3.). Die „Bekennende Kirche" legt in der **„Barmer Theologischen Erklärung"** ihre oppositionelle Haltung gegenüber der Vereinigungskirche unter Reichsbischof Müller dar (29.–31.5.). Fußballweltmeisterschaft in Italien. Deutschland belegt den dritten Platz, Weltmeister wird Gastgeber Italien (27.5.–10.6.). Mit einem 2:1-Sieg über den 1. FC Nürnberg ist der FC Schalke 04 erstmalig **Deutscher Fußballmeister** (24.6.). Über 90% der Jugend sind laut Baldur von Schirach in der HJ gebunden (30.8.).

Weltgeschichte

Kurt von Schuschnigg

Roosevelt kündigt die Abwertung des Dollar und eine beschränkte Goldausfuhr an (15.1.). Bildung der **Regierung Daladier** in Frankreich (30.1.). Jugoslawien, Griechenland, Rumänien und die Türkei unterzeichnen den Balkanpakt (9.2.). Leopold III. ist neuer belgischer König (23.2.). Verlängerung des Nichtangriffsvertrages zwischen der UdSSR und den baltischen Staaten (4.4.). Aufgrund der hohen deutschen Rüstungsausgaben merkt Frankreich gegenüber England den **Bruch des Versailler Vertrages durch Deutschland** an (17.4.). Polnisch-sowjetischer Nichtangriffsvertrag verlängert (5.5.). Der Völkerbundsrat stimmt der Volksabstimmung über das Saarland zu (4.6.). Bei einem Putschversuch der österreichischen Nationalsozialisten wird Bundeskanzler **Engelbert Dollfuß ermordet.** Mussolini lässt zur Warnung vor einem deutschen Eingreifen in Österreich Truppenteile am Brenner aufmarschieren (27.7.). **Kurt von Schuschnigg** ist neuer österreichischer Bundeskanzler (30.7.). Diplomatische Beziehungen zwischen Bulgarien und der UdSSR (4.8.). Aufnahme der **UdSSR** in den **Völkerbund** (18.9.). Mordanschlag auf König Alexander von Jugoslawien in Marseille (9.10.). Kündigung des „Washingtoner Flottenabkommens" durch Japan (19.12.).

1935

Politik

Unter der Kontrolle des Völkerbundes kommt es zur **Volksabstimmung im Saargebiet**. 90,8% der Berechtigten stimmen für eine Rückkehr nach Deutschland und beenden somit die 15-jährige Verwaltung durch den Völkerbund (13.1.). Göring hält sich zu Verhandlungen über einen polnisch-deutschen Militärvertrag gegen die UdSSR in Warschau auf (27.–31.1.). **„Reichsstatthaltergesetz“** zur weiteren Beseitigung der Länder (30.1.). Die DAF ruft zum Boykott jüdischer Ärzte und Geschäfte auf (1.2.). **Aufhebung der Zollgrenze** zwischen dem Saargebiet und Deutschland (20.2.). Hitler kündigt vor dem Kabinett die Einrichtung einer offiziellen deutschen Luftwaffe an. Mit der Einführung eines **„Arbeitsbuches“** kommt es zur Kontrolle aller Arbeitsverhältnisse und -kräfte (26.2.). Wiedereingliederung des Saargebietes in das Deutsche Reich (1.3.). Bekanntgabe der Existenz der deutschen Luftwaffe (9.3.). **Einführung der allgemeinen Wehrpflicht** mit dem „Gesetz für den Aufbau der Wehrmacht“. Mit der geplanten Aufstellung von ca. 580.000 Mann verstößt Hitler gegen die **Bestimmungen des Versailler Vertrages**, in denen die Stärke der Streitkräfte auf 100.000 Mann festgelegt wurde (16.3.). Bewachung der Konzentrationslager geht vollständig auf die SS über (31.3.). Weiteres Gesetz zur **Gleichschaltung der Justiz** (1. 4.). Deutsch-sowjetische Wirtschaftsvereinbarungen über deutsche Kreditleistungen (9.4.). Im italienischen **Stresa** verurteilen Italien, Frankreich und Großbritannien die deutsche Aufhebung der militärischen Bestimmungen des Versailler Vertrages (11.–14.4.). Hitler spricht vor dem Deutschen Reichstag in Berlin von den **Kernpunkten** seiner **Außenpolitik** und verweist auf deren friedlichen Charakter. Zugleich wird der Führer und Reichskanzler per Gesetz zum **obersten Befehlshaber der Wehrmacht** ernannt (21.5.). Nach mehrwöchigen Verhandlungen kommt es zum Abschluss des **deutsch-britischen Flottenabkommens**. Die Stärke der deutschen Kriegsmarine (außer U-Boote) darf 35% der britischen nicht übersteigen (18.6.). Mit dem **„Reichsarbeitsdienstgesetz“** werden alle 18–25-jährigen Männer zur Ableistung eines halbjährigen Arbeitsdienstes verpflichtet (26.6.). Erlass Görings für die Bekämp- fung des „politischen Katholizismus“ in Deutschland (16.7.). Gründung einer Auslandsvertretung der deutschen Gewerkschaften in Komotau (26./ 27.7.). Der ehemalige KPD-Reichstagsabgeordnete Albert Kayser wird durch den Volksgerichtshof zum Tode verurteilt (5.8.). Auf dem NSDAP- Reichsparteitag in Nürnberg (10.–16.9.) werden die **„Nürnberger Gesetze“** verkündet. Das „Gesetz zum Schutze des deutschen Blutes und der deutschen Ehre“ und das „Reichsbürgergesetz“ bilden die Grundlage für die völlige Diskreditierung der Juden in der Gesellschaft (15.9.). **„Ehegesundheitsgesetz“** erlassen (18.10.). Einberufung der ersten Rekruten des Jahrgangs 1914 zur Ableistung der Wehrpflicht (1.11.). **Auflösung des Frontkämpferbundes „Stahlhelm“** durch Wilhelm Frick (7.11.). Aufgrund des „Reichsbürgergesetzes“ werden alle Juden per Verordnung aus dem Staatsdienst und anderen öffentlichen Ämtern entlassen (14.11.).

Hakenkreuz, Symbol der NS-Diktatur

Nationalsozialistische Parade

Parteitag der NSDAP in Nürnberg

Gründung des **„Lebensborn e. V.“** durch Heinrich Himmler zur Förderung der Geburt „rassisch und erbbiologisch wertvoller“ Kinder von SS-Angehörigen (13.12.).

Wirtschaft & Wissenschaft

Hjalmar Schacht wird **Reichswirtschaftsminister** (31.1.). Opel ist vor Auto-Union und Adler stärkster Anbieter auf dem deutschen Automobilmarkt (1.3.). 8076 Aussteller bei der Eröffnung der Leipziger Frühjahrsmesse (3.3.). Deutsch-französisches Wirtschaftsabkommen (30.3.). Schacht wird **„Generalbevollmächtigter für die Kriegswirtschaft“** (21.5.). „Ariernachweis“ wird zur Voraussetzung für die Aufnahme an einer deutschen Hochschule (8.7.). Berufsverbot für jüdische Börsenmakler (21.11.). **Hans Spemann** erhält den **Nobelpreis** für Medizin der königlichen Akademie der Wissenschaften in Stockholm (10.12.). Ca. 2,5 Mio. Menschen sind ohne Arbeit (31.12.).

Kunst & Kultur

Der wichtige Vertreter des deutschen Impressionismus **Max Liebermann,** der aller seiner Ämter enthoben und mit Berufsverbot belegt worden war, stirbt 87-jährig in Berlin (8.2.). Redeverbot für jüdischen Philosophen **Martin Buber** (21.2.). Uraufführung des Films *Das Mädchen Johanna* mit Angela Salloker, Gustaf Gründgens und Heinrich George in den Hauptrollen (20.4.). Nationalpreis für Leni Riefenstahl und ihren am 29.3. uraufgeführten Film ***Triumph des Willens*** (1.5.). **Rücktritt** von **Richard Strauss** als Präsident der Reichsmusikkammer (13.7.). Verbannung des Jazz aus dem deutschen Radio (11.10.). Der **Schriftsteller Kurt Tucholsky** begeht in seinem schwedischen Exil Selbstmord (21.12.).

Adolf Hitler am Obersalzberg

Gesellschaft & Sport

Protest des Bischofs Clemens A. Graf von Galen **gegen das „Gesetz zur Verhütung erbkranken Nachwuchses“** (20.1.). Etwa 700 Pfarrer der „Bekennenden Kirche“, unter ihnen **Martin Niemöller**, werden **verhaftet** oder arrestiert (17.3.). Menschen mit Erbkrankheiten und körperlich Behinderten bleibt der Zugang zu höheren Schulen verwehrt (23.3.). **Verbot der „Zeugen Jehovas“** (1.4.). Weltrekord im Diskuswerfen (53,1 m) durch Willy Schröder in Magdeburg (28.4.). Erika Mann und Bertolt Brecht ausgebürgert (8.6.). Der FC Schalke 04 mit 6:4 gegen VfB Stuttgart **Deutscher Fußballmeister** (23.6.). Max Sedlmayr und Karl Mehringer kommen bei dem Versuch, die Eiger-Nordwand zu bezwingen, ums Leben (21.8.).

Weltgeschichte

Roosevelt betont vor dem US-Kongress die weltpolitische **Neutralität der Vereinigten Staaten** (5.1.). Erster Opernball in Wien (26.1.). Erstmals **Wahlrecht für Frauen in der Türkei** (6.2.). Französisch-belgisches Militärabkommen verlängert (7.3.). Großbritannien sowie Frankreich und Italien protestieren **gegen die deutsche Wehrpflicht** (18./21.3.). Vertreter Italiens, Großbritanniens und Frankreichs treffen sich, um über die Wiederbewaffnung Deutschlands zu beraten (11.4.). **Moskauer U-Bahn** eröffnet (28.4.). Beistandspakt zwischen Frankreich, der Tschechoslowakei und der UdSSR (2./16.5.). **VII. Weltkongress der Komintern** in Moskau eröffnet (25.7.). Neutralitätsgesetz von Roosevelt unterzeichnet (31.8.). Mussolinis Truppen greifen das **Völkerbundmitglied Äthiopien (Abessinien)** an, um den italienischen Kolonialbesitz in Afrika zu vergrößern (3.10.). Wiedereinführung der Monarchie in Griechenland beschlossen (10.10.). Ende des **„Großen Marsches“** der chinesischen Kommunisten unter Mao Tse-tung (Oktober). Die vom Völkerbund beschlossenen wirtschaftlichen Sanktionen gegen Italien treten in Kraft (18.11.). Londoner Flottenkonferenz (9.12.). **Edvard Beneš** zum tschechoslowakischen Staatspräsidenten gewählt (18.12.).

1936

Politik

Mussolini zieht seine Garantie für die österreichische Unabhängigkeit zurück. Im Gegenzug unterstützt Deutschland Italiens Abessinien-Politik (6.1.). Julius Streicher fordert in Nürnberg die **strikte Rassentrennung** (22.1.). Hitler besteht in einem Interview mit einer französischen Zeitung auf Rückgabe der deutschen Kolonien (25.1.). **„Kundgebung an das deutsche Volk"** von Exilanten deutscher sozialistischer Parteien in Paris beschlossen (2.2.). Dem „Reichsverband jüdischer Kulturbünde" wird von Goebbels die Betätigung untersagt (5.2.). **„Gesetz über die Geheime Staatspolizei"** – Zuständigkeit der Gestapo für politische Delikte und die Verfolgung von „Staatsfeinden" (10.2.). Erster chinesischer Botschafter in Berlin (27.2.). Hitler bricht mit dem **Einmarsch deutscher Truppen in das entmilitarisierte Rheinland** eine weitere Bestimmung des Versailler Vertrages. Trotz des Bruchs des Vertrages von Locarno unterbleibt eine militärische Gegenmaßnahme der Westmächte (7.3.). Der Völkerbund erhebt Protest gegen die Besetzung des Rheinlandes (19.3.). Nachdem Hitler am 7. März den Reichstag aufgelöst hatte, erreicht die NSDAP als einzig zugelassene Partei bei den **„Reichstagswahlen"** 99% der Stimmen (29.3.). Der Volksgerichtshof wird als ordentliches Gericht gesetzlich fundiert (18.4.). Einweihung sog. **„Ordensburgen"** zur Bildung von NS-Kadern (24.4.). Deutsche Emigranten starten in Paris einen Aufruf gegen die militante deutsche Politik (24.5.). Die Leitung der **„Bekennenden Kirche"** greift in ihrer Denkschrift an Hitler die nationalsozialistische Gewaltpolitik an (28.5.). Großes Flottenmanöver der deutschen Kriegsmarine in der Kieler Bucht (29.5.). **Walter Ulbricht** wird Sekretär des Politbüros der Exil-KPD (10.6.). Ernennung Heinrich Himmlers zum **„Reichsführer SS und Chef der deutschen Polizei"** (17.6.). Reinhard Heydrich wird Chef der Sicherheitspolizei (26.6.). Deutschland erkennt im **deutsch-österreichischen Abkommen** die Unabhängigkeit Österreichs an, dieses wiederum begibt sich in eine Art außenpolitische Abhängigkeit Deutschlands (11.7.). Hitler sichert Franco seine Unterstützung zu (22.7.). Erste deutsche Soldaten nach Spanien entsandt. Hitler eröffnet die **XI. Olympischen Spiele** in Berlin, die weithin eine nationalsozialistische **Propagandaschau** sind (1.8.). Joachim von Ribbentrop wird deutscher Botschafter in Großbritannien (11. 8.). Verlängerung der Dauer der **Wehrpflicht** auf zwei Jahre (24.8.). Konstantin Hierl wird zum Reichsleiter der NSDAP ernannt (10.9.). Stapellauf des ersten **Schlachtschiffes „Scharnhorst"** nach Ende des Ersten Weltkrieges (3.10.). Göring wird von Hitler die Verantwortung für den wirtschaftlichen „Vierjahresplan" übertragen (18.10.). Besiegelung der **„Achse Berlin-Rom"**. Mussolini und Hitler bekunden beide ihre Sympathie für den spanischen General Franco und zeigen sich entschlossen, einer weiteren Ausbreitung des Bolschewismus in Europa entgegenzutreten (25. 10.). Diplomatische Anerkennung der Franco-Regierung (18.11.). **Antikominternpakt zwischen Deutschland und Japan** – zur Absicherung gegenüber der Sowjetunion und der Komintern (25.11.). Mit dem **„Gesetz über die Hitlerjugend"** wird diese zur Staatsjugend erklärt (1.12.).

Heinrich Himmler

Julius Streicher

Wirtschaft & Wissenschaft

25-jähriges Jubiläum der **„Kaiser-Wilhelm-Gesellschaft zur Förderung der Wissenschaften"** (11.1.). Bei der Probefahrt eines Dampfschnellzuges werden bis zu 180 km/h gemessen (25.2.). Mit der Ernennung Görings zum Beauftragten für Rohstoff- und Devisenfragen schwenkt die **Wirtschaftspolitik** auf einen **autarken Kurs** ein (4.4.). Reise von Reichswirtschaftsminister Schacht u. a. nach Griechenland und Ungarn (10.–19.6.). Auf dem 8. Reichsparteitag wird ein neuer **„Vierjahresplan"** vorgestellt, aufgrund dessen in der deutschen Wirtschaft weiter die Aufrüstung und die Unabhängigkeit von Rohstoffexporten vorangetrieben werden soll (9.9.).

Kunst & Kultur

Fünfte Ausbürgerungsliste, u. a. mit dem Schriftsteller Arnold Zweig und dem Schauspieler Wolfgang Langhoff (29.2.). In München wird die erste **Ausstellung für „entartete Kunst"** eröffnet (4.3.). Tod des deutschen Kulturphilosophen **Oswald Spengler** (8.5.). Münchner Premiere des Volksstückes *Straßenmusik* mit Karl Valentin und Liesl Karlstadt (10.7.). Der Film *Der Kaiser von Kalifornien* von Luis Trenker erhält auf der Filmschau in Venedig den Mussolini-Pokal (29.8.). Der inhaftierte **Carl von Ossietzky** bekommt den **Friedensnobelpreis** verliehen. Ein Jahr zuvor wurde die Verleihung aus diplomatischen Gründen nicht vorgenommen (23.11.).

Gesellschaft & Sport

Nach der deutschlandweiten Verhaftungsaktion der Gestapo gegen den „Katholischen Jungmännerverband" spricht sich **von Galen** öffentlich gegen die Verfolgung der deutschen Kirche aus (9.2.). **IV. Olympische Winterspiele in Garmisch-Partenkirchen**: Maxi Herber und Ernst Baier sind Olympiasieger im Paarlauf (6.–16.2.). Hitlers *Mein Kampf* wird an jedes neue Brautpaar ausgegeben (1.5.). 1. FC Nürnberg **Deutscher Fußballmeister** (21.6.). **XI. Olympische Spiele in Berlin**: Der US-Amerikaner Jesse Owen ist mit vier Goldmedaillen der erfolgreichste Athlet dieser Spiele. Deutschland ist erfolgreichste Nation und erringt Olympiasiege u. a. auf den Gebieten Radsport (Toni Merkens), Turnen (Alfred Schwarzmann) und Reiten (Konrad von Wangenheim) (1.–16.8.).

Treffen Adolf Hitlers und des italienischen Außenministers Graf Galeazzo Ciano zur Vorbereitung der „Achse Berlin-Rom" (1936)

Weltgeschichte

General Francisco Franco

Eduard VIII. neuer König von England (22.1.). Verbot der Auslandsorganisation der NSDAP in der Schweiz (18.2.). **Flottenabkommen** zwischen USA, Frankreich und Großbritannien (25.3.). Einführung der **Wehrpflicht in Österreich** (1.4.). Italienische Truppen besetzen die äthiopische Hauptstadt **Addis Abeba** (6.5.). Nach dem Wahlerfolg der Linksparteien in Spanien wird Manuel Azana neues spanisches Staatsoberhaupt (10.5.). Die **„Queen Mary"** begeht ihre Jungfernfahrt als das größte Schiff der Welt (27.5.). Internationaler Gewerkschaftskongress in London (8.7.). Militärputsch unter General Francisco Franco gegen die Madrider Regierung und Ausbruch des **„Spanischen Bürgerkrieges"** (17./18.7.). In Griechenland wird durch General Ioannis Metaxas eine Diktatur errichtet (5.8.). Beginn der als **„Trotzkistenprozesse"** bekannt geworden Moskauer Schauprozesse (19.8.). In London treffen sich 29 europäische Staaten, die im „Spanischen Bürgerkrieg" neutral bleiben (9.9.). Franco wird spanisches Nationaloberhaupt und Oberbefehlshaber der nationalen Streitkräfte (30.9.). Der **Demokrat Roosevelt** wird in den USA als Präsident wiedergewählt (3.11.). Italien greift mit Bodentruppen zur Unterstützung Francos in Spanien ein (6.12.). George VI. wird Nachfolger von Eduard VIII. als britischer König (12.12.).

1937

Politik

Hitler genehmigt den Bau von **„Adolf-Hitler-Schulen“**, um zukünftige Eliten zu erziehen (15.1.). Albert Speer wird „Generalbauinspekteur für die Reichshauptstadt“. Verlängerung des am 23.3.1933 beschlossenen **„Ermächtigungsgesetzes“** um weitere vier Jahre. Hitler befindet die deutsche Kriegsschulderklärung im Versailler Vertrag für nichtig (30.1.). Außenminister Konstantin von Neurath spricht in Wien mit Bundeskanzler Schuschnigg über eine **Legalisierung der NSDAP in Österreich** (22.2.). Hitler verspricht die Einhaltung des neutralen Status der Schweiz (23.2.). Ausschluss der jüdischen Bevölkerung vom Reichsarbeitsdienst (19.3.). Göring und Reichsbauernführer Richard Walter Darré plädieren für eine Verstärkung der autarken Bestrebungen in der deutschen Landwirtschaft (23. 3.). Eingliederung der freien Hansestadt Lübeck in das Land Preußen (1.4.). Gründung des **„Nationalsozialistischen Fliegerkorps“** durch Adolf Hitler (17.4.). Deutsche Flugzeuge der **„Legion Condor“** zerstören die baskische Stadt **Guernica** und töten 1645 Menschen (26.4.). Hans Kriegler wird neuer Präsident der Reichsrundfunkkammer (5.5.). Auflösung der Deutschnationalen Volkspartei (DNVP) in Danzig (14.5.). SD-Chef Heydrich veranlasst, dass alle „jüdischen Rassenschänder“ nach Haftentlassung in ein Konzentrationslager einzuweisen sind (12.6.). **Baldur von Schirach** untersagt die Doppelmitgliedschaft in Hitlerjugend und kirchlichen Jugendorganisationen (18.6.). Geheime Weisung Hitlers über Kriegsvorbereitung der Wehrmacht (24.6.). Aufgrund des **„Wehrsteuergesetzes“** werden die deutschen Staatsbürger, die keinen Wehrdienst absolviert haben, zur Zahlung einer Sondersteuer verpflichtet (20.7.). Der preußische Ministerpräsident Göring veranlasst die Elimination aller „entarteter Kunst“ aus den öffentlichen Kunstausstellungen (3.8.). Einrichtung von „Jugendschutzkammern“ innerhalb der ordentlichen Gerichte (10.8.). Parteitag der NSDAP in Nürnberg unter dem Motto **„Parteitag der Arbeit“** (6.–13.9.). Einheiten der Luftwaffe, der Kriegsmarine und des Heeres beginnen mit **Manövern** in Pommern und Mecklenburg zur Erprobung eines „Blitzkrieges“ (19.9.). **Mussolinis Staatsbesuch in Deutschland**. Nach Gesprächen mit NS-Größen in München und Berlin, sowie großen Militärparaden lädt Mussolini im Gegenzug Hitler nach Italien ein (25.–29.9.). Deutschland garantiert Belgien Immunität (13. 10.). Der Führer der Sudetendeutschen Partei verlangt die Autonomie der sudetendeutschen Gebiete von der Tschechoslowakei (18.10.). Hitler gibt den Spitzen der Wehrmacht und dem Außenminister erstmals seine Kriegspläne bekannt. Die von Oberst Friedrich Hoßbach verfasste Mitschrift (**„Hoßbach-Protokoll“**) ist das einzige schriftliche Dokument (5.11.). Gespräch zwischen Hitler und dem britischen Lord Edward Halifax über die deutschen Revisionsforderungen (19.11.). Besuch des ungarischen Ministerpräsidenten in Berlin (21.–25.11.). Der Reichsinnenminister erlässt eine Regelung über die **„Vorbeugende Verbrechensbekämpfung durch die Polizei“** und schafft dadurch weiteren Spielraum für willkürliche Verhaftungen (14.12.). Die Gesamtlänge aller Reichsautobahnen beträgt nach der Eröffnung von sechs neuen Teilstücken etwa 2000 km (17.12.). Das **italienisch-deutsche Wirtschaftsabkommen** gilt auch für den Kriegsfall (18.12.).

Albert Speer

Adolf Hitler hält eine Rede im Berliner Olympiastadion (Mai 1937)

Wirtschaft & Wissenschaft

Ein **Opel „Kadett“** hat einen Werkspreis von 2100 RM (9.1.).

Reichsbahn und Reichsbank werden per Gesetz der Reichsregierung untergeordnet (10.2.). Juden wird auf Anordnung von Reichserziehungsminister Bernhard Rust in medizinischen Fächern die Promotion untersagt (15.4.). Das weltgrößte **Luftschiff „Hindenburg“** explodiert bei der Landung in Lakehurst bei New York – Ende des Zeppelin-Verkehrs über den Atlantik (6.5.). Erster Wirtschaftsvertrag Deutschlands mit dem Nationalspanischen Staat Francos (20.7.). **Schacht** tritt vom Amt des Wirtschaftsministers zurück, bleibt aber Reichsbankpräsident (26. 11.). Ca. 990.000 Menschen sind ohne Arbeit (31.12.).

Kunst & Kultur

Die weiße Fürstin von Rainer Maria Rilke hat in Gießen Premiere (17.1.). Heinrich Glasmeier wird „Reichsintendant des deutschen Rundfunks“ (21.3.). Der **Nationale Filmpreis** geht an den Schauspieler Emil Jannings für seine Rolle in *Der Herrscher* von Veit Harlan (1.5.). Die szenische Kantate ***Carmina Burana*** von Carl Orff feiert in Frankfurt a. M. Premiere (8.6.). Einweihung des **„Hauses der deutschen Kunst“** in München (18.7.). Deutschsprachige Premiere des Brecht-Stückes *Die Gewehre der Frau Carrar* in Paris mit Helene Weigel in der Hauptrolle (17.10.). **Propagandaausstellung *Der ewige Jude*** in München (8.11.).

Brand der Hindenburg in Lakehurst (6.5.1937)

Gesellschaft & Sport

Verhaftung von Ernst Niekisch in Berlin (22.3.). Eröffnung der ersten „Adolf-Hitler-Schule“ in Pommern (19.4.). Stapellauf des **KdF-Dampfers „Wilhelm Gustloff“** in Hamburg (5.5.). FC Schalke 04 wird mit 2:0 über den 1. FC Nürnberg **Deutscher Fußballmeister** (20.6.). Verhaftung von Pastor **Martin Niemöller** durch die Gestapo (1.7.). Der US-Amerikaner Donald Budge bezwingt Gottfried von Cramm im Finale der **Tennismeisterschaft in Wimbledon** (20.7.). Pierre Baron de Coubertin, der Begründer der neuzeitlichen Olympischen Spiele stirbt 74-jährig in Lausanne (2.9.). **General a. D. Erich Ludendorff** stirbt im Alter von 72 Jahren in München (20.12.).

„Entartete Kunst“: Blick in die Münchner Ausstellung von 1937

Weltgeschichte

„Freiwilligenverbot“ gegenüber Spanien von 27 Staaten verkündet (20.2.). In China lehnt die Partei Tschiang Kai-scheks jegliche Kooperation mit dem Kommunistenführer Mao Tse-tung ab (23.2.). Papst Pius XI. kritisiert in seiner **Enzyklika *Mit brennender Sorge*** die Praktiken des NS-Staates grundlegend (14.3.). Nichtangriffspakt zwischen Italien und Jugoslawien (25.3.). **„Blaues Band“** für den Dampfer „Normandie“, der in weniger als vier Tagen den Atlantik überquerte (5.4.). Eröffnung der **„Golden Gate Bridge“** in der Bucht von San Francisco (27.4.). Neville Chamberlain wird Außenminister von Großbritannien (28.5.). Im Zuge der **„Großen Säuberungen“** in den UdSSR werden Marschall Michail Tuchatschewskij und einige seiner Generale zum Tode verurteilt (12.6.). Beginn des japanisch-chinesischen Krieges (7.7.). Nichtangriffsvertrag zwischen China und der Sowjetunion (21.8.). **Mao Tse-tungs Armee** kämpft an der Seite der nationalchinesischen Truppen gegen Japan (10.9.). Europas größte Brücke (3,2 km Länge) in Dänemark eröffnet (24.9.). Völkerbund stellt sich auf die Seite Chinas (6.10.). Eintritt Italiens in den **Antikominternpakt** (6.11.). Japan erkennt die spanische Franco-Regierung an (1.12.). Italien tritt aus dem Völkerbund aus (11.12.). Japanische Truppen erobern den chinesischen Regierungssitz Nanking (13.12.).

1938

Politik

Staatsbesuch des jugoslawischen Ministerpräsidenten Milan Stojadinowitsch in Berlin (15.1.). Neue Bestimmungen zur Schutzhaft ermöglichen eine direkte Inhaftierung von „volks- und staatsfeindlichen Personen" in Konzentrationslager (25.1.). Umwandlung des Kriegsministeriums in das **Oberkommando der Wehrmacht (OKW)** unter Wilhelm Keitel. Hitler überträgt sich den Oberbefehl über die gesamte Wehrmacht. **Joachim von Ribbentrop** wird neuer **Außenminister** (4.2.). Im **„Berchtesgadener Abkommen"** zwingt Hitler den österreichischen Bundeskanzler Schuschnigg zur Aufnahme von Nationalsozialisten in dessen Regierung (12.2.). Ein Jahr in der Land- oder Hauswirtschaft wird für alle unverheiratete Frauen unter 25 Jahren Pflicht (15.2.). Die deutsche **Wehrmacht marschiert nach Österreich ein**. Der nationalsozialistische österreichische Bundeskanzler und spätere Reichsstatthalter Seys-Inquart hat diese militärische „Hilfe" angefordert (12.3.). Österreich wird mit dem **„Gesetz über die Wiedervereinigung Österreichs mit dem Deutschen Reich"** ins Deutsche Reich eingegliedert (13.3.). Das österreichische Heer ist vollkommen in die Wehrmacht eingebunden (29.3.). Über 99 % der deutschen Wahlberechtigten votieren für die Politik der Reichsregierung (10.4.). **„Karlsbader Forderungen"** der Sudetendeutschen Partei nach Autonomie und Gleichberechtigung (24.4.). Alle jüdischen Vermögen über 5.000 RM müssen auf einen Erlass Görings hin angemeldet werden (26.4.). Großer **Staatsbesuch Hitlers in Italien** (3.–9.5.). **„Nürnberger Gesetze"** werden in Österreich eingeführt (20.5.). Hitler spricht vom baldigen Einmarsch in die Tschechoslowakei (20.5.). Gesetz über die entschädigungslose **Enteignung von „entarteten" Kunstwerken** (31.5.). Verhaftung tausender sog. „Asozialer" zur Zwangsarbeit in Konzentrationslagern (13.–18.6.). Die allgemeine Verpflichtung eines jeden Deutschen für Arbeitsdienste wird gesetzlich verankert (22.6.). Ausweitung des **deutsch-britischen Flottenabkommens** zugunsten Deutschlands (30.6.). Hitler unterstellt sich die bewaffneten Einheiten der SS (Verfügungstruppe, Totenkopf-Verbände) (17.8.). Nachdem er sich mehrfach gegen einen Angriffskrieg ausgesprochen hatte, tritt der Chef des Generalstabes **Ludwig Beck** zurück (18.8.). Hitler bespricht mit dem britischen Premierminister Neville Chamberlain das Thema Sudetenland (15.9.). Chamberlain, Daladier, Mussolini und Hitler vereinbaren auf der **„Münchner Konferenz"** die Abtretung des Sudetenlandes an das Deutsche Reich. Großbritannien und Frankreich geben der restlichen Tschechoslowakei eine Bestandsgarantie (29./30.9.). **Deutsche Truppen marschieren in das Sudetenland ein** (1.10.). Jüdische Reisepässe werden mit einem roten „J" gekennzeichnet (5.10.). Hitler gibt intern die Anweisung, die Zerschlagung der „Rest-Tschechei" vorzubereiten (21.10.). Nach dem Attentat von Herschel Grynszpan auf den deutschen Diplomaten Ernst vom Rath am 7.11. ordnen Goebbels und Hitler ein deutschlandweites Pogrom gegen die jüdische Bevölkerung an. In der **„Reichskristallnacht"** kommt es zur Zerstörung nahezu aller Synagogen und zu Verwüstungen von jüdi-

Der britische Premierminister Arthur Neville Chamberlain 1938 in München

Adolf Hitlers Einzug in Wien (14.3.1938)

schen Wohnungen und Geschäften. Etwa einhundert Menschen werden ermordet, 25.000 jüdische Männer in Konzentrationslager verschleppt (9./10.11.). Deutsch-französische Nichtangriffserklärung unterzeichnet (6.12.). Himmler ordnet die Erfassung aller **Sinti und Roma** in Deutschland an (8.12.).

Wirtschaft & Wissenschaft

Göring bildet einen „Wehrwirtschaftsrat“ (31.1.). Walter Funk wird **Reichswirtschaftsminister** (5.2.). Ausdehnung des „Vierjahresplans“ auf Österreich (17.3.). In Fallersleben beginnt der **Bau des Volkswagenwerkes** (26.5.). „Weltwirtschaftlicher Neuer Erzeugungsplan“ zur Ausrichtung der deutschen Wirtschaft auf den Krieg (12.7.). Ab dem 1.1.1939 ist laut einer Verordnung das Betreiben von Handwerks- und Handelsbetrieben durch Juden verboten (12.11.). Stapellauf des ersten deutschen **Flugzeugträgers „Graf Zeppelin“** (8.12.). Der Kernphysiker **Otto Hahn** beschreibt erstmals in einem Zeitschriftenartikel seine Erkenntnisse zur **Kernspaltung** (22.12.).

Kunst & Kultur

Uraufführung des Filmes *Der Berg ruft* mit Luis Trenker (6.1.) und des Abenteuerfilmes ***Der Tiger von Eschnapur*** mit Theo Lingen und Gisela Schlüter (7.1.). Premiere der **Olympiafilme** *Fest der Völker* und *Fest der Schönheit* von Leni Riefenstahl in Berlin. Die Filme über die Olympiade 1936 werden mehrfach ausgezeichnet (20.4.). Selbstmord des deutschen Expressionisten **Ernst Ludwig Kirchner** im Schweizer Exil (15.6.). Juden ist zukünftig der Konzert- und Theaterbesuch untersagt (12.9.). Der Grafiker und Dichter **Ernst Barlach** stirbt im Alter von 68 Jahren in Rostock (24.10.). Uraufführung des Filmes *Tanz auf dem Vulkan* mit Gustaf Gründgens und Sibylle Schmitz (30.11.).

Gesellschaft & Sport

Aufbau des BDM-Werkes „Glaube und Schönheit“ für Mädchen zwischen 17 und 21 Jahren (19.1.). Bei einer Rekordfahrt mit einem Wagen der Marke Auto Union verunglückt der **Rennfahrer Bernd Rosemeyer** tödlich (28.1.). Einlieferung von **Pastor Niemöller** in ein KZ (2.3.). Evangelische Kirche Österreichs schließt sich der deutschen evangelischen Kirche an (14.3.). Friedensnobelpreisträger und Schriftsteller **Carl von Ossietzky** stirbt an den Folgen der Lagerhaft (4.5.). Joe Louis schlägt in einem WM-Kampf Max Schmeling in New York in der ersten Runde k.o. (22.6.). Hannover 96 mit einem 4:3 n. V. über den FC Schalke 04 neuer **Deutscher Fußballmeister** (3.7.). Berufsverbot für jüdische Ärzte (25.7.).

Reichskristallnacht: Straße in Berlin nach der Reichskristallnacht (9.–10.11.1938)

Gustaf Gründgens

Weltgeschichte

Wjatscheslaw Molotow neuer Vorsitzender des Rates der Volkskommissare in der UdSSR (19.1.). Arthur Seyß-Inquart neuer Innenminister in Österreich (16.2.). **Lord Halifax** tritt die Nachfolge des am 20.2. zurückgetretenen britischen Außenministers Anthony Eden an (25.2.). **Rücktritt** des österreichischen **Bundeskanzlers Schuschnigg**. Sein Nachfolger im Amt wird Seyß-Inquart (11.3.). Im letzten **Moskauer „Säuberungsprozess“** kommt es zu Todesurteilen u. a. gegen Bucharin und Jagoda (13.3.). Edouard Daladier neuer französischer Ministerpräsident (10.4.). Britisch-französisches Bündnis erneuert (29.4.). Die spanische Franco-Diktatur wird vom Vatikan als rechtmäßige Regierung anerkannt (4.5.). **Teilmobilmachung** der tschechoslowakischen Streitkräfte (20.5.). Neutralitätsvertrag zwischen den skandinavischen Ländern (27.5.). In der Schweiz tagt eine **Konferenz** zur Erörterung des weltweiten **Flüchtlingsproblems** (6.7.). Waffenstillstand zwischen der UdSSR und Japan im Streitfall um Mandschukuo (10.8.). Frankreich und Großbritannien mobilisieren infolge der Sudetenkrise Teile ihrer Streitkräfte (24.9.). Tschechische Regierung nimmt Münchner Abkommen an (30.9.). Der tschechische Präsident **Edvard Beneš tritt zurück** (5.10.). **Emil Hácha** wird neuer tschechoslowakischer Staatspräsident (30.11.).

Die „Reichskristallnacht“
(9.11.1938)

Am 7.11.1938 verübte Herschel Grynszpan, ein 17-jähriger deutsch-polnischer Jude, in Paris ein Attentat auf den Legationssekretär der Deutschen Botschaft Ernst vom Rath. Ursprünglich wollte er den deutschen Botschafter in Paris erschießen, um ein Zeichen gegen den Umgang des Hitler-Regimes mit seiner Familie zu setzen. Diese gehörte nämlich zu jenen rund 17.000 Juden, die im Oktober 1938 in Sonderzügen an die polnische Grenze geschafft worden waren. Von den polnischen Behörden zurückgewiesen, mussten sie sich unter erbärmlichen Bedingungen und ohne Versorgung für mehrere Tage im Niemandsland aufhalten.

Das Attentat – vom Rath erlag am Nachmittag des 9.11. seinen Verletzungen – bot den Nationalsozialisten und insbesondere Propagandaminister Joseph Goebbels einen willkommenen Anlass, um eine Welle der Gewalt gegen Juden, ihre Wohnungen und Einrichtungen in der Nacht vom 9. auf den 10.11.1938 auszulösen. Goebbels, dessen Stern zu jener Zeit bei Hitler im Sinken begriffen und der um Anerkennung seines „Führers“ bemüht war, stilisierte Herschel Grynszpan zu einem Werkzeug einer „Weltverschwörung“ des „internationalen Judentums“. Vor der versammelten Parteiführung und den „Alten Kämpfern“ der NSDAP, die gerade in München ihr alljährliches Ritual begingen und der Toten des Hitler-Putschs von 1923 gedachten, stachelte der Chefpropagandist in einer antisemitischen Hassrede zu Pogromaktionen im ganzen Land an und forderte „Vergeltung“.

Bilanz des Pogroms

Die Bilanz des Pogroms war erschreckend: Über 1000 Synagogen im gesamten Deutschen Reich brannten ab oder wurden zumindest demoliert. Rund 8000 jüdische Geschäfte waren am Ende zerstört und ungezählte Wohnungen verwüstet. Damit aber nicht genug, fanden rund 100 Juden den gewaltsamen Tod. Ca. 30.000 jüdische Männer wurden festgenommen und in die Konzentrationslager Dachau, Buchenwald und Sachsenhausen verbracht. Der materielle Schaden im gesamten Reich bezifferte sich auf mehrere hundert Mio. Mark. In der Folge mussten die Juden für den ihnen zugefügten Schaden aufkommen. Die Perversion kannte keine Grenzen. In einer Verordnung vom 12.11. 1938 „über eine Sühneleistung der Juden deutscher Staatsangehörigkeit“ hieß es im Reichsgesetzblatt: „Den Juden deutscher Staatsangehörigkeit in ihrer Gesamtheit wird die Zahlung einer Kontribution von 100 Millionen Reichsmark an das Deutsche Reich auferlegt.“

Die Legende vom „Volkszorn“

Einen Tag zuvor notierte Goebbels zufrieden über den Pogrom: „Die Aktion selbst ist tadellos verlaufen. 100 Tote. Aber kein

Brennende Synagoge während der „Reichskristallnacht“

Zerstörte jüdische Geschäfte nach der „Reichskristallnacht“

deutsches Eigentum beschädigt.“ Am 10.11. hatte er seinem Tagebuch bereits anvertraut: „Die Synagoge brennt … Wir lassen nur so weit löschen, als das für die umliegenden Gebäude notwendig ist. Sonst abbrennen lassen … Aus dem ganzen Reich laufen nun die Meldungen ein: 50, dann 75 Synagogen brennen. Der Führer hat angeordnet, dass 20.000 bis 30.000 Juden sofort zu verhaften sind … In Berlin brennen 5, dann 15 Synagogen ab. Jetzt rast der Volkszorn … laufen lassen.“

Von Anfang an war Goebbels darum bemüht, die Legende von der „spontanen“, ungelenkten Antwort der Bevölkerung auf Grynszpans Attentat in die Welt zu setzen. Dabei kann kein Zweifel daran bestehen, dass es sich bei den – im Berliner Volksmund bald „Reichskristallnacht“ genannten – Ausschreitungen um eine staatlich inszenierte und spontan geplante Terroraktion handelte. In einem späteren Bericht des Obersten Parteigerichts hieß es unzweideutig: „Die mündlich gegebenen Anweisungen des Reichspropagandaleiters sind wohl von sämtlichen anwesenden Parteiführern so verstanden worden, dass die Partei nicht nach außen als Urheber der Demonstrationen in Erscheinung tritt, sie in Wirklichkeit aber organisieren und durchführen sollte.“ In den Tagen vor dem Pogrom stachelte die Presse gezielt die Emotionen an, außerdem wurden im Vorfeld Listen von jüdischen Einrichtungen und Geschäften erstellt.

Die spontane Mitwirkung größerer Teile der Bevölkerung außerhalb von NS-Organisationen und -Schlägertrupps blieb aus, wenn sich der „Volkszorn“ auch in wenigen Einzelfällen Bahn brach. Mehrheitlich allerdings verhielt sich die Bevölkerung passiv und verhalten oder drückte mitunter deutlich ihre Ablehnung gegenüber den Gewalttätigkeiten aus. Manch einer äußerte sogar laut seine Empörung angesichts der hemmungslosen Brutalität, die vorrangig von den prügelnden, ja, mordenden Scharen der SA ausging. Umso wichtiger war es Goebbels, öffentlich an der „Volkszorn“-Fiktion festzuhalten. Im *Völkischen Beobachter* schrieb er am 12.11.: „Man erklärt, die spontanen Reaktionen des Volkes seien durch organisierte Mannschaften durchgeführt worden. Wie wenig Ahnung doch diese Zeilenschinder von Deutschland haben! Wie erst hätte diese Reaktion ausgesehen, wäre sie organisiert gewesen!“

Unbeeindruckt davon stellte das Oberste Parteigericht indes intern fest: „Auch die Öffentlichkeit weiß bis auf den letzten Mann, dass politische Aktionen wie die des 9.11. von der Partei organisiert und durchgeführt sind, ob dies zugegeben wird oder nicht. Wenn in einer Nacht sämtliche Synagogen abbrennen, so muss das irgendwie organisiert sein und kann nur organisiert sein von der Partei.“ Auch im Ausland herrschte diese Sicht vor. Selbst die sonst zurückhaltende Londoner *Times* sprach von einem „Akt der Reichsregierung“.

Wendepunkt der „Judenpolitik“

In mehrerlei Hinsicht stellte die „Reichskristallnacht“ einen Wende- und Scheitelpunkt in der nationalsozialistischen Politik des Judenhasses dar. Erstens musste die NS-Führung feststellen, dass sich gewaltsame Ausschreitungen wie in der Nacht von 9. zum 10.11.1938 nicht des Jubels der Bevölkerung erfreuen konnten. Sie war wohl bereit wegzuschauen und zu dulden, doch begegnete sie den gewaltsamen Akten insgesamt mit Reserve. Beim späteren Vollzug der Judenvernichtung – außerhalb des deutschen Reichsgebiets – war die NS-Führung um Tarnung und Täuschung bemüht.

Zweitens markierte der Novemberpogrom den Auftakt zu einer gezielt Gewalt anwendenden „Judenpolitik“. Seit den Tagen der „Machtergreifung“ diskriminiert, waren die Juden nun staatlichem Handeln recht- und schutzlos ausgeliefert. Nicht nur Sachbeschädigung, sondern auch Körperverletzung bis hin zur Tötung von Juden sollte künftig jeglicher Strafverfolgung entzogen sein. Wenige Tage nach den Exzessen vom 9.11. kündigte Goebbels an: „Die Judenfrage wird in kürzester Frist einer das deutsche Volksempfinden befriedigenden Lösung zugeführt.“ Im Rückblick erscheint die „Reichskristallnacht“ als eine Station auf dem Weg zur sog. „Endlösung“ der „Judenfrage“.

Alexander Gallus

1939

Politik

Der polnische Außenminister wird von Hitler ehrenhaft in Berchtesgaden empfangen. Der Diktator bekräftigt die Zusammenarbeit und spricht von einer sowjetischen Bedrohung (5.1.). Kurz danach trifft sich Hitler mit dem sowjetischen Botschafter, obwohl er bislang Kontakte zu Vertretern der Sowjetunion vermied (12.1.). Einrichtung der **„Reichszentrale für jüdische Auswanderung“** zur schnellstmöglichen Vertreibung aller deutschen Juden (24.1.). Vor dem Reichstag verkündet Hitler die „Vernichtung der jüdischen Rasse in Europa“ (30.1.). Hitler erklärt den 9. November zum Gedenktag an die Opfer der NS-Bewegung (1.3.). Die deutsche **Wehrmacht besetzt die Rest-tschechoslowakei**, nachdem Hitler den tschechoslowakischen Staatspräsidenten Emil Hácha unter Druck gesetzt hatte (15.3.). Das Reichsprotektorat Böhmen und Mähren wird geschaffen (17.3.). England und Frankreich ziehen ihre Botschafter aus Berlin zurück. Keine der Westmächte ist somit mehr in Deutschland vertreten (20.3.). Litauen tritt, ebenfalls unter deutschem Druck, das **Memelgebiet an das Deutsche Reich** ab (23.3.). Deutschland kündigt sowohl den deutsch-polnischen Freundschaftsvertrag als auch das Flottenabkommen mit Großbritannien (28.4.). Deutschland und Italien beschließen den sog. **„Stahlpakt“**, ein mehr als nur defensives Militärbündnis, das beide für den Kriegsfall aneinander bindet (22.5.). Hitler erklärt am darauf folgenden Tag der deutschen Generalität seine Kriegspläne in Richtung Polen (23.5.). Beginn des fünftägigen Staatsbesuchs des jugoslawischen Prinzregenten Karadordevic Paul in Berlin. Beide Länder geben gegenseitige Friedensbekundungen ab (1.6.). Umwandlung der „Reichsvertretung der Juden in Deutschland“ in eine der Gestapo unterstellte „Reichsvereinigung“. Sie soll die weitere jüdische Auswanderung beschleunigen (4.7.). Deutschland und die Sowjetunion schließen einen Nichtangriffspakt ab – den **„Hitler-Stalin-Pakt“**. Beide verpflichten sich auf zehn Jahre weder einander anzugreifen noch ein Bündnis gegeneinander einzugehen. In einem streng geheimen Zusatzprotokoll grenzen beide Parteien ihre Einflussbereiche in Europa ab – Polens Teilung wird beschlossen (23.8.). Start der deutschen Mobilmachung (26.8.). Mit dem deutschen Überfall auf Polen – ohne Kriegserklärung – beginnt um 4.45 Uhr der **Zweite Weltkrieg** (1.9.). Hitler initiierte am Vorabend mehrere – angeblich – polnische Grenzverletzungen selbst – u. a. auch den Überfall verkleideter SS-Männer auf den **Sender Gleiwitz** (31.8.). Frankreich und England erklären aufgrund ihrer Bündnisverpflichtungen Deutschland den Krieg (3.9.). Erste Deportation österreichischer und tschechischer Juden nach Polen (12.10.). Mit der Versenkung des britischen Schlachtschiffes „Royal Oak“ durch ein deutsches U-Boot beginnt der **U-Boot-Krieg im Atlantik** (14.10.). Warschau kapituliert.

Der sowjetische Außenminister Wjatscheslaw M. Molotow unterzeichnet den Hitler-Stalin-Pakt. Im Hintergrund der deutsche Außenminister Joachim von Ribbentrop (23.8.1939)

Deutsche Soldaten beim Niederreißen eines polnischen Schlagbaums (September 1939)

Der deutsche **„Blitzkrieg“** in Polen ist nach nur vier Wochen nahezu beendet (27.9.). In Polen wird ein „Generalgouvernement“ unter der Verwaltung von Hans Frank geschaffen (25.10.). Im Münchner Bürgerbräukeller scheitert Johann Georg Elsers **Attentat auf Adolf Hitler,** der den Raum kurz vor der Explosion verließ (8.11.).

Wirtschaft & Wissenschaft

Hjalmar Schacht wird als Reichsbankpräsident von Reichswirtschaftsminister **Walter Funk** abgelöst (20.1.). Deutschland liegt mit seinem Welthandelsanteil von fast 9,7% auf Platz drei, hinter den USA und Großbritannien (3.4.). Erstflug des deutschen **Raketenflugzeugs He 176** (20.6.). Der Deutschen Lufthansa bleibt wegen der politischen Lage eine Beteiligung am neuen regelmäßigen Passagierflugverkehr zwischen Europa und den USA verwehrt (28.6.). „Reichskriegswirtschaftsverordnung“, die u. a. Steuererhöhungen und Benzinrationierungen vorschreibt (4.9.). **Sigmund Freud** stirbt 83-jährig im Londoner Exil (23.9.). Für seine Entdeckung und Untersuchung der Sexualhormone erhält Adolf Butenandt den Chemie-Nobelpreis (10.12.).

Kunst & Kultur

Der Schriftsteller Ernst Niekisch wird in einem politischen Prozess zu lebenslänglichem Zuchthaus verurteilt (10.1.). In Princeton (USA) erhält Thomas Mann, für seine humanitären Verdienste von Albert Einstein die **Einstein-Medaille** (28.1.). Bei einer Auktion in Luzern werden von den Nationalsozialisten Bilder sog. **„Entarteter Kunst“** zur Devisenbeschaffung verkauft. Es kommen u. a. Werke von Paul Gauguin und Pablo Picasso unter den Hammer (30.6.). *Vom Winde verweht* mit Vivien Leigh und Clark Gable ist in den USA der Film des Jahres (15.12.).

Sigmund Freud

Gesellschaft & Sport

Maxie Herber und Ernst Baier sind Weltmeister im Eiskunstlauf der Paare (19.2.). Hitlerjugend wird zur Pflicht für alle Jugendlichen zwischen 10 und 18 Jahren (25.3.). Der Emigrationsversuch von fast tausend Juden mit dem **Luxusdampfer „St. Louis“** endet nach einmonatiger vergeblicher Fahrt über den Atlantik wieder in Europa (13.5.). Schalke 04 wird durch ein 9:0 gegen Admira Wien **Deutscher Fußballmeister** (18.6.). Rudolf Harbig läuft in Mailand einen neuen Weltrekord über 800 m (15.7.). Die Rationierung von Treibstoff führt zu langen Wartezeiten an Tankstellen (26.8.). Einjähriger Arbeitsdienst für Mädchen (4.9.). **Philipp Scheidemann** stirbt 74-jährig in seinem Kopenhagener Exil (29.11.).

Weltgeschichte

Pius XII.

Der **Antikominternpakt** Berlin-Rom-Tokio erhält durch Ungarn Verstärkung. Danach bricht die Sowjetunion ihre diplomatischen Beziehungen zu Ungarn Anfang Februar ab (13.1.). Nach 17-jähriger Amtszeit verstirbt **Papst Pius XI.** im Alter von 81 Jahren (10.2.). Sein Nachfolger wird der später umstrittene **Pius XII.** (24.2.). Die Slowakei erklärt sich für unabhängig (14.3.). Francisco Francos Truppen marschieren in Madrid ein – **Ende des dreijährigen Spanischen Bürgerkrieges**. Beitritt Spaniens zum Antikominternpakt (28.3.). Briten und Franzosen geben Polen eine Garantieerklärung im Falle einer Verletzung ihrer Unabhängigkeit (31.3.). Das faschistische Italien marschiert in Albanien ein (7.4.). In Großbritannien wird als Reaktion auf die deutschen Gebietsannexionen die Wehrpflicht eingeführt (26.4.). Die britische Regierung bekräftigt ihre **Beistandsverpflichtung gegenüber Polen** (25.8.). In Warschau wird die allgemeine Mobilmachung der polnischen Armee ausgerufen (30.8.). England und Frankreich ordnen die **Generalmobilmachung** ihrer Streitkräfte an. Viele europäische Staaten erklären ihre Neutralität (1.9.). Einmarsch sowjetischer Truppen im Osten Polens (17.9.). Die Sowjetunion marschiert ohne Kriegserklärung in Finnland ein – der **sowjetisch-finnische „Winterkrieg“** beginnt (30.11.).

1940

Politik

Notlandung eines deutschen Flugzeuges bei Mechelen in Belgien. Die belgischen Behörden gelangen dadurch an die Pläne für den deutschen Angriff gegen Frankreich (10.1.). Hitler unterzeichnet eine erste Weisung zur **Vorbereitung der „Weserübung“** – der Besetzung Dänemarks und Norwegens (1.3.). Fritz Todt wird von Hitler zum „Reichsminister für Bewaffnung“ ernannt (17.3.). Hitler und Mussolini treffen sich am Brenner, wobei letzterer seine Absicht bekräftigt, in den Krieg einzutreten (18.3.). SS-Chef Heinrich Himmler gibt die Anweisung zur Errichtung des Konzentrationslagers **Auschwitz** (27.3.). Deutsche Truppen landen in Dänemark und Norwegen. Die **Operation „Weserübung“ beginnt** ohne deutsche Kriegserklärung (9.4.). Start der sog. **„Westoffensive“** mit dem Einmarsch deutscher Truppen in die neutralen Staaten Luxemburg, Belgien und Holland (10.5.). Die Deportationen von Sinti und Roma aus dem Deutschen Reich in polnische Gettos laufen an (16.5.). **Arthur Seyß-Inquart** wird zum „Reichskommissar für die Niederlande“ ernannt (18.5.). Deutsche Truppen nehmen kampflos die französische Hauptstadt Paris ein (14.6.). Generaloberst Wilhelm Keitel und General Charles Huntziger unterzeichnen im Wald von Comiègne den **deutsch-französischen Waffenstillstand**. Frankreich wird dadurch in eine besetzte und in eine unbesetzte Zone unterteilt. Auf Hitlers Anordnung werden die deutschen Bedingungen der französischen Vertretung in genau jenem Eisenbahnwaggon diktiert, in dem 1918 der Versailler Vertrag geschlossen worden war (22.6.). Deutsche Truppen besetzen die **britischen Kanalinseln** (30.6.). Hitler unterbreitet Mitgliedern des Oberkommandos der Wehrmacht (OKW) und Oberkommandos des Heeres (OKH) seinen Entschluss, die Sowjetunion anzugreifen (31.7.). Elsass-Lothringen und Luxemburg werden unter deutsche Zivilverwaltung gestellt (7.8.). Der **deutsche Luftangriff auf England** beginnt. Das Ziel soll eine mögliche Landung deutscher Truppen in England sein – Deckname der Operation: „Seelöwe“ (13.8.). Deutsche Bomber greifen London an (24.8.). Hitler verschiebt die Operation „Seelöwe“ auf unbestimmte Zeit (17.9.). Deutschland, Italien und Japan schließen einen **„Dreimächtepakt“**. Alle drei Staaten sichern sich gegenseitige politische, militärische und wirtschaftliche Unterstützung zu (27.9.). Die Deportation der mittlerweile völlig rechtlosen deutschen Juden in das Generalgouvernement wird beschleunigt (4.10.). Hitler trifft sich mit Francisco Franco und mit Henri Philippe Pétain, Chef der französischen Vichy-Regierung. Beide sind nicht bereit, sich in die antibritische Allianz einbinden zu lassen (23./24.10.). Der **Handelskrieg gegen Großbritannien** nimmt zu. Im Oktober werden 61 Handelsschiffe durch deutsche U-Boote versenkt (31.10.). Der sowjetische Außenminister Wjatscheslaw Molotow besucht Berlin (12.11.). Die englische Stadt **Coventry** wird von mehr als 500 deutschen Bombern zerstört (14.11.). Im Warschauer Getto befinden sich mittlerweile 350.000 Juden eingeschlossen (15.11.). Aufmarsch gegen **Griechenland** als Unternehmen „Marita“ beschlossen (13.12.). Adolf Hitler legt mit der Weisung Nr. 21 **„Barbarossa“** fest, im Mai 1941 einen Angriff auf die Sowjetunion zu starten (18.12.).

A. Hitler und B. Mussolini auf dem Brenner (März 1940)

Tor des Konzentrationslagers in Auschwitz

Wirtschaft & Wissenschaft

Siemens stellt in Berlin eine Röntgenanlage zur Krebsbekämpfung vor (17.1.). Die erste regelmäßige Fluglinie zwischen Berlin und Moskau wird eröffnet (22.1.). Abschluss eines **deutsch-sowjetischen Wirtschaftsabkommens** zum erhöhten Warenaustausch (11.2.). In Heidelberg stirbt der Chemiker und Nobelpreisträger **Carl Bosch** im Alter von 65 Jahren (26.4.). Etwa 287.000 **Kriegsgefangene** sind in der deutschen Wirtschaft beschäftigt – gegen Ende des Jahres sind es fast 1,2 Mio. (30.4.). Seit dem Beginn des Krieges hat die deutsche Wirtschaft für etwa eine Mrd. Reichsmark (RM) Industrieanleihen aufgenommen (8.8.). Gemeinsame Abstimmung der Wirtschaftspolitik zwischen Italien und Deutschland (15.10.).

Der deutsch-französische Waffenstillstand wird in Compiègne unterzeichnet (22.6.1940)

Kunst & Kultur

Der bekannte Wiener Kabarettist **Fritz Grünbaum** stirbt im KZ Dachau (14.1.). Der deutsche Film *Der Postmeister* von Gustav Ucicky verzeichnet bei seiner Uraufführung in Wien großen Erfolg. In den Hauptrollen sind Hilde Krahl und Heinrich George zu sehen (25.4.). Der expressionistische Maler **Paul Klee** stirbt in seinem Exil bei Locarno. Er gehörte der Münchner Künstlergruppe des „Blauen Reiters" an, unterrichtete am Dessauer und Weimarer Bauhaus, bis er 1933 von den Nationalsozialisten entlassen wurde und anschließend emigrierte (29.6.). Veit Harlan dreht den **NS-Propagandafilm *Jud Süß*** mit Schauspielern wie Ferdinand Marian und Heinrich George (24.9.).

Gesellschaft & Sport

Eröffnung des **Kriegshilfswerkes** des Deutschen Roten Kreuzes (15.4.). Die evangelische Kirche protestiert deutschlandweit gegen das von den Nationalsozialisten beschlossene **Euthanasieprogramm** (9.7.). Juden dürfen ab sofort nicht mehr ohne Genehmigung über eigene Vermögenswerte verfügen (8.8.).

Der Beginn des Zweiten Weltkrieges führt zum Abbruch oder zur Absage zahlreicher internationaler Wettkämpfe. Sowohl die Tour de France als auch die Olympischen Sommerspiele fallen aus. Der FC Schalke 04 wird durch einen 1:0-Sieg gegen den Dresdner FC erneut **Deutscher Fußballmeister** (21.7.). Der „Großdeutschen" Nationalmannschaft gelingt ein 13:0-Sieg über Finnland (1.9.).

Deutsche Panzerkolonne nach Überschreiten der belgischen Grenze (1940)

Weltgeschichte

Schweden, Dänemark und Norwegen erklären Neutralität (18./19.1.). Der Luxusliner **„Queen Elizabeth"** absolviert seine Jungfernfahrt von Liverpool nach New York (28.2.). Friedensvertrag zwischen Finnland und der Sowjetunion (12.3.). Ende der französischen Regierung unter Edouard Daladier (20.3.). Französisch-britische Truppen landen in Norwegen (14./15.4.). Bildung einer norwegischen Exilregierung in London (5.5.). **Winston Churchill** wird neuer britischer Premierminister (10.5.). Holland kapituliert (15.5.). Kapitulation der belgischen Armee (28.5.). Mehr als 300.000 britische und französische Soldaten ziehen sich aus **Dünkirchen** nach England zurück (4.6.). Die letzten norwegischen Streitkräfte kapitulieren. Am gleichen Tag tritt **Italien** in den Krieg ein (10.6.). 1300 französische Matrosen sterben bei der Bombardierung der französischen Flotte durch die britische Luftwaffe (3.7.). Die UdSSR gliedert die baltischen Staaten ein (21.7.). Leo Trotzki fällt im mexikanischen Exil einem Mordanschlag Stalins zum Opfer (20.8.). Allgemeine **Wehrpflicht in den USA** (16.9.). Einmarsch japanischer Truppen in Indochina (23.9.). Ohne seine Bündnispartner davon zu unterrichten, **greift Italien Griechenland an** (28.10.). Roosevelt erneut Präsident der Vereinigten Staaten (5.11.).

1941

Politik

Mussolini erhält von Hitler die Zusage für militärische Unterstützung im Mittelmeerraum (19.1.). Das deutsche **Afrika-Korps** unter der Führung von Generalleutnant Erwin Rommel trifft in Tripolis ein (12.2.). Himmler besichtigt das Konzentrationslager Auschwitz und gibt den Befehl für den Bau eines Nebenlagers in Birkenau (1.3.). Die 12. deutsche Armee marschiert in **Bulgarien** ein (2.3.). Hitler weist die am bevorstehenden Ostfeldzug beteiligten höheren Offiziere der Wehrmacht darauf hin, dass es sich dabei um einen Vernichtungsfeldzug gegen den Kommunismus handelt (30.3.). Beginn der deutsch-italienischen Offensive gegen die Briten in Nordafrika (31.3.). Unternehmen „Marita" – der deutsche **Feldzug gegen Jugoslawien und Griechenland** – beginnt ohne Kriegserklärung (6.4.). Rommels Afrika-Korps hat in zwei Monaten die gesamte Cyrenaika zurückerobert und die von den Briten gehaltene Festung Tobruk eingeschlossen (13.4.). **Rudolf Heß**, der Stellvertreter Hitlers, fliegt im Alleingang nach Schottland, um mit den Briten zu verhandeln. Er wird jedoch von den Engländern inhaftiert und in Deutschland als geistesgestört dargestellt (10.5.). Martin Bormann ist neuer Leiter der „Reichskanzlei" (12.5.). Landung deutscher Truppen auf der Mittelmeerinsel **Kreta** (20.5.). Drei Tage nach der Versenkung des britischen Schlachtschiffes „Hood" durch das deutsche **Schlachtschiff „Bismarck"** sinkt dieses nach Feuergefechten mit britischen Zerstörern. 2272 Seeleute kommen dabei ums Leben (27.5.). Hitler erlässt den sog. **„Kommissarbefehl"** zur Liquidation gefangen genommener sowjetischer Politoffiziere (6.6.). Das Deutsche Reich beginnt seinen **Überraschungsangriff auf die UdSSR**. Die deutsche Armee geht mit mehr als drei Mio. Soldaten sowie mit Unterstützung durch rumänische und italienische Truppen vor (22.6.). Hitler legt den Rüstungsschwerpunkt auf Luft- und Seestreitkräfte (14.7.). Reichsleiter Alfred Rosenberg wird zum „Reichsminister für die besetzten Ostgebiete" ernannt (17.7.). Reichsmarschall Hermann Göring beauftragt den Sicherheitsdienst-Chef Reinhard Heydrich mit der Vorbereitung der **„Endlösung der Judenfrage"** (31.7.). Vom OKW wird die Zahl der seit Beginn des Krieges gegen die UdSSR gefangenen sowjetischen Soldaten mit 1,25 Mio. angegeben. Es kommt erstmals zu Meinungsverschiedenheiten zwischen Hitler und dem OHK (22.8.). Leningrad wird belagert (8.9.). Alle Juden müssen ab einem Alter von sechs Jahren im Gebiet des Deutschen Reichs einen gelben **„Judenstern"** zur Erkennung tragen. Seit dem 22. Juni sind laut Wehrmachtsbericht 85.000 deutsche Soldaten gefallen (19.9.). Nördlich von Kiew werden durch Angehörige einer SS-Einsatzgruppe über 30.000 Juden ermordet (30.9.). Angriff auf Moskau gestartet (2.10.). **Zwangsarbeit für Juden** im Reich (3.10.). Erste Judendeportationen aus dem Deutschen Reich in Gettos wie Lodz oder Riga (14.10.). Generaloberst Ernst Udet begeht Selbstmord (17.11.). Ermordung von rund 10.000 deportierten Juden bei Riga (30.11.). Die sowjetischen Truppen starten eine **Gegenoffensive** und bringen somit den Plan vom „Blitzkrieg" zum Scheitern (5.12.). Deutschland und Italien erklären den Vereinigten Staaten den Krieg (11.12.). Hitler wird **Oberbefehlshaber des Heeres** (19.12.).

Rudolf Heß

Zivilbevölkerung im bombardierten Leningrad

Wirtschaft & Wissenschaft

Die Rheinmetall Borsig AG wird in die Reichswerke Hermann Göring eingegliedert (13.1.). Einführung der Reichsmark in Luxemburg (5.2.). Deutsch-italienischer Wirtschaftsvertrag zur Regelung des Waren- und Zahlungsverkehrs beider Länder (26.2.). In Leipzig beginnt die

Frühjahrsmesse mit 6000 Unternehmen aus 20 Ländern (2.3.). Kursverfall an den deutschen Börsen nach Ankündigung einer **Dividendensteuer** (17.3.). Erstes zweistrahliges Flugzeug der Welt, die **He 280** (5.4.). Hundertjähriges Jubiläum der **sächsisch-bayerischen Eisenbahngesellschaft** (22.6.). Deutschland wirbt in Spanien Arbeitskräfte an (22.8.). Von 627.000 freien Lehrstellen 1941 können nur zwei Drittel besetzt werden (8.10.).

Kunst & Kultur

Der Großdeutsche Rundfunk erklärt 1941 zum Mozartjahr (1.1.). Bertolt Brechts ***Mutter Courage und ihre Kinder*** wird im Zürcher Schauspielhaus unter der Regie von Leopold Lindtberg uraufgeführt (19.4.), Schillers *Wilhelm Tell* von allen Bühnen, aus den Bibliotheken und den Schulen durch Führeranweisung entfernt (3.6.). Bei der Komposition des *Liedes vom Feldzug im Osten* werden auf Anweisung Hitlers Takte von Franz Liszts ***Les Préludes*** eingearbeitet (21.6.). Joseph Goebbels verbietet die Aufführung von Werken russischer Komponisten (12.7.). *Quax der Bruchpilot* mit **Heinz Rühmann** in der Hauptrolle kommt in die deutschen Kinos (16.12.).

Gesellschaft & Sport

Läden mit antisemitischen Inschriften

Intensivierung der Begabtenförderung an den Schulungsburgen der NSDAP (22.3.). In Dresden stellt **Rudolf Harbig** mit einer Zeit von 2:21,5 einen neuen Weltrekord über 1000 m auf (24.5.). Der letzte deutsche **Kaiser Wilhelm II.** stirbt 82-jährig in seinem holländischen Exil (4.6.). Rapid Wien wird durch einen 4:3-Sieg über den FC Schalke 04 **Deutscher Fußballmeister** (22.6.). Eine deutsche Staffel mit Harbig in ihrer Mitte läuft Weltrekord über 4 x 800 m (23.8.). Eröffnung des modernsten deutschen Hallenschwimmbades in München (29.9.). Der FC Schalke 04 verliert ebenfalls das Endspiel im DFB-Pokal mit 1:2 gegen den Dresdner SC (2.11.).

Weltgeschichte

Pearl Harbor: die Kriegsschiffe der Vereinigten Staaten „West Virginia“ und „Tennessee“ in Flammen (7.12.)

In den Niederlanden kommt es zu Aufständen gegen die Judenverfolgung (25.2.). Bulgarien tritt dem Dreimächtepakt bei (1.3.). Das amerikanische **„Leih- und Pachtgesetz“** tritt in Kraft. Der amerikanische Präsident wird dadurch ermächtigt, Versorgungs- und Kriegsgüter im Wert von sieben Mrd. Dollar an Großbritannien bereitzustellen (11.3.). **Sowjetisch-japanischer Nichtangriffspakt** (13.4.). Kapitulation Jugoslawiens und Griechenlands (17./23.4.). Bislang 34.000 Tode und 46.000 Verletzte durch deutsche Luftangriffe in Großbritannien (19.5.). Slowakei und Finnland treten an deutscher Seite in den Krieg gegen die UdSSR ein (23./26.6.). Britisch-sowjetischer Beistandspakt (12.7.). **Josef Stalin** wird Oberkommandierender der sowjetischen Armee (19.7.). USA verhängen Ölembargo gegen alle Aggressoren (1.8.). Die **„Atlantik-Charta“** von Churchill und Roosevelt legt acht Prinzipien für eine zukünftige Weltpolitik fest. Die Vertreter beider Staaten verpflichten sich zur Niederwerfung des NS-Regimes (14.8.). De Gaulle gründet in London das **Nationalkomitee „Freies Frankreich“** (24.9.). Britische Offensive in Nordafrika (18.11.). Japan greift überraschend und ohne Kriegserklärung den amerikanischen Flottenstützpunkt **Pearl Harbor** an. Die dort stationierten Einheiten werden schwer getroffen. Der bislang europäische Krieg weitet sich zu einem Weltkrieg aus (7.12.). USA erklären Japan den Krieg (8.12.).

1942

Politik

Heer wieder Schwerpunkt der deutschen Rüstung (10.1.). Erstmals kreuzen **deutsche U-Boote vor der amerikanischen Ostküste** (11.1.). Zur Planung der technisch-organisatorischen Durchführung der Vernichtung von insgesamt 11 Mio. europäischen Juden versammeln sich auf Einladung Heydrichs hohe Beamte aus verschiedenen Ämtern zur sog. **„Wannseekonferenz"** in Berlin (20.1.). Albert Speer wird Nachfolger des tödlich verunglückten Rüstungsministers Fritz Todt (8.2.). Die deutschen Schlachtschiffe „Scharnhorst", „Gneisenau" und der schwere Kreuzer „Prinz Eugen" brechen unter massivem Geleitschutz durch den Kanal in die Nordsee durch – strategischer Rückzug aus dem Atlantik (12.2.). Zur besseren Abstimmung der deutschen Wirtschaft wird von Hermann Göring eine „zentrale Planung" eingerichtet (22.4.). Hitler wird laut Beschluss des „Großdeutschen Reichstags" zum **„Obersten Gerichtsherrn"** erklärt (26.4.). In Auschwitz kommt es zur ersten genau dokumentierten Massenvergasung von 1500 Juden. Am gleichen Tag startet eine deutsche **Großoffensive auf der Halbinsel Krim** (12.5.). Deutsch-italienische Großoffensive in Nordafrika (26.5.). Bei einem britischen Luftangriff auf Köln werden erstmals über 1000 Bomber eingesetzt (31.5.). SS-Führer **Heydrich** stirbt an den Folgen eines Attentats vom 27. Mai (4.6.). Als Vergeltungsmaßnahme für das Attentat zerstören Nationalsozialisten auf Befehl Hitlers das tschechische **Dorf Lidice,** ermorden alle 172 männlichen Einwohner über 16 Jahre und verschleppen Frauen und Kinder in Lager (10.6.). Nordafrikanische Festung Tobruk wird von deutschen und italienischen Truppen eingenommen (21.6.). Beginn der großen **deutschen Sommeroffensive** östlich von Kursk und Charkow in der UdSSR (28.6.). Deutsch-italienische Panzerarmee erreicht in Nordafrika die Landenge von El Alamein (30.6.). Nach einmonatiger Belagerung fällt die **Festung Sewastopol**. Die Halbinsel Krim ist somit in deutscher Hand. Bisherige deutsche Verluste im Ostfeldzug: 271.000 Tote und 65.000 Vermisste (2.7.). Beginn der systematischen Deportation der im Warschauer Getto gefangenen 350.000 Juden in das KZ Treblinka (21.7.). Der Kommandeur der 6. Armee General Friedrich Paulus gibt den Befehl zum **Angriff auf Stalingrad** (19.8.). **Roland Freisler** neuer Präsident des Volksgerichtshofes (20.8.). Personen ohne Arbeitsnachweis erhalten auf Befehl Hitlers keine Kleider- und Lebensmittelkarten (8.9.). Führungskrise im deutschen OKW. Hitler entlässt Generalfeldmarschall Wilhelm List und gerät mit Stabschef Alfred Jodl in Konflikt (9.9.). Nach dem Rücktritt von Franz Halder, Chef des Generalstabes des Heeres, wird Kurt Zeitzler dessen Nachfolger (24.9.). Nach der Niederlage bei der **Schlacht von El Alamein** in Nordafrika befiehlt Rommel gegen den Willen Hitlers den Rückzug (2.11.). Deutsche Truppen marschieren in das bislang unbesetzte Frankreich ein (11.11.). 280.000 Soldaten der deutschen **6. Armee** werden in Stalingrad nach erfolgreicher sowjetischer Gegenoffensive **eingeschlossen** (22.11.). Luftangriff mit Spreng- und Brandbomben auf die Berliner Innenstadt (23.11.). Versuch der 4. Panzer-Armee, die in Stalingrad eingekesselte 6. Armee zu befreien (12.12.).

Reinhard Heydrich

Erwin Rommel nach dem Sieg von Tobruk (21.6.1942)

Wirtschaft & Wissenschaft

1.373.000 ausländische Arbeitskräfte im Deutschen Reich beschäftigt (31.1.). Wegen der starken Kälte kann in 143 Rüstungsbetrieben nicht und in 35 nur teilweise produziert werden (28.2.). Erste **Versuchsrakete vom Typ A4** in Peenemünde gestartet (18.3.). Gauleiter **Fritz Sauckel** wird „Generalbevollmächtigter für den Arbeitseinsatz" (21.3.). Me 262, erster serienmäßig gebauter Düsenjäger der Welt (18.7.). Für die Herstellung einer neuen **Kriegslokomotive** Baureihe 52 werden 26 t Material und 6000 Arbeitstunden eingespart (22.9.). Monatlich können ab sofort 25 Panzer vom Typ „Tiger" gefertigt werden (30.11.). Start der ersten V2-Rakete auf Usedom (3.12.). Warenabkommen zwischen Deutschland und Spanien (17.12.).

Kunst & Kultur

Uraufführung von **Gerhard Hauptmanns** *Iphigenie in Delphi* am Wiener Burgtheater. Im Publikum sitzen der Dichter und Richard Strauss (13.2.). Der österreichische Schriftsteller **Stefan Zweig** begeht im brasilianischen Exil mit seiner Frau Selbstmord (28.2.). 100 Jahre Wiener Philharmonie (29.3.). **Erich Kästner** erhält die Erlaubnis für Drehbucharbeiten zu dem Film *Münchhausen* (25.7.). Premiere des Films *Der große Schatten* mit Heinrich George (25.9.). Deutschsprachige Erstaufführung des *Lohengrin* in Riga (5.11.). Mit nur 64 Filmuraufführungen im Jahre 1942 wird seit 1933 ein Tiefststand erreicht (31.12.).

Gesellschaft & Sport

Zerstörung der **Lübecker Innenstadt** durch 234 britische Bomber (29.3.). Senkung der rationierten **Verpflegungssätze** – u. a. 300 g Fleisch, 125 g Butter und 2000 g Brot wöchentlich (6.4.). Anneliese Steinhauer stellt mit 47,24 m einen neuen Weltrekord im Speerwurf auf (21.6.). Der FC Schalke 04 wird mit einem 2:0 über Vienna Wien **Deutscher Fußballmeister** (5. 7.). Die Gestapo verhaftet mehr als 100 Mitglieder der deutschen Widerstandsorganisation **„Rote Kapelle"** und lässt viele von ihnen hinrichten (31.8.). Mit einem 5:2 gegen die Slowakei endet das letzte Fußball-Länderspiel der „Großdeutschen"-Nationalmannschaft (22.11.). 283 Mitglieder der Düsseldorfer Jugendorganisation „Edelweißpiraten" durch die Gestapo festgenommen (7.12.).

Deutsche Soldaten mit einer Kanone vor Stalingrad

Weltgeschichte

26 Staaten schließen in Washington einen Pakt zum Kampf gegen die Achsenmächte (1.1.). Auf der **„Arcadia-Konferenz"** in Washington machen Churchill und Roosevelt Deutschland zum vorrangigen Ziel für die alliierten Kräfte – **„Germany first"** (14.1.). Briten kapitulieren in Singapur gegen die Übermacht der Japaner (15.2.). Air Marshall Arthur T. Harris **(„Bomber-Harris")** wird Oberkommandeur der britischen Bomberflotte (23.2.). Stalin löst die 1919 gegründete Kommunistische Internationale auf (15.5.). Bündnispakt über gegenseitige Militärhilfe zwischen Großbritannien und der UdSSR (26.5.). Judenstern in Frankreich und Holland (1.6.). Japan verliert die **Seeschlacht um die Midway-Inseln** (5.6.). Vertrag zwischen USA und UdSSR zur gegenseitigen Militärhilfe (11.6.). General **Dwight D. Eisenhower** wird Oberbefehlshaber der amerikanischen Truppen in Europa (25.6.). US-Truppen landen auf der von Japanern besetzten Insel Guadalcanal (7.8.). **Bernard Montgomery** wird Oberbefehlshaber der britischen Armee. Britisch-kanadische Landung in Nordfrankreich schlägt fehl (19.8.). Schlacht bei El Alamein (23.10.). Landung alliierter Truppen in Marokko und Algerien (8.11.). Französische Flotte versenkt sich in Toulon selbst. Wegen der drohenden deutschen Übernahme werden mehr als 100 Schiffe zerstört (27.11.). Der italienische Physiker Enrico Fermi löst im Rahmen des **„Manhattan-Projekts"** die weltweit erste kontrollierte Kernreaktion aus (2.12.).

1943

Politik

Einsatz von HJ-Luftwaffenhelfern (1.1.). Ab sofort fliegen amerikanische Bomberverbände Angriffe bei Tag und britische Verbände bei Nacht (27.1.). Ernst Kaltenbrunner wird als Nachfolger von Heydrich zum Chef des „Reichssicherheitshauptamtes" ernannt (30.1.). **Karl Dönitz** erhält den Oberbefehl über die deutsche Kriegsmarine (31.1.). Endgültige **Kapitulation der 6. Armee im Kessel von Stalingrad**. Über 100.000 Soldaten gehen in sowjetische Kriegsgefangenschaft (2.2.). Propagandaminister Goebbels fragt im Berliner Sportpalast unter tosendem Beifall des Publikums: **„Wollt ihr den totalen Krieg?"** Er stimmt damit die deutsche Bevölkerung auf einen mit allen Mitteln zu führenden Krieg bis zum bitteren Ende ein (18.2.). Laut „Befehl Nr. 7" ist militärischer Ungehorsam sofort vom Vorgesetzten mit dem Tode zu bestrafen (24.2.). Generalfeldmarschall **Rommel** bezweifelt, Tunesien halten zu können, worauf ihn Hitler absetzt (9.3.). Das Attentat von Oberst Gerd von Tresckow an Hitler scheitert. Er hatte in Hitlers Flugzeug eine defekte Bombe angebracht (13.3.). In einer von Hitler besuchten Berliner Ausstellung scheitert ein zweites **Attentat** – ebenfalls initiiert durch einen deutschen Offizier (21.3.). Als die SS mithilfe von Panzergewalt das **Warschauer Getto** auflösen will, bricht ein Aufstand los. Der Mut der Verzweiflung treibt die lediglich leicht bewaffneten Menschen zu dieser Tat. Nach über einmonatigem Kampf ist das Getto dem Erdboden gleich gemacht. Es wurden laut SS über 56.000 Juden getötet (19.4.–16.5.). Die **„Heeresgruppe Afrika" kapituliert** – 250.000 deutsche und italienische Soldaten gehen in Kriegsgefangenschaft (13.5.). Der U-Boot-Krieg im Atlantik wird von Großadmiral Dönitz gestoppt (24.5.). Himmler gibt den Befehl zur Auslöschung sämtlicher pol-

Warschauer Getto

nischer und sowjetischer Gettos (11.6.). Gründung des **„Nationalkomitees Freies Deutschland"** durch deutsche Kriegsgefangene und kommunistische Emigranten im sowjetischen Krasnogorsk (12.7.). **Unternehmen „Zitadelle"** – die letzte große deutsche Offensive gegen den Frontbogen von Kursk ist gescheitert. Es kommt zur größten Panzerschlacht des Zweiten Weltkrieges (13.7.). Häftlingsaufstand im zweitgrößten Vernichtungslager Treblinka endet mit der völligen Zerstörung des Lagers durch die SS (2.8.). Himmler wird „Reichsinnenminister" (24.8.). Deutsche Fallschirmjäger landen auf dem Gran Sasso und befreien **Mussolini** (12.9.). Dieser bildet in Oberitalien eine von Deutschland abhängige faschistische „Republik von Salò" (15.9.). Deutscher Abzug aus Sardinien und Korsika (20.9./5.10.). Im Lager Majdanek werden alle noch verbliebenen 18.400 Juden ermordet (3.11.). Deutsche Truppen räumen Kiew (6.11.). Das letzte noch einsatzfähige deutsche **Schlachtschiff „Scharnhorst"** wird von übermächtigen britischen Einheiten im Nordmeer versenkt. Es kommen nahezu alle 1900 Mann Besatzung ums Leben (26.12.).

Ein Soldat schwenkt die sowjetische Flagge als Zeichen des Sieges über die Deutschen in der Schlacht von Stalingrad (2.2.1943)

Wirtschaft & Wissenschaft

29 **Gauwirtschaftskammern** lösen entsprechende Industrie-, Handels- und Handwerkskammern ab (1.1.). Auf Anordnung von Gauleiter Saukel müssen sich ab sofort alle Männer zwischen dem 16. und 65. und alle Frauen zwischen dem 17. und 45. Lebensjahr bei den zuständigen Arbeitsämtern zum **Arbeitseinsatz** melden (27.1.). Nach Verfügung der Parteikanzlei müssen politische Führung und Wirtschaft klar getrennt sein. Ein NSDAP-Amtsträger darf somit keinem Aufsichtsrat oder Vorstand angehören (18.4.). Handelsabkommen zwischen Ungarn und Deutschland (7.8.). Die **Reichsschuld** beträgt 142,3 Mrd. RM, der **Notenumlauf** 33,7 Mrd. RM (Vergleich Ende 1939: Reichsschuld: 41 Mrd. RM; Notenumlauf: 11,5 Mrd. RM) (31.12.).

Kunst & Kultur

Neuerliches Schreibverbot für Erich Kästner (16.1.). *Frankfurter Zeitung* wird verboten (18.2.). Der **Film *Münchhausen*** mit Hans Albers in der Hauptrolle wird anlässlich des 25-jährigen Jubiläums der Ufa uraufgeführt. Er gilt im Gegensatz zu den bisherigen Filmen als ansatzweise kritisch gegen das NS-Regime (5.3.). In Baden-Baden stirbt 54-jährig der von den Nationalsozialisten als „entartet“ bezeichnete Maler und Bildhauer **Oskar Schlemmer** (13.4.). Das **Münchner Nationaltheater** wird durch einen Bombenangriff völlig zerstört (2.10.). Es werden 42.678 Theaterschaffende im „Großdeutschen Reich“ gezählt (31.12.).

Gesellschaft & Sport

Der Volksgerichtshof unter dem Vorsitz von Roland Freisler verhängt über die **Geschwister Hans und Sophie Scholl**, beide Mitglieder der Münchner Widerstandsbewegung „Weiße Rose“, die **Todesstrafe** (22.2.). Reichssportführer Hans von Tschamer stirbt an den Folgen einer Lungenentzündung (25.3.). Verhaftung von **Dietrich Bonhoeffer** (5.4.). Gisela Graß schwimmt in Leipzig mit 1:19,8 einen neuen Weltrekord über 100-m-Brust (9.5.). Der Dresdner SC ist mit einem 3:0 gegen den FV Saarbrücken erstmals **Deutscher Fußballmeister** (27.6.). Schwere Bombenangriffe auf Hamburg – über 30.000 Menschen sterben (24.–30.7.). Der württembergische Landesbischof Theophil Wurm protestiert gegen die Verbrechen des NS-Regimes (1.10.).

Weltgeschichte

H. Giraud, F. D. Roosevelt, Ch. de Gaulle und W. Churchill auf der Konferenz von Casablanca (Januar 1943)

Gipfelkonferenz der Westalliierten findet im marokkanischen Casablanca statt. Roosevelt und Churchill vereinbaren eine Truppenlandung auf Sizilien sowie die endgültige Niederwerfung der Achsenmächte (14.–26.1.). Stalin zum Marschall der Sowjetunion ernannt (6.3.). Der japanische Admiral **Isoroku Yamamoto**, der den Angriff auf Pearl Harbor leitete, wird von amerikanischen Flugzeugen abgeschossen (18.4.). Alliierte Landung auf Sizilien (10.7.). Alliierte Großoffensive im Südpazifik. **Mussolini** wird in Italien vom Großen Faschistischen Rat **gestürzt** und verhaftet (24.7.). Nachdem die dänische Regierung die Einführung der Todesstrafe abgelehnt hat, wird über Dänemark der militärische Ausnahmezustand verhängt (29.8.). Neue italienische Regierung schließt auf Sizilien Waffenstillstand mit den Alliierten (3.9.). Landung mächtiger **US-Truppenverbände auf Neuguinea** (4.9.). US-Truppen landen in Salerno (9.9.). Beginn eines Treffens der britischen, amerikanischen und sowjetischen **Außenminister in Moskau** zur Besprechung der Nachkriegsverhältnisse in Deutschland (19.10.). Zur ersten Konferenz der **„Großen Drei“** treffen sich Roosevelt, Churchill und Stalin in **Teheran**. Es werden Themen wie die künftige politische Weltordnung oder die Invasion in Frankreich diskutiert (28.11.). Auf der **Konferenz von Kairo** sichern Roosevelt und Churchill der Türkei für den Fall eines Kriegseintritts militärische Unterstützung zu (3.12.).

Adolf Hitler

(1889–1945)

Leben

Bisweilen, wusste der berühmte Schweizer Historiker Jacob Burckhardt, liebe es die Geschichte, „sich auf einmal in einem Menschen zu verdichten, welchem hierauf die Welt gehorcht“. Der außergewöhnliche Einzelne erscheint dann nicht nur als Gestalter seines Umfeldes, sondern als konzentrierte Geschichte selbst. In ihm seien ganze „Staaten, Religionen, Kulturen und Krisen“ zusammengefasst. Gerade der Name Adolf Hitlers bezeichnet oftmals mehr als den NS-Führer und deutschen Diktator; er wird zum Synonym für den Nationalsozialismus und das Dritte Reich.

Wer das Leben Hitlers beschreibt, der wird fast zwangsläufig auf die politische Biografie beschränkt, nicht zuletzt wegen der eigentümlichen Substanzlosigkeit, ja Leere der Privatperson des Diktators. Als Mensch erscheint Hitler wie ein schwarzes Loch. Die Konturen bleiben in diesem Bereich unscharf, manches Mal so sehr, dass der Eindruck entsteht, eine Persönlichkeit außerhalb der von ihm vertretenen Ideologie und Politik habe es nie gegeben.

Geboren am 20.4.1889 als Sohn des österreichischen Zollbeamten Alois Hitler und seiner Ehefrau Klara, geb. Pölzl, in Braunau am Inn, zog Hitler nach Zwischenstationen in Passau und Linz sowie dem Tod der Mutter im Dezember 1907 nach Wien, wo er zweimal von der Wiener Akademie der Bildenden Künste zurückgewiesen wurde. Von 1908 bis 1913 hielt er sich dauerhaft in der österreichischen Hauptstadt auf und führte ein bohemienhaftes Leben. Nachdem die elterliche Erbschaft aufgebraucht war, wohnte er in Obdachlosen- und Männerheimen. Während der Wiener Jahre bildete Hitler Grundzüge seiner späteren Weltanschauung aus: den Hass gegen die Marxisten, die Juden und das Bürgertum. 1913 siedelte er nach München über, um sich dem Wehrdienst im österreichischen Heer zu entziehen. Im August 1914 indes von der allgemeinen Kriegseuphorie ergriffen, trat er als Freiwilliger in ein bayerisches Regiment ein. Als Gefreiter mit dem Eisernen Kreuz Erster Klasse (1914) und Zweiter Klasse (1918) ausgezeichnet, erfuhr Hitler von Niederlage und Revolution im Lazarett der pommerschen Stadt Pasewalk, wo er wegen einer vorübergehenden Giftgaserblindung behandelt wurde.

Hitler sparte nicht mit Schuldzuweisungen für diese Entwicklung Deutschlands – gegen Juden und „Novemberverbrecher“. Mitte September 1919 schrieb er, damals noch „Vertrauensmann“ einer „Aufklärungsabteilung“ der Reichswehr, in einem Brief, sein „letztes Ziel“ aber müsse „unverrückbar die Entfernung der Juden überhaupt sein“. In seiner Funktion als V-Mann lernte er in jener Zeit die Deutsche Arbeiterpartei kennen, der er bald beitrat. 1921 übernahm er – mit diktatorischen Vollmachten ausgestattet – den Vorsitz der in Nationalsozialistische Deutsche Arbeiterpartei umbe-

Adolf Hitler bei einer Parteiversammlung in München (1925)

nannten Vereinigung. Rasch entwickelte sich die Partei zur „Hitlerbewegung“ und der Propagandaredner und „Trommler“ zu deren „Führer“. Er verfolgte die Strategie einer gewaltsamen Revolution, die freilich zwei Jahre später beim sog. „Hitler-Putsch“ am 9.11.1923 vor der Münchner Feldherrnhalle scheiterte.
Hitlers Leben war bis hierhin durch vier Negativerlebnisse geprägt: die Ablehnung an der Wiener Kunstakademie, den Tod seiner innig geliebten Mutter, die Niederlage im Ersten Weltkrieg und den gescheiterten Putsch von 1923. Diese Erfahrungen setzten destruktive Energien frei, die er in ein positives Programm umzuwandeln verstand. Es beruhte im Wesentlichen auf drei Axiomen: auf der sozialdarwinistischen Vision vom „ewigen Kampf“; auf der Idee, dass Rasse und Volk Vorrang vor dem Einzelnen hätten; schließlich auf dem Persönlichkeits- oder Führerprinzip.
Bald begann er seine Gedanken schriftlich zu fixieren. Während der – milden – Festungshaft in Landsberg am Lech, zu der er infolge des Putschversuchs verurteilt worden war und aus der er am 20.12.1924 vorzeitig entlassen werden sollte, verfasste er den ersten Band von „Mein Kampf“. Der zweite Band folgte 1926 und vollendete seine Programmschrift zu Antisemitismus, Antibolschewismus und der Eroberung von „Lebensraum“. Hitler gelangte mittlerweile zu der Überzeugung, die am 26.2.1925 neu gegründete NSDAP könnte nur auf „legalem“ Weg, durch die Beteiligung an Wahlen und die Kooperation mit etablierten Mächten wie dem Reichspräsidenten und konservativen Parteien zur Macht gelangen. Im September 1930 errang die NSDAP einen spektakulären Wahlsieg, und Hitler vereinigte im zweiten Gang zur Reichspräsidentenwahl im April 1932 immerhin 36,8% der Stimmen auf sich. Angesichts der anhaltenden Weimarer Staatskrise und einer Reihe von zufälligen Umständen ging im Januar 1933 Hitlers Legalitätstaktik schließlich auf, und er gelangte an die Macht.

Hitler verbeugt sich vor Hindenburg am „Tag von Potsdam“, 21.3.1933

Mit der „Machtergreifung“ begann die Zeit einer lang gestreckten revolutionären Umgestaltung. Rasch etablierte Hitler eine Diktatur, die totalitäre Züge trug, trieb die „Gleichschaltung“ von Ländern, Parteien und Organisationen voran. Scharf bekämpfte er politische Gegner außerhalb der eigenen Reihen – insbesondere die Kommunisten – und innerhalb der NS-Bewegung – insbesondere die SA unter Ernst Röhm. „Reichstagsbrandverordnung“ (28.2.1933) und „Ermächtigungsgesetz“ (23.3.1933) sorgten noch in den ersten Monaten des Jahres 1933 für die Etablierung eines dauerhaften Ausnahmezustands. Nach Hindenburgs Tod am 2.8.1934 vereinigte Hitler das Amt des Regierungschefs mit dem des Staatsoberhaupts und nannte sich fortan „Führer und Reichskanzler“. Nun besaß er die uneingeschränkte Macht im Dritten Reich.
Gewaltanwendung und Terror bildeten indes nur die eine Seite der Hitler'schen Politik. Die andere bestand in Verführung, der Gewährleistung sozialer Gerechtigkeit und der Schaffung von Chancengleichheit für Angehörige der „deutschen Volksgemeinschaft“. Wer nicht dazuzählte – politisch Andersdenkende wie „rassisch Minderwertige“ –, war hingegen schärfsten Repressionen ausgesetzt, wurde ausgegrenzt, verfolgt, gedemütigt, unterdrückt, schließlich ermordet. In einem kontinuierlichen Prozess der Radikalisierung nahm nicht zuletzt die Judenpolitik immer schlimmere Züge an und endete im Holocaust.
Bald widmete sich Hitler seinem weiteren Hauptziel, der außenpolitischen Expansion und Eroberung von „Lebensraum“. Bis in das Jahr 1938 hinein betrieb der Diktator eine „revisionistische“ Politik, die auf eine Rückgängigmachung des Versailler Vertrags zielte, bevor er mit dem Einmarsch in die „Resttschechei“ im März 1939 sowie dem Überfall auf Polen im September desselben Jahres einen expansionistischen Kurs steuerte und den Zweiten Weltkrieg entfesselte. Gerade die „Blitzkrieg“-Erfolge und die Kapitulation Frankreichs im Juni 1940 ließen ihn in die Rolle eines bei der Generalität respektierten Feldherrn und Strategen schlüpfen.
Spätestens jedoch im Juni 1941 mit dem Überfall auf die Sowjetunion, mit der er am 23.8.1939 einen Nichtangriffspakt samt ge-

heimem Zusatzprotokoll über die Aufteilung Ostmitteleuropas abgeschlossen hatte („Hitler-Stalin-Pakt"), zeigte sich, worauf Hitlers „Strategie" und Kriegsführung letztlich zielte: auf Raumgewinnung und „Vernichtung". Wie sehr sich das „Unternehmen Barbarossa" vom Krieg im Westen unterschied, sollte Hitlers berüchtigter „Kommissarbefehl" belegen. Darin ordne-

Plakat von 1938

te er an, die politischen Kommissare der Roten Armee, „wenn im Kampf oder Widerstand ergriffen, grundsätzlich sofort mit der Waffe zu erledigen". Gleich nach Beginn des Krieges gegen die Sowjetunion setzte mit dem Treiben der „Einsatzgruppen" des „Sicherheitsdienstes" und der „Sicherheitspolizei" die systematische Vernichtung der Juden in den eroberten Gebieten ein. Auch wenn ein „Führerbefehl", sofern er überhaupt existierte, nicht aufzufinden ist, so kann kein Zweifel daran bestehen, dass Hitler als unangefochtener Diktator und Ideologe des Dritten Reichs die physische Vernichtung der europäischen Juden sanktionierte und forcierte.

Mit dem Kriegseintritt der Vereinigten Staaten Ende 1941 und der Niederlage bei Stalingrad zur Jahreswende 1942/43 bahnte sich die totale Niederlage der Hitler'schen Truppen an. Der Versuch vom 20.7.1944, dem Hitler-Regime ein Ende setzen zu wollen, scheiterte. Körperlich wie seelisch angeschlagen, verlor Hitler zunehmend jeden Realitätssinn, flüchtete sich in Fanatismus und Paranoia. Noch am 30.1.1945 beschwor er indes den „Endsieg". Und in seinem „politischen Testament" vom 29.4.1945 gab er ein letztes Mal seinem fanatischen Judenhass Ausdruck: „Vor allem verpflichte ich die Führung der Nation und die Gefolgschaft zur peinlichen Einhaltung der Rassegesetze und zum unbarmherzigen Widerstand gegen den Weltvergifter aller Völker, das internationale Judentum." Am 30.4.1945 – die russischen Truppen waren bereits in Berlin – beging er gemeinsam mit seiner langjährigen Lebensgefährtin Eva Braun, die er tags zuvor noch geehelicht hatte, im Bunker unter der Reichskanzlei Selbstmord.

Würdigung

Seit mehreren Jahrzehnten streiten die Historiker darüber, ob Hitler eine in sich konsistente Weltanschauung besaß, inwiefern sein „Programm" eine Umsetzung im Dritten Reich erfuhr, wie sich Hitlers Herrschaft charakterisieren lässt und welche Rolle der Person Hitlers zukommt, um Nationalsozialismus und Drittes Reich überhaupt zu erklären. Mittlerweile sind einer

Heinrich Himmler und Adolf Hitler beobachten ein Manöver

aktuellen Bilanz zufolge rund 120.000 Arbeiten über den deutschen Diktator erschienen. Die Hitler-Interpretationen sind seit jeher vielfältig: Der Handlanger des Kapitalismus konkurriert da mit dem mystifizierten Dämon, der prinzipienlose Opportunist mit dem radikalen Programmatiker, der „Herr und Meister im Dritten Reich" mit dem „in mancher Hinsicht schwachen Diktator". Bis heute gibt Hitler Rätsel auf und bewegt die Gemüter.

Es spricht einiges dafür, einer jüngeren Deutung folgend, Hitler als Produkt der Gesellschaft zu interpretieren; einer vom Ersten Weltkrieg erschütterten Gesellschaft, deren zum Teil zügellosen Zorn, deren Ängste und Frustrationen, Ressentiments und aufgestaute Aggressionen Hitler aufgriff und verkörperte. Hitlers Erfolg beruhte auch auf Glück, einflussreichen Förderern und der Krisenhaftigkeit der Epoche. Seine Gestalt war zeitgemäß: In einer anderen Zeit hätte er mit seinen Fähigkeiten kaum den Anschein erweckt,

Karikatur aus einer Zeitschrift von 1943

gleichsam als nationale Integrationsfigur Bedürfnisse der Gesellschaft befriedigen zu können. Wer die Rolle Hitlers im Dritten Reich angemessen beurteilen will, muss die Wechselwirkung von Persönlichkeit und Gesellschaft, von Führer und Gefolgschaft, von Charismatiker und „charismatischer Gemeinschaft“ in den Blick nehmen. Anders ist die Funktionsweise von Hitlers Macht und des Dritten Reichs – vom Aufstieg bis in den Untergang – kaum erklärbar. Die Aussage einer Randfigur, von Werner Willikens, Staatssekretär im preußischen Landwirtschaftsministerium, aus dem Jahre 1934 erfasst in komprimierter Form den Herrschaftsmechanismus: „Jeder, der Gelegenheit hat, das zu beobachten, weiß, dass der Führer sehr schwer von oben alles das befehlen kann, was er für bald oder für später zu verwirklichen beabsichtigt. Im Gegenteil, bis jetzt hat jeder an seinem Platz im neuen Deutschland dann am besten gearbeitet, wenn er sozusagen dem Führer entgegenarbeitet.“

„Dem Führer entgegenarbeiten“ kann, wie Hitler-Biograf Ian Kershaw zeigte, als Leitmotiv des NS-Staates gelten – einer Herrschaftsordnung, die sich zunehmend von überkommenen staatlich-bürokratischen Strukturen verabschiedete, sie aushöhlte oder zerstörte und in welcher der charismatische Führer an Bedeutung und Autonomie gewann. Ohne die Notwendigkeit einer ausdrücklichen Anweisung oder eines Führerbefehls wurden Initiativen ergriffen, um das umzusetzen, was man für Hitlers Ziele hielt. In der sich daraus ergebenden ständigen Dynamisierung und Radikalisierung bestand das Lebensgesetz des NS-Systems, das auf Selbstzerstörung hinauslief.

Hitler autorisierte dabei mehr, als zu initiieren. Vor allem gab er – massenwirksam vermittelt – die ideologischen Grundlagen vor. Seine „Weltanschauung“ beruhte auf der „Rationalisierung“ von Vorurteilen und Phobien. Sie besaß dabei innere Kohärenz, war in sich geschlossen und umfassend – so irrational die Prämissen auch sein mochten. In der Zeit des Krieges entfalteten seine Ideen ihr eigentliches, zutiefst zerstörerisches Wesen vollständig – sie mündeten in Vernichtungskrieg und Völkermord. Hitlers seit langem festgelegte Endziele von der Eroberung neuen „Lebensraums“ und vom ewigen Rassenkampf wurden barbarisch in die Tat umgesetzt. Seine radikalen Ansichten über den „jüdischen Bolschewismus“ waren allseits bekannt und erlangten nicht zuletzt deshalb eine fatale Wirkung, weil er selbst von der Gefahr dieser „Macht“ zutiefst überzeugt war. Hitler war einer der größten Ruinierer der Geschichte.

Alexander Gallus

Sonder-Ausgabe

HAMBURGER ZEITUNG

HAMBURGER ANZEIGER · HAMBURGER FREMDENBLATT · HAMBURGER TAGEBLATT

Der Führer gefallen

Führerhauptquartier, 1. Mai 1945

Der Führer Adolf Hitler ist heute nachmittag auf seinem Befehlsstand in der Reichskanzlei, bis zum letzten Atemzuge gegen den Bolschewismus kämpfend, für Deutschland gefallen.

Die offizielle Version von Hitlers Selbstmord in der Presse

1944/45

Politik

1944 – Helmuth James Graf von Moltke wird verhaftet, der **„Kreisauer Kreis“** zerschlagen (19.1.). Alle deutschen Feldmarschälle erklären Hitler ihre Loyalität. Zugleich besetzen deutsche Truppen Ungarn (19.3.). Rückzug aus der Benediktinerabtei **Monte Cassino** nach monatelangen schwersten Kämpfen (18.5.). Das Deutsche Reich befindet sich ab sofort in einem Zwei-Fronten-Krieg. Unterstützt von starken See- und Luftstreitkräften landen **alliierte Einheiten in der Normandie**. Die Operation war von langer Hand geplant und von Stalin dringend erwünscht. Bis Ende Juni landen über 850.000 Soldaten (6.6.). Teile der 4. SS-Panzerdivision „Das Reich“ vernichten den südfranzösischen Ort **Oradour-sur-Glane** und töten alle 642 Einwohner (10.6.). Erster Angriff mit der „Vergeltungswaffe“ V1 auf London (12./13.6.). **Attentat gegen Hitler** schlägt fehl. Oberst **Claus Graf Schenk von Stauffenberg** zündet im „Führerhauptquartier Wolfsschanze“ eine Bombe, die Hitler nur leicht verletzt. In der Annahme, Hitler sei tot, kehrt von Stauffenberg nach Berlin zurück, wo durch das Stichwort **„Walküre“** ein Putschversuch beginnt, den das Wachbataillon „Großdeutschland“ unter Major Ernst Remer niederschlägt. Von

Deutsche Kriegsgefangene im Februar 1945

Stauffenberg wird noch am gleichen Abend mit anderen Widerstandskämpfern erschossen (20.7.). Goebbels wird zum **„Reichsbevollmächtigten für den totalen Kriegseinsatz“** ernannt (25.7.). Einführung der **„Sippenhaftung“** – bei soldatischem Fehlverhalten wie Verrat oder Desertion kann gegen die Familien der Soldaten vorgegangen werden (1.8.). Hitler veranlasst die Bildung eines **„Volkssturmes“** aus Männern zwischen 16 und 60 Jahren (25.9.). **Feldmarschall Rommel** entzieht sich seiner Verhaftung und Verurteilung durch den Volksgerichtshof durch Selbstmord (14.10.). Rote Armee marschiert in Ostpreußen ein (16.10.). Als erste deutsche Großstadt wird Aachen von der 9. US-Armee erobert (21.10.). Hitler räumt mit seinem Stab die „Wolfsschanze“ und begibt sich in die Reichskanzlei (20.11.). **Schlachtschiff „Tirpitz“** sinkt nach britischem Bombenangriff (12.11.). Die **„Ardennen-Offensive“**, der letzte große deutsche Vorstoß im Westen, scheitert gänzlich nach anfänglichen Erfolgen (16.–24.12.).

1945 – Mit dem „Todesmarsch“ von etwa 60.000 Häftlingen beginnt die **Räumung von Auschwitz** (17.1.). Die **„Wilhelm Gustloff“** sinkt nach einem sowjetischen Torpedotreffer mit fast 6.000 Flüchtlingen an Bord (30.1.). Hitler befiehlt, die Strategie der **„Verbrannten Erde“** auch auf das deutsche Reichsgebiet anzuwenden, um dem Feind sein Vorankommen zu erschweren (19.3.). Letzter Abschuss einer V2-Rakete auf London (27.3.). Befreiung des **KZ Bergen-Belsen** – 56.000 Überlebende (15.4.). Die sowjetische **Großoffensive zur Eroberung Berlins** beginnt (16.4.). Hitler enthebt Göring aller seiner Ämter (23.4.). In Torgau an der Elbe treffen erstmalig amerikanische und sowjetische Einheiten zusammen (25.4.). **Kapitulation der deutschen Armeen in Italien**. KZ Dachau wird befreit (29.4.). **Hitler begeht** in Berlin **Selbstmord**. Kurz zuvor hatte er Eva Braun geheiratet und Großadmiral Dönitz zu seinem Nachfolger bestimmt (30.4.). Kiel wird als letzte deutsche Stadt von den Alliierten bombardiert. Insgesamt starben bei den Bombardierungen der Städte rund 400.000 Zivilisten, 900.000 wurden verletzt (3.5.). Generaloberst Jodl unterzeichnet im Hauptquartier von General Eisenhower in **Reims** die deutsche **Gesamtkapitulation** (7.5.).

Alliierte Soldaten landen in der Normandie (6.6.1944)

Wirtschaft & Wissenschaft

1944 – Der **Reichsfinanzminister** Graf Schwerin von Krosigk versucht die hohen Kriegsschulden zu relativieren, sie seien eine „Schuld des deutschen Volkes an sich selber“ (8.4.). Türkei stellt auf alliierten Druck hin Erzlieferungen an Deutschland ein (21.4.). In der unterirdischen Fertigungsstätte **Mittelwerk bei Nordhausen** arbeiten rund 10.000 Gefangene an der Herstellung von Raketen (7.6.). Goebbels ordnet die Einstellung nahezu aller noch erscheinenden Zeitschriften an (7.9.). **Otto Hahn** erhält für die Entdeckung der Kernspaltung den Nobelpreis für Physik (10.12.).
1945 – Die Staatsverschuldung Deutschlands beträgt 380 Mrd. RM. Über 20% der Wirtschaftsbetriebe sind zerstört (8.5.).

Kunst & Kultur

1944 – ***Die Feuerzangenbowle*** mit Heinz Rühmann in der Hauptrolle wird in Berlin uraufgeführt. 41-jährig entzieht sich der Karikaturist **Erich Ohser Plauen** im Zuchthaus Brandenburg seiner Hinrichtung durch Selbstmord (6.4.). Goebbels ordnet die Schließung sämtlicher Theater, Kabaretts und Varietés an (20.8.). Hans Albers spielt mit Ilse Werner in dem Farbfilm ***Große Freiheit Nr. 7*** die Hauptrolle (15.12.).
1945 – In Jerusalem stirbt 75-jährig die deutsche Dichterin **Else Lasker-Schüler** (22.1.). *Das alte Lied* von Gerhard Buchholz ist die letzte Film-Uraufführung im NS-Staat (30.3.). In Moritzburg bei Dresden stirbt die Grafikerin und Bildhauerin **Käthe Kollwitz** (21.4.).

Gesellschaft & Sport

1944 – **„Kinderlandverschickung“** wird intensiviert (22.1.). Der mehrfache Weltrekordler **Rudolf Harbig** fällt bei Kiew (5.3.). Gisela Graß schwimmt in Leipzig Weltrekord über 100-m-Butterfly in 1:19,3 (22.4.). Tod von **Ernst Thälmann** und **Rudolf Breitscheid** im KZ Buchenwald (18./24.8.). Karl Ritter von Halt ist neuer Reichssportführer (18.9.). Als Mitglied einer Widerstandsgruppe wird der Ringer **Werner Seelenbinder** hingerichtet (24.10.).
1945 – In **Dresden** kommt es zum größten **Luftangriff** auf eine deutsche Stadt während des Krieges. 3.900 t Bomben zerstören 20 km² Stadtgebiet und töten schätzungsweise 35.000 Menschen (13.–15.2.). Der Theologe **Dietrich Bonhoeffer** wird im KZ Flossenbürg ermordet (9.4.).

Alliierte Soldaten bei der Ankunft im Konzentrationslager Buchenwald

Weltgeschichte

1944 – **Sowjetische Großoffensive** gegen die Heeresgruppe Mitte – 28 deutsche Divisionen zerschlagen, 350.000 Soldaten gefallen (22.6.). Konferenz von **Bretton Woods** zur Errichtung eines internationalen Geldfonds (1.7.). **General Charles de Gaulle** zieht unter dem Jubel der Bevölkerung in das tags zuvor befreite Paris ein (26.8.). **„Morgenthau-Plan“** des amerikanischen Finanzministers Henry Morgenthau (1.9.). **Waffenstillstand** zwischen der UdSSR und Finnland (19.9.). Zweimonatiger **„Warschauer Aufstand“** der Warschauer „Heimatarmee“ endet mit 16.000 gefallenen Soldaten und 150.000 toten Zivilisten (2.10.). Josip Tito bildet in Jugoslawien eine Regierung (21.10.). **Seeschlacht um Leyte** endet mit der Rückeroberung der Philippinen durch amerikanische Truppen (25.10.). USA, Großbritannien und UdSSR beschließen die Gründung eines alliierten Kontrollrates im Nachkriegsdeutschland (14.11.).
1945 – **„Ljubliner Komitee“** wird provisorische Regierung von Polen (1.1.). Stalin, Churchill und Roosevelt treffen sich in **Jalta (Krim)** (4.–11.2.). Der US-Präsident Franklin D. Roosevelt stirbt an einem Gehirnschlag. Vize-Präsident **Harry S. Truman** tritt die Nachfolge an (12.4.). Die provisorische Regierung in Wien erklärt die Unabhängigkeit Österreichs (27.4.). **Mussolini** von kommunistischen Partisanen **erschossen** (28.4.).

Die Teilung Deutschlands (1945–1949)

Zusammenbruch und „Stunde Null“

Deutschland hatte im Mai 1945 bedingungslos kapituliert. Das Land war in Schutt und Asche gelegt worden, insbesondere die Städte glichen Trümmerlandschaften. Beim Anblick Berlins Ende 1947 notierte der Schweizer Schriftsteller Max Frisch in seinem Tagebuch: „Ein Hügelland von Backstein, darunter die Verschütteten, darüber die glimmenden Sterne, das Letzte, was sich da rührt, sind die Ratten.“ Manch einer empfand die Periode nach dem Untergang des Dritten Reichs als „Stunde Null“ – als eine von Ambivalenz geprägte Phase zwischen Niederlage, Befreiung und Neubeginn. Es war eine Zeit der Ungewissheit, zwischen Ende und Anfang. Das galt zuerst vorrangig für die Alltagswelt und die Bedingungen des bloßen Überlebens, aber ebenso für die völlig offene Frage nach der staatlichen Fortexistenz Deutschlands.

Über Letzteres zu bestimmen, lag in den Händen der Siegermächte, von denen jede in ihrer Besatzungszone die höchste Autorität besaß und die gemeinsam über „Deutschland als Ganzes“ betreffende Probleme entscheiden wollten. Die Koalitionspartner des Zweiten Weltkriegs waren sich, so sehr die Spannungen zwischen Ost und West in den Jahren 1945–49 auch zunahmen, darüber einig, dass es Deutschland nicht mehr ermöglicht werden sollte, den Frieden zu gefährden, einen Weltkrieg vom Zaun zu brechen und Europa zu verwüsten.

Blick auf das zerstörte Köln

Über solche weitreichenden Fragen oder die gleich gewaltigen wie barbarischen Verbrechen des Nationalsozialismus und die Schuld oder wenigstens Verantwortung jedes Einzelnen nachzudenken, stand den Deutschen in der unmittelbaren Nachkriegszeit nicht der Sinn. Auf die Dauer konnten sie sich der Auseinandersetzung mit den Ursachen des Zivilisationsbruchs der Jahre 1933–45, diesem Absturz in die „deutsche Katatstrophe“, aber nicht entziehen. Doch zunächst beanspruchte der tägliche Überlebenskampf alle Kräfte einer von den Folgen des Krieges erschütterten Gesellschaft, die einer gänzlich unsicheren Zukunft entgegensah.

Ab Ende 1944 hatten sich gewaltige Menschenströme aus dem Osten in Richtung Restdeutschland bewegt. Mehr als 7 Mio. Flüchtlinge und Heimatvertriebende aus den Gebieten östlich von Oder und Neiße trieben vor den Truppen der Roten Armee her. Hinzu kamen rund 3 Mio. aus der Tschechoslowakei verjagte Sudetendeutsche und 2 Mio. aus anderen ehemaligen Siedlungsgebieten in Osteuropa ausgewiesene Deutsche. Von diesen mehr als 12 Mio. Men-

Flüchtlinge überqueren eine zerstörte Elbbrücke

schen, die ihre Heimat verloren, siedelten sich über 60% in den Westzonen an, v. a. in den amerikanisch und britisch verwalteten Gebieten. Auf dem deutlich verkleinerten deutschen Territorium lebte nun eine beträchtlich vergrößerte Bevölkerung – 59,8 Mio. Menschen 1939 standen 1946 65,9 Mio. gegenüber. Dies steigerte Versorgungsprobleme und die Wohnungsnot: Großstädte wie Berlin hatten mehr als die Hälfte ihres Wohnraums verloren, andere wie Köln oder Dortmund noch mehr. Es herrschte zum Teil die nackte Not angesichts einer sehr schlechten Ernährungssituation. Zwischen 1946 und 1948 fanden auf den Straßen wiederholt offene Hunger-Demonstrationen statt. Auf der anderen Seite profitierte eine Minderheit vom aufblühenden Schwarzmarkt einer Tauschhandelsgesellschaft, die erst mit den Währungsreformen im Jahr 1948 an ein Ende gelangte.

Unterschiedliche Wege in Ost und West

Die soziale und wirtschaftliche Misere hielt lange an – in allen Besatzungszonen, in denen sich allerdings ein unterschiedliches Vorgehen beim Wiederaufbau, ob ökonomisch, administrativ oder politisch, rasch abzeichnete. Mit den Beschlüssen der sog. „Potsdamer Konferenz" hatten sich die Vereinigten Staaten, Großbritannien und die Sowjetunion – Frankreich stimmte ihnen später unter Vorbehalt zu – auf die vier „D" für das künftige Vorgehen gegenüber Deutschland geeinigt: Demilitarisierung, Demontage, Dezentralisierung und Demokratisierung (einschließlich „Entnazifizierung"). Dies entpuppte sich aber letztlich als Formelkompromiss, zu unterschiedlich war die Auslegung der einzelnen Aspekte durch die westlichen Demokratien auf der einen und die östliche Diktatur auf der anderen Seite. Die machtpolitische Kooperation im Krieg konnte im Frieden die entgegengesetzten ideologischen und politischen Vorstellungen zwischen den westlichen und östlichen Systemen nicht länger verdecken.

Zu den wenigen gemeinsamen Anstrengungen der Alliierten in einer Zeit, als sich der „Eiserne Vorhang" Stück für Stück zwischen ihnen schloss, gehörte der Hauptkriegsverbrecherprozess vor dem Viermächtetribunal des Internationalen Militärgerichtshofs in Nürnberg vom Herbst 1945 bis zum Herbst 1946. Es erzeugte ein gewisses Unbehagen, dass die Machthaber des Dritten Reichs dem Zugriff deutscher Justiz entzogen waren („Siegerjustiz"). Der Umgang mit Mittätern und Mitläufern verlief in den einzelnen Besatzungszonen recht verschieden. In der SBZ wurde die nicht selten drastische „Entnazifizierung" von der Absicht geleitet, die antifaschistisch-demokratische Ordnung zu festigen. Vor dem Hintergrund des aufbrechenden Kalten Krieges rückten Programme der „Re-education" oder „Umerziehung", wie sie anfangs am stärksten in der amerikanischen Zone betrieben worden waren, allerdings zunehmend in den Hintergrund und waren bald ohne Bedeutung. Manch schwer Belasteter kam so ungeschoren davon.

Amerikanisierung und „Westernisierung" hier und Sowjetisierung da konkurrierten miteinander. Die vielfach propagierte „antifaschistisch-demokratische Umwandlung" nahm in der SBZ zunehmend militant-kommunistische Züge an. Zur Organisierung einer Gesellschaft kannten die sowjetischen Offiziere nur den Weg der Bolschewisierung, die in der Einführung der Planwirtschaft, der Kollektivierung der Landwirtschaft und der Verstaatlichung der Großindustrie ebenso Ausdruck finden sollte wie in politischen „Säuberungen", Kampagnen gegen „Volksfeinde" und der Zwangsvereini-

Blick in eine deutsche Nachkriegswohnung

gung von KPD und SPD zur „Sozialistischen Einheitspartei Deutschlands“ (SED) im April 1946. Wenn es auch teils Anzeichen für eine Fraternisierung zwischen Deutschen und Sowjets in der Ostzone gab, so herrschten doch bei einem erheblichen Teil der Bevölkerung angesichts willkürlicher Gewalt sowjetischer Soldaten Zorn und Verbitterung vor. Nur Weniges deutete darauf hin, dass aus einstigen Feinden (mehr als erzwungene) Freunde werden sollten.

Anders verlief die Entwicklung im Westen des Landes: Nicht zuletzt in Washington war man bald entschlossen, einen deutschen (Teil-)Staat nach westlichem Muster zu gründen. Schritte dorthin waren der Zusammenschluss des amerikanischen Wirtschaftsgebiets mit dem britischen zur „Bizone“ (1.1.1947). Kurz vor Gründung der Bundesrepublik kam am 8.4.1949 die französische Besatzungszone hinzu („Trizone“). In den Jahren 1947/48 startete das amerikanische „European Recovery Program“, besser bekannt als „Marshall-Plan“, um mit Krediten, Rohstoff- und Lebensmittellieferungen für den wirtschaftlichen Wiederaufbau Westeuropas einschließlich der deutschen Westzonen zu sorgen. Die Einbeziehung Letzterer in das Hilfsprogramm setzte eine finanzielle, wirtschaftliche und letztlich auch politische Stabilisierung des künftigen Weststaats voraus, der sich langsam, aber bestimmt am Horizont abzuzeichnen begann. Dazu zählten freie Wahlen ebenso wie die Zulassung von unabhängigen demokratischen Parteien – im Unterschied zum System der „Blockparteien“ in der östlichen „Volksdemokratie“. Die ökonomisch notwendige Währungsreform vom Juni 1948 in den Westzonen und dann auch in den Westsektoren Berlins veranlasste die Sowjetregierung 1948–49 zu einer zehnmonatigen Blockade der gespaltenen Stadt. Entgegen ihrem Ziel, die Weststaatsgründung aufzuhalten, trieb die Sowjetunion mit ihrer Politik diese jedoch voran und beflügelte die innere Zustimmung der Westdeutschen zur Westorientierung. Schon in dieser Zeit begannen sich die westlichen Besatzungs- in Schutzmächte und einstige Feinde in Freunde zu verwandeln.

Das deutsche Schicksal erschien untrennbar mit dem Fortschreiten des Ost-West-Konflikts gekoppelt. Das Jahr 1947 war ein Entscheidungsjahr auf dem Weg zum Kalten Krieg, zur Etablierung der bipolaren Weltordnung und Teilung Deutschlands. Die Vereinigten Staaten steuerten einen Kurs der „Eindämmung“, den sie angesichts expansionistischer Tendenzen der Sowjetunion für unabdingbar hielten. Der „Truman-Doktrin“ vom März 1947 gemäß sollte die Freiheit weltweit mit wirtschaftlichen und militärischen Mitteln gegenüber kommunistischen Umsturzversuchen verteidigt werden. Die Antwort der Sowjetunion bestand in der Gründung der „Kominform“, des Informationsbüros der kommunistischen und Arbeiterparteien, im September desselben Jahres. Es sollte der Gleichschaltung der kommunistischen Parteien unter Leitung der KPdSU dienen. Nach offizieller Lesart zielte das Büro auf die Bündelung der „antiimperialistischen und antifaschistischen Kräfte“, um dem „imperialisti-

Das verwüstete Dresden

George C. Marshall, der Vater des „Marshall-Plans"

Der amerikanische Präsident Harry S. Truman

schen und antidemokratischen Lager" unter Führung der Vereinigten Staaten die Stirn bieten zu können. Angesichts dieser weltpolitischen Entwicklungen rückte die deutsche Einheit in weite Ferne, suchten Ost wie West, die jeweils von ihnen besetzten deutschen Gebiete fest in ihren Machtbereich einzubinden und nach ihren unterschiedlichen politischen, gesellschaftlichen wie wirtschaftlichen Vorstellungen zu gestalten. Es bildeten sich zwei deutsche Staaten: Dem demokratischen Verfassungsstaat der Bundesrepublik stand mit der DDR eine Diktatur gegenüber, die teils autoritäre, teils totalitäre Züge tragen sollte und von Anfang an eine sowjetische Staatsschöpfung war.

Wirklichkeit und Alternativen

Die aus der Sowjetischen Besatzungszone hervorgehende DDR war eine deutsche Wirklichkeit, aber keine eigenständige Möglichkeit. Sie war es v. a. deswegen nie, weil sie keine Legitimität, ja nicht einmal die Chance dazu besaß, ohne sich selbst infrage zu stellen. Herausgelöst aus dem sowjetischen Machtkomplex und mit dem Ende des Ost-West-Konflikts schien ihr politisches System ohne Halt, gleichsam im freien Fall begriffen, hatte die marode Parteidiktatur dem demokratischen Verfassungsstaat nichts entgegenzusetzen. Diese Entwicklung, so ist nicht erst im Rückblick zu erkennen, war bereits in den Jahren der Besatzung zwischen 1945 und 1949 angelegt worden. Pointiert ließe sich formulieren, der ostdeutsche Weg aus der Katastrophe des Dritten Reichs und des Zweiten Weltkriegs war nie etwas anderes als eine Sackgasse. Umso dringlicher stellt sich die Frage, wie es überhaupt zur Teilung kam, und ob sie nicht hätte vermieden werden können. War die Spaltung Deutschlands zwangsläufig, oder bestanden Alternativen, ohne letztlich zum Tragen zu kommen, weil die Deutschen rasch und gründlich in den mächtigen Sog des Ost-West-Gegensatzes gerieten?

Das Ende, so möchte man den Sachverhalt zuspitzen, stimmte nicht mit dem Anfang überein. Der von Deutschland entfesselte und verlorene Zweite Weltkrieg war Voraussetzung, aber keineswegs Ursache für die Teilung, die auf der Konferenz von Jalta im Februar 1945 beschlossen worden sein soll, wie es die hartnäckige Legende will. Nicht vor 1947 kristallisierte sich die Unvermeidbarkeit der bipolaren Architektur mit dem zerrissenen Deutschland in der Mitte heraus. Erst der sich voll entfaltende Kalte Krieg fror die Demarkationslinien zwischen Ost und West zu Grenzen fest, die spätestens ab dem Bau der Berliner Mauer als unerschütterlich und dauerhaft erschienen.

Es ist indes nicht ganz auszuschließen, dass im Jahr 1946 bei etwas mehr Kompromissbereitschaft und einem geringeren Maß an Misstrauen zwischen den Mächten in West und Ost noch eine Vereinbarung über ein neutralisiertes Deutschland hätte zustande kommen können. An (west-)alliierten Plänen für eine solche Entwicklung hat es damals nicht gefehlt. Eine solche Möglichkeit war ebenfalls Thema mehrerer Gesprächszirkel, mancher Publizisten und Politiker im Westen Deutschlands in den ersten Nachkriegsjahren. Konrad Adenauers wichtigster innerparteilicher Widersacher in den Jahren 1946 und 1947, der Vorsitzende der Ost-CDU Jakob Kaiser, strebte nach dem Land der Synthese. Er forderte eindringlich: „Wir haben Brücke zu sein zwischen Ost und West." Doch der Wunsch nach einem aus den Blöcken gelösten, neutralen Deutschland konnte sich nicht durchsetzen.

Dieses – unerfüllte – Streben verwies auf einen neuralgischen Punkt des Weststaats: Wiedervereinigung und Westintegration waren unter den Bedingungen des Ost-West-Konflikts nicht möglich. Mit dem Erfolg der westdeutschen Demokratie war, wie bald zu erkennen, die Hinnahme der Teilung verbunden. Der zweite deutsche Weg aus der Katastrophe des Dritten Reichs führte indes erneut in die Diktatur. Wenn man so will, wurden die Westdeutschen gegenüber den Ostdeutschen von der Geschichte privilegiert. Es musste erst die gesamte Weltordnung, wie sie sich zwischen 1945 und 1949 herausgebildet hat, mit dem Niedergang der Sowjetunion 1989–91 ins Straucheln geraten, um wieder Bewegung in die deutsche Frage zu bringen und die Wiedervereinigung unter westlichen Vorzeichen zu ermöglichen.

Alexander Gallus

1945

Politik

Im sowjetischen Hauptquartier **Berlin-Karlshorst** kommt es zur Wiederholung der Gesamtkapitulation, die bereits um 0.00 Uhr in Kraft getreten war. Zu diesem Zeitpunkt befinden sich 53 Staaten mit Deutschland im Kriegszustand (9.5.). Verhaftung von Wilhelm Keitel, Chef des OKW (13.5.). Eisenhower löst das OKW und die bislang geduldete **„geschäftsführende Regierung“** unter Dönitz in Flensburg-Mürwik auf und lässt deren Mitglieder verhaften. Der Herausgeber der NS-Hetzschrift *Der Stürmer* und Gauleiter von Franken **Julius Streicher** wird **verhaftet** (23.5.). Mit dem **„Gesetz Nr. 5“** löst die amerikanische Militärregierung die NSDAP auf (31.5.). Die vier Besatzungsmächte USA, UdSSR, Großbritannien und Frankreich übernehmen die oberste **Regierungsgewalt in Deutschland** (5.6.). Die sowjetische Militäradministration genehmigt die Bildung antifaschistischer Parteien in der Sowjetischen Besatzungszone (SBZ) (10.6.). KPD-Gründungsaufruf von Walter Ulbricht (11.6.). Otto Grotewohl gründet die SPD in Berlin neu (15.6.). Besetzung der einzelnen zugeteilten Zonen in Berlin durch die Alliierten (3.7.). In der Sowjetischen Besatzungszone werden vorerst neun deutsche **Zentralverwaltungen** eingerichtet (27.7.). Amerikanische Truppen ziehen sich aus Mecklenburg, Sachsen und Thüringen zurück (Juli). Ende der **„Potsdamer Konferenz“**. Stalin, Truman und Churchill (ab 28.7. Clement Attlee) beschließen u. a. die Demokratisierung und Demilitarisierung Deutschlands, die Aufteilung in Besatzungszonen und die Einrichtung des alliierten Kontrollrates. Weiterhin wird die Abgabe der Gebiete östlich der Oder-Neiße-Linie an Polen bzw. die UdSSR beschlossen. Die dortige deutsche Bevölkerung sowie alle Sudetendeutschen werden in das restliche Reichsgebiet umgesiedelt (2.8.). Zulassung von SPD, KPD und Zentrum in der Britischen Besatzungszone (14.8.). **Alliierter Kontrollrat** in Berlin (30.8.). Beginn der **Bodenreform in der Sowjetischen Besatzungszone** (2.9.). Theodor Heuss und Wolfgang Haussmann u. a. gründen die Demokratische Volkspartei (DVP) in Württemberg (18.9.). Gründung der Länder Bayern, Groß-Hessen und Württemberg-Baden durch die amerikanische Militärregierung (19.9.). In der Amerikanischen Besatzungszone werden auf Kreisebene **politische Parteien zugelassen** (20.9.). Ludwig Erhard wird Wirtschaftsminister in Bayern (3.10.). Entlassung **Konrad Adenauers** als Kölner Oberbürgermeister (6.10.). Basierend auf der Proklamation Nr. 3 kommt es zur **Neuordnung des deutschen Rechts- und Gerichtssystems** durch die Alliierten (20.10.). Auflösung des „Nationalkomitees Freies Deutschland“ in Moskau (2.11.). Beginn des Dachauer Kriegsverbrecherprozesses (15.11.). Das **„Internationale Militärtribunal“** in Nürnberg beginnt mit den Verhandlungen gegen die Hauptkriegsverbrecher und NS-Organisationen (20.11.). Parteigründungen in der Französischen Besatzungszone genehmigt (29.11.). Konferenz der christlich-demokratischen Parteien in Bad Godesberg (14.–16.12.). Der Alliierte Kontrollrat erteilt mit dem **Gesetz Nr. 10** den Besatzungsmächten die Befugnis zur Bestrafung der Kriegsverbrecher in separaten Prozessen (20.12.).

Nürnberger Prozesse (20.11.1945–1.10.1946): Blick auf die Anklagebank

Wirtschaft & Wissenschaft

Manfred von Ardenne geht in die UdSSR (21.5.). Amerikanischer Getreideimport beginnt (1.6.). Das **„Potsdamer Abkommen"** betrachtet Deutschland als „wirtschaftliche Einheit". Den Siegermächten wird die Entnahme von Reparationen (Demontagen) zugesichert (2.8.). Anwerbung deutscher Arbeiter durch die französische Regierung beginnt (3.8.). Die **Tübinger Hochschule** nimmt als erste Universität einen stark eingeschränkten Unterricht auf (20.8.). **Auflösung der IG-Farben** durch amerikanische Militärregierung (30.8.). Die Firma Friedrich Krupp startet wieder mit der Produktion (17.9.). Beginn der Demontagen in der Amerikanischen Besatzungszone (25.9.). Wiedereröffnung der **Leipziger Herbstmesse** (18.10.).

Kunst & Kultur

Mit Werken von Mendelssohn-Bartholdy, Mozart und Tschaikowsky findet das erste Nachkriegskonzert der **Berliner Philharmonie** im Titania-Palast statt (26.5.). Überall in Deutschland werden Theater wieder eröffnet, u. a. das Berliner Hebbel-Theater (15.8.). Dresdner Kreuzchor gibt erstes Konzert nach dem Krieg (8.8.). Wiedereröffnung des **„Deutschen Theaters"** in Berlin mit dem Stück *Nathan der Weise* (7.9.). Gründung des Rundfunksenders **RIAS** (Rundfunk im amerikanischen Sektor) in Berlin (21.11.). „Deutsche Kulturliga" zum Wiederaufbau der Kultur in München gegründet (5.11.). Sendebeginn bei „Radio Bremen" (23.12.). Wiedereröffnung des „Zirkus Krone" in München (25.12.).

Gesellschaft & Sport

Erste Schulen in Aachen wieder eröffnet (18.5.). Im **ersten Nachkriegsfußballspiel** auf deutschem Boden besiegt der Sportverein Frankfurt den FC Union Niederrad mit 7:1 (8.7.). Erste Nachkriegsbischofskonferenz in Fulda (23.8.). Der **„Rat der evangelischen Kirche in Deutschland"** erkennt die Mitschuld der evangelischen Christen am Nationalsozialismus an (19.10.). Die **Lebensmittelrationen** in der Amerikanischen Besatzungszone liegen bei 1500 Kalorien pro Person täglich (2.11.). Regelung der sportlichen Aktivitäten in den Besatzungszonen durch die **Direktive Nr. 23** des Alliierten Kontrollrates. Auflösung aller Turn- und Sportvereine (17.12.). Ausgabe der ersten Interzonen-Passierscheine (17.12.).

Weltgeschichte

Prag von sowjetischen Truppen besetzt (10.5.). Britische Soldaten erobern Helgoland (14.5.). Die Konferenz von San Francisco endet mit der Unterzeichnung der **„UN-Charta"**. Stalin zum „Helden der Sowjetunion" ernannt (26.6.). Zündung der ersten Atombombe, Sprengkraft zwischen 17.000 und 20.000 t Dynamit, in New Mexico (16.7.). Die japanische Regierung lehnt das zwei Tage zuvor von den Alliierten gestellte Ultimatum zur Kapitulation ab (28.7.). **Atombombenabwürfe auf Hiroshima und Nagasaki** – über 130.000 tote und 100.000 verletzte Zivilisten, beide Städte werden vollständig zerstört (6./9.8.). Sowjetische Kriegserklärung an Japan (8.8.). Sowjetunion marschiert in die Mandschurei ein (9.8.). Der japanische Kaiser Hirohito befiehlt den japanischen Truppen, das Feuer einzustellen (16.8.). An Bord des amerikanischen Schlachtschiffes „Missouri" kapituliert Japan bedingungslos. **Der Zweite Weltkrieg ist nach genau sechs Jahren und einem Tag beendet** (2.9.). Kapitulation der japanischen Truppen in China (9.9.). **Gründung der Vereinten Nationen** (24.10.). **Erste Konferenz des Rats der Außenminister** in London (10.9.–2.10.). Ausweisung der deutschen Minderheit aus der Tschechoslowakei (8.10.). Zweite Konferenz des Rats der Außenminister in Moskau (16.–22.12.).

Zum Zeitpunkt des Atombombenabwurfes auf Hiroshima stehengebliebene Uhr (6.8.1945)

Atompilz der am 9.8.1945 auf Nagasaki abgeworfenen Atombombe

Die Potsdamer Konferenz (17.7.1945)

Nach der bedingungslosen Kapitulation besetzten die vier Hauptsiegermächte die letzten Teile des deutschen Reichsgebiets und übten ab dem 5.6.1945 „in Anbetracht der Niederlage Deutschlands" mittels einseitiger Willenserklärung („Berliner Deklaration") die oberste Regierungsgewalt aus. Sie sollte auf der einen Seite den jeweiligen Oberbefehlshabern für ihre Zonen, auf der anderen Seite allen Zonenbefehlshabern gemeinsam „in den Deutschland als Ganzes betreffenden Fragen" obliegen. Von der Absicht, das Land teilen zu wollen, war in der Deklaration, die gleichsam das „Grundgesetz der Besatzungsära" (Rudolf Morsey) bildete, ebenso wenig die Rede wie auf den zwei Gipfelkonferenzen der „Großen Drei" im Jahr 1945 – in Jalta und Potsdam.

Hartnäckige Legenden

Zu den hartnäckigen Legenden, die bis heute in der westlichen wie östlichen Publizistik und Politik weiterleben, zählt die folgende: In Jalta wurde die Teilung der Welt vollzogen. Was von Churchill, Roosevelt und Stalin auf der Krim zwischen dem 4. und 11.2.1945 beschlossen wurde, war hingegen nicht von so weitreichender Bedeutung wie vielfach angenommen. Die unter hohem Zeitdruck abgehaltene, hastig vorbereitete Gipfelkonferenz beließ vieles im Unverbindlichen, Vorläufigen und Abstrakten. Das galt für die Deutschland- wie die Polen-Frage. Schon bald sollte sich auch die Wirkungslosigkeit der öffentlich verkündeten „Erklärung über das befreite Europa" zeigen: Statt den befreiten Völkern die Möglichkeit zu eröffnen, demokratische Institutionen nach eigener Wahl einzurichten, wurden den Ländern Ostmitteleuropas von Stalin nach und nach kommunistische Regime aufgezwungen. Eine die Allianz sprengende Auseinandersetzung oder gar ein Bündniswechsel lag zu diesem Zeitpunkt weder in westlichem noch sowjetischem Interesse. Um das Ausgreifen Russlands auf Mitteleuropa aufzuhalten, war es Anfang 1945 zu spät. Wie wäre die Geschichte verlaufen, die Frage erscheint verlockend, hätten die Vereinigten Staaten im Verbund mit Großbritannien bereits zum Zeitpunkt der größten Schwäche der Sowjetunion im Jahr 1942 Garantien für Mitteleuropa erhalten – für militärische Hilfe und die Eröffnung einer „zweiten Front" als Gegenleistung?

Winston Churchill, Harry S. Truman und Josef Stalin

Ergebnisse und Bedeutung der Dreimächtekonferenz

Zu solch kontrafaktischen Überlegungen gemäß der Frage „Was wäre geschehen, wenn…?" bietet die ebenfalls in einer Periode des Übergangs (vom Zweiten Weltkrieg zum Kalten Krieg) anzusiedelnde Potsdamer Konferenz Gelegenheit. Zu Spekulationen verleitet außerdem das Unbestimmte des damals Beschlossenen, worin bereits die zunehmenden Spannungen zwischen Ost und West zum Ausdruck kamen. Vom 17.7. bis 2.8.1945 trafen die Regierungschefs der Vereinigten Staaten (Harry S. Truman), der Sowjetunion (Josef Stalin) und Großbritanniens (Winston Churchill bis zu seiner Wahlniederlage, danach Clement Attlee) auf

Schloss Cecilienhof in Potsdam bei Berlin zusammen, um über die Neuordnung Europas und das künftige Schicksal Deutschlands zu beraten.
In den Akten der Alliierten wurde die Zusammenkunft offiziell als „Konferenz von Berlin" geführt. An ihrem Ende stand das sog. „Potsdamer Abkommen", das es in dieser Form jedoch nie gegeben hat. Tatsächlich veröffentlichten die Alliierten lediglich eine „Mitteilung" (als Ergänzungsblatt Nr. 1 im Amtsblatt des Kontrollrats in Deutschland). Dieses Kommuniqué entsprach weitgehend einer Kurzfassung des von den drei beteiligten Regierungschefs in der Nacht vom 1. zum 2.8.1945 unterzeichneten „Protokolls". Diese „weiche" Form der Dokumentation ist Zeichen dafür, dass die Bedeutung der Konferenz ganz überwiegend nicht in juristisch präzise gefassten Beschlüssen lag, sondern stärker im politischen Bereich. Der amerikanische Diplomat George F. Kennan konnte sich indes „an kein politisches Dokument erinnern", hieß es in seinen Memoiren, das ihn „je so deprimiert hätte wie das von Truman unterzeichnete Kommuniqué am Ende dieser wirren und verwirrenden Verhandlungen". Das Bundesverfassungsgericht bezeichnete das „Potsdamer Abkommen" in einem Urteil aus dem Jahr 1956 sogar als ein Deutschland nicht bindendes „Verwaltungsabkommen".
Obgleich vieles vage und widersprüchlich blieb und den Eindruck von Scheinlösungen erweckte, beabsichtigte das „Potsdamer Abkommen", ein gemeinsames deutschlandpolitisches Programm der Siegermächte zu bilden. Eine grundlegende Friedensvertragsregelung kam schließlich nicht zustande. Von Anfang an erwies sich etwa die erfolgte Verständigung über u. a. Demokratisierung, Denazifizierung, Dekartellisierung und Demilitarisierung in Deutschland – als Formelkompromiss, da die Sowjetunion mit den einzelnen Begriffen andere Vorstellungen und Inhalte verband als die Westmächte.
Ferner einigten sich die Drei Mächte, bis auf Weiteres keine deutsche Zentralregierung zuzulassen. Indes sollten vier zentrale deutsche Verwaltungsabteilungen unter Leitung von „Staatssekretären" errichtet und Deutschland während der Besatzungszeit als „wirtschaftliche Einheit" betrachtet werden. Im Gegensatz dazu teilten die Vereinbarungen über die Reparationen das Land in klar voneinander abgegrenzte Wirtschaftszonen und lieferten somit bereits deutliche Ansätze für die spätere Spaltung Deutschlands. Die Westverschiebung Polens – auf Kosten der deutschen Ostgebiete – sollte endgültig erst durch einen Friedensvertrag geregelt werden. Die Drei Mächte stimmten aber darin überein, „dass die Überführung der deutschen Bevölkerung oder Bestandteile derselben, die in Polen, der Tschechoslowakei und Ungarn zurückgeblieben sind, nach Deutschland durchgeführt werden muss" – und zwar „in ordnungsgemäßer und humaner Weise".

Auf dem Weg zur Teilung

Nicht zuletzt diese faktische Billigung der Vertreibungen dürfte von den Deutschen, sofern sie das „Potsdamer Abkommen" damals wahrnahmen, als Härte empfunden worden sein. Der Text enthielt für sie aber auch manches Hoffnungszeichen: „Die Alliierten wollen dem deutschen Volk die Möglichkeit geben, sich darauf vorzubereiten, sein Leben auf einer demokratischen und friedlichen Grundlage von neuem wiederaufzubauen." Es sollte sich im bald sichtbar ausbrechenden Kalten Krieg zeigen, was für ein unterschiedliches Verständnis von Freiheit und Demokratie Westmächte und Sowjetunion hatten. Es gelang der Anti-Hitler-Koalition wohl, im Verbund einen Krieg zu gewinnen. Doch zur gemeinsamen Gestaltung des europäischen Friedens waren die darin verbundenen, so verschiedenen Mächte nicht fähig. Zu stark wichen die Vorstellungen der westlichen Demokratien und der östlichen Diktatur voneinander ab. Dies sollte sich bald im geteilten Deutschland manifestieren, von dem auf den Gipfelkonferenzen des Jahres 1945 freilich noch nicht die Rede war. Der Weg zur Teilung Deutschlands aber hatte sich in Potsdam (wie schon in Jalta), wenn auch nicht expressis verbis, bereits angedeutet.

Alexander Gallus

Clement Attlee während der Potsdamer Konferenz

1946

Politik

Interzonenhandel zwischen der britischen und der sowjetischen Besatzungszone (1.1.). Entnazifizierungsdirektive des Alliierten Kontrollrats zur Entfernung von ehemaligen Nationalsozialisten aus ihren Ämtern (12.1.). Mit den Gemeindewahlen in der amerikanischen Besatzungszone kommt es seit 13 Jahren zu den ersten **freien Wahlen** (20.1.). **Freier Deutscher Gewerkschaftsbund** (FDGB) entsteht in der SBZ (9.–12.2.). In der britischen Zone berät ein neu gebildeter deutscher Zonenbeirat die Militärregierung (15.2.). **Konrad Adenauer** wird CDU-Vorsitzender in der britischen Besatzungszone (1.3.). Durch das „Gesetz über die Befreiung von Nationalsozialismus und Militarismus" wird in der amerikanischen Zone mit der **Entnazifizierung** begonnen. Jeder Volljährige ist zum Ausfüllen eines Fragebogens bezüglich seiner NS-Vergangenheit verpflichtet (5.3.). Erich Honecker ist erster Vorsitzender der neu gegründeten **Freien Deutschen Jugend (FDJ)** in der sowjetischen Besatzungszone (7.3.). Bei einer SPD-Abstimmung in Westberlin über eine mögliche Vereinigung mit der KPD votieren 82% der Mitglieder mit nein (31.3.). In der sowjetischen Zone wird die SPD unter Führung von Otto Grotewohl mit der KPD unter Wilhelm Pieck zur **Sozialistischen Einheitspartei (SED)** zwangsvereinigt (21./22.4.). **Kurt Schumacher** wird zum Vorsitzenden der SPD in den Westzonen gewählt, Erich Ollenhauer zu seinem Stellvertreter (9.5.). Einstellung von Reparationslieferungen an die SBZ durch den stellvertretenden US-Militärgouverneur Lucius D. Clay. Die in Potsdam vereinbarten sowjetischen Lieferungen sind nicht erfüllt worden (25.5.). In Sachsen sprechen sich bei einem manipulierten Volksentscheid drei Viertel der Bürger für die **Enteignung der Großbetriebe** aus (30.6.). Die Sowjetische Militäradministration befiehlt den Aufbau einer Inneren Verwaltung und eines Polizeiapparates (30.7.). Nordrhein-Westfalen und Schleswig-Holstein in der britischen Zone gegründet (23.8.). Rheinland-Pfalz in der französischen Zone (30.8.). Die **Grundsatzrede** des amerikanischen Außenministers **James F. Byrnes** in Stuttgart leitet eine neue Entwicklung in der amerikanischen Deutschlandpolitik ein. Er spricht von einer wirtschaftlichen Vereinigung Deutschlands (6.9.). Der sowjetische Außenminister Molotow sieht in der Oder-Neiße-Linie die finale deutsch-polnische Grenze (17.9.). Der **Nürnberger Hauptkriegsverbrecherprozess** endet mit zwölf Todesurteilen, sieben langjährigen Haftstrafen und drei Freisprüchen, u. a. Hjalmar Schacht (1.10.). Bei den **Landtagswahlen in der sowjetischen Zone** erreicht die SED ungeachtet der sowjetischen Wahlkampfunterstützung nicht die absolute Mehrheit. In Groß-Berlin kommt sie sogar nur auf 19,8% – im Gegensatz zur SPD mit 48,7% (20.10.). Gründung von Niedersachsen (1.11.). Landtagswahlen und Abstimmungen zu den Landesverfassungen in der amerikanischen Besatzungszone (1.12.). Abkommen zur wirtschaftlichen Verei-

Hermann Hesse

Die Anklagebank während der Nürnberger Prozesse (20.11.1945–1.10.1946)

nigung der britischen mit der amerikanischen Zone beschlossen (2.12.). **Konferenz der deutschen Landesgewerkschaften** findet in Hannover statt (18./19.12.). Saargebiet wird dem französischen Wirtschaftsraum angegliedert und mit einer Zollgrenze versehen (22.12.).

Wirtschaft & Wissenschaft

Der Alliierte Kontrollrat beschränkt die **Produktion der deutschen Wirtschaft** auf etwa 65% des Volumens von 1936. Die Herstellung von Waffen, Schiffen und synthetischem Benzin ist verboten (26.3.). Clay befiehlt einen **Demontagestopp** in der amerikanischen Zone (3.5.). Auf Befehl der Sowjetischen Militäradministration werden deutsche Großunternehmen in **Sowjetische Aktiengesellschaften (SAG)** umgewandelt (5.6.). Gründung des „Sozialistischen Deutschen Studentenbundes" in Hamburg (2.9.). Elbe für den internationalen Schiffsverkehr freigegeben (12.10.). Der nach Deutschland zurückgekehrte **Otto Hahn** erhält den Nobelpreis für Chemie (10.12.).

Kunst & Kultur

Wochenzeitung ***Die Zeit*** erscheint erstmals (21.2.). Wiedereröffnung der staatlichen Hochschule für Musik in Köln (9.5.). Gründung der **Deutschen Film AG (DEFA)** in der sowjetischen Zone (17.5.). Der Schriftsteller Gerhard Hauptmann stirbt 83-jährig (6.6.). Nichtöffentliche Vorführung des Films ***Der große Diktator*** mit Charlie Chaplin in Berlin (9.8.). Der Schauspieler Heinrich George stirbt in sowjetischer Gefangenschaft (25.9.). *Die Mörder sind unter uns* von Wolfgang Staudte und mit **Hildegard Knef** in der Hauptrolle ist der erste deutsche Spielfilm der Nachkriegszeit (15.10.). **Hermann Hesse** erhält den Nobelpreis für Literatur (14.11.). Premiere von Carl Zuckmayers Bühnenstück *Des Teufels General* im Zürcher Schauspielhaus (14.12.).

Gesellschaft & Sport

Martin Niemöller ist Vorsitzender eines Rates zur **Reformierung der protestantischen Kirche** (13.4.). In der britischen Besatzungszone protestieren katholische Bischöfe gegen die Besatzungspolitik der Alliierten Mächte und gegen die Vertreibung der Deutschen aus Polen und der Tschechoslowakei (30.4.). Mit dem Beginn der Einführung von **Einheitsschulen** in der sowjetischen Zone startet der Versuch, eine privilegienfreie Ausbildung zu ermöglichen (22.5.). In den vier Besatzungszonen und in Berlin leben laut der ersten **Nachkriegs-Volkszählung** 65,9 Mio. Menschen, darunter 10 Mio. Flüchtlinge (29.10.). Gründung eines sog. **„Zonensportrates"** in Marl (12./13.11.).

Weltgeschichte

Reparationsabkommen von 18 Staaten in Paris unterzeichnet. Damit ist die Aufteilung der deutschen Auslandsguthaben und der Demontagen aus den drei Westzonen angeregt. Insgesamt werden sich die Forderungen auf 300 Mill. Dollar belaufen (14.1.). Rücktritt von **Charles de Gaulle** als französischer Staatspräsident (20. 1.). Neuer Fünfjahresplan in der UdSSR (9.2.). Wahl von **Juan Perón** zum argentinischen Staatspräsidenten (24.2.). Churchill spricht im Westminster College von einem **„Eisernen Vorhang"** in Europa (5.3.). Selbstauflösung des **Völkerbundes**. Eröffnung des **Internationalen Gerichtshofes** in Den Haag (18.4.). Konferenz des Rats der Außenminister in Paris I. Phase (25.4.–16.5.). Klement Gottwald ist nach dem Wahlsieg der kommunistischen Partei neuer Ministerpräsident der Tschechoslowakei (26.5.). **Amerikanische Atombombentests** beginnen auf dem Bikini-Atoll (1.7.). Konferenz des Rats der Außenminister in Paris II. Phase. Es kommt zu keiner Einigung über die Zukunft Deutschlands (15.6.–12.7.). Kommunistischer Wahlsieg in Bulgarien (27.10.). Republikaner gewinnen in den USA die Wahlen zum Kongress (4.11.). **Konferenz des Rats der Außenminister** in New York (4.11.–2.12.). Truman erklärt offizielles Ende des Zweiten Weltkrieges (31.12.).

General E. J. Farrel übergibt die Regierungsgewalt an den neu gewählten Präsidenten Juan D. Perón (Februar 1946)

Konrad Adenauer

(1876–1967)

Leben

Konrad Adenauer, am 5.1.1876 in Köln geboren, wuchs als drittes von fünf Kindern eines mittleren Justizbeamten in beengten Verhältnissen auf. Unterstützt durch ein Bürgerstipendium studierte er nach dem Abitur Jura und Volkswirtschaft an den Universitäten in Freiburg, München und Bonn. Nach dem Assessorexamen im Jahr 1901 folgte eine Tätigkeit bei der Kölner Staatsanwaltschaft, dann als Rechtsanwalt und kurzzeitig als Hilfsrichter beim Landgericht. 1904 heiratete er Emma Weyers, die aus einer hoch angesehenen Kölner Familie stammte und mit der zusammen er drei Kinder haben wird. 1906 begann Adenauers politische Karriere. Im März dieses Jahres wählte ihn die Kölner Stadtverordnetenversammlung als Kandidat des Zentrums zum Beigeordneten, 1909 zum Ersten Beigeordneten. 1917 schließlich wurde er zum Kölner Bürgermeister gewählt. Im gleichen Jahr verlieh ihm Wilhelm II. den Titel „Oberbürgermeister“ und berief ihn in das Preußische Herrenhaus. 1919 vermählte sich Adenauer drei Jahre nach dem Tod seiner ersten Frau mit Auguste Zinsser. Dieser Ehe entstammten vier Kinder.

Konrad Adenauer

Dem (politischen) Katholizismus und christlich-humanistischen Wertvorstellungen sowie demokratisch-freiheitlichem Denken eng verbunden, hegte der Rheinländer seit jeher Sympathien für Westeuropa. So verwunderte es kaum, dass er als Kölner Oberbürgermeister nach dem Ersten Weltkrieg während der siebenjährigen Besatzungszeit ein gutes Verhältnis zur Besatzungsmacht hatte. Wiederholt befürwortete er in jenen Jahren eine Loslösung des Rheinlands von Preußen, nicht aber vom Reich. Ab 1921 gehörte der Zentrumspolitiker dem Preußischen Staatsrat an – bald auch als dessen Vorsitzender. Den Nationalsozialisten galt Adenauer als Vertreter des verhassten „Systems“ von Weimar. Bald nach Hitlers Machtübernahme wurde er als Oberbürgermeister abgesetzt. Während des Dritten Reichs war Adenauer eine geächtete und überwachte Person, ohne dass ihm etwas Gravierendes geschah. Dem aktiven Widerstand blieb er fern, die Zeit zwischen 1933 und 1945 war für ihn eine als Last empfundene Periode der Untätigkeit.

Anfang Mai 1945 von der amerikanischen Militärregierung zum Oberbürgermeister von Köln ernannt, entließen ihn die Briten bereits im Oktober aus dem Amt. Die Knüpfung geheimer politischer Kontakte zur französischen Besatzungsmacht mit dem Ziel, die Gründung eines eng mit Frankreich verbündeten Rheinstaats zu erreichen, dürfte für diesen Schritt den Ausschlag gegeben haben. Nach Aufhebung des gegen ihn verhängten Verbots politischer Betätigung entfaltete Adenauer eine ungewöhnliche Aktivität innerhalb der Christlich Demokratischen Union und übernahm in kurzer Zeit sämtliche Führungsämter: Vorsitzender der CDU des nördlichen Rheinlands und der britischen Zone, Mitglied des Zonenbeirats sowie des nordrhein-westfälischen Landtags und Fraktionsvorsitzender. Darüber hinaus leitete er die 1947 ins Leben gerufene Arbeitsgemeinschaft der CDU und CSU. Im Machtkampf mit seinem schärfsten innerparteilichen Konkurrenten, Jakob Kaiser, behielt Adenauer die Oberhand. Mit der Ernennung zum Präsidenten des in Bonn tagenden Parlamentarischen Rates Anfang September 1948 stärkte er seine parteipolitische Stellung weiter und steigerte seinen öffentlichen Bekanntheitsgrad. An der Gestaltung des Grundgesetzes war er ebenso maßgeblich beteiligt wie an der Wahl Bonns zur – provisorischen – Bundeshauptstadt. Theodor

Adenauer mit John F. Kennedy

Heuss apostrophierte Adenauer als den „Sprecher der werdenden Bundesrepublik gegenüber den westlichen Mächten".

Nach der ersten Bundestagswahl wurde Adenauer am 15.9.1949 zum Bundeskanzler gewählt. Von da an sollte er an der Spitze von fünf Koalitionsregierungen stehen. Bis zu seinem Tod am 19.4.1967 gehörte er dem Bundestag an. Zwischen 1950 und 1966 war er Vorsitzender der CDU Deutschlands, danach Ehrenvorsitzender, von 1951 bis 1955 auch Bundesminister des Auswärtigen. Grob gesprochen konsolidierte er seine Macht zwischen 1949 und 1957 und prägte nachhaltig die bundesdeutsche „Kanzlerdemokratie". Die Jahre zwischen 1958/59 und 1963 sind vom allmählichen Verlust seiner Macht gekennzeichnet. Als Kanzler trieb Adenauer die Westintegration der jungen, durch seinen Einsatz bald „souveränen" Bundesrepublik ebenso energisch voran wie die Aussöhnung und Kooperation mit Frankreich (deutsch-französischer Vertrag von 1963).

Würdigung

Konrad Adenauer gehört zu den wenigen großen Politikern Deutschlands im 20. Jahrhundert. Seine größte Leistung bestand in der Einbindung der Bundesrepublik Deutschland nach der „deutschen Katastrophe" in die westliche (Werte-) Gemeinschaft. Er verabscheute jegliche „Schaukelpolitik" und brachte Gustav Stresemanns Ost-West-Balance Verachtung entgegen. Deutschland war in Adenauers Augen einer Mittlerrolle zwischen Ost und West nicht gewachsen. Die alliierte Besetzung und die Zonengliederung des Landes kamen seinen weit zurückreichenden Ideen eines mit Westeuropa verflochtenen Rheinstaats entgegen.

An seiner Politik der Westintegration und seiner Haltung zur Wiedervereinigung scheiden sich die Geister. Galt die Westintegrationspolitik Adenauer als ein Mittel, um die Einheit zu erlangen, oder stellte die Westbindung für Adenauer ein Ziel an sich dar? Es spricht einiges dafür, dass er eine langfristige, auf dem Kernstaats-Gedanken beruhende Strategie verfolgte: Erst sollte die zunächst noch äußerst zerbrechliche Bundesrepublik durch die Einbindung in die Kultur- und Staatengemeinschaft des Westens vor der Sowjetunion geschützt werden, dann Gleichberechtigung und Souveränität gegenüber den Westmächten erlangen, bevor die deutsche Einheit, gleichsam einem Magnetismus folgend, erreicht werden könnte. Wie das Jahr 1990 zeigte, konnte Adenauers Konzept, die von ihm initiierte Politik der strikten Westbindung, zur Wiedervereinigung führen, ohne zwangsläufig in dieses Ergebnis münden zu müssen.

Adenauers geschichtliche Bedeutung liegt in seiner Rolle als außenpolitischer Neuerer während der Zeit seiner Kanzlerschaft. In den Jahren 1945–49 hat er indes nicht zuletzt innenpolitisch innovatorisch gewirkt und sich Verdienste um die grundlegende Neustrukturierung des deutschen Parteiensystems erworben. Innerhalb weniger Jahre hat Adenauer den Aufbau der CDU zu einer überkonfessionellen Mitte-Rechts-Partei vorangetrieben. Es sollte ihm glücken, in der Union vielfältige soziale und wirtschaftliche Gruppen miteinander zu verschmelzen. Kleinere Parteien – außer der FDP – wurden bald von der Sogwirkung dieser bürgerlichen Kraft unter Leitung Adenauers erfasst. Mit ihrer Hilfe gelang es auch, einstige Mitläufer und Sympathisanten des Nationalsozialismus in die neue Demokratie einzubinden. So überragend Adenauers außenpolitische Verdienste erscheinen, leistete er doch ebenfalls einen bedeutenden Beitrag zur Etablierung des neuen demokratischen Verfassungsstaats.

Konrad Adenauer verlässt ein letztes Mal das Bundeskanzleramt

Alexander Gallus

1947

Politik

Basierend auf dem Abkommen über die Zusammenlegung der britischen und der amerikanischen Zone kommt es zur Bildung eines **„Vereinigten Wirtschaftsgebietes"** – der **Bizone** (1.1.). Interzonenhandel zwischen der Bizone und der sowjetischen Zone vereinbart (18.1.). Verurteilung der Aufseher und Leiter des Frauen-KZ Ravensbrück zu Todes- und Zuchthausstrafen (2.2.). Der Alliierte Kontrollrat löst, mit dem Verweis auf dessen militärischen und reaktionären Charakter, endgültig den **Staat Preußen** auf (25.2.). Die Länder der amerikanischen Zone werden mit legislativen, exekutiven und judikativen Befugnissen ausgestattet (1.3.). Gründung des „Deutschen Büros für Friedensfragen" in Stuttgart zur Erörterung zukünftiger Friedensverhandlungen (15.4.). **Landtagswahlen in der britischen Zone** (Schleswig-Holstein, Nordrhein-Westfalen, Niedersachsen) (20.4.). In Bielefeld findet der **Gründungskongress des Deutschen Gewerkschaftsbundes (DGB)** in der britischen Besatzungszone statt. Erster DGB-Vorsitzender wird Hans Böckler (22.4.). Erste Maikundgebung der SED in Berlin (1.5.). Die Ernährungssituation ist in Deutschland unverändert schlecht. Lucius D. Clay schildert dazu seine Eindrücke in einem Telegramm nach Washington (15.5.). **Landtagswahlen in der französischen Zone** (Rheinland-Pfalz, Südbaden, Südwürttemberg-Hohenzollern) (18.5.). Die **Münchener Konferenz der deutschen Ministerpräsidenten** scheitert am Streit um die Tagesordnung. Die Ministerpräsidenten der sowjetischen Zone, die eine deutsche Zentralverwaltung und -regierung fordern, verlassen bereits vor Konferenzbeginn München (6./7.6.). Die Berliner Stadtverordnetenversammlung wählt den SPD-Politiker **Ernst Reuter** gegen die Stimmen der SED zum Oberbürgermeister (24.6.). Reuter kann dieses Amt aufgrund eines sowjetischen Vetos in der Alliierten Kommandantur nicht antreten (10.7.). Der Dachauer Prozess über die **Wachmannschaften des KZ Buchenwald** endet mit 22 Todesurteilen (14.8.). Auf Befehl der Sowjetischen Militäradministration wird in der sowjetischen Zone zukünftig zwischen nominellen und somit unschuldigen ehemaligen NSDAP-Mitgliedern und zwischen aktiven, schuldigen ehemaligen Mitgliedern der NSDAP unterschieden (16.8.). Nach Protesten gegen die Politik der SED flieht der **Thüringer Ministerpräsident Rudolf Paul** in den Westen Deutschlands (1.9.). Walter Ulbricht bezeichnet die **SED** auf ihrem 2. Parteitag als **„Partei neuen Typs"**. Nach dem Ideal der KPdSU bekennt sich die SED zum Marxismus. Ulbricht und Grotewohl als Vorsitzende einstimmig im Amt bestätigt (22.–24.9.). **Entnazifizierung** ist in der britischen Zone nach Verordnung Nr. 110 zukünftig Sache der Länderregierungen (1.10.). In der sowjetischen Zone werden **Maßnahmen zur Steigerung der Arbeitsproduktivität** ergriffen. Verordnungen, Normen und Strafandrohungen sollen sog. „Bummeleien" entgegenwirken (9.10.). Die Entnazifizierungsverfahren gegen ehemals nominelle und passive NSDAP-Mitglieder werden in der französischen Zone eingestellt (22.11.). Urteilssprüche des **Nürnberger Militärgerichtshofes** gegen maßgebliche Juristen des Dritten Reichs (4.12.). Unter der Leitung der SED kommt es in Berlin zur **Gründung des „Deutschen Volkskongresses für Einheit und gerechten Frieden"** (6./ 7.12.). **Auflösung des Militärgerichts in Dachau**. Insgesamt wurden 1380 Personen verurteilt, davon 417 zum Tode und 196 zu lebenslänglicher Haft (30.12.).

Wirtschaft & Wissenschaft

In der sowjetischen Besatzungszone wird eine **Deutsche Wirtschaftskommission** zur Zentralisierung der ostdeutschen Wirtschaft eingerichtet (4.6.). In Frankfurt a. M. kommt es zum Aufbau des **Wirtschaftsrates** der Bizone mit Erich Köhler als Präsident. Die Abgeordneten werden von den einzelnen Landtagen gewählt (25.6.). Der modifizierte amerikanische und britische Industrieplan beschränkt die **Produktion der deutschen Wirtschaft** auf etwa 90% des Volumens von 1936 (28.8.). Tod des 89-jährigen Physikers und Nobelpreisträgers von 1918 **Max Planck** in Göttingen (4.10.). Veröffentlichung einer neuen **Demontageliste für die Bizone**. Betroffen sind insgesamt 681 Industriebetriebe (16.10.).

Kunst & Kultur

Erstausgabe der Wochenzeitschrift ***Der Spiegel*** (4.1.). Der Schriftsteller **Hans Fallada** stirbt in Berlin (5.2.). Anna Seghers kehrt aus ihrem mexikanischen Exil nach Berlin zurück (22.4.). Das Drama *Agamemnons Tod* von Gerhard Hauptmann wird in Berlin uraufgeführt (8.9.). Gründung der **„Gruppe 47"** (16.9.). ***Des Teufels General*** **von Carl Zuckmayer** erlebt seine deutsche Erstaufführung in Hamburg (8.11.). Befehl der amerikanischen Militärregierung zur Errichtung freier Rundfunkorganisationen (21.11.). Eröffnung der **Berliner Komischen Oper** mit der Operette *Die Fledermaus* von Johann Strauß (26.12.).

Gesellschaft & Sport

Max Schmeling erhält im Alter von 42 Jahren von der amerikanischen Militärverwaltung eine Boxerlaubnis (22.1.). In Berlin wird der von der SED beeinflusste **„Demokratische Frauenbund Deutschlands" (DFD)** geschaffen (7.–9.3.). Letzter deutscher Kriegsgefangener aus amerikanischer Haft entlassen (30.6.). Bei der ersten **Tour de France** seit 1939 siegt der Franzose Jean Robic (25.6.–21.7.). **Comeback von Max Schmeling** durch einen K.o.-Sieg über Werner Vollmer (28.9.). Repräsentanten der deutschen Jugendverbände beraten über einen zonenübergreifenden, freien und demokratischen **Jugendring**. Die Gespräche scheitern an Meinungsverschiedenheiten mit der FDJ (3.–5.11.).

Weltgeschichte

George C. Marshall

Joseph T. McNarney wird als **amerikanischer Oberbefehlshaber in Europa** von Lucius D. Clay abgelöst (6.1.). Mit den europäischen Kriegspartnern Deutschlands, u. a. Italien und Rumänien, werden Friedensverträge abgeschlossen (10.2.). Nikolai Bulganin ist neuer sowjetischer Verteidigungsminister (3.3.). Englisch-französischer Beistandsvertrag (4.3.). Der amerikanische Präsident Truman kündigt in seiner **„Truman-Doktrin"** Militär- und Wirtschaftshilfen für alle freien und nicht-kommunistischen Länder an. Beginn der von **George F. Kennan** konzipierten **„Containment-Politik"** (12.3.). Scheitern der Konferenz des Rats der Außenminister in Moskau (10.3.–24.4.). Der neue amerikanische Außenminister **George C. Marshall** gibt mit dem **„European Recovery Program"** ein großes Hilfsprogramm für die zerstörten europäischen Länder bekannt. Die Sach- und Geldlieferungen des „Marshall-Plans" tragen maßgeblich zum Wiederaufbau Europas bei (5.6.). Konferenz zum **„Marshall-Plan"** in Paris – UdSSR lehnt Teilnahme ab (27.6.). **Indien und Pakistan** werden von Großbritannien **unabhängige Staaten** (15. 8.). Gründung des **Kommunistischen Informationsbüros** (Kominform) in Belgrad (30.9.). Abbruch der diplomatischen Beziehungen zwischen Brasilien und der UdSSR (11. 10.). Britischer Truppenabzug aus Palästina beginnt (16.11.). Konferenz des Rats der Außenminister in London (25.11.–15.12.).

Harry S. Truman

Plakat von 1947

Kurt Schumacher
(1895–1952)

Leben

„Plötzlich schnellte diese Hand vor, als zuckte eine Degenklinge nach einem Herzen. Ich sehe sie noch vor mir, diese Hand, deren schmale Finger so dicht aneinander lagen, dass man an eine geschmiedete Waffe denken mochte; diese Hand, in der mit einem Male die ganze Herzkraft eines verdichtet schien, der bereit ist, je und je auf Tod und Leben zu fechten." So beschrieb der SPD-Politiker Carlo Schmid die „preußische Revolverschnauze" Kurt Schumacher und vermittelte treffend den Eindruck, den Zeitgenossen von ihm hatten: ein energischer, temperamentvoller und bedingungsloser Politiker.

Geboren am 13.10.1895 im westpreußischen Kulm, wuchs Schumacher in einer liberalen Kaufmannsfamilie auf und verbrachte seine Jugend in der Stadt an der Weichsel. Nach dem Notabitur im August 1914 ging er als Kriegsfreiwilliger an die Front. Im Dezember des gleichen Jahres bei Lodz schwer verwundet, verlor er den rechten Arm. Zwischen 1915 und 1920 studierte Schumacher Staats- und Wirtschaftswissenschaften und schrieb in Münster eine Dissertation über den „Kampf um den Staatsgedanken in der deutschen Sozialdemokratie". Ab Anfang 1918 Mitglied der Mehrheitssozialdemokratie, gehörte er während der Revolution dem

Kurt Schumacher

Berliner Arbeiter- und Soldatenrat an. Im Jahr 1920 siedelte er nach Stuttgart über und begann eine Karriere als politischer Redakteur der *Schwäbischen Tagwacht*, dem Zentralorgan der württembergischen SPD. In vielen seiner Artikel ging er hart mit den Gegnern der Weimarer Demokratie ins Gericht. Zwischen 1924 und 1931 wirkte er als Abgeordneter des Württembergischen Landtages, ab 1930 auch des Deutschen Reichstages. Im Jahr 1932 wurde er Mitglied des Fraktionsvorstandes seiner Partei.

Nicht umsonst entwickelte sich Schumacher gerade am Ende der Weimarer Republik zu einem der führenden Sozialdemokraten, denn sein Kampf gegen die Nationalsozialisten – und die Kommunisten – kannte keine Kompromisse. Deshalb verwunderte es kaum, dass er die Jahre 1933 bis 1943 in Gefängnissen und Konzentrationslagern verbrachte, ab Juni 1935 in Dachau; im August 1944 wurde er nach dem Attentatsversuch vom 20.7. erneut inhaftiert. Der körperlich und seelisch schwer misshandelte Mann war in seiner Energie aber nicht zu brechen. Gleich im Mai 1945 errichtete er das „Büro Dr. Schumacher" als inoffizielle Parteizentrale der Sozialdemokraten in den Westzonen und wurde dort ein Jahr später einstimmig zum ersten Vorsitzenden der SPD gewählt. Ihm gelang es mit seinem Hannoveraner Büro, die sozialdemokratische Partei in den Westzonen zusammenzufassen und ihren Führungsanspruch gegenüber dem Berliner „Zentralausschuss der SPD" unter Otto Grotewohl zu behaupten. Erbittert kämpfte der kompromisslose Antikommunist gegen eine Fusion von SPD und KPD an. Bis zu seinem Tod am 20.8.1952 hielt er – trotz Phasen schwerer Krankheit (Amputation des linken Beins im September 1948) – in der SPD alle Fäden in der Hand.

Schumacher war ein dominanter Parteivorsitzender. Sein autoritärer Führungsstil forderte manchen Genossen zu Kritik und Widerstand heraus. „Lieber Kurt", schrieb Parteifreund Paul Löbe im November 1947, „du weißt, wie hoch wir dich alle schätzen, dass aber nun überhaupt keine andere Meinung in der Partei laut werden soll als die Deine, scheint mir etwas zu viel verlangt. Ich jedenfalls gedenke mich nicht so tief zu beugen.“ Letztlich beugten sich die innerparteilichen Gegner jedoch und entwickelten keine Durchsetzungskraft. Gegen Schumachers „an Fanatismus grenzende Unbedingtheit“, wie es Willy Brandt 1960 einmal ausdrückte, kamen sie nicht an. Der entscheidende politische Erfolg blieb Schumacher dennoch versagt, denn es war Konrad Adenauer, der die ersten Bundestagswahlen im August 1949 gewinnen sollte und dem der Kanzlerkandidat der SPD unterlag.

Kurt Schumacher, Carlo Schmid und Konrad Adenauer

Würdigung

Ohne Zweifel aber war Schumacher neben Adenauer die beherrschende Gestalt der westdeutschen Politik in den ersten Nachkriegsjahren. Er beteiligte sich an den zentralen politischen Debatten, darunter etwa die Auseinandersetzungen mit Otto Grotewohl um die Fortexistenz der SPD in der Sowjetischen Besatzungszone und mit Adenauer sowie den Westalliierten im Parlamentarischen Rat darüber, ob der Bund oder die Länder die gesetzgeberische Vorrangstellung haben sollten. Bis zu seinem Tod blieb er einer der erbittertsten Kritiker der Europa- und Deutschlandpolitik des ersten deutschen Bundeskanzlers. Während der Bundestagsdebatte über die Annahme des Petersberger Abkommens Ende November 1949 erhielt Schumacher den ersten Sitzungsausschluss, nachdem er Adenauer als „Bundeskanzler der Alliierten“ diffamiert hatte. Dabei bestanden auch Gemeinsamkeiten zwischen den zwei politischen Kontrahenten. So kennzeichneten beide prinzipielle Westorientierung, bedingungsloser Antikommunismus und ihre scharfkantige Art, die sie zu exemplarischen Repräsentanten der Weimarer Politikergeneration machte. Auch waren sie beide Gegner einer „großen Koalition“.

Kurt Schumacher während einer Besprechung (1946)

Schumacher hatte die Gründung der Bundesrepublik – als staatliches Provisorium – unterstützt. Nach der Niederlage bei den Bundestagswahlen bezog er in außen-, deutschland-, europa- und sicherheitspolitischen Fragen deutlich Opposition zur Bundesregierung. Nicht nur Adenauer war Schumacher ein unbequemer Gegner, sondern auch den Westalliierten, die mit seinem Temperament und seiner Prinzipienfestigkeit schwer zurechtkamen. Der SPD-Führer war und fühlte sich als NS-Opfer moralisch integer und wollte bei Verhandlungen gleichberechtigt sein. Überhaupt forderte er Gleichberechtigung für Deutschland. Und mit Deutschland meinte er ein wiedervereinigtes Land, ja, im Grunde die Wiederherstellung des Deutschen Reichs. Schumacher hielt am Primat der deutschen Einheit fest, war aber gleichzeitig Antikommunist und westlichen Werten verpflichtet.

In der Frage der deutschen Einheit hat Schumacher diffuse und widersprüchliche Vorstellungen vorgebracht. Wegen der prowestlichen und antikommunistischen Haltung blieben seine Ideen eines neutralen Deutschland wenig konkret. Mit Blick auf die deutsche Frage lag Schumachers Wille zwar klar auf der Hand, aber seine Gedanken zur Umsetzung der Einheit waren eigentümlich verworren. Adenauers Politik der Westintegration lag hingegen in der Logik der neu gegründeten Bundesrepublik und erschien konsequenter. Nach seinem Tod geriet mit Schumacher eine prägende Figur der westdeutschen Nachkriegspolitik in Vergessenheit. 1995 antworteten auf die Frage danach, welche Politiker die letzten fünf Jahrzehnte für Deutschland entscheidend geprägt hätten, 75% mit Adenauer. 10% nannten den ersten SPD-Vorsitzenden nach dem Krieg.

Alexander Gallus

1948/49

Politik

1948 – Mit der **Bildung des Länderrates** entsteht in der Bizone neben dem Wirtschaftsrat eine zweite Kammer (9.2.). Beginn der Auflösung der Entnazifizierungskommissionen in der sowjetischen Zone (26.2.). Durch den sowjetischen Vertreter wird das **Ende des Alliierten Kontrollrats** erklärt. Streitigkeiten über die Zukunft Deutschlands und mehrere gescheiterte Konferenzen bedeuten das **Ende der Viermächteverwaltung** Deutschlands (20.3.). Verschärfte Kontrollen des Verkehrs nach Berlin durch die Sowjetunion

Währungsreform: Blick in eine Wechselstube

(1.4.). Demokratische Bauernpartei Deutschlands (DBD) in der sowjetischen Zone gegründet (29.4.). Erste **Hauptversammlung des Deutschen Städtetages** in der Frankfurter Paulskirche (20.5.). **Währungsreform in den drei westlichen Zonen** Deutschlands. Jeder Einwohner erhält einen Kopfbetrag von 40 DM. Sparguthaben werden 1:10 umgetauscht (20.6.). **Währungsreform in der sowjetischen Besatzungszone** (23.6.). Einsetzen der **Berlin-Blockade**. Alle Zufahrtswege abgeriegelt, Strom- und Kohlelieferungen eingestellt (24.6.). Beginn der **amerikanisch-englischen Luftbrücke** zur Versorgung der Berliner Bevölkerung (26.6.). Die drei westlichen Alliierten erteilen mit den **„Frankfurter Dokumenten"** den 11 westdeutschen Ministerpräsidenten den Auftrag, eine Verfassung zu schaffen und eine föderalistische Staatsform auszuarbeiten (1.7.). Abschlusskonferenz der westdeutschen Ministerpräsidenten und der Gouverneure der Westzonen zur Schaffung eines Parlamentarischen Rates und des Grundgesetzes (26.7.). Der **„Herrenchiemseer Konvent"**, ein Sachverständigenausschuss zur Erarbeitung eines Verfassungsentwurfes, tritt in Bayern zusammen (10.8.). Offene Grenzen zwischen den drei westlichen Zonen (18.8.). Konstituierung des **Parlamentarischen Rates** in Bonn. Die 65 Abgeordneten wurden von den einzelnen Landtagen gewählt – Präsident ist Konrad Adenauer (CDU) (1.9.). Nach kommunistischen Demonstrationen und Blockaden kommt es zur Verlegung der Berliner Stadtverordnetenversammlung nach Westberlin (6.9.). **Friedrich Ebert**

„Trümmerfrauen" beim Wiederaufbau

(SED) ist neuer Ostberliner Oberbürgermeister (30.11.). **Ernst Reuter (SPD)** Oberbürgermeister Westberlins (7.12.). Bildung der **Freien Demokratischen Partei (FDP)** in den Westzonen – den Vorsitz erhält Theodor Heuss (11.12.). Die Einsetzung einer Internationalen Ruhrbehörde wird durch ein Sechsmächteabkommen beschlossen. Das **„Ruhrstatut"** trifft Regelungen zur Kohle-, Koks- und Stahlproduktion im Ruhrgebiet (28.12.).
1949 – Ende der 1. Parteikonferenz der SED mit der Einrichtung eines Politbüros und der zunehmenden Stalinisierung der Partei (28.1.). General Wassili J. Iwanowitsch Tschuikow wird Chef der Sowjetischen Militäradministration (29.3.). Mit 12 Gegenstimmen verabschiedet der Parlamentarische Rat in der dritten Lesung das **Grundgesetz** (8.5.). Bonn wird vorläufige

Bundeshauptstadt (10.5.). Wie im New Yorker Abkommen (**Jessup-Malik-Abkommen**) am 4.5. beschlossen, endet die Blockade Berlins nach 322 Tagen. Alle Verkehrsverbindungen werden geöffnet, die vollständige Wiederherstellung der Stromversorgung ist damit gewährleistet (12.5.). Wahl zum **Dritten Deutschen Volkskongress** in der sowjetischen Zone. General Lucius D. Clay verlässt Deutschland endgültig (15.5.). Bayerischer Landtag lehnt die neue Verfassung als einziges Landesparlament ab (20.5.). Das Grundgesetz wird verkündet und tritt mit Ablauf des Tages in Kraft (23.5.).

Wirtschaft & Wissenschaft

1948 – **Max-Planck-Gesellschaft** in Göttingen als Nachfolgeorganisation der Kaiser-Wilhelm-Gesellschaft ins Leben gerufen (25.2.). Die drei westlichen Militärgouverneure gründen in Frankfurt a. M. die **Bank deutscher Länder** (1.3.). Ludwig Erhard ist neuer Direktor des Wirtschaftsrates (21.4.). Im Zuge der Aktivistenbewegung in der sowjetischen Zone fördert **Adolf Hennecke** in einer sächsischen Steinkohlegrube 387% des normalen Tagesolls und gilt damit als großes Vorbild (13.10.). **„Freie Universität Berlin“** wird gegründet (4.12.).

1949 – Bildung der **„Sozialpolitischen Arbeitsgemeinschaft des Vereinigten Wirtschaftsgebietes“** (28.1.). Beginn der Entstehung **„Vereinigter Volkseigener Betriebe (VVB)“** in der sowjetischen Zone (17.4.).

Kunst & Kultur

1948 – Gründung des Norddeutschen Rundfunks (1.1.). Der bayerische Komiker und Volksdichter **Karl Valentin** stirbt 65-jährig in München (9.2.). Der Schriftsteller Klaus Mann begeht Selbstmord (21.5.). Bertolt Brecht kehrt nach Deutschland zurück (22.10.). In Göttingen wird das **P.E.N.-Zentrum** für Deutschland wiedergegründet (20.11.). In der Berliner Staatsoper wird erstmals nach dem Krieg mit *Die Meistersinger von Nürnberg* wieder eine **Wagner-Oper** aufgeführt (19.12.).

1949 – Erstaufführung von Bertolt Brechts ***Mutter Courage und ihre Kinder*** im Deutschen Theater in Berlin, mit Brechts Frau Helene Weigel als Mutter Courage (11.1.). Gründung der **Lessing-Gesellschaft** in Nürnberg (6.5.).

Gesellschaft & Sport

1948 – **V. Olympische Winterspiele** in Sankt Moritz ohne deutsche Beteiligung (30.1.– 8.2.). In München beraten deutsche Landessportverbände über eine Neuorganisation des deutschen Sports (17./18.4.). Der SPD-Politiker und spätere Bundeskanzler **Willy Brandt** wird wieder eingebürgert (1.7.). **XIV. Olympische Sommerspiele** in London. Deutschland und Japan bleibt die Teilnahme jedoch verwehrt (29.7.–14.8.). Erster **Katholikentag** nach dem Krieg in Mainz (1.–5.9.). Eintägiger Generalstreik in der Bizone (12.11.).

1949 – Am **Ende der Berliner Blockade** sind 277.728 Flüge absolviert und über zwei Mio. Tonnen Güter zur Versorgung der Bevölkerung durch die Luftbrücke nach Berlin geflogen worden (12.5.).

Weltgeschichte

1948 – **Ermordung von Mahatma Gandhi** in Delhi (30.1.). **Kommunistische Machtergreifung** in der Tschechoslowakei (25.2.). Westeuropäische Staaten beschließen den **„Brüsseler Pakt“** (17.3.). **Weltgesundheitsorganisation (WHO)** nimmt ihre Arbeit auf (7.4.). Gründung der **Europäischen Organisation für wirtschaftliche Zusammenarbeit (OECD)** (16.4.). **Gründung des Staates Israel** durch Ben Gurion, den ersten israelischen Ministerpräsidenten (14.5.). **Sechsmächtekonferenz in London,** II. Phase (20.4.–2.6.). Ausschluss Jugoslawiens aus der kommunistischen Gemeinschaft durch die Kominform (21.6.). **Syngman Rhee** ist neuer Präsident Südkoreas (20.7.). **Harry S. Truman** gewinnt erneut die amerikanischen Präsidentschaftswahlen (2.11.). Im **Tokioter Kriegsverbrecherprozess** verhängt der Internationale Militärgerichtshof Todes- und Haftstrafen (12.11.).

1949 – Gründung des **„Rates für gegenseitige Wirtschaftshilfe (RGW)“** oder COMECON durch die UdSSR, Bulgarien, Polen, Rumänien, der Tschechoslowakei und Ungarn (25.1.). In Washington wird von den USA, Kanada und mehreren westeuropäischen Staaten, u. a. Frankreich, Belgien und Großbritannien, die **„North Atlantic Treaty Organization“ (NATO)** gebildet (4.4.). Gründung des **„Europarates“** durch zehn europäische Staaten in London (5.5.).

Die Berlin-Blockade
(24.6.1948)

Am 24.6.1948 veranlasste die sowjetische Besatzungsverwaltung – nach offizieller Lesart aufgrund „technischer Störungen“ – die Sperrung der Land- und Wasserwege von und nach Berlin. Damit begann die Blockade des westlichen Berlins, die von den Sowjets erst am 12.5.1949 wieder eingestellt werden sollte (1. Berlin-Krise). Erste Blockaden fanden bereits im April 1948 statt und führten bei den westalliierten Streitkräften in Berlin rasch zu spürbaren Versorgungslücken. Einen Gesichtsverlust wollte der Militärgouverneur der amerikanischen Besatzungszone Lucius D. Clay keinesfalls hinnehmen. Er erkannte frühzeitig, welche Symbolkraft die Berlin-Politik für die weitere Gestaltung Deutschlands und Europas hatte. Der General reagierte entschlossen und schickte einen bewaffneten Zug auf den Weg, den die Sowjets allerdings kurzerhand auf ein Nebengleis leiteten. Als Reaktion auf diesen Fehlschlag zu Lande flogen die Amerikaner von ihrem Luftwaffenstützpunkt in Frankfurt a. M. zwischen dem 2. und 4.4.1948 rund 200 Tonnen für die Besatzungstruppen benötigtes Material ein. Diese Aktion wurde im Rückblick als „Baby-Luftbrücke“ bezeichnet.

Währungsreform und „Bärenmark“

Weitere Zwischenfälle im Berlin-Verkehr sollten folgen. Mitte Juni spitzte sich die Krise zu. Aus Protest gegen die in den Westzonen bevorstehende Währungsreform, die angesichts ihrer Beteiligung am Marshall-Plan dringend geboten erschien, verließ der sowjetische Vertreter am 16.6. die Alliierte Kommandatur. Von der Reform, die am 20.6. in Kraft treten sollte, blieb Berlin indes zunächst ausgeklammert, um der Sowjetunion keinen Vorwand für erneute Behinderungen zu liefern. Diese führte ihrerseits am 23.6. eine neue Währung ein, die nicht nur in der Sowjetischen Besatzungszone, sondern auch in ganz Berlin gelten sollte – verbunden mit dem Verbot, in den vier Sektoren der Stadt eine andere Währung zu verwenden. Kurzentschlossen erklärten die drei westlichen Stadtkommandanten den sowjetischen Befehl für ungültig und kündigten die Einführung der Westmark – mit dem Aufdruck „B“ ergänzt („Bärenmark“) – in den Westsektoren am 24.6. an.

Die Ausdehnung der westlichen Währungsreform auf Berlin nahm Moskau zum Anlass, die Blockade zu starten. Kurz vor Mitternacht gingen am 23.6. in der Stadt die Lichter aus, nachdem die Sowjetunion das Großkraftwerk Golpa-Zschornewitz hatte abschalten lassen. Am nächsten Morgen folgte die Unterbindung des Straßen- und Schienenverkehrs zwischen den Westzonen und Berlin. Wenig später wurde diese Regelung auf den Binnenschiffsverkehr ausgedehnt und die Einstellung von

„Rosinenbomber“ über Berlin

Amerikanische Flugzeuge vor dem Start Richtung Berlin

Lebensmittellieferungen aus der SBZ in die Westsektoren Berlins angeordnet. Damit war die Blockade Berlins vollständig. Viel ist darüber gerätselt worden, was genau die Sowjetunion mit der Blockade bezweckte. Dahinter dürfte die Absicht gestanden haben, die mit der Währungsreform eingeleitete westdeutsche Staatsgründung zu verhindern und die deutsche Frage weiterhin offen zu halten, um für sie eine dem Kreml genehmere Lösung zu finden.

„Luftbrücke"

Allen Seiten war bewusst, dass die gesamte Angelegenheit weit über den bloßen Streit um die Währung hinausreichte. So äußerte Berlins – von den Sowjets am Amtsantritt gehinderter – Oberbürgermeister Ernst Reuter auf einer Kundgebung der SPD am 24.6.: „Äußerlich geht der neue Kampf um die Währung. ... Aber wir wissen genau, dass Geld kein Ding ist, das man sich losgelöst denken kann von dem politischen System, vom Wirtschaftssystem und von allen politischen und moralischen Beziehungen untereinander." Es ging mithin um sehr viel, und die Sowjetunion durfte sich durchaus Hoffnungen machen, ihre Politik der Erpressung am Ende von Erfolg gekrönt zu sehen. Schließlich war es keineswegs ausgemacht, dass es möglich sein würde, mehr als zwei Mio. Menschen über mehrere Monate hinweg – unter Einschluss eines Winters – aus der Luft zu versorgen. Hinzu kam eine wenig einheitliche Berlin- und Deutschland-Politik der Westmächte zu jener Zeit. In der Tat gab es in Washington und London Überlegungen, dem sowjetischen Druck nachzugeben. Wie anders wäre dann die Nachkriegsgeschichte wahrscheinlich verlaufen!

Lucius D. Clay

Auf Befehl General Clays startete jedoch bereits am 25.6. die sog. „Luftbrücke". Wenige Tage darauf unterstrich der amerikanische Präsident Harry S. Truman die unnachgiebige Haltung der Amerikaner: „Wir sind in Berlin und da bleiben wir. Punktum!" Die „Operation Vittles" (Lebensmitteloperation) oder Luftbrücke gestaltete sich dabei nicht so spontan, wie es zunächst den Anschein haben mochte, sondern ihr ging eine mehrmonatige Planungsphase voraus. Auf dem Luftweg wurde ein Wunderwerk vollbracht: Rund 300 Maschinen kamen zum Einsatz und steuerten die drei Flughäfen im Westen Berlins auf mehreren Ebenen fliegend an. Zwischenzeitlich startete und landete alle 90 Sekunden ein Flugzeug. Zwischen Juni 1948 und Mai 1949 fanden insgesamt über 270.000 Flüge statt, mit deren Hilfe mehr als 1,8 Mio. Tonnen Versorgungsgüter (63% Kohle, 28% Lebensmittel, 9% Industriegüter) nach Berlin gelangten. Die im Berliner Volksmund bald liebevoll „Rosinenbomber" genannten Maschinen transportierten sogar Teile für ein komplettes Kraftwerk, um die Stromversorgung in der Stadt, wenn auch mit Einschränkungen, wieder zu gewährleisten. Insgesamt starben 78 Menschen durch Unfälle während der Luftbrücke.

Feinde werden Freunde

Nachdem der Winter überstanden war, wusste die Sowjetführung um das Scheitern ihrer Blockadepolitik. Doch es war mehr als ein Scheitern, schließlich bewirkte dieser Erpressungsversuch das Gegenteil dessen, was er beabsichtigt hatte: die Beschleunigung der Weststaatsgründung. Außerdem lieferte die aggressive Politik der Sowjetunion all jenen Argumente, die Verhandlungen über ein westliches Verteidigungsbündnis samt westdeutschem Beitrag vorantreiben wollten. Nicht zuletzt machte die Blockadezeit, überspitzt ausgedrückt, aus Feinden Freunde. Zwischen Siegern und Besiegten entwickelte sich ein Vertrauensverhältnis, und aus den westlichen Besatzungsmächten wurden zunehmend Schutzmächte. Erstmals nach Ende des Zweiten Weltkriegs war in der westlichen Welt Sympathie für Deutsche wahrzunehmen – für die Berliner Bevölkerung, deren Durchhaltevermögen und Freiheitswillen Bewunderung fand. Nicht zuletzt ihr erster Repräsentant, Ernst Reuter, sorgte für Vertrauen bei den Westmächten. Unvergessen ist seine berühmte Rede vom September 1948 an die „Völker der Welt", die eindringlich zum „standhaften und unzerstörbaren Einstehen für die gemeinsamen Ideale" aufforderte.

Alexander Gallus

Das geteilte Deutschland

(1949–1990)

Grundlagenvertrag von 1972: die Staatssekretäre Michael Kohl und Egon Bahr während der Paraphierungszeremonie

Kinder des Kalten Krieges

Die beiden 1949 entstandenen deutschen Staaten (als Gründungsdatum der Bundesrepublik gilt der 23.5. mit der Verkündung des Grundgesetzes, als Gründungsdatum der DDR firmiert der 7.10. mit dem In-Kraft-Treten der Verfassung) sind Kinder des Kalten Krieges. Sie entwickelten sich in grundlegend andere Richtungen. Die Bundesrepublik war von Anfang an ein demokratischer Verfassungsstaat (obwohl die Alliierten sie argwöhnisch beobachteten), die DDR von Anfang eine kommunistische Diktatur (wenngleich sie zunächst eine demokratische Verfassung besaß). Die beiden Staaten standen sich auf deutschem Boden wie Feuer und Wasser gegenüber.

Die Bundesrepublik Deutschland unter Konrad Adenauer, der für 14 Jahre die Geschicke des neuen Staates bestimmte, erkannte die DDR nicht an, lehnte folglich alle Gespräche mit dem „Pankower Regime“ ab, weil die von der SED geführte Regierung sich nicht auf das Votum der Bevölkerung stützen konnte und der Bajonette der Sowjetunion bedurfte. Für die politisch Verantwortlichen lag der Schlüssel zur Wiedervereinigung in Moskau. Deshalb nahm die Bundesregierung auch im Jahre 1955 diplomatische Beziehungen zur Sowjetunion auf. Die danach verankerte „Hallstein-Doktrin“ legte fest, dass die Bundesrepublik die Anerkennung der DDR durch andere Staaten als unfreundlichen Akt ansehe und ihrerseits die Beziehungen abbrechen werde.

Die Politik Adenauers zielte darauf, die Bundesrepublik Deutschland an die Seite des Westens zu führen, wollte er

Die staatlichen Hoheitszeichen der Bundesrepublik Deutschland und der DDR

doch eine „Schaukelpolitik" um jeden Preis vermeiden. Seine „Politik der Stärke" war darauf gerichtet, die Sowjetunion mitsamt der DDR in die Knie zu zwingen. Kritiker sahen in der engen Westbindung eine Schwächung deutschlandpolitischer Zielsetzungen. Jedenfalls war die Wiedervereinigung in weite Ferne gerückt. Noch im März 1952 hatte die Sowjetunion dem Westen den Vorschlag eines neutralisierten Gesamtdeutschland unterbreitet. Ein Notenaustausch zwischen Moskau und den Westmächten, die die Ernsthaftigkeit des Vorschlags nicht ausloteten, verlief im Sande. Die Forschung geht mehrheitlich davon aus, dass die Initiative der Sowjetunion nicht ernst gemeint war und nur dazu diente, die Westintegration der Bundesrepublik zu hintertreiben. Unabhängig davon: Wäre eine Neutralisierung Deutschlands nicht ohnehin mit zu großen Risiken behaftet gewesen?

Keine Einheit in Freiheit

Im Jahr 1955 wurde die Bundesrepublik in die NATO und die DDR in den Warschauer Pakt aufgenommen. Die (freiwillige) Westintegration der einen und die (unfreiwillige) Ostintegration der anderen Seite ließ die beiden deutschen Staaten weiter auseinander driften. Jetzt gab die DDR ihre Wiedervereingungsrhetorik auf, ging von der Existenz zweier deutscher Staaten aus und trat in der Folge mit Konföderationsplänen an die Öffentlichkeit. Hingegen hatte die Wiedervereinigung für die Bundesrepublik, die auf den bisherigen Rechtspositionen bestand, weiterhin Priorität – jedenfalls nach außen hin.

Die sowjetische Deutschlandpolitik, der die DDR folgte, ließ keine Bereitschaft zur deutschen Einheit in Freiheit erkennen. Der Bau der Mauer am 13.8.1961 stellte ein Armutszeugnis für die DDR dar. Fast drei Mio. Menschen hatten bis dahin mit den „Füßen abgestimmt". Zugleich, und das ist die Kehrseite, verdeutlicht diese Abriegelung, dass die Politik Adenauers, das kommunistische System niederzuzwingen, nicht aufgegangen war. Die Stabilisierung der DDR war eine Folge des Mauerbaus. Allmählich setzte eine flexiblere Politik in der Bundesrepublik ein, ohne dass aber Kontakte zur

Maiparade von Truppen der Nationalen Volksarmee in Ostberlin

DDR aufgenommen wurden. Sie war wesentlich auch eine Reaktion auf den Wandel zumal der amerikanischen Deutschlandpolitik. Der Ost-West-Konflikt ließ in seiner Schärfe nach (paradoxerweise nicht zuletzt wegen des „atomaren Patts"), und Entspannungstendenzen machten sich breit. Hingegen blieb der „Sonderkonflikt" (Richard Löwenthal) zwischen der Bundesrepublik und der DDR in der bisherigen Form erhalten. Die Westmächte schienen nicht länger gewillt zu sein, Fortschritte in der Entspannungs- und Abrüstungspolitik von Fortschritten in der Wiedervereinigungspolitik abhängig zu machen. Insofern sah sich die Bundesrepublik in der Nach-Adenauer-Ära zu Konzessionen bemüßigt (z. B. Lockerung der „Hallstein-Doktrin"). Gleichwohl: Der Alleinvertretungsanspruch wurde trotz unterschiedlicher Akzentsetzungen weder von der Regierung Ludwig Erhards noch von der Kiesingers zur Zeit der Großen Koalition aufgegeben.

„Neue Ostpolitik"

Die Ursprünge der Ostpolitik Willy Brandts reichen bis Anfang der Sechzigerjahre zurück. Willy Brandt und andere wie sein Berater Egon Bahr erkannten: Um die Mauer durchlässiger zu machen, war es notwendig, ihre Existenz zunächst hinzunehmen. Egon Bahrs berühmte Formulierung aus der Tutzinger Rede 1963 vom „Wandel durch Annäherung" löste heftige Reaktionen aus: Die Bundesrepublik solle sich annähern, damit sich die DDR wandeln könne. Die Paradoxie wurde mit der folgenden Überlegung Bahrs auf den Punkt gebracht: „Überwindung des Status quo, indem der Status quo zunächst nicht verändert werden soll." Der Beginn der sozial-liberalen Regierung im Herbst 1969 mit der Kanzlerschaft Brandts leitete nicht nur in der Innenpolitik durch eine Vielzahl von Reformen, sondern auch in der Deutschlandpolitik einen Wandel ein: Willy Brandt bot in seiner Regierungserklärung der DDR Verhandlungen auf Regierungsebene an. Zwar wandte er sich gegen eine völkerrechtliche Anerkennung der DDR, akzeptierte diese aber als zweiten deutschen Staat. „Auch wenn zwei Staaten in Deutschland existieren, sind sie doch füreinander nicht Ausland; ihre

Beziehungen zueinander können nur von besonderer Art sein."
Damit war die Vorstellung zweier deutscher Staaten und einer deutschen Nation geboren. Dieser Umstand wiederum führte zu einem Wandel aufseiten der DDR, die große Ängste vor einer sozialdemokratischen Infiltration hegte. Eine Abgrenzungspolitik setzte ein: Von nun an bestand für die DDR Deutschland nicht nur aus zwei Staaten, sondern auch aus zwei Nationen. Die Verfassungsrevision des Jahres 1974 beseitigte alle Anklänge an die Einheit der Nation, nachdem bereits die Verfassung von 1968 die „bürgerliche" Verfassung von 1949 ersetzt hatte. Die Nationalhymne wurde daher kaum noch gesungen. Gleichwohl besteht Anlass für die folgende Paradoxie: In der DDR, wo es nicht gewünscht war, nahmen die Menschen Anteil am Leben in der Bundesrepublik; hingegen zeigten die Westdeutschen kein Interesse an den Ostdeutschen, obwohl die offizielle Politik dies zu fördern suchte. Überspitzt formuliert: Der Osten war auf den Westen fixiert, für den der Osten ein unbekannter Nachbar war.
In der DDR hatte 1971 Erich Honecker Walter Ulbricht entmachtet. Er stellte sich der Entspannungspolitik nicht schroff entgegen. Der im Dezember 1972 abgeschlossene „Vertrag über die Grundlagen der Beziehungen zwischen beiden deutschen Staaten" (Grundlagenvertrag) regelte die Beziehungen der beiden deutschen Staaten und verwies in der Präambel auf die unterschiedlichen Positionen in der „nationalen Frage". Sein Abschluss war die Voraussetzung für die Aufnahme der beiden deutschen Staaten in die UNO. Gleichwohl war es von einem „Gegeneinander" zu einem „Miteinander" noch weit. Immerhin ließ in der DDR die Hetze gegen die „Bonner Ultras" nach, kam es in der Folge zu zahlreichen Vereinbarungen (z. B. bei der Familienzusammenführung). Insgesamt brachte die Anerkennung für die DDR nicht nur Vorteile, sondern auch Risiken. Dies gilt etwa für die Folgen der KSZE-Schlussakte von 1975, die die DDR ebenso unterschrieb wie die Bundesrepublik (von Helmut Schmidt, der Willy Brandt nach der Guillaume-Affäre im Frühjahr 1974 abgelöst hatte). Betrafen die Körbe I und II Fragen zur Sicherheit Europas und zur Zusammenarbeit in den Bereichen Wirtschaft, Wissenschaft, Technik und Umwelt, so ging es im Korb III um menschliche Kontakte, Kultur-

Plenarsitzung des Deutschen Bundestags in Bonn

und Informationsaustausch, also z. B. um Verbesserungen bei der Familienzusammenführung.
Kritiker der von der parlamentarischen Opposition abgelehnten Ost- und Deutschlandpolitik bemängelten, auf diese Weise werde eine Wiedervereinigung Deutschlands endgültig zunichte gemacht und der Status quo festgeschrieben. Für ihre Anhänger ist diese neue Ostpolitik dagegen eine logische Konsequenz der Westpolitik Adenauers gewesen. Zur Staatsräson der Bundesrepublik Deutschland gehöre nicht nur die Westbindung, sondern auch die Ostverbindung. Die deutsch-deutsche „Normalisierung" wurde im Westen nicht nur mit Zustimmung, sondern auch mit Argwohn gesehen. In dem Maße, in dem sich die weltpolitischen Rahmenbedingungen Ende der Siebziger-, Anfang der Achtzigerjahre im Zuge der Diskussion über die „Nachrüstung" verschlechterten, trübte sich auch das deutsch-deutsche Verhältnis. Eine Art „Sonderkonsens" ließ sich nicht erreichen.

Starke deutschlandpolitische Kontinuität

Im Jahr 1982 wurde die sozialliberale Regierung mittels eines konstruktiven Misstrauensvotums gestürzt. Am 1.10. löste Helmut Kohl von der CDU Helmut Schmidt, der sich in vielen innen- und außenpolitischen Krisensituationen (z. B. bei der Bekämpfung des Terrorismus ebenso wie bei der Bekämpfung einer großen wirtschaftlichen Rezession) gut behauptet hatte, als Kanzler ab. Sowohl Anhänger als auch Gegner der neuen Bundesregierung aus CDU/CSU und FDP erwarteten in der Deutschlandpolitik von ihr eine Wende. Doch diese blieb aus, die Politik der Vorgängerin wurde nach dem Vollzug der „Nachrüstung" unter beträchtlichen innenpolitischen Widerständen mehr oder weniger fortgesetzt. Auf diese Weise ließ sich das deutsch-deutsche Verhältnis weiter entspannen, zumal die DDR einen Milliardenkredit erhielt, dessen Zustandekommen ausgerechnet Franz Josef Strauß, der im Osten als Ausgeburt des Kalten Krieges fungierte, eingefädelt hatte. Die Vertragspolitik machte in den Achtzigerjahren große Fortschritte (z. B. Abschluss eines deutsch-deutschen Kulturabkommens im Jahre 1985).

Setzte die Union mit gewissen Akzentuierungen die Deutschlandpolitik der von den Sozialdemokraten geführten Regierung fort, so gingen diese in der Opposition deutlich darüber hinaus. Sie trieben eine Art „Nebenaußenpolitik" und ließen sich als Opposition darauf ein, mit der SED Abkommen zu schließen (z. B. das SPD-SED-Papier „Der Streit der Ideologien und die gemeinsame Sicherheit"). Aus den Reihen von Sozialdemokraten war gelegentlich zu hören, die Wiedervereinigung sei nicht nur unrealistisch, sondern auch wenig wünschenswert. Allerdings war diese Position innerhalb der Sozialdemokratie nicht mehrheitsfähig.

Insofern ist der Regierungswechsel in der Bundesrepublik Deutschland im Jahre 1982 keine große Zäsur. Die Hoffnungen der einen und die Befürchtungen der anderen über die „geistig-moralische Wende", von der Helmut Kohl gesprochen hatte, erwiesen sich weithin als unbegründet, wenngleich Akzentverschiebungen nicht ausblieben. So verbesserten sich die Beziehungen zu den USA. Die Einheit der Nation wurde stärker als von der Vorgängerregierung betont. Die Regierung sprach nicht mehr von den „deutsch-deutschen Beziehungen" und den „zwei deutschen Staaten", sondern von den „innerdeutschen Beziehungen" und den „zwei Staaten in Deutschland". Häufiger und offener brachte sie die mangelnde Legitimität der DDR zur Sprache.

Der Reiseverkehr nahm in den Achtzigerjahren beträchtlich zu, und zwar nicht nur von West nach Ost. Auf diese Weise wuchs die Kommunikation, wurden neue Bindungen geknüpft und alte aufrechterhalten. Die DDR schob in den Achtzigerjahren immer mehr Ausreisewillige in den Westen ab (im Frühjahr 1984 allein 40.000) – in der Annahme, ein Unruhepotenzial loszuwerden. Diese Hoffnung trog. Übersiedler pflegten Kontakte zu ihren Angehörigen und Freunden. Wer im Westen war, wenn auch nur zeitweilig, verglich das Bild, das er gewonnen hatte, mit den Verhältnissen in der DDR. Unmut wuchs: Die Schere im Lebensstandard zwischen Ost und West ging weiter auseinander.

Der Besuch Honeckers in der Bundesrepublik im Jahre 1987 – er erwiderte damit den Besuch Helmut Schmidts in der DDR 1981 – erfüllte zwar den Wunsch des SED-Chefs nach protokollarischen Ehren; jedoch ließ Bundeskanzler Kohl keinen Zweifel an der Ablehnung der auf Abgrenzung bedachten deutschlandpolitischen Vorstellungen der DDR-Führung aufkommen. Offenkundig war keine politische Kraft von Bedeutung so recht an einer Destabilisierung der DDR interessiert, wenngleich, und das ist die Kehrseite, eine solche die Folge der vermehrten Kontakte gewesen ist.

Helmut Kohl und Erich Honecker beim Abschreiten der Ehrenformation anlässlich des Staatsbesuches 1987

„Gescheitertes Experiment"

Jedenfalls wurde die Bundesrepublik Deutschland von dem gewaltigen Umbruch in der DDR ebenso überrascht wie die dortige politische Führung. Der Fluchtbewegung der einen ins östliche Ausland folgte eine Demonstrationsbewegung der anderen im eigenen Land. Der Kommunismus – nicht nur in der DDR – erwies sich als ein „gescheitertes Experiment". Die DDR konnte nur so lange existieren, wie der „große Bruder", die Sowjetunion, die Hand über sie hielt. Die Herbstrevolution in der DDR mit dem Mauerfall am 9.11.1989 mündete schnell in die deutsche Einheit.

Eckhard Jesse

1949

Politik

Nach Zustimmung aller Länderparlamente der Westzonen – mit Ausnahme Bayerns – verkündet der Parlamentarische Rat in Bonn feierlich das **Grundgesetz**. Es tritt damit in Kraft (23.5.). Dieser Tag gilt als Geburtsstunde der Bundesrepublik Deutschland. In Berlin finden Beratungen des dritten **„Deutschen Volkskongresses"** statt, der den zweiten „Deutschen Volksrat" wählt und den Verfassungsentwurf (der späteren DDR) bestätigt (29./30.5.). Von den elf Ministerpräsidenten wird das **Wahlgesetz** zum Ersten Deutschen Bundestag und zur Ersten Bundesversammlung erlassen (15.6.). Die Außenminister der westalliierten Staaten verabschieden das **Statut der Alliierten Hohen Kommission**, welche die bisherigen Militärregierungen ersetzen soll. Außerdem offerieren die Westmächte auf der sechsten Außenministerkonferenz in Paris mit Bekanntmachung des Besatzungsstatuts den Anschluss der Ostzone an die Bundesrepublik. Die Sowjetunion schlägt dagegen vor, zu den Potsdamer Beschlüssen zurückzukehren und den Alliierten Kontrollrat wieder zu beleben (20.6.). Die westlichen Stadtkommandanten teilen Oberbürgermeister Ernst Reuter mit, dass es den Berlinern verwehrt sein sollte, sich an den allgemeinen Wahlen zum ersten Bundestag zu beteiligen (1.7.). Die Stadtverordnetenversammlung wird stattdessen Abgeordnete ohne Stimmrecht entsenden. Bei den **ersten Bundestagswahlen** erringt die CDU/CSU mit 31% den größten Anteil der Stimmen, gefolgt von SPD (29,2%), FDP (11,9%), KPD (5,7%), Bayernpartei (4,2%), Deutscher Partei (4,0%) und Zentrum (3,1%). Auf die sonstigen Parteien entfallen 10,9% der Stimmen (14.8.). Der Vorsitzende der FDP **Theodor Heuss** wird zum ersten **Bundespräsidenten** gewählt (12.9.). Der Bundestag wählt **Konrad Adenauer** zum ersten deutschen **Bundeskanzler** (15.9.). Er steht an der Spitze einer Koalitionsregierung aus CDU/CSU, FDP und DP, nachdem er zuvor ein Zusammengehen mit der SPD abgelehnt hatte. In seiner Regierungserklärung plädiert Adenauer für die **Westintegration** der Bundesrepublik (20.9.). Auf dem Petersberg empfangen die drei Hochkommissare den Bundeskanzler und mehrere Bundesminister. In Anerkennung der neu gegründeten Bundesrepublik geben sie das Ende der Militärregierung bekannt. Gleichzeitig tritt das **Besatzungsstatut in Kraft** (21.9.). Aus Moskau erhält die SED-Spitze die Weisung zur **Gründung der DDR** (28.9.). Die SED erklärt die Nationale Front des demokratischen Deutschland zur Nachfolgeorganisation der Volkskongressbewegung (4.10.). Zur

Theodor Heuss

Das erste Kabinett Adenauer

George Orwell

„provisorischen Volkskammer“ gekürt, gründet der Deutsche Volksrat die Deutsche Demokratische Republik, erklärt Berlin zur Hauptstadt der DDR und setzt die Verfassung in Kraft (7.10.). Wilhelm Pieck wird Präsident der DDR (11.10.), Otto Grotewohl Ministerpräsident (12.10.). Aufnahme diplomatischer Beziehungen zwischen Sowjetunion und DDR (15.10.). Mit der Unterzeichnung des **Petersberger Abkommens** wird der Bundesrepublik der Beitritt zum Europarat sowie die Aufnahme konsularischer Beziehungen zugebilligt (22.11.). Das Abkommen mildert das Besatzungsstatut. Als Gegenleistung tritt die Bundesregierung der als diskriminierend empfundenen Internationalen Ruhrbehörde bei (30.11.). Über 125.000 Menschen flüchten im Jahr 1949 aus der SBZ/DDR in den Westen Deutschlands und Berlins (31.12.).

Wirtschaft & Wissenschaft

In der amerikanisch-britischen „Bizone“ beträgt die Zahl der **Arbeitslosen** 1,2 Mio. (7.6.). Der Vorsitzende der Deutschen Wirtschaftskommission der SBZ offeriert dem Oberdirektor des Frankfurter Wirtschaftsrates die Bildung eines **gesamtdeutschen Wirtschaftsausschusses** (4.7.). Dieser Vorschlag wird mit der Begründung abgelehnt, nur demokratisch und frei gewählte Organe könnten über die wirtschaftliche Einheit beraten (25.7.). In ihren Düsseldorfer Leitsätzen bekennt sich die CDU zur **sozialen Marktwirtschaft** (15.7.). Abschluss eines Abkommens zwischen Bundesrepublik und DDR über den **Interzonenhandel** (8.10.).

Kunst & Kultur

Erstmals nach 16 Jahren des Exils kehrt **Thomas Mann** nach Deutschland zurück, wo ihm der **Goethe-Preis** der Stadt Frankfurt verliehen wird (25.7.). Auf seiner Rückkehr nach Amerika bekundet er sein anhaltendes Misstrauen gegenüber dem deutschen Nationalismus. Über die Grenzen Deutschlands hinaus wird des **200. Geburtstags** Johann Wolfgang von **Goethes** gedacht (28.8.). Der Komponist **Richard Strauss** verstirbt 85-jährig in Garmisch-Partenkirchen (8.9.). Zu seinen bekanntesten Werken zählen die Opern *Salome* und *Der Rosenkavalier*. Mit über 200 teilnehmenden Ausstellern und Verlagen öffnet in **Frankfurt a. M.** die **erste Buchmesse** ihre Pforten (18.9.).

Gesellschaft & Sport

Nach einem 4:3-Sieg (nach Verlängerung) über Borussia Dortmund ist der **VfR Mannheim** in Stuttgart erstmals **Deutscher Fußballmeister** (1.7.). Rund eine Viertel Million Menschen verfolgt auf dem **Nürburgring** den ersten **Großen Preis** nach dem Ende des Zweiten Weltkrieges (7.8.). Die **Deutsche Presse-Agentur** (dpa) wird gegründet (18.8.). In Bonn konstituiert sich das **Nationale Olympische Komitee** (NOK), das ganz Deutschland zu vertreten beansprucht (24.9.). Auf seinem Gründungskongress in München verabschiedet der **Deutsche Gewerkschaftsbund** (DGB) sein erstes Grundsatzprogramm (12.–14. 10.).

Weltgeschichte

Die kommunistische chinesische **Volksarmee Mao Tse-tungs** befindet sich auf dem Vormarsch und erobert Schanghai (25.5.). Die Vereinigten Staaten ziehen ihre Marineeinheiten aus China ab (27.5.). **George Orwells** Roman ***1984*** erscheint und wird „Buch des Jahres“. Der Autor entwirft darin die düstere Vision eines totalitären Weltstaats, dessen Bewohner durch den allgegenwärtigen „Großen Bruder“ überwacht werden (13.6.). In Übereinstimmung mit Frankreich proklamiert Bao-Dai in Saigon die **Republik Vietnam** (13.7.). Die neue ungarische Verfassung macht das Land zum „Arbeiter- und Bauernstaat“ (20.8.). ***Der dritte Mann*** mit Orson Welles wird in Cannes mit dem „Grand Prix“ der Filmfestspiele ausgezeichnet (17.9.). Die Nachrichtenagentur „Tass“ meldet den ersten **Atombombenversuch der Sowjetunion** (25.9.). Der Chef der chinesischen Kommunisten Mao Tse-tung proklamiert nach zweijährigem Bürgerkrieg seiner Truppen gegen die Armeen General Tschiang Kai-scheks in Peking die **Volksrepublik China** (1.10.). Die japanische Regierung fordert die Rückgabe Okinawas, der Bonin-Inseln sowie der bis zum Ende des Krieges zu Japan zählenden Teile der Kurilen und Sachalins (22.12.). Mit Ausnahme des niederländischen Teils Neuguineas endet die Herrschaft der Niederlande über **Indonesien**, das nach fast 350 Jahren Kolonialherrschaft seine **Unabhängigkeit** erhält (27.12.).

1950

Politik

Gründung des **Blocks der Heimatvertriebenen und Entrechteten** in Kiel (8.1.). Die **Lizenzierungspflicht für politische Parteien** in der Bundesrepublik entfällt (13.1.). Die **Sowjetische** Kontrollkommission beginnt mit der Auflösung ihrer **Internierungslager** in Bautzen, Buchenwald und Sachsenhausen. Die Häftlinge werden zum Teil an die Justizverwaltung der DDR übergeben (17.1.). Unter Leitung Wilhelm Zaissers wird das **Ministerium für Staatssicherheit** (MfS) gebildet (8.2.). In einem Interview schlägt Konrad Adenauer eine politische Union zwischen Deutschland und Frankreich vor (7.3.). Als erster westlicher Spitzenpolitiker plädiert Winston Churchill für einen **deutschen Verteidigungsbeitrag** (16.3.). Die Bundesregierung schlägt die Abhaltung gesamtdeutscher Wahlen unter internationaler Kontrolle der UNO vor (22.3.). Die Sowjetunion entlässt die DDR offiziell in die Souveränität (25.3.). Im Bundeskanzleramt wird eine Dienststelle für Auswärtige Angelegenheiten ins Leben gerufen (1.4.). Der französische Außenminister Robert Schuman schlägt mit dem sog. **„Schuman-Plan"** die Einrichtung einer einheitlichen Behörde zur Kontrolle der Erzeugung von Kohle und Stahl vor – ein wichtiger Schritt nicht nur in wirtschaftlicher, sondern auch in politischer Sicht auf dem Weg zur westeuropäischen Einheit unter Einschluss der Bundesrepublik (9.5.). In London verhandeln die drei Westmächte über die Deutschlandfrage und schaffen die Grundlagen für eine **Revision des Besatzungsstatuts** (11.–13.5.). Polen und die DDR erklären im **„Görlitzer Vertrag"** die **Oder-Neiße-Linie** zur endgültigen deutsch-polnischen Grenze, zur „unantastbaren Friedens- und Freundschaftsgrenze"

Robert Schuman

(13.6.). Der Bundestag beschließt den Beitritt der Bundesrepublik zum Europarat (15.6.). Nach Bildung eines Zentralkomitees (ZK) anstelle des Parteivorstands der SED wird **Walter Ulbricht** zum **Generalsekretär des ZK** gewählt (25.7.). Der **Europarat** spricht sich **für eine europäische Armee mit deutscher Beteiligung** aus (11.8.). Die Bundesregierung fordert eigene Verteidigungsgruppen als Gegengewicht zur Volkspolizei der DDR (18.8.). Die DDR tritt dem Rat für gegenseitige Wirtschaftshilfe (RGW oder Comecon) bei (29.9.). **Gustav Heinemann** tritt aufgrund grundlegender Differenzen mit Adenauer in Fragen der Wiederaufrüstung und Deutschlandpolitik als Bundesinnenminister zurück (9.10.). Die **Volkskammerwahl** nach Einheitslisten mit einer Beteiligung von 98,44% und 99,30% Ja-Stimmen offenbart den Akklamationscharakter von „Wahlen" im Osten Deutschlands (15.10.). In Goslar findet der **erste Bundesparteitag der CDU** statt, auf dem Adenauer zum Vorsitzenden gewählt wird (20.–22.10.). Die **„Dienststelle Blank"** wird als Vorläufer des späteren Verteidigungsministeriums errichtet (26.10.). Gesetz über die Schaffung des Bundesamtes für Verfassungsschutz verabschiedet (7.11.). Amtsantritt der neuen **Regierung unter Otto Grotewohl** (15.11.). Grotewohl offeriert Adenauer die Schaffung eines paritätisch besetzten **Gesamtdeutschen Konstituierenden Rates** vor (30. 11.). Im Jahr 1950 flüchten knapp 200.000 Menschen aus

Das erste Kabinett Grotewohl

der DDR in den Westen Deutschlands und Berlins (31.12.).

Wirtschaft & Wissenschaft

Die Zahl der **Arbeitslosen** überschreitet in der Bundesrepublik die Grenze von zwei Mio. (1.2.). Die provisorische Volkskammer verabschiedet das **„Gesetz der Arbeit"**, mit dem eine Garantie des „Rechts auf Arbeit" verbunden ist (19.4.). Gründung des **Deutschen Akademischen Austauschdienstes** (5.8.). Verabschiedung des **Fünfjahresplans** in der DDR, der den forcierten Aufbau der Schwerindustrie vorsieht (17.8.). Der Aufbau des „Eisenhüttenkombinats Ost" bei Fürstenberg a. d. Neiße startet (21.8.). Gründung des in Frankfurt a. M. ansässigen **Bundesrechnungshofes** (27.11.). Die beiden Deutschen Otto Diels und Kurt Adler erhalten den **Nobelpreis für Chemie** (10.12.).

Kunst & Kultur

In Ostberlin erfolgt unter der Präsidentschaft Arnold Zweigs die Gründung der **Deutschen Akademie der Künste** (24.3.). Der deutsche Komponist **Kurt Weill**, der die Musik zur *Dreigroschenoper* komponierte, verstirbt (3.4.). Gründung des **Deutschen Schriftstellerverbandes** in der DDR (6.7.). Die deutsche Schriftstellerin Elisabeth Langgässer, deren Werk von Naturmagie und Katholizität bestimmt war, ist tot (25.7.). In Ostberlin erfolgt die **Sprengung** der **Stadtschloss**-Ruinen (7.9.). Mit **Max Beckmann** stirbt in New York im Alter von 66 Jahren einer der wichtigsten Vertreter des deutschen Expressionismus (27.12.).

Gesellschaft & Sport

Gründung des Deutschen Beamtenbundes (21./22.3.). Der Bundestag verabschiedet das 1. Gesetz über den sozialen Wohnungsbau (28.3.). Die Ausgabe von **Lebensmittelkarten** endet (31.3.). Schaffung der **ARD**, der Arbeitsgemeinschaft der Rundfunkanstalten Deutschlands (10.6.). Der **VfB Stuttgart** ist **Deutscher Fußballmeister** (18.6.). Der Rat der EKD wendet sich gegen eine Remilitarisierung (27.8.). In der Bundesrepublik wird erstmals eine **Volkszählung** veranstaltet (13.9.). Der Bund übernimmt die Aufgabe der Kriegsopferversorgung (1.10.). Gründung des **Bundesgerichtshofs** in Karlsruhe (8.10.). Bei ihrer ersten internationalen Begegnung nach 1945 erzielt die Deutsche Fußballelf einen 1:0-Sieg gegen die Schweiz (22.11.).

Walter Ulbricht

Weltgeschichte

Großbritannien erkennt die Volksrepublik China diplomatisch an und sorgt damit insbesondere bei den USA für Missstimmung (6.1.). Der britische Schriftsteller **George Orwell** ist tot (21.1.). Der republikanische Senator Joseph McCarthy beginnt, in den USA eine Kommunisten-Hysterie und -Jagd zu schüren (8.3.). Mit verschiedenen Maßnahmen verschärft die weiße Regierung eine Politik der **Apartheid** in Südafrika (13.6.). Mit dem Einrücken nordkoreanischer Streitkräfte in den Süden des Landes beginnt der **Korea-Krieg** (25.6.). Durch einen 2:1-Erfolg über Brasilien wird **Uruguay** in Rio de Janeiro **Fußballweltmeister**. Streitkräfte der Vereinten Nationen landen unter Leitung General Douglas MacArthurs bei Inchon (15.9.). In New York beschließt der Atlantikpakt die Gründung einer gemeinsamen Armee unter deutscher Beteiligung (26.9.). Chinas Truppen marschieren in **Tibet** ein und beginnen mit dessen **Besetzung** (24.10.). Frankreichs Ministerpräsident René **Pleven** gibt seinen Plan zu einer europäischen Armee bekannt (24.10.). China greift umfassend in den Korea-Krieg ein, woraufhin die UN-Truppen ihren Rückzug antreten (25.11.). Proklamation des nationalen Notstands in den USA (15.12.). In Brüssel tagt der Nordatlantikrat und General Dwight D. **Eisenhower** wird zum **Obersten Alliierten Befehlshaber in Europa** ernannt (18./19.12.).

1951

Politik

Vertreter der Alliierten Hochkommission und der Bundesregierung treffen auf dem Petersberg zu Gesprächen über einen deutschen **Verteidigungsbeitrag** zusammen (9.1.). In Reaktion auf Grotewohls Vorschlag eines Gesamtdeutschen Konstituierenden Rates fordert Adenauer gegenüber der DDR **freie Wahlen** als ersten Schritt zur Wiedervereinigung (15.1.). Der Bundestag verabschiedet das Gesetz über die Errichtung des Bundesverfassungsgerichtes (1.2.). Durch die 1. („kleine") **Revision des Besatzungsstatuts** schreitet der Abbau der alliierten Vorbehaltsrechte weiter voran (6.3.). Gründung des Bundeskriminalamtes (8.3.). **Wiedererrichtung des Auswärtigen Amtes**, dessen Leitung Bundeskanzler Adenauer übernimmt (15.3.). Schaffung des Bundesgrenzschutzes (16.3.). Bei seinem ersten Frankreich-Besuch unterzeichnet Adenauer den Vertrag über die Gründung der **„Montanunion"** (Europäische Gemeinschaft für Kohle und Stahl) (18.4.). Das Ministerkomitee des Europarats stimmt der **vollberechtigten Einbindung der Bundesrepublik in den Europarat** zu. Das Saarland bleibt assoziiertes Mitglied (2.5.). Bei den Landtagswahlen in Niedersachsen erhält die neonationalsozialistische **Sozialistische Reichspartei** (SRP) 11% der Stimmen (6.5.). Mit seiner Reise nach Italien absolviert Adenauer seinen ersten offiziellen Auslandsbesuch als Regierungschef (14.–18.6.). Aufnahme der Bundesrepublik in die UNESCO (21.6.). Die Bundesregierung verbietet die als verfassungswidrig eingestufte sozialistische Gruppierung Freie Deutsche Jugend (26.6.). Großbritannien erklärt als erste der drei Westmächte den **Kriegszustand mit Deutschland** für **beendet**, Frankreich und die Vereinigten Staaten schließen sich diesem Schritt wenig später an (9.7.). Zum Abschluss der Außenministerkonferenz der drei Westmächte in Washington zur Deutschlandpolitik erklären diese, „die Einbeziehung eines demokratischen Deutschlands auf der Grundlage der Gleichberechtigung in eine kontinentaleuropäische Gemeinschaft anstreben" und die **Ablösung des Besatzungsstatuts forcieren** zu wollen (14.9.). Die Volkskammer der DDR appelliert an den Bundestag, Beratungen ost- und westdeutscher Vertreter über die Abhaltung gesamtdeutscher Wahlen und dem Abschluss eines Friedensvertrags zuzustimmen (15.9.). Verhandlungen zwischen Adenauer und den Hohen Kommissaren über eine Abschaffung des Besatzungsstatuts beginnen (24.9.). Der Bundestag tritt für freie gesamtdeutsche Wahlen unter UNO-Aufsicht ein (27.9.). In Karlsruhe beginnt das **Bundesverfassungsgericht** seine Arbeit (28.9.). Die Bundesregierung reicht beim Bundesverfassungsgericht **Parteiverbotsanträge** gegen SRP (19.11.) und KPD (22.11.) ein. In Anwesenheit Adenauers stimmen die drei westalliierten Außenminister auf ihrer Konferenz in Paris dem **Entwurf eines „Generalvertrags"** zu (22.11.). Erster offizieller Besuch des Bundeskanzlers in Großbritannien (3.–7.12.). Die Bevölkerung Badens, Württemberg-Badens und Württemberg-Hohenzollerns entscheidet sich für die Schaffung des Südweststaates **Baden-Württemberg** (9.12.). Die DDR spricht sich gegen die Einsetzung einer Kommission der UNO zur Überwachung der Wahlen in den beiden Teilen Deutschlands aus

Die Sünderin (Filmplakat)

Albert Schweitzer

(11.12.). Aufhebung des Ruhrstatuts (21.12.). Knapp über 165.000 Personen flüchten im Jahr 1951 aus der DDR in die Bundesrepublik und nach Westberlin (31.12.).

Wirtschaft & Wissenschaft

Im Alter von 77 Jahren stirbt der deutsche Industrielle **Fritz Thyssen** in Buenos Aires (8.2.). Der Bundestag beschließt das Gesetz über Mitbestimmung in der Montanindustrie (10.4.). Die amerikanische Ford-Stiftung spendet 5,5 Mio. Mark für den Aufbau der Freien Universität Berlin (17.7.). Als zentrale Einrichtung der bundesdeutschen Forschungsförderung entsteht die **Deutsche Forschungsgemeinschaft** (2.8.). Unterzeichnung des **Abkommens über Interzonenhandel** in Berlin, das den Handelsverkehr zwischen Bundesrepublik und DDR regelt (20.9.). Beitritt der Bundesrepublik zum Zoll- und Handelsabkommen **GATT** (1.10.). Im Jahresdurchschnitt beträgt die Arbeitslosenquote in der Bundesrepublik 10,4% (31.12.).

Kunst & Kultur

Der deutsche Film ***Die Sünderin*** führt aufgrund kurzer Nacktszenen Hildegard Knefs zum Skandal (18.1.). Die Bundesregierung stiftet den **„Deutschen Filmpreis“** (21.2.). Das ZK der SED beschließt die Ersetzung des sog. „Formalismus“ in Kunst und Literatur durch den **„sozialistischen Realismus“** (17.3.). In Erinnerung an die „Luftbrücke“ wird in Berlin Eduard Ludwigs – nach Westen zeigender – **„Betonfinger“** eingeweiht (10.7.). Albert Schweitzer erhält den **Friedenspreis des Deutschen Buchhandels** (30.7.). Die Staatliche Kommission für Kunstangelegenheiten der DDR nimmt die Arbeit auf (31.8.). Das neue **Düsseldorfer Schauspielhaus** feiert mit einer Inszenierung von Gustaf Gründgens seine Eröffnung (13.9.).

Gesellschaft & Sport

Im Zweierbob erringen Anderl Ostler und Lorenz Nieberl die ersten deutschen Weltmeistertitel nach dem Krieg (28.1.). Gründung des Nationalen Olympischen Komitees (NOK) der DDR (22.4.). Mit einem 2:1-Erfolg über Preußen Münster erringt der 1. FC **Kaiserslautern** die **Deutsche Fußballmeisterschaft** (1.7.). In Ostberlin finden die **III. Weltfestspiele der Jugend** und Studenten statt (5.–19.8.). Die DDR erhebt **Straßenbenutzungsgebühren** auf den **Transitwegen** von und nach Westberlin (1.9.). Der Bundestag verabschiedet das Gesetz zum Schutze der Jugend in der Öffentlichkeit (4.12.). Gründung des Instituts für Gesellschaftswissenschaften beim ZK der SED (21.12.).

Weltgeschichte

Winston Churchill

Die Truppen Nordkoreas erobern Seoul, halten die Stadt aber nur bis Mitte März (4.1.). In Paris beginnen die Beratungen über den **Pleven-Plan** über die Gründung einer Europäischen Verteidigungsgemeinschaft (15.2.). Große Luftlandeaktion der UN-Truppen im Rücken der nordkoreanischen und chinesischen Verbände (23.3.). In der Klinik der Universität des amerikanischen Bundesstaates Minnesota gelangt erstmals die von Clarence Dennis entwickelte **Herz-Lungen-Maschine** zum Einsatz (5.4.). UNO-Embargo gegen China und Nordkorea für strategisch wichtige Güter (18.5.). Gründungskongress der **Sozialistischen Internationale** in Frankfurt a. M. (30.6.). Als erster Fernsehsender der Welt strahlt die private amerikanische Rundfunkanstalt Columbia Broadcasting System (CBS) eine Show in Farbe aus (7.7.). Beginn der zwei Jahre währenden **Waffenstillstandsverhandlungen in Korea** (10.7.). In San Francisco unterzeichnen insgesamt 49 Staaten, darunter die Vereinigten Staaten, Großbritannien und Frankreich, einen **Friedensvertrag mit Japan**. Die Sowjetunion, Polen und die Tschechoslowakei verweigern dem Abkommen ihre Zustimmung (8.9.). In Großbritannien wird der konservative Politiker Winston **Churchill**, der während des Zweiten Weltkrieges über die Geschicke seines Landes bestimmte, erneut zum **Premierminister** gewählt (25.10.).

1952

Politik

Der Bundestag ratifiziert den Vertrag über die Gründung der Europäischen Gemeinschaft für Kohle und Stahl (11.1.). Gegen die Stimmen der Opposition signalisiert das bundesdeutsche Parlament seine grundsätzliche Zustimmung zum EVG-Vertrag (8.2.). Rückgabe der Insel Helgoland unter deutsche Verwaltung (1.3.). Die Sowjetunion schlägt den drei Westmächten Verhandlungen über einen Friedensvertrag mit Deutschland vor und offeriert in dieser sog. **„Stalin-Note“** einen Status der bewaffneten Neutralität für das wieder vereinigte Land (10.3.). Im niederländischen Waasenar bei Den Haag beginnen Gespräche über die **„Wiedergutmachung“** zwischen Vertretern der Bundesrepublik, Israels und der Jewish Claims Conference (20.3.). In ihrer Antwort auf die Stalin-Note machen die Westmächte freie gesamtdeutsche Wahlen unter Aufsicht der UNO

Kurt Schumacher

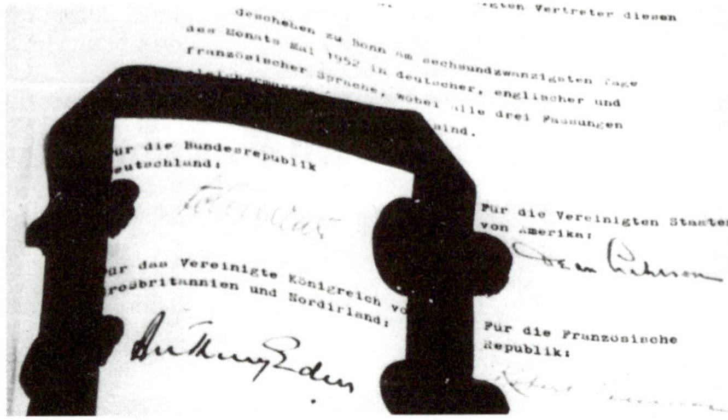

Der Deutschlandvertrag

zur Vorbedingung der Gespräche und lehnen damit das als „Störmanöver“ gegen die Westintegration der Bundesrepublik gewertete Moskauer Angebot faktisch ab (25.3.). Es folgt ein **Notenwechsel**, der bis in den September 1952 hinein anhält und in der Sache **ergebnislos** endet, steht für die Westalliierten und Adenauer doch von Anfang an die Missbilligung eines blockfreien Gesamtdeutschlands fest. Ein Briefbombenattentat gegen Adenauer scheitert (27.3.). Bildung des Landes Baden-Württemberg (25.4.). Ein Briefwechsel zwischen Bundespräsident Theodor Heuss und Bundeskanzler Konrad Adenauer bestimmt die dritte Strophe des **Deutschlandliedes** zur **Nationalhymne** (2.5.). Die DDR kündigt den Aufbau „Nationaler Streitkräfte“ an (8.5.). In Bonn wird der „Vertrag über die Beziehungen zwischen der Bundesrepublik Deutschland und den Drei Mächten“ (**1. Deutschlandvertrag** oder Generalvertrag) samt Zusatzverträgen unterzeichnet (26.5.). Die Bundesrepublik erhält dadurch „die volle Macht eines souveränen Staates über ihre inneren und äußeren Angelegenheiten“ – mit Ausnahme der alliierten Vorbehaltsrechte in Bezug auf Deutschland als Ganzes und Berlin. Unterzeichnung des Vertrags über die **Europäische Verteidigungsgemeinschaft** (EVG) in Paris (27.5.). Der Ministerrat der DDR verordnet die Schaffung einer 5 km breiten **Sperrzone** entlang der Demarkationslinie zur Bundesrepublik (26./27.5.). Die Zweite Parteikonferenz der SED beschließt den **„planmäßigen Aufbau des Sozialismus“** in der DDR (9.–12.7.). Die DDR löst die Länder auf und ersetzt sie durch eine administrative Neueinteilung in **14 Bezirke** (23.7.). Der Vertrag über die „Montanunion“ tritt in Kraft (23.7.). Der erste Vorsitzende der SPD nach dem Krieg **Kurt Schumacher** stirbt (20.8.). Im Amt folgt ihm rund einen Monat später Erich Ollenhauer nach. Unterzeichnung des **Wiedergutmachungsabkommens** mit Israel in Luxemburg (10.9.). Bundestagspräsident Hermann Ehlers empfängt eine Delegation der DDR-Volkskammer in Bonn (19.9.). Die Kasernierte Volkspolizei führt militärische Dienstgrade und neue Uniformen ein (7.10.). Das Bundesverfassungsgericht verbietet die rechtsextremistische Sozialistische Reichspartei (23.10.). Gustav Heinemann und Helene Wessel gründen in Frankfurt a. M. die **Gesamtdeutsche Volkspartei** (29./30.11.). Der Bundestag stimmt den Westverträgen in zweiter Lesung zu (5.12.). Knapp über 182.000 Personen flüchten im Jahr 1952 aus der DDR in die Bundesrepublik und nach Westberlin (31.12.).

Wirtschaft & Wissenschaft

Gesetz über die Einbeziehung Westberlins in das Finanz- und Wirtschaftssystem der Bundesrepublik (4.1.). Das Wohnbauprämiengesetz schafft die Grundlagen für die **Bausparförderung** (17.3.). Der Bundestag verabschiedet das **Betriebsverfassungsgesetz** über die Mitwirkung und Mitbestimmung von Arbeitnehmern in privatwirtschaftlichen Unternehmen (19. 7.). Der Ministerrat verkündet für **Landwirtschaftliche Produktionsgenossenschaften** (LPG) **Vergünstigungen** (24.7.). Die Bundesrepublik tritt dem **Internationalen Währungsfonds** (IWF) bei (2.8.). Im Jahresdurchschnitt beträgt die Arbeitslosenquote in der Bundesrepublik 9,5% (31.12.).

Kunst & Kultur

Wolfgang Koeppens Erfolgsroman ***Tauben im Gras*** erzählt vom amerikanisch besetzten München (7.3.). Die **Bayreuther Festspiele** beginnen mit einer Inszenierung von *Tristan und Isolde* durch Wieland Wagner (23.7.). Der deutsch-italienische Religionsphilosoph **Romano Guardini** erhält in Frankfurt a. M. den Friedenspreis des Deutschen Buchhandels (25.9.). Albert Schweitzer wird der **Friedensnobelpreis** verliehen (10. 12.). Der Deutsche Fernsehfunk der DDR sendet ein erstes Versuchsprogramm (21.12.). Der Nordwestdeutsche Rundfunk strahlt das **erste deutsche Fernsehprogramm** nach dem Krieg aus (25.12.).

Gesellschaft & Sport

In-Kraft-Treten des **Mutterschutzgesetzes** (24.1.). Mit der Dortmunder Westfalenhalle eröffnet die größte Sporthalle Europas (2.2.). Die **Bundesanstalt für Arbeitsvermittlung** und Arbeitslosenversicherung, die spätere Bundesanstalt für Arbeit, wird ins Leben gerufen (1.5.). Der VfB Stuttgart wird nach einem 3:2-Sieg über den 1. FC Saarbrücken Deutscher Fußballmeister (22.6.). Gründung der **Gesellschaft für Sport und Technik** (GST), die sich der wehrsportlichen Ausbildung von Jugendlichen in der DDR widmet (7.8.). Das **Lastenausgleichsgesetz** über besondere Leistungen für Kriegsbeschädigte, Heimatvertriebene und Flüchtlinge tritt in Kraft (1.9.). Die Gründung des Deutschen Roten Kreuzes der DDR erfolgt (23.10.).

Weltgeschichte

Dwight D. Eisenhower

In **Oslo** beginnen die VI. **Olympischen Winterspiele** (14.2.). Die NATO-Ratstagung beschließt in Lissabon, langfristig 90 Divisionen in Europa aufstellen zu wollen, davon 50 Divisionen bis Ende 1952 (20.–25.2.). Beginn der Londoner Schuldenkonferenz (28.2.). Eine amerikanische Sonderkommission bezichtigt die Sowjetunion der Ermordung polnischer Offiziere bei **Katyn** im Jahr 1940 (1.7.). Ungeachtet der Waffenstillstandsverhandlungen greifen rund 900 US-Kampfflugzeuge nordkoreanisches Gebiet an (11.7.). Eröffnung der XV. **Olympischen Sommerspiele in Helsinki** (19.7.). General Ali Muhammad Nagib stürzt mittels einer Militärrevolte den ägyptischen König Faruk I. (23.7.). Die Sowjetunion verweigert einen Staatsvertrag für Österreich (27.9.). In **Kenia** begehrt der Geheimbund **Mau-Mau** gegen die britischen Kolonialherren auf (20.10.). Großbritannien schlägt die Unabhängigkeitsbestrebungen, denen bis 1956 ca. 100.000 Menschen zum Opfer fallen, blutig nieder. Auf dem im Pazifik gelegenen Eniwetok-Atoll detoniert die erste **Wasserstoffbombe**, die von den Vereinigten Staaten entwickelt wurde (1.11.). Mit klarer Mehrheit gewinnt **Dwight D. Eisenhower** die amerikanischen Präsidentschaftswahlen (4.11.). Die NATO legt die Militärstrategie der **massiven Vergeltung** („massive retaliation") fest (9.12.).

1953

Politik

Die erweiterte Versammlung der Montangemeinschaft billigt den **Vertragsentwurf** ihres Verfassungsausschusses über die Gründung einer **Europäischen Politischen Gemeinschaft** (10.3.). Der Bundestag verabschiedet mit großer Mehrheit das Zustimmungsgesetz zum deutsch-israelischen Wiedergutmachungsabkommen (18.3.). Tags darauf **ratifiziert** das Parlament die **Westverträge** (Deutschland- und EVG-Vertrag) in dritter Lesung (19.3.). Konrad Adenauer hält sich zu einem Staatsbesuch in den Vereinigten Staaten auf (6.–17.4.). Normenkontrollklage der Opposition gegen die Westverträge (11.5.). Die Ratifikationsgesetze zu den deutsch-alliierten Verträgen passieren den Bundesrat (15.5.). Der 1923 zwischen Deutschland und den Vereinigten Staaten geschlossene Freundschafts-, Handels- und Konsularvertrag wird wieder in Kraft gesetzt (3.6.). In einer Regierungserklärung tritt Konrad Adenauer für eine Viermächtekonferenz zur Deutschlandfrage ein (10.6.). In der DDR bricht der **Volksaufstand** des 17. Juni aus (17.6.). Der anfängliche Protest gegen eine Erhöhung der Arbeitsnormen steigert sich rasch zu einer – Angehörige vielfältiger Gesellschaftsschichten umfassenden und sich in den unterschiedlichsten Regionen innerhalb der DDR abspielenden – Massenerhebung gegen die Partei- und Staatsführung. Schließlich wird der Aufstand, der die DDR in ihrer Existenz bedroht, von sowjetischem Militär niedergeschlagen, dessen Führung in 167 von 217 Stadt- und Landkreisen flächendeckend den Ausnahmezustand ausruft. Das ZK der SED bezeichnet den Volksaufstand als einen vom Westen angezettelten konterrevolutionären „faschistischen Putschversuch“ (21.6.). Der Bundestag billigt das Wahlgesetz zur bundesweiten Einführung der **Fünf-Prozent-Sperrklausel** (25.6.). Die drei Westmächte schlagen eine Viermächtekonferenz über Deutschland vor (15.7.). Der Ministerrat der DDR plädiert erneut für eine gesamtdeutsche Konferenz gemäß dem Motto „Deutsche an einen Tisch“ (15.7.). Das ZK der SED beschließt auf seiner 15. Tagung über den „neuen Kurs und die Aufgaben der Partei“, schließt Wilhelm Zaisser wie Rudolf Herrnstadt aus dem ZK aus und wählt **Ulbricht** zu seinem **1. Sekretär** – bisher „Generalsekretär“ (24.–26.7.). Der Deutsche Bundestag verabschiedet das Bundesergänzungsgesetz zur Entschädigung für Opfer der nationalsozialistischen Verfolgung (29.7.). Mit Beginn des Jahres 1954 erlässt die Sowjetunion der DDR alle Reparationsleistungen. Das ergeben Verhandlungen über Maßnahmen zur Stabilisierung der DDR einer ostdeutschen Regierungsdelegation in Moskau (20.–22.8.). Aus den **Wahlen zum Zweiten Deutschen Bundestag** geht Adenauer als Sieger hervor. Die CDU/CSU erhält 45,2% der Stimmen, gefolgt von der SPD mit 28,8%, der FDP/DVP mit 9,5%, des GB/BHE mit 5,9% und der DP mit 3,3% der Stimmen (6.9.). In Berlin stirbt der Regierende Bürgermeister **Ernst Reuter**, einer der prägenden deutschen Nachkriegspolitiker (29.9.). Wiederwahl **Wilhelm Piecks** als Präsident der DDR (7.10.). Nach seiner Wiederwahl als Bundeskanzler bildet **Adenauer** seine **zweite Koalitionsregierung** aus CDU/CSU, FDP, DP und GB/BHE (20.10.). Der Flüchtlingsstrom erreicht einen Höhepunkt: Knapp über 391.000 Personen verlassen im Jahr 1953 die DDR, um in die Bundesrepublik und nach Westberlin überzusiedeln (31.12.).

Wirtschaft & Wissenschaft

Unterzeichnung des **Londoner Abkommens** über die Regelung der deutschen Auslandsschulden (27.2.). Der Ministerrat beschließt die **Erhöhung der Arbeitsnormen** (28.5.). Auf Kredit beliefert die Sowjetunion die angeschlagene DDR mit Lebensmitteln und Rohstoffen im Wert von 231 Mio. Rubel (20.7.). Mit Hermann Staudinger erhält der „Vater des Kunststoffs“ den **Nobelpreis für Chemie** (10.12.). Die wiederbegründete Alexander-von-Humboldt-Stiftung fördert Studien ausländischer Wissenschaftler in der Bundesrepublik (10.12.). Im Jahresdurchschnitt beträgt die Arbeitslosenquote in der Bundesrepublik 8,4% (31.12.).

Kunst & Kultur

Otto Grotewohl eröffnet in Dresden die **Dritte Deutsche Kunst-**

ausstellung (1.3.). In-Kraft-Treten des deutsch-amerikanischen Kulturabkommens (9.4.). In Köln eröffnet Bundespräsident Theodor Heuss die neue **Deutsche Welle** (3.5.). In München erfolgt die Welturaufführung des Balletts *Die Dame und das Eichhörnchen* von Jean Cocteau (8.5.). Der nach Amerika emigrierte deutsche Architekt Erich Mendelsohn, der Schöpfer des **Einsteinturms** in Potsdam, stirbt in San Francisco (15.9.). Errichtung des **Sender Freies Berlin** (SFB), der im Juni 1954 mit der Ausstrahlung von Sendungen beginnt (12.11.). Die Münchner Kammerspiele präsentieren die Uraufführung von Friedrich Dürrenmatts *Ein Engel kommt nach Babylon* (22.12.).

Gesellschaft & Sport

Anlässlich des 135. Geburtstages von Karl Marx am 5.5. erfolgt die Umbenennung von Chemnitz in **Karl-Marx-Stadt** (10.5.). Der Bundestag verabschiedet das **Bundesbeamtengesetz** (2.6.). Ein neues Gesetz unterstützt Schwerbeschädigte in der Bundesrepublik bei ihrer beruflichen Einliederung (16.6.). Mit 4:1 bezwingt der 1. FC Kaiserslautern im Endspiel der Deutschen Fußballmeisterschaft den VfB Stuttgart, Meister des vergangenen Jahres (21.6.). Per Gesetz fallen **Bau und Unterhaltung von Autobahnen wie Bundesstraßen** in die Zuständigkeit des Bundes (24.6.). Das Arbeitsgerichtsgesetz sorgt für die Wiederbegründung der Arbeitsgerichtsbarkeit (3.9.). Gründung des Deutschen Kinderschutzbundes in Hamburg (16.11.).

Weltgeschichte

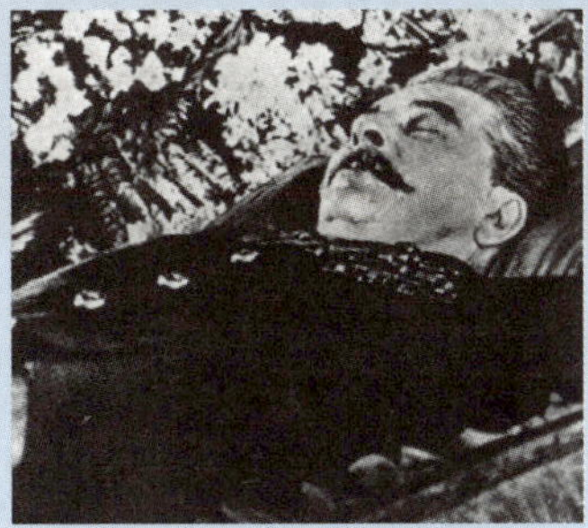
Die aufgebahrte Leiche Josef Stalins

Josip Tito übernimmt nach einer Verfassungsreform das Amt des jugoslawischen Staatspräsidenten (13.1.). Nach zwanzigjähriger Herrschaft der „Demokraten" tritt der „Republikaner" **Dwight D. Eisenhower** sein Amt als 34. Präsident der Vereinigten Staaten an (20.1.). In Moskau stirbt der sowjetische Diktator **Josef Stalin** im Alter von 73 Jahren (5.3.). Internationales Abkommen für die Rechte der Frau, das in der Bundesrepublik erst im Februar 1971 in Kraft tritt (31.3.). Der Neuseeländer Edmund Hillary bezwingt zusammen mit dem nepalesischen Sherpa Tenzing Norgay erstmals den höchsten Berg der Welt, den **Mount Everest** (29.5.). In einer feierlichen Zeremonie wird die britische **Königin Elizabeth II.** in London gekrönt (2.6.). Der ägyptische Ministerpräsident Ali Muhammad Nagib gibt die Umwandlung seines Landes von der Monarchie in eine Republik bekannt (18.6.). In Ungarn wird **Imre Nagy** neuer Regierungschef (4.7.). Auf der Grundlage des Status quo ante unterzeichnen die Vereinten Nationen und Nordkorea den **Waffenstillstand in Korea** (27.7.). Die Grenze zwischen Nord- und Südkorea verläuft am 38. Breitengrad. Die Sowjetunion zündet ihre erste Wasserstoffbombe (2.8.). In Amerika erscheint der sog. **„Kinsey-Report"** über „Das sexuelle Verhalten der Frau" (14.9.). Der britische Premierminister Sir Winston **Churchill** erhält den **Literaturnobelpreis** (10.12.).

Edmund Hillary und Tenzing Norgay

Krönung Elizabeth II.

Volksaufstand in der DDR

(17.6.1953)

Am 17.6.1953 brach in Ostberlin und in Teilen der DDR ein Volksaufstand aus. Wie ein Lauffeuer verbreiteten sich die Meldungen vom Streik der Bauarbeiter, der zum Flächenbrand wurde und durch die Sowjetarmee ein blutiges Ende fand. Waren die Forderungen zunächst auf eine Rücknahme der Normen gerichtet, schlugen sie binnen kurzem in politische um. In 167 von 217 Land- und Stadtkreisen der DDR musste der Ausnahmezustand erklärt werden, wie man inzwischen nicht zuletzt durch die akribischen Aufzeichnungen der Staatssicherheit weiß. Eine Million Menschen sollen auf den Straßen gewesen sein. Der Ruf nach Freiheit und auch der nach Einheit erklang. Von einer Aufwiegelung durch den Westen, der sich zurückhielt, konnte keine Rede sein.

Im Juli des Jahres 1952 hatte die II. Parteikonferenz der SED den „Aufbau des Sozialismus" in der DDR beschlossen. Die Verstaatlichung sollte nach sowjetischem Muster weiter vorangetrieben werden. Im Mai 1953 verkündete das Zentralkomitee der SED eine Erhöhung der Arbeitsnormen. Erste Arbeitsniederlegungen und Unruhen waren die Folge. Eine dreiköpfige SED-Delegation mit Walter Ulbricht an der Spitze musste sich Anfang Juni in Moskau von der Sowjetführung sagen lassen, dass ein „neuer Kurs" nötig sei, damit sich die Situation in der DDR entspanne. Am 9.6. übte das Politbüro der SED folgerichtig Selbstkritik und versprach eine Kurskorrektur. Dies führte zur Verunsicherung bei SED-Mitgliedern und ermunterte die Gegner der SED, die sich in ihrem Unmut bestätigt sahen. Erst am 16.6. erklärte sich das Politbüro zu einer Rücknahme der Normenerhöhung bereit.

Sowjetische Panzer gehen gegen die aufgebrachte Menge vor

Doch war dadurch die Erhebung wegen der großen Empörung nicht mehr zu stoppen. Die sowjetische Administration verhängte den Ausnahmezustand. Binnen kurzem brach der Aufstand zusammen. Die Zahl der getöteten Demonstranten dürfte bei 60–80 gelegen haben, 10–15 Personen kamen auf Seite der DDR-Sicherheitskräfte ums Leben. Vor sowjetischen Standgerichten und DDR-Gerichten mussten 20 Aufständische ihr Leben lassen. Über 10.000 Menschen wurden verhaftet, über 2000 zu teils langjährigen Haftstrafen verurteilt. Hinrichtungen sowjetischer Soldaten, die sich geweigert haben sollen, auf Demonstranten zu schießen, gehören wohl in das Reich der Fabel.

Walter Ulbricht, den die sowjetischen Kommunisten fallen lassen wollten, konnte sich durch den Aufstand an der Spitze behaupten. Als Sündenböcke galten die beiden Politbüromitglieder Wilhelm Zaisser und Rudolf Herrnstadt. Sie wurden der „Fraktionsbildung" beschuldigt und verloren ihre Ämter. Auch wenn die SED in der Folge die Zügel etwas lockerer ließ, vermochte sie den Flüchtlingsstrom, die „Abstimmung mit den Füßen", nicht zu stoppen. Der

Bau der Mauer im August 1961 erwies sich aus ihrer Sicht als unvermeidlich.

Unterschiedliche Deutungen

Während in der DDR der Aufstand offiziell immer als „Konterrevolution" galt, vollzog sich in der Bundesrepublik Deutschland im Laufe der Jahre ein Wandel. Wurde das Ereignis zunächst als ein Volksaufstand bezeichnet, setzte sich später eine andere Interpretation durch. Die Erhebung wurde als Arbeiteraufstand charakterisiert, vor allem als Kampf um materielle Verbesserungen der Lebensbedingungen. Das nationale Element spielte in den Interpretationen keine dominierende Rolle. Diese Tendenz überwog in den meisten Studien bis 1990, wobei in den letzten Jahren vor der deutschen Einheit das Thema kaum noch Interesse fand. War der 17. Juni damit für den Westen ein Verlegenheitstag, so stellte er für den Osten ein beständiges Trauma dar. Noch im August 1989 fragte Erich Mielke, der Minister für Staatssicherheit, einen Obersten dieses Instrumentes der Unterdrückung: „Ist es so, dass morgen der 17. Juni ausbricht?" Die Antwort: „Der ist morgen nicht, der wird nicht stattfinden, dafür sind wir ja auch da!"

Nach dem Zusammenbruch der DDR änderte sich das Bild, zum einen in quantitativer Hinsicht, zum anderen in inhaltlicher Hinsicht. Die Zahl der Publikationen nahm aufgrund der erweiterten Quellenlage zu; der Tenor wandelte sich wieder. Es wurde deutlicher, dass der 17. Juni eine Vorgeschichte mit vereinzelten Streiks und Demonstrationen hatte – und ebenso eine Nachgeschichte mit Streiks und Demonstrationen. Die Volkserhebung war damit größer als vermutet. Eine sowjetische Denkschrift von Ende Mai 1953, die von der DDR einen neuen Kurs verlangte, erblickte erst nach der „Wende" das Licht der Öffentlichkeit. Sie wurde einer DDR-Delegation mit Walter Ulbricht an der Spitze Anfang Juni 1953 in Moskau übergeben. Auch von dieser Reise erfuhr die Forschung erst nach dem Zusammenbruch der DDR.

Welcher Nationalfeiertag?

Als gesetzlicher Feiertag gilt laut Einigungsvertrag nicht mehr der 17.6., sondern der 3.10. Dieser Tag ist wohl nicht glücklich gewählt. Just in dem Moment, in dem die deutsche Einheit erreicht war, verschwand der 17.6. als gesetzlicher Feiertag, wie er es von 1954 bis 1990 im Westen gewesen war („Tag der deutschen Einheit"). Am 17.6.1953, dem Tag der von sowjetischen Panzern niedergewalzten Volkserhebung, erschollen auf den Straßen der DDR und Ostberlins Rufe nach Freiheit und Einheit („Spitzbart, Bauch und Brille sind nicht des Volkes Wille"). Beim 3.10. handelt es sich dagegen um einen aus dem Gerangel der Parteien hervorgegangenen Termin, nachdem die Entscheidung für die deutsche Einheit längst andernorts gefallen war. Man wollte einen neuen gesetzlichen Feiertag finden, der den „Befindlichkeiten" Ostdeutscher Rechnung trägt – und hat dafür einen zur Erinnerung an den Freiheitswillen gestrichen.

Am 17.6.1990 hatte die Deutsche Soziale Union in der Volkskammer den sofortigen Beitritt der DDR zur Bundesrepublik Deutschland beantragt. Ihr Abgeordneter Hansjoachim Walther stellte die rhetorische Frage: „Wann, wenn nicht heute, am 17. Juni, ist der geeignete Moment, den Beitritt zur Bundesrepublik Deutschland gemäß Artikel 23 zu erklären?" Konrad Weiß vom Bündnis 90/Grüne machte sich dafür ebenfalls stark. Im Falle eines Erfolgs dieser Initiative wäre der alte Tag der deutschen Einheit mit dem neuen zusammengefallen.

DDR-Bürger schleudern Steine gegen sowjetische Panzer

Heute, fünfzig Jahre nach den revolutionären Ereignissen, besitzt der 17. Juni im Bewusstsein vieler Deutschen einen anderen Stellenwert. Der 17. Juni gilt als Tag, an den sich zu erinnern lohnt, weil mutige Menschen gegen Unterdrückung auf die Straße gegangen sind. Was am 17. Juni scheiterte, gelang im November 1989.

Eckhard Jesse

1954

Politik

Die Außenministerkonferenz der Vier Mächte über Deutschland in Berlin endet ergebnislos (25.1.–18.2.). Mit der **Ersten Wehrergänzung** zum Grundgesetz begründet der Bundestag die Wehrhoheit der Bundesrepublik (26.2.). Auf ihrem Bundesparteitag wählt die FDP Thomas Dehler zum Parteivorsitzenden (5.–7.3.). Bundeskanzler Adenauer verhandelt in Paris mit dem französischen Außenminister Georges Bidault über die Saarfrage (9.3.). Die Sowjetunion billigt der **DDR** in einer Erklärung **„erweiterte Souveränitätsrechte“** zu (25.3.). Der IV. Parteitag der SED verabschiedet ein neues Parteistatut, das u. a. den freiwilligen Austritt aus der SED verbietet (30.3.–6.4.). Adenauer äußert sich optimistisch über die künftigen Beziehungen zwischen Bonn und Moskau (7.5.). Der Vorstand der FDP spricht sich für eine Normalisierung des Verhältnisses zur Sowjetunion aus (17.5.). Aus Anlass des ersten Jahrestages des Volksaufstandes vom 17. Juni in der DDR konstituiert sich das **Kuratorium „Unteilbares Deutschland“** in der Absicht, als „Volksbewegung“ für die deutsche Wiedervereinigung zu wirken (14.6.). Erstmalige Feier des zum gesetzlichen Feiertag erklärten 17. Juni als **„Tag der deutschen Einheit“** (17.6.). Unabhängig von der Ratifizierung des EVG-Vertrages fordert Adenauer Souveränität für die Bundesrepublik (20.6.). In Berlin wählt die Bundesversammlung **Theodor Heuss** erneut zum Bundespräsidenten (17.7.). Der Präsident des Bundesamtes für Verfassungsschutz **Otto John** tritt nach Ostberlin über und gibt seinen Wechsel in die DDR in einer Rundfunkansprache bekannt (23.7.). Bis heute gibt die sog. John-Affäre Rätsel auf. Die Neun-Mächte-Konferenz in London präsentiert ihre Überlegungen zu einer Neuregelung für Westintegration und Wehrbeitrag der Bundesrepublik, deren **Aufnahme in NATO und WEU** sie empfiehlt (28.9.–3.10.). Bei den **Volkskammerwahlen** erhält die Einheitsliste 99,46% der Stimmen (17.10.). Auf den Konferenzen der Westmächte, der NATO-Staaten und der Bundesrepublik in Paris erfolgen Beratungen über den künftigen Status der Bundesrepublik. Die bis zum Abschluss der Tagung endgültig gefassten und unterzeichneten **Pariser Verträge** sehen u. a. ein Ende des Besatzungsregimes, westliche Sicherheitsgarantien für Berlin, die Anerkennung des bundesdeutschen Alleinvertretungsanspruchs, die Aufnahme der Bundesrepublik in die NATO und den deutsch-französischen Abschluss des Saarstatuts vor. Der Deutschlandvertrag vom Mai 1952 wird teilweise neu gefasst, das Ziel, auf friedlichem Wege ein freies und vereinigtes Deutschland zu schaffen, bekräftigt. Die alliierten Vorbehaltsrechte gegenüber Deutschland als Ganzem bleiben allerdings bestehen (19.–23.10.). Die Bundestagsfraktion der FDP lehnt das Saarstatut ab (28.10.). Nach dem Tod Hermann Ehlers am 29.10. erfolgt die Wahl **Eugen Gerstenmaiers** zum neuen Bundestagspräsidenten (16.11.). Ministerpräsident Otto Grotewohl steht erneut an der Spitze der DDR-Regierung (19.11.). Erste Lesung der Pariser Verträge im Bundestag (15./16.12.). Das französische Parlament billigt das Saarabkommen zwischen Frankreich und der Bundesrepublik (24.12.). Die Nationalversammlung in Paris stimmt der Aufnahme der Bundesrepublik in NATO und WEU zu (27.–30.12.). Über 184.000 Personen flüchten im Jahr 1954 aus der DDR in die Bundesrepublik Deutschland und nach Westberlin (31.12.).

Konrad Adenauer (Mitte) auf der Londoner Neun-Mächte-Konferenz

Wirtschaft & Wissenschaft

Die Sowjetunion überführt die letzten 33 **Sowjetischen Aktien-**

gesellschaften (SAG) in das „Volkseigentum" der DDR. Eine Ausnahme bildet allerdings die Wismut-AG im Erzgebirge, deren Uranbergbau von großer Bedeutung für das sowjetische Atomprogramm bleibt (1.1.). Die Gewerkschaften fordern die Fünf-Tage-Woche und eine Verkürzung der wöchentlichen Arbeitszeit auf 40 Stunden (1.5.). Max Born und Walther Bothe erhalten für ihre statistische Deutung der Wellenmechanik den **Nobelpreis für Physik**. Im Jahresdurchschnitt beträgt die Arbeitslosenquote in der Bundesrepublik 7,6%. Die verschiedenen ökonomischen Indikatoren belegen die ebenso positive wie kontinuierliche Aufwärtsbewegung der bundesdeutschen Wirtschaft (**„Wirtschaftswunder"**) (31. 12.).

Kunst & Kultur

An die Stelle der Staatlichen Kommissionen für Kunstangelegenheiten rückt das Ministerium für Kultur der DDR, an dessen Spitze der Schriftsteller **Johannes R. Becher** steht (7.1.). Mit dem Historiker **Friedrich Meinecke** stirbt der Gründungsrektor der Freien Universität Berlin (5.2.). Arnold Schönbergs nur in Fragmenten erhaltenes Nachlasswerk *Moses und Aaron* wird in Hamburg erstmals gespielt (12.3.). Das Gesetz über die Errichtung des Westdeutschen Rundfunks (WDR) in Nordrhein-Westfalen wird erlassen (25.5.). Uraufführung von Bertolt Brechts *Der kaukasische Kreidekreis* am Berliner Ensemble in Ostberlin (8.10.). Offizieller **Beginn des Gemeinschaftsprogramms der ARD** (1.11.).

Gesellschaft & Sport

Mit einem 5:1-Sieg gegen den 1. FC Kaiserslautern wird Hannover 96 Deutscher Fußballmeister (24.5.). Gründung der **„Deutschen Lufthansa"** in der DDR (1.6.). Einrichtung einer **Bundesprüfstelle** gegen die Verbreitung jugendgefährdender Schriften (9.6.). Mit einem 3:2-Sieg über Ungarn wird Deutschland in Bern **Fußballweltmeister** (4.7.). Beim „Großen Preis von Frankreich" erringen die legendären **„Silberpfeile"** von Mercedes-Benz bei ihrem ersten Nachkriegsstart einen Doppelerfolg (4.7.). In Leipzig findet zum ersten Mal der gesamtdeutsche **Evangelische Kirchentag** mit rund 500.000 Teilnehmern statt (6.–11.7.). Die DDR führt die **Jugendweihe** ein (13.11.).

Die deutsche WM-Elf

Weltgeschichte

Der amerikanische Außenminister John Foster Dulles propagiert das Konzept der „massiven Vergeltung" (12.1.). Auf dem Bikini-Atoll detoniert die erste transportable amerikanische Wasserstoffbombe (1.3.). In Genf beginnt die **Ostasienkonferenz** über die Korea-Frage und die Beendigung des Indochina-Krieges (26.4.). Mit Dien-Bien-Phu fällt die letzte französische Bastion in Indochina (7.5.). In Paraguay gelangt Alfredo Stroessner über einen Putsch an die Macht (8.5.). **Waffenstillstand in Indochina** und **Teilung Vietnams**: Die Kolonialherrschaft Frankreichs in Indochina endet (20./21.7.). Großbritannien und Ägypten einigen sich auf die Räumung der Zone um den Suezkanal (27.7.). Die **französische Nationalversammlung** lehnt mit 319 gegen 164 Stimmen die Ratifizierung des Vertrages über die Europäische Verteidigungsgemeinschaft (**EVG**) ab (30.8.). Unterzeichnung des Südostasienpaktes in Manila (8.9.). In **Algerien** beginnt der **Aufstand** gegen die französische Kolonialmacht unter Führung der radikalnationalistischen „Front der nationalen Befreiung" und damit der Algerienkrieg (1.11.). Der amerikanische Schriftsteller **Ernest Hemingway** erhält den Literaturnobelpreis (10.12.). Der NATO-Rat beschließt die Reduzierung der konventionellen Streitkräfte zugunsten einer verstärkten Ausrüstung mit **taktischen Kernwaffen** (17.12.).

Ernest Hemingway

1955

Politik

In ihrer „Erklärung zur deutschen Frage“ spricht sich die Sowjetunion gegen eine Annahme der Pariser Verträge in der Bundesrepublik aus und suggeriert die Möglichkeit von freien gesamtdeutschen Wahlen unter internationaler Aufsicht (14.1.). **Otto Suhr** steht als Regierender Bürgermeister von Berlin an der Spitze einer SPD/CDU-Koalition (22.1.). Das Präsidium des Obersten Sowjet erklärt den **Kriegszustand mit Deutschland** für **beendet** (25.1.). Verschiedene Politiker der Opposition, Gewerkschafter und Theologen missbilligen im sog. **„Deutschen Manifest“** die Pariser Verträge (29.1.).

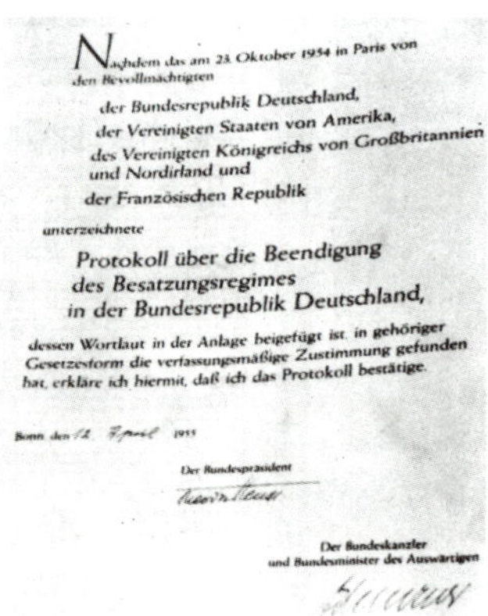
Nachdem das am 23. Oktober 1954 in Paris von den Bevollmächtigten

der Bundesrepublik Deutschland,
der Vereinigten Staaten von Amerika,
des Vereinigten Königreichs von Großbritannien und Nordirland und
der Französischen Republik

unterzeichnete

Protokoll über die Beendigung des Besatzungsregimes in der Bundesrepublik Deutschland,

dessen Wortlaut in der Anlage beigefügt ist, in gehöriger Gesetzesform die verfassungsmäßige Zustimmung gefunden hat, erkläre ich hiermit, daß ich das Protokoll bestätige.

Bonn den 12. April 1955

Der Bundespräsident

Der Bundeskanzler
und Bundesminister des Auswärtigen

Aufhebung des Besatzungsstatus

Die Volkskammer schlägt dem Bundestag gesamtdeutsche Wahlen unter internationaler Aufsicht vor (18.2.). Ungeachtet vieler parlamentarischer wie außerparlamentarischer Proteste **ratifiziert** der **Bundestag** die **Pariser Verträge** (27.2.). Aufgrund von Meinungsverschiedenheiten mit seiner Fraktion bietet Vizekanzler Franz Blücher dem Bundeskanzler den Rücktritt an (28.2.). In einer „Proklamation an das deutsche Volk“ fordert die Volkskammer zu einer gesamtdeutschen Volksbefragung über die Wiedervereinigung auf (2.3.). Die diplomatischen Vertretungen der Bundesrepublik in London, Paris und Washington erhalten den Rang von Botschaften (1.5.). Das Bundesverfassungsgericht weist die Normenkontrollklage gegen das Saarstatut ab (4.5.). Die **Pariser Verträge** treten **in Kraft**, und die Bundesrepublik erhält durch Aufhebung des Besatzungsstatuts die Souveränität (5.5.). Die Bundesrepublik tritt der NATO bei, nachdem bereits zwei Tage zuvor die Aufnahme in die WEU erfolgt war (9.5.). Unterzeichnung des **Warschauer Vertrages**: Die DDR, Albanien, Bulgarien, Polen, Rumänien, die Tschechoslowakei, die Sowjetunion und Ungarn schließen einen Militärpakt (14.5.). An die Stelle der „Dienststelle Blank“ tritt das Bundesministerium der Verteidigung (6.6.). Als Nachfolger Konrad Adenauers wird der Vorsitzende der CDU/CSU-Bundestagsfraktion Heinrich von Brentano der erste genuine Bundesaußenminister (7.6.). Die **Genfer Gipfelkonferenz** der Regierungschefs der Vier Mächte über Deutschland verläuft ergebnislos (18.–23.7.). Chruschtschow verkündet in Ostberlin die neue sowjetische **„Zwei-**

Albert Einstein

Staaten-Doktrin“ für Deutschland (26.7.). Bundeskanzler Adenauer bricht mit einer Regierungsdelegation zu einer **Reise nach Moskau** auf. Dort beschließen die Sowjetunion und die Bundesrepublik, diplomatische Beziehungen herzustellen. Außerdem sichert die sowjetische Führung die Heimkehr deutscher Kriegsgefangener zu. Die ersten Spätheimkehrer treffen noch im Oktober desselben Jahres in der Bundesrepublik ein (8.–14.9.). Durch einen Staatsvertrag wird der **DDR** ihre **Souveränität** durch die Sowjetunion zugebilligt (20.9.). In einer Note der Bundesregierung an die Westmächte findet sich eine erste Formulierung der sog. **„Hallstein-Doktrin“**, welche den bundesdeutschen Alleinvertretungsanspruch unterstreicht und bald als politischer Grundsatz gilt (22.9.). Die Bevölkerung des Saarlandes missbilligt mit 67,7% der abgegebenen Stimmen das Saarstatut (23.10.). Die Vereidigung der **ersten Bundeswehrsoldaten** erfolgt (12.11.). Walter Ulbricht wird 1. Stellvertreter des Vorsitzenden des Ministerrates (24.11.). Otto John kehrt aus Ostberlin zurück (13.12.). Knapp über 252.000 Personen flüchten in diesem Jahr aus der DDR in die Bundesrepublik Deutschland und nach Westberlin (31.12.).

Wirtschaft & Wissenschaft

Im amerikanischen Princeton stirbt der Physiker **Albert Einstein** (18.4.). Bei der Maiparade in Ostberlin treten erstmals die sog. **Betriebskampfgruppen** auf (1.5.). Der Bundestag verabschiedet das Landwirtschaftsgesetz (8.7.). In Wolfsburg symbolisiert die Produktion des millionsten VW-Käfers den bundesdeutschen **Wirtschaftsaufschwung** (5.8.). Mit der „Verordnung über Produktionsgenossenschaften des Handwerks" gliedert der Ministerrat das Handwerk vollständig in die Planwirtschaft der DDR ein (18. 8.). Die Bundesrepublik schließt mit Italien ein Abkommen über die **Beschäftigung italienischer Arbeitnehmer** (20.12.). Im Jahresdurchschnitt beträgt die Arbeitslosenquote in der Bundesrepublik 5,6%.

Kunst & Kultur

Die Länder Schleswig-Holstein, Niedersachsen und Hamburg unterzeichnen den Staatsvertrag über den **Norddeutschen Rundfunk** (NDR) (16.2.). In München wird der Film ***Des Teufels General*** nach einem Stück Carl Zuckmayers mit Curd Jürgens in der Hauptrolle uraufgeführt (23.2.). Mit **Max Pechstein** stirbt ein führender Vertreter der „Brücke" (29.6.). In Kassel öffnet die **1. documenta** ihre Pforten und präsentiert eine Schau zeitgenössischer Kunst (16.7.). **Thomas Mann** verstirbt im Alter von 80 Jahren in Kilchberg bei Zürich (12.8.). In Ostberlin eröffnet eine Ausstellung mit von der Sowjetunion zurückgegebenen Bildern der Dresdner Gemäldegalerie (27.11.).

Gesellschaft & Sport

Die Länder der Bundesrepublik schließen das „Düsseldorfer Abkommen" zur Vereinheitlichung des Schulwesens (17.2.). Die **„Deutsche Lufthansa"** startet ihren Flugbetrieb wieder (1.3.). Der Deutsche Gewerkschaftsbund (**DGB**) veröffentlicht sein **Aktionsprogramm**. Es sieht u. a. eine Arbeitszeitverkürzung und Verbesserung des Arbeitsschutzes vor (1.5.). Rot-Weiß Essen Deutscher Fußballmeister nach einem 4:3-Sieg über Kaiserslautern (26.6.). Die Nationalen Olympischen Komitees von Bundesrepublik und DDR beschließen die Entsendung einer **gesamtdeutschen Olympiamannschaft** nach Melbourne (27.8.). Gründung der Christlichen Gewerkschaftsbewegung in Essen (30.10.).

Lufthansa-Maschine vor ihrem ersten Nachkriegsflug

Weltgeschichte

Die **Formosa-Resolution** des US-Senats ermächtigt die amerikanische Regierung zum militärischen Schutz Taiwans und der Pescadores-Inseln (28.1.). Nikolai Bulganin löst Georgij Malenkow als sowjetischen Ministerpräsidenten ab (8.2.). Französischer Rat der Republik ratifiziert die Pariser Verträge (27.3.). In Bandung findet eine Konferenz von 29 blockfreien Staaten statt, die sich zur **neutralen Kraft** im Ost-West-Konflikt formieren wollen (18.–24.4.). Die Außenminister der vier Großmächte unterzeichnen im Wiener Schloss Belvedere den **Österreichischen Staatsvertrag**, der dem tags darauf seine Neutralität erklärenden Alpenstaat die Souveränität zubilligt (15.5.). Belgrader Deklaration über die Gespräche zwischen Chruschtschow und Tito (2.6.). Auf ihrer Konferenz in Messina beschließen die Außenminister der Montanunion die Bildung eines **Gemeinsamen Marktes** und einer **Europäischen Atomgemeinschaft** (1.–3.6.). Die Mitglieder der Organisation für europäische wirtschaftliche Zusammenarbeit (OEEC) verabschieden das **Europäische Währungsabkommen**, das die Europäische Zahlungsunion ersetzt (5.8.). Das argentinische Militär stürzt das autoritäre Regime unter General Juan Domingo Perón (16.9.). Die Sowjetunion kündigt Waffenlieferungen an Ägypten an (27.9.).

1956

Politik

Die **ersten Bundeswehreinheiten**, die aus Freiwilligen bestehen, beginnen ihren Dienst (2.1.). Die letzten deutschen Kriegsgefangenen aus der Sowjetunion kehren nach Deutschland zurück und treffen in der DDR ein (14.1.). Die Volkskammer verabschiedet das Gesetz über die Schaffung der **Nationalen Volksarmee** und die Errichtung eines Ministeriums für Nationale Verteidigung (18.1.). Offizieller Beitritt der DDR zum Warschauer Pakt (27.1.). Der Saarländische Landtag verlangt in einer Grundsatzerklärung die Angliederung des Saarlandes an die Bundesrepublik Deutschland (31.1.). Die Regierungskoalition einigt sich über das **Wahlsystem** für die Bundestagswahlen (2.2.). Die Bundesminister des GB/BHE Waldemar Kraft und Theodor Oberländer treten zur CDU über (16.2.). In Nordrhein-Westfalen stürzt die CDU-Regierung durch ein konstruktives Misstrauensvotum (20.2.). Die Bundesrepublik tritt der Europäischen Atomenergie-Gesellschaft bei, die sich der wissenschaftlichen Kooperation in der Kernforschung widmet (24.2.). Die **FDP scheidet aus der Regierungskoalition** aus, nachdem sich zuvor die liberale Bundestagsfraktion aufgespalten hatte (25.2.). Der Bundestag verabschiedet die **Zweite Wehrergänzung** zum Grundgesetz, die u. a. die Grundlagen für die Einführung der Wehrpflicht schafft, sowie das Soldatengesetz (6.3.). Der Bundestag bringt das Bundeswahlgesetz auf den Weg (15.3.). Einheiten der Nationalen Volksarmee nehmen an den Mai-Feierlichkeiten in Ostberlin teil (1.5.). Mit dem Luxemburger Abkommen einigen sich die Bundesrepublik und Frankreich über die **Angliederung des Saarlandes** an Westdeutschland (4.6.). Der Bundestag fasst seine erste Entschließung zur Entwicklungspolitik (21.6.). Der Bundestag verabschiedet das Gesetz über die **allgemeine Wehrpflicht** (7.7.). Die 28. Tagung des ZK der SED kritisiert den „Dogmatismus" im Bereich des geistigen Lebens und spricht sich für wissenschaftlichen Meinungsstreit aus (27.–29.7.). Das Bundesverfassungsgericht verkündet das **Verbot der KPD** samt deren Nachfolge- und Hilfsorganisationen (17.8.). Ein Abkommen zwischen Belgien und der Bundesrepublik regelt abschließend Grenzprobleme zwischen beiden Ländern (24.9.). Es erfolgt eine Umbildung der Bundesregierung. Der CSU-Politiker Franz Josef Strauß wird Verteidigungsminister und löst damit Theodor Blank ab (16.10.). Unterzeichnung der **Saarverträge** zwischen der Bundesrepublik und Frankreich (27.10.). Adenauer zu Besuch in Frankreich (6.11.). Unter dem Vorwurf, eine „staatsfeindliche Gruppe" bilden zu wollen, werden Wolfgang Harich u. a. in der DDR verhaftet (29.11.). Außenminister Heinrich von Brentano bietet Polen einen **Gewaltverzicht** an (30.11.). Der Bundestag verabschiedet das Gesetz über die Dauer des einjährigen Grundwehrdienstes (5.12.). Der saarländische Landtag stimmt dem Beitritt zur Bundesrepublik mit Wirkung vom 1.1.1957 zu (13.12.). Einstimmige Ratifizierung der Saarverträge durch das bundesdeutsche Parlament (14.12.). Walter Ulbricht stellt laut Überlegungen zu einer Konföderation der beiden deutschen Staaten an (31.12.). Knapp 280.000 Personen flüchten in diesem Jahr aus der DDR in die Bundesrepublik und nach Westberlin (31.12.).

SPD-Plakat gegen die Wiedereinführung der Wehrpflicht

Wirtschaft & Wissenschaft

Die ersten italienischen **„Gastarbeiter"** treffen in der Bundesrepublik ein (5.1.). Auf ihrer 3. Parteikonferenz verabschiedet die SED den **zweiten Fünfjahresplan**, der auf eine 50%ige Steigerung der Arbeitsproduktivität bis 1960 zielt (30.3.). Der Bundestag verabschiedet ein Programm zur Steuersenkung

(5.7.). Mit ihrem „Bremer Abkommen“ führen IG Metall und „Gesamtmetall“ die **Fünf-Tage-Woche** ein (25.7.). Die IG Metall erkämpft die **45-Stunden-Woche** bei vollständigem Lohn- und Gehaltsausgleich (1.10.). Gemeinsam mit Dickinson W. Richards erhält der Chirurg Werner Forßmann den **Nobelpreis für Medizin** (10.12.). Im Jahresdurchschnitt beträgt die Arbeitslosenquote in der Bundesrepublik 4,4% (31.12.).

Gottfried Benn

Kunst & Kultur

Schriftstellerkongress in der DDR macht sich für den „sozialistischen Realismus“ stark (9.–14.1.). Im Alter von 88 Jahren stirbt der Maler **Emil Nolde** in Seebüll (15.4.). Feierliche Wiedereröffnung des im Krieg zerstörten ***Zwinger*** in Dresden (3.6.). Herbert von Karajan wird künstlerischer Leiter an der Wiener Staatsoper (13.6.). Der 2. „Kongress junger Künstler“ in der DDR plädiert für Toleranz und die Freiheit des Geistes (27./28.6.). Der deutsche Dichter **Gottfried Benn** ist tot (7.7.). Der Schriftsteller und Regisseur **Bertolt Brecht** stirbt erst 58-jährig in Ostberlin (14.8.). Die tägliche Ausstrahlung der Nachrichtensendung ***Tagesschau*** beginnt (1.10.).

Gesellschaft & Sport

Im italienischen Cortina d’Ampezzo enden die VII. **Olympischen Winterspiele**, bei denen die gesamtdeutsche Mannschaft nur zwei Medaillen gewinnt (5.2.). Der Freie Deutsche Gewerkschaftsbund (FDGB) wird zum alleinigen Träger des DDR-Sozialversicherungssystems (15./16.2.). Im Endspiel um die **deutsche Fußballmeisterschaft** besiegt Borussia Dortmund den Karlruher SC mit 4:2 (24.6.). Das 2. Wohnungsbau- und Familienheimgesetz unterstützt u. a. die Errichtung von Sozialwohnungen für einkommensschwache Familien (27.6.). Der Bundestag beschließt einstimmig die Einrichtung einer **Verkehrssünderkartei** (11.10.). Verabschiedung des Gesetzes über die Gründung des Saarländischen Rundfunks (27.11.).

Weltgeschichte

Sowjetische Panzer beenden den Volksaufstand in Ungarn

Auf dem XX. Parteitag der KPdSU rechnet Chruschtschow in seiner Geheimrede mit Stalin ab und leitet die (allerdings begrenzte) **Entstalinisierung** ein (14.–25.2.). Frankreich erkennt die Unabhängigkeit Marokkos (2.3.) und wenig später auch diejenige Tunesiens an (20.3.). Moskau löst die Kominform auf (18.4.). Der **polnische Arbeiteraufstand** in Posen endet mit seiner blutigen Niederschlagung (28./29.6.). Die USA ziehen ihre Zusage für eine Finanzierung des Assuan-Staudamms zurück (19.7.). Nationalisierung des Suezkanals (26.7.). Eine Außenministerkonferenz der Montanunion-Staaten über den Gemeinsamen Markt und EURATOM erbringt nur wenig Fortschritte (20./21.10.). Wladislaw Gomulka wird Generalsekretär der KP Polens (21.10.). Der **Ungarische Volksaufstand** gegen das kommunistische Regime und die sowjetische Besatzungsmacht bricht aus (23.10.). Der bewaffnete Konflikt um den Suezkanal, die sog. **Suezkrise**, beginnt (29.10.). Sowjetisches Militär schlägt den Ungarn-Aufstand blutig nieder (4.11.). Britische und französische Fallschirmjäger landen bei Port Said (5.11.). Dwight D. **Eisenhower** gewinnt erneut die amerikanischen Präsidentschaftswahlen (6.11.). Am Suezkanal stellen die Streitparteien das Feuer ein (6.11.). XVI. **Olympische Sommerspiele** im australischen Melbourne (22.11.–8.12.).

Erich Honecker

(1912–1994)

Leben

Erich Honecker

Erich Honecker, geboren am 25.6.1912 in Neunkirchen an der Saar als Sohn eines Bergarbeiters, nahm eine Dachdeckerlehre auf und wurde bereits 1929 Mitglied der Kommunistischen Partei. 1930/31 lebte er in der Sowjetunion, dem „Vaterland aller Vaterländer", das ihn prägte. Als hoher Funktionär des Kommunistischen Jugendverbandes im Widerstand aktiv, wurde er 1935 verhaftet und 1937 vom Volksgerichtshof zu 10 Jahren Zuchthaus verurteilt, die er im Zuchthaus Brandenburg-Görden bis 1945 verbrachte. Der Jugendsekretär beim ZK der SED engagierte sich an führender Position beim Aufbau der „antifaschistischen Jugendausschüsse". Er übernahm von 1946 bis 1955 den Vorsitz der „Freien Deutschen Jugend", des kommunistischen Einheitsjugendverbandes. Der Aufstieg in der SED schritt schnell voran: Mitglied des Zentralkomitees der SED wurde er 1950, 1958 Mitglied des Politbüros und ebenso Sekretär des Zentralkomitees für Sicherheitsfragen (1958–1971). Als solcher hatte er die Abrieglungsmaßnahmen am 13. August 1961 zu verantworten. Im Jahr 1971 erfolgte die von Honecker betriebene Wachablösung Walter Ulbrichts von der Position als Erster Sekretär der SED. Damit war er der „starke Mann" in der Diktatur der DDR, ab 1976 auch Vorsitzender des Staatsrates und damit das Staatsoberhaupt.

Im Jahre 1974 ließ Honecker aus der sozialistischen DDR-Verfassung von 1968 alles streichen, was an die Einheit der deutschen Nation erinnerte. Die vier „Geraer Forderungen" von Erich Honecker im Oktober 1980 (Anerkennung der DDR-Staatsbürgerschaft; Umwandlung der Ständigen Vertretungen in Botschaften; Festlegung des Grenzverlaufs in der Mitte der Elbe; Auflösung der Zentralen Erfassungsstelle in Salzgitter) – eine Reaktion auf die Zuspitzung der als prekär empfundenen Lage – wurden weder von der sozialdemokratisch noch von der christdemokratisch geführten Bundesregierung akzeptiert. Nach der Aufstellung von Mittelstreckenraketen im Herbst 1983 sprach Honecker allerdings von „Schadensbegrenzung", um die Spannungen zwischen den Großmächten nicht noch weiter zu forcieren. Sein Ziel war ein Staatsbesuch in der Bundesrepublik, der im Herbst 1987 stattfand, der letzte Höhepunkt in seinem politischen Leben. Damit erwiderte Honecker den Besuch von Helmut Schmidt 1981 in der DDR. Mit der Wendung vom „Sozialismus in den Farben der DDR", die Honecker Ende 1988

Erich Honecker heißt Michail Gorbatschow am 7.10.1989 in Ostberlin mit dem traditionellen sozialistischen Bruderkuss willkommen

prägte, setzte er sich von der Politik Gorbatschows ab, die er als schädlich für den von ihm vertretenen Sozialismus fand.
Gegenüber der Flucht- und Demonstrationswelle im Herbst 1989 fehlte ihm ein Rezept. Am 17.10.1989 wurde er vom Politbüro zum Rücktritt gezwungen, am 3.12.1989 aus der SED ausgeschlossen, später mit Haftbefehl gesucht. Er hatte zunächst bei einem Pastor und danach im sowjetischen Militärhospital Beelitz Unterschlupf gefunden, ehe er in die Sowjetunion ausgeflogen wurde, um dort in der chilenischen Botschaft Asyl zu beantragen. Das „Zentrum der Wahrheit" hatte sich inzwischen aufgelöst. Als Honecker mehr oder weniger freiwillig nach Deutschland zurückkehrte, erfolgte seine Inhaftierung in Moabit. Der Prozess wegen Totschlags und versuchten Totschlags wurde Anfang 1993 von einem Berliner Gericht aufgrund Honeckers schwerer Krebserkrankung eingestellt. Am 29.5.1994 starb er in Santiago de Chile, wo er nach der Einstellung des Prozesses gelebt hatte.
Honecker zeigte auch als entmachteter Herrscher keinerlei Einsicht. Wiewohl er den einen oder anderen Fehler zugab (etwa Versorgungsengpässe), hielt er unter Berufung auf Lenin an der „proletarischen Diktatur" fest, der „reinsten Form der Demokratie".

Würdigung

Erich Honecker hatte kommunistisches Gedankengut mit der Muttermilch aufgenommen. Gleichwohl wohnte ihm kein revolutionäres Charisma inne. Auch gingen ihm eigenständige Ideen ab. Er war ein spröder Apparatschik, der organisieren konnte, kein vorantreibender Volkstribun mit Ausstrahlung.

Erich Honecker betritt am 30.11.1992 den Gerichtssaal in Berlin-Moabit

Honecker bejahte lange sklavisch die Politik Moskaus. Der Führungswechsel von Ulbricht zu Honecker wurde von der sowjetischen Führung nicht nur toleriert, sondern auch unterstützt. Honecker sah in den Wirtschaftsreformen Ulbrichts Gefahren für das kommunistische System. Er machte sich die Auffassung des sowjetischen Regierungschefs Breschnew aus dem Jahre 1970 zu eigen: „Vergiss nie, die DDR kann ohne uns, ohne die Sowjetunion, ihre Macht und ihre Stärke, nicht existieren, ohne uns gibt es keine DDR." Allerdings übertrug er die scharfe Konfrontation zwischen der Sowjetunion und den USA in der ersten Hälfte der achtziger Jahre nicht auf die deutsch-deutsche Ebene. Und das Diktum „Von der Sowjetunion lernen, heißt siegen lernen" galt für ihn nicht mehr, als Gorbatschow in der zweiten Hälfte der achtziger Jahre die sowjetische Politik mit Hilfe von „Glasnost" und „Perestroika" gründlich zu wandeln begann.

Der beständige Vorwurf an Erich Honecker, durch Starrheit den eigenen Untergang beschleunigt zu haben, ist so nicht stimmig. Gerade der rigide Kurs hielt das diktatorische System zusammen, freilich mehr schlecht als recht. Durch außenpolitische und wirtschaftliche Notwendigkeiten musste die DDR – der allmählichen Lösung der Abhängigkeit von der Sowjetunion folgte eine partielle Abhängigkeit von der Bundesrepublik – allerdings immer mehr Konzessionen machen. Die Zunahme von Liberalität – und war sie noch so schwach ausgeprägt – unterhöhlte die kommunistische Diktatur. So führte eine großzügigere Regelung der Ausreisepraxis nicht zum Verschwinden eines Unruhepotenzials, sondern zog weitere Ausreiseanträge nach sich. Nicht mangelnde, sondern zu große Flexibilität unterminierte das kommunistische System. Jedenfalls ist die Stimmigkeit des Honecker'schen Arguments, das Egon Krenz überliefert hat, nicht von der Hand zu weisen: „Gorbatschow will das europäische Haus bauen. Wir alle sind dabei, unsere eigenen Häuser zu zerstören." Durch die von Honecker in den siebziger Jahren propagierte Einheit von Wirtschafts- und Sozialpolitik lebte die DDR über ihre Verhältnisse, machte immer mehr Schulden und vernachlässigte die Investitionen. Die Diktatur in der Honecker-Ära, zumal in ihrer zweiten Hälfte, war weniger repressiv als die unter Ulbricht, aber dies lag nicht an der Liberalität Honeckers, sondern hing von innen-, wirtschafts- und außenpolitischen Zwängen ab, denen er sich nicht zu entziehen vermochte. *Eckhard Jesse*

1957

Politik

Eingliederung des Saarlandes als Land in die Bundesrepublik (1.1.). Hohe Haftstrafen für Wolfgang Harich u. a. Abweichler in der DDR (7.–9.3.). Truppenvertrag zwischen der DDR und der Sowjetunion (12.3.). Unter Beteiligung der Bundesrepublik werden auf dem Kapitol in Rom die Verträge (sog. **Römische Verträge**) zur Gründung einer Europäischen Wirtschaftsgemeinschaft (EWG) und einer Europäischen Atomgemeinschaft

Unterzeichnung der Römischen Verträge

(EURATOM) unterzeichnet (25.3.). Einberufung der ersten Wehrpflichtigen (1.4.). Die Debatte über die Ausrüstung der Bundeswehr mit Trägersystemen für Kernwaffen setzt ein (1.4.). General Hans Speidel wird Oberbefehlshaber der Verbündeten Landstreitkräfte der NATO in Mitteleuropa (1.4.). Adenauer spricht sich öffentlich für die Ausrüstung der Bundeswehr mit Atomwaffen aus (4.4.). Der Bundestag verabschiedet das Gesetz über den Wehrbeauftragten (11.4.). 18 deutsche Atomwissenschaftler plädieren im sog. **Göttinger Manifest** für den Verzicht der Bundeswehr auf eine atomare Bewaffnung (12.4.). In einer Note warnt die Sowjetunion vor einer Nuklearbewaffnung der Bundeswehr (27.4.). Der Bundestag debattiert über atomare Rüstung (10.5.). Die Gesamtdeutsche Volkspartei beschließt ihre Auflösung. Ihre führenden Vertreter, an erster Stelle Gustav W. Heinemann, schließen sich der SPD an (18./19.5.). Unter der Ägide ihres Vorsitzenden Erich Ollenhauer trägt die **SPD** ihren **Deutschlandplan** für Sicherheit und Wiedervereinigung vor (23.5.). Der Bundestag ratifiziert die Verträge über die Europäische Wirtschaftsgemeinschaft und die Europäische Atomgemeinschaft (5.7.). In Moskau setzen die deutsch-sowjetischen Verhandlungen über den gegenseitigen Handel, die beiderseitigen Konsularbeziehungen und die Repatriierung von noch in der Sowjetunion zurückgehaltenen Deutschen ein (23.7.). Die drei Westmächte und die Bundesrepublik einigen sich in ihrer **„Berliner Erklärung“** zur Erreichung der Wiedervereinigung Deutschlands auf Viermächte-Verhandlungen und den Abschluss eines Friedensvertrags mit einer freigewählten gesamtdeutschen Regierung (29.7.). Eine Partei- und Regierungsdelegation unter Chruschtschows Leitung befürwortet anlässlich eines Staatsbesuchs in der DDR eine deutsche Konföderation (7.–14.8.). Bei den dritten **Wahlen zum Deutschen Bundestag** erhält die Union mit 50,2% der gültigen Stimmen die absolute Mehrheit. Die SPD erringt 31,8%, die FDP 7,7% der Stimmen (15.9.). Die Bundesrepublik tritt der Internationalen Atomenergie-Organisation bei (1.10.). Nach Otto Suhrs Tod wird **Willy Brandt** zum neuen Regierenden Bürgermeister von Berlin gewählt (3.10.). Nach der völkerrechtlichen Anerkennung der DDR durch Jugoslawien bricht die Bundesrepublik in erstmaliger **Anwendung** der sog. **Hallstein-Doktrin** die Beziehungen zum Balkan-Staat ab (19.10.). Erneut zum Bundeskanzler gewählt, steht Konrad Adenauer an der Spitze einer Regierung aus CDU/CSU und DP (22.10.). Erich Mielke wird Minister für Staatssicherheit (1.11.). In einer BBC-Vortragsreihe zur Deutschlandproblematik schlägt George F. Kennan den Rückzug der sowjetischen ebenso wie der NATO-Truppen aus Mitteleuropa vor (25.11.). Der SPD-Vorsitzende Erich Ollenhauer plädiert für die

Errichtung einer **kernwaffenfreien Zone** in Europa (17.12.). Knapp über 260.000 Personen siedeln im Jahr 1957 aus der DDR in die Bundesrepublik und nach Westberlin über (31.12.).

Wirtschaft & Wissenschaft

Die Volkskammer beschließt die Einführung der **45-Stunden-Woche** (18.1.). Einige bundesdeutsche Betriebe führen sie ebenfalls ein (1.3.). Der Bundestag verabschiedet das sog. **Kartellgesetz** gegen Beschränkungen des Wettbewerbs (4.7.). Gesetz über die **Schaffung der Deutschen Bundesbank** (26.7.). Zur Kontrolle des Geldumlaufs verfügt der DDR-Ministerrat den Umtausch der seit 1948 im Verkehr befindlichen Banknoten (13.10.). In Garching bei München geht das **„Atomei“**, ein mit Kernkraft betriebener Forschungsreaktor, in Betrieb (31.10.). Erster Atomreaktor der DDR in Rossendorf bei Dresden (16.12.). Im Jahresdurchschnitt beträgt die Arbeitslosenquote in der Bundesrepublik 3,7% (31.12.).

Kunst & Kultur

Uraufführung von Bertolt Brechts *Die Tage der Commune* in Karl-Marx-Stadt (3.1.). Kinostart des Films *Rose Bernd* von Wolfgang Staudte mit Maria Schell in der Hauptrolle (31.1.). Der deutsche Filmregisseur **Max Ophüls** ist tot (26.3.). Der Autor von *Berlin Alexanderplatz* **Alfred Döblin** verstirbt (26.6.). Im Berliner Hansa-Viertel öffnet die Internationale Bauausstellung ihre Pforten (6.7.). Gründung der **Stiftung Preußischer Kulturbesitz** in Berlin zur Pflege und Verwaltung der Kulturgüter des ehemaligen preußischen Staates (25.7.). Die Kulturkonferenz des ZK der SED kritisiert „Dekadenz“ und tritt für die „Verwirklichung der sozialistischen Kulturpolitik“ ein (23./24.10.).

Alfred Döblin

Gesellschaft & Sport

Der Bundestag verabschiedet das Gesetz über die **Rentenreform** (21.1.). Verkündigung des Gesetzes über die **Gleichberechtigung** von Mann und Frau auf dem Gebiet des bürgerlichen Rechts (18.6.). Nach einem 4:1-Erfolg über den Hamburger SV ist Borussia Dortmund Deutscher Fußballmeister (23.6.). Europas größte Sportarena, die **Deutschlandhalle** im Westen Berlins, öffnet ihre Pforten (19.10.). Das neue **DDR-Passgesetz** schränkt Reisen in den Westen erheblich ein. Illegale Ausreisen gelten künftig als „Republikflucht“ (11.12.).

Weltgeschichte

Das amerikanische Repräsentantenhaus billigt die sog. **Eisenhower-Doktrin** gegen ein kommunistisches Vordringen im Mittleren Osten (30.1.). Der neue sowjetische Außenminister heißt **Andrei A. Gromyko** (15.2.). Die Londoner Abrüstungskonferenz beginnt ihre Verhandlungen, die bis Anfang September andauern werden (18.3.). Großbritannien erprobt seine erste Wasserstoffbombe (15.5.). Rund 2000 amerikanische Wissenschaftler setzen sich in einem Appell für die Einstellung von Kernwaffenversuchen ein (3.6.). **Rassenkämpfe** bringen die **USA** in Aufruhr. Präsident Eisenhower beordert 1000 Soldaten einer Luftlandedivision zum Schutz neun schwarzer Schüler nach Little Rock in Arkansas (25.9.). Der polnische Außenminister Adam Rapacki legt den nach ihm benannten **Rapacki-Plan** zu einer atomwaffenfreien Zone in Mitteleuropa in erster Fassung vor (2.10.). Die Sowjetunion schießt ihren ersten künstlichen Erdsatelliten („Sputnik“) in den Weltraum und löst in den USA ob dieses Erfolgs den sog. **Sputnik-Schock** aus (4.10.). Der französische Schriftsteller Albert Camus erhält den Literaturnobelpreis (10.12.). Nach Beschluss des NATO-Rates sollen dem europäischen Oberbefehlshaber künftig Atomwaffen und Mittelstreckenraketen zur Verfügung stehen (19.12.).

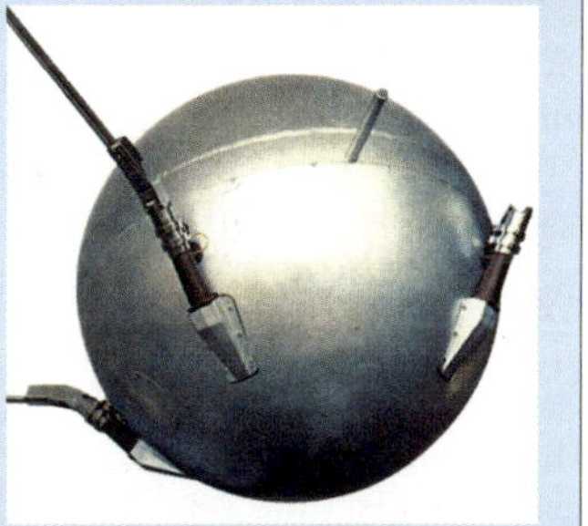

Sputnik 1

1958

Politik

Die Römischen Verträge über die EWG und EURATOM treten in Kraft (1.1.). In einem Brief an Adenauer betont Bulganin, dass eine Wiedervereinigung nur auf dem Weg einer Konföderation erreichbar sei, was der Bundeskanzler ablehnt (8.1.). Mit Thomas **Dehler** und Gustav W. **Heinemann** rechnen im Bundestag zwei ehemalige Bundesminister mit Adenauer aufgrund seiner in ihren Augen verfehlten Deutschlandpolitik ab (23./24.1.). Der SPD-Politiker Herbert Wehner stellt einen Vier-Stufen-Plan zur Wiedervereinigung vor (24.2.). In Geprächen mit dem sowjetischen Botschafter in Bonn schlägt Adenauer Moskau eine **„Österreich-Lösung"** für die DDR vor (19.3.). Nach einer heftigen Debatte des Bundestags über die Deutschlandfrage und die Atombewaffnung beschließt das Parlament die Annahme einer von Union und DP eingebrachten Entschließung über die **Ausrüstung der Bundeswehr mit Kernwaffen** im Rahmen der NATO (20.–25.3.). In zahlreichen deutschen Städten finden Massendemonstrationen der Aktion **„Kampf dem Atomtod"** statt (19.4.). Beim Besuch des stellvertretenden sowjetischen Ministerpräsidenten Mikojan in Bonn kommt es zum Abschluss von Handelsabkommen und eines Konsularvertrages (25.–8.4.). Ohne Gegenstimme billigt der Bundestag den Antrag zur Schaffung eines Vier-Mächte-Gremiums zur Vorbereitung der Wiedervereinigung (2.7.). Der V. SED-Parteitag verkündet den Übergang zur „Vollendung des Sozialismus" und beschließt, mithilfe eines neuen Wirtschaftsprogramms den westdeutschen Lebensstandard im Laufe der nächsten drei Jahre zu übertreffen (10.–16.7.). Auf Antrag der Bundesregierung erklärt das Bundesverfassungsgericht eine Volksabstimmung über die atomare Bewaffnung der Bundeswehr für verfassungswidrig (30.7.). Die DDR schlägt den Vier Mächten und der BR Dtl. die Bildung einer Vier-Mächte-Kommission zur Vorbereitung eines Friedensvertrags mit Deutschland vor (4.9.). In Frankreich trifft Bundeskanzler Konrad **Adenauer** bei einem **Staatsbesuch** zum ersten Mal mit dem neuen französischen Präsidenten Charles **de Gaulle** zusammen (14./15.9.). Walter Ulbricht erklärt „ganz Berlin" zum „Hoheitsgebiet der DDR" (27.10.). Bei den Wahlen zur Volkskammer entfallen auf die Einheitsliste fast 100% der Stimmen (16.11.). Chruschtschow stellt sein erstes **Berlin-Ultimatum**: In Noten an die drei Westmächte, die Bundesrepublik und die DDR verlangt die sowjetische Regierung die Entmilitarisierung sowie die Umwandlung Berlins in eine freie Stadt („selbstständige politische Einheit"). Ansonsten würde Moskau, das mit diesem Vorgehen die Rechte der Westmächte in Berlin für verwirkt erklärt, seine Berlin-Rechte auf die DDR übertragen. Mit diesem Vorstoß erreicht diese 2. Berlin-Krise nach der Blockade 1948/49 einen ersten Höhepunkt (27.11.). In Ludwigsburg wird die **Zentralstelle zur Verfolgung nationalsozialistischer Gewaltverbrechen** eingerichtet (1.12.). In Paris behandelt eine Außenministerkonferenz der Westmächte und der BR Dtl. die Berlin-Frage (14.12.). In ihrer Antwort auf das sowjetische Berlin-Ultimatum protestieren die drei Westmächte gegen das Vorgehen des Kreml. Für sie sei der Status Berlins nur in Verbindung mit der Deutschlandfrage zu erörtern (31.12.). Knapp über 204.000 Personen siedeln in diesem Jahr aus der DDR in die Bundesrepublik und nach Westberlin über (31.12.).

Das „Atomium", Wahrzeichen der Brüsseler Weltausstellung

Wirtschaft & Wissenschaft

Ernennung **Walter Hallsteins** zum Präsidenten der Europäischen Wirtschaftskommission (7.1.). Ludwig Erhard wendet sich gegen Forderung der Gewerkschaften nach Arbeitszeitverkürzung (13.1.). Der Göttinger Physiker und Nobelpreisträger des Jahres 1932 **Werner Heisenberg** präsentiert der Öffentlichkeit die „Weltformel", die Theorie der Elementarteilchen (28.2.). Der deutsche Soziologe Alfred Weber ist tot (2.5.). Bundesfinanzminister Fritz Schäffer berichtet von **Geheimgesprächen in der DDR** (13.11.). Im Jahresdurchschnitt beträgt die Arbeitslosenquote in der Bundesrepublik 3,7% (31.12.).

Kunst & Kultur

In Hamburg feiert der Film *Nasser Asphalt* mit Horst Buchholz, Gert Fröbe und Martin Held Premiere (3.4.). Der deutsche Dichter und Dramatiker **Reinhold Schneider** ist tot (6.4.). Das bei Weimar gelegene Gelände des ehemaligen deutschen Konzentrationslagers **Buchenwald** wird zur **Gedenkstätte** erklärt (14.9.). Der Philosoph Karl Jaspers erhält den Friedenspreis des Deutschen Buchhandels (25.9.). Johann Gottfried Schadows **„Quadriga"** kehrt restauriert auf das Brandenburger Tor zurück (27.9.). Der Schriftsteller Johannes R. Becher verstirbt in Ostberlin (11.10.). Der deutschsprachige Autor **Lion Feuchtwanger**, zu dessen Hauptwerken *Goya* und *Josephus* zählen, ist tot (21.12.).

Gesellschaft & Sport

Es ergeht eine Anordnung des DDR-Kulturministeriums über Unterhaltungs- und Tanzmusik zur Bekämpfung „westlicher Dekadenz" (2.1.). Die **Pionierorganisation „Ernst Thälmann"** soll sozialistische Massenvereinigung für Kinder in der DDR werden (27.1.). Die **gesamtdeutsche Synode** der Evangelischen Kirche Deutschlands (EKD) tagt in Berlin-Spandau (26.–30.4.). Schalke 04 ist nach einem 3:0-Sieg über den Hamburger SV Deutscher Fußballmeister (18.5.). In der DDR endet die Zeit der Lebensmittel-Rationierungen (29.5.). Das **Gleichberechtigungsgesetz** für Mann und Frau tritt in Kraft (1.7.). Deutscher Katholikentag in Ost- und Westberlin (13.–17.8.). Die BR Dtl. siegt im Länderkampf der Leichtathleten gegen die Sowjetunion sensationell mit 115:105 Punkten (21.9.).

Weltgeschichte

Premierminister Harold **Macmillan** schlägt den Abschluss eines **Nichtsangriffspaktes** mit der Sowjetunion vor (4.1.). TASS verkündet den Beschluss der Sowjetregierung, die Streitkräfte des Landes um 300.000 Mann zu reduzieren (6.1.). Der Rat der EWG und der EURATOM trifft zu seiner konstituierenden Sitzung zusammen (25.1.). Konstituierende Sitzung des **Europäischen Parlaments** in Straßburg (19.–21.3.). Zusätzlich zum Amt des Generalsekretärs übernimmt Nikita Chruschtschow dasjenige des Ministerpräsidenten (27.3.). Der britische Oppositionsführer der Labour-Partei Hugh **Gaitskell** präsentiert seine **Disengagement-Pläne** (5.4.). Eröffnung der Weltausstellung in Brüssel (17.4.). Die Libanon-Krise beginnt (9.5.). In Frankreich wird für die Dauer von drei Monaten der Notstand ausgerufen (17.5.). Die französische Nationalversammlung setzt General **Charles de Gaulle** als neuen Ministerpräsidenten ein (1.6.). Die USA greifen militärisch im Libanon ein (15.7.). Mit der Beschießung der Quemoy-Inseln durch die Volksrepublik China setzt die sog. **Formosa-Krise** ein (23.8.). Sergej Eisensteins *Panzerkreuzer Potemkin* wird „bester Film aller Zeiten" (19.9.). Verfassung der **V. französischen Republik** nach Billigung durch eine Volksabstimmung in Kraft (4.10.). De Gaulle kündigt Frankreichs Atombewaffnung an (23.10.). Wahl des Erzbischofs von Venedig, des Kardinals Roncalli, zum Papst Johannes XXIII. (28.10.).

Charles de Gaulle

Johannes XXIII.

1959

Politik

Die Bundesregierung antwortet auf Chruschtschows Note vom 27.11. des Vorjahres („Berlin-Ultimatum“) ablehnend (5.1.). Eine sowjetische Note an die BR Dtl., die DDR und alle am Krieg gegen Deutschland beteiligten Staaten enthält den Entwurf eines Friedensvertrages „mit beiden deutschen Staaten“ (10.1.). Auf einer Europa-Reise ist der trifft in Ostberlin mit Nikita Chruschtschow zusammen (9.3.). Die SPD-Politiker Fritz Erler und Carlo Schmid halten sich zu Gesprächen in Moskau auf (11.–17.3.). Der britische Regierungschef Harold Macmillan ist zu Besuch in Bonn (12./13.3.). Mit ihrem **Deutschlandplan** plädiert die SPD in Anlehnung an die Vorschläge des polnischen Außenministers Adam Rapacki für die Errichtung einer entmilitarisierten und kernwaffenfreien Zone in Mitteleuropa (18.3.). Die FDP veröffentlicht einen Deutschlandplan (20.3.). Bundeskanzler Adenauer kündigt seine Kandidatur für das Amt des Bundespräsidenten an (7.4.). In Paris tagen die Außenminister der Westmächte und der Bundesrepublik (29./30.4.). Wal-

Erich Ollenhauer

Theodor Heuss (ganz links), US-Präsident Eisenhower (Mitte) und Heinrich Lübke (ganz rechts)

amerikanische Außenminister John Foster Dulles um eine Koordinierung der Deutschland- und Berlin-Politik bemüht (2.–9.2.). Das Bundesministerium für Verteidigung ordert in den USA 96 **„Starfighter“**-Flugzeuge (6.2.). Der Bundestag wählt den ersten Wehrbeauftragten (19.2.). Ludwig Erhard kündigt seinen Verzicht auf eine Kandidatur bei den Bundespräsidentenwahlen an (3.3.). Der SPD-Vorsitzende Erich Ollenhauer ter Ulbricht schlägt einen Nicht-Angriffs-Pakt zwischen beiden deutschen Staaten vor (22./23.5.). Gründung des deutschen Atomforums zur friedlichen Verwendung der Kernenergie (29.5.). In **Genf** treffen die Außenminister der Vier Mächte unter Beteiligung der Außenminister der BR Dtl. und der DDR, die beide ihrem Beobachterstatus gemäß an sog. „Katzentischen“ Platz nehmen müssen, zu einer **Deutschlandkonferenz** (1. Session) zusammen (11.5.–20.6.). Adenauer verzichtet überraschend auf die Kandidatur zum Bundespräsidentenamt (5.6.). Theodor Heuss übernimmt das Schloss Bellevue als Berliner Amtssitz des Bundespräsidenten (18.6.). Die Bundesversammlung wählt in Berlin den CDU-Politiker **Heinrich Lübke** zum neuen **Bundespräsidenten** (1.7.). Der ehemalige US-Botschafter in Moskau Averell Harriman plädiert für eine **de-facto-Anerkennung der DDR** (13.7.). In Genf treffen sich die Außenminister zur 2. Session ihrer Deutschlandkonferenz (13.7.–5.8.). Als erster US-Präsident hält sich Eisenhower zu einem Besuch in der Bundeshauptstadt auf (26./27.8.). Mit einem Festakt in Bonn feiert die Bundesrepublik ihr zehnjähriges Bestehen (21.9.). Die Bundesregierung beschließt, gegen das Vorzeigen der DDR-Flagge polizeilich vorzugehen (28.10.). Auf einem außerordentlichen Parteitag in Bad Godesberg verabschiedet die SPD ihr neues Grundsatzprogramm (**„Godesberger Programm“**), mit dem sie eine Abkehr von marxistischen Vorstellungen und Maximen vollzieht. Die „entideologisierte Volkspartei“ strebt die Verwirklichung der Grundwerte eines demokratischen Sozialismus an: Freiheit, Gerechtigkeit, Solidarität (13.–

15.11.). Das Gesetz über die friedliche Nutzung der Kernenergie wird verkündet (23.12.). Knapp 144.000 Personen siedeln in diesem Jahr aus der DDR in die Bundesrepublik und nach Westberlin über (31.12.).

Wirtschaft & Wissenschaft

Der Bundestag debattiert über die Energie- und Kohleversorgung (29./30.1.). Die Ausgabe von **Preussag-Aktien** bildet den Auftakt zur Privatisierung von Teilen des Bundesvermögens (24.3.). Mit dem Gesetz über landwirtschaftliche Produktions-Genossenschaften (LPG) nimmt die DDR die endgültige **„Vergesellschaftung der landwirtschaftlichen Produktionsmittel"** in Angriff (3.6.). Wirtschaftliche Eingliederung des Saarlands in die BR Dtl. (5.7.). Mit einem Schweigemarsch nach Bonn protestieren 6000 Ruhr-Bergarbeiter gegen die Absatzkrise im Kohlebergbau (26.9.). Volkskammer beschließt Siebenjahrplan für die Wirtschaft der DDR (1.10.). Im Jahresdurchschnitt beträgt die Arbeitslosenquote in der Bundesrepublik 2,6% (31.12.).

Kunst & Kultur

Mit Fritz Kortners Inszenierung der *Räuber* im Berliner Schillertheater wird das **Schillerjahr** eingeläutet (21.2.). Der deutsche Film *Das Mädchen Rosemarie* wird in Hollywood als einer der besten ausländischen Streifen ausgezeichnet (5.3.). Unter dem Motto „**Greif zur Feder Kumpel**! Die sozialistische National-

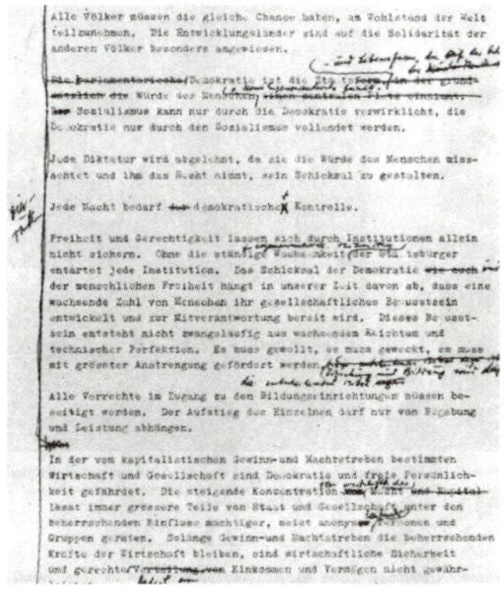
Alle Völker müssen die gleiche Chance haben, am Wohlstand der Welt teilzunehmen. Die Entwicklungsländer sind auf die Solidarität der anderen Völker besonders angewiesen.

Die parlamentarische Demokratie ist die Staatsform, die der grundsätzlich die Würde des Menschen einen zentralen Platz einräumt. Der Sozialismus kann nur durch die Demokratie verwirklicht, die Demokratie nur durch den Sozialismus vollendet werden.

Jede Diktatur wird abgelehnt, da sie die Würde des Menschen missachtet und ihm das Recht nimmt, sein Schicksal zu gestalten.

Jede Macht bedarf der demokratischen Kontrolle.

Freiheit und Gerechtigkeit lassen sich durch Institutionen allein nicht sichern. Ohne die ständige Wachsamkeit der Staatsbürger entartet jede Institution. Das Schicksal der Demokratie wie auch der menschlichen Freiheit hängt in unserer Zeit davon ab, dass eine wachsende Zahl von Menschen ihr gesellschaftliches Bewusstsein entwickelt und zur Mitverantwortung bereit wird. Dieses Bewusstsein entsteht nicht zwangsläufig aus wachsendem Reichtum und technischer Perfektion. Es muss gewollt, es muss geweckt, es muss mit grösster Anstrengung gefördert werden.

Alle Vorrechte im Zugang zu den Bildungseinrichtungen müssen beseitigt werden. Der Aufstieg des Einzelnen darf nur von Begabung und Leistung abhängen.

In der vom kapitalistischen Gewinn- und Machtstreben bestimmten Wirtschaft und Gesellschaft sind Demokratie und freie Persönlichkeit gefährdet. Die steigende Konzentration von Macht und Kapital lässt immer grössere Teile von Staat und Gesellschaft unter den beherrschenden Einfluss mächtiger, meist anonymer Personen und Gruppen geraten. Solange Gewinn- und Machtstreben die beherrschenden Kräfte der Wirtschaft bleiben, sind wirtschaftliche Sicherheit und gerechte Verteilung von Einkommen und Vermögen nicht gewähr-

Entwurf des „Godesberger Programms"

kultur braucht dich!" versucht die SED auf ihrer Bitterfelder Kulturkonferenz, die Arbeiter zu literarischer Tätigkeit zu animieren (24.4.). Der Maler George Grosz ist tot (6.7.). Altbundespräsident Heuss wird mit dem Friedenspreis des Deutschen Buchhandels geehrt (11.10.). Premiere von Bernhard Wickis Anti-Kriegsfilm ***Die Brücke*** (22.10.).

Gesellschaft & Sport

Das Bundeskabinett billigt den Plan zur Schaffung eines zweiten deutschen Fernsehkanals (14.1.). Den Angaben der Zentralverwaltung für Statistik zufolge leben **17.310.670 Einwohner in der DDR**; dies bedeutet eine Abnahme um rund 1,5 Mio. innerhalb von zehn Jahren (22.5.). Mit einem 5:3-Sieg (nach Verlängerung) über Kickers Offenbach ist **Eintracht Frankfurt Deutscher Fußballmeister** (28.6.). Das Bundesverfassungsgericht nimmt Korrekturen am sog. Gleichberechtigungsgesetz vor (29.7.). Mithilfe eines neuen Rundfunkgesetzes beabsichtigt die Bundesregierung die Einführung eines **„staatlichen" zweiten Programms** (30.9.).

Weltgeschichte

Der Abbau von Handelsbeschränkungen setzt gemäß EWG-Vertrag ein (1.1.). **Fidel Castros** Revolutionstruppen nehmen die kubanische Hauptstadt ein und setzen dem Batista-Regime ein Ende (2.1.). Charles **de Gaulle** tritt als **französischer Staatspräsident** sein Amt an (8.1.). Castro wird Ministerpräsident Kubas (16.2.). Abkommen zur Regelung der Zypern-Frage abgeschlossen (19.2.). Der britische Premierminister Harold Macmillan besucht die Sowjetunion (21.2.–3.3.). Die Außenminister der Staaten des Warschauer Paktes und der Volksrepublik China treffen in Warschau zusammen (27./28.4.). Der am 15.4. von seinem Amt zurückgetretene US-Außenminister **John Foster Dulles** ist tot (24.5.). US-Vizepräsident Richard Nixon besucht die Sowjetunion (23.7.–2.8.). Erste sowjetische Rakete erreicht den Mond (13.9.). Auf seinem USA-Besuch nimmt Chruschtschow das Berlin-Ultimatum zurück und tritt öffentlich für die friedliche Koexistenz zwischen Ost und West ein (**„Geist von Camp David"**) (15.–27.9.). In Stockholm wird die Gründungskonvention der Europäischen Freihandels-Assoziation (EFTA) paraphiert (20.11.). Die Außenminister der EWG vereinbaren regelmäßige Konsultationen (23.11.). Abkommen über die ausschließlich friedliche Nutzung der Antarktis (1.12.). Beschluss des NATO-Rates zur Aufstellung von 30 Divisionen in West- und Mitteleuropa (22.12.).

1960

Politik

Das Atomgesetz vom 23.12. des Vorjahres tritt in Kraft (1.1.). Die Bundesregierung legt den ersten **Entwurf** für eine **Notstandsgesetzgebung** vor (13.1.). Der Bundestag verurteilt Maßnahmen zur Zwangskollektivierung in der DDR (11.3.). Bundeskanzler Adenauer ist auf **Staatsbesuch in den Vereinigten Staaten**, wo er nicht nur mit US-Präsident Eisenhower, sondern auch mit dem israelischen Ministerpräsidenten David Ben Gurion zusammentrifft (12.–24.3.).

Die „Beatles“

Während eines Frankreichaufenthaltes droht Nikita Chruschtschow erneut mit dem Abschluss eines Separatfriedens mit der DDR. Dies würde ebenfalls zum Erlöschen der westalliierten Berlin-Rechte führen (2.4.). Die BR Dtl. und die Niederlande schließen einen Vertrag zu Grenzfragen und Wiedergutmachung (8.4.). **Theodor Oberländer** tritt vom Amt des Bundesvertriebenenministers zurück, weil Ermittlungen über seine Rolle bei der Erschießung polnischer Juden im Jahr 1941 aufgenommen werden (3.5.). Chruschtschow lässt die **Pariser Gipfelkonferenz** zur Berlin- und Deutschlandproblematik scheitern. Als Anlass dient ihm der Abschuss eines amerikanischen U2-Aufklärungsflugzeugs über sowjetischem Gebiet. Er will den Präsidentschaftswechsel in den USA am Ende des Jahres abwarten und hofft auf Alleingänge Frankreichs unter de Gaulle (16./17.5.). Während eines Aufenthalts in Ostberlin bekräftigt Chruschtschow öffentlich die unnachgiebige sowjetische Haltung in der Deutschland- und Berlinfrage (20.5.). Ben Gurion gibt die Verhaftung des ehemaligen SS-Obersturmbannführers **Adolf Eichmann** durch den israelischen Geheimdienst bekannt. Am 6.6. wird er aus Argentinien nach Israel verbracht (23.5.). Die **SPD** legt in einer Grundsatzrede ihres stellvertretenden Parteivorsitzenden Herbert Wehner ein **Bekenntnis zur Westintegration** ab und verabschiedet sich damit von neutralistischen Ideen (30.6.). Die Deutsche Partei (DP) scheidet aus der Regierungskoalition aus. Neun ihrer 17 Bundestagsabgeordneten, darunter die Bundesminister Hans-Christoph Seebohm und Hans-Joachim von Merkatz, wechseln wenig später (am 20.9.) zur CDU/CSU-Fraktion über (1.7.). Die BR Dtl. und Frankreich unterzeichnen ein Wiedergutmachungsabkommen (15.7.). Endgültiger **Bruch** zwischen **SPD** und dem Sozialistischen Deutschen Studentenbund (**SDS**) (20.7.). DDR-Staatspräsident Wilhelm Pieck ist tot (7.9.). Einem Erlass der DDR zufolge benötigen Bundesbürger für einen Besuch Ostberlins künftig eine Aufenthaltsgenehmigung (8.9.). Die DDR setzt an die Stelle des Präsidenten-Amtes den (24-köpfigen) **Staatsrat**, dessen Vorsitzender Walter Ulbricht wird (12.9.). Die Bundesregierung kündigt wegen Beschränkungen im innerdeutschen Reiseverkehr das Abkommen zum Interzonenhandel (30.9.). Von Merkatz (CDU) folgt Oberländer als Bundesvertriebenenminister nach (27.10.). Der SPD-Bundestagsabgeordnete Alfred Frenzel wird aufgrund des Verdachts der Spionage für den tschechischen Geheimdienst verhaftet (28.10.). Deutsche Verbände finden sich zu ersten Übungen auf dem französischen Truppenübungsplatz Mourmelon ein (3.–24.11.). Auf dem SPD-Parteitag in Hannover wird **Willy Brandt** als **Kanzlerkandidat** nominiert (21.–25.11.). Gründung der ostinfiltrierten Deutschen Friedens-Union (DFU) (17.12.). Knapp unter 200.000 Personen siedeln in diesem Jahr aus der DDR in die Bundesrepublik und nach Westberlin über (31.12.).

Wirtschaft & Wissenschaft

In der DDR setzt die letzte Phase der **Zwangskollektivierungen** ein (4.3.). Anwerbevereinbarung für Gastarbeiter mit Spanien und Griechenland (29./30.3.). Der Bundestag beschließt die **Privatisierung des Volkswagenwerkes** (29.6.). IG-Metall setzt Drei-Stufen-Plan zur Erreichung der **40-Stunden-Woche** in der **Metallindustrie** bis 1965 durch (8.7.). Die Fritz-Thyssen-Stiftung zur Forschungsförderung wird gegründet (23.7.). Von der Erfüllung der hoch gesteckten wirtschaftlichen Ziele weit entfernt, sieht sich die DDR gezwungen, den Volkswirtschaftsplan für 1961 abzuwandeln und den aktuellen **Siebenjahresplan** zu **revidieren** (15.–17.12.). Im Jahresdurchschnitt beträgt die Arbeitslosenquote in der Bundesrepublik 1,3% (31.12.).

Kunst & Kultur

Peter Hacks *Die Sorge um die Macht* wird im ostdeutschen Senftenberg uraufgeführt (15. 5.). Bei den **Berliner Filmfestspielen** erhält der französische Regisseur Jean-Luc Godard für seinen „Nouvelle Vague"-Film *A bout de souffle* (deutsch „Außer Atem") einen „Silbernen Bären" für die beste Regie (5.7.). Der deutsche Filmschauspieler **Hans Albers** ist tot (24.7.). Erster Auftritt der **„Beatles" in Hamburg**, in einem Striptease-Lokal des Bezirks St. Pauli (18.8.). Der deutsche Verleger Ernst Rowohlt stirbt in Hamburg (1.12.).

Gesellschaft & Sport

Die Gesamtdeutsche Synode der Evangelischen Kirche in Deutschland (EKD) tagt in Berlin (21.–26.2.). Der Deutsche **Armin Hary** läuft in Zürich als erster Mensch die 100 m in 10,0 Sekunden (21.6.). Hamburger SV wird durch einen 3:2-Sieg gegen den 1. FC Köln Deutscher Fußballmeister (23.6.). Nach einer Ablehnung des Bundesrundfunkgesetzes durch den Bundesrat gründet Konrad Adenauer die **„Deutschland-Fernsehen GmbH"** (25.7.). *Das Neue Deutschland* publiziert die „Gebote für Jungpioniere" (4.9.). Bei den XVII. **Olympischen Sommerspielen** in Rom erringt die gesamtdeutsche Mannschaft insgesamt 12 Goldmedaillen (25.8.–11.9.). Der Bundestag beschließt das Gesetz zur Schaffung von **Rundfunkanstalten des Bundesrechts** (Deutsche Welle, Deutschlandfunk) (26. 10.).

Armin Hary bei den Olympischen Spielen

Weltgeschichte

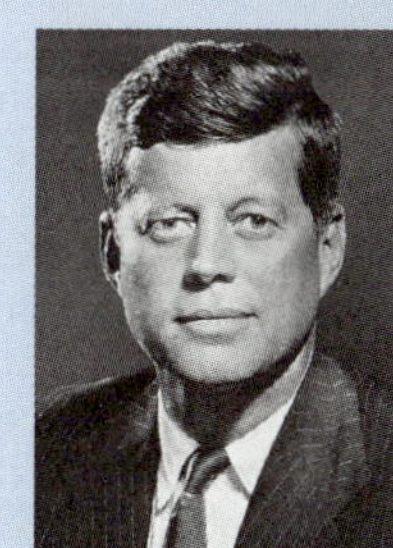

John F. Kennedy

Unter Führung Großbritanniens gründen sieben Nicht-EWG-Staaten die **europäische Freihandelsunion EFTA** (4.1.). **Barrikadenaufstand in Algier** gegen de Gaulles Algerienpolitik (24.1.). In der Sahara unternimmt Frankreich einen ersten Kernwaffenversuch (13.2.). VIII. Olympische Winterspiele im amerikanischen Squaw Valley (18.–28.2.). Eröffnung der Zehn-Mächte-Abrüstungskonferenz in Genf (15.3.). **Chruschtschow** zu **Staatsbesuch in Frankreich** (23.3.–3.4.). Die Sowjetunion schießt über ihrem Territorium ein US-Aufklärungsflugzeug ab (**U2-Affäre**) (1.5.). Der Sicherheitsrat der Vereinten Nationen erörtert die U2-Affäre (23.–27.5.). Nach Wiederaufnahme der Gespräche vertagt sich der **Genfer Zehn-Mächte-Abrüstungsausschuss** auf unbestimmte Zeit. Unter der Ägide der Sowjetunion hatten die kommunistischen Staaten die Konferenz verlassen (7.–28.6.). Der Sicherheitsrat der Vereinten Nationen beschließt die Entsendung von Truppen in den Kongo (14.7.). **Kuba** gibt die **Verstaatlichung US-amerikanischen Firmeneigentums** bekannt (7.8.). Erste **Antibabypille** in den USA (18.8.). Bei den amerikanischen Präsidentschaftswahlen siegt **John F. Kennedy** über Richard Nixon (8.11.). Gründung der Organisation für wirtschaftliche Zusammenarbeit und Entwicklung (**OECD**) (14.12.). Im Jahr 1960 entlassen die Kolonialmächte Belgien, Frankreich und Großbritannien insgesamt **17 afrikanische Staaten** in die **Unabhängigkeit** (31.12.).

1961

Politik

Das ZK der SED sucht nach Möglichkeiten, den offen zu Tage tretenden wirtschaftlichen Schwierigkeiten zu begegnen (16.–19.3.). Bundesverteidigungsminister **Franz Josef Strauß** wird neuer CSU-Vorsitzender (18.3.). Als Voraussetzung für die Aufnahme diplomatischer Beziehungen zwischen der BR Dtl. und Polen fordert Wladyslaw Gomulka ein Abgehen von der „Hallstein-Doktrin“ und die Anerkennung der Oder-Neiße-Grenze (11.4.). Der stellvertretende SPD-Vorsitzende Herbert Wehner signalisiert gegenüber der CDU die Koalitionsbereitschaft seiner Partei (23.4.). In einem Memorandum zur Deutschlandfrage fordert die Sowjetunion den Status einer entmilitarisierten Freien Stadt für Westberlin (4.6.). Die Westmächte missbilligen diese Forderung (11./12.6.). Erklärung Walter Ulbrichts: **„Niemand hat die Absicht, eine Mauer zu errichten“** (15.6.). Chruschtschow kündigt für Ende des Jahres 1961 einen separaten Friedensvertrag mit der DDR an (21.6.). In einer Rundfunkansprache verkündet John F. Kennedy seine **„three essentials“** (drei Grundelemente) in der Berlin-Frage: 1. Recht auf Anwesenheit der Alliierten in Westberlin, 2. freie Zufahrtswege (auch per Luft) von

Amerikanischer Panzer in Berlin am „Checkpoint Charlie“

und nach Berlin, 3. Erhaltung der Freiheit und Lebensfähigkeit Berlins (25.7.). Die Ersten Sekretäre der ZKs der kommunistischen Parteien und der Arbeiterparteien der Warschauer-Pakt-Staaten beraten über den Abschluss eines Friedensvertrages mit Deutschland und die „Regelung der Westberlin-Frage“ (5.–7.8.). Das SED-Regime beginnt mit dem **Bau der Berliner Mauer** und der hermetischen Abriegelung der Ost- von den Westsektoren Berlins (13.8.). In einer Note an die sowjetische Regierung protestieren die Westmächte gegen die Verletzung des

Der Volkspolizist Conrad Schumann flieht im August 1961 während des Mauerbaus in den Westen

Vier-Mächte-Status von Berlin (17.8.). In Begleitung von General Lucius D. Clay besucht der amerikanische Vizepräsident Lyndon B. Johnson Bonn und Berlin (19.–21.8.). Bundeskanzler Adenauer reist nach Berlin (22.8.). Amerikanische Panzer nehmen in Berlin an der Sektorengrenze Aufstellung und stehen sowjetischen auf der anderen Seite direkt gegenüber (23.8.). US-Präsident Kennedy kündigt die Ernennung des ehemaligen Militärgouverneurs der amerikanischen Besatzungszone Lucius D. Clay zum Sonderbeauftragten für Berlin an (30.8.). Bei den **Wahlen zum 4. Deutschen Bundestag** verliert die CDU/CSU ihre absolute Mehrheit, bleibt aber mit 45,4% der Stimmen stärkste Fraktion, gefolgt von der SPD mit 36,2% und der FDP mit 12,8% (17.9.). Die Volkskammer billigt das „Gesetz zur Verteidigung der DDR“ (20.9.). Konfrontation sowjetischer und amerikanischer Panzer in Berlin am „Checkpoint Charlie“ (27.10.). Heinrich von Brentano tritt vom Amt des Bundesaußenministers zurück (30. 10.). Im Alter von 85 Jahren wird Konrad **Adenauer erneut** zum **Bundeskanzler** gewählt. Er steht an der Spitze einer Regierungskoalition aus CDU/CSU und FDP (7.11.). Mit Elisabeth Schwarzhaupt wird erstmals eine Frau Bundesministerin (14.11.). Gründung des Bundesministeriums für wirtschaftliche Zusammenarbeit (24.11.). Der ehemalige SS-Offizier Adolf **Eichmann** wird in Israel **zum Tode verurteilt** (15.12.). Willy Brandt verzichtet auf sein Bundestagsmandat und bleibt Regierender Bürgermeister von Berlin (19.12.). Bis zur Schließung des sog. „Schlupflochs" Westberlin Mitte August 1961 flüchten knapp 160.000 Personen aus der DDR in die Bundesrepublik und den Westteil der „Frontstadt" (31.12.).

Wirtschaft & Wissenschaft

Wiederaufnahme des Interzonenhandels (1.1.). Aufwertung der Deutschen Mark gegenüber dem US-Dollar um 4,75% (1$ = 4 DM) (6.3.). DDR-Wirtschaftskonferenz kündigt „Störfreimachung" der Wirtschaft vom „westdeutschen Imperialismus" an (10./11.10.). Der Automobilkonzern **Borgward** meldet **Konkurs** an (18.10.). Die BR Dtl. schließt Anwerbevereinbarung für **Gastarbeiter** mit der **Türkei** (30.10.). Rudolf L. Mößbauer erhält gemeinsam mit dem Amerikaner Robert Hofstadter den **Nobelpreis für Physik** (10.12.). In einem *Prawda*-Interview beziffert Ulbricht den durch die Massenflucht der DDR entstandenen Schaden auf 30 Mrd. Mark (30.12.). Im Jahresdurchschnitt beträgt die Arbeitslosenquote in der Bundesrepublik lediglich 0,8% (31.12.).

Kunst & Kultur

Durch Unterzeichnung eines Staatsvertrags gründen die Länder der BR Dtl. das bundeseinheitliche **Zweite Deutsche Fernsehen** (ZDF) als gemeinnützige Anstalt des öffentlichen Rechts mit Sitz in Mainz (6.6.). Heinz Rühmann und Hilde Krahl werden bei den Berliner Filmfestspielen als beste Hauptdarsteller geehrt (23.6.). Eröffnung der **Deutschen Oper** in Berlin (24.9.). Deutsche Premiere des Musicals *My Fair Lady* im neu gegründeten Westberliner „Theater des Westens" (25.10.). Bischof Otto Dibelius weiht in Westberlin die **neue Kaiser-Wilhelm-Gedächtniskirche** ein (17.12.).

Gesellschaft & Sport

Das Bundesverfassungsgericht erklärt die **„Deutschland-Fernsehen GmbH"** für **verfassungswidrig** (28.2.). Das Parlament billigt Gesetze zur Lohnfortzahlung im Krankheitsfall und zur Förderung der Vermögensbildung der Arbeitnehmer (31.5.). Das **erste Atomkraftwerk der BR Dtl.** wird in Kahl am Main in Betrieb genommen (17.6.). Nach einem 3:0-Sieg über Borussia Dortmund ist der 1. FC Nürnberg Deutscher Fußballmeister (24.6.). Das **Bundessozialhilfegesetz** ersetzt das bisherige Fürsorgerecht (30.6.). Nach Verbot des Evangelischen Kirchentags in Ostberlin findet dieser im Westteil statt (11.7.). Umbenennung von Stalin- in Eisenhüttenstadt sowie der Ostberliner Stalin- in Karl-Marx-Allee (13.11.).

Weltgeschichte

Die Vereinigten Staaten kündigen die diplomatischen Beziehungen zu Kuba auf (3.1.). **John F. Kennedy** tritt das Amt des US-Präsidenten an (20.1.). EWG-Länder vereinbaren in Paris engere politische Zusammenarbeit (10.2.). Der russische Astronaut Jurij Gagarin unternimmt den **ersten bemannten Raumflug** und umkreist die Erde (12.4.). Die von den USA angetriebene Invasion von Exilkubanern auf Kuba (**„Unternehmen Schweinebucht"**) scheitert (17.–20.4.). Putschversuch dreier französischer Generäle in Algier gegen die von Frankreich vorangetriebene Unabhängigkeit der Kolonie (22.4.–3.5.). Fidel Castro erklärt **Kuba** zum **sozialistischen Staat** (1.5.). Erster bemannter Raumflug eines US-Astronauten (5.5.). Gründung der Menschenrechtsorganisation **„Amnesty International"** in London (28.5.). Chruschtschow und Kennedy sind zu Gesprächen in Wien (3./4.6.). Großbritannien und Dänemark beantragen Aufnahme in die EWG (10.8.). Auf dem XXII. Parteitag der KPdSU wird die Kritik am Stalin'schen Personenkult erneuert und der Kurs zur „Wiederherstellung der Lenin'schen Normen des Partei- und Staatslebens" bestätigt (17.–31.10.). **Albanien** bricht diplomatische Beziehungen zur Sowjetunion ab und bewegt sich politisch auf China zu (10.12.). Die **USA entsenden Militär** in die südvietnamesische Stadt **Saigon** (12.12.). Indische Truppen besetzen das portugiesische Goa (19.12.).

1962

Politik

Bundespräsident Heinrich Lübke zu Staatsbesuch in Liberia, Guinea und im Senegal (11.–20.1.). Volkskammer beschließt die Einführung der **allgemeinen Wehrpflicht in der DDR** – einschließlich Ostberlins (24.1.). Die Sowjetunion beginnt mit Störaktionen des Berlin-Verkehrs. Dies löst den entschiedenen Protest Washingtons aus (14.2.). Das ZK der SED verabschiedet den Entwurf des „Nationalen Dokuments" über die „geschichtliche Aufgabe der Deutschen Demokratischen Republik und die Zukunft Deutschlands". Das ZK schlägt eine „deutsche Konföderation" unter Beibehaltung des Sozialismus in der DDR vor (21.–23.3.). Der entführte Heinz Brandt wird in der DDR zu 15 Jahren Haft verurteilt (10.5.). Bei einem **Feuergefecht** zwischen Westberliner Polizisten und den Grenzsicherungsorganen der DDR stirbt ein ostdeutscher Soldat (23.5.). Adolf **Eichmann** wird in Israel **hingerichtet** (31.5.). Konrad Adenauer schlägt dem sowjetischen Botschafter Andrei Smirnow ein zehnjähriges **Stillhalteabkommen** („Burgfrieden") vor (6.6.). Der belgische Außenminister Paul-Henri Spaak stellt der Bundesregierung in Bonn seine Gedanken zur Bildung einer politischen Kommission der Europäischen Union vor (26.7.). Nach **Erschießung** des 18-jährigen Bauarbeiters **Peter Fechter** bei einem Fluchtversuch an der Berliner Mauer durch ostdeutsche Grenzpolizisten kommt es in Westberlin zu heftigen Protesten und Unruhen (17./18.8.). Die Sowjetunion löst in Ostberlin ihre Stadtkommandantur auf. Die Westmächte protestieren dagegen und beharren auf der Vier-Mächte-Verantwortung (22.8.). Charles de Gaulle zu Staatsbesuch in der BR Dtl. (4.–9.9.). In seiner Regierungserklärung fordert Bundeskanzler Adenauer Selbstbestimmung für das gesamte deutsche Volk (9.10.). Beginn der **„*Spiegel*-Affäre"**: Nach einem kritischen Bericht (unter dem Titel „Bedingt abwehrbereit") über die NATO-Stabsübung „Fallex '62" lässt die Bundesanwaltschaft wegen Verdachts des Geheimnisverrats die Redaktionsräume des Nachrichtenmagazins *Der Spiegel* durchsuchen und Herausgeber Rudolf Augstein sowie mehrere Redakteure verhaften (26.10.). Dieses Vorgehen löst im In- und Ausland einen heftigen Proteststurm aus und leitet eine Regierungskrise ein. Präsentation des 2. („Höcherl"-)Gesetzentwurfs zur Einführung einer Notstandsverfassung (31.10.). Bundespräsident Heinrich Lübke zu offiziellen Besuchen im Iran sowie in Pakistan, Thailand und Jordanien (10.11.–4.12.). Aufgrund der „*Spiegel*-Affäre" erklären die **Bundesminister der FDP** ihren **Rücktritt** aus der Bundesregierung (19.11.). Bundesminister Paul Lücke und Herbert Wehner führen ein erstes Gespräch über eine CDU-SPD-Koalition (26. 11.). Die Bundesminister der CDU/CSU stellen ihre Ämter zur Verfügung (27.11.). Die CDU nimmt erstmals Koalitionsverhandlungen mit der SPD auf, und Bundesverteidigungsminister Strauß kündigt an, auf einen Posten im neuen Kabinett Adenauer zu verzichten (30.11.). Die Verhandlungen zur Bildung einer „Großen Koalition" unter Adenauer scheitern (5.12.). Vereidigung des **fünften Kabinetts Adenauer**, einer Regierungskoalition aus CDU/CSU und FDP (14.12.). **Röhren-Embargo** gegen die Sowjetunion: Die Bundesregierung verhängt, einer Empfehlung des NATO-Rates folgend, ein Ausfuhr-Verbot für Pipeline-Rohre nach Russland (18.12.). Über 21.000 Personen

Hermann Hesse

Öffentlicher Protest anlässlich der „*Spiegel*-Affäre"

verlassen die DDR im Jahresverlauf als Flüchtlinge oder Übersiedler (31.12.).

Wirtschaft & Wissenschaft

Bundeswirtschaftsminister Ludwig **Erhard** appelliert an Interessengruppen, Gewerkschaften, Verbrauer und Arbeitnehmer, angesichts der ernsten Lage **Maß zu halten** und keine weiteren Forderungen an den Staat zu stellen (21.3.). Die Deutsche Gesellschaft für wirtschaftliche Zusammenarbeit (DEG) wird gegründet (10.9.). Auf seiner 17. Tagung verkündet das ZK der SED den **„Sieg der sozialistischen Produktionsverhältnisse"** in der DDR (3.–5.10.). Im Jahresdurchschnitt beträgt die Arbeitslosenquote in der Bundesrepublik 0,7% (31.12.).

Kunst & Kultur

Mit einer Ansprache Heinrich Lübkes startet der **Deutschlandfunk** sein Programm. Es richtet sich zunächst vorrangig an Deutsche im Ausland (1.1.). *Oberhausener Manifest* des jungen deutschen Films (28.2.). Erster Auftritt der **„Beatles"** im Hamburger „Starclub" (13.4.). Ihrem neuen Statut gemäß wird die Ostberliner Deutsche Akademie der Künste eine „Sozialistische Akademie" (30.5.). Der Literaturnobelpreisträger und Autor von Werken wie *Siddharta* und *Steppenwolf*, **Hermann Hesse**, ist tot (9.8.). Erstes Erscheinen der deutschen Satirezeitschrift *Pardon* in Frankfurt am Main (1.9.). Der erste ***James-Bond***-Film *007 jagt Dr. No* kommt auch in der Bundesrepublik in die Kinos und bildet den Auftakt zur langen Erfolgsgeschichte der *Bond*-Filme (September).

Gesellschaft & Sport

Bei einer Schlagwetter-Explosion sterben in der saarländischen Zeche „Luisenthal" in Völklingen 299 Bergleute (7.2.). Eine **Flutkatastrophe** an der Nordsee-Küste kostet Hunderte von Menschen das Leben und führt zu gewaltigen Sachschäden (17.2.). Nach dem Mauerbau tagt die Synode der Evangelischen Kirche Berlin-Brandenburg erstmals getrennt in den beiden Teilen Berlins (12.3.). Durch einen 32 m langen, selbstgebauten **Tunnel** gelangen 12 Ostdeutsche nach Westberlin (5.5.). Der 1. FC Köln ist nach einem 4:0-Erfolg über den 1. FC Nürnberg Deutscher Fußballmeister (12.5.). Beschluss des Deutschen Fußball-Bundes (DFB) zur Gründung der **Fußball-Bundesliga** (6.10.). Das Bundesurlaubsgesetz wird neu geregelt: Festlegung des Mindesturlaubs auf 15 Werktage, ab dem 35. Lebensjahr auf 18 Werktage (7.12.).

Weltgeschichte

Amerikanischer Flugzeugträger vor Kuba

Abkommen zwischen EWG und USA über den gegenseitigen Zollabbau (16.1.). US-Regierung verhängt ein **Handelsembargo gegen Kuba** (3.2.). In Genf beginnt die 18-Mächte-Abrüstungskommission mit der Arbeit (14.3.). **Ende des Algerien-Krieges**: Frankreich schließt mit der algerischen Exilregierung ein Waffenstillstandsabkommen (18.3.). Die Europäische Weltraumforschungsorganisation (ESRO) wird ins Leben gerufen (14.6.). Volksabstimmung in **Algerien** plädiert für **Unabhängigkeit** (1.7.). Die USA bringen im Weltraum eine Wasserstoffbombe zur Explosion (9.7.). De Gaulle entgeht in Paris unverletzt einem Attentat (22.8.). Commonwealth-Konferenz berät in London über den EWG-Beitritt Großbritanniens (10.–19.9.). **Beitrittsverhandlungen** zwischen **EWG** und **Großbritannien** wieder aufgenommen (6.10.). Militärischer Grenzkonflikt zwischen Indien und China (20.10.–1.12.). Nach Entdeckung von sowjetischen Angriffswaffen auf Kuba beginnt mit der Verhängung einer Seeblockade der USA gegen die Karibikinsel die den Weltfrieden bedrohende **Kuba-Krise** (22.10.). Chruschtschow lenkt in der Kuba-Krise ein und erklärt sich zum Abtransport der auf Kuba stationierten sowjetischen Raketen bereit (27./28.10.). Sowjetische Schiffe beginnen mit dem Raketen-Abtransport (9.11.). Die USA melden die Einsatzbereitschaft der ersten zehn **„Minuteman"-Interkontinentalraketen** (11.12.).

1963

Politik

John F. Kennedy während seiner legendären Berliner Rede

Nach Anerkennung der DDR durch Kuba bricht die BR Dtl. zu dem Karibikstaat die diplomatischen Beziehungen ab (14.1.). Auf ihrem VI. Parteitag verabschiedet die **SED** ein **Parteiprogramm**, in dem sie sich klar zu einem Kommunismus sowjetischen Musters bekennt. Chruschtschow spricht in Ostberlin und benennt öffentlich die ideologischen Differenzen gegenüber China (15.–21.1.). Der Auswärtige Ausschuss des Bundestags plädiert dafür, Großbritannien als Vollmitglied der EWG zuzulassen (17.1.). Bundeskanzler Konrad Adenauer und Staatspräsident Charles de Gaulle unterzeichnen in Paris den Vertrag über deutsch-französische Zusammenarbeit (**Elysée-Vertrag**) (22.1.). In einem Zeitungsinterview missbilligt Bundeskanzler Ludwig Erhard die französische Europapolitik (4.2.). Förmlicher Protest der Sowjetunion bei der Bundesregierung gegen das Stahlrohrembargo des Vorjahres (6.4.). Die CDU/CSU-Fraktion nominiert Erhard als Kanzlerkandidaten (23.4.). Der Bundestag ratifiziert den sog. Elysée-Vertrag zwischen Deutschland und Frankreich (16.5.). Der konservative britische Politiker Edward Heath erhält den Karlspreis der Stadt Aachen (23.5.). Am zehnten Jahrestag des Volksaufstandes vom 17. Juni 1953 macht Bundespräsident Heinrich Lübke den Tag der deutschen Einheit in einer Proklamation zum **Nationalen Gedenktag des deutschen Volkes** (17.6.). Die DDR-Regierung erlässt eine Verordnung zum Schutz der „Staatsgrenze“ zwischen der DDR und Westberlin (21.6.). Staatsbesuch des US-Präsidenten John F. **Kennedy** in der Bundesrepublik und Westberlin. Er ist das erste westliche Staatsoberhaupt, das seit Ende des Krieges Berlin besucht. Hier spricht er den berühmten Satz: **„Ich bin ein Berliner!“** (23.–26.6.). In seiner Anwesenheit wird der Deutsche Entwicklungsdienst (DED) ins Leben gerufen (24.6.). Chruschtschow besucht die DDR (28.6.–4.7.). In seiner Tutzinger Rede präsentiert der enge Vertraute Willy Brandts und Pressechef des Berliner Senats Egon Bahr unter dem Motto **„Wandel durch Annäherung“** die Grundzüge einer neuen deutschen Ostpolitik (15.7.). Das Bundesverfassungsgericht stellt die Verfassungswidrigkeit der bisherigen Wahlkreiseinteilung fest (16.7.). Ungeachtet großer Bedenken Adenauers tritt die BR Dtl. dem Moskauer **Atomteststopp-Abkommen** bei (19.8.). General Hans Seidel scheidet aus dem Amt des Befehlshabers der NATO-Landstreitkräfte in Mitteleuropa. Ihm folgt General Johann Adolf Graf Kielmansegg nach (30.9.). Mit **Hans Globke** tritt die wohl bekannteste Symbolfigur für die Übernahme NS-Belasteter in den Staatsdienst nach 1945 vom Amt des Staatssekretärs im Bundeskanzleramt zurück (30.9.). Aus Anlass von **Adenauers Rücktritt** hält Bundestagspräsident Eugen Gerstenmaier eine Rede auf den scheidenden Bundeskanzler (15.10.). Der Bundestag wählt Bundeswirtschaftsminister Ludwig **Erhard** zum **neuen Bundeskanzler**. Er setzt die bestehende Koalitionsregierung aus Union und FDP fort (16.10.). Wahlen zur Volkskammer nach Einheitslisten (20.10.). Im Alter von 70 Jahren verstirbt Altbundespräsdent Theodor Heuss in Stuttgart (12.12.). Erst 62-jährig stirbt der langjährige SPD-Vorsitzende Erich Ollenhauer in Bonn (14.12.). In Frankfurt am

Ludwig Erhard

Main beginnt der Prozess gegen 22 Bewacher des Konzentrationslagers Auschwitz (sog. **Auschwitz-Prozess**), der bis August 1965 andauert (20.12.). Deutlich über 42.000 Personen verlassen die DDR im Jahresverlauf als Flüchtlinge oder Übersiedler (31.12.).

Wirtschaft & Wissenschaft

Die BR Dtl. und Polen schließen ein dreijähriges Handelsabkommen (7.3.). Metallarbeiter streiken in Baden-Württemberg (28.4.–7.5.). Anwerbevereinbarung für Gastarbeiter mit Marokko (21.5.). Das ZK der SED und der DDR-Ministerrat beschließen mit dem **„Neuen Ökonomischen System der Planung und Leitung der Volkswirtschaft"** (NÖSPL) eine Wirtschaftsreform (24./25.6.). Abschluss eines deutsch-ungarischen Handelsabkommens (9. 11.). Die Gründung des Instituts für Bildungsforschung der Max-Planck-Gesellschaft erfolgt (6. 12.). Zusammen mit dem Italiener Giulio Natta erhält Karl Ziegler den **Nobelpreis für Chemie** (10.12.). Im Jahresdurchschnitt beträgt die Arbeitslosenquote in der Bundesrepublik lediglich 0,8% (31.12.).

Kunst & Kultur

Spiegel-Herausgeber Rudolf Augstein wird aus der Haft entlassen (7.2.). Uraufführung von **Rolf Hochhuths *Der Stellvertreter*** in einer Inszenierung Erwin Piscators im Berliner Theater am Kurfürstendamm (20.2.). Das **Zweite Deutsche Fernsehen** (ZDF) **beginnt** in Mainz seine **Sendetätigkeit** (1.4.). Darius Milhauds Oper *Orestie* feiert in der Westberliner Deutschen Oper Premiere (24.4.). Der deutsche Schauspieler und Regisseur Gustaf Gründgens ist tot (7.10.). In Westberlin wird die vom Architekten **Hans Scharoun** entworfene **Berliner Philharmonie** eingeweiht (15.10.). Der Komponist Paul Hindemith stirbt im Alter von 68 Jahren (28.12.).

Gesellschaft & Sport

Die Olympischen Komitees der BR Dtl. und der DDR einigen sich auf die Aufstellung einer **gemeinsamen Olympiamannschaft** für 1964 (6.2.). Freigabe der über 963 m langen **Fehmarnsundbrücke** (30.4.). Borussia Dortmund ist durch einen 3:1-Sieg über den 1. FC Köln Deutscher Fußballmeister (29.6.). **Gründung des Deutsch-Französischen Jugendwerks** (4./5.7.). Erster Spieltag der neu gegründeten **Fußball-Bundesliga** (24.8.). Im niedersächsischen Lengede kommen bei einem Grubenunglück 29 Bergleute ums Leben (24.–31.10.). Das erste **Passierscheinabkommen** regelt die Verwandten-Besuche über Weihnachten und Neujahr von Westberlinern im Ostteil der Stadt (17.12.).

Weltgeschichte

Das Attentat auf John F. Kennedy

Auf Verlangen Frankreichs erfolgt ein Abbruch der Beitrittsverhandlungen Großbritanniens zur EWG (29.1.). Die **Kuba-Krise** wird **beigelegt** (Januar). Unterzeichnung eines Vertrags zum Verkauf amerikanischer „Polaris"-Raketen an Großbritannien (6.4.). Papst Johannes XXIII. verkündet die Friedensenzyklika *Pacem in terris* (11.4.). Der Papst stirbt in Rom (3.6.). John F. Kennedy kündigt in der Washingtoner American University für den Folgemonat **Gespräche zum Zwecke der Entspannung** zwischen den Vereinigten Staaten, Großbritannien und der Sowjetunion in Moskau an (10.6.). USA und Sowjetunion vereinbaren die Einrichtung eines **„heißen Drahts"** (20.6.). Das Kardinalskollegium wählt Kardinal Montini zum neuen Papst Paul VI. (21.6.). In Moskau unterzeichnen die USA, Großbritannien und die Sowjetunion 18 Jahre nach dem Atombombenabwurf über Hiroshima ein **Atomteststopp-Abkommen** (5.8.). Mit einem Marsch nach Washington demonstrieren rund 200.000 schwarze und weiße Amerikaner gegen Rassendiskriminierung. Der Bürgerrechtler **Martin Luther King** hält seine historische Rede „Ich habe einen Traum" (28.8.). Die „Vorwärtsverteidigung" wird im NATO-Gebiet verbindliche Strategie (1.9.). US-Präsident **Kennedy** fällt beim Besuch der texanischen Stadt Dallas einem **Attentat** zum Opfer. Sein Nachfolger im Amt ist Vizepräsident Lyndon B. Johnson (22.11.).

1964

Politik

Die **DDR** beginnt mit der Ausgabe **neuer Personalausweise**. Sie enthalten als Staatsangehörigkeits-Vermerk „Bürger der Deutschen Demokratischen Republik" (2.1.). In einem Brief Walter Ulbrichts an Ludwig Erhard schlägt der DDR-Staatsratsvorsitzende einen Kernwaffen-Verzicht vor. Der Bundeskanzler lässt das Schreiben ungeöffnet zurückschicken (6.1.). Auf ihrem Bonner Sonderparteitag wählt die SPD nach dem Tod Erich Ollenhauers den Regierenden Bürgermeister von Berlin **Willy Brandt** zu ihrem Vorsitzenden und Kanzlerkandidaten (15./16.2.). Nach Rücktritt Hans Krügers (CDU) als Bundesminister für Vertriebene, Flüchtlinge und Kriegsgeschädigte wegen einer

Willy Brandt

belastenden NS-Vergangenheit folgt ihm Ernst Lemmer (CDU) im Amt nach (19.2.). Aufgrund von parteikritischen Äußerungen wird **Robert Havemann** aus der SED ausgeschlossen; zudem verliert er seine Stelle als Professor für Physikalische Chemie an der Ostberliner Humboldt-Universität (12./13.3.). CDU-Parteitag wählt den 88-jährigen Konrad Adenauer erneut zum Parteivorsitzenden (17.3.). Bundeskanzler Erhard betont die Ablehnung der Oder-Neiße-Linie als deutsche Ostgrenze (22.3.). Der Bundestag nimmt das Moskauer Atomteststopp-Abkommen des Vorjahres einstimmig an (5.6.). Sowjetunion und DDR unterzeichnen den **„Vertrag über Freundschaft, gegenseitigen Beistand und Zusammenarbeit"**. Dieser beinhaltet eine Garantie der Unantastbarkeit der DDR-Staatsgrenzen (12.6.). Ernennung des CDU-Bundesministers Heinrich Krone zum Vorsitzenden des Bundesverteidigungsrates (24.6.). Die Westmächte missbilligen die östliche Dreistaaten-Theorie (DDR, BR Dtl., Westberlin) in Bezug auf Deutschland (26.6.). Die Bundesversammlung wählt **Heinrich Lübke** in Berlin **erneut** zum **Bundespräsidenten** (1.7.). Bundeskanzler Ludwig Erhard trifft zu Gesprächen mit dem sowjetischen Sonderbotschafter Andrej Smirnow und Chruschtschows Schwiegersohn Alexej I. Adschubej zusammen (27./28.7.). Die Volkskammer beschließt das Gesetz über die Nichtverjährung von NS- und Kriegsverbrechen. Außerdem garantiert sie „Republikflüchtlingen", welche die DDR vor dem 13.8.1961 verlassen haben, bei Rückkehr Straffreiheit (1.9.). Bonn kündigt offiziell den Besuch Chruschtschows in der BR Dtl. an (3.9.). Die DDR führt die sog. **„Bausoldaten"** als Dienst ohne Waffe ein (7.9.). DDR-Ministerpräsident Otto Grotewohl stirbt (21.9.). Sein Nachfolger heißt **Willi Stoph** (24.9.). 57 Menschen gelingt durch einen Tunnel die Flucht von Ost- nach Westberlin (5.10.). Ca. 10.000 kriminelle und politische Strafgefangene werden anlässlich des 15. Jahrestages der DDR-Gründung amnestiert, darunter der Philosoph Wolfgang Harich und der Schriftsteller Erich Loest (6.10.). Bei einem Besuch im Kreml treffen Ulbricht und Stoph mit der neuen sowjetischen Staats- und Parteiführung zusammen (5.–11.11.). Die **Nationaldemokratische Partei Deutschlands** (NPD) gründet sich in Hannover (28.11.). Sie stellt eine von der Deutschen Reichspartei initiierte Sammlung zahlreicher weit rechts im politischen Spektrum angesiedelter Kleingruppen dar. Die erste Volkszählung in der DDR ergibt mit 17 Mio. Einwohnern eine gegenüber 1950 um 1,3 Mio. geschrumpfte Einwohnerzahl (28.12.). Ulbricht verlangt Verhandlungen zwischen den Regierungen der DDR und der BR Dtl. (31.12.). Fast 42.000 Personen verlassen die DDR im Jahresverlauf als Flüchtlinge oder Übersiedler (31.12.).

Wirtschaft & Wissenschaft

Deutsches Krebsforschungszentrum in Heidelberg wird eröffnet (28.1.). Der **Sachverständigenrat** zur Begutachtung der gesamtwirtschaftlichen Entwicklung wird in Bonn eingerichtet (14.2.). Abschluss eines deutsch-bulgarischen Handelsabkommens (6.3.). Anwerbevereinbarung für Gastarbeiter mit Portugal (17.3.). Landesregierungen beschließen die **Errichtung neuer Universitäten** in Bochum, Bremen, Konstanz und Regensburg (19.3.). Verwaltungsabkommen zwischen Bund und Ländern über die Förderung von Wissenschaft und Forschung (4.6.). Ausgabe **neuer Banknoten** „Mark der deutschen Notenbank" **in der DDR** (1.8.). Der Amerikaner Konrad E. Bloch und der Deutsche Feodor Lynen werden mit dem **Nobelpreis für Medizin** geehrt (10.12.). Im Jahresdurchschnitt beträgt die Arbeitslosenquote in der Bundesrepublik 0,8% (31.12.).

Kunst & Kultur

Die Kultusministerkonferenz nennt in ihrer „Berliner Erklärung" eine **aktive Bildungspolitik** notwendig (5./6.3.). Bundestag beschließt die „Untersuchung der Wettbewerbsgleichheit von Presse, Funk/Fernsehen und Film" (29.4.). Einweihung der von Egon Eiermann entworfenen **Deutschen Botschaft in Washington** (11.5.). Gründung des Radio-Jugendstudios DT 64 in der DDR (18.5.). Feierliche Eröffnung des Duisburger Wilhelm-Lehmbruck-Museums (5.6.). Der Bayerische Rundfunk führt als erster Sender das **Dritte Fernsehprogramm** ein (22.9.). Die bundesdeutschen Länder einigen sich im „Hamburger Abkommen" auf eine Vereinheitlichung im Bereich des Schulwesens (28.10.).

Gesellschaft & Sport

Verbesserte Leistungen durch das Bundeskindergeldgesetz (14.4.). 1. FC Köln ist am Ende der **ersten Bundesligasaison** Deutscher Fußballmeister (9.5.). Der Ministerrat billigt Rentnern künftig im Jahr eine Besuchsreise in die BR Dtl. zu (8.9.). Die Bundesregierung beschließt die Errichtung einer **Stiftung Warentest** (16.9.). **Neues Passierscheinabkommen** über Besuchsreisen von Westberlinern in den Ostteil der Stadt unterzeichnet (24.9.). Bei den XVIII. Olympischen Sommerspielen in Tokio tritt zum vorerst letzten Mal ein gesamtdeutsches Team an (10.10.). **Zwangsumtausch** für Besucher der DDR und Ostberlins verfügt (2.12.). Strafrechtsreform kräftigt in der BR Dtl. die Position des Beschuldigten und seines Verteidigers (19.12.).

Weltgeschichte

Eröffnung der IX. Olympischen Winterspiele in Innsbruck (29.1.). **Cassius Clay** wird Boxweltmeister im Schwergewicht (25.2.). UN-Sicherheitsrat beschließt die Entsendung einer internationalen Friedenstruppe nach **Zypern**, um im griechisch-türkischen Bürgerkrieg zu schlichten (4.3.). Der schwarze Bürgerrechtler **Nelson Mandela** wird in Südafrika zu lebenslanger Haft verurteilt (12.6.). Das neue Gesetz zur **Aufhebung der Rassentrennung** tritt in den Vereinigten Staaten in Kraft (2.7.). Laut offizieller Washingtoner Verlautbarung werden in internationalen Gewässern des Golfs von Tonkin amerikanische Zerstörer von Nordvietnam angegriffen. Die USA leiten Vergeltungsmaßnahmen ihrer Luftwaffe ein (2.–6.8.). Der amerikanische Kongress schafft mit der sog. „Tonkin-Golf-Resolution" die Voraussetzung für ein umfangreiches militärisches Eingreifen in den **Vietnam-Krieg**, der bald anstelle der Deutschlandfrage im Zentrum der US-Politik steht (7.8.). **Chruschtschow** wird **gestürzt**. Als Parteichef folgt ihm Leonid Breschnew nach, als Regierungschef Alexej Kossygin (14./15.10.). Zündung der ersten chinesischen Atombombe (16.10.). **Friedensnobelpreis für Martin Luther King**, der französische Schriftsteller **Jean-Paul Sartre** lehnt den Literaturnobelpreis ab (10.12.).

Cassius Clay

Martin Luther King

1965

Politik

Die Bundeswehr-Generäle Wolf Graf von Baudissin, Johann Graf Kielmansegg und Ulrich de Maizière werden für die Entwicklung des Konzepts der Inneren Führung in Hamburg mit dem Freiherr-vom-Stein-Preis ausgezeichnet (10.2.). Der Deutsche Bundestag veranstaltet erstmals die neu eingeführte **„Aktuelle Stunde"** (10.2.). Die Bundesregierung verbietet die Lieferung von Waffen in Krisengebiete (12.2.). Walter Ulbricht besucht mit Ägypten erstmals ein nichtsozialistisches Land (24.2.). Der **Bundestag verlängert** die **Verjährungsfrist für die Verfolgung von nationalsozialistischen Gewaltverbrechen** (25.

Heinrich Lübke und Königin Elizabeth II.

3.). Kurzzeitige Blockierung der Zufahrtswege zu Wasser und Lande nach Westberlin durch sowjetische und DDR-Behörden (7.4.). Die 12. Division der Bundeswehr wird der NATO unterstellt (10. 4.). Staatsrat, Ministerrat und „Nationalrat der Nationalen Front" verleihen ihrer Überzeugung Ausdruck, dass ein wieder vereinigtes Deutschland allein unter sozialistischen Vorzeichen denkbar sei (5.5.). In einer Fernsehansprache fordert US-Präsident Johnson die „Erosion des Eisernen Vorhangs" und das „Ende der Ostzone" (7.5.). Ankündigung der Aufnahme **diplomatischer Beziehungen** zwischen **Israel** und der **BR Dtl.** In der Folge bricht die Mehrheit der arabischen Staaten die Beziehungen zur Bundesrepublik ab (12.5.). Staatsanwaltschaft stellt Ermittlungen in „*Spiegel*-Affäre" ein (13.5.). Die britische Königin **Elizabeth II.** hält sich zu einem einwöchigen **Staatsbesuch in der BR Dtl.** auf (18.–25.5.). Charles de Gaulle zu Gesprächen in Bonn (11./12.6.). Im Bundestag scheitert an der SPD-Opposition eine Änderung des Grundgesetzes im Hinblick auf eine Notstandsverfassung (24.6.). **Urteile im Auschwitz-Prozess**: Sechs der Angeklagten erhalten lebenslange Freiheitsstrafen, drei werden freigesprochen, 11 von ihnen zu Freiheitsstrafen zwischen 14 und dreieinhalb Jahren verurteilt. Zwei der insgesamt 22 Angeklagten scheiden während des Gerichtsverfahrens aus (19.8.). Die BR Dtl. und Israel nehmen offiziell diplomatische Beziehungen auf und richten Botschaften im jeweils anderen Land ein (19.8.). Bei den fünften **Bundestagswahlen** erringt die CDU/CSU 47,6% der Stimmen, gefolgt von der SPD mit 39,3% und der FDP mit 9,5% der Stimmen (19.9.). In seiner Denkschrift *Die Lage der Vertriebenen und das Verhältnis des deutschen Volkes zu seinen Nachbarn* kritisiert der Rat der EKD die Ostpolitik der Bundesregierung (15.10.). Mit dem Manöver „Oktobersturm" simuliert der Warschauer Pakt den Kampf gegen eine Bundeswehr-Attacke auf die DDR (16.–22.10.). Der Bundestag wählt **Ludwig Erhard erneut** zum **Bundeskanzler** (20.10.). Vereidigung des zweiten Kabinetts Erhard – eine Koalition aus CDU/CSU und FDP (26.10.). Der Erste Sekretär der KPdSU Leonid Breschnew besucht die DDR (27.–29.11.). Das *Neue Deutschland* startet eine **Kam-**

Der SPD-Fraktionsführer Fritz Erler gratuliert Ludwig Erhard zu dessen Wiederwahl

pagne gegen den parteikritischen Liedermacher **Wolf Biermann** (5.12.). Die DDR richtet ein Staatssekretariat für gesamtdeutsche Fragen ein (18.12.). Konrad Adenauer verzichtet auf eine erneute Kandidatur für den Vorsitz seiner Partei (21.12.). Walter **Ulbricht** präsentiert einen **Sieben-Punkte-Plan** zur Deutschlandfrage. Er fordert darin u. a. einen Rüstungsstopp, den Verzicht auf Atomrüstung und die Herstellung normaler Beziehungen (31.12.). Annähernd 30.000 Personen verlassen die DDR im Jahresverlauf als Flüchtlinge oder Übersiedler (31.12.).

Wirtschaft & Wissenschaft

Das **Bundesverfassungsgericht** würdigt den **Interzonenhandel weiterhin** als **Binnenhandel** (16.1.). Bundesbank gibt erste 500-DM-Note aus (26.4.). Das Bundeskabinett beschließt ein **Sparprogramm**, um den Bundeshaushalt wieder auszugleichen (1.7.). Ulbricht schlägt Schaffung einer gemeinsamen deutschen Wirtschaftskommission vor (1.8.). Anwerbevereinbarung für Gastarbeiter mit Tunesien (7./8.10.). Ein **Handelsabkommen mit der Sowjetunion** bindet die DDR noch stärker als bisher an die UdSSR (3.12.). Im Jahresdurchschnitt beträgt die Arbeitslosenquote in der Bundesrepublik 0,7% (31.12.).

Kunst & Kultur

Deutscher Kinostart des *James-Bond*-Films *Goldfinger* mit Sean Connery und Gert Fröbe in den Hauptrollen (14.1.). Volkskammer verabschiedet **„Gesetz über das einheitliche sozialistische Bildungssystem“**, das die Organisation der Vorschulerziehung und zehnklassigen polytechnischen Oberschule ebenso regelt wie die der Berufsschulen, Universitäten und Hochschulen (25.2.). Vertreter von Bund und Ländern schließen ein Abkommen über die **Gründung eines Bildungsrates** (15.7.). Uraufführung von Peter Weiss' *Die Ermittlung* an 16 Bühnen in der BR Dtl. und der DDR (19.10.). Die Ruhruniversität Bochum startet den Lehrbetrieb (2.11.). Das ZK der **SED** verkündet einen **schärferen kulturpolitischen Kurs**, vorrangig gegen unbotmäßige Künstler und Schriftsteller (15.–18.12.).

Gesellschaft & Sport

Der Deutsche Gewerkschaftsbund **(DGB)** verabschiedet sein zweites **Aktionsprogramm** und macht sich darin u. a. für ein 13. Monatsgehalt stark (23.3.). Das Ausländergesetz regelt die Rechte und Pflichten der in der BR Dtl. lebenden Ausländer (28.4.). Werder Bremen ist Deutscher Fußballmeister (15.5.). Das Gesetz über die Vermögensbildung soll diejenige der Arbeiter verbessern helfen (12.6.). Gemäß einem Beschluss des Internationalen Olympischen Komitees sollen an den Olympischen Spielen im Jahr 1968 **zwei voneinander getrennte deutsche Olympiamannschaften** teilnehmen (8.10.). Drittes Passierscheinabkommen unterzeichnet (25.11.).

Weltgeschichte

Malcolm X

Der Warschauer Pakt plädiert für eine gesamteuropäische Konferenz zur kollektiven Sicherheit in Europa sowie einen Nichtangriffspakt mit der NATO (19./20.1.). Im Alter von 90 Jahren stirbt in London **Winston Churchill** (24.1.). Mit dem „Rolling-Thunder“-Programm heißt US-Präsident Lyndon B. Johnson den Bombenkrieg gegen militärische Ziele im Norden Vietnams gut (13.2.). Schwarzer Bürgerrechtler **Malcolm X** in New York **ermordet** (21.2.). Mit Angriffen auf Hanoi eröffnen die USA den **Bombenkrieg gegen Nordvietnam** (15.3.). Ein sowjetischer Kosmonaut verlässt als erster Mensch sein Raumschiff im Weltall (18.3.). Die Vereinigten Staaten intervenieren militärisch in der Dominikanischen Republik, um eine angeblich bevorstehende kommunistische Machtübernahme zu unterbinden (28.4.). Zahl der US-Truppen in Vietnam steigt auf 35.000 (3.5.). Frankreich boykottiert mit einer Politik des „leeren Stuhls“ die EWG-Ratssitzungen und führt damit eine **Krise innerhalb der Europäischen Wirtschaftsgemeinschaft** herbei (1.7.). Mit Angriffen Indiens auf die pakistanische Stadt Lahore weitet sich der seit Ende der Vierzigerjahre schwelende **Kaschmir-Konflikt** zwischen den beiden Ländern aus (6.9.). **Frankreich** gibt seinen **Rückzug aus der militärischen Organisation der NATO** bekannt (9.9.).

1966

Politik

Unterstützungserklärung der Bundesregierung für Vietnam-Krieg (7.1.). SED bildet einen „Rat für gesamtdeutsche Fragen" (13.1.). Unter Beteiligung der BR Dtl. konstituiert sich in Washington die **Nukleare Planungsgruppe** der NATO (17./18.2.). DDR beantragt UNO-Mitgliedschaft (28.2.). Die SPD beantwortet einen offenen Brief Walter Ulbrichts vom 7.2., in

Regierungserklärung des neuen Bundeskanzlers Kurt Georg Kiesinger

dem dieser für die Zusammenarbeit der beiden „größten Parteien Deutschlands" zur „Lösung der Deutschland-Frage" plädierte (18.3.). Auf dem CDU-Bundesparteitag in Bonn wird Ludwig **Erhard** zum neuen **Parteivorsitzenden** gewählt. Sein Vorgänger, Altbundeskanzler Konrad Adenauer, ist künftig Ehrenvorsitzender (21.–23.3.). Die Bundesregierung richtet eine Note zur Abrüstung und Sicherung des Friedens (sog. **Friedensnote**) an alle Regierungen der Welt, mit denen die BR Dtl. diplomatische Beziehungen unterhält, sowie an die Regierungen Osteuropas und der arabischen Welt (25.3.). Die SPD-Führung begrüßt einen **Redneraustausch**, wie er am 26.3. vom SED-Zentralorgan *Neues Deutschland* vorgeschlagen wurde (14.4.). Der Bundeskongress des Deutschen Gewerkschaftsbundes (DGB) missbilligt jede Notstandsgesetzgebung (9.–14.5.). SPD und SED einigen sich über Redneraustausch – öffentliche Veranstaltungen sollen Mitte Juli in Karl-Marx-Stadt und Hannover stattfinden. Die SPD benennt Willy Brandt, Fritz Erler und Herbert Wehner als Redner (26.5.). ZK-Sekretär Albert Norden sagt im Namen der SED nach deutlichen Hinweisen des SPD-Vorstands auf Menschenrechtsverletzungen in der DDR den Redneraustausch ab (29.6.). Die Reden Brandts, Erlers und Wehners werden im bundesdeutschen Rundfunk und Fernsehen ausgestrahlt (14.7.). Bundesverfassungsgericht erklärt bisherige Parteienfinanzierung für unzulässig (19.7.). Zum 5. Jahrestag des Mauerbaus paradieren in Ostberlin Grenztruppen und Kampfgruppen (13.8.). Der Generalinspekteur der Bundeswehr Heinz Trettner tritt wegen Meinungsverschiedenheiten mit dem Verteidigungsminister zurück. Ihm folgt General Ulrich de Maizière im Amt nach (25.8.). Der Leiter des Bundeskanzleramts Ludger Westrick bittet den Kanzler um Entlassung (15.9.). Haftende Albert Speers und Baldur von Schirachs im Spandauer Kriegsverbrechergefängnis (1.10.). Wegen Streitigkeiten um den Bundeshaushalt verlassen die FDP-Minister das Kabinett Erhard (27.10.). Beginnender Kampf der Kampagne **„Notstand der Demokratie"** gegen die Notstandsgesetzgebung (30.10.). Bei den Wahlen zum hessischen Landtag ziehen erstmals acht Abgeordnete der **NPD in** ein **Landesparlament** ein (6.11.). Das Parlament spricht Erhard indirekt das Misstrauen aus: Es billigt einen SPD-Antrag, der Kanzler möge die Vertrauensfrage stellen (8.11.). Bei den bayerischen Landtagswahlen erhält die NPD 7,4% der Stimmen (20.11.). Nach dem Scheitern der Koalitionsverhandlungen zwischen CDU/CSU und FDP erklärt Bundeskanzler **Erhard** seinen **Rücktritt** (30.11.). Wahl Kurt Georg **Kiesingers** (CSU) zum **neuen Bundeskanzler**. Er steht an der Spitze einer **„großen Koalition"**. Der Vizekanzler und Außenminister heißt Willy Brandt (1.12.). Heinrich Albertz neuer Regierender Bürgermeister von Berlin (2.12.). Für den neuen Bundesminister für gesamtdeutsche Fragen Herbert Wehner hängt eine diplomatische Anerkennung der DDR von deren demokratischer Legitimation ab (14.12.). Knapp über 24.000 Personen verlassen die DDR im Jahresverlauf als Flüchtlinge oder Übersiedler (31.12.).

Wirtschaft & Wissenschaft

Eröffnung der aus der Medizinischen Akademie hervorgegangenen **Universität Düsseldorf**

(14.2.). Die Akademie der Wissenschaften schließt **Robert Havemann** aus (1.4.). Ab sofort gilt in der DDR für alle Werktätigen die 45-Stunden-Woche (1.4.). Grundsteinlegung für die **Universität Konstanz** am Bodensee (21.6.). In Westberlin gehen rund 3000 Studenten auf die Straßen, um für eine umfassende **Studienreform** zu demonstrieren (22.6.). Im Jahresdurchschnitt beträgt die Arbeitslosenquote in der Bundesrepublik lediglich 0,7% (31.12.).

Kunst & Kultur

Amtsenthebung des DDR-Kulturministers **Hans Bentzien**. Ihm folgt Klaus Gysi im Amt nach (12.1.). DDR-Schriftstellerverband unterstützt den kulturpolitischen Kurs der SED (12.1.). Der Fernsehfilm *Der Deutsche Bund* über die **fiktive Vereinigung** beider deutscher Staaten erregt in der Bundesrepublik Aufsehen (20.4.). Die **„Beatles“** starten ihre Deutschlandtournee (23.6.). Peter Weiss' Stück ***Die Verfolgung und Ermordung des Jean Paul Marat*** feiert in Paris Premiere (20.9.). Einweihung des unmittelbar an der Mauer gelegenen **neuen Verlagshochhauses des Axel-Springer-Konzerns** in Westberlin (6.10.). Der **Literaturnobelpreis** geht an die deutsch-schwedische Schriftsstellerin Nelly Sachs (10.12.).

Gesellschaft & Sport

Als erster deutscher Verein gewinnt **Borussia Dortmund** den **Europapokal der Pokalsieger** (5.5.). Die **DDR** nimmt ihr **erstes Atomkraftwerk** bei Rheinsberg in Betrieb (9.5.). TSV 1860 München ist Deutscher Fußballmeister (28.5.). **Deutscher Katholikentag** in Bamberg gibt eine Aufmerksamkeit erregende Erklärung zur Aussöhnung mit Polen ab (17.7.). Erste **Kinder- und Jugendspartakiade** in Ostberlin (24.–31.7.). Sachverständigenkommission übergibt dem Bundeskanzler Sozialenquete (27.7.). England siegt im **Endspiel der Fußballweltmeisterschaft** im Londoner Wembley-Stadion mit 4:2 (nach Verlängerung) gegen Deutschland. Für Streit sorgt der Treffer zum 3:2 (30.7.). **Cassius Clay** besiegt in Frankfurt **Karl Mildenberger** im Kampf um die Boxweltmeisterschaft (10.9.).

Die Spielführer der deutschen und der englischen Mannschaft: Uwe Seeler und Bobby Moore

Weltgeschichte

Die Tochter des Staatsgründers Jawaharlal Nehru, **Indira Gandhi**, übernimmt das Amt der **Premierministerin** in Indien (19.1.). Der sog. **Luxemburger Kompromiss** über das Problem der Mehrheitsentscheidung legt die EWG-Krise bei. Frankreich nimmt wieder an den Ratssitzungen teil (29./30.1.). Nach gescheiterten Verhandlungen zur Beendigung des **Vietnam-Krieges** setzen die USA ihre Angriffe auf Nordvietnam fort (31.1.). Großbritannien kündigt den geplanten Abbau seiner Verpflichtungen „östlich von Suez“ an (22.2.). **NATO-Krise**: Mit Wirkung zum 1.7. tritt Frankreich aus der militärischen Integration des Verteidigungsbündnisses aus (7.3.). **Harold Wilson** von der Labour Party ist **neuer britischer Premierminister** (31.3.). In der texanischen Stadt Houston gelingt erstmals die Einpflanzung eines Kunstherzens (22.4.). Erster französischer Atomwaffenversuch auf dem Mururoa-Atoll (2.7.). Der Warschauer Pakt schlägt auf der Bukarester Tagung seines Politischen Beratenden Ausschusses die Schaffung einer **europäischen Konferenz über Sicherheit und Zusammenarbeit** vor (4.–6.7.). In Genf tagt die Evangelische Weltkonferenz unter dem Leitmotiv „Kirche und Gesellschaft“ (Juli). Das Zentralkomitee der Kommunistischen Partei Chinas proklamiert die **„Große Proletarische Kulturrevolution“** (1.–12.8.).

Harold Wilson

1967

Politik

BR Dtl. nimmt diplomatische Beziehungen zu Rumänien auf und verabschiedet sich damit faktisch von der „Hallstein-Doktrin“ (31.1.). Nach der sog. **„Ulbricht-Doktrin“** soll kein Land diplomatische Beziehungen zur BR Dtl. ohne Anerkennung der DDR unterhalten (8.–10.2.). Die Volkskammer verabschiedet ein Gesetz über die **„Staatsbürgerschaft der DDR“** (20.2.). Erst 53-jährig stirbt der Vorsitzende der SPD-Bundestagsfraktion **Fritz Erler** (22.2.). Das „Schollwer-Papier“ der FDP zu Perspektiven einer neuen Ost- und Deutschlandpolitik wird vorgelegt (3.3.). Dem Bundestag liegt der **3. Gesetzentwurf** zur Einführung einer **Notstandsverfassung** vor (10.3.). Der Bundesschatzmeister der Liberalen Hans Wolfgang Rubin plädiert für eine radikale deutschlandpolitische Neuorientierung (12.3.). In seiner Regierungserklärung zur Deutschlandfrage bietet Bundeskanzler Kurt Georg Kiesinger der DDR ein **geregeltes Nebeneinander** an und schlägt Kontakte auf den Gebieten der Wirtschaft und Technik sowie des Verkehrs vor (12.4.). Der VII. Parteitag der SED proklamiert u. a. die Entwicklung der „sozialistischen Menschengemeinschaft“ und verabschiedet sich von Konföderationsplänen (17.–22.4.). Im Alter von 91 Jahren **stirbt Konrad Adenauer** in Rhöndorf (19.4.). Brief des DDR-Ministerpräsidenten Willi Stoph an Bundeskanzler Kiesinger wird im Kanzleramt angenommen (10./11.5.). Der CDU-Bundesparteitag wählt **Kiesinger** zum **Parteivorsitzenden** und Altbundeskanzler Ludwig Erhard zum Ehrenvorsitzenden (22./23.5.). In einem von Dieter Kunzelmann verfassten und von Fritz Teufel sowie Rainer Langhans in Berlin verbreiteten Flugblatt wird zu **Brandanschlägen auf Warenhäuser** aufgefordert (24.5.). Während eines Staatsbesuches des persischen Schahs Reza Pahlewi kommt es in zahlreichen Städten zu Unruhen (27.5.–4.6.). Bei einer Protestdemonstration in Westberlin

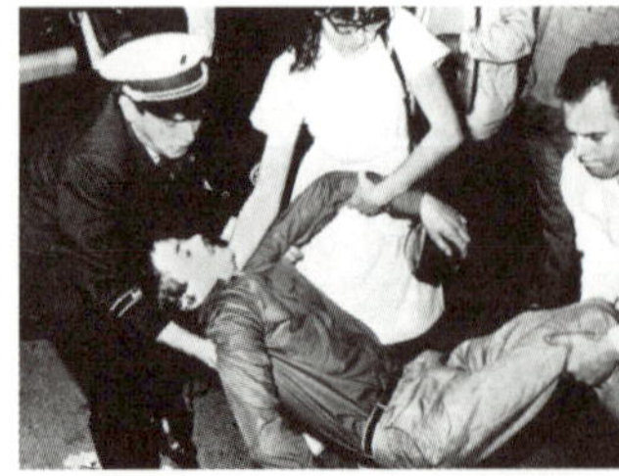

Der erschossene Benno Ohnesorg

wird der Student **Benno Ohnesorg** bei einem Polizeieinsatz **erschossen** (2.6.). Bundeskanzler Kiesinger antwortet auf Stophs Schreiben vom 10.5. und erklärt sich zu Verhandlungen über eine „Normalisierung der Beziehungen“ durch Beauftragte beider deutschen Regierungen bereit (13.6.). In einer Grundsatzrede zum „Tag der deutschen Einheit“ spricht Kiesinger von **Deutschlands „kritischer Größenordnung“** (17.6.). Der Bundestag verabschiedet das **„Parteiengesetz“** zu Status, Struktur und Aufgaben der politischen Parteien (28.6.). Volkskammerwahlen in der DDR nach Einheitslisten (2.7.). In der DDR konstituieren sich der Staatsrat und die Regierung neu. Die Vorsitzenden heißen Ulbricht und Stoph (13./14.7.). DGB missbilligt neuen Entwurf für eine Notstandsverfassung (17.7.). Im Alter von 69 Jahren stirbt mit **Thomas Dehler** einer der prägenden FDP-Politiker der Nachkriegszeit (21.7.). Der ehemalige Reichstagspräsident und SPD-Politiker Paul Löbe ist tot (3.8.). Der Regierende Bürgermeister von Berlin **Heinrich Albertz tritt** aufgrund des Verlaufs der Studentenunruhen vom Juni **zurück** (26.9.). Der erste deutsch-deutsche Dialog auf Regierungsebene endet (28.9.). Außenminister Willy Brandt

Staatsbegräbnis für Konrad Adenauer

spricht sich für eine Verbesserung der Beziehungen zu den Staaten Osteuropas aus (13.10.). **Klaus Schütz** ist neuer Regierender Bürgermeister von Berlin (19.10.). Die Volkskammer beschließt die Erarbeitung einer **neuen sozialistischen Verfassung** unter Ulbrichts Ägide (1.12.). Deutlich über 19.000 Personen verlassen die DDR im Jahresverlauf als Flüchtlinge oder Übersiedler (31.12.).

Wirtschaft & Wissenschaft

40-Stunden-Woche in der Metallindustrie (1.1.). Vertreter der Gewerkschaften und Unternehmensverbände treffen erstmals zu der von Bundeswirtschaftsminister Karl Schiller angeregten **„Konzertierten Aktion"**, einem von der Bundesregierung moderierten Verhandlungsforum, zusammen (14.2.). Ministerrat beschließt Fünf-Tage-Arbeitswoche (3.5.). **„Stabilitätsgesetz"** gegen Konjunkturabschwung (14.6.). BR Dtl. und ČSSR richten Handelsvertretungen ein (3.8.). Bundestag verabschiedet ein **Konjunkturprogramm** (6.–8.9.). Umbenennung der DDR-Währung in „Mark der Deutschen Demokratischen Republik" (1.12.). Gemeinsam mit zwei Engländern erhält Manfred Eigen den **Nobelpreis für Chemie** (10.12.). Im Jahresdurchschnitt beträgt die Arbeitslosenquote in der Bundesrepublik 2,1% (31.12.).

Kunst & Kultur

Im Dortmunder „Museum am Ostwall" bietet die Ausstellung *Wege 1967* einen Überblick über zeitgenössische Kunst (3.2.). Der Publizist und ehemalige Mitherausgeber der *Frankfurter Allgemeinen* **Paul Sethe** ist tot (21.6.). Mit der Ausstrahlung einer farbigen Fernsehshow beginnt in der BR Dtl. die **Ära des Farbfernsehens** (25.8.). Uraufführung von Martin Walsers *Zimmerschlacht*, inszeniert von Fritz Kortner in den Münchner Kammerspielen (7.10.). Das **Filmförderungsgesetz** beabsichtigt die Herstellung deutscher Filme, die technische Ausstattung der Kinos und die Werbung für den deutschen Film zu unterstützen (22.12.).

Gesellschaft & Sport

Gründung der **Kommune I** in Berlin als ein möglicher Ausdruck außerparlamentarischer Opposition (1.1.). Der Bischof der Berlin-Brandenburgischen Kirche Otto Dibelius stirbt 86-jährig (31.1.). Bundestag beschließt Erhöhung des Arbeitslosengeldes um 15% (17.2.). In Heidelberg stellt der bundesdeutsche Zehnkämpfer **Kurt Bendlin** mit 8319 Punkten einen neuen Weltrekord auf (14.5.). Mit einem 1:0-Sieg über Celtic Glasgow gewinnt **Bayern München** in Nürnberg den **Europacup der Pokalsieger** (31.5.). Eintracht Braunschweig gewinnt die Deutsche Fußballmeisterschaft (3.6.). Liesel Westermann schleudert den Diskus als erste Frau der Welt über 60 m weit (5.11.).

Ernesto „Che" Guevara

Weltgeschichte

Unterzeichnung des Vertrages über die friedliche Erforschung und Nutzung des Weltraums in Washington, London und Moskau (27.1.). In **Griechenland** putscht sich das **Obristenregime** an die Macht (21.4.). Die kommunistischen Parteien Europas wiederholen den Vorschlag zur Einberufung einer europäischen Sicherheitskonferenz (24.–26.4.). Großbritannien, Irland und Dänemark beantragen erneut die Aufnahme in die Europäischen Gemeinschaften. Frankreichs Missbilligung löst eine **EG-Krise** aus (11.5.). In **Brüssel** verüben Terroristen einen **Brandanschlag auf** ein **Kaufhaus** (22.5.). In präventiver Absicht führt Israel erfolgreich den sog. **„Sechs-Tage-Krieg"** gegen seine arabischen Nachbarstaaten (5.–10.6.). Zündung der ersten chinesischen Wasserstoffbombe (17.6.). In Brüssel fusionieren die Organe der EG (EGKS, EWG und EURATOM) miteinander (1.7.). Gefangennahme und Tötung des marxistischen kubanischen Revolutionsführers **Ernesto „Che" Guevara** nach einem Gefecht mit bolivianischem Militär (9.10.). Dem südafrikanischen Herzchirurgen Christiaan Barnard glückt die erste **Herzverpflanzung** (3.12.). Der NATO-Rat bekennt sich zu den im sog. **„Harmel-Bericht"** beschriebenen Aufgaben der Verteidigung und Entspannung. Die Allianz beschließt die Übernahme der Strategie der **„flexible response"** (13./14.12.).

1968

Politik

Walter Scheel löst Erich Mende als FDP-Vorsitzender ab (30.1.). Die BR Dtl. und Jugoslawien erklären die Wiederaufnahme diplomatischer Beziehungen (31.1.). Bei Studentenprotesten gegen die Vereinigten Staaten und den Vietnam-Krieg in Westberlin kommt es zu Ausschreitungen (18.2.). Bundespräsident Heinrich Lübke weist den Vorwurf, am Bau von Konzentrationslagern beteiligt gewesen zu sein, von sich (1.3.). Erster **Bericht zur Lage der Nation** im Bundestag durch Bundeskanzler Kurt Georg Kiesinger (11.3.). Auf ihrem Nürnberger Bundesparteitag beschließt die SPD, die Behandlung einer Wahlrechtsreform auf den nächsten Parteitag zu verschieben. Wiederwahl Willy Brandts zum Parteivorsitzenden (17.–21.3.). Bei einem Treffen der KP-Führer der Ostblockstaaten in Dresden erfolgen Vorhaltungen gegenüber Alexander Dubčeks innenpolitischem Reformkurs (23.3.). Wegen der Verschiebung der von der „großen Koalition" geplanten Wahlrechtsreform tritt Bundesinnenminister Paul Lücke zurück. Sein Nachfolger heißt Ernst Benda (28.3.). In **Frankfurt** am Main werden in der Nacht **Brandanschläge** auf zwei Kaufhäuser verübt. Es erfolgt die Festnahme Andreas Baaders, Gudrun Ensslins, Thorwald Prolls und Horst Söhnleins wegen Verdachts der Brandstiftung (2./3.4.). Die **neue Verfassung der DDR** tritt in Kraft. Sie definiert die DDR als „sozialistischen Staat deutscher Nation" (8.4.). An die Sowjetunion gerichtete **Gewaltverzichtserklärung** der Bundesregierung (9.4.). Der Vorsitzende des Sozialistischen Deutschen Studentenbundes (SDS) und führende Kopf der Außerparlamentarischen Opposition (APO) **Rudi Dutschke** wird bei einem **Attentat** schwer verletzt. Der Mordanschlag führt an den nachfolgenden Ostertagen zu schweren Unruhen in vielen Teilen der Bundesrepublik, mit Schwerpunkten in Berlin, Frankfurt am Main, Hamburg und München. Es kommt unter dem Motto „Enteignet Springer" insbesondere zu Ausschreitungen gegen das Verlagshaus Axel Springer (11.–17.4.). Fernsehansprache Kiesingers anlässlich des Dutschke-Attentats und der Osterunruhen (13.4.). Bei den Landtagswahlen in Baden-Württemberg erringt die NPD 9,8% der Stimmen (28.4.). Bundestags-Sondersitzung wegen der Osterunruhen (30.4.). Das „Kuratorium Notstand der Demokratie" veranstaltet mit ca. 30.000 Teilnehmern aus dem gesamten Bundesgebiet einen **Sternmarsch nach Bonn**, um gegen die Notstandsgesetzgebung zu protestieren (11.5.). Der Bundestag beschließt mit 384 gegen 100 Stimmen bei einer Enthaltung die Ergänzung des Grundgesetzes durch eine **„Notstandsverfassung"** mit Wirkung zum 28.6. (30.5.). Hans-Jürgen Wischnewski erster Bundesgeschäftsführer der SPD (31.5.). **Neukonstituierung der Deutschen Kommunistischen Partei** (DKP) als Nachfolgeorganisation der 1956 verbotenen KPD (25.9.). Bundespräsident Lübke kündigt vorzeitiges Ausscheiden aus seinem Amt an (14.10.). Bundesaußenminister Willy Brandt äußert die Bereitschaft, von der Existenz der **DDR als zweiter deutscher Staat** auszugehen und deren Regierung auf der Grundlage der Gleichberechtigung zu begegnen (28.10.). „Berufsverbot" für APO-Anwalt Horst Mahler löst in Westberlin blutige Auseinandersetzungen zwischen Studenten und Polizei aus (4.11.). Knapp über 16.000 Personen verlassen die DDR im Jahresverlauf als Flüchtlinge oder Übersiedler (31.12.).

Kurt Georg Kiesinger

Rudi Dutschke

Wirtschaft & Wissenschaft

Einführung der **Mehrwertsteuer** in der BR Dtl. anstelle der Umsatzsteuer (1.1.). Wissenschaftliche Hochschulen erlassen „Numerus clausus" (27.3.). Der deutsche Chemie-Nobelpreisträger **Otto Hahn** ist tot (28.7.). Anwerbevereinbarung für Gastarbeiter mit Jugoslawien (12.10.). Die Bundesregierung beschließt **Maßnahmen zur außenwirtschaftlichen Absicherung**, ohne die D-Mark aufzuwerten (19.11.). Die Ruhrkohle AG wird gegründet (27.11.). Im Jahresdurchschnitt beträgt die Arbeitslosenquote in der Bundesrepublik 1,5% (31.12.).

Kunst & Kultur

Die Komödie ***Zur Sache Schätzchen*** mit Uschi Glas ist in der BR Dtl. ein großer Kinoerfolg (4.1.). Der Bundesgerichtshof erteilt für Klaus Manns Roman ***Mephisto*** wegen Beleidigung des Schauspielers Gründgens ein **Veröffentlichungsverbot** in der Bundesrepublik (20.3.). Die Kultusministerkonferenz verabschiedet Grundsätze zur strukturellen Neuordnung des Hochschulwesens (10.4.). Eröffnung der **Stuttgarter Ausstellung „50 Jahre Bauhaus"** durch den Architekten Walter Gropius (4.5.). Mitglieder des Vorstands des DDR-Schriftstellerverbandes befürworten den Einmarsch der Warschauer-Pakt-Truppen in der Tschechoslowakei (26.8.). In Westberlin wird Ludwig Mies van der Rohes **Neue Nationalgalerie** feierlich eröffnet (15.9.).

Gesellschaft & Sport

Die Volkskammer verabschiedet ein **neues Strafgesetzbuch**, das Strafverschärfungen für politische Delikte vorsieht (12.1.). DDR-Staatsrat erhöht die Mindestrente auf monatlich 150 Mark (15.3.). Der 1. FC Nürnberg ist Deutscher Fußballmeister (25.5.). Im Transit- und Reiseverkehr der BR Dtl. und Westberlins mit der DDR führt die Volkskammer einen **Pass- und Visazwang** ein (10./11.6.). Erhöhung des Mindestumtausches für alle westlichen DDR-Besucher (20.6.). Ulbricht fordert die **„Durchdringung des gesamten gesellschaftlichen Lebens mit der marxistisch-leninistischen Weltanschauung"** (12.10.). An den XIX. Olympischen Sommerspielen in Mexiko nehmen erstmals zwei deutsche Mannschaften teil (12.–27.10.).

Weltgeschichte

Sowjetische Panzer beenden den „Prager Frühling" gewaltsam

„Tet-Offensive" des Vietcong in Südvietnam beginnt und leitet die Niederlage der USA ein (31.1.). Start der X. Olympischen Winterspiele in Grenoble (6.2.). Lyndon B. Johnson verzichtet auf eine weitere Kandidatur für die US-Präsidentschaft (31.3.). Der schwarze Bürgerrechtler **Martin Luther King** fällt in Memphis (Tennessee) einem **Mordanschlag** zum Opfer (4.4.). Amerikanisch-nordvietnamesische Gespräche über eine Beilegung des Vietnam-Krieges in Paris (10.5.). In der französischen Hauptstadt erreichen die studentischen **Mai-Unruhen** ihren Höhepunkt (13.5.). Erklärung des NATO-Ministerrates über die ausgewogene und beiderseitige Truppenreduzierung (25.6.). EG-Zollunion tritt in Kraft. Damit entfallen künftig Binnenzölle für gewerbliche und industrielle Güter (1.7.). Unterzeichnung des **Atomwaffensperrvertrages** in Washington, London und Moskau (1.7.). Formulierung der sog. **„Breschnew-Doktrin"** über die begrenzte Souveränität der sozialistischen Länder (3.7.). Die Invasion von Truppen des Warschauer Paktes in der Tschechoslowakei beendet den **„Prager Frühling"** (20./21.8.). Einstellung des Luftkrieges gegen Nordvietnam (31.10.). Wahl **Richard Nixons** zum US-Präsidenten (5.11.). Um den Einmarsch in der ČSSR zu rechtfertigen, wird die „Breschnew-Doktrin" offiziell verkündet (12.11.). Das bemannte US-Raumschiff „Apollo 8" umkreist erstmals den Mond (24.12.).

Willy Brandt
(1913–1992)

Leben

Willy Brandt wurde am 18.12.1913 in Lübeck geboren, im Todesjahr von August Bebel, des langjährigen SPD-Vorsitzenden, als unehelicher Sohn einer Verkäuferin unter dem Namen Herbert Frahm. Der SPD trat er als Gymnasiast 1930 bei, verließ sie jedoch ein Jahr später zugunsten einer linken Absplitterung, der Sozialistischen Arbeiterpartei. Gleich nach Beginn des Dritten Reichs flüchtete er nach Skandinavien, wo er als Journalist tätig war und 1940 die norwegische Staatsangehörigkeit erhielt. Im Exil nahm er den Tarnnamen an, der später zu seinem offiziellen wurde.

Als Berichterstatter beim „Nürnberger Prozess" kehrte er nach Deutschland zurück. 1948 folgte die Wiedereinbürgerung. Er wurde Mitglied des Deutschen Bundestages (1949 bis 57; 1969– 92) und des Berliner Abgeordnetenhauses. Nach dem Tode von Otto Suhr erhielt er im Jahr 1957 das Amt des Berliner Regierenden Bürgermeisters. Für die SPD erreichte er 1958 nach dem Berlin-Ultimatum Nikita Chruschtschows 52,6% (8,0 Punkte mehr als zuvor) und 1963 nach dem Mauer-Bau sensationelle 61,9%, nicht zuletzt deshalb, weil er im Kampf gegen den Kommunismus hart blieb und Erleichterungen für die Berliner Bevölkerung zu erreichen suchte (durch Passierscheinabkommen). Brandt zählte zu den maßgeblichen Befürwortern einer Reform der SPD und damit zu den Vätern des Godesberger Programms von 1959, das marxistischen Ballast abwarf. Der deutsche „John F. Kennedy" scheiterte bei seinen ersten beiden Anläufen um das Amt des Bundeskanzlers 1961 (gegen Konrad Adenauer) und 1965 (gegen Ludwig Erhard), wiewohl sich der Anteil der SPD steigerte. Im Jahr 1964 übernahm er als Nachfolger von Erich Ollenhauer das Amt des Parteivorsitzenden der SPD, das er bis 1987 behielt. In die Große Koalition trat er 1966 als Vizekanzler und Außenminister ein, wobei die vorsichtige Umorientierung der Außenpolitik gen Osten noch kaum Früchte trug. Die SPD bildete unter Bundeskanzler Willy Brandt mit der FDP 1969 eine sozial-liberale Koalition, die bei ihren Anhängern als „historisches Bündnis" galt. Gewählt mit 251 Stimmen (249 wurden benötigt), setzte der neue Bundeskanzler in der Regierungserklärung eigene innen- und außenpolitische Akzente. So wollte er „mehr Demokratie wagen", und er gab zu verstehen, die DDR sei ein zweiter deutscher Staat (allerdings nicht im völkerrechtlichen Sinn). Zum ersten Mal nach 1930 war wieder ein Sozialdemokrat Kanzler, zum ersten Mal in der Bundesrepublik überhaupt. Brandt setzte eine neue Ost- und Deutschland-

Willy Brandt

Willy Brandt 1970 in Paris: Ministerpräsident Delmas, Brandt, Staatspräsident Pompidou, Außenminister Scheel und Wirtschaftsminister Schiller (von links)

politik in Gang, die die DDR nicht aussparte (wie das zur Zeit der Großen Koalition der Fall war). Es kam zu Verträgen mit der Sowjetunion und Polen, später auch mit der DDR (Transitabkommen und ein Verkehrsvertrag 1971, „Grundlagenvertrag" 1972). Der Versuch, Brandt mithilfe des konstruktiven Misstrauensvotums im Frühjahr durch Rainer Barzel zu stürzen, scheiterte an zwei Stimmen. Die Regierungsparteien hatten aufgrund von Übertritten zur Opposition ebenfalls keine Mehrheit. Die notwendig gewordenen Neuwahlen im Herbst 1972 führten zu einem triumphalen Wahlsieg der SPD unter Brandt, der 1971 mit dem Friedensnobelpreis ausgezeichnet worden war. Obwohl die SPD erstmals vor der Union lag und eine komfortable Mehrheit im Parlament besaß, trat der Bundeskanzler 1974 im Zusammenhang mit der Spionageaffäre Guillaume zurück, spielte in der Folge als Vorsitzender der SPD nach wie vor eine wichtige Rolle (z. B. beim Zusammenhalt der Partei).

Als Präsident der Sozialistischen Internationale (1976–82), Vorsitzender der Nord-Süd-Kommission (1977–1980) und Mitglied des Europäischen Parlaments (1979–83) übte er international großen Einfluss aus. Der Ehrenvorsitzende der Partei (1982–92) lebte noch einmal auf und war in seinem Element, als im Herbst 1989 die DDR urplötzlich zusammenbrach und die Wiedervereinigung auf die politische Agenda kam. Mit großem Engagement begleitete er den Wiedervereinigungsprozess und förderte ihn, im Gegensatz zum Kanzlerkandidaten Oskar Lafontaine, der bremsend zu wirken suchte. Am 8.10.1992 ist Brandt, hoch anerkannt auch bei politischen Gegnern, in Unkel bei Bonn gestorben.

Willy Brandt bei seiner Ansprache am 10.11.1989 während der zentralen Kundgebung zur Maueröffnung vor dem Schöneberger Rathaus in Berlin

Würdigung

Die wohl wesentliche Leistung Brandts besteht darin, dass er die Politik der Westbindung Adenauers um die Politik der Ostverbindung ergänzte. Auch Kritiker kommen nicht umhin, ihm zuzugestehen, dass er mit seiner Friedens-, Ost- und Deutschlandpolitik Vorbehalte gegenüber den Deutschen abgebaut hat. Für seine Deutschland- und Ostpolitik gilt dasselbe wie für die Westpolitik Adenauers: Auch wenn es nicht die originäre Absicht des Initiators war, so hat sie doch den Weg zur Einheit der Deutschen in Frieden und Freiheit geebnet.

Er setzte einen eindeutigen Schwerpunkt bei der Außen- und Deutschlandpolitik, vernachlässigte damit entgegen eigener Rhetorik die Innenpolitik. Entgegen allem Anspruch ist er weniger der Kanzler der „inneren Reformen" gewesen. Die erste Regierungszeit kann als die erfolgreiche gelten. Obwohl die zweite Regierung Brandt eine weitaus größere Mehrheit als die erste hatte, tat sich der Kanzler recht schwer. Zuweilen wirkte er dem politischen Alltag merkwürdig entrückt. Insofern war die Guillaume-Affäre im Frühjahr 1974 mehr Anlass als Ursache des Rücktritts.

Den Gesinnungspolitiker zeichnete zeitlebens eine gewisse Unnahbarkeit aus, vielleicht mitbedingt durch Schmutzkampagnen – aufgrund seiner unehelichen Geburt, aufgrund seines Widerstandes im Zweiten Weltkrieg. Letzte Klarheit über seine Ziele ließ sich so nicht immer gewinnen. Heute erinnert wenig mehr daran, wie umstritten und umkämpft die Ost- und Deutschlandpolitik seinerzeit war.

Mehr als vielleicht durch konkrete Politik hatte Brandt aufgrund seines Charismas und seiner visionär-missionarischen Gabe eine große Anhängerschaft: Politik und Moral miteinander auszusöhnen lag ihm am Herzen. Viele Linksintellektuelle sahen in ihm das „andere Deutschland" verkörpert. Durch die Hervorhebung moralischer Prinzipien kehrte allerdings – das ist die Kehrseite – zugleich eine Moralisierung in die Politik ein. Glaubwürdigkeit wurde ihm keineswegs abgesprochen, obwohl er – anscheinend oder auch nur scheinbar – viele verschiedene Phasen hatte: in den dreißiger und vierziger Jahren eine linke, in den Fünfzigern und Sechzigern eine rechte, in den Siebzigern und Achtzigern eine linke und zur Zeit der deutschen Einheit wieder eine rechte.

Eckhard Jesse

1969

Politik

Der neue Bundeskanzler Willy Brandt (zweiter von rechts)

Eugen Gerstenmaier kündigt seinen Rücktritt als Bundestagspräsident an (23.1.). Die FDP präsentiert den Entwurf eines Generalvertrags mit der DDR (24.1.). Der Bundestag wählt den bisherigen Bundesvertriebenenminister **Kai-Uwe von Hassel** zum **neuen Bundestagspräsidenten** (5.2.). Behinderungen im Berlin-Verkehr durch die DDR (8.2.–5.3.). Der amerikanische Präsident Richard Nixon zu Staatsbesuch in der BR Dtl. und Westberlin (26./27.2.). Die Bundesversammlung wählt in Berlin **Gustav W. Heinemann** zum **neuen Bundespräsidenten**. Er vereinigt im dritten Wahlgang 512 von 1023 Stimmen bei 5 Enthaltungen auf sich. Der Gegenkandidat der CDU/CSU,

Der neue Bundespräsident Gustav Heinemann kurz nach der Wahl

Bundesverteidigungsminister Gerhard Schröder, erhält 506 Stimmen (5.3.). Horst Ehmke (SPD) folgt Heinemann als Bundesjustizminister nach (26.3.). Gründungsparteitag der Deutschen Kommunistischen Partei (DKP) (12./13.4.). Kambodscha erkennt die DDR als souveränen Staat an und läutet damit das **„Anerkennungsjahr“ für die DDR** ein. Diplomatische Beziehungen entstehen zum Irak, zum Sudan, zu Syrien, zur Demokratischen Volksrepublik Jemen sowie zu Ägypten (8.5.). Die Bundesregierung wertet jede Anerkennung der DDR als unfreundlichen Akt (30.5.). Sie beschließt, die diplomatischen Beziehungen zu Kambodscha „einzufrieren“ (4.6.). Daraufhin bricht Kambodscha diese ab (11.6.). Der Bundestag legt die **Unverjährbarkeit** der Strafverfolgung bei **Verbrechen des Völkermordes** und der Vollstreckung von Strafen wegen Völkermordes fest (26.6.). BR Dtl. und DDR beginnen Verhandlungen über ein Post- und Fernmeldeabkommen (19.9.). Bei den **Wahlen zum 6. Deutschen Bundestag** entfallen auf die CDU/CSU 46,1% der Stimmen, auf die SPD 42,7% und die FDP 5,8% (28.9.). Wahl **Willy Brandts** zum **neuen Bundeskanzler** mit 251 gegen 235 Stimmen bei fünf Enthaltungen und vier ungültigen Stimmen (21.10.). Das Kabinett der neuen SPD/FDP-Koalition wird vereidigt. Der Vizekanzler und Außenminister heißt Walter Scheel (22.10.). In seiner **Regierungserklärung** äußert Bundeskanzler Brandt die Bereitschaft zu gleichberechtigten Verhandlungen mit der DDR und erneuert seine Sichtweise von zwei Staaten und einer Nation in Deutschland. Zudem kündigt er unter dem Leitspruch „Mehr Demokratie wagen“ umfangreiche innenpolitische Reformen an (28.10.). Altbundeskanzler Kurt Georg Kiesinger wird erneut zum Bundesvorsitzenden der CDU gewählt (17./18.11.). Die Bundesregierung bietet Polens Regierung Verhandlungen über alle anstehenden deutsch-polnischen Fragen ohne Vorbedingungen an (25.11.). Die BR Dtl. unterzeichnet den Atomwaffensperrvertrag (28.11.). Aufnahme von Sondierungsgesprächen zwischen der BR Dtl. und der Sowjetunion über einen **Gewaltverzicht** und die Verbesserung des deutsch-sowjetischen Verhältnisses (8.12.). Walter Ulbricht fordert die Normalisierung der Beziehungen zwischen beiden deutschen Staaten, d. h. die Anerkennung der DDR als gleichberechtigter Staat ebenso wie die Anerkennung der Westgrenze (12./13.12.). Der DDR-Staatsratsvorsitzende Ulbricht übermittelt Bundespräsident Heinemann den **„Entwurf zu einem Vertrag über die Aufnahme gleichberechtigter Beziehungen“** zwischen beiden deutschen Staaten (18.12.). Heinemann teilt Ulbricht die Weiterleitung des Schreibens an die Bundesregierung mit (19.12.). Knapp 17.000 Personen verlassen die DDR im Jahresverlauf als Flüchtlinge oder Übersiedler (31.12.).

Wirtschaft & Wissenschaft

Der Sozialphilosoph Theodor W. **Adorno** ist **tot** (6.4.). Der Bundestag verabschiedet ein **Gesetz gegen unlauteren Wettbewerb** (9.5.). Beschluss der Bundesregierung gegen eine Aufwertung der D-Mark (9.5.). Umfassende Neustrukturierung der bundesdeutschen Finanzverfassung durch das **Finanzreformgesetz** (12.5.). Auf Initiative der Bundesbank erfolgt bis zum Wahltag eine Schließung der deutschen Devisenmärkte (24.9.). Freigabe des Wechselkurses der D-Mark (29.9.). Mit Wirkung zum 27.10. beschließt die Bundesregierung eine **Aufwertung der D-Mark um 8,5%** (24.10.). **Der erste deutsche Forschungssatellit** „Azur“ befindet sich in der Erdumlaufbahn (8.11.). Im Jahresdurchschnitt beträgt die Arbeitslosenquote in der Bundesrepublik 0,9% (31.12.).

Kunst & Kultur

Der Frankfurter „Verlag der Autoren“ ist der erste genossenschaftliche Verlag in der BR Dtl. (13.2.). Christa Wolfs Roman ***Nachdenken über Christa T.*** wird in der DDR wegen „Individualismus“ verurteilt (28.5.). Der „Verband deutscher Schriftsteller e. V.“ wird als Nachfolgeorganisation der „Bundesvereinigung Deutscher Schriftsteller e. V.“ gegründet (8.6.). Die Kultusministerkonferenz vereinbart **Schulversuche mit Ganztags- und Gesamtschulen** (3.7.–27.11.). Der Maler und Grafiker Otto Dix ist tot (25.7.). In Washington eröffnet eine Ausstellung deutscher Expressionisten (18.9.). Friedenspreis des Deutschen Buchhandels für den Arzt und Psychologen **Alexander Mitscherlich** (12.10.).

Gesellschaft & Sport

Der Schwerpunkt des vom Bundestag verabschiedeten 1. und 2. **Strafreformgesetzes** liegt auf Liberalisierung und Resozialisierung (9.5.). Bundestag verabschiedet Arbeitsförderungsgesetz (13.5.). Bayern München ist Deutscher Fußballmeister (7.6.). Nach ihrem Austritt aus der EKD gründen die Evangelischen Landeskirchen der DDR den **Bund der Evangelischen Kirchen in der DDR** (8.6.). Das Parlament billigt das Lohnfortzahlungsgesetz (12.6.). Die deutsche Diskuswerferin Liesel **Westermann** wird zur **„Weltsportlerin des Jahres“** gewählt (5.12.).

Weltgeschichte

Selbstverbrennung **Jan Palachs** aus Protest gegen die sowjetische Besetzung der ČSSR (16.1.). **Nixon** tritt Präsidenten-Amt an (20.1.). **Yasir Arafat** ist PLO-Chef (3.2.). Frankreich löst mit Sitzungsboykott eine **Krise der WEU** aus (14.2.). Gefechte zwischen China und UdSSR in Grenzabschnitten (2.–20.3.). Golda Meir ist israelische Regierungschefin (17.3.). Mit ihrem **„Budapester Appell“** schlagen die Warschauer-Pakt-Staaten erneut die Einrichtung einer Konferenz über Sicherheit und Zusammenarbeit in Europa vor (17.3.). Ende der chinesischen Kulturrevolution (1.–24.4.). **Rücktritt Charles de Gaulles** (28.4.). Der neue französische Staatspräsident heißt Georges Pompidou (15.6.). Den Astronauten Neil A. Armstrong und Edwin E. Aldrin gelingt die **erste Mondlandung** (20.7.). **„Vietnamisierung“ des Südostasien-Konfliktes**: US-Präsident Nixon erklärt, die Länder Asiens müssten ihre Sicherheitsprobleme zunehmend selbst bewältigen (25.7.). Schwere Kämpfe zwischen Katholiken und Protestanten in **Nordirland** (12.8.). Ende des legendären **Woodstock-Festivals** (17.8.). Vorgespräche zwischen USA und Sowjetunion über die Begrenzung strategischer Rüstung (17.11.). **Mansfield-Amendment** zur Verringerung der amerikanischen Streitkräfte in Europa (1.12.). Die Staats- bzw. Regierungschefs der EG einigen sich über den Gemeinsamen Markt und eine Erweiterung der EG (1./2.12.).

1970

Politik

Montage erster **Selbstschussanlagen** an der innerdeutschen Grenze (ab 1970). Angesichts der bundesdeutschen „neuen Ostpolitik" drängt die DDR auf völkerrechtliche Anerkennung (19.1.). Der Staatssekretär im Bundeskanzleramt **Egon Bahr** führt in Moskau erste Gespräche über einen deutsch-sowjetischen Gewaltverzichtsvertrag (30.1.–18.2.). Erste vertrauliche Gespräche des Staatssekretärs im Auswärtigen Amt **Georg Ferdinand Duckwitz** über das deutsch-polnische Verhältnis in Warschau (5./6.2.). Weitere Gespräche Bahrs in Moskau (28.2.–21.3.). Duckwitz setzt vertrauliche Gespräche in Warschau fort (9.–11.3.). Der Bundestag setzt zum ersten Mal eine Enquête-Kommission ein – für auswärtige Kulturpolitik (19.3.). Bundeskanzler **Willy Brandt** und der Vorsitzende des Ministerrates Willi Stoph treffen **in Erfurt** zu Gesprächen über die Beziehungen der beiden deutschen Staaten zusammen. Damit beginnen innerdeutsche Verhandlungen auf höchster Regierungsebene (19.3.). Der Sozialistische Deutsche Studentenbund (SDS) erklärt seine Selbstauflösung (21.3.). Die Botschafter der drei Westmächte in der BR Dtl. und der sowjetische Botschafter in der DDR beginnen **Verhandlungen zu einem Vier-Mächte-Abkommen über Berlin** (26.3.). Brandt zu Staatsbesuch in Washington (9.–11.4.). Duckwitz sondiert in Warschau erneut die deutsch-polnischen Beziehungen (22.–24.4.). Bahr zu letzten Gesprächen über Gewaltverzicht in Moskau; Formulierung des „Bahr-Papiers" (12.–22.5.). Ulrike Meinhof, Ingrid Schubert und Irene Goergens befreien **Andreas Baader gewaltsam aus der Haft** (14.5.). Brandt und Stoph treffen sich in Kassel (21.5.). Liberalisierung des Demonstrationsrechts in der BR Dtl. (22.5.). Die Illustrierte *Quick* und die *Bild*-Zeitung veröffentlichen das geheime „Bahr-Papier" (1.7.). Außenminister Walter Scheel führt in Moskau mit seinem Amtskollegen Andrei Gromyko offizielle Verhandlungen über den deutsch-sowjetischen Vertrag (26.7.–7.8.). Erich Honecker intrigiert im Kreml gegen Ulbricht und fordert dessen Rücktritt als 1. Sekretär des ZK der SED (28.7.). **Abschluss des Moskauer Vertrags**: Bei einem Besuch Brandts in Moskau unterzeichnen die BR Dtl. und die Sowjetunion einen Vertrag über Gewaltverzicht und die Unverletzlichkeit der europäischen Grenzen (12.8.). Die Polizei vermutet hinter **drei Banküberfällen** in Berlin die **Baader/Meinhof-Gruppe** (29.9.). Aus Protest gegen die sozialliberale Koalition vollziehen Erich Mende, Heinz Starke und Siegfried Zoglmann einen **Fraktionswechsel** von der FDP zur CDU/CSU (9.10.). Abgrenzungsbeschluss der SPD gegenüber der DKP (14.11.). Bahr und DDR-Staatssekretär Michael Kohl nehmen Gespräche über Verkehrsfragen, Transitabkommen und Grundlagenvertrag auf (27.11.). **Unterzeichnung des Warschauer Vertrags**: Die BR Dtl. und die Volksrepublik Polen schließen einen Vertrag über die Grundlagen der Normalisierung ihrer gegenseitigen Beziehungen. Dazu zählt die Anerkennung der Unverletzlichkeit der Grenzen, nicht zuletzt der polnischen Westgrenze entlang der Oder-Neiße-Linie (7.12.). Der Bundeskanzler legt während seines Polenbesuchs am Denkmal des unbekannten Soldaten und an der Gedenkstätte des Warschauer Gettos Kränze nieder. Sein spontaner **Kniefall** vor diesem Mahnmal erregt weltweit großes Aufsehen (7.12.). Ulbricht nennt die DDR einen „sozialistischen deutschen Nationalstaat" (17.12.). Deutlich über 17.000 Personen verlassen die DDR im Jahresverlauf als Flüchtlinge oder Übersiedler (31.12.).

Willy Brandt (links) und DDR-Ministerpräsident Willi Stoph (rechts)

Wirtschaft & Wissenschaft

Deutsch-sowjetischer Vertrag über die Lieferung von Erdgas gegen Großröhren (1.2.). **Deutsch-polnisches Abkommen** über Warenverkehr und wirtschaftliche Zusammenarbeit unterzeichnet (23.6.). Bundeskabinett beschließt **Maßnahmen zur steuerlichen Konjunkturdämpfung** (6.7.). Die Bundesregierung liberalisiert Einfuhren aus Ostblock-Staaten (21.8.). In Bonn wird die Deutsche Gesellschaft für Friedens- und Konfliktforschung gegründet (28. 10.). Laut Bundesanstalt für Arbeit befinden sich **über zwei Mio. „Gastarbeiter“** in der BR Dtl. (8.12.). ZK-Tagung berät über **Versorgungsschwierigkeiten** und übt versteckte Kritik an Ulbricht (9.–11.12.). Im Jahresdurchschnitt beträgt die Arbeitslosenquote in der Bundesrepublik lediglich 0,7% (31.12.).

Kunst & Kultur

Heinrich Böll wird zum Präsidenten des PEN-Zentrums in der BR Dtl. gewählt (18.4.).Uraufführung von Rolf Hochhuths Stück *Guerillas* in Stuttgart (15.5.). Thomas Bernhards *Ein Fest für Boris* wird im Hamburger Deutschen Schauspielhaus in einer Inszenierung von Claus Peymann uraufgeführt (29.6.). Nach heftigen politischen Diskussionen über den deutschen Wettbewerbsbeitrag *O. K.* von Michael Verhoeven enden die 20. **Berliner Filmfestspiele** mit einem Eklat und **ohne Preisverleihung** (5.7.). In Locarno stirbt 72-jährig der deutsch-amerikanische Schriftsteller **Erich Maria Remarque**, der durch sein Buch *Im Westen nichts Neues* Weltruhm erlangte (25.9.).

Gesellschaft & Sport

In Berlin wird die Gesamtschule zur Regelschule (18.1.). Erster Sozialbericht der Bundesregierung (20.4.). Borussia Mönchengladbach ist Deutscher Fußballmeister (3.5.). Einrichtung einer **Bund-Länder-Kommission für Bildungsplanung** (25.6.). Stellung von nicht-ehelichen Kindern verbessert (27.6.). Durch eine Grundgesetzänderung wird das aktive **Wahlalter** von 21 **auf 18 Jahre herabgesetzt** (31.7.). Heide Rosendahl verbessert mit 6,84 m den Weltrekord im Weitsprung (3.9.). Bundesregierung präsentiert **„Sofortprogramm für den Umweltschutz“** (17.9.). Sog. **„Contergan-Prozess“** vor dem Aachener Landgericht endet mit Einstellung (18.9.).

Willy Brandts Kniefall am Mahnmal des Warschauer Gettos

Weltgeschichte

Bruno Kreisky

In Nigeria endet der 1967 ausgebrochene Bürgerkrieg mit der Kapitulation der unabhängigen Republik Biafra (12.1.). Mit dem **Sieg Bruno Kreiskys** bei den Nationalratswahlen setzt die Ära der SPÖ in Österreich ein (1.3.). Beginn der sowjetisch-amerikanischen Verhandlungen über eine Begrenzung der strategischen Rüstung (SALT) in Wien (16.4.). Amerikanische und südvietnamesische Kräfte marschieren in Kambodscha ein (30.4.). Robert Altmans **Antikriegsfilm *M.A.S.H.*** gewinnt beim Filmfestival von Cannes die „Goldene Palme“ (2.5.). Wegen der Apartheidpolitik schließt das Internationale Olympische Komitee Südafrika aus (15.5.). In Luxemburg setzen die Beitrittsverhandlungen zwischen der EG und Dänemark, Großbritannien, Irland sowie Norwegen ein (30.6.). Mit seinem Papyrusboot „Ra II“ gelingt dem Norweger **Thor Heyerdahl** die Überquerung des Atlantiks (12.7.). Der Kandidat der marxistischen Unidad Popular **Salvador Allende** gewinnt in Chile die Präsidentschaftswahlen (4.9.). Dem verstorbenen Gamal Abd el Nasser folgt Muhammad Anwar As Sadat als neuer Präsident Ägyptens nach (7.10.). Verhaftung der US-Bürgerrechtlerin Angela Davis (13.10.). Der ehemalige französische Staatspräsident **Charles de Gaulle** ist **tot** (9.11.). Der sowjetische Schriftsteller und Dissident Alexander **Solschenizyn** erhält den **Literaturnobelpreis** (10.12.).

1971

Politik

Walter Scheel, Alexei Kossygin, Willy Brandt und Leonid Breschnew (von links)

13 von 20 Mitgliedern und Kandidaten des SED-Politbüros fordern in einem Brief an Breschnew Ulbrichts „freiwilligen" Rücktritt (21.1.). In der BR Dtl. treffen die ersten Umsiedler aus Polen ein (23.1.). Bundeskanzler Willy Brandt benennt vor dem Deutschen Bundestag die **Ziele der sozialliberalen Reformpolitik** (24.3.). Walter **Ulbricht tritt** „aus Altersgründen", wie es offiziell heißt, als 1. Sekretär des ZK der SED **zurück**, er bleibt aber Staatsratsvorsitzender. Sein Nachfolger im Parteiamt heißt **Erich Honecker** (3.5.). Antrittsbesuch Honeckers als 1. Sekretär in Moskau (18.5.). Bei einem Schusswechsel mit der Polizei stirbt in Hamburg die Terroristin Petra Schelm (15.6.). Die Vereinigten Staaten, Großbritannien, Frankreich und die Sowjetunion unterzeichnen das **Vier-Mächte-Abkommen über Berlin**. Die UdSSR garantiert den ungehinderten zivilen Verkehr von Personen und Gütern zwischen Westberlin und der BR Dtl. Außerdem werden die deutschen Behörden dies- und jenseits des „Eisernen Vorhangs" beauftragt, gemeinsame Regelungen für den Reise- und Besucherverkehr zwischen Ost- und Westberlin, der DDR und Westberlin sowie für den Transitverkehr zu erarbeiten (3.9.). Bundeskanzler **Brandt** und der sowjetische Generalsekretär Leonid Breschnew treffen in Oreanda **auf der Krim** zusammen (16.–18.9.). Die Bundesregierung verabschiedet ein Umweltprogramm (29.9.). Der Abschluss des Post- und Fernmeldeabkommens zwischen der BR Dtl. und der DDR bringt Verbesserungen im Fernsprechverkehr (30.9.). Der Bundesparteitag in Saarbrücken wählt den Vorsitzenden der CDU/CSU-Bundestagsfraktion **Rainer Barzel** zu Kurt Georg Kiesingers Nachfolger als **CDU-Parteivorsitzender**. Sein Stellvertreter heißt Helmut Kohl (4./5.10.). In Hamburg wird ein Polizist von Terroristen erschossen (22.10.). Auf ihrer konstituierenden Sitzung wählt die Volkskammer Ulbricht erneut zum Staatsratsvorsitzenden, Willi Stoph zum Ministerratsvorsitzenden und Honecker zum Vorsitzenden des Nationalen Verteidigungsrates (26.11.). Eine gemeinsame Kommission aus CDU und CSU bestimmt Rainer **Barzel** zum **Kanzlerkandidaten** (29.11.). Bei einer polizeilichen Fahndungsaktion in Berlin wird der zur Terroristen-Szene zählende Student Georg von Rauch getötet (4.12.). Der ehemalige Bundesinnenminister **Ernst Benda** wird **neuer Präsident des Bundesverfassungsgerichtes** (8.12.). Bundeskanzler **Brandt** wird in Oslo mit dem **Friedensnobelpreis** ausgezeichnet (10.12.). Der Staatssekretär im Bundeskanzleramt Egon Bahr und der Staatssekretär beim DDR-Ministerrat Michael Kohl unterzeichnen in Bonn das von ihnen ausgehandelte **Transitabkommen** über den Verkehr zwischen der BR Dtl. und Westberlin (17.12.). Die Hamburger Bürgerschaft billigt eine Grundsatzentscheidung des Senats, wonach Extremisten nicht zu Beamten auf Lebenszeit ernannt werden dürfen (17.12.). Das 11. und 12. Strafänderungsgesetz zu Geiselnahme und Luftpiraterie tritt in Kraft (19.12.). Bei einem

Der neue 1. Sekretär des ZK der SED Erich Honecker

terroristisch motivierten Banküberfall in Kaiserslautern wird ein Polizist getötet (22.12.). Bundeskanzler Willy Brandt hält sich zu Gesprächen mit Präsident Nixon in den USA auf (28./29.12.). Deutlich über 17.000 Personen verlassen die DDR im Jahresverlauf als Flüchtlinge oder Übersiedler (31.12.).

Wirtschaft & Wissenschaft

Bundesregierung beschließt **konjunkturpolitisches Stabilitätsprogramm** und gibt den Wechselkurs der D-Mark frei (9.5.). Wegen der angespannten Haushaltslage tritt Finanzminister Alex Möller zurück. Ihm folgt als **Bundesminister für Wirtschaft und Finanzen** der bisherige Wirtschaftsminister **Karl Schiller** nach (13.5.). Der Rahmenplan zur Verbesserung der regionalen Wirtschaftsstruktur wird beschlossen. Er weist 59% der Fläche der BR Dtl. als Fördergebiet aus (29.6.). Das **Graduiertenförderungsgesetz** zur staatlichen Förderung hoch qualifizierten wissenschaftlichen Nachwuchses tritt in Kraft (2.9.). IG-Metall-Streik in Nord-Württemberg/Nord-Baden (22.11.–10.12.). Im Jahresdurchschnitt beträgt die Arbeitslosenquote in der Bundesrepublik lediglich 0,8% (31.12.).

Kunst & Kultur

Die Schauspielerin Helene Weigel stirbt eine Woche vor ihrem 71. Geburtstag in Ostberlin (6.5.). In der Frankfurter Paulskirche eröffnet die **Ausstellung „1871 – Fragen an die deutsche Geschichte“** (18.5.). In Dublin wird Heinrich **Böll** zum **Präsidenten des internationalen PEN-Clubs** gewählt (13.9.). Der Künstler Christo verpackt das in der Eifel gelegene Monschauer Schloss (16.9.). Das württembergische Staatstheater in Stuttgart führt Peter Weiss' Stück *Hölderlin* erstmals auf (18.9.). Vor dem ZK der SED stellt **Honecker** eine **„Liberalisierung“ des kulturellen Lebens** in Aussicht (16./17.12.).

Gesellschaft & Sport

Die dritte **Volkszählung in der DDR** ergibt eine Bevölkerungszahl von 17.053.699 Personen (1.1.). Wiederaufnahme des Telefonverkehrs zwischen Ost- und Westberlin nach 19-jähriger Unterbrechung (31.1.). Erhöhung der Mindestlöhne und -renten in der DDR (1.3.). Borussia Mönchengladbach ist Deutscher Fußballmeister (5.6.). Bundestag verabschiedet neues Städtebauförderungsgesetz (19.7.). **„Benzinbleigesetz“** zur Verminderung von Luftverunreinigungen (5.8.). Das **Bundesausbildungsförderungsgesetz (BAföG)** tritt **in Kraft** und gewährt staatliche Beihilfen für alle Zweige schulischer Bildung einschließlich der Hochschulen (1.9.). Gesetz zur Verbesserung des Mietrechts (4.11.).

Heinrich Böll

Weltgeschichte

Einweihung des Assuan-Staudammes in Ägypten (15.1.). Die Arbeiter der Danziger Lenin-Werft treten in einen unbefristeten Streik (18.1.). Im ostafrikanischen Uganda gelangt der Generalstabschef **Idi Amin** Dada durch einen Militärputsch an die Macht (25.1.). Ein versehentlicher Atomalarm versetzt große Teile der US-Bevölkerung in Angst (20.2.). 300.000 Menschen gehen in Washington gegen den Vietnam-Krieg auf die Straße (24.4.). Beginn einer neuen **Gewaltwelle in Nordirland** (9.8.). Die Vereinigten Staaten heben die Konvertibilität des Dollars in Gold auf und führen eine zehnprozentige Importsteuer ein (15.8.). Sondersitzung des GATT-Rates bezeichnet die amerikanische Importabgabe als illegal (23.8.). Der ehemalige sowjetische Generalsekretär Nikita **Chruschtschow** ist **tot** (11.9.). Unterhaus für den Beitritt Großbritanniens zur Europäischen Wirtschaftsgemeinschaft (28.10.). Mit einer Protestfahrt zu den Aleuteninseln im Nordpazifik gegen einen US-amerikanischen Atomversuch beginnt die Umweltschutzorganisation **„Greenpeace“** ihrer erste Aktion (6.11.). Aufgrund von bewaffneten Konflikten um Ostpakistan/Bangladesch bricht der dritte **Krieg zwischen Indien und Pakistan** aus (3.12.). Mit dem sog. „Smithsonian-Agreement“ wird auf einer Konferenz der sog. Zehnergruppe eine umfassende Neuordnung der Wechselkurse festgelegt (17./18.12.).

1972

Politik

Der 1. Sekretär des ZK der SED Erich Honecker bezeichnet die BR Dtl. erstmals als (imperialistisches) „Ausland" (6.1.). Auf einer Zusammenkunft der Regierungschefs von Bund und Ländern wird mit dem **Extremistenbeschluss** eine einheitliche Handhabung der gesetzlichen Regelungen mit Blick auf die Verfassungstreue von Angehörigen des öffentlichen Dienstes festgelegt (28.1.). Mit dem Austritt des Abgeordneten Wilhelm Helms aus der FDP verliert die sozialliberale Koalition im Bundestag die absolute Mehrheit (23.4.). Das erstmals in der bundesdeutschen Geschichte angestrebte **konstruktive Misstrauensvotum** der CDU/CSU-Opposition **gegen Bundeskanzler Willy Brandt** mit dem Ziel, Rai-

Rainer Barzel (links) gratuliert Bundeskanzler Brandt (rechts)

Mitglied der Terrororganisation „Schwarzer September"

ner Barzel zum Regierungschef zu machen, **scheitert** im Parlament knapp (27.4.). Der **Bundestag ratifiziert** die sog. **Ostverträge**: Die CDU/CSU-Fraktion enthält sich bei der Abstimmung. Der Moskauer Vertrag wird mit 248 gegen 10 Stimmen bei 238 Enthaltungen, der Warschauer Vertrag mit 248 gegen 17 Stimmen bei 231 Enthaltungen angenommen. Eine gemeinsame Entschließung zu den Ostverträgen wird mit 491 Stimmen bei fünf Enthaltungen gebilligt (17.5.). Bombenanschlag auf Hamburger Springer-Hochhaus (19.5.). Bei Anschlägen der **„Roten Armee Fraktion" (RAF)** auf das europäische Hauptquartier der US-Armee in Heidelberg sterben drei Soldaten (24.5.). Verhaftung der RAF-Terroristen Andreas Baader, Holger Meins und Jan-Carl Raspe in Frankfurt (3.6.). Moskauer und Warschauer Verträge sowie das Vier-Mächte-Abkommen treten in Kraft (3.6.). Die BR Dtl. und die DDR nehmen die Verhandlungen zum Grundlagenvertrag auf (16.8.). Während der **XX. Olympischen Sommerspiele in München** dringen acht Mitglieder der **arabischen Terrorgruppe „Schwarzer September"** in das Quartier der israelischen Olympiamannschaft ein und ermorden zwei der Sportler. Zudem kommen bei einem Schusswechsel neun Israelis, fünf Terroristen und ein Polizeibeamter ums Leben; drei Terroristen werden verhaftet (5./6.9.). Wegen des Streits um seine Ostpolitik stellt Bundeskanzler Brandt im Bundestag die **Vertrauensfrage**: 233 Abgeordnete stimmen für Brandt, 248 gegen ihn. Auf Vorschlag des Bundeskanzlers löst Bundespräsident Gustav W. Heinemann den Bundestag auf und schlägt für den 19.11. Neuwahlen vor (22.9.). Verlust der Staatsbürgerschaft für Bürger, welche die DDR vor 1972 verlassen haben. Sie werden strafrechtlich nicht länger verfolgt (16.10.). Bei den vorgezogenen **Bundestagswahlen** wird die SPD mit 45,8% der Stimmen stärkste Partei. Die CDU/CSU vereinigt auf sich 44,9% der Stimmen, die FDP 8,4% (19.11.). Koalitionsverhandlungen zwischen der SPD und der FDP (23.11.–8.12.). **Annemarie Renger** (SPD) ist die erste Frau im Amt des **Bundestagspräsidenten** (13.12.). Der Bundestag wählt Willy **Brandt** erneut zum **Bundeskanzler** (14.12.). Vorstellung des neuen sozialliberalen Kabinetts (15.12.). Egon Bahr und Michael Kohl unterzeichnen den **Grundlagenvertrag** zwischen der BR Dtl. und der DDR. Das Abkommen beinhaltet eine Anerkennung der Vier-Mächte-Verantwortung, der Unverletzlichkeit der Grenzen, der Beschränkung der Hoheitsgewalt auf das jeweilige Staatsgebiet sowie den Austausch „ständiger Vertreter", die Beibehaltung des innerdeutschen Handels und den Antrag beider deutschen Staaten auf eine UNO-Mitgliedschaft (21.12.). Über 17.000 Personen verlassen die DDR im Jahresverlauf als Flüchtlinge oder Übersiedler (31.12.).

Wirtschaft & Wissenschaft

Der parteilose **Bundeswissenschaftsminister** Hans Leussink tritt zurück. Sein Nachfolger ist **Klaus von Dohnanyi** von der SPD (15.3.). Internationaler IG-Metall-Kongress „Aufgabe Zukunft: Qualität des Lebens" (11.–14.4.). Der IG-Metall-Vorsitzende Otto Brenner ist tot (15.4.). Gegen den Willen des Bundesministers für Wirtschaft und Finanzen **Karl Schiller** beschließt das Kabinett Devisenkontrollen, woraufhin der Minister am 7.7. **zurücktritt** (29.6.). Deutsch-sowjetisches Handelsabkommen unterzeichnet (5.7.). Bundesfinanzminister Helmut Schmidt präsentiert einen **15-Punkte-Katalog** für eine gemeinsame europäische Stabilitätspolitik (27.10.). Im Jahresdurchschnitt beträgt die Arbeitslosenquote in der Bundesrepublik 1,1% (31.12.).

Kunst & Kultur

Der „Deutsche Fernsehfunk" wird in **„Fernsehen der DDR"** umbenannt (11.2.). Die sog. **„Tanzmusikkonferenz"** in der DDR erklärt Jazz und Beat, nicht hingegen Rock 'n' Roll, für gesellschaftsfähig (24./25.4.). Tagung des ZK befasst sich mit Spielräumen und Grenzen der Kulturpolitik (6./7.7.). Der umstrittene deutsche Schriftsteller und Verfasser des Romans *Der Fragebogen* **Ernst von Salomon** ist tot (9.8.). Der Architekt **Hans Scharoun** stirbt 79-jährig in Berlin (25.11.). **Heinrich Böll**, der Autor von Romanen wie *Das Brot der frühen Jahre* oder *Billard um halb zehn*, erhält in Stockholm den **Literaturnobelpreis** (10.12.).

Gesellschaft & Sport

DDR führt das Gesetz zur Fristenlösung beim Schwangerschaftsabbruch ein (9.3.). Unterzeichnung des deutsch-deutschen **Verkehrsvertrages** in Ostberlin (26.5.). Mit einem 3:0-Sieg über die Mannschaft der Sowjetunion wird die **Deutsche Nationalelf** unter Bundestrainer Helmut Schön **Europameister** (18.6.). Bayern München ist Deutscher Fußballmeister (28.6.). XX. **Olympische Sommerspiele in München** und Kiel (26.8.–11.9.). **Amnestie** für politische Gefangene und kriminelle Straftäter in der DDR: 2000 von 32.000 werden in die BR Dtl. entlassen (6.10.). Das Politbüro der SED beschließt eine **verschärfte Überwachung von Westkontakten** (7.11.).

Eröffnung der Olympischen Spiele in München

Weltgeschichte

In Brüssel werden die Urkunden zum **EG-Beitritt Dänemarks, Großbritanniens, Irlands und Norwegens** unterzeichnet (22.1.). Am sog. **„Blutsonntag"** erschießen britische Soldaten im nordirischen Londonderry 13 Teilnehmer einer verbotenen Demonstration katholischer Bürgerrechtler (30.1.). Richard **Nixon** besucht als erster US-Präsident die Volksrepublik **China** und läutet damit eine Periode aktiver Entspannungspolitik ein (21.–28.2.). Nordvietnamesische Armee startet im Vietnam-Krieg Großoffensive (30.3.). Die USA und die Sowjetunion unterzeichnen den **SALT-Vertrag** (26.5.). Erster Staatsbesuch eines **US-Präsidenten in der Sowjetunion** (22.–29.5.). **Bobby Fischer** (USA) ist nach einem Sieg gegen den sowjetischen Titelverteidiger Boris Spasski **Schachweltmeister** (1.9.). Auf der ersten Gipfelkonferenz der erweiterten Europäischen Gemeinschaft in Paris bekunden die Staats- und Regierungschefs ihren Willen, bis 1980 die Europäische Union zu schaffen (19./20.10.). **Nixon** wird als amerikanischer Präsident **wieder gewählt** (7.11.). Alle europäischen Staaten – ausgenommen Albanien – sowie die USA und Kanada beginnen in Helsinki **Vorgespräche für eine „Konferenz über Sicherheit und Zusammenarbeit in Europa"** (KSZE) (22.11.). Die Vereinigten Staaten weiten ihre Luftangriffe in Nordvietnam aus (18.–30.12.).

1973

Politik

Aus Protest gegen die „Isolationshaft“ treten die Baader/Meinhof-Häftlinge in den **Hungerstreik** (17.1.–16.2.). Die NATO-Mitgliedsstaaten Frankreich und Großbritannien nehmen zur DDR diplomatische Beziehungen auf (9.2.). Akkreditierung von Korrespondenten der beiden bundesdeutschen Fernsehanstalten ARD und ZDF sowie von anderen Presseorganen der Bundesrepublik in der DDR (7.3.). Die **DDR lehnt Wiedergutmachungszahlungen** gegenüber Israel gleich welcher Art **ab** (8.3.). Der Bundestag verabschiedet den Grundlagenvertrag, der am 21.6. in Kraft tritt (11.5.). Rainer

Staatsbegräbnis für Walter Ulbricht

Barzel verzichtet auf eine erneute Kandidatur für das Amt des CDU-Parteivorsitzenden (16.5.). Der sowjetische Generalsekretär Leonid Breschnew besucht die BR Dtl. (18.–22.5.). Der Präsident der Bundesamts für Verfassungsschutz Günther Nollau setzt Bundesinnenminister Hans-Dietrich Genscher über den **Spionageverdacht gegen den Kanzlerreferenten Günter Guillaume** in Kenntnis (29.5.). Die Bundestagsfraktionsvorsitzenden von SPD und FDP Herbert Wehner und Wolfgang Mischnick treffen in Ostberlin mit dem 1. Sekretär des ZK der SED Erich Honecker zusammen (30./31.5.). Willy Brandt besucht als erster Bundeskanzler Israel (7.–11.6.). Ein Sonderparteitag wählt den rheinland-pfälzischen Ministerpräsidenten **Helmut Kohl** zum **CDU-Vorsitzenden**. Neuer Generalsekretär der Partei wird Kurt Biedenkopf (12.6.). Der Bundestag setzt einen Untersuchungsausschuss (**„Steiner/Wienand-Ausschuss“**) ein – zur Prüfung des Korruptionsverdachts, ob Entscheidungen von Abgeordneten im Zusammenhang mit den Abstimmungen über das konstruktive Misstrauensvotum und die Ostverträge im Vorjahr beeinflusst waren (15.6.). Wie inzwischen bekannt, bestach damals das Ministerium für Staatssicherheit zwei Abgeordnete der CDU/CSU-Bundestagsfraktion. Offizielle Übergabe des restaurierten Reichstagsgebäudes an den Deutschen Bundestag (30.6.). Entscheidung des Bundesverfassungsgerichtes: Der Grundlagenvertrag ist mit dem Grundgesetz vereinbar (31.7.). Walter Ulbricht stirbt im Alter von 80 Jahren (1.8.). Aufnahme der **DDR** als 133., der **BR Dtl.** als 134. Staat in die **Vereinten Nationen** (18.9.). Während des Besuchs einer Bundestagsdelegation in der Sowjetunion kritisiert Herbert Wehner in Interviews von Moskau aus die Ostpolitik sowie die Person des Bundeskanzlers (24.9.–1.10.). Die Volkskammer wählt Willi Stoph zum Staatsrats- und Horst Sindermann zum Ministerratsvorsitzenden (3.10.). Sowjetunion und DDR protestieren gegen die Errichtung des Umweltbundesamtes in Westberlin (6.11.). Bundespräsident Gustav W. Heinemann kündigt an, aus Altersgründen für eine zweite Amtsperiode nicht mehr zur Verfügung zu stehen (14.11.). In Prag unterzeichnen Bundeskanzler Willy Brandt und Außenminister Walter Scheel das deutschtschechoslowakische Abkommen. Dieser **„Prager Vertrag“** führt zu einer Annullierung des Münchner Abkommens vom 29.9.1938 und zur Aufnahme diplomatischer Beziehungen (11.12.). Der Bundesvorstand der FDP nominiert Walter Scheel einstimmig als Kandidaten für das Amt des Bundespräsidenten (14.12.). Die BR Dtl. nimmt diplomatische Beziehungen zu Bulgarien und Ungarn auf (21.12.). Über 16.000 Personen verlassen die DDR im Jahresverlauf als Flüchtlinge oder Übersiedler (31.12.).

Wirtschaft & Wissenschaft

Bundesregierung stellt einen **konjunkturpolitischen Maßnahmenkatalog** (u. a. eine Erhöhung der Mineralölsteuer und eine Stabilitätsanleihe in Höhe von 4 Mrd. DM) vor (17.2.). Die

BR Dtl. und fünf weitere europäische Länder beschließen eine **Freigabe des Dollar-Kurses** (12.3.). Deutsch-sowjetisches Abkommen über die Entwicklung der wirtschaftlichen, industriellen und technischen Zusammenarbeit (19.5.). Fünfte Aufwertung der D-Mark seit 1961, dieses Mal um 5,5% (29.6.). Handelsabkommen zwischen der BR Dtl. und China (5.7.). Der Soziologe und Mitbegründer der „kritischen Theorie“ **Max Horkheimer** ist tot (7.7.). **Anwerbestopp** für Arbeiter aus dem Ausland (23.11.). Im Jahresdurchschnitt beträgt die Arbeitslosenquote in der Bundesrepublik 1,2% (31.12.).

Kunst & Kultur

ZK-Sekretär Kurt Hager lehnt die These vom Fortbestand einer einheitlichen deutschen Kulturnation ab (26.1.). Rolf Liebermann ist neuer Intendant der Pariser Oper (28.2.). Deutsch-sowjetisches Abkommen über kulturelle Zusammenarbeit (19. 5.). Bund-Länder-Kommission verabschiedet **Bildungsgesamtplan** (15.6.). Die **Bundeswehr-Hochschulen** in Hamburg und München beginnen mit dem Lehrbetrieb (1.10.). Ein Konzert des amerikanischen Musikers Miles Davis eröffnet die **Berliner Jazztage** (1.11.). Der „Deutsche Schriftstellerverband“ heißt fortan „Schriftstellerverband der DDR“ (14.–16.11.).

Gesellschaft & Sport

Renate Stecher aus der DDR läuft als erste Frau der Welt die 100 m unter 11 sec. (7.6.). Bundestag liberalisiert Sexualstrafrecht (7.6.). Bayern München ist erneut Deutscher Fußballmeister (9.6.). **Ziviler Ersatzdienst** wird **Wehrdienst gesetzlich gleichgestellt** (1.7.). X. Weltfestspiele der Jugend und Studenten in Ostberlin (28.7.–5.8.). Aus Anlass der Ölkrise verabschiedet der Bundestag ein **Energiesicherungsgesetz** (9. 11.). Die DDR **verdoppelt** den **Zwangsumtausch** für Reisende aus dem Westen (15. 11.). Erstmals werden in der Bundesrepublik **Sonntagsfahrverbote** erlassen (25.11.). DDR-Bürger erhalten die Erlaubnis, mit Devisen in „Intershops“ einzukaufen (19. 12.).

Sonntagsfahrverbot anlässlich der Ölkrise

Weltgeschichte

Richard Nixon

EG-Erweiterung (Beitritt Dänemarks, Großbritanniens und Irlands) in Kraft (1.1.). Die USA stellen alle Kriegshandlungen gegen Nordvietnam ein (15.1.). Zur **Beendigung des Vietnam-Krieges** unterzeichnen die USA, Nord- und Südvietnam sowie die Nationale Befreiungsfront in Paris ein Waffenstillstandsabkommen (27.1.). Die letzten US-Truppen ziehen aus Vietnam ab (29.3.). In Kambodscha sind die **Roten Khmer** auf dem Vormarsch (23.4.). Staatsbesuch Breschnews in den USA (18.–25.6.). Amerika und die Sowjetunion unterzeichnen Abkommen zur Verhinderung eines Atomkrieges (22.6.). Eröffnungssitzung der **„Konferenz für Sicherheit und Zusammenarbeit in Europa“** (KSZE) in Helsinki (3.–8.7.). In **Chile** putscht sich eine **Militärjunta** unter Führung Augusto Pinochets an die Macht (11.9.). In Genf beginnen die SALT-II-Verhandlungen (25.9.). Ägyptische und syrische Angriffe auf Israel lösen den sog. **„Jom-Kippur-Krieg“** aus (6.10.). Die Erdöl exportierenden arabischen Staaten schränken Öllieferungen in die westlichen Länder ein, um gegen deren israelfreundliche Haltung zu protestieren, und lösen damit eine **Ölpreisexplosion** aus (17.10.). Im Zuge der sog. **„Watergate-Affäre“**, die mit dem Einbruch von Nixon-Gefolgsleuten in das Hauptquartier der Demokratischen Partei im Juni 1972 begann, setzt ein Amtsenthebungsverfahren gegen US-Präsident Nixon ein (30.10.).

1974

Politik

Ostdeutsche Fahrzeuge müssen künftig das Länderschild „DDR“ anstelle des bisherigen Kennzeichens „D“ tragen (1.1.). Staatssekretär Günter Gaus und der stellvertretende DDR-Außenminister Kurt Nier unterzeichnen in Bonn ein Protokoll über die **Errichtung „Ständiger Vertretungen“** (14.3.). Der Staatsbesuch Willy Brandts in Algerien und Ägypten ist der erste offzielle Aufenthalt eines Bundeskanzlers in diesen arabischen Staaten (19.–24.4.). Die Bundesanwaltschaft verkündet die Festnahme Günter Guillaumes, eines engen Brandt-Mitarbeiters im Bundeskanzleramt, wegen Spionageverdachts (25.4.). Die BR Dtl. und die USA unterzeichnen ein Abkommen über einen Ausgleich der amerikanischen Kosten bei der Stationierung von Streitkräften auf deutschem Boden (25.4.). Eröffnung der „Ständigen Vertretungen“ in Bonn und Ostberlin (2.5.). Der Nationale Verteidigungsrat bestätigt den „Schusswaffeneinsatz gegen Grenzverletzer“ (3.5.). Bundeskanzler **Brandt** erklärt nach Bekanntwerden des Falles Guillaume seinen **Rücktritt** (6.5.). Auf Vorschlag Brandts nominiert die SPD den Wirtschafts- und Finanzminister des letzten Kabinetts Brandt Helmut Schmidt zum Kandidaten für das

Helmut Schmidt bei der Verabschiedung des Kabinetts durch Willy Brandt

Amt des Bundeskanzlers (9.5.). Die Bundesversammlung wählt Walter **Scheel** im ersten Wahlgang mit 530 Stimmen bei 5 Enthaltungen als Nachfolger Heinemanns zum **Bundespräsidenten**. Auf den Kandidaten der CDU/CSU Richard von Weizsäcker entfallen 498 Stimmen (15.5.). Der Bundestag wählt **Schmidt** zum **Bundeskanzler**. Gemeinsam mit Außenminister und Vizekanzler Hans-Dietrich Genscher setzt er die sozialliberale Regierungskoalition fort (16.5.). Der Bundestag setzt einen parlamentarischen Untersuchungsausschuss zur „Guillaume-Affäre“ ein (6.6.). Der Bundestag billigt einstimmig das Gesetz über die Einrichtung eines **Umweltbundesamtes in Westberlin** (19.6.). Das DDR-Außenministerium legt dagegen Protest ein (20.6.). Der Bundesminister für wirtschaftliche Zusammenarbeit **Erhard Eppler tritt** aufgrund von Kürzungen des Entwicklungshilfeetats **zurück**. Sein Nachfolger ist Egon Bahr (4.7.). Die BR Dtl. nimmt die seit Mai 1965 unterbrochenen diplomatischen Beziehungen zu Syrien wieder auf (7.8.). Die BR Dtl. wird Mitglied der UNO-Abrüstungskonferenz in Genf (21.8.). Die **Vereinigten Staaten** nehmen zur **DDR diplomatische Beziehungen** auf. Damit ist die allgemeine internationale Anerkennung des ostdeutschen Staates vollzogen (4.9.). Die Volkskammer verabschiedet das „Gesetz zur Ergänzung und Änderung der Verfassung der DDR“, durch das der **Begriff der „deutschen Nation“ getilgt** wird (27.9.). Hamburger FDP-Bundesparteitag wählt Hans-Dietrich Genscher zum neuen Parteivorsitzenden (1.10.). Staatsbesuch in Moskau von Bundeskanzler Schmidt und Außenminister Genscher (28.–31.10.). Das Mitglied der Baader/Meinhof-Gruppe **Holger Meins** stirbt an den Folgen eines Hungerstreiks. Dies führt in mehreren Städten zu Protestdemonstrationen und Anschlägen (9.11.). Terroristen der **„Bewe-**

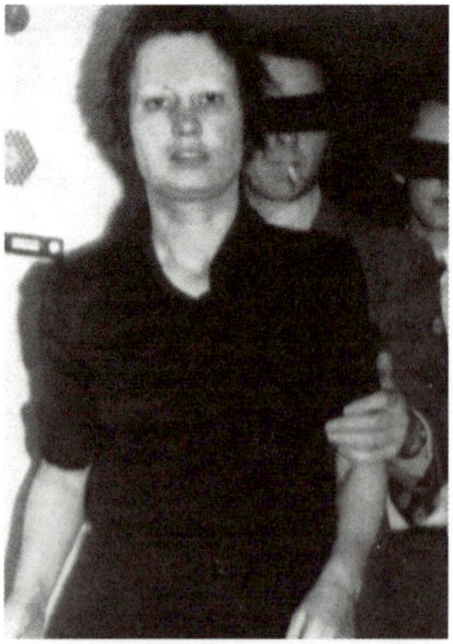

Die RAF-Terroristin Ulrike Meinhof

gung 2. Juni" ermorden den Präsidenten des Berliner Kammergerichts **Günter von Drenkmann** (10.11.). Die RAF-Terroristen Ulrike Meinhof und Horst Mahler werden zu 14 bzw. 8 Jahren Haft verurteilt (29.11.). **Jean-Paul Sartre** besucht Andreas Baader in der Haftanstalt **Stammheim** und protestiert gegen die Haftbedingungen (4.12.). Über 13.000 Personen verlassen die DDR im Jahresverlauf als Flüchtlinge oder Übersiedler (31.12.).

Wirtschaft & Wissenschaft

Warnstreiks und begrenzte Arbeitsniederlegungen **im öffentlichen Dienst** (Januar/Februar). Erhöhung der Löhne und Gehälter im öffentlichen Dienst um 11% (13.2.). In Ostberlin findet eine Wirtschaftswissenschafts-Konferenz über die „Wirkungsweise der ökonomischen Gesetze des Sozialismus" statt (26./27.6.). Die DDR-Staatsbank gibt neue Banknoten mit der Währungsbezeichnung **„Mark der DDR"** heraus (14.9.). Sonderprogramm zur Konjunkturbelebung (18.10.). **Deutsch-polnisches Zehnjahres-Abkommen** über die wirtschaftliche, industrielle und technische Zusammenarbeit (1.11.). Im Jahresdurchschnitt beträgt die Arbeitslosenquote in der Bundesrepublik 2,6% (31.12.).

Kunst & Kultur

China indiziert **Werke Ludwig van Beethovens und Franz Schuberts**, weil sie Ausdruck **„kapitalistischer Mentalität"** seien (14.1.). In Essen wird Rolf Hochhuths Werk *Lysistrate und die NATO* uraufgeführt (23.2.). Der Schriftsteller **Erich Kästner**, u. a. Autor von *Pünktchen und Anton* sowie *Emil und die Detektive*, ist **tot** (29.7.). Mit der Schaffung des „Volkseigenen Handelsbetriebes Kunst und Antiquitäten" liegt der DDR-Kunsthandel ganz überwiegend in den Händen des Staates (1.9.). Peter Zadek inszeniert in Bochum Heinrich Manns Stück ***Professor Unrat*** (2.12.) und feiert damit einen Höhepunkt der deutschen Theatersaison.

Valéry Giscard d'Estaing

Gesellschaft & Sport

Aufhebung der Sonntagsfahrverbote (9.1.). „Bundes-Immissionsschutz-Gesetz" verabschiedet (18.1.). In der BR Dtl. wird die **Volljährigkeit** von 21 auf **18 Jahre** herabgesetzt (22.3.). Mit 247 gegen 233 Stimmen beschließt Bundestag Reformierung des Strafrechtsparagraphen 218 zur Fristenlösung (26.4.). **1. FC Magdeburg** gewinnt den **Europacup der Pokalsieger** (8.5.). **Bayern München ist Europapokalsieger der Landesmeister** und Deutscher Fußballmeister (17./18.5.). Durch einen 2:1-Erfolg im Endspiel gegen die Niederlande gewinnt die **Deutsche Nationalelf** in München die **Fußballweltmeisterschaft** (7.7.). Eine Absenkung des im Vorjahr verdoppelten Mindestumtausches erfolgt (26.10.). Die DDR befreit Rentner vom Mindestumtausch (9.12.). Abkommen über Müllentsorgung aus dem Westen in der DDR gegen Devisen (11./12.12.).

Weltgeschichte

Frankreich verlässt den Währungsverbund der EG (19.1.). **Internationale Energie-Konferenz** berät in Washington über konzertierte Anstrengungen zur Bewältigung der Energiekrise (11.–13.2.). Die **Sowjetunion** erkennt dem Literaturnobelpreisträger Alexander **Solschenizyn** die Staatsbürgerschaft ab und **verweist ihn des Landes** (12./13.2.). Militärputsch in Portugal (25.4.). Valéry Giscard d'Estaing ist neuer französischer Staatspräsident (19.5.). In Griechenland endet die Militärdiktatur (23.7.). UN-Friedenstruppe beginnt ihre Tätigkeit, die Streitparteien auf Zypern auseinander zu halten (31.7.). Der amerikanische Präsident **Richard Nixon** erklärt aufgrund der „Watergate-Affäre" seinen **Rücktritt**. Der bisherige Vizepräsident Gerald Ford wird sein Nachfolger (9.8.). Häftlingsrevolten in mehreren nordirischen Gefängnissen (16.10.). **Muhammad Ali** (ehemals Cassius Clay) gewinnt durch K. o. gegen Titelträger George Foreman die **Boxweltmeisterschaft im Schwergewicht** (30.10.). Breschnew und Ford unterzeichnen SALT-Vereinbarungen (23./24.11.). Auf ihrer Pariser Konferenz beschließen die Staats- und Regierungschefs der Europäischen Gemeinschaft, dreimal jährlich als Rat der Gemeinschaft und im Rahmen der politischen Zusammenarbeit zusammenzukommen – **Gründung des „Europäischen Rates"** (9./10.12.).

1975

Politik

Der CSU-Vorsitzende **Franz Josef Strauß** wird bei einem 14-tägigen Besuch **in der Volksrepublik China** als erster offizieller Besucher aus der BR Dtl. überraschend von Parteichef Mao Tse-tung empfangen (12.1.). Oskar Fischer löst Otto Winzer als neuen DDR-Außenminister ab (20.1.). Bundeskanzler Hel-

Peter Lorenz nach der Besichtigung der Stätte seiner Gefangenschaft

mut Schmidt warnt die DDR in seinem Bericht zur Lage der Nation davor, das innerdeutsche Verhältnis zu belasten (30.1.). 24 Baader-Meinhof-Häftlinge brechen fast fünfmonatigen Hungerstreik ab. Das Ziel der Aktion, die Aufhebung der Isolationshaft, wurde nicht erreicht (5.2.). Ablehnung der Reform des **Abtreibungsparagraphen**

Demonstration gegen den Paragraphen 218

218 durch Bundesverfassungsgericht (25.2.). Der Spitzenkandidat der Berliner CDU, **Peter Lorenz**, wird vor seinem Haus von Anhängern der „Bewegung 2. Juni" **entführt**. Die Geiselnehmer fordern die sofortige Freilassung ihrer Gesinnungsgenossen aus der Haft (27.2.). „Frauen der revolutionären Zelle" verüben einen **Bombenanschlag auf das Bundesverfassungsgericht** (4.3.). Die Bundesregierung unter Helmut Schmidt geht auf Forderungen der Lorenz-Entführer ein; die Häftlinge werden außer Landes geflogen. Nach Verhandlungen mit jemenitischen Regierungsvertretern nimmt der Staat die Gefangenen auf. Lorenz wird einen Tag später freigelassen (5.3.). RAF-Terroristen **überfallen die deutsche Botschaft** in Stockholm. Eine Explosion zerstört das Gebäude, zwei Geiseln werden getötet (24.4.). Der **Prozess gegen** führende Mitglieder der **Baader-Meinhof-Gruppe**, Andreas Baader, Ulrike Meinhof, Gudrun Ensslin und Jan-Carl Raspe, beginnt. Die Angeklagten protestieren gegen die Pflichtverteidiger. Ihre eigenen Anwälte werden vom Verfahren ausgeschlossen, da sie unter dem Verdacht stehen, die Vereinigung unterstützt und Nachrichten übermittelt zu haben (21.5.). Das Bundesverfassungsgericht empfiehlt eine schärfere Praxis im Umgang mit dem sog. **Extremistenbeschluss** (22.5.). Die Zeitschrift *stern* veröffentlicht ein ihr anonym zugesandtes Abhörprotokoll eines Telefongesprächs zwischen dem CDU-Vorsitzenden Helmut Kohl und dem CDU-Generalsekretär Kurt Biedenkopf, in dem es u. a. um eine mögliche Kanzlerkandidatur Kohls ging. Als Urheber der Abhöraktion werden verschiedene Geheimdienste verdächtigt (12.6.). Einstimmige **Billigung eines neuen Zivilgesetzbuches** durch die DDR-Volkskammer. Es löst das Bürgerliche Gesetzbuch ab. Helmut Kohl wird von den Unionsparteien zum Kanzlerkandidaten gewählt (19.6.). Bei seiner achttägigen Rundreise durch die Sowjetunion trifft der SPD-Vorsitzende Willy Brandt auf den KPdSU-Chef Leonid I. Breschnew (2.7.). Die Sowjetunion und DDR schließen einen **Vertrag über Freundschaft**, Zusammenarbeit und gegenseitigen Beistand. Anders als in den vorhergehenden Verträgen kommt die deutsche Wiedervereinigung nicht mehr zur Sprache (7.10.). Helmut **Schmidt besucht** als erster Bundeskanzler der BR Dtl. **China**. Die Gespräche mit dem Parteivorsitzenden Mao Tse-tung werden durch die ablehnende Haltung Chinas gegenüber der Sowjetunion belastet (29./30.10.). Das Bundesverfassungsgericht entscheidet, dass die Diäten von Bundes- und Landtagsabgeordneten steuerpflichtig sind (5.11.). Als erster Bundespräsident trifft Walter

Scheel in der Sowjetunion ein (10.11.). Kanzleramtsspion Günter Guillaume wird zu 13 Jahren Haft verurteilt, seine Frau erhält acht Jahre (15.12.).

Wirtschaft & Wissenschaft

Durch den Erwerb von 29% des Daimler-Benz-Aktienpaketes aus dem Besitz der Friedrich Flick KG verfügt die **Deutsche Bank** über 57,5% der Daimler Benz AG (14.1.). **VW** kündigt Entlassung von 25.000 Mitarbeitern an (14.4.). Inbetriebnahme des weltweit größten Kernkraftwerkes bei Biblis (15.4.). Start eines Sonderprogramms von Bund und Ländern, um für 18.000 entlassene VW-Mitarbeiter neue Arbeitsplätze zu schaffen (2.5.). Die **Arbeitslosenzahl** erreicht seit Februar erstmals wieder die Eine-Million-Grenze (5.8.). Der Automobilhersteller Ford feiert 50 Jahre Fordwerke in Deutschland, bisher wurden 8,7 Mio. Autos produziert (16.10.). Die **Bundespost** verzeichnet seit fünf Jahren wieder Gewinne (21.11.).

Kunst & Kultur

Uraufführung von Carl Zuckmayers letztem Stück *Der Rattenfänger* in Zürich (23.2.). Der Politikwissenschaftler Ernst Fraenkel stirbt in Berlin (28.3.). Der einzige **bundesdeutsche Beitrag für Cannes**, Werner Herzogs *Jeder für sich und Gott gegen alle*, wird mit dem Kritikerpreis ausgezeichnet (20.5.). 25-jähriges Jubiläum für **Rowohlt-Rotations-Romane**, roro (1.7.). Die Böll-Verfilmung *Die verlorene Ehre der Katharina Blum* von Volker Schlöndorff und Margarethe von Trotta feiert Premiere (24.9.). Hannah Arendt stirbt in New York (4.12.).

Gesellschaft & Sport

Das **Volljährigkeitsalters** wird von 21 auf 18 Jahre herabgesetzt (1.1.). 55% der Deutschen besitzen einen Führerschein (13.1.). Deutscher Formel-1-Fahrer Rolf Stommelen rast beim Grand Prix von Spanien in eine Tribüne. Fünf Menschen sterben (27.4.). Der FC Bayern München triumphiert über den englischen Fußballmeister Leeds United mit 2:0 und wird **Europapokalsieger** (28.5.), Borussia Mönchengladbach **Deutscher Fußballmeister** (14.6.). Sepp Maier, Torhüter beim FC Bayern München, zum **„Fußballer des Jahres“** gewählt (8.8.). Spieler des FC Schalke 04 gestehen Meineid bei Prozess um Bestechungen in der Fußballbundesliga (22.12.).

Weltgeschichte

Juan Carlos, der neue König von Spanien

Margaret Thatcher wird neue und erste weibliche Vorsitzende der britischen Konservativen (11.2.). **Saigon kapituliert**. Damit endet der fast 30 Jahre dauernde Vietnamkrieg mit einem Sieg der südvietnamesischen Kommunisten und ihrer nordvietnamesischen Verbündeten (30.4.). Britisches Pfund erreicht Rekordtief: 5,386 DM; die Inflationsrate beträgt 21% (13.5.). Die Japanerin Yunko Tabei bezwingt als erste Frau den Mount Everest (19.5.). **Suezkanal** acht Jahre nach seiner Schließung im Sechstagekrieg wieder für internationalen Schiffsverkehr passierbar (5.6.). In Großbritannien sprechen sich 67,2% der Wähler für einen Verbleib ihres Landes in der EG aus (5.6.). **Itzhak Rabin** als erster israelischer Ministerpräsident offiziell zu Besuch in der BR Dtl. (8.7.). Erstes **gemeinsames Raumfahrtunternehmen** der Supermächte USA und Sowjetunion ist geglückt: Aneinanderkopplung der Apollo 18 und der Sojus 19 (17.7.). In Helsinki unterzeichnen die Staats- und Regierungschefs der 35 Teilnehmerstaaten die **KSZE-Schlussakte**; darin u. a. enthalten: Absichtserklärungen über Friedenssicherung, Zusammenarbeit in den Bereichen Wirtschaft, Wissenschaft, Technik und Umwelt (1.8.). Der US-amerikanische Präsident Gerald Ford entgeht nur knapp dem zweiten Attentatsversuch einer Frau innerhalb weniger Wochen (22.9.). Prinz **Juan Carlos** von Bourbon wird nach dem Tod Franco Bahamondes zum König von Spanien ausgerufen und inthroniert (22.11.).

1976

Politik

Demonstration gegen den Kernkraftwerksbau in Brokdorf

Im **Baader-Meinhof-Prozess** lehnt das Stuttgarter Gericht den Antrag der Verteidigung, die Häftlinge als Kriegsgefangene zu behandeln, ab (20.1.). Der Bundesgrenzschutz (BGS) gibt in seinem Jahresbericht bekannt, dass 248 DDR-Bürger 1975 in die Bundesrepublik geflüchtet sind (2.2.). Der Bundestag verabschiedet die Reform des **Paragraphen 218**. Eine Abtreibung ist nun in den ersten drei Monaten in bestimmten Fällen straffrei (12.2.). Vereinbarungen zwischen der BR Dtl. und der Volksrepublik Polen werden ratifiziert. Polen erhält finanzielle Unterstützung und sichert im Gegenzug die Ausreise von 125.000 Deutschstämmigen innerhalb von vier Jahren zu (12.3.). Bundestag billigt das **Gesetz über Mitbestimmung der Arbeitnehmer**. In Betrieben mit mehr als 2000 Beschäftigten sollen die Arbeitnehmer am Entscheidungsprozess beteiligt werden (18.3.). In Ostberlin wird der **„Palast der Republik" eröffnet**. In dem Kongress- und Veranstaltungsgebäude tagt künftig auch die DDR-Volkskammer (23.4.). Die Mitbegründerin der RAF, Ulrike Meinhof, erhängt sich in ihrer Zelle im Gefängnis Stuttgart-Stammheim (9.5.). Auf dem **IX. SED-Parteitag** wird ein neues Programm verabschiedet. Parteichef Erich Honecker erhält den Titel „Generalsekretär" (18.5.). Bundeskabinett löst Extremistenbeschluss von 1972 auf. Es werden neue Richtlinien zur Abwehr von Extremisten im Staatsdienst verabschiedet (19.5.). Der frühere Bundespräsident **Gustav Heinemann** stirbt in Essen (7.7.). Der evangelische Pfarrer Oskar Brüsewitz stirbt fünf Tage, nachdem er sich auf dem Markplatz von Zeitz selbst angezündet hatte. Mit der Aktion protestierte der Geistliche sowohl gegen die Politik der DDR-Führung als auch gegen das Vorgehen der Kirchenleitung. Die SED-Regierung erklärt die **Selbstverbrennung** zur „Tat eines Kranken" (23.8.). Die Regierung der DDR sichert der BR Dtl. Verbesserungen im Reise-, Zahlungs- und Postverkehr zu (9.9.). Nach der **Bundestagswahl** wird die Koalition von SPD und FDP unter Bundeskanzler Helmut Schmidt und Vizekanzler Hans-Dietrich Genscher fortgesetzt. Die SPD erreicht 42,6%, CDU/CSU 48,6% und FDP 7,9% der Stimmen. Die Wahlbeteiligung war mit 90,7% sehr hoch (3.10.). Die Wahlen zur DDR-Volkskammer ergeben 99,86% der Stimmen für die Einheitsliste (17.10.). Die Bundesrepublik wird für zwei Jahre in den UN-Sicherheitsrat gewählt (21.10.). **Erich Honecker** übernimmt das Amt des Staatsratsvorsitzenden (29.10.). Die Bundesregierung verabschiedet ein Programm zur Unterstützung der Arbeitslosen mit einem Volumen von 1,6 Mrd. DM (10.11.). Nach **Wolf Biermanns** großem, durch das Fernsehen übertragenem Auftritt in Köln wird ihm die Wiedereinreise in die DDR durch **Ausbürgerung** unmöglich gemacht. Einen Tag später fordern viele prominente DDR-Bürger die Regierung auf, die Entscheidung zurückzunehmen (17.11.). Die CSU-Landesgruppe beschließt, die Fraktionsgemeinschaft mit der CDU auf-

Gustav Heinemann

zulösen. Als Begründung wird das Bundestagswahlergebnis angeführt. Nach Forderungen der CDU, die Entscheidung fallen zu lassen oder einen bayerischen Landesverband zu gründen, bleibt die Fraktionsgemeinschaft doch bestehen (19.11.). Wahl Helmut Kohls zum Fraktionsvorsitzenden seiner Partei (1.12.). Der Bundestag konstituiert sich, **Karl Carstens** wird Bundestagspräsident (14.12.).

Wirtschaft & Wissenschaft

Deutsche Lufthansa feiert auf Berliner Flughafen Tempelhof 50-jähriges Firmenjubiläum (5.1.). Der Physiker und Nobelpreisträger Werner Heisenberg stirbt 74-jährig in München (1.2.). Die BR Dtl. erreicht im ersten Quartal mit 80,6 Mrd. DM die **weltweit größte Währungsreserve** (6.4.). Der Aufsichtsrat von VW beschließt, den Golf in den USA zu bauen (23.4.). Die Gewerkschaft Druck und Papier ruft zum Streik auf. Zwei Wochen lang müssen die Bundesbürger immer wieder auf Tageszeitungen verzichten (28.4.). Die iranische Regierung erwirbt 25,01% der Essener Krupp-Firmenholding und erhält somit Vetorecht (19.10.).

Kunst & Kultur

Weil die Stadt Wuppertal ein Kunstwerk von Joseph Beuys als Bierkühler zweckentfremdet, ist sie verpflichtet, eine Schadensersatzzahlung in Höhe von 165.000 DM an den Künstler zu leisten (14.1.). Im Münchner Haus der Kunst wird die **Ausstellung** *Nofretete – Echnaton* eröffnet (16.1.). Unter der Leitung von Kurt Masur beginnt das Orchester des Leipziger Gewandhauses seine **Gastspielreise in der BR Dtl.** (2.5.). Wim Wenders' Film *Im Laufe der Zeit* wird mit dem Kritikerpreis in Cannes geehrt (29.5.). Der Karl Schmidt-Rotluff, Gründungsmitglied der „Brücke", stirbt (10.8.). **Abschluss der Rekonstruktionen** des von Walter Gropius 1925 begonnenen *Bauhauses* in Dessau (19.11.).

Gesellschaft & Sport

Sicherheitsgurt im Auto wird Pflicht (1.1.). Eine Explosion in der Hamburger Werft Blohm & Voss fordert 24 Menschenleben (9.1.). **Rosi Mittermaier** holt bei der XII. Winterolympiade in Innsbruck Gold im Abfahrtslauf und Spezialslalom sowie Silber im Riesenslalom (8./11.2.). Borussia Mönchengladbach steht bereits zu diesem frühen Zeitpunkt als **Deutscher Fußballmeister** fest (2.6.). Inge Helten läuft 100-m-Weltrekord: 11,04 Sek. (12.6.). Demonstration von 30.000 Menschen gegen Kernkraftwerksbau im schleswig-holsteinischen Brokdorf (14.11.). Industriellensohn **Richard Oetker** wird zwei Tage nach seiner Entführung nach einer Lösegeldzahlung von 21 Mio. DM frei gelassen (14.12.). Franz Beckenbauer ist Europas Fußballer des Jahres (27.12.).

Weltgeschichte

Jimmy Carter

Palästinensische Befreiungsorganisation **PLO** nimmt als Beobachter an einer Sitzung des **UN-Sicherheitsrates** teil (12.1.). Das Population Reference Bureau in Washington teilt mit, dass die Weltbevölkerung die 4-Milliarden-Marke überschritten habe (28.3.). James Callaghan wird neuer britischer Premierminister. Sein Vorgänger, Harold Wilson, legt sein Amt nieder (5.4.). USA und UdSSR schließen **Abkommen über unterirdische Atomversuche** für friedliche Zwecke (9.4.). Nach Pfundverfall wird Großbritannien ein internationaler Kredit von 12,5 Mrd. DM gewährt (7.6.). USA feiert **200-jähriges Bestehen** (4.7.). US-Sonde Viking I sendet Funksignale mit Forschungsdaten vom Mars (20.7.). Aufgrund der Nichteinhaltung von größeren Amtsvollmachten tritt der französische Ministerpräsident **Jacques Chirac** zurück. Sein Nachfolger wird Raymond Barre (25.8.). Die Flucht eines sowjetischen Piloten nach Japan ermöglicht erstmals Untersuchungen am neuesten Kampfflugzeug Mig 25 (6.9.). Nach 17 Jahren finden in Kuba wieder **Parlamentswahlen** statt – allerdings sind nur Kandidaten der Einheitsliste zugelassen (10.10.). Mit 50,1% der Stimmen gegenüber 48% für Gerald Ford wird **Jimmy Carter** zum 39. **Präsidenten der USA** gewählt. Er ist seit 1849 der erste Südstaatler, der dieses Amt bekleidet (2.11.). Kurt Waldheim für weitere fünf Jahre im Amt des UN-Generalsekretärs bestätigt (7.12.).

1977

Politik

SPD/FDP-Koalition einigt sich auf ein Konzept zur Sanierung der Rentenversicherung (18.1.). In einem Interview mit der *Saarbrücker Zeitung* äußert sich Erich Honecker u. a. über den Schusswaffengebrauch an der innerdeutschen Grenze (17.2.). Die Regierung der DDR erhebt erstmals **Straßenbenutzungsgebühren** für Reisen von West- nach Ostberlin und der DDR in Höhe von 10 DM (1.3.). Innenminister Karl Schieß und Justizminister Traugott Bender aus Baden-Württemberg räumen ein, dass 1975/76 Gespräche zwischen Anwälten und Häftlingen im Gefängnis Stammheim abgehört wurden (17.3.). Festnahme von 30 Terroristen in Schweden, darunter zwei Deutsche (1.4.). In Karlsruhe wird auf offener Straße **Generalbundesanwalt Siegfried Buback erschossen**. Die Verantwortung übernimmt das „Kommando Ulrike Meinhof – Rote-Armee-Fraktion“ (7.4.). Die Terroristen Andreas Baader, Gudrun Ensslin und Jan-Carl Raspe werden vom Stuttgarter Oberlandesgericht nach zweijähriger Verhandlung zu lebenslangen Haftstrafen verurteilt (28.4.). Im Alter von 80 Jahren stirbt der frühere Bundeskanzler und Vater des deutschen Wirtschaftswunders Ludwig Erhard in Bonn (5.5.). Arbeitgeber erheben Verfassungsbeschwerde gegen Mitbestimmungsgesetz (29.6.). **Terroristen ermorden** den Vorstandssprecher der Dresdner Bank AG **Jürgen Ponto** in seinem Haus in Oberursel. Susanne Albrecht, Tochter einer befreundeten Familie, brachte die Mörder Pontos ins Haus. Ursprünglich planten sie eine Entführung (30.7.). Neue Verhandlungen zwischen der Bundesrepublik und der DDR über Verbesserung der Verkehrswege und Erleichterungen im Reiseverkehr (12.8.). Festnahme des SED-Wirtschaftsfunktionärs und Regimekritikers **Rudolf Bahro** in der DDR. Kurz darauf erscheint in der BR Dtl. sein Buch *Die Alternative. Kritik des real existierenden Sozialismus* (23.8.). Polizei entdeckt Raketenabschussapparat und verhindert so Anschlag auf den Amtssitz des Generalbundesanwalts in Karlsruhe (25.8.). In Köln wird der Arbeitgeberpräsident **Hanns-Martin Schleyer von Mitgliedern der RAF entführt**. Die Entführer fordern die Freilassung verschiedener wegen terroristischer Straftaten Inhaftierter, darunter Baader, Ensslin und Raspe. Die Bundesregierung lehnt einen Austausch ab (5.9.). Ende September verabschieden Bundesrat und Bundestag ein Eilgesetz, das eine zeitlich begrenzte Kontaktsperre zwischen den inhaftierten Terroristen und Anwälten vorsieht (29.9.). Zwei Männer und zwei Frauen entführen eine **Lufthansa-Maschine** auf ihrem Flug von Mallorca nach Frankfurt mit 86 Passagieren an Bord. Die Geiselnehmer fordern die Freilassung von elf deutschen

Die „Landshut“ in Mogadischu

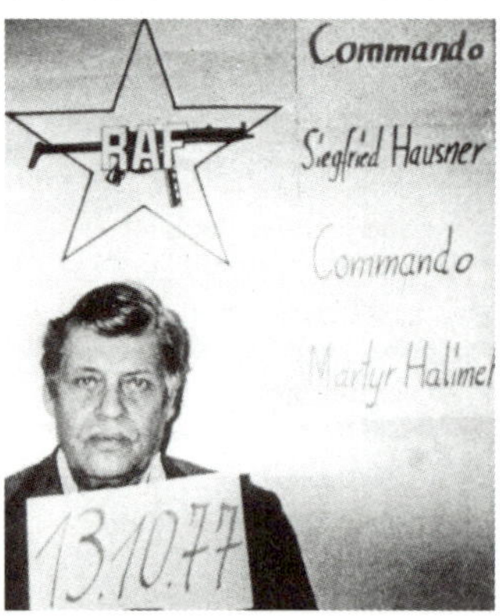

Hanns-Martin Schleyer wenige Tage vor seiner Ermordung

Beerdigung der Terroristen Baader, Ensslin und Raspe in Stuttgart

und zwei türkischen Häftlingen (13.10.). Nach mehr als 9000 km Irrflug landet die „Landshut“ in Mogadischu (Somalia), wo die Bundesgrenzschutz-Sondereinheit GSG 9 das Flugzeug stürmt. Alle Geiseln werden befreit, drei Terroristen kommen ums Leben. Im Stammheimer Gefängnis begehen die Terroristen Andreas Baader, Gudrun Ensslin und Jan-Carl Raspe Selbstmord, nachdem sie von der Befreiung der Lufthansa-Maschine gehört haben. Sie standen auf der Liste derer, die freigepresst werden sollten. Justizminister Bender tritt infolge der Ereignisse zurück (18.10.). Hanns-Martin **Schleyer** wird im französischen Mülhausen **ermordet** im Kofferraum eines Autos aufgefunden (19.10.).

Wirtschaft & Wissenschaft

Der deutsch-amerikanische Physiker und Raketeningenieur **Wernher von Braun**, Vorbereiter des Apollo-Mondflugprogramms und Satellitenkonstrukteur, stirbt 65-jährig (16.6.). **Rücktritt des Bundeswirtschaftsministers** Hans Friderichs. Er wechselt in den Vorstand der Dresdner Bank (9.9.). Sein Nachfolger wird Otto Graf Lambsdorff (7.10.). 10.000 **VW-Golf** werden für rund 80 Mio. DM **in die DDR verkauft** (1.12.). VEBA erwirbt vom Bayer-Konzern den Anteil an den Chemischen Werken Hüls (19.12.). Der Vorstandsvorsitzende der Westdeutschen Landeszentralbank Ludwig Poullain tritt wegen Beraterverträgen mit anderen Firmen zurück (23.12.).

Kunst & Kultur

Der Schriftsteller Carl Zuckmayer stirbt in der Schweiz (18.1.). Bereits drei Monate nach der Eröffnung einer **Ausstellungsreihe mit Werken des Jugendstils** in Darmstadt sind 300.000 kunstinteressierte Besucher zu verzeichnen (1.2.). Stuttgarter Ausstellung „Die Zeit der Staufer“ aus Anlass des 25-jährigen Staatsjubiläums des Bundeslandes Baden-Württemberg wird großer Publikumserfolg (25.3.). Zwei Lucas-Cranach-Gemälde werden bei einem **Säureanschlag** im niedersächsischen Landesmuseum Hannover schwer beschädigt (16.8.). Weiterer Säureanschlag im Düsseldorfer Museum: Rubens-Gemälde stark zerstört (24.8.).

Gesellschaft & Sport

Seit 23 Jahren erstmals wieder ein bundesdeutscher **Medaillensieg im Eiskunstlaufen**: Die Läuferin Dagmar Lurz erkämpft sich bei den Eiskunstlauf-Europameisterschaften in Helsinki den zweiten Platz (30.1.). Friedliche Demonstrationen von 30.000 Menschen gegen die Kernkraftwerke in Brokdorf und Itzehoe (19.2.). Borussia Mönchengladbach wird zum dritten Mal **Deutscher Fußballmeister** (22.5.). Die allgemeine Pockenimpfpflicht wird in den bundesdeutschen Ländern aufgehoben. Pocken gelten weltweit nahezu als ausgerottet (2.6.). Marlies Göhr aus der DDR läuft als erste Frau die 100 Meter unter 11 Sekunden (10,88 Sek.) (1.7.).

Weltgeschichte

Eine Gruppe tschechoslowakischer Bürgerrechtler und Regimekritiker schließt sich zur **Charta 77** zusammen. Ihre Aufgabe sehen sie darin, Verletzungen von Menschen- und Bürgerrechten zu dokumentieren und zu veröffentlichen (7.1.). Ithzak Rabin tritt aufgrund von Devisenvergehen seiner Frau vom Amt des israelischen Ministerpräsidenten zurück (8.4.). Auf dem zweitägigen **Weltwirtschaftsgipfel** einigen sich die Regierungschefs der sieben führenden westlichen Industrienationen u. a. darauf, die Arbeitslosigkeit und Inflation zu bekämpfen sowie die Entwicklungsländer zu unterstützen (7.5.). Rabins interimistischer Nachfolger Shimon Peres verliert die Parlamentswahlen gegen Menachem Begin, den Führer des Likud-Blocks (17.5.). Nach drei Jahren endet die **Genfer Kriegsrechtskonferenz**. Delegierte aus 130 Ländern entschließen sich in einem Abkommen, den Schutz der Zivilbevölkerung auszubauen (10.6.). Seit 41 Jahren wieder Parlamentswahlen in Spanien (15.6.). **Breschnew** übernimmt das Amt des Staatspräsidenten der Sowjetunion (16.6.). Wiederaufnahme von diplomatischen Beziehungen zwischen USA und Kuba nach 16-jähriger Unterbrechung (1.9.). Einigung nach zweijährigen Verhandlungen, das ursprünglich im Oktober 1977 auslaufende Abrüstungsabkommen **SALT I zu verlängern** (23.9.). Einstimmig wird vom Obersten Sowjet die **neue Verfassung** angenommen. Sie ersetzt die unter Stalin erlassene Konstitution und erweitert die Rechte des einzelnen Bürgers (7.10.). Moskau begeht Staatsfeiern zum 60. Jahrestag der Oktoberrevolution (3.11.). Spanien wird als 20. **Mitglied im Europarat** aufgenommen (24.11.).

1978

Politik

Als Reaktion auf die Veröffentlichung eines regimekritischen Manifests einer bislang unbekannten SED-Oppositionsgruppe lässt das Außenministerium der DDR das Ostberliner **Büro des Nachrichtenmagazins *Der Spiegel* schließen** und weist die Korrespondenten aus (10.1.). DDR-Grenzbeamte verweigern dem CDU-Vorsitzenden Helmut Kohl und seinem Parteifreund Philipp Jenninger die Einreise in den Ostteil Berlins (15.1.). Nach Bekanntwerden eines Abhörskandals, wonach der Militärische Abschirmdienst (MAD) in der Wohnung einer Sekretärin des Verteidigungsministeriums Abhörgeräte installierte, tritt Bundesverteidigungsminister Georg Leber zurück. Seine Nachfolge tritt der bisherige Finanzminister Hans Apel an. Kanzler Schmidt nimmt den Rücktritt zum Anlass für eine **umfassende Kabinettsumbildung**, von der jedes zweite von den Sozialdemokraten besetzte Ressort betroffen ist. Neuer Finanzminister wird Hans Matthöfer (1.2.). Der Bundestag verabschiedet mit einer knappen Mehrheit von 245 zu 244 Stimmen **Gesetzesvorschläge zur Terrorismusbekämpfung** (16.2.). SED-Chef Erich Honecker und der Vorstand der Konferenz der Evangelischen Kirchenleitung kommen zu Gesprächen über das Verhältnis von Kirche und Staat in der DDR zusammen (6.3.). Das sog. „III. Internationale **Russell-Tribunal**" erörtert im Bürgersaal von Frankfurt-Harchheim die Praxis der „Berufsverbote". Die Juroren kommen zu dem Ergebnis, dass die Ablehnung von Bewerbern für den öffentlichen Dienst aufgrund begründeter Zweifel an deren Verfassungstreue eine Bedrohung der Menschenrechte darstelle (29.3.). Der baden-württembergische Verwaltungsgerichtshof kann **bei der Nationaldemokratischen Partei Deutschlands (NPD) keine verfassungsfeindlichen Ziele** feststellen (11.4.). Schmidt empfängt in Bonn den sowjetischen Staats- und Parteichef Leonid Breschnew. Beide bekunden in einer gemeinsamen Deklaration ihre Absicht, die Ost-West-Entspannung voranzutreiben und das Wettrüsten einzudämmen (4.5.). Wegen Fahndungspannen im Entführungsfall Schleyer, die im sog. **„Höcherl-Bericht"** veröffentlicht werden, tritt Bundesinnenminister Werner Maihofer zurück. Sein Nachfolger heißt Gerhart Baum (6.6.). Das **Rentenanpassungsgesetz** wird vom Bundestag verabschiedet (8.6.). DDR-Gericht verhängt acht Jahre Freiheitsstrafe gegen Rudolf Bahro wegen – angeblichen – Geheimnis- und Landesverrats durch Sammlung von Nachrichten (30.6.). Herbert Gruhl tritt aus der CDU aus und gründet die **„Grüne Aktion Zukunft"**. Die erste Umweltschutzpartei will zukünftig an bundesdeutschen Wahlen teilnehmen (13.7.). In der DDR wird mit Schuljahresbeginn für die 9. und 10. Klasse das Fach „Wehrunterricht" eingeführt. Inhalte sind u. a. moderne Kriegsführung und die militärische Situation in Mitteleuropa (1.9.). Während eines Gottesdienstes verbrennt sich der DDR-Pfarrer Rolf Günther in einer Kirche in Falkenstein. Der Aktion lagen, anders als beim Freitod von Brüsewitz, Glaubenskonflikte zugrunde (17.9.). Bundesverfas-

Der letzte „Käfer" rollt vom Band

Helmut Schmidt verabschiedet Leonid Breschnew nach dessen dreitägigem Staatsbesuch

sungsgericht hat keine verfassungsrechtlichen Bedenken gegen den Bau des Kernkraftwerks vom Typ „Schneller Brüter“ (8.12.). *Der Spiegel* enthüllt, dass der Bundesnachrichtendienst zwischen 1966 und 1970 über Privatfirmen Waffen in Spannungsgebiete geliefert haben soll (11.12.).

Wirtschaft & Wissenschaft

Der **letzte „Käfer“** für die BR Dtl. wird im Emdener Volkswagenwerk produziert. Derzeit rollen auf bundesdeutschen Straßen ca. 2,79 Mio. „Käfer“ (19.1.). **Hafenarbeiterstreiks** legen sieben deutsche Seehäfen lahm. Die Streikenden erzielen 7% Lohnerhöhung (25.1.). Seit Ende Februar dauern **Druckerstreiks** gegen die Einführung neuer Arbeitstechniken an. (14.3.). Der Kosmonaut Sigmund Jähn ist der erste Deutsche im All (26.8–3.9.). IG Metall ruft zu Streikaktionen auf. Die Arbeiter fordern die 35-Stunden-Woche bei vollem Lohnausgleich (28.11.). Im Jahresdurchschnitt sind 992.900 Menschen ohne Arbeit. Die Arbeitslosenquote beträgt 4,3%.

Kunst & Kultur

Nachdem Claus Peymann des „Sympathisantentums“ mit den RAF-Terroristen beschuldigt wurde, verzichtet er auf weitere Arbeiten am Württembergischen Staatstheater. Sein Nachfolger wird einer der umstrittensten Regisseure, **Hansgünther Heyme** (23.1.). Die Stadt Mainz ersteigert bei einer Auktion in New York eine Gutenbergbibel für vier Mio. DM (7.4.). Auf dem **8. Schriftsteller-Kongress** der DDR wird Hermann Kant zum neuen Präsidenten der Vereinigung gewählt (30.5.). Der Intendant des Hamburger Thalia-Theaters **Boy Gobert** übernimmt ab der Spielzeit 1980/81 die Leitung der Staatlichen Schauspielbühnen Berlins für fünf Jahre (1.11.).

Gesellschaft & Sport

Die deutsche **Handballnationalmannschaft** schlägt die Mannschaft aus der UdSSR im Endspiel mit 20:19 und wird nach 40 Jahren wieder **Weltmeister** (5.2.). Der 1. FC Köln wird deutscher Pokalsieger (15.4.) und **Deutscher Fußballmeister** (29. 4.). Bei den XII. Europameisterschaften der Leichtathletik sagt der Deutsche Leichtathletik-Verband (DLV) vor der Eröffnungsfeier den Einmarsch seiner Mannschaft ab, weil der Gastgeber ČSSR eigenmächtig die offizielle Bezeichnung „Germany“ in „Bundesrepublik Deutschland“ geändert hat (29. 8.). Ein Beben in Süddeutschland erreicht die Stärke 6,0 auf der nach oben offenen Richterskala (3.9.). Ab dem 1.12.1979 gilt auf bundesdeutschen Autobahnen eine **Richtgeschwindigkeit** von 130 km/h. Dem stimmte der Bundesrat zu (10.11.).

Weltgeschichte

Josip Tito

Dänemark, Großbritannien und Irland sind **Vollmitglieder der EG** (1.1.). Das Verteidigungsministerium der NATO beschließt die Anschaffung des Frühwarnsystems AWACS (19.5.). Die **5. NATO-Gipfelkonferenz** beginnt in Washington. US-Präsident Carter beschuldigt die Sowjetunion, das Wettrüsten zu beschleunigen und den Frieden zu gefährden (30.5.). In Jugoslawien wird Josip Broz **Tito** zum Staatspräsidenten auf Lebenszeit ernannt (23.6.). Der **4. Weltwirtschaftsgipfel** tagt in Bonn. In den zwei Tagen werden u. a. Maßnahmen zur Belebung der Wirtschaft beraten (16.7.). Albino Luciani, Kardinal von Venedig, wird zum Papst gewählt und nennt sich Johannes Paul I. (26.8). Auf dem **Gipfel von Camp David** unterzeichnen der ägyptische Präsident Anwar as-Sadat und der israelische Ministerpräsident Menachem Begin ein „Rahmenabkommen über den Abschluss eines Friedensvertrages zwischen Ägypten und Israel“ und ein „Rahmenabkommen über Frieden im Nahen Osten“. US-Präsident Jimmy Carter vermittelt (17.9.). Nach dem Tod von Papst Johannes Paul I. wird der Pole Karol Wojtyla zum neuen Papst gewählt. Er ist der erste nichtitalienische Papst seit 1523 und nennt sich **Johannes Paul II.** (16.10.). Spanisches Parlament verabschiedet neue Verfassung (31.10.). US-Präsident Jimmy Carter will diplomatische Beziehungen zu China aufnehmen. Die Beziehungen zu Taiwan werden zum 1.1.1979 abgebrochen (15.12.).

1979

Politik

Der Bundestag **verabschiedet neue Grundsätze für die Prüfung der Verfassungstreue** im öffentlichen Dienst, wonach beim Verfassungsschutz über die politische Zuverlässigkeit nur noch bei einem konkreten Verdacht angefragt werden darf (17.1.). Der Fraktionsvorsitzende der SPD Herbert Wehner regt eine Debatte über die Wiedervereinigung an. Er hält eine Konföderation oder eine Wirtschaftsgemeinschaft beider deutscher Staaten für denkbar (31.1.). Das Stuttgarter Landgericht verurteilt den früheren **RAF-Rechtsanwalt Klaus Croissant** zu zweieinhalb Jahren **Haft** und vierjährigem Berufsverbot. Ihm wird Unterstützung einer kriminellen Vereinigung vorgeworfen (16.2.). Das **Mitbestimmungsgesetz** wird vom Bundesverfassungsgericht als verfassungsmäßig erklärt. Die Mitbestimmung der Arbeitnehmer sei mit den Grundrechten der Gesellschaft, der Anteilseigner und der Arbeitgeber vereinbar (1.3.). Weitere **Beschränkungen für westliche Journalisten** in der DDR: Interviews müssen erst genehmigt und Reisen angemeldet werden (14.4.). Der seit November 1976 bestehende Hausarrest für den Regimekritiker Robert Havemann wird durch die DDR-Regierung aufgehoben (9.5.). Bei der Wahl zum fünften **Bundespräsidenten** unterliegt die Bundestagsvizepräsidentin Annemarie Renger (SPD) dem CDU-Politiker **Karl Carstens**. Die FDP-Fraktion hat sich bei der Wahl geschlossen der Stimme enthalten (23.5.). Richard Stücklen von der CSU wird **Bundestagspräsident** (31.5.). Franz Josef Strauß wird von den Unionsparteien zum gemeinsamen Kanzlerkandidaten für die Wahl im kommenden Jahr ernannt (2.7.). Der Bundestag schafft die 30-jährige Verjährungsfrist für Mord ab. Diese Frist hätte bedeutet, dass ab Ende 1979 Gewaltverbrechen aus der Zeit des Nationalsozialismus zu verjähren drohten, ohne eine restlose Erfassung der Gewalttaten bis dahin zu ermöglichen (3.7.). Erst nach dem Tod eines Kindes wird die Öffentlichkeit auf die Hamburger Firma Stoltzenberg, die chemische Gifte und Kampfstoffe herstellt, und die dortige Giftmülldeponie aufmerksam. Der Hamburger Justizsenator Frank Dahrendorf tritt aufgrund des **Giftmüllskandals** am 26.9. zurück (6.9.). Im ersten **Prozess gegen rechtsextreme Gewalttäter** verurteilt das Oberlandesgericht Celle sechs „Neonazis“ zu Freiheitsstrafen zwischen vier und elf Jahren. Unter ihnen ist auch der frühere Bundeswehr-Leutnant und Gründer der sog. Aktionsfront Nationaler Sozialisten (ANS) Michael Kühnen (13.9.). Erstmals in der Geschichte der Bundesrepublik gelingt einer **grünen Gruppierung der Einzug in ein Landesparlament**. Vier Abgeordnete der Bremer Grünen Liste (BGL) sitzen ab sofort in der Bürgerschaft (7.10.). Die Regierung der DDR lässt Rudolf Bahro und den Wehrdienstverweigerer Niko Hübner in die Bundesrepublik ausreisen. Bis Mitte Dezember kommen noch weitere 21.298 Inhaftierte frei (11.10.). Die ersten **Einheiten der Sowjetarmee verlassen die DDR**; Anlass dafür ist der bevorstehende NATO-Nachrüstungsbeschluss. Rechtsanwalt Croissant wird vorzeitig und unter Anrechnung der Untersuchungshaft aus dem Gefängnis entlassen (5.12.). Der Bundestag billigt für 1980 den Bundeshaushalt über 214,48 Mrd. DM (13.12.). Elf Jahre nach dem Attentat auf **Rudi Dutschke stirbt** der frühere Studentenführer. Er erleidet einen epileptischen Anfall in der Badewanne und ertrinkt (24.12.).

Karl Carstens

Die ersten „grünen“ Abgeordneten eines deutschen Landesparlaments

Wirtschaft & Wissenschaft

Nach 44 Tagen endet der **Streik in der Stahlindustrie** mit einem neuen Tarifabschluss, der u. a. eine vierprozentige Lohnerhöhung und die 40-Stunden-Woche bis Ende 1983 festschreibt (7.1.). Der **VW-Konzern** erwirbt die Aktienmehrheit der Firma Triumph/Adler (9.3.). Die **Firma Friedrich Krupp** erhält von der UdSSR den 350-Millionen-DM-Auftrag, bei Kursk ein Stahlwerk zu bauen (26.3.). Der **Goldbach-Tankstellen-Konzern** darf wegen 340 Mio. DM Steuerschulden kein Benzin mehr ausliefern. 250 Tankstellen, die zu dem Unternehmen gehören, müssen schließen. Die Firma meldet Konkurs an (24.7.). Die Deutsche Mark wird um 2% aufgewertet (24.9.).

Kunst & Kultur

Im deutschen Fernsehen läuft die US-Fernsehserie *Holocaust* an. Die Reihe löst Betroffenheit und eine neue Debatte über die **Vergangenheitsbewältigung** aus (22.1.). In Düsseldorf wird unter der Leitung von Bohumil Herlischka die Richard Strauss-Oper *Salome* aufgeführt (12.2.). Rainer Werner Fassbinders Film *Die Ehe der Maria Braun* eröffnet die **Berliner Filmfestspiele („Berlinale")** (20.2.). Bei den Filmfestspielen in Cannes wird Volker Schlöndorffs Film *Die Blechtrommel*, nach dem gleichnamigen Roman von Günter Grass, mit der „Goldenen Palme" geehrt (25.5.). Der **DDR-Schriftstellerverband** schließt neun Autoren aus seiner Mitte aus, die sich in ihren Werken regimekritisch äußern, darunter Stefan Heym und Rolf Schneider (7.6.).

Gesellschaft & Sport

Das **Nationale Olympische Komitee** legt fest, dass die deutschen Sportler künftig als „Mannschaft der Bundesrepublik Deutschland" an den Start gehen und nicht mehr unter der Bezeichnung „Deutschland" (9.2.). Der HSV wird **Deutscher Fußballmeister** (9.6.). Die Zahl der Drogentoten steigt weiter an; die meisten der Süchtigen sind jünger als 24 Jahre (10.8.). Zwei Thüringer Familien schaffen die **Flucht aus der DDR** in einem selbst gebauten Heißluftballon (16.9.). Die bisher größte Demonstration von etwa 100.000 Menschen gegen Kernenergie in Bonn verläuft friedlich (14.10.).

Jimmy Carter und Leonid Breschnew unterzeichnen in Wien das SALT-II-Abkommen zur Begrenzung strategischer Waffen (15.6.1979)

Weltgeschichte

Rückwirkend zum 1.1. tritt das **Europäische Währungssystem** (EWS) in Kraft (13.3.). Sturz der Labour-Regierung unter James Callaghan durch ein Misstrauensvotum des Parlaments (28.3.). Nach Neuwahlen wird **Margaret Thatcher** erster weiblicher Premierminister (3.5.). In den EG-Mitgliedsländern finden die ersten **Direktwahlen zum Europäischen Parlament** statt. Die Sozialisten und Sozialdemokraten stellen die stärkste Fraktion. Die Französin Simone Veil wird Parlamentspräsidentin (7./10.6.). Das **SALT-II-Abkommen** über die Begrenzung strategischer Waffen wird in Wien vom US-Präsidenten Carter und vom Generalsekretär der KPdSU Breschnew unterzeichnet (15.6.). In Teheran wird die amerikanische Botschaft von ca. 400 Iranern gestürmt. Sie nehmen 70 Geiseln in ihre Gewalt. Der Schiitenführer Ajatollah Khomeini billigt öffentlich die Aktion (4.11.). **NATO-Doppelbeschluss**: Die NATO-Mitgliedsstaaten beschließen in Brüssel ein Nachrüstungsprogramm im Bereich der nuklearen Mittelstreckenraketen. Gleichzeitig werden der Sowjetunion Verhandlungen über den Abbau von Mittelstreckenraketen angeboten. Wenn diese nicht zu einem positiven Abschluss kommen, werden u. a. Cruise Missiles in Westeuropa stationiert (12.12.). **Sowjetische Truppen fallen in Afghanistan ein** und besetzen einen Tag später die Hauptstadt Kabul. US-Präsident Carter streicht u. a. die Lieferung von 17 Mio. Tonnen Weizen an die UdSSR. Außerdem liefern die Vereinigten Staaten wieder Waffen an Afghanistans Nachbarland Pakistan (26.12.).

1980

Politik

Für den Anschlag auf die Bundesanstalt für Arbeit in Nürnberg übernimmt die sog. „Revolutionäre Arbeitslosenzelle" die Verantwortung (6.1.). Auf dem Karlsruher **Bundeskongress der Grünen** wird beschlossen, eine Bundespartei zu gründen (13.1.). Die rechtsextreme Gruppierung **„Wehrsportgruppe Hoffmann"** wird durch Bundesinnenminister Gerhart Baum verboten, weil sie gegen das Grundgesetz gerichtete Ziele verfolge (30.1.). Das Bundesverfassungsgericht erklärt, dass die friedliche Nutzung von Kernenergie mit dem Grundgesetz vereinbar ist (6.2.). Aufgrund des Einmarsches der Sowjets in Afghanistan sagt Bundeskanzler Helmut Schmidt seinen Besuch in der DDR ab (19.2.). Mit sechs Mandaten ziehen die Grünen in den baden-württembergischen Landtag ein. Die absolute Mehrheit erringt die CDU unter Lothar Späth (16.3.). Die neue Bundespartei, Die Grünen, beendet ihren dreitägigen Programmparteitag und versteht sich als Alternative zu den herkömmlichen Parteien (23.3.). Der **Landtagswahl in Nordrhein-Westfalen** wird bundespolitische Bedeutung beigemessen: Danach befindet sich die SPD weiter im Aufwärtstrend. Sie verfügt im Landtag mit 106 der 201 Mandate über die absolute Mehrheit, und Ministerpräsident Johannes Rau kann voraussichtlich bis 1985 allein regieren (11.5.). Im Vorfeld des für den 30.6. geplanten Besuches Schmidts in Moskau kommt es zu **Meinungsverschiedenheiten zwischen den USA und der BR Dtl**. Der Bundeskanzler ist verärgert ob eines Briefes von Jimmy Carter. Schmidt missfallen der anmaßende Ton und die geäußerten Zweifel an der Bündnistreue der Bundesrepublik (23.6.). Der Deutsche Bundestag verabschiedet ein **Gesetz zur Beschleunigung des Asylverfahrens**. Künftig kann ein einzelner Beamter anstelle des bisherigen dreiköpfigen Gremiums

Dreharbeiten zu *Die Blechtrommel*: Günter Grass, David Bennent und Volker Schlöndorff

über den Aufnahmeantrag entscheiden (2.7.). Bei einem Anschlag auf ein Hamburger Ausländerwohnheim sterben zwei Vietnamesen (22.8.). 13 Menschen werden getötet und über 200 verletzt, als eine **Bombe auf dem Münchener Oktoberfest** detoniert. Der Täter Gundolf Köhler, ein Anhänger der „Wehrsportgruppe Hoffmann", wird ebenfalls in den Tod gerissen (26.9.). Bei der **Wahl zum 9. Deutschen Bundestag** behält die SPD/FDP-Koalition ihre Mehrheit. Die Liberalen können 2,7 Prozentpunkte gegenüber 1976 zulegen und erzielen 10,6%. Die SPD erringt 42,9%. CDU und CSU bleiben mit 44,5% der Stimmen stärkste Fraktion. Die Grünen, die erstmals bundesweit angetreten sind, scheitern mit 1,5% klar an der Fünf-Prozent-Hürde. Die Wahlbeteiligung ist mit 88,6% niedriger als bei der letzten Bundestagswahl (5.10.). Die DDR hat den **Zwangsumtausch für Bundesbürger** auf mindestens 25 DM pro Tag erhöht. Infolgedessen gehen die Privatreisen schlagartig zurück (9.10.). Auf der konstituierenden Sitzung des Bundestages wird Richard Stücklen zum Parla-

Die Mitglieder des Kabinetts von Bundeskanzler Helmut Schmidt mentspräsidenten gewählt und Helmut Schmidt mit den Stimmen von SPD und FDP im Amt des Bundeskanzlers bestätigt (4./5.11.). Untersuchungen decken eine Finanzierungslücke für das Mehrzweckkampfflugzeug „Tornado“ in Höhe von 1,33 Mrd. DM auf (6.12.). Der jüdische Verleger Shlomo Levin und seine Lebensgefährtin werden im bayerischen Erlangen von Unbekannten ermordet (21.12.).

Wirtschaft & Wissenschaft

Der Stuttgarter Unternehmer Heinz Dürr soll als neuer Vorstandsvorsitzender das umfangreiche Sanierungskonzept zur Rettung des angeschlagenen Elektrokonzerns **AEG Telefunken** durchsetzen (16.1.). Für 700 Mio. DM erwirbt die Sowjetunion von den Firmen Mannesmann und Thyssen Röhren (20.2.). Die Firmen Ruhrgas und Thyssen liefern ab dem Jahr 1984 acht Mrd. Kubikmeter Gas an Nigeria (3.3.). Polen erhält vom Bundesdeutschen Bankkonsortium einen **Kredit** in Höhe von 1,2 Mrd. DM (13.8.). 25.000 Bundespostbeschäftigte treten in **Schwerpunktstreiks**. Sie protestieren gegen unzumutbare Schichtarbeitsbedingungen (19.11.).

Kunst & Kultur

Die **Verleihung eines Literaturpreises** an den Schriftsteller Peter-Paul Zahl für seinen Roman *Die Glücklichen* ruft einen kulturpolitischen Eklat hervor. Zahl verbüßt eine 15-jährige Haftstrafe wegen versuchten Mordes (27.1.). Viele bundesdeutsche Künstler und Intellektuelle schließen sich in **Anti-Strauß-Initiativen** zusammen (13.2.). Volker Schlöndorffs Film *Die Blechtrommel* wird in Hollywood mit einem **Oscar für den besten ausländischen Film** prämiert (15.4.). Die zweite Premiere *Reise zum Regenbogen* des **Circus Roncalli** in Köln ist ein Riesenerfolg. Alle weiteren Veranstaltungen sind ausverkauft (4.6.).

Gesellschaft & Sport

Bei der **Rallye Monte Carlo** siegen mit Walter Röhrl und Christian Geistdörfer nach 20 Jahren wieder zwei bundesdeutsche Fahrer (25.1.). Bei den **Olympischen Winterspielen** im amerikanischen Lake Placid erkämpfen die deutschen Athleten für die Bundesrepublik zwei Silber- und drei Bronzemedaillen (13.–23.2.). Bei den Weltmeisterschaften im Eiskunstlaufen erringt Dagmar Lurz den zweiten Platz und beendet ihre Karriere (15.3.). Erstmals wird in der Bundesrepublik bis Ende September die **Sommerzeit** eingeführt (6.4.). Der FC Bayern München wird **Deutscher Fußballmeister** (31.5.). Der FC-Bayern-München-Spieler Karl-Heinz Rummenigge ist Europas **Fußballer des Jahres** (29.12.).

Weltgeschichte

Ronald Reagan

Jugoslawien und die Europäische Gemeinschaft schließen einen **Vertrag über wirtschaftliche Zusammenarbeit** (2.4.). Die US-amerikanische Aktion zur Befreiung der Geiseln in der Botschaft in Teheran scheitert (25.4.). Daraufhin tritt der US-Außenminister Cyrus Vance aus Protest zurück. Sein Nachfolger wird Edmund Muskie (28.4.). Auf dem Treffen der Staats- und Regierungschefs der EG in Venedig verabschieden die Politiker eine **Nahosterklärung**, in der den Palästinensern das Recht auf Selbstbestimmung eingeräumt wird (13.6.). Die UdSSR erklärt, dass sie einen Teil ihrer Truppen aus Afghanistan abziehen wird (22.6.). Aus Protest gegen die sowjetische Militärintervention in Afghanistan **boykottieren viele Sportnationen**, darunter die USA und die BR Dtl., **die Olympischen Sommerspiele** in Moskau (19.7.). Nachdem der irakische Präsident Saddam Hussein das Grenzabkommen mit dem Iran am 17.9. aufgekündigt hat und es immer wieder zu Grenzzwischenfällen kam, bricht der **Krieg zwischen Iran und Irak** aus. Ölfelder brennen, die Ölversorgung wird lückenhaft (22.9.). Aus gesundheitlichen Gründen tritt der sowjetische Präsident Alexei Kossygin zurück. Sein Nachfolger ist Nikolai Tichonow (23.10.). Ronald **Reagan wird 40. Präsident der USA**. Nach 28 Jahren erringen die Republikaner wieder die Mehrheit im Senat (4.11.).

1981

Politik

Nach der **„Garski-Affäre“** tritt in Berlin der gesamte Senat unter Bürgermeister Dietrich Stobbe zurück. Seine Nachfolge tritt Hans-Jochen Vogel an. Am 10. Mai sollen Neuwahlen stattfinden (15.1.). Der RAF-Anwalt Hans-Christian Ströbele wird wegen Unterstützung einer kriminellen Vereinigung zu 18 Monaten Haft auf Bewährung verurteilt (19.1.). Klaus Bölling tritt als Ständiger Vertreter der Bundesrepublik in Ostberlin das Erbe von Günter Gaus an (6.2.). Das **Fünf-Punkte-Programm** des SPD-Vorsitzenden Willy Brandt, in dem er u. a. die entschiedene Unterstützung von Helmut Schmidt verlangt, soll die Einigkeit innerhalb der Partei wieder herstellen (12. 2.). Der DGB beschließt auf seinem Bundeskongress ein **neues Grundsatzprogramm** (15.3.). RAF-Sympathisanten stürmen das Frankfurter Schauspielhaus und fordern auf Transparenten bessere Haftbedingungen für die Mitglieder der Terrororganisation (21.3.). Die CDU geht aus den vorgezogenen Wahlen zum Berliner Abgeordnetenhaus als stärkste Fraktion hervor (10.5.). Der Bundestag unterstützt die Bundesregierung bei der **Einhaltung des NATO-Doppelbeschlusses** (26.5.). Zum neuen Regierenden Bürgermeister von Berlin wird Richard von Weizsäcker gewählt (11.6.). Der Kopf der verbotenen „Wehrsportgruppe Hoffmann“ Karl-Heinz Hoffmann wird auf dem Frankfurter Flughafen verhaftet. Ihm wird vorgeworfen, im Ausland seine terroristische Organisation weiter betrieben zu haben (17.7.). Der Verfassungsschutzbericht meldet eine **gestiegene Gewaltbereitschaft**, besonders unter Rechtsextremisten (7.7.). Während im Westteil von Berlin der Senat eine **Gedenkstunde anlässlich des Mauerbaus** vor 20 Jahren abhält, wird in Ostberlin die Absperrung mit einer Militärparade gefeiert (13.8.). Ein Brandanschlag auf das Parteihaus der südhessischen SPD verursacht einen Sachschaden in Höhe von 300.000 DM (1.9.). US-Außenminister Alexander Haig ist zu Besuch in Berlin. 50.000 Menschen demonstrieren gegen die Rüstungs- und Sicherheitspolitik der USA (13.9.). Der Kanzleramtsspion Günter Guillaume wird bei einem **Häftlingsaustausch** an die DDR übergeben (1.10.). Unter dem Motto „Für Abrüstung und Entspannung in Europa“ nehmen 300.000 Menschen an der **größten Friedensdemonstration** in Bonn seit Bestehen der BR Dtl. teil (10.10.). Ein Forstbeamter, der unter dem Verdacht steht, an rechtsextremistischen Gewalttaten beteiligt gewesen zu sein, führt die Polizei zu 30 Waffenlagern in der Lüneburger Heide. Anschließend begeht er Selbstmord (1.11.). Bei Gesprächen zwischen dem sowjetischen Staats- und Parteichef Breschnew, Bundeskanzler Schmidt und Bundesaußenminister Genscher in Bonn stehen **Fragen der Raketenabrüstung in Ost und West** im Mittelpunkt (22.11.). Die Bundesregierung beschließt, den Zuzug von Ausländern, die nicht aus der EG kommen, zu beschränken (2.12.). Das Oberlandesgericht Düsseldorf verurteilt Stefan Wisniewski wegen der Ermordung Hanns-Martin Schleyers zu lebenslanger Haft (4.12.). **Staats- und Parteichef Erich Honecker**

Bundeskanzler Helmut Schmidt (links) mit dem Staatsratsvorsitzenden der DDR Erich Honecker (rechts)

Schlagzeilen französischer Tageszeitungen anlässlich der Wahl François Mitterrands zum Staatspräsidenten (1981)

empfängt Bundeskanzler Schmidt zu Gesprächen. Der zinslose Überziehungskredit im innerdeutschen Handel wird verlängert. Im Gegenzug kommt es zu Erleichterungen im Reiseverkehr (11.12.).

Wirtschaft & Wissenschaft

Erstmals seit Januar 1979 sind wieder über **eine Mio. Arbeitslose** gemeldet (7.1.). Die Erhöhung der Mineralölsteuer lässt den Kraftstoffpreis ab April um acht Pfennige pro Liter steigen (18.3.). Bundesweit sind fast eine Mio. **Metallarbeiter im Warnstreik**. Sie erzielen 4,9% Tariferhöhung (29.4.). Die Hoesche Werke AG vereinbart die Schließung zweier Hüttenwerke und den Abbau von 8000 Arbeitsplätzen (29.5.). Carl Hahn wird Nachfolger des Vorstandsvorsitzenden Toni Schmücker im VW-Aufsichtsrat (13.11.). Ludwig Poullain, ehemaliger Vorstandsvorsitzender der Westdeutschen Landesbank, wird vom Vorwurf der Bestechung und des Betruges freigesprochen (16.11.).

Kunst & Kultur

Uraufführung des Films *Lilli Marleen* von Rainer Werner Fassbinder (14.1.). Eröffnung der **Neuen Pinakothek** in München (28.3.). In Köln beginnt das internationale Festival „Theater der Welt" (12.6.). Eine Neuinszenierung von Richard Wagners *Tristan und Isolde* eröffnet die **60. Bayreuther Richard-Wagner-Festspiele** (25.7.). Wolfgang Petersens Film *Das Boot* nach dem gleichnamigen Bestseller von Lothar-Günther Buchheim läuft in den bundesdeutschen Kinos an (18.9.). Etwa 100 **Literaten aus Ost und West** diskutieren auf Einladung von Stephan Hermlin über Fragen der Friedenssicherung (13.12.).

Filmszene aus *Das Boot*

Gesellschaft & Sport

Rollstuhlfahrer protestieren gegen das Internationale Jahr der Behinderten und verhindern eine Festrede von Bundespräsident Karl Carstens (24.1.). Bei den **Hallen-Leichtathletik-Europameisterschaften** schneiden die bundesdeutschen Sportler mit insgesamt neun Medaillen am erfolgreichsten ab (22.2.). Ca. 80.000 Menschen demonstrieren gegen den Bau des Kernkraftwerks bei Brokdorf (28.2.). Bayern München wird **Deutscher Fußballmeister**. Die Mannschaft triumphiert im Münchener Olympiastadion mit 4:0 über Bayer Uerdingen (13.6.). Karl-Heinz Rummenigge wird zu **Europas Fußballer des Jahres** gewählt (28.12.).

Weltgeschichte

Griechenland wird als **10. Vollmitglied** in die EG aufgenommen. Außerdem wird der „European Currency Unit" (ECU) als EG-Verrechnungseinheit eingeführt (1.1.). Nach 444 Tagen werden die 52 US-Geiseln, die in der Teheraner Botschaft festgehalten werden, freigelassen (20.1.). Vier ehemalige Labour-Minister spalten sich ab und gründen eine Sozialdemokratische Partei (SDP) (26.3.). US-Präsident Ronald Reagan wird **Opfer eines Attentats**. Der 25-jährige Attentäter John Hinckley verletzt den Präsidenten mit einer Waffe schwer. Dieser erholt sich jedoch wieder (30.3.). François **Mitterrand** im zweiten Wahlgang **zum französischen Präsidenten gewählt** (10.5.). Ein 23-jähriger Türke feuert mehrere Schüsse auf den Papst ab und verletzt ihn schwer (13.5.). Die Weltbank gibt in ihrem Weltentwicklungsbericht die **Zahl von 750 Mio. absolut Armen** bekannt (9.7.). Die US-Regierung erklärt in einem Beschluss, mit dem **Bau der Neutronenbombe** zu beginnen (6.8.). Der ägyptische Staatspräsident Muhammad Anwar as-Sadat fällt in Kairo einem Attentat zum Opfer. Die Tat gefährdet den Frieden im Nahen Osten (6.10.). Ein Streitkräfterat übernimmt in Polen die Macht und verhängt das Kriegsrecht über das Land. Jegliche Aktivitäten der Gewerkschaft „Solidarität" werden verboten (13.12.). Javier Pérez de Cuéllar aus Peru wird zum **neuen Generalsekretär der UNO-Vollversammlung** gewählt (15.12.).

1982

Politik

Alle SPD- und FDP-Bundestagsabgeordneten sprechen in einer namentlichen Abstimmung Helmut Schmidt das Vertrauen aus. Der Kanzler stellte am 3.2. die **Vertrauensfrage** im Zusammenhang mit der „Gemeinschaftsinitiative für Arbeitsplätze, Wachstum und Stabilität" (5.2.). In vielen Kirchen der DDR wird zum **„Berliner Appell – Frieden schaffen ohne Waffen"** aufgerufen. Die DDR-Friedensbewegung setzt sich unter dem Motto „Schwerter zu Pflugscharen" u. a. für ein atomwaffenfreies Europa ein (7.2.). Die Staatsanwaltschaft ermittelt gegen Bundeswirtschaftsminister Otto Graf Lambsdorff, Finanzminister Hans Matthöfer und Kanzleramtssekretär Manfred Lahnstein wegen unerlaubter Annahme von Spendengeldern (25. 2.). Erstmals kommen Abgeordnete der DDR-Volkskammer und des Deutschen Bundestages zu Gesprächen zusammen (18.3.). Das Volksbegehren der „Bürgerinitiative Ausländerstopp" – die Einrichtung getrennter Klassen für deutsche und ausländische Kinder – wird abgelehnt (23. 3.). Die Bundesregierung erweitert die **„Zumutbarkeitsregel"** für Arbeitslose. Laut „Bildungsbericht 1982" fehlen 60.000 Ausbildungsplätze in der Bundesrepublik (31.3.). Bundesfamilienministerin Antje Huber tritt zurück (7.4.). In München beginnt der 27. **Bundesparteitag der SPD**, auf dem u. a. Beschlüsse zur Beschäftigungspolitik und die Wahl zum Parteivorstand im Mittelpunkt stehen (19.–23.4.). Bundespräsident Karl Carstens ernennt auf Vorschlag von Kanzler Schmidt Anke Fuchs zur Ministerin für Jugend, Familie und Gesundheit, Manfred Lahnstein zum Finanzminister, Kurt Gscheidle zum Postminister und Heinz Westphal zum Arbeitsminister (28.4.). Die Kultusminister der Länder vereinbaren die gegenseitige Anerkennung von Gesamtschulabschlüssen (28.5.). Ronald **Reagan besucht die Bundesrepublik** und nimmt in Bonn am NATO-Gipfeltreffen teil, auf dem die „Bonner Erklärung" verabschiedet wird. Ziel ist eine konstruktive Entspannungspolitik, die aber von Bonn und Washington verschieden interpretiert wird (11.6.). Durch den Rücktritt der vier FDP-Minister Hans-Dietrich Genscher (Äußeres), Gerhart Baum (Inneres), Otto Graf Lambsdorff (Wirtschaft) und Josef Ertl (Landwirtschaft) **zerbricht die SPD/FDP-Koalition**. Während Kanzler Schmidt für Neuwahlen plädiert, spricht sich der Oppositionsführer Helmut Kohl für den **Weg des konstruktiven Misstrauensvotums** aus.

Hans-Dietrich Genscher

Ronald Reagan (rechts) und Helmut Kohl (links), kurz nach dessen Wahl zum Bundeskanzler

Helmut Schmidt und Ronald Reagan

Genscher bekräftigt die grundsätzliche Bereitschaft seiner Partei, ein Koalitionsbündnis mit der CDU/CSU einzugehen (17.9.). Mit 256 von 495 Stimmen wählen die Bundestagsabgeordneten in einem gegen Helmut Schmidt gerichteten konstruktiven Misstrauensvotum **Helmut Kohl zum Bundeskanzler** der BR Dtl. Als Begründung für den Misstrauensantrag wird die Regierungsunfähigkeit des SPD-Minderheitskabinetts angeführt (1.10.). Das neue Kabinett der Regierung Kohl wird vorgestellt. Genscher, Lambsdorff und Ertl bleiben in ihren Ämtern (4.10.). Helmut Schmidt verzichtet auf eine erneute Kanzlerkandidatur. Nominierung Hans-Jochen Vogels zum Kanzlerkandidaten (26.10.). Der Bundestag verweigert wie geplant Helmut Kohl das Vertrauen. Dadurch kann das Parlament aufgelöst werden und die von allen Parteien angestrebten **Neuwahlen** können stattfinden (17.12.).

Wirtschaft & Wissenschaft

Laut einem *Spiegel*-Bericht soll sich der Vorstandsvorsitzende des gewerkschaftseigenen Baukonzerns „Neue Heimat", Albert Vietor, zulasten des Unternehmens bereichert haben (8.2.). Der deutsche Einzelhandel teilt mit, dass die **Zahl der Konkurse** im letzten Jahr gestiegen ist (18.3.). Auf einer Fachmesse wird für die Unterhaltungselektronik das **Zeitalter der Digitaltechnologie** eingeläutet, welches bei Bild- und Tonspeicherdaten das analoge Verfahren ersetzen soll (20.8.). Die **Arbeitslosenzahl** erreicht die Zwei-Millionen-Grenze (2.12.).

Kunst & Kultur

Rainer Werner Fassbinders Film *Die Sehnsucht der Veronika Voss* wird auf den 32. Internationalen Filmfestspielen in Berlin mit dem „Goldenen Bären" geehrt (12.2.). In zahlreichen deutschen Städten finden Gedenkfeiern zum **150. Todestag von Johann Wolfgang von Goethe** statt (22.3.). Die ungarisch-deutsche Produktion *Mephisto* erhält in den USA den **Oscar für den besten fremdsprachigen Film** (29.3.). Die **Berliner Philharmoniker** feiern ihren 100. Geburtstag mit einem Festkonzert unter der Leitung Herbert von Karajans (1.5.). Rainer Werner Fassbinder stirbt an einer Überdosis Kokain (10.6.).

Gesellschaft & Sport

Manfred Decker aus der DDR gewinnt die **Vierschanzentournee** (6.1.). Erstmals gibt es mehr Katholiken als Protestanten in Deutschland (12.1.). Erwin Skamrahl läuft bei den deutschen Hallenmeisterschaften über 200 m Weltrekord (20,99 Sek.) (13.2.). Die Deutsche Sylvia Hanika gewinnt das „Tennis Masters"-Winterturnier (29.3.). Im bayerischen Erlangen wird das erste deutsche Retortenbaby geboren (12.4.). Der Hamburger SV wird neuer **Deutscher Fußballmeister** (29.5.). Mit einem Spiel des Hamburger SV gegen die Deutsche Nationalelf beendet Franz Beckenbauer seine Karriere (1.6.). Die Deutsche Nationalmannschaft unterliegt im Fußballweltmeisterschafts-Finale der italienischen Mannschaft mit 3:1 (11.7.).

Weltgeschichte

Der Niederländer Piet Dankert wird **neuer Präsident des Europaparlaments** (19.1.). Die KSZE-Folgekonferenz in Madrid vertagt sich wegen verschärfter Ost-West-Spannungen auf den 9.11. (12.3.). Das **EG-Gipfeltreffen** in Brüssel endet mit einer Reihe von Absichtserklärungen, u. a. dass Maßnahmen zur Überwindung der Wirtschaftkrise getroffen werden müssen (30.3.). Israel gibt nach 15-jähriger Besetzung die Halbinsel Sinai an Ägypten zurück (25.4.). In Polen werden die **Kriegsrechtsbestimmungen gelockert** (29.4.). Papst Johannes Paul II. entgeht in Portugal nur knapp einem Attentat (12.5.). Juri Andropow, Leiter des sowjetischen Staatssicherheitsdienstes (KGB), wird zum ZK-Sekretär gewählt (24.5.). Spanien wird 16. Mitglied der NATO (30.5.). **Rücktritt des US-Außenministers** Alexander Haig wegen anhaltender Meinungsverschiedenheiten mit Präsident Reagan. Haigs Nachfolger wird George Shultz (25.6.). USA und UdSSR verhandeln in Genf über die Reduzierung der strategischen Rüstung (**START**) (29.6.). Wende im **Golfkrieg**: Iranische Truppen marschieren im Irak ein (13.7.). Johannes Paul II. empfängt Palästinenserführer Yasir Arafat zu einer Privataudienz (15.9.). 400.000 Demonstranten fordern in Israel den Rücktritt von Ministerpräsident Menachem Begin (25.9.). Der sowjetische Staats- und Parteichef Leonid **Breschnew stirbt** in Moskau. Sein Nachfolger wird Juri Andropow (10.11.).

1983

Politik

Bundespräsident Karl Carstens **löst planmäßig den Bundestag auf**; am 6.3. sollen Neuwahlen stattfinden. Das Vorgehen löst bei vielen Bürgern und juristischen Experten Bedenken aus (7.1.). Der SPD-Fraktionsvorsitzende Herbert Wehner kandidiert aus gesundheitlichen Gründen nicht mehr für den Bundestag (11.1.). Dieter Bub, Korrespondent der Zeitschrift *stern*, wird aus der DDR ausgewiesen, nachdem er einen Bericht über ein angebliches Attentat auf Erich Honecker veröffentlicht hat (12.1.). In beiden deutschen Staaten finden **Gedenkfeiern anlässlich der „Machtergreifung"** durch Adolf Hitler vor 50 Jahren statt (30.1.). Rainer Barzel, Bundesminister für innerdeutsche Beziehungen, schaltet die Staatsanwaltschaft ein, um den Verbleib von 5,6 Mio. DM aus dem Etat des Ministeriums während der Amtszeit seines Vorgängers Egon Franke zu klären (11.2.). Die Unionsparteien CDU und CSU vereinigen bei den **Bundestagswahlen** 48,8% der Stimmen auf sich. Die Liberalen erringen 7,0%. Die SPD muss mit 38,2% starke Einbußen hinnehmen. Die Grünen schaffen die Fünf-Prozent-Hürde und ziehen erstmals in den Deutschen Bundestag ein (6.3.). Helmut Kohl wird zum Bundeskanzler gewählt; Rainer Barzel wird Bundestagspräsident (29. 3.). Bei der Vereidigung des Bundeskabinetts bleiben die Grünen der Zeremonie fern (30.3.). Die Bundesrepublik übernimmt die Bürgschaft für einen **Bankkredit der DDR** in Höhe von einer Mrd. DM (29.6.). Die Bundesregierung beschließt gesetzliche Vorkehrungen, wonach ab 1986 jedes fabrikneue Auto mit einem Katalysator zur Abgasentgiftung ausgestattet sein muss (20.7.). Die Grünen sprechen sich im Bundestag gegen die Einführung des neuen fälschungssicheren Personalausweises aus (29.7.). Der hessische Grünen-Abgeordnete Frank Schwalba-Hoth bespritzt bei einem Empfang den US-General Paul S. Williams mit vorab selbst abgezapftem Blut. Die Aktion wird bundesweit verurteilt; selbst bei den Grünen ist sie umstritten (3.8.). Die DDR beginnt mit dem **Abbau der Selbstschussanlagen** an der innerdeutschen Grenze (27.9.). Die Stationierung neuer US-Mittelstreckenraketen in der BR Dtl. wird durch den Bundestag gebilligt (22.11.). Nach der Abspaltung einiger Strauß-Gegner von der CSU gründen Franz Handlos, Franz Schönhuber und der Journalist Ekkehard Voigt die Partei **„Die Republikaner"** (27.11.). **Flick-Spendenaffäre**: Die Staatsanwaltschaft Bonn erhebt Anklage gegen den früheren Bundeswirtschaftsminister Hans Friderichs, den Vorstandsvorsitzenden der Dresdner Bank Horst Ludwig Riemer, denen Bestechlichkeit vorgeworfen wird, sowie gegen Eberhard von Brauchitsch und Manfred Nemitz vom Flick-Konzern wegen Bestechung. Auch will die Staatsanwaltschaft gegen Otto Graf Lambsdorff ermitteln (29.11.). Das Bundesverfassungsgericht erklärt das **Gesetz zur Volkszählung** für verfassungswidrig; v. a. gegen die festgelegte Art und Weise der Durchführung werden Einwände erhoben (15.12.). Das Bundeswirtschaftsministerium widerruft die in den 70er-Jahren gewährten Steuervergünstigungen für den Flick-Konzern (27.12.).

Helmut Kohl

Die Crew bei ihren Arbeiten in der US-Raumfähre, vorn der deutsche Wissenschaftsastronaut Ulf Merbold

Wirtschaft & Wissenschaft

Der Burda Verlag erwirbt 24,9% der Geschäftsanteile des Axel Springer Verlags (6.1.). Vertreter der Wirtschaft erklären nach einem Gespräch mit Helmut Kohl, sie würden **30.000 zusätzliche Lehrstellen** zur Verfügung stellen (3.2.). Auf der **Internationalen Funkausstellung** (IFA) in Berlin fällt der Startschuss für den Bildschirmtext Btx (11.9.). Das Fusionskonzept der Bremer Werften AG „Weser“ und der Bremer Vulkan AG sieht 2000 Entlassungen vor (15.9.). Der Physiker Ulf Merbold hat als **erster Bundesdeutscher** an einem **Weltraumflug** teilgenommen (9.12.).

Kunst & Kultur

In Gedenken an Hitlers „Machtergreifung“ wird im Münchener Residenztheater das Schauspiel *Bruder Eichmann* des Dramatikers Heinar Kipphardt uraufgeführt (21.1.). Schriftstellerin **Anna Seghers** stirbt (1.6.). Bei der sog. **„Prominentenblockade“** versperren viele Persönlichkeiten aus Kultur und Politik die Zufahrt zum US-Militärdepot Mutlangen und protestieren so gegen die geplante Stationierung neuer US-Raketen in der BR Dtl. (1.9.). Die Illustrierte *stern* präsentiert **Adolf Hitlers Tagebücher**. Als sie sich jedoch als plumpe Fälschung erweisen, treten drei Chefredakteure zurück (25.4.). Peter Scholl-Latour wird neuer *stern*-Chefredakteur (18.5.). Der Vorstand des Schriftstellerverbandes tritt nach Kritik an seiner Politik zurück (22.11.).

Gesellschaft & Sport

Röhrl und Geistdörfer gewinnen zum dritten Mal die **Rallye Monte Carlo** (28.1.). Rennfahrer Rolf Stommelen verunglückt während des Sechsstunden-Rennens in den USA tödlich (24.4.). Der Hamburger SV wird erneut **Deutscher Fußballmeister** (4.6.). Jürgen Hingsen stellt mit 8777 Punkten einen neuen **Zehnkampf-Weltrekord** auf (5.6.). Bundesdeutsche Sportler erkämpfen sich bei der Leichtathletik-Weltmeisterschaft zwei Gold-, fünf Silber- und eine Bronzemedaille. Die DDR-Athleten führen mit zehn Goldmedaillen den Medaillenspiegel an (14.8.). Ca. 1,3 Mio. Menschen beteiligen sich an **Protesten gegen Atomwaffen** (22.10.).

Hitler-Tagebücher: Gerd Heidemann präsentiert auf der Pressekonferenz des Hamburger Magazins *stern* am 25.4. die vermeintlichen Dokumente

Weltgeschichte

Die Warschauer-Pakt-Staaten schlagen der NATO einen **Vertrag über gegenseitigen Gewaltverzicht** vor (5.1.). Die amerikanisch-sowjetischen Gespräche zur Verringerung der strategischen Rüstung (**START**) werden wieder aufgenommen (2.2.). Der israelische Verteidigungsminister Ariel Sharon tritt zurück. Er ist mit verantwortlich für das Massaker im Beiruter Palästinenserlager im September 1982 (14.2.). Reagan stellt in seiner sog. **„Star-Wars-Rede“** Pläne für ein weltraumgestütztes Abwehrsystem (SDI) vor (23.3.). In Polen wird das **Kriegsrecht aufgehoben**, einige Bestimmungen werden aber durch Sondergesetze ausgewechselt (22.7.). Der sowjetische Staatschef Jurij Andropow offeriert in einem *Prawda*-Interview, alle SS-20-Raketen bis auf 162 zu verschrotten – das entspricht der Anzahl der französischen und britischen Mittelstreckenraketen (26.8.). Eine südkoreanische Verkehrsmaschine wird von sowjetischen Abfangjägern abgeschossen. 269 Menschen sterben (1.9.). Die **KSZE-Folgekonferenzen** gehen mit einem Schlussdokument zu Ende (9.9.). Aus gesundheitlichen Gründen und wegen politischer Fehlschläge tritt Israels Ministerpräsident Menachem Begin zurück (15.9.). Bei **Bombenanschlägen** auf die Hauptquartiere der amerikanischen und französischen Friedenstruppen in Beirut sterben 300 Menschen (23.10.). Die Sowjetunion bricht die Abrüstungsverhandlungen über Mittelstreckenraketen in Europa (**INF**) ab (23.11.).

1984

Politik

Die inhaftierten DDR-Bürgerrechtlerinnen Bärbel Bohley und Ulrike Poppe treten in den Hungerstreik (1.1.). Der ranghöchste Bundeswehroffizier **Günter Kießling** wird durch Bundesverteidigungsminister Manfred Wörner vorzeitig in den Ruhestand versetzt, weil er angeblich wegen seiner privaten Lebensführung ein Sicherheitsrisiko darstelle. Daraufhin kommt es zu Rücktrittsforderungen an Wörner (5.1.). Die Bundesregierung verständigt sich, den **maschinenlesbaren Ausweis** erst im November 1985 einzuführen (23.2.). Willi Stophs Nichte und ihre Familie flüchten in die bundesdeutsche Botschaft in Prag (26.2.). Bundestag verabschiedet ein **Vorruhestandsgesetz**, welches Arbeitnehmern das freiwillige Ausscheiden aus dem Berufsleben mit 58 Jahren ermöglicht (29.3.). Als erstes Bundesland nimmt Bayern den **Umweltschutz in die Verfassung** auf (5.4.). Durch die Verabreichung von Zyankali an eine krebskranke Patientin löst der Chirurg Professor Julius Hackethal eine Diskussion um die Sterbehilfe aus (7.5.). Niedersachsen beschließt als erstes Bundesland ein **Landesrundfunkgesetz**, das Fragen bezüglich des privaten Rundfunks regelt (15.5.). Die Bundesregierung zieht den Gesetzentwurf zur Amnestie für Steuervergehen in Zusammenhang mit Parteispenden zurück (16.5.). Die Bundesversammlung in Bonn wählt mit 832 von 1028 Stimmen **Richard von Weizsäcker zum sechsten Bundespräsidenten** (23.5.). Vor den Wahllokalen bei der Wahl zum Europaparlament führt die Friedensbewegung eine **Volksbefragung zur Raketenstationierung** durch: 88% sprechen sich dagegen aus (17.6.). Bundeswirtschaftsminister Otto Graf Lambsdorff tritt wegen der Verwicklung in die Flick-Spendenaffäre von seinem Amt zurück. Sein Nachfolger wird Martin Bangemann (26.6.). Die Ständige Vertretung der BR Dtl. in Ostberlin stellt den Besucherverkehr ein. Derzeit befinden sich 55 Personen, die ihre Ausreise aus der DDR erzwingen wollen, in dem Gebäude (27.6.). In Washington unterzeichnet Bundesverteidigungsminister Manfred Wörner ein **Abkommen über die Beschaffung der Flugabwehrsysteme** „Patriot" und „Roland" für die Bundeswehr (11.7.). Die Regierungskoalition billigt die Inbetriebnahme des Kernkraftwerks Buschhaus ohne die von der Opposition geforderte Entschwefelungsanlage (31.7.). Erich Honecker sagt seinen für Ende September geplanten Besuch in der Bundesrepublik ab. Beobachter sind der Meinung, dass die Absage auf Drängen Moskaus geschehen ist (4.9.). Der Prozess gegen den Rechtsextremisten Karl-Heinz Hoffmann beginnt. Ihm wird zur Last gelegt, die Ermordung Levins und seiner Lebensgefährtin initiiert zu haben (12.9.). **Deutsch-französische Feierstunde**: An der Gedenkstätte der Schlacht von Verdun stehen der französische

Richard von Weizsäcker

Der französische Staatspräsident François Mitterrand (links) und Bundeskanzler Helmut Kohl (rechts) reichen sich am 22.9.1984 über den Gräbern von Verdun die Hand

Staatspräsident François Mitterrand und Bundeskanzler Helmut Kohl minutenlang Hand in Hand nebeneinander (22.9.). Die **Bundesrepublik schließt ihre Botschaft in Prag**, in der sich über 150 ausreisewillige DDR-Bürger aufhalten (4.10.). Rainer Barzel scheitert ebenfalls an der Flick-Affäre und tritt vom Amt des Bundestagspräsidenten zurück (25.10.). Der FDP-Ehrenvorsitzende Walter Scheel gibt bekannt, dass der Geber der Sechs-Millionen-Spende an die FDP der ehemalige Kaufhausbesitzer Helmut Horten ist (9.11.). Wolfgang Schäuble ersetzt Philipp Jenninger im Amt des Bundeskanzleramtschefs, weil Jenninger am 5.11. zum neuen Bundestagspräsidenten gewählt wurde (15.11.).

Wirtschaft & Wissenschaft

Die **Arbeitslosenzahlen** erreichen mit 2,539 Mio. einen neuen Höchststand (30.1.). Nachdem auf dem Gelände der Hamburger Chemiefirma C. H. Boehring hohe Dioxin-Werte festgestellt worden sind, schließt das Werk Ende 1984 (20.6.). Nach 13-wöchigem Arbeitskampf einigen sich die Parteien im **Druckerstreik** u. a. auf die Einführung der 38,5-Stunden-Woche (6.7.). In der BR Dtl. sind 58.717 Jugendliche ohne Lehrstelle (30.9.). Im Bereich Medizin erhält der Deutsche Georges J. F. Köhler den **Nobelpreis** (10.12.).

Kunst & Kultur

Die Kölner Rock-Gruppe **BAP sagt ihre DDR-Tournee ab**, da sie sich mit den DDR-Zensoren nicht auf einen Kompromiss einigen kann (13.1.). In den bundesdeutschen Kinos läuft Wolfgang Petersens *Die unendliche Geschichte* nach dem gleichnamigen Roman von Michael Ende an (6.4.). Mit einer Show *Premiere: Friedrichstraße 107* wird in Ostberlin der **Friedrichstadtpalast**, ausgestattet mit modernsten bühnentechnischen Vorrichtungen, **eröffnet** (27.4.). Wim Wenders' Film *Paris, Texas* erhält bei den 37. Internationalen Filmfestspielen von Cannes die „Goldene Palme“ (11.–23.5.).

Gesellschaft & Sport

Mit der Aufnahme des Sendebetriebs **der ersten Kabelfernsehanstalt** mit öffentlich-rechtlichen und privaten Anbietern beginnt das neue Medienzeitalter (1.1.). Bei den **Olympischen Winterspielen** in Sarajevo führt die DDR mit 24 Medaillen vor der UdSSR und den USA (19. 2.). Neuer **Deutscher Fußballmeister** ist der VfB Stuttgart (26.5.). Der frühere Box-Europameister Gustav „Bubi“ Scholz wird unter dem Verdacht, seine Frau ermordet zu haben, in Berlin festgenommen (23.7.). Bei den XXIII. **Olympischen Sommerspielen** kommt die Bundesrepublik mit 59 Medaillen, darunter 17 goldene, auf den dritten Platz im Medaillenspiegel (12.8.).

Bruce McCandless schwebt als erster Mensch frei im Weltraum

Weltgeschichte

Zum ersten Mal schwebt ein Mensch ohne jede Verbindung zum Raumschiff frei im Weltraum (7.2.). Der sowjetische Staatschef Juri Andropow stirbt in Moskau. Sein Nachfolger wird ZK-Sekretär Konstantin Tschernenko (9.2.). Die USA und Großbritannien entsenden **Kriegsschiffe in die Golfkriegsregion** (22.2.). Die konservativen, christdemokratischen und liberalen Parteien behaupten bei den zweiten **Direktwahlen zum Europaparlament** die Mehrheit (17.6.). Großbritannien und China einigen sich auf die **Übergabe der Kronkolonie Hongkong** an China im Jahr 1997 (2.8.). Für großes Aufsehen sorgt eine Äußerung Ronald Reagans bei einer Mikrofonprobe: Er kündigt die **Bombardierung Russlands** an (11.8.). Shimon Peres wird neuer israelischer Ministerpräsident (13.9.). Die indische Ministerpräsidentin **Indira Gandhi** wird von Anhängern der Sikh-Religion ermordet (31.10.). Die Tochter von Josef W. Stalin, Swetlana Allilujewa-Peters, kehrt nach 17 Jahren wieder in die UdSSR zurück. Als Grund nennt sie Sehnsucht nach ihren Kindern (2.11.). Reagan ist mit 525 von 538 Wahlmännerstimmen der überlegene **Sieger bei den Präsidentschaftswahlen** in den USA (6.11.). Der Leiter des Obersten Sowjets Michail Gorbatschow trifft mit Margaret Thatcher zusammen und hält vor dem Londoner Parlament eine Rede (21.12.).

1985

Politik

Hessens Ministerpräsident Holger Börner vereidigt am 12.12.1985 den grünen Umweltminister Joschka Fischer, der in Turnschuhen erschien, im hessischen Landtag in Wiesbaden

Die letzten Flüchtlinge verlassen in Prag die bundesdeutsche Botschaft und kehren in die DDR zurück (15.1.). Das Saarland nimmt als erstes Bundesland den **Datenschutz in die Verfassung** auf (25.1.). **Ernst Zimmermann**, Vorstandsvorsitzender der Motoren- und Turbinen-Union (MTU), wird von Angehörigen der Organisation „Patrick O'Hara" der RAF **erschossen**. Daraufhin brechen 30 Häftlinge in 17 Haftanstalten ihren Hungerstreik ab (1.2.). Auf dem FDP-Parteitag wird Bundeswirtschaftsminister Martin Bangemann als Nachfolger von Bundesaußenminister Hans-Dietrich Genscher zum neuen Parteivorsitzenden gewählt (23.2.). Ein sowjetischer Soldat erschießt im Bezirk Schwerin den US-Major Arthur D. Nicholson (24.2.). In Essen, Hamburg und Bochum explodieren Sprengsätze der „Revolutionären Zellen" (7.3.). In Düsseldorf werden die **RAF-Mitglieder** Adelheid Schulz und Rolf-Clemens Wagner zu lebenslanger Haft wegen Mordes an Hanns-Martin Schleyer verurteilt (13.3.). Wegen Beteiligung an neun Morden und mehreren versuchten Morden werden in Stuttgart-Stammheim die RAF-Anhänger Christian Klar und Brigitte Mohnhaupt zu jeweils fünfmal lebenslänglich und 15 Jahren Haft verurteilt (2.4.). **Honecker** trifft **zu Besuch in Italien** ein und wird auch von Papst Johannes Paul II. empfangen (23.4.). Der Bundestag verabschiedet eine Strafrechtsänderung, wonach die Leugnung nationalsozialistischer Verbrechen (sog. „**Auschwitzlüge**") verfolgt wird (25.4.). US-Präsident Ronald Reagan besucht die Bundesrepublik und nimmt u. a. an einer **Gedenkveranstaltung zur 40. Wiederkehr des Kriegsendes** auf dem Soldatenfriedhof Bitburg teil. In der Öffentlichkeit wird Kritik laut, da dort auch Angehörige der Waffen-SS begraben liegen (5.5.). Richard von Weizsäcker spricht in seiner Rede vor dem Bundestag vom 8.

Günter Wallraff

Mai 1945 als Tag der Befreiung (8.5.). Regierungssprecher Peter Boenisch tritt zurück. Er wird wegen Steuerhinterziehung angeklagt. Sein Nachfolger ist der Fernsehjournalist Friedhelm Ost (14.6.). Gegen die Stimmen der Opposition beschließt der Bundestag ein sog. „**Vermummungsverbot**" bei Demonstrationen (28.6.). Der Gesetzentwurf zur Einführung von Erziehungsgeld und -urlaub wird gebilligt (17.7.). Der beim Bundesamt für Verfassungsschutz für Spionageabwehr tätige **Hans-Joachim Tiedge geht in die DDR**. Der Chef des Bundesnachrichtendienstes, Herbert Hellenbroich, der Tiedge trotz Alkoholproblemen und Schulden im Amt belassen hatte, tritt zurück (19./23.8.). Vor dem Bonner Landgericht beginnt der **Prozess gegen die Beteiligten in der Flick-Spendenaffäre**, Otto Graf Lambsdorff, Hans Friderichs und Eberhard von Brauchitsch (29.8.). Rita Süßmuth wird neue Familienministerin und löst Heiner Geißler ab (30.8.). Der SPD-Vorsitzende Willy Brandt erhält von Erich Honecker die Zusage zu baldigen Reiseerleichterungen von DDR-Bürgern bei dringenden Familienangelegenheiten (18.9.). Das Bundeskabinett beschließt die **Verlängerung des Wehr-**

dienstes von 15 auf 18 Monate (2.10.). In Hessen kommt es zur **ersten rot-grünen Koalition** auf Landesebene unter Ministerpräsident Holger Börner von der SPD (16.10.). Die DDR-Regierung gibt bekannt, dass alle Bodenminen und Selbstschussanlagen an der innerdeutschen Grenze abgebaut sind (1.11.).

Wirtschaft & Wissenschaft

Die Treuhandstelle für Industrie und Handel und das Außenhandelsministerium der DDR vereinbaren die **Ausweitung des zinslosen Überziehungskredits** (5.7.). Der Verleger **Axel Springer stirbt** und hinterlässt den größten europäischen Pressekonzern mit einem Jahresumsatz von 2,4 Mrd. DM (22.9.). Die Raumfähre „Challenger", die unter der wissenschaftlichen Leitung der BR Dtl. steht, startet von Cape Canaveral ins All (30.10.). **Friedrich Karl Flick verkauft sein Unternehmen** für rund 5 Mrd. DM an die Deutsche Bank (4.12.). Mit Klaus von Klitzing erhält erstmals seit 22 Jahren wieder ein Deutscher den **Nobelpreis für Physik** (10.12.).

Kunst & Kultur

Die **wieder aufgebaute Dresdener Semper-Oper** wird am 40. Jahrestag der Bombardierung der Stadt mit Carl Maria von Webers Oper *Der Freischütz* feierlich eröffnet (13.2.). Der Schriftsteller und Literaturnobelpreisträger **Heinrich Böll stirbt** in Bornheim bei Bonn (16.7.). Günter Wallraffs Buch *Ganz unten* löst eine **Debatte über die Arbeitsbedingungen** von Ausländern aus (21.10.). Jüdische Demonstranten besetzen das Frankfurter Theater und verhindern so die Uraufführung des Fassbinder-Stücks *Der Müll, die Stadt und der Tod*, weil sie darin antisemitische Tendenzen sehen (31.10.).

Gesellschaft & Sport

Erstmals muss in der BR Dtl. **Smogalarm der Stufe III** ausgerufen werden (18.1.). Bernhard Langer gewinnt das Masters-Golfturnier im amerikanischen Augusta (15.4.). Der FC Bayern München besiegt Eintracht Braunschweig mit 1:0 und steht als **Deutscher Fußballmeister** fest (8.6.). Boris Becker wird durch einen Viersatzsieg über Kevin Curren **Sieger von Wimbledon** (7.7.). Aufgrund der Testergebnisse bei einem Großversuch, Tempo 100 auf bundesdeutschen Autobahnen einzuführen, spricht sich die Bundesregierung gegen ein generelles Tempolimit aus (31.10.).

Boris Becker

Weltgeschichte

Öffnung der von 1969 an geschlossenen Grenze zwischen Spanien und Gibraltar (5.2.). Einen Tag nach Konstantin Tschernenkos Tod wird **Michail Gorbatschow** zum **neuen Generalsekretär der KPdSU** gewählt. Bei den Trauerfeierlichkeiten für Tschernenko nutzt die politische Prominenz, darunter Helmut Kohl, François Mitterrand und Margaret Thatcher, die Gelegenheit zu Kontakten (11.3.). In Genf beginnen die USA und die UdSSR die **Verhandlungen über Atom- und Weltraumwaffen** (12.3.). Die Warschauer-Pakt-Staaten verlängern die Geltungsdauer des Militärbündnisses um 20 Jahre (26.4.). Im brasilianischen São Paulo wird die Leiche des bereits 1979 gestorbenen **KZ-Arztes Josef Mengele** exhumiert (6.6.). Unterzeichnung der **Beitrittsverträge** Spaniens und Portugals zur EG (12.6.). Andrej Gromyko, bislang sowjetischer Außenminister, wird zum Staatspräsidenten ernannt. Sein Nachfolger heißt Eduard Schewardnadse (2.7.). Der am 20.7. über 36 südafrikanische Bezirke verhängte **Ausnahmezustand** wird auf Kapstadt und sechs umliegende Bezirke erweitert (25.10.). Die Regierung der Republik Irland erhält erstmals seit der Teilung im Jahre 1921 **begrenztes Mitspracherecht** über das britisch regierte Nordirland (15.11.). Reagan und Gorbatschow kommen zu einem zweitägigen Meinungsaustausch in Genf zusammen und erklären, dass sie eine militärische Überlegenheit über die Gegenseite nicht anstreben (19./20.11.).

1986

Politik

Erich Honecker spricht sich in einem Interview mit der Zeitung *Die Zeit* für mehr wirtschaftliche Zusammenarbeit der beiden deutschen Staaten aus, betont aber gleichzeitig die Eigenstaatlichkeit der DDR (31.1.). Auf der Berliner Glienicker Brücke findet ein **Agentenaustausch** statt. Der Westen lässt fünf Ostspione und der Osten vier Personen frei (11.2.). Der bisher ranghöchste Repräsentant der DDR, **Volkskammerpräsident Horst Sindermann**, trifft zu einem viertägigen Besuch in der BR Dtl. ein und wird von Bundeskanzler Helmut Kohl und Bundestagspräsident Phillip Jenninger empfangen. Sindermann vertritt entschieden den Anspruch auf Anerkennung einer eigenen DDR-Staatsbürgerschaft (19.2.). Der Bundestag verabschiedet mit den Stimmen der Koalition die Gesetze zur **Einführung des maschinenlesbaren Ausweises** und Europapasses. Auch die Einführung der Schleppnetzfahndung, eine computergestützte Großfahndung mit umfassenden Personenkontrollen, wird gebilligt (28.2.). Die CDU-Landesverbände von Rheinland und Westfalen-Lippe schließen sich zum Landesverband Nordrhein-Westfalen zusammen (8.3.). Die Änderungen im **Streikparagraphen 116** werden gegen die Stimmen von SPD und Grünen im Bundestag genehmigt (20.3.). Bei einem **Anschlag auf die Berliner Diskothek „La Belle"**, die vorwiegend von US-Soldaten besucht wird, sterben drei Menschen, 230 werden zum Teil schwer verletzt (5.4.). Die Staatsanwaltschaft stellt ein Ermittlungsverfahren gegen Helmut Kohl wegen uneidlicher Falschaussage im Zusammenhang mit der Parteispendenaffäre aufgrund mangelnder Beweise ein (20.5.). Helmut Kohl richtet ein **neues Ressort** ein: Der bisherige Frankfurter Oberbürgermeister Walter Wallmann bekleidet den Posten eines **Bundesministers für Umwelt, Naturschutz und Reaktorsicherheit** (6.6.). Der Gründer der „Wehrsportgruppe Hoffmann" Karl-Heinz Hoffmann wird zu einer Freiheitsstrafe von neun Jahren und sechs Monaten verurteilt, u. a. wegen Geldfälschung und gefährlicher Körperverletzung (30.6.). Der Siemens-Manager und Vorsitzende des Arbeitskreises Kernenergie, Karl Heinz Beckurts, und sein Fahrer kommen bei einem von der RAF verübten **Bombenanschlag in München** ums Leben (9.7.). Anlässlich des Mauerbaus vor 25 Jahren lehnt Kohl in seiner Rede auf der zentralen Gedenkveranstaltung in Berlin die Anerkennung einer eigenen DDR-Staatsbürgerschaft ab (13.8.). Die Städte Saarlouis und Eisenhüttenstadt unterzeichnen eine Urkunde, die die **erste deutsch-deutsche Städtepartnerschaft** besiegelt (19.8.). Der Leiter der Politischen Abteilung 2 im Auswärtigen Amt, Gerold von Braunmühl, wird in Bonn erschossen. Zu der Tat bekennt sich ein „Kommando Ingrid Schubert". Die gefundene Tatwaffe wurde auch bei dem Mord an Hanns-Martin Schleyer verwendet (10.10.). Nach einem

Agentenaustausch auf der Berliner Glienicker Brücke: Die freigelassenen Agenten werden auf Westberliner Seite in Fahrzeugen der US-Botschaft abtransportiert

Kernkraftwerk in Tschernobyl nach der Katastrophe von 1986

Brand in einem Schweizer Chemiekonzern fließen mit dem Löschwasser Giftstoffe in den Rhein, woraufhin die Bundesrepublik **Rhein-Alarm** ausruft und Trinkwasserbrunnen schließen lässt (1.11.). Das Bundesverfassungsgericht entscheidet, dass Sitzblockaden vor militärischen Einrichtungen strafbar sind (11.11.). Bundesumweltminister Wallmann stellt einen Maßnahmenkatalog zur Verhütung von Chemie-Unfällen vor (3.12.). Der Bundestag verabschiedet gegen die Stimmen der Opposition **Gesetze zur schärferen Bekämpfung des Terrorismus** (5.12.).

Wirtschaft & Wissenschaft

Bei den „Gründertagen '86" tauschen rund 1000 Teilnehmer Erfahrungen bei Unternehmensneugründungen aus (22./23.2.). Erstmals wird in der Bundesrepublik einem Patienten ein **Kunstherz verpflanzt** (7.3.). Bundeswirtschaftsminister Martin Bangemann eröffnet in Hannover die **CeBIT-Messe**, die zum ersten Mal getrennt von der Industriemesse stattfindet (12.3.). Der Gütersloher **Bertelsmann-Konzern** wächst mit dem Kauf des US-Buchverlages Doubleday & Co. zum weltweit größten Medienkonzern heran (26.9.). Der deutsche Physiker und Industrielle Hermann von Siemens stirbt (13.10.).

Kunst & Kultur

Auf den Internationalen **Berliner Filmfestspielen** geht der „Goldene Bär" an Reinhard Hauffs und Stefan Austs Film *Stammheim*, der den Prozess gegen die RAF-Mitglieder dokumentiert (25.2.). Im Hamburger Operettenhaus wird die bundesdeutsche Erstaufführung des Musicals *Cats* von Andrew Lloyd Webber gezeigt (18.4.). Die BR Dtl. und die DDR unterzeichnen nach zwölfjährigen Verhandlungen ein **Kulturabkommen** (6.5.). In Köln öffnet der größte bundesdeutsche Museumsbau (6.9.). Die **Deutsche Staatsoper** Unter den Linden in Ostberlin wird nach dreißigjähriger Renovierungszeit wieder eröffnet (15.11.).

Gesellschaft & Sport

Zum neunten Mal wird der FC Bayern München **Deutscher Fußballmeister** (26.4.). Steffi Graf gewinnt beide Finale der

Steffi Graf

Internationalen Deutschen Tennismeisterschaften (19.5.). Die DDR-Sportlerin Heike Drechsler stellt mit 7,45 m einen **neuen Weitsprung-Weltrekord** auf (21.6.). Die Bundesrepublik wird in Mexiko-Stadt mit einer 3:2-Niederlage gegen Argentinien **Vize-Fußballweltmeister** (30.6.). Autoinsassen auf dem Rücksitz müssen künftig 40 DM Bußgeld bezahlen, wenn sie keinen Sicherheitsgurt angelegt haben (1.7.). Boris Becker besiegt Ivan Lendl im Wimbledon-Finale (6.7.).

Weltgeschichte

Gorbatschow unterbreitet einen Drei-Stufen-Plan für den Abbau aller Atomwaffen bis zum Jahr 2000 (15.1.). Frankreich und Großbritannien einigen sich über den **Kanaltunnelbau** (20.1.). 73 Sekunden nach dem Start in Cape Canaveral explodiert die US-Raumfähre „Challenger", die siebenköpfige Besatzung kommt ums Leben (28.1.). Der schwedische Ministerpräsident **Olof Palme** wird in Stockholm hinterrücks **erschossen**. Der Täter entkommt unerkannt. Palmes Nachfolger heißt Ingvar Carlsson (28.2.). Die Schweizer lehnen in einer Volksabstimmung den Beitritt ihres Landes zur UNO mit 75,5% ab (16.3.). Nach den **Parlamentswahlen in Frankreich** wird Jacques Chirac neuer Premierminister (16.3.). Im **Atomkraftwerk in Tschernobyl** zerstört eine Wasserstoffexplosion das Reaktorgehäuse. 30- bis 40-mal mehr Radioaktivität als beim Atombombenabwurf über Hiroshima 1945 wird freigesetzt. Die radioaktive Wolke breitet sich bis nach Mitteleuropa aus (26.4.). US-Präsident Reagan kündigt an, dass die USA sich nicht länger an den **SALT-II-Vertrag** gebunden fühlten (27.5.). Nach **Rassenunruhen** wird über ganz Südafrika der Ausnahmezustand verhängt (12.6.). Der erste der drei unzerstörten Reaktorblöcke in Tschernobyl nimmt seinen Betrieb auf (1.10.). Die Sowjetunion beginnt mit dem ersten **Teilabzug von Truppen** aus Afghanistan seit Beginn der Invasion 1979 (15.10.).

1987

Politik

Bei der **Bundestagswahl** erzielt die CDU mit 44,3% der Stimmen ihr bisher schlechtestes Ergebnis seit 1949. Die SPD kommt auf 37,0%, die Liberalen vereinen 9,1% und die Grünen 8,3% der Stimmen auf sich. CDU/CSU setzen die Koalition mit der FDP fort. Die Wahlbeteiligung lag bei 84,3%. Helmut Kohl wird mit einer Mehrheit von nur vier Stimmen zum Bundeskanzler gewählt (25.1.). Erich Honecker distanziert sich von den Reformbestrebungen des sowjetischen Parteichefs Gorbatschow (6.2.). Die erste **rot-grüne Landesregierung in Hessen zerbricht** mit der Entlassung des Umweltministers Joseph „Joschka" Fischer durch Ministerpräsident Börner. Hintergrund ist die Auseinandersetzung um die Atomenergiepolitik (9.2.). Im **Parteispendenprozess** werden die einstigen Wirtschaftsminister Otto Graf Lambsdorff und Hans Friderichs zu Geldstrafen wegen Steuerhinterziehung verurteilt. Vom ursprünglich erhobenen Vorwurf der Bestechung und Bestechlichkeit werden alle Angeklagten freigesprochen (16.2.). Willy Brandt tritt vom Amt des SPD-Parteivorsitzenden zurück (23.3.). Die Ministerpräsidenten der Bundesländer unterzeichnen nach vierjähriger Verhandlung einen **Medienstaatsvertrag** (3.4.). Mit 42,1% der Stimmen wird die CDU bei den vorgezogenen Landtagswahlen in Hessen stärkste Partei. Walter Wallmann wird Ministerpräsident (5.4.). Klaus Töpfer tritt die Nachfolge Wallmanns als Bundesminister für Umwelt, Naturschutz und Reaktorsicherheit an (7.5.). Bayern erlässt einen **Maßnahmenkatalog** zur wirksamen Bekämpfung der Immunschwächekrankheit Aids, der u. a. einen Zwangstest für Ausländer, die eine Aufenthaltsgenehmigung beantragen, vorsieht (19.5.). Die Mehrheit des Deutschen Bundestags befürwortet die sog. **doppelte Nulllösung**, d. h. den Abbau von Mittelstreckenraketen (4.6.). DDR-Sicherheitskräfte greifen ein, als sich rund 1000 Jugendliche in Ostberlin an der Mauer einfinden, um ein Rockkonzert von David Bowie im westlichen Teil der Stadt mitzuerleben. In den folgenden Tagen kommt es zu **politischen Protesten**, bei denen die Jugendlichen „Gorbatschow" und „Die Mauer muss weg" rufen (8.6.). Hans-Jochen Vogel wird als Nachfolger von Brandt zum SPD-Vorsitzenden gewählt (14.6.). Der DDR-Staatsrat verkündet eine allgemeine Amnestie für Strafgefangene und schafft die Todesstrafe ab (17.7.). Als erster Staatsratsvorsitzender **besucht Erich Honecker die Bundesrepublik**. Bei Gesprächen mit Helmut Kohl äußern beide Seiten den Wunsch, die Beziehungen stärker auszubauen und weitere Treffen in kürzeren Abständen abzuhalten. Honecker gibt auch neue Erleichterungen im innerdeutschen Reisverkehr bekannt (7.9.). Reporter der Zeitschrift *stern* entdecken in einem Hotelzimmer die Leiche des ehemaligen schleswig-holsteinischen Ministerpräsidenten **Uwe Barschel**. Für den 12.10. war Barschel vor den Kieler Landtag geladen, um die sog. Pfeiffer-Affä-

Bundestagspräsident Philipp Jenninger vereidigt Bundeskanzler Helmut Kohl re aufzuklären (11.10.). Fünf Richterpositionen werden im Bundesverfassungsgericht neu besetzt. Roman Herzog tritt als Präsident des Gerichts die Nachfolge von Wolfgang Zeidler an (16.11.). Die Regierungskoalition verständigt sich auf ein **Reformpaket** für die gesetzliche Krankenversicherung, ausgearbeitet vom Bundesarbeitsminister Norbert Blüm (4.12.). Die Bundesregierung bestätigt Meldungen über **illegale Atommülltransporte** zwischen Belgien und der BR Dtl. (17.12.).

Wirtschaft & Wissenschaft

Devisenmanipulationen haben bei der Volkswagen AG zu Verlusten von voraussichtlich 480 Mio. DM geführt (10.3.). Der Bremer Senat stimmt der Übernahme der Neuen Heimat Bremen durch die Stadt zum symbolischen Kaufpreis von einer DM zu (16.8.). Der **erste deutsche Windenergiepark** in Dithmarschen wird eingeweiht (24.8.). Bis Ende 1989 sollen 34.900 Stahlarbeitsplätze abgebaut werden (2.10.). Der deutsche Physiker Johannes Georg Bednorz erhält den **Nobelpreis** für seine Forschungen auf dem Gebiet der Supraleiter (10.12.).

Kunst & Kultur

In Kassel eröffnet die Kunstausstellung **documenta 8**. 182 Künstler stellen hier ihre Werke aus (12.6.). Im thüringischen Bad Frankenhausen beendet der Maler **Werner Tübke** sein 123 m langes und 14 m hohes Bild *Frühbürgerliche Revolution in Deutschland*, das die Wände eines eigens dafür errichteten Rundbaus einnimmt (16.10.). Anlässlich der 750-Jahr-Feier Berlins unterzeichnen Bundeskanzler Helmut Kohl und der Regierende Bürgermeister Eberhard Diepgen eine Vereinbarung über die Gründung eines **Deutschen Historischen Museums** (28.10.).

Norbert Blüm

Gesellschaft & Sport

Nach 25 Jahren gewinnt mit Andreas Bauer wieder ein Deutscher das **Neujahrs-Skispringen** in Garmisch-Partenkirchen (1.1.). Nach dem Erscheinen seines Buches *Anpfiff* wird Torwart Harald „Toni" Schumacher aus der Nationalmannschaft und dem 1. FC Köln ausgeschlossen (26.2.). Die DDR-Eiskunstläuferin **Katarina Witt** holt sich den Titel bei den Weltmeisterschaften in Cincinnati (14.3.). In der BR Dtl. beginnt eine Volkszählung (25.5.). Bayern München wird mit zehn Titeln **Deutscher Rekordmeister im Fußball** (17.6.). Beim Grand-Prix-Turnier in Los Angeles besiegt Steffi Graf Chris Evert und rückt auf Platz 1 der Weltrangliste vor (16.8.).

Weltgeschichte

Margaret Thatcher

Gorbatschow bekräftigt in einer Rede auf dem Plenum des Zentralkomitees der KPdSU den sowjetischen Reformprozess, der mit den Forderungen **„Glasnost"** und **„Perestroika"** verbunden ist (27.1.). Der Stabschef im Weißen Haus Donald Regan stolpert über die Iran-Contra-Affäre und tritt zurück. Sein Nachfolger wird Howard H. Baker (27.2.). Die Türkei beantragt die **Mitgliedschaft in der EG** (14.4.). Der Sportpilot Mathias Rust landet mit seiner Cessna unbehelligt von der sowjetischen Luftabwehr auf dem Roten Platz in Moskau. Er wird am 3.9. zu vier Jahren Arbeitslager verurteilt (28.5.). Margaret Thatcher tritt ihre dritte Amtszeit an, trotz einiger Mandatsverluste (11.6.). Eine offizielle sowjetische Delegation besucht erstmals seit 20 Jahren den Staat Israel, lehnt aber die Aufnahme von den 1967 abgebrochenen Beziehungen ab (12.7.). Die US-Präsenz im Persischen Golf verschärft die Situation im iranisch-irakischen Golfkrieg (22.7.). Im **Tschernobyl-Prozess** verhängt ein Moskauer Gericht für einen der sechs für das Atomkraftwerksunglück Verantwortlichen die Höchststrafe von zehn Jahren Arbeitslager. Die anderen erhalten fünf, drei und zwei Jahre Arbeitslager (29.7.). **Starke Kurseinbrüche** an den Börsen der Welt (19.10.). Reagan und Gorbatschow unterzeichnen den **Vertrag über den vollständigen Abbau aller atomaren Mittelstreckenwaffen** (8.12.). Die Sowjetunion lehnt das Gnadengesuch des Sportfliegers Mathias Rust ab (8.12.).

1988

Politik

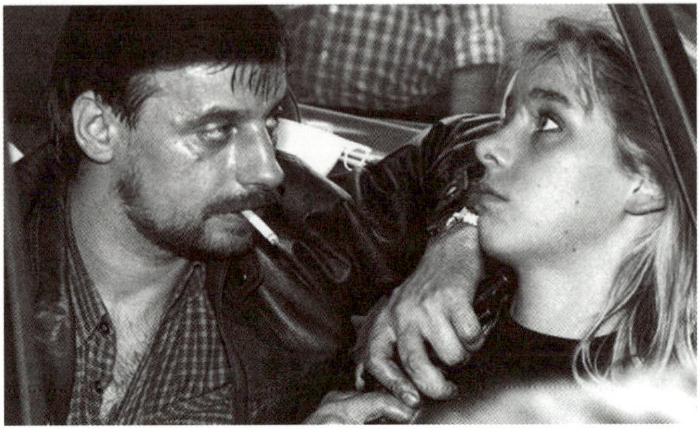

Geiseldrama von Gladbeck: Der Entführer Dieter Degowski bedroht die Geisel Silke Bischoff am 18.8.1988 mit einer Waffe

Bundesfinanzminister Gerhard Stoltenberg teilt mit, dass die **Neuverschuldung der BR Dtl.** sich voraussichtlich auf ca. 40 Mrd. DM belaufen wird. Die Opposition, aber auch einige CDU- und FDP-Politiker kritisieren ihn für diese Maßnahme (7.1.). In Ostberlin **nehmen Mitarbeiter des DDR-Staatssicherheitsdienstes über 120 Oppositionelle fest**, die sich mit regimekritischen Transparenten an der Demonstration zum Gedenken an die Ermordung von Karl Liebknecht und Rosa Luxemburg beteiligten. Bis Ende Januar können 55 von ihnen und deren Angehörige in die Bundesrepublik ausreisen (17.1.). Der frühere Bundeskanzler Kurt Georg Kiesinger stirbt (9.3.). Der SPD-Vorstand setzt sich mit Oskar Lafontaines Vorschlag auseinander, Beziehern von mittleren und höheren Einkommen Arbeitszeitverkürzung ohne vollen Lohnausgleich zuzumuten, um so neue Arbeitsplätze zu schaffen (14.3.). Bei den vorgezogenen **Landtagswahlen in Schleswig-Holstein** erzielt die SPD mit 54,8% ein unerwartet hohes Ergebnis, welches aber unmittelbare Folge der Barschel-Affäre ist. Neuer Ministerpräsident wird Björn Engholm, gegen den die kriminellen Machenschaften Barschels, so das Nachrichtenmagazin *Der Spiegel*, gerichtet waren (8.5.). Manfred Wörner tritt als erster Deutscher das Amt des NATO-Generalsekretärs an. Neuer Bundesverteidigungsminister wird Rupert Scholz (1.7.). Die SPD beschließt auf ihrem Bundesparteitag die **Einführung einer Frauenquote**. 40% aller Parteiämter sollen von Frauen besetzt werden (30.8.). Der bayerische Ministerpräsident und CSU-Vorsitzende Franz Josef **Strauß stirbt** (3.10.). Otto Graf Lambsdorff zum neuen FDP-Vorsitzenden gewählt (8.10.). Max Streibl wird neuer bayerischer Regierungschef (19.10.). Bundeskanzler Kohl reist zu einem viertägigen Besuch nach Moskau und unterzeichnet zusammen mit Gorbatschow zahlreiche Vereinbarungen, u. a. über technische Zusammenarbeit (24.10.). Bundestagspräsident **Phillip Jenninger tritt zurück** und zieht damit die Konsequenzen aus dem Eklat, den seine Gedenkrede zum 50. Jahrestag der Novemberpogrome 1938 vor dem Bundestag hervorgerufen hat. Die Distanz zu den referierten antisemitischen Meinungen der damaligen Zeit war nicht immer zu erkennen und konnte zum Teil auch als Rechtfertigung der Pogrome verstanden werden. Zahlreiche Abgeordnete der Grünen, FDP und CDU verließen während der Rede den Saal (11.11.). Nach seiner

Franz Josef Strauß

Niederlage bei der Wahl zum CDU-Landesvorsitzenden von Rheinland-Pfalz tritt Bernhard Vogel vom Amt des Ministerpräsidenten zurück. Neuer Landeschef wird Carl-Ludwig Wagner. Die sog. **„Palastrevolution“** wird als Aufbegehren der Parteibasis gegen die Landesspitze gewertet (11.11.). Theo Waigel neuer CSU-Vorsitzender (19. 11.). Rita Süßmuth tritt die Nachfolge Jenningers als **neue Bundestagspräsidentin** an (25.11.). Auf dem außerordentlichen **Parteitag der Grünen** entziehen die Delegierten dem fundamentalistisch geprägten Parteivorstand das Vertrauen. Die Führung übernimmt vorläufig der Bundeshauptausschuss (2.12.). Helmut Haussmann von der FDP tritt die Nachfolge von Martin Bangemann als Bundeswirtschaftsminister an, und die CDU-Politikerin Ursula Lehr wird neue Gesundheitsministerin (9.12.).

Wirtschaft & Wissenschaft

Die hessische Landesregierung entzieht der Hanauer **Nuklearfirma Nukem** die Betriebserlaubnis wegen erheblicher Zweifel an deren Zuverlässigkeit (14.1.). Aus Protest gegen die **Schließung des Krupp-Stahlwerkes** in Duisburg bilden 80.000 Personen eine Menschenkette (23.2.). Die bundesdeutschen Chemiker Johann Deisenhofer, Robert Huber und Hartmut Michel werden für ihre Leistungen auf dem Gebiet der Photosynthese mit dem **Nobelpreis** geehrt (10.12.).

Kunst & Kultur

Das Münchener Prinzregententheater wird nach 24 Jahren wieder eröffnet (9.1.). **Karlheinz Stockhausens Oper** *Montag aus Licht* an der Mailänder Scala uraufgeführt (7.5.). In Bochum läuft die deutsche **Erstaufführung** von Andrew Lloyd Webbers Musicals *Starlight Express* in einem eigens dafür errichteten Theaterbau (12.6.). In Essen wird mit dem ***Aalto-Theater*** eines der bedeutendsten Alterswerke des Architekten Alvar Aalto mit Richard Wagners Oper *Die Meistersinger von Nürnberg* eröffnet (25.9.).

Gesellschaft & Sport

Nordrhein-Westfalen testet als erstes Bundesland Methadon als Ersatzdroge für Heroinabhängige (1.3.). **Katarina Witt** holt sich ihren vierten WM-Titel in Budapest und beendet ihre Karriere (26.3.). Der SV Werder Bremen wird **Deutscher Fußballmeister** (21.5.). Die Polizei beendet gewaltsam das **Geiseldrama von Gladbeck** nach 54 Stunden Irrfahrt der Geiselnehmer durch Deutschland. Drei Menschen sterben. Gegen die Medien werden Vorwürfe laut, die Polizeiarbeit behindert zu haben (16.8.). Die DDR-Schwimmerin Kristin Otto sichert sich bei den **Olympischen Spielen in Seoul** sechs Goldmedaillen, Steffi Graf ist Gewinnerin des Grand Slam (17.9.).

Weltgeschichte

Die UdSSR beginnt mit dem **Abzug ihrer Mittelstreckenraketen aus DDR und ČSSR** noch vor In-Kraft-Treten des entsprechenden INF-Vertrages (25.2.). Pakistan, Afghanistan sowie die USA und UdSSR als Garantiemächte unterzeichnen in Genf das **Afghanistan-Abkommen**, woraufhin alle sowjetischen Truppen das Land verlassen (14.4.). Auf dem Gipfeltreffen tauschen der sowjetische Parteichef Gorbatschow und US-Präsident Reagan die Ratifizierungsurkunden über den INF-Vertrag aus (1.6.). In Hannover werden auf dem **EG-Gipfeltreffen** Vorbereitungen zum geplanten EG-Binnenmarkt getroffen und erste Schritte zur Wirtschafts- und Währungsunion beraten (28.6.). Die Allunionstagung des Obersten Sowjets billigt Veränderungen im Aufbau von Staat und Gesellschaft nach den Vorschlägen von Gorbatschow (3.7.). In der UdSSR wird nach 14-monatiger Haft der Sportflieger Mathias **Rust begnadigt** (3.8.). Mit In-Kraft-Treten des **Waffenstillstandes** endet nach acht Jahren der iranisch-irakische Golfkrieg (16.8.). In Estland, Lettland und Litauen demonstrieren über 100.000 Menschen für die Unabhängigkeit (23.8.). Die polnische Regierung unter Zbigniew Messner erklärt ihren Rücktritt (19.9.). Der Republikaner **George Bush wird zum 41. Präsidenten der USA gewählt** (8.11.). In Algier proklamiert der Palästinensische Nationalrat einen unabhängigen **Staat Palästina**. Der PLO-Vorsitzende Yasir Arafat erklärt Jerusalem zur neuen Hauptstadt (15.11.). In einer Rede vor der UNO-Generalversammlung kündigt Gorbatschow u. a. die Verringerung der sowjetischen Streitkräfte um 500.000 Soldaten bis zum Jahr 1991 an (7.12.).

George Bush

1989

Politik

Montagsdemonstration in Leipzig auf dem Karl-Marx-Platz

20 DDR-Bürger, die sich in der Ständigen Vertretung der BR Dtl. in Ostberlin aufhalten, verlassen das Gebäude, da ihnen Straffreiheit und die Überprüfung ihrer Ausreiseanträge zugesichert wird (11.1.). 28 RAF-Gefangene treten in **Hungerstreik**, um die Zusammenlegung aller RAF-Häftlinge zu erzwingen (1.2.). Ein Grenzsoldat erschießt an der Berliner Mauer einen 20-Jährigen (6.2.). Als erstes Bundesland beschließt Schleswig-Holstein ein kommunales Wahlrecht für bestimmte Gruppen von Ausländern (14.2.). **Kabinettsumbildung** in Bonn: Zu den wichtigsten Veränderungen zählt die Berufung Theo Waigels als Bundesfinanzminister. Wolfgang Schäuble wird neuer Innenminister (13.4.). Bei den **Kommunalwahlen in der DDR** stimmen 98,85% der Wähler für die Kandidaten der Nationalen Front. Einige DDR-Bürger erstatten Anzeige wegen vermuteter Wahlfälschung (7.5.). Die letzten RAF-Häftlinge brechen ihren Hungerstreik ab (12.5.). Mit 86,2% der Stimmen wird Richard von Weizsäcker im Amt des **Bundespräsidenten** bestätigt (23.5.). In Ostberlin protestieren die Bürger gegen die Wahl vom 7.5. (7.6.). Gorbatschow und Kohl unterzeichnen eine Erklärung, in der die UdSSR erstmals gegenüber einem westlichen Land bekräftigt, dass jeder Staat das Recht hat, das eigene politische und soziale System frei zu wählen (12.6.). Ca. 900 **DDR-Bürger fliehen** über die ungarisch-österreichische Grenze in den Westen (19.8.). In Berlin (Ost) konstituiert sich die Bürgerbewegung Neues Forum (11.9.). Die DDR-Bürger, die sich in den bundesdeutschen Botschaften in Prag und Warschau aufhalten, können in die BR Dtl. ausreisen. Sonderzüge bringen die Menschen in die Bundesrepublik (30.9.). Während die DDR-Führungsriege, begleitet von hohen Staatsgästen, darunter Gorbatschow, den 40. Jahrestag ihrer Staatsgründung begeht, demonstrieren viele Menschen für mehr Demokratie und Umgestaltung (7.10.). Bei den traditionellen **Montagsdemonstrationen** gehen in Leipzig 70.000 Menschen unter dem Motto **„Wir sind das Volk"** auf die Straßen (9.10.). Erich Honecker tritt unter dem Druck der Ausreisewelle und Demokratiebewegung zurück. Neuer Staatschef wird Egon Krenz (18.10.). In der Nacht **öffnet die DDR ihre Grenzen zur Bundesrepublik** und nach Berlin (West) (9.11.). Die Volkskammer wählt Hans Modrow zum neuen DDR-Ministerpräsidenten (13.11.). Helmut Kohl stellt in einer Rede vor dem Bundestag seinen **Zehn-Punkte-Plan zur deutschen Einheit** vor, der eine bundesstaatliche Ordnung für beide Staaten vorsieht (28.11.). Der Vorstandssprecher der Deutschen Bank Alfred Herrhausen wird Opfer eines Bombenattentats, zu dem sich die RAF bekennt (30.11.). Die SED-Führung unter Egon Krenz tritt zurück (2.12.). Der **„Runde Tisch"**, eine Vereinigung verschiedener gesellschaftlicher Kräfte, legt für den 18.3.1990

Der Fall der Berliner Mauer

Wahlen in der DDR fest, außerdem die Ausarbeitung einer neuen Verfassung und die Auflösung des Staatssicherheitsdienstes (7.12.). Die SED gibt sich die zusätzliche Bezeichnung **„Partei des Demokratischen Sozialismus“** (PDS) (17.12.). Bei seinem ersten offiziellen Besuch in der DDR wird Helmut Kohl in Dresden von jubelnden Menschen und Parolen zur deutschen Einheit empfangen. Modrow und Kohl geben u. a. bekannt, dass noch vor Weihnachten am Brandenburger Tor ein Grenzübergang für Fußgänger geöffnet wird (19.12.).

Wirtschaft & Wissenschaft

Die bundesdeutsche Firma Imhausen-Chemie beteiligt sich am **Bau einer Giftgasfabrik** in Libyen. Die Bundesregierung ist heftiger Kritik ausgesetzt (1.1.). Der Konkurs des Handelskonzerns co op AG kann abgewendet werden, da die Gläubigerbanken auf Forderungen in Höhe von 1,05 Mrd. DM verzichten (26.2.). Bundeswirtschaftsminister Haussmann genehmigt **die größte Unternehmensfusion** in der Geschichte der BR Dtl.: den Zusammenschluss von Daimler-Benz mit dem Luft- und Raumfahrtkonzern Messerschmitt-Bölkow-Blohm (MBB) (8.8.). Massive **Kurseinbrüche** an den bundesdeutschen Börsen (16.10.).

Kunst & Kultur

Auf den ersten „Theatertagen der Bundesrepublik Deutschland in Moskau“ spielen zehn westdeutsche Ensembles Stücke, die noch nie auf einer russischen Bühne zu sehen waren, darunter Heiner Müllers **Abrechnung mit dem Stalinismus** *Germania Tod in Berlin* (7.1.). Der künstlerische Leiter der Berliner Philharmoniker **Herbert von Karajan legt sein Amt nieder** (24.4.). Die Revolutionsoper *Graf Mirabeau* des DDR-Komponisten Siegfried Matthus wird in der Ostberliner Staatsoper uraufgeführt (14.7.). Zwei **Spitzweg-Gemälde** werden aus dem Schloss Charlottenburg in Berlin (West) gestohlen (3.9.).

Gesellschaft & Sport

Georg Hackl gewinnt die **Rennrodel-Weltmeisterschaft** in Winterberg (10.2.). Borussia Dortmund sichert sich den Titel des **Deutschen Fußballmeisters** (24.6.). Bei den All-England-Tennismeisterschaften in **Wimbledon** gewinnen Steffi Graf und Boris Becker die beiden Einzelfinale (9.7.). 16 Goldmedaillen erkämpfen sich die DDR-Schwimmer bei den Europameisterschaften (20.8.). Die Bundesbürger können am sog. **„langen Donnerstag“** künftig bis 20.30 Uhr einkaufen (5.10.).

Herbert von Karajan

Weltgeschichte

Die Prager Polizei geht brutal gegen Demonstranten vor, die an die Selbstverbrennung eines Studenten 1969 erinnern wollen (15.1.). Nach neun Jahren **endet die militärische Intervention** der UdSSR in Afghanistan mit dem Abzug der letzten Truppen (15.2.). Erstmals seit 70 Jahren können sich die Sowjetbürger bei der **Wahl zum Kongress der Volksdeputierten** zwischen mehreren Kandidaten entscheiden (26.3.). In Polen wird die über sieben Jahre lang verbotene Gewerkschaft Solidarność wieder zugelassen (17.4.). Als erstes Land des Warschauer Paktes öffnet sich **Ungarn** gegenüber dem Westen und **baut seine Grenzbefestigungen ab** (2.5.). Die seit Mitte April andauernden **Massenproteste in Peking** enden mit einem Blutbad: Soldaten ermorden ca. 3600 Menschen, die für Demokratie und Menschenrechte demonstrierten, Panzer rasen in die Menschenmenge auf dem Platz des Himmlischen Friedens. Die EG-Staaten und die USA brechen diplomatische Beziehungen zu China ab (4.6.). Österreich beantragt die **Aufnahme in die EG** (17.7.). Durch eine **600 km lange Menschenkette** durch Lettland, Litauen und Estland bekunden die Staaten ihren Unabhängigkeitswillen (23.8.). In Ungarn ruft der Parlamentspräsident Mátyás Szűrös die Republik aus (23.10.). In der Tschechoslowakei tritt die Führung der Kommunistischen Partei zurück (24.11.). Durch einen Volksaufstand wird der rumänische Staatschef **Nicolae Ceauşescu gestürzt und hingerichtet** (25.12.).

Fall der Mauer

(9.11.1989)

Am 9.11.1989 wurde die Mauer geöffnet. Politbüromitglied Günter Schabowski hatte auf einer Pressekonferenz bekannt gegeben, Bürger der DDR könnten künftig auch die Bundesrepublik Deutschland besuchen. Dies löste noch am selben Abend einen derartigen Ansturm auf die Grenze aus, dass sie fiel. Die DDR hatte aus demselben Grund, aus dem die Mauer am 13.8.1961 gebaut worden war, diese geöffnet: um ihre Existenz zu sichern. Was nach 1961 vorübergehend gelang, scheiterte nach dem 9.11.

Vom Kurs- zum Systemwechsel

Der von Egon Krenz, dem Nachfolger Erich Honeckers, geprägte Ausdruck „Wende" für die historischen Vorgänge im Herbst 1989 hat sich heutzutage weithin durchgesetzt – im Osten noch mehr als im Westen –, obwohl ihm Opportunismus anhaftet. Was sich im „deutschen Herbst" 1989 vollzog, war keine „Wende", sondern ein Systemwechsel – von einer kommunistischen Diktatur zu einer parlamentarischen Demokratie. Eine friedliche Revolution hielt Einkehr. Binnen kurzem fegte eine Levée en masse die Herrschenden hinweg.

In den Achtzigerjahren begannen sich einige osteuropäische Staaten – mit Polen an der Spitze – gegenüber der Sowjetunion aufzulehnen. Und diese vollzog in der zweiten Hälfte jenes Jahrzehnts unter Michail Gorbatschow – nicht zuletzt bedingt durch ein sich abzeichnendes wirtschaftliches Desaster wie durch sicherheitspolitische Überlegungen – allmählich einen Kurswechsel in puncto politischer Lockerung. Eine stärkere Liberalisierung im Inneren führte in gewisser Weise folgerichtig zu einem Nachlassen der Disziplinierung der Satellitenstaaten.

Flucht- und Demonstrationsbewegung

Durch den Abbau der ungarischen Grenzkontrollen gegenüber Österreich im Mai 1989 entstand zwischen beiden Ländern eine „grüne Grenze", auch wenn Ungarn DDR-Bürger zunächst am Verlassen des Landes hinderte. Am 11.9. schließlich, einem Schlüsseldatum, ließ Ungarn die Fluchtwilligen über Österreich

Bau der Berliner Mauer am 13.8.1961

in die Bundesrepublik ausreisen. Flüchtlinge, die in den bundesdeutschen Botschaften Polens, Ungarns und der ČSSR waren, gelangten durch Absprachen hinter den Kulissen ebenfalls in die Freiheit. Diese Fluchtwelle zog eine Demonstrationswelle der Zurückgebliebenen nach sich. „Wir wollen raus" wurde bald überlagert von: „Wir bleiben hier". Beide Entwicklungen – die Flucht- und die Demonstrationsbewegung – lähmten das Regime, an dessen Spitze mit Erich Honecker ein kranker und alter Mann stand, und brachten es zum Einsturz.

Die Feiern zum vierzigjährigen Gründungstag der DDR am 7.10. in bewährt bewehrten Formen hatten ein gespenstisches Gesicht. „Drinnen" wurde gefeiert, „draußen" protestiert. In der Folge eskalierte die öffentliche Unzufriedenheit zusehends. Egon Krenz konnte nach dem Sturz Honeckers nur eine Nachtrabpolitik betreiben, wiewohl er sich mit der Partei darum bemühte, der Reformbewegung ihre Spitze zu nehmen. Die DDR verlor nach dem 9.11. die letzten Reste ihrer Stabilität. Dem Ruf „Wir sind das Volk" vor der Maueröffnung folgte jetzt der Massenchor: „Wir sind ein Volk". Allein in der „Heldenstadt" Leipzig demonstrierten im November und Dezember jeden

Montag über 100.000 Menschen für die „Einheit“, nachdem im Oktober so viele für „Freiheit“ auf die Straße gegangen waren.

Deutsche Einheit statt „dritter Weg“

Die Bürgerbewegung sorgte beim „Runden Tisch“ für die Entmachtung der Staatssicherheit und drängte auf einen Termin für erste demokratische Wahlen im Land, schmollte jedoch beim Einigungsprozess. Der Weg zur Einheit war nicht von nationalistischem Furor getragen: Die Freiheit ging der Einheit voraus. Weder Nationalisten („Deutschland zuerst“) noch anti-deutsche Linke („Deutschland verrecke“) konnten aus dem Schlüsseljahr 1989 Honig saugen.

Was die oppositionellen Kräfte wollten – eine andere DDR –, erreichten sie nicht. Was sie erreichten – die Beseitigung des Systems –, wollten sie so nicht. Der von ihnen direkt oder indirekt propagierte „dritte Weg“ erwies sich als ein Holzweg, nicht als Königsweg für einen Neuaufbau. Die kommunistische DDR war nicht reformierbar. Gerade deshalb, weil die Bewegung als reformerisch galt (und sich so gab), leistete sie ihren Beitrag zur Unterminierung.

Ob man den „Sozialismus in den Farben der DDR“ Ende der Achtzigerjahre mit nachlassender Repression, geringerer Massenmobilisierung, abgeschwächter Ideologisierung und steigenden Unmutsbekundungen als totalitäres Gebilde ansieht oder nicht: Die DDR fußte von ihrer Gründung an auf Unterdrückung. Recht stand unter dem Primat des Politischen, „ideologische Diversion“ wurde schwer geahndet. Die tonangebende Kraft, die SED, zeichnete sich durch das Prinzip des „demokratischen Zentralismus“ aus. All dies war aus Sicht der Partei konsequent. Die DDR, der es an demokratischer Legitimität gebrach, wäre in jeder Phase ihrer Existenz zusammengebrochen. Sie besaß lediglich eine geborgte Stabilität.

Ausgerechnet die Staatssicherheit, die zumal in den Achtzigerjahren flächendeckend schnüffelte, verhielt sich in der Phase des Umbruchs abwartend und griff nicht aktiv in den politischen (Verfalls-)Prozess ein, hatte allerdings in den oppositionellen Gruppierungen ihre Informanten untergebracht. Sie war kein „Staat im Staate“, sondern der allmächtigen SED untergeordnet. Weil diese ideologisch entkräftet und gelähmt war, agierte auch die Staatssicherheit nicht. Sie, die alle oppositionellen Gruppierungen unschädlich machen sollte, blieb eigentümlich passiv, wohl auch deshalb, weil sich die ostdeutsche Diktatur offenkundig nicht mehr auf die Bajonette der Sowjetunion verlassen konnte wie bei der Niederschlagung der Volkserhebung am 17.6.1953.

Abbau der Berliner Mauer im Juli 1990

Der Fall der Berliner Mauer am 9.11.1989

Zusammenbruch des Kommunismus

Das Verhältnis zwischen der Sowjetunion und der DDR kehrte sich in puncto Reformbereitschaft mehrfach um. Noch in der zweiten Hälfte der Achtzigerjahre sah die Sowjetunion zu enge Kontakte der DDR zur Bundesrepublik nicht gerne. „Von der Sowjetunion lernen heißt siegen lernen“ – dieses Diktum wurde in der DDR zur Zeit der Gorbatschow-Ära zumal ab 1987 nicht mehr propagiert und bekam geradezu eine subversive Funktion. Gorbatschow ist durch „Glasnost“ und „Perestoika“ der Totengräber des Kommunismus geworden, auch wenn dies nicht seine Intention gewesen war. Seine Politik mit der faktischen Aufgabe der Breschnew-Doktrin hatte die DDR destabilisiert. Nach dem Zusammenbruch der kommunistischen DDR jedoch destabilisierte sich dadurch die Situation in der Sowjetunion. Der Einheit Deutschlands folgte die Auflösung des „Vaterlandes aller Vaterländer“. Der Kommunismus an der Macht verschwand hier wie da.

Eckhard Jesse

1990

Politik

Bundesinnenminister Wolfgang Schäuble (l.) und DDR-Staatssekretär Günther Krause bei der Unterzeichnung des Vereinigungsvertrages. In der Mitte DDR-Ministerpräsident Lothar de Maizière

100.000 Menschen demonstrieren vor der Stasi-Zentrale in Ostberlin. Etwa 2000 von ihnen stürmen das Gebäude (15.1.). **Erich Honecker**, gegen den u. a. Ermittlungen wegen Hochverrats laufen, wird **festgenommen**, einen Tag später jedoch wegen Haftunfähigkeit wieder freigelassen (29.1.). Hans Modrow legt unter dem Motto „Deutschland, einig Vaterland" ein Konzept zur deutschen Einheit vor (1.2.). Eine **„Regierung der Nationalen Verantwortung"**, der acht von den Oppositionsparteien benannte Minister angehören, führt die Geschäfte in der DDR bis zu den Wahlen am 18.3. (5.2.). Gorbatschow erklärt, dass er sich der deutschen Einheit nicht länger in den Weg stellt (10.2.). Die Bundesregierung weist die Forderung Modrows nach einer Soforthilfe von 15 Mrd. DM an die DDR zurück (13.2.). Die „Allianz für Deutschland", ein Bündnis der Deutschen Sozialen Union (DSU), der DDR-CDU und des Demokratischen Aufbruchs (DA), gewinnt mit 48% der Stimmen klar **die ersten und letzten freien Wahlen in der DDR**. Die Wahlbeteiligung lag bei 93%. Der neue Ministerpräsident heißt Lothar de Maizière (18.3.). Der saarländische Ministerpräsident Oskar Lafontaine, der am 19.3. zum Kanzlerkandidaten von der SPD nominiert wurde, überlebt einen Attentatsversuch (25.4.). Bei den **2+4-Verhandlungen** beraten die deutschen Außenminister Hans-Dietrich Genscher und Markus Meckel sowie die Außenminister der vier Siegermächte des Zweiten Weltkriegs über die Wiedervereinigung. Strittig ist die künftige Bündniszugehörigkeit Deutschlands (5.5.). In Bonn unterzeichnen die BR Dtl. und die DDR den Staatsvertrag über die **Wirtschaft-, Währungs- und Sozialunion**, der zum 1.7. in Kraft tritt (18.5.). Das RAF-Mitglied Susanne Albrecht wird in der DDR verhaftet. Weitere Festnahmen von Terroristen, die sich im Schutz der Staatssicherheit in der DDR aufhielten, folgen (6.6.). Kohl und Gorbatschow teilen mit, dass Deutschland selbst und frei über seine Bündniszugehörigkeit entscheiden kann (16.7.). Die Außenminister garantieren in den 2+4-Gesprächen die polnische Westgrenze (17.7.). Unverletzt entgeht Innenstaatssekretär Hans Neusel einem Attentatsversuch, zu dem sich die RAF bekennt (27.7.). Die DDR-Volkskammer beschließt den Beitritt zur Bundesrepublik (23.8.). Die **Unterzeichnung des Vereinigungsvertrages** beendet die deutsch-deutschen Verhandlungen weitgehend. Das vorgesehene Datum ist der 3.10. (31.8.). Etwa 30 Bürgerrechtler wollen mit der **Besetzung der Stasi-Zentrale** in Ostberlin die Übergabe der Akten an die BR Dtl. verhindern (4.9.). Die UdSSR, USA, Großbritannien und Frankreich verzichten auf ihre Rechte und Pflichten im vereinten Deutschland, das somit als gleichberechtigter und souveräner Staat anerkannt wird (12.9.). DDR-Verteidigungsminister Rainer Eppelmann und der Oberkommandierende der Warschauer-Pakt-Truppen Pjotr Luschew be-

Michail Gorbatschow

schließen den **Austritt der DDR aus dem Militärbündnis** (24.9.). Auf dem gesamtdeutschen Parteitag vereinigen sich die ost- und westdeutschen Sozialdemokraten nach 43 Jahren wieder zu einer Organisation. Damit folgen sie dem Zusammenschluss der Liberalen am 11.8. nach. Die Christdemokraten unternehmen diesen Schritt am 1.10. (27.9.). Die Deutsche Bundesbank gibt die **neuen Banknoten** heraus (1.10.).

Wirtschaft & Wissenschaft

Siemens übernimmt die Aktienmehrheit der Nixdorf Computer AG (10.1.). Der **Automobilkonzern VW** und das Kombinat Personenwagen aus Karl-Marx-Stadt einigen sich darauf, dass die Produktion des VW-Polos im Zwickauer IFA-Werk den Trabant ersetzt (27.1.). Die Autofirma Opel AG und die Automobilwerke Eisenach wollen in einem **„Jointventure“** gemeinsam Fahrzeuge in der thüringischen Stadt produzieren (11.3.). Verurteilung von Jürgen Hippenstiel-Imhausen wegen Beteiligung am Bau der Giftgasfabrik in Libyen und wegen Steuerhinterziehung (27.6.).

Kunst & Kultur

Dem Maler Anselm Kiefer wird der **Kaiserring der Stadt Goslar** zugesprochen (5.1.). Im Deutschen Theater in Ostberlin wird Ulrich Plenzdorfs Stück *Kein Runter, kein Fern* uraufgeführt (13.1.). **Kurt Masur**, Dirigent des Leipziger Gewandhausorchesters, übernimmt als erster Deutscher die Leitung der New Yorker Philharmoniker (12.4.). In Hamburg wird Andrew Lloyd Webbers Musical *Das Phantom der Oper* erstaufgeführt (29.6.). 320.000 Personen besuchen die **Rockveranstaltung** *The Wall* im ehemaligen Berliner Todesstreifen (21.7.).

Gesellschaft & Sport

Hunderttausende Ost- und Westdeutsche feiern erstmals seit 1961 am Brandenburger Tor gemeinsam Silvester (1.1.). Als erster Deutscher seit 30 Jahren gewinnt Dieter Thoma die deutsch-österreichische Vierschanzen-Tournee (6.1.). Der FC Bayern München wird **Deutscher Fußballmeister** (12.5.). In Rom besiegt die Nationalelf die Mannschaft aus Argentinien mit 1:0 und wird **Fußball-Weltmeister** (8.6.). Aus dem letzten Fußball-Länderspiel gegen Belgien geht die Mannschaft der DDR mit 2:0 siegreich hervor (12.9.).

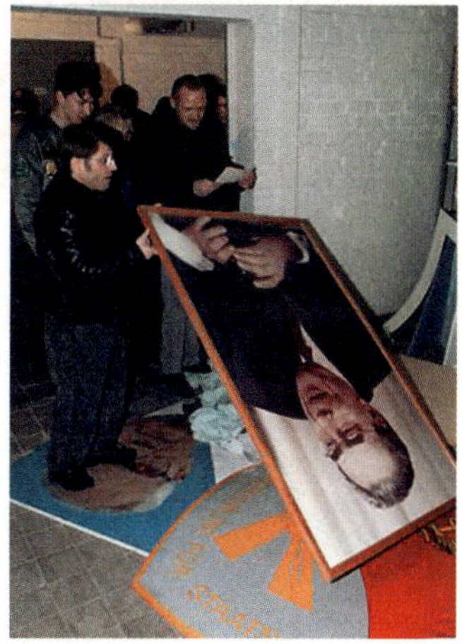

Sturm auf die Stasi-Zentrale. Bilder von Breschnew und Honecker werden mit Füßen getreten und zerstört.

Weltgeschichte

Nach fast 28-jähriger Haft wird der südafrikanische Widerstandskämpfer **Nelson Mandela** aus dem Gefängnis entlassen (11.2.). Litauen erklärt seine **Unabhängigkeit von der UdSSR** und setzt die sowjetische Verfassung für das Land außer Kraft (11.3.). Nach 43 Jahren finden in Ungarn die ersten freien Wahlen statt. Als Sieger mit 42,8% der Stimmen geht das konservative Ungarische Demokratische Forum (UDF) hervor (25.3.). Gorbatschow kündigt einen kontrollierten **Übergang zur Marktwirtschaft** an (27.3.). Das Prager Parlament beschließt die Umbenennung der Tschechoslowakei in Tschechische und Slowakische Föderative Republik (ČSFR) (20.4.). Lettland erklärt seine **Unabhängigkeit**; ist aber zu Gesprächen mit der sowjetischen Zentralregierung bereit (4.5.). Das Parlament ruft die Estnische Republik aus (8.5.). Im dritten Wahlgang wird der Radikalreformer Boris **Jelzin** zum **sowjetischen Ministerpräsidenten** gewählt (29.5.). Die südafrikanische Regierung hebt den im Jahre 1986 verhängten Ausnahmezustand auf (8.6.). Die Sowjetrepublik **Russland erklärt** ihre **Teilsouveränität** innerhalb der UdSSR (12.6.). Irakische Einheiten marschieren in Kuwait ein. Alle Ausländer, die sich derzeit dort aufhalten, werden als Geiseln genommen, um so ein Eingreifen internationaler Truppen zu verhindern (2.8.). Der UN-Sicherheitsrat beschließt weltweite **Sanktionen gegen den Irak**. Die USA entsenden Streitkräfte an den Golf (6./8.8.).

Das wieder vereinigte Deutschland

(1990–heute)

Der Bundesrepublik Deutschland ist nach der Wiedervereinigung eine „normale“ Demokratie geblieben, mit spezifischen Stärken (u. a. Stabilität, Kontinuität, Liberalität) und Schwächen (u. a. Lagermentalität, Schüren von Pseudokonflikten) behaftet, wie das nun einmal in Demokratien üblich ist. Mehr noch: Ein Teil des Auslands spricht vom „Modell Deutschland“, das in vieler Hinsicht einen mittleren Weg eingeschlagen und dadurch soziale Sicherheit mit Elementen des Marktes gut auszutarieren verstanden hat.

Brandenburger Tor in Berlin: Symbol für die deutsche Einheit

Parteiendemokratie im Wandel

Die Parteiendemokratie ist nach wie vor der bestimmende Faktor des politischen Lebens. Allerdings besitzen Parteien nicht mehr im gleichen Maße wie früher einen Bonus bei ihren traditionellen Schichten. Einst fest gefügte Sozialmilieus zerbröseln. Die Gewerkschaftsbindung lässt ebenso nach wie die Konfessionsbindung. Da Programme unwichtiger geworden sind, werden Personen wichtiger. Mittelmäßige Werbung ist alles. Alles wirbt in der („neuen“) Mitte. Stimmungen schlagen schneller in Stimmen um. In gewisser Weise geht der Osten dem Westen voraus. In den neuen Bundesländern sind viele Bürger noch nicht an die Parteien gebunden und in den alten nicht mehr im gleichen Maße wie früher.

Aber hat dies auch Konsequenzen für das Parteiensystem und das Koalitionsgefüge? Die Parteilager haben sich nicht im gleichen Maße geöffnet. Nach wie vor gibt es im Bund zwei Parteienblöcke, auch wenn die FDP in den letzten Jahren eine Auflockerung versucht hat: Auf der einen Seite steht Rot-Grün, auf der anderen Seite Schwarz-Gelb. Jedenfalls gilt dies für die Entwicklung im Bund, wo die PDS nicht als koalitionsfähig angesehen wird.

Die FDP und die Grünen spielen im Osten nicht annähernd die Rolle wie im Westen. Die Gründe liegen auf der Hand: Es fehlt diesen Parteien dort ein festes Klientel. Postmaterialistisches Bewusstsein ist ebenso rar wie die Zahl der „Besserverdienenden“. Gleichwohl handelt es sich nicht um grundlegend verschiedene Parteiensysteme, da SPD und Union in beiden Landesteilen dominieren. Im Osten hat die CDU Hochburgen mit absoluter Mehrheit, ebenso die SPD, die in Brandenburg seit 1990 den Ministerpräsidenten stellt.

Die Liberalen ließen sich vom Triumph der Möllemann-FDP in Nordrhein-Westfalen blenden – die FDP steigerte ihren Anteil

Parteienvielfalt in Deutschland: Landtagswahlkampf 1999 in Sachsen

von 4,0% auf 9,8% bei den Landtagswahlen 2000 – und gingen ohne feste Koalitionsaussage in die Bundestagswahl 2002, wie die FDP Nordrhein-Westfalens. Dies war für sie kein Trumpf. Keine Bundestagspartei dürfte so wenig Stammwähler wie sie haben. Von allen strategischen Vorstellungen der Partei abgesehen: Unter demokratietheoretischen Gesichtspunkten ist höchst wünschenswert, dass die Parteien vor der Wahl ihre Karten auf den Tisch legen und klar sagen, mit wem sie zu regieren wünschen, statt mit gezinkten Karten zu spielen. Der Wähler soll zugleich über die jeweilige Regierung entscheiden, wie das bei Bundestagswahlen bisher der Fall gewesen ist.

Die Opposition PDS

Wer eine Vereinigungsbilanz zieht, kommt nicht um den Befund herum, dass sich in einem Punkt ein spezifisches Ost-West-Schema zeigt. In den neuen Bundesländern findet die PDS beträchtliche Unterstützung, in den alten kann davon nicht die Rede sein. Dieser Erfolg hat mannigfache Ursachen. Da ist zum einen der harte Kern jener, die der Partei aus Prinzip treu die Stange halten. Bei einem Systemwechsel von einer Diktatur zu einem demokratischen Verfassungsstaat gibt es immer eine Reihe von Personen, die sich dem früheren System verbunden fühlen – sei es aus politischer Überzeugung, sei es wegen der Privilegien, die sie verloren haben. In diesem Fall sind es Personen, für die der Kommunismus „an sich" gut war; nur die Praxis habe ihn allmählich „deformiert". Dieses Milieu werden die „etablierten" Parteien in absehbarer Zeit kaum für sich gewinnen können. Hier herrscht Bunkermentalität vor. Man schottet sich gegen westliche Einflüsse ab. Subjektiv enttäuscht über das „neue System", gehören gleichwohl viele von ihnen zu den objektiven Vereinigungsgewinnern mit einem sicheren Arbeitsplatz (z. B. Angehörige des öffentlichen Dienstes wie Lehrer). In diesem Sinne ist die PDS die Partei der Besserverdienenden. Der ideologische Faktor gilt für solche Wähler als entscheidend. Aber es gibt auch die Gruppe derjenigen Ostdeutschen, die aus Enttäuschung und Protest über den bisherigen Verlauf der Wiedervereinigung für die PDS votieren, weil der Glaube vorherrscht, diese Partei vertrete spezifisch ostdeutsche Interessen. Die einen konnten aufgrund vielfältiger Umstrukturierungen wirtschaftlich nicht Fuß fassen und führen dies auf das „Plattmachen" durch den Westen zurück, die anderen empfinden sich als „Menschen zweiter Klasse", als „fremd im eigenen Land".

Gregor Gysi

Die PDS profitierte nicht zuletzt von einem Umstand, den die SED erst verursacht hat: Weil das kommunistische System so bankrott war, ist die Notwendigkeit der Erneuerung derart tief. Es handelt sich überwiegend nicht um „Anschlussopfer", wie die PDS meint, sondern faktisch um Opfer der SED-Politik. Die demokratischen Parteien haben es ihrerseits nicht genügend verstanden, den Bürgern in den neuen Bundesländern plausibel zu machen, dass weniger sie für das als unzureichend empfundene Tempo des Aufschwungs verantwortlich sind. Zudem hat westliche Arroganz das Selbstwertgefühl vieler Ostdeutscher verletzt. Auch waren Fehler in dem abrupten Einigungsprozess geradezu unvermeidlich. Verbreitete Unzufriedenheit kommt der PDS zugute, die bei ihren Vorstellungen so gut wie keine Rücksicht auf Wähler im Westen nehmen muss. Hinzu kommt ein weiterer Aspekt, der eng mit der unterschiedlichen politischen Kultur zusammenhängt: Ost-Wähler nehmen „Versprechungen" von Politikern stärker für bare Münze und sind dann entsprechend enttäuscht, wenn sie nicht in Erfüllung gehen. Zudem erwarten Ostdeutsche vom Staat zu viel.
Im Jahr 2002 bekam die „Stimme des Ostens", als solche sieht sich die PDS, einen mächtigen Dämpfer. Sie verlor nach einem stetigen Aufstieg so viel Stimmen, dass sie nicht mehr dem Bundestag angehört. Einer der

Helfer sichern mit Sandsäcken einen Damm während der Flutkatastrophe im Sommer 2002

Gründe lag maßgeblich darin, dass infolge der überwältigenden Hilfe und Anteilnahme aller Deutschen bei der Flutkatastrophe im Sommer 2002 in Sachsen und Sachsen-Anhalt die PDS nicht mehr antiwestliche Ressentiments zu kultivieren vermochte. Wähler erkannten, dass sich auch andere Parteien, Organisationen und Bürger um den „Osten" kümmerten.

Auf dem Weg zur „inneren Einheit"?

Die politische Kultur in den alten und den neuen Bundesländern ist noch verschieden. Die Ostdeutschen bevorzugen mehrheitlich Gleichheit gegenüber Freiheit, die Westdeutschen überwiegend Freiheit gegenüber Gleichheit. Am stärksten hat sich die politische Kultur der Jugend angeglichen. Ungeachtet mancher Unterschiede (Reisefreiheit etwa nimmt für die Jugend in den jungen Bundesländern einen weitaus größeren Stellenwert ein) gilt der Sachverhalt: Die Akkulturation ist dort bloß eine Frage der Zeit. Die Jugend im Westen wie im Osten Deutschlands heißt die Vereinigung Deutschlands gut. Interessanterweise sind im Osten die Vorbehalte gegenüber der Vereinigung stärker bei den oberen Mittelschichten ausgebildet, im Westen mehr bei den Unterschichten. Diese Gruppen glauben offenbar, von der Entwicklung nicht ausreichend profitieren zu können. Aber auch diese Gruppen wollen die Wiedervereinigung nicht mehr rückgängig machen.

Führende Politiker aller Parteien singen bei der zentralen Kundgebung nach Öffnung der Mauer am 10.11.1989 vor dem Schöneberger Rathaus in Westberlin die Nationalhymne

Die eingängige Formel Willy Brandts „Jetzt wächst zusammen, was zusammengehört" hat die Tendenz der Entwicklung frühzeitig erkannt, mag der Zusammenfindungsprozess auch länger als angenommen dauern, sei es deshalb, weil der wirtschaftliche Anpassungsprozess sich hinauszögert, sei es deshalb, weil die kulturellen Unterschiede zwischen Ost und West größer waren als vermutet.

Die wirtschaftlichen Unterschiede zwischen den alten und den neuen Bundesländern (mit höherer Arbeitslosigkeit und niedrigerem Lebensstandard) bestehen in abgeschwächter Form 13 Jahre nach dem Zusammenbruch der SED weiter. Besonders die Umstrukturierungen im sozialen Bereich bedeuteten für viele Bürger in den neuen Bundesländern einen tiefen Einschnitt. Der plötzliche Zusammenschluss zweier gegensätzlicher Gesellschaftsordnungen konnte nicht ohne Probleme vonstatten gehen. Als kritikwürdig gilt vielfach der im „Einigungsvertrag" vereinbarte Grundsatz „Rückgabe vor Entschädigung", der zu neuem Unrecht geführt habe. In der Öffentlichkeit ist mehr über die „Kosten der Einheit" als über ihren Nutzen gesprochen worden. Mit dem Vollzug der deutschen Einheit ist noch nicht das erreicht, was gemeinhin als „innere Einheit" gilt. Dieser Begriff ist jedoch schillernd. Mit ihm lässt sich mannigfacher Missbrauch treiben. Nicht jeder Unterschied ist ein Unterschied, der der Einebnung bedarf. Wir haben schließlich auch andere regionale politische Kulturen.

Es ist auffallend, dass viele derer, die niemals für die „äußere Einheit" eingetreten sind, nun schnell dabei sind, die fehlende „innere Einheit" anzumahnen. Dieser Begriff kann leicht zur Delegitimierung des demokratischen Verfassungsstaates gebraucht werden – etwa durch Hinweis auf die Diskrepanz von Theorie und Praxis. Die Auffassungen gehen darüber weit auseinander, ob die (einstigen) Bürgerrechtler, die eine entschiedene „Vergangenheitsbewältigung" einklagen und heute in unterschiedlichen politischen Gruppierungen beheimatet sind, zur „inneren Einheit" beitragen oder sie hinauszögern. Die erste Position lautet, nur eine klare Auseinandersetzung mit der kommunistischen Diktatur schaffe die Voraussetzungen dafür, dass Deutschland zusammenwachsen könne. Die zweite meint, innere Einheit entstehe am ehesten durch Versöhnung auch mit jenen Kräften, die am „alten System" festgehalten haben.

Kontinuität und Wandel

Ein Blick auf die vierte (30.1.1991) und fünfte Regierungserklärung Helmut Kohls (23.11.1994) sowie auf die erste (10.11.1998) und die zweite Regierungserklärung Gerhard Schröders (29.10.2002) jeweils zu Beginn der Legislaturperiode verdeutlicht ebenso Kontinuität und Wandel der Politik wie das hohe Maß an Herausforderungen. 1991 hob Kohl unter dem Motto „Unsere Verantwortung für die Freiheit" die Voraussetzungen und die Folgen der Wiedervereinigung hervor. War diese Erklärung zum Teil in die Vergangenheit gerichtet, stand die Erklärung 1994 unter dem Motto „Aufbruch in die Zukunft: Deutschland gemeinsam erneuern". Es ging Kohl wesentlich um die Vertiefung der politischen Einigung Europas und der deutsch-amerikanischen Beziehungen. Sein Vermächtnis lautete: „Die Atlantische Allianz – hier vor allem die Freundschaft mit den Vereinigten Staaten von Amerika – bleibt auch in Zukunft Garant unserer Sicherheit."

Die erste Regierungserklärung von Gerhard Schröder basierte auf anderen Voraussetzungen als die von Kohl 1990 und 1994. Sie verriet deutlich die Handschrift des Kanzlers, nicht die seines Mitstreiters (und Konkurrenten!) Oskar Lafontaine. Schröder, der gleichsam als Leitmotiv vom Projekt der „Neuen Mitte" sprach und damit einen Begriff aus der Regierungserklärung Brandts von 1972 aufnahm, wollte den Aufbau Ost „zur Chefsache" machen. Er okkupierte den Begriff der „Berliner Republik", um einen „Aufbruch" zu kennzeichnen. Die Elemente der Innovation (vornehmlich in der Innen- und Wirtschaftspolitik) und der Kontinuität (vor allem in der Europa- und Außenpolitik) hielten sich die Waage.

Helmut Kohl

Die zweite Regierungserklärung Schröders setzt erneut den Schwerpunkt bei der Innen- und Wirtschaftspolitik, wenngleich nicht so krass wie die erste. In Anlehnung an den Koalitionsvertrag (wie schon 1998) kommen Reformvorhaben zur Sprache: im Bereich des Arbeitsmarktes und der Bildung/Ausbildung ebenso wie im Sektor des Gesundheitssystems und der Altersversorgung. Obwohl Schröder nicht „weniger Staat" (wohl aber weniger Bürokratie) fordert, stellt er fest: „Der allgegenwärtige Wohlfahrtsstaat, der den Menschen die Entscheidungen abnimmt und sie durch immer mehr Bevormundung zu ihrem Glück zwingen will, ist nicht nur unbezahlbar. Er ist am Ende auch ineffizient und inhuman."

In der Zeit sehen sich die Bürger massiven Einsparungen gegenüber, ob nun in der Renten- oder in der Gesundheitspolitik. Es sind Einschnitte ins wohlfahrtsstaatliche Netz angesagt.

Die wohl größten Wandlungen sind im vereinigten Deutschland in außenpolitischer Hinsicht eingetreten. Seit der deutschen Vereinigung muss die Bundesrepublik internationale Verantwortung übernehmen und auch außerhalb des NATO-Gebietes ihre Soldaten einsetzen. Die einst pazifistische Partei der Grünen hat diese Entwicklung überwiegend mitgetragen. Der deutsche Staat kann sich nicht mehr – wie früher – auf eine „Insel der Seligen" zurückziehen. Wie immer man die Haltung von Bundeskanzler Gerhard Schröder, sich nicht am Krieg gegen den Irak zu beteiligen, bewerten mag: Sie ist Ausdruck neuen deutschen Selbstbewusstseins.

Eckhard Jesse

1990/91

Politik

1990 – Mit dem Beitritt der DDR zum Geltungsbereich des Grundgesetzes ist **Deutschland wieder vereinigt** (3.10.). Bundesinnenminister Wolfgang Schäuble erleidet bei einem Attentat eine Querschnittslähmung (12.10.). BR Dtl. und Sowjetunion schließen den Vertrag über gute Nachbarschaft, Partnerschaft und Zusammenarbeit (9.11.). Der **deutsch-polnische Grenzvertrag** legt die **Oder-Neiße-Linie** als polnische Westgrenze fest (14.11.). Die 34 Mitgliedsländer der Konferenz über Sicherheit und Zusammenarbeit in Europa erklären in Paris den **Kalten Krieg** für beendet (21.11.). Erste **freie gesamtdeutsche Wahl** seit 1933 (2.12.). Wahlergebnis: CDU/ CSU 43,8%, SPD 33,5%, FDP 11%, Grüne 3,8%, Bündnis 90/Grüne 1,2%, PDS 2,4%. Aufgrund der separat geltenden 5%-Klausel für das Wahlgebiet West und Wahlgebiet Ost ziehen Bündnis 90/Grüne (Ergebnis Wahlgebiet Ost: 6%) und PDS (11,1%) in den Bundestag ein. Im **Berliner Reichstag** konstituiert sich das erste **frei gewählte gesamtdeutsche Parlament** seit 1933 (20.12.).

1991 – Mit der Konstituierung des Gesamtberliner Abgeordnetenhauses ist die staatsrechtliche Einheit der Stadt vollendet (11.1.). Erster gesamtdeutscher Bundestag wählt **Helmut Kohl** zum Bundeskanzler (17.1.). Die ersten **Bundeswehrsoldaten** treffen in der Türkei ein, um den NATO-Partner bei der Verteidigung im **zweiten Golfkrieg** zu unterstützen (8.2.). Weiterhin beteiligt sich die BR Dtl. mit ca. 18 Mrd. DM an den Kosten des Golfkrieges. Der ehemalige Staatschef der DDR **Erich Honecker** und seine Frau werden unter Angabe von humanitären Gründen mit einer sowjetischen Militärmaschine nach Moskau ausgeflogen (13.3.). Die **Wiedervereinigung Deutschlands** ist mit der Überbringung der sowjetischen Ratifizierungsurkunde des 2+4-Vertrages an die deutsche Regierung völkerrechtlich abgesichert (15.3.). Die **Rote Armee Fraktion** ermordet **Detlev Karsten Rohwedder**, Chef der Berliner Treuhandanstalt (1.4.). **Polen** und die BR Dtl. schließen in Bonn den Vertrag über gute Nachbarschaft und freundschaftliche Zusammenarbeit (17.6.). Der **Bundestag** entscheidet sich nach langen Auseinandersetzungen und Debatten mit 338 zu 320 Stimmen für **Berlin** und gegen Bonn als **künftigen Sitz von Regierung und Parlament** (20.6.). Zur Finanzierung der deutschen Einheit und der Kosten des Golfkrieges tritt die von der Bundesregierung beschlossene **Steuererhöhung** in Kraft (1.7.). Die **diplomatischen Beziehungen** zu den **baltischen Staaten** Estland, Lettland und Litauen werden durch eine Vertragsunterzeichnung der Außenminister wieder hergestellt (28.8.). In Potsdam schließen sich ostdeutsche Bürgerrechtsbewegungen zur gesamtdeutschen Partei **Bündnis 90** zusammen (22.9.). Die Regierungschefs von Deutschland und Bulgarien unterzeichnen in Sofia den Vertrag über freundschaftliche Zusammenarbeit und Partnerschaft in Europa (9.10.). Auf dem **EG-Gipfel in Maastricht** beschließt der Europäische Rat die Gründung der EU (11.12.). Die Flucht von **Erich Honecker** in die chilenische Botschaft in Moskau verhindert dessen Ausweisung nach Deutschland durch die russischen Behörden (11.12.). Die EG und die Länder Polen, Ungarn und ČSFR schließen ein **Assoziierungsabkommen**, das den ehemaligen Ländern des Ostblocks eine Vollmitgliedschaft in der EG in Aussicht stellt (16.12.). Das **Stasi-Unterlagen-Gesetzes** sieht eine Bundesoberbehörde für die Unterlagen des Staatssicherheits-

Wolfgang Schäuble

EG-Gipfel in Maastricht am 9.12.1991: Bundeskanzler Helmut Kohl im Gespräch mit dem niederländischen Finanzminister Wim Kok (links) und dem niederländischen Premierminister Ruud Lubbers dienstes der ehemaligen DDR vor (20.12.). Geleitet wird sie durch den Bundesbeauftragten **Joachim Gauck**.

Wirtschaft & Wissenschaft

1991 – Einstellung der Produktion der Autos „Made in DDR" **Wartburg** und **Trabant**. Am 10.4. rollt in Eisenach der letzte Wartburg vom Band, am 30.4. in Zwickau der letzte „Trabi". Die **Deutsche Bundesbahn** setzt erstmals den Hochgeschwindigkeitszug **ICE** auf der Strecke Hamburg-München ein (2.6.). Die Übernahme von 24,9% des Grundkapitals der Hoesch AG durch die Krupp GmbH ist der erste Schritt zur Fusion der beiden Stahlkonzerne (10.10.). **Erwin Neher** und **Bert Sakmann** erhalten den **Nobelpreis für Physiologie oder Medizin** als Anerkennung ihrer Grundlagenforschung über menschliche Zellen.

Kunst & Kultur

1990 – Die DDR-Nachrichtensendung *Aktuelle Kamera* geht ein letztes Mal auf Sendung (15.12.).

1991 – Die Ausstellung *Metropolis* wird im Berliner Martin-Gropius-Bau eröffnet (19.4.). Der Schriftsteller und Journalist **Axel Eggebrecht** verstirbt in Hamburg (14.7.). Die Fortsetzung des Klassikers *Vom Winde verweht*, der Roman *Scarlett*, erscheint weltweit (25.9.). Der ungarische Schriftsteller **György Konrád** wird mit dem **Friedenspreis des Deutschen Buchhandels** ausgezeichnet (13.10.). **Wolf Biermann**, Liedermacher und Schriftsteller, erhält den renommierten *Georg-Büchner-Preis* (19.10.). Der aus Filmen wie *Woyzeck* und *Fitzcarraldo* bekannte Schauspieler **Klaus Kinski** verstirbt am 23.11. in Lagunita/US-Bundesstaat Kalifornien.

Gesellschaft & Sport

1991 – Zum Abschluss seiner Karriere erreicht der Schwimmer **Michael Groß** drei WM-Goldmedaillen (13.1.). **Boris Becker** gewinnt die Australian Open und wird Erster der Tennis-Weltrangliste (27.1.). Am 24. 2. beschließen **beide deutschen evangelischen Kirchen** ihre Wiedervereinigung. Der **1. FC Kaiserslautern** wird Deutscher Fußballmeister (15.6.). **Michael Stich** gewinnt in drei Sätzen das Tennisfinale von Wimbledon gegen Boris Becker (7.7.). Im Finale der Fußball-Europameisterschaft verteidigt die **Deutsche Frauennationalmannschaft** gegen Norwegen mit 3:1 ihren Titel (14.7.). In **Hoyerswerda** kommt es zu gewalttätigen Übergriffen rechtsradikaler Jugendlicher auf Ausländer (17.9.).

Weltgeschichte

Saudische und amerikanische Soldaten während des Irak-Kriegs

1990 – **Israelische Sicherheitskräfte** töten 21 Palästinenser am Tempelberg in Jerusalem (8.10.). **Margaret Thatcher**, britische Premierministerin, legt nach elf Jahren ihr Amt nieder (22.11.).

1991 – Mit Militäraktionen und einer Wirtschaftsblockade gegenüber Litauen möchte die sowjetische Regierung den **Unabhängigkeitsbestrebungen** in den Ländern **Estland, Lettland** und **Litauen** entgegenwirken. Die alliierten Streitkräfte beginnen mit **Luftangriffen** auf den **Irak** (17.1.). Der südafrikanische Präsident **Frederik de Klerk** verkündet die Abschaffung der Apartheid (1.2.). Beginn der **Bodenoffensive** gegen den Irak durch die Alliierten (24.2.). Die Länder des **Warschauer Pakts** beschließen dessen Auflösung (25.2.). Irak und UNO schließen ein Waffenstillstandsabkommen (12.4.). **Boris Jelzin** gewinnt die Wahl zum russischen Präsidenten (12.6.). Die jugoslawischen Teilrepubliken **Slowenien und Kroatien** erklären ihre **Unabhängigkeit**. Zwei Tage später rücken Verbände der jugoslawischen Armee in die neu gegründeten Staaten ein und lösen so den **Bürgerkrieg** aus (27.6.). **Putschversuch** gegen den sowjetischen Staatspräsidenten **Michail Gorbatschow** scheitert (19.8.). Nach über 40 Jahren **Nahost-Konflikt** treffen sich erstmals die daran beteiligten Parteien zu offiziellen **Friedensgesprächen in Madrid** (30.10.). Elf der 15 ehemaligen Sowjetrepubliken schließen sich zur **Gemeinschaft Unabhängiger Staaten (GUS)** zusammen (21.12.). Am 31.12. löst sich die **UdSSR** als völkerrechtliches Subjekt selbst auf.

Beitritt der DDR zur Bundesrepublik Deutschland

(3.10.1990)

Am 3.10.1990 trat die DDR der Bundesrepublik Deutschland gemäß Art. 23 des Grundgesetzes bei. Damit verschwand der zweite deutsche Staat. Die DDR war ein künstliches Experiment, hingegen der plötzliche Zusammenschluss der beiden in unterschiedlichen Systemen verankerten deutschen Staaten „experimentelle Kunst“. Experimente waren anfangs unvermeidlich, und die Kunst vieler aus beiden Teilen des Landes führte zu einem überwiegend positiven Ausgang. Manche Experimente werden auf den Westen übergreifen. Ostdeutsche haben – vor 1990 und danach – innerhalb kurzer Zeit Probleme gemeistert, die Westdeutschen bisher in dieser Schärfe und in diesem Umfang nicht abverlangt worden sind.

Kohls Zehn-Punkte-Programm

Aus der freiheitlichen Herbstrevolution 1989 in der DDR erwuchs nach der Öffnung der Mauer schnell die Forderung nach deutscher Einheit. Die Bundesrepublik hatte sich, um nicht des Einmischens geziehen zu werden, bisher zurückgehalten. Am 28.11. folgte ein Paukenschlag. Bundeskanzler Helmut Kohl trat in einer Generalaussprache zur Haushaltsdebatte die Flucht nach vorn an: Mit seinem Zehn-Punkte-Programm vor dem Deutschen Bundestag erlangte er in einer Art Alleingang – nur die Amerikaner wurden zuvor informiert, nicht konsultiert – die Initiative zurück. Das maßgeblich mit Horst Teltschik aus dem Bundeskanzler-

Montagsdemonstration gegen die DDR-Diktatur

amt ausgetüftelte Programm enthielt eine Art Stufenplan für die deutsche Einheit, allerdings ohne jegliche Terminierung. Bei der Präsentation von Punkt 10 schließlich redete Kohl Klartext: „Die Wiedervereinigung, das heißt die Wiedergewinnung der staatlichen Einheit Deutschlands, bleibt das politische Ziel der Bundesregierung.“ Kohl hatte damit zwar nur Gängiges zur Sprache gebracht, jedoch in einer Situation, die eine operative Deutschlandpolitik begünstigte. Die Reaktionen auf die Rede Kohls fielen unterschiedlich aus. Kanzlerkandidat Oskar Lafontaine sprach von „Ko(h)lonialismus“. In den USA stieß der Stufenplan auf Unterstützung. Hingegen reagierten die Regierungen von Frankreich und Großbritannien heftig ablehnend. Die Modrow-Regierung der DDR wandte sich scharf gegen jegliche Vorstellungen einer deutschen Einheit, die die Stabilität in Deutschland gefährde. Auch die Sowjetunion zeigte sich überaus unwirsch. Bei dem Straßburger Treffen der Staats- und Regierungschefs der Europäischen Gemeinschaft am 8.12.1989 schien Kohl weitgehend isoliert. Er habe „niemals einen EG-Gipfel in so eisiger Atmosphäre“ erlebt.

Doch die innen- und außenpolitischen Wirkungen der Rede Kohls änderten bald das Klima. In der DDR bekamen die entfachten Hoffnungen auf eine Wiedervereinigung neue Nahrung. Die Fluchtbewegung hörte allerdings nicht auf, die Krise vergrößerte sich, die Angst vor einem Kollaps der DDR machte die Runde. Zu Recht hatte Kohl in seinem Zehn-Punkte-Programm die außenpolitische Orientierung eines vereinigten Deutschland ausgespart, um keine Diskussion über ein heikles Thema zu provozieren. Eine Wiedervereinigung Deutschlands fand die amerikanische Unterstützung nur unter der Bedingung der NATO-Zugehörigkeit. Einerseits musste das Programm einen Überrumplungseffekt haben, andererseits durfte es nicht Argwohn gegenüber deutscher Unberechenbarkeit schüren.

Zug in Richtung Einheit

Helmut Kohls Reise nach Dresden am 19.12.1989 mit seiner Rede vor den Ruinen der Frauenkirche und den Fahnen Schwenkenden wurde ein Triumph. Der Zug in Richtung Einheit fuhr mit Volldampf voraus. Nachdem die Volkskammer auf Druck des Zentralen Runden Tisches hin am 20.2.1990 ein demokratisches Wahlrecht verabschiedet hatte, stand den ersten freien Wahlen nichts mehr im Wege. Das Ergebnis der ersten demokratischen Volkskammerwahl vom 18.3.1990 – die CDU siegte klar – beschleunigte das Tempo. Und auch die außenpolitischen Entwicklungen bestätigten den Kurs. Gorbatschows Versuch, einer deutschen Einheit nur unter den Bedingungen eines NATO-Austritts zuzustimmen, wurde lediglich halbherzig praktiziert. Kohl, dem Fortune nicht abzusprechen war, reizte die europäische Karte hingegen aus und federte damit die deutsche Einheit international ab. Aber selbst er wurde von der sich überschlagenden Entwicklung überrascht, ging er doch zur Zeit seines Zehn-Punkte-Programms von fünf bis zehn Jahren aus. Hieß es zuvor, die europäische Einheit sei eine Voraussetzung für die deutsche Einheit, so verlief die Entwicklung umgekehrt. Die europäische wurde durch die deutsche Einheit vorangetrieben. In der Tat handelte es sich um zwei Seiten derselben Medaille. Kein Jahr nach Kohls Plan war die staatsrechtliche Einigung abgeschlossen. Die Vertragspolitik überschlug sich in der Folge. Zum 1.7.1990 wurde eine Wirtschafts-, Währungs- und Sozialunion („Staatsvertrag") beschlossen, die DM das alleinige Zahlungsmittel. Damit waren die Weichen auch für die politische

Jugendliche feiern am 19.12.2000 Altbundeskanzler Helmut Kohl in Dresden

Einheit gestellt. Am 23.8.1990 morgens gegen 3.00 Uhr beschloss die Volkskammer nach einer quälend langen, immer wieder durch Auszeiten unterbrochenen Sondertagung den Beitritt der DDR zur Bundesrepublik Deutschland. Der von den Fraktionen der CDU/DA, der DSU, der FDP und der SPD schließlich eingereichte Abänderungsantrag lautete wie folgt: „Die Volkskammer erklärt den Beitritt der DDR zum Geltungsbereich des Grundgesetzes der Bundesrepublik gemäß Artikel 23 des Grundgesetzes mit Wirkung vom 3. Oktober 1990. Sie geht dabei davon aus, dass die Beratungen zum Einigungsvertrag zu diesem Termin abgeschlossen sind, die 2+4-Verhandlungen einen Stand erreicht haben, der die außen- und sicherheitspolitischen Bedingungen der deutschen Einheit regelt, die Länderbildung so weit vorbereitet ist, dass die Wahl in die Länderparlamente am 14. Oktober 1990 durchgeführt werden kann." Die für das Beitrittsgesuch notwendige Zweidrittelmehrheit wurde klar erreicht: 264 Abgeordnete votierten mit ja, 62 mit nein, sieben enthielten sich. Der staatsrechtlichen Einheit stand nichts mehr im Wege.

Einigungsvertrag

Der „Vertrag zwischen der Bundesrepublik Deutschland und der Deutschen Demokratischen Republik" („Einigungsvertrag") wurde erst am 31.8.1990 unterzeichnet. Dieser umfassende, unter großem Zeitdruck ausgehandelte Vertrag – Verhandlungsführer auf ostdeutscher Seite war Günter Krause, auf westdeutscher Wolfgang Schäuble – ist eine beachtliche Leistung, unabhängig von manchen Fehlern, die als unumgänglich angesehen werden müssen. In diesem Vertragswerk ist u. a. der umstrittene Grundsatz „Rückgabe vor Entschädigung" festgeschrieben worden.

Eckhard Jesse

1992

Politik

Das **Stasi-Unterlagen-Gesetz** tritt in Kraft (1.1.). Es gewährt Opfern der DDR-Staatssicherheit Einblick in ihre Akten. Urteilsverkündung im ersten **Mauerschützenprozess** (20.1.). Zwei der vier Angeklagten erhalten Freiheitsstrafen von zwei und dreieinhalb Jahren. **Bernhard Vogel** wird neuer Ministerpräsident in Thüringen (23.1.). Deutschland und Ungarn schließen den Vertrag über freundschaftliche Zusammenarbeit und Partnerschaft in Europa (6.2.). Die Außen- und Finanzminister unterzeichnen den **Maastricht-Vertrag** (7.2.). Dieser sieht die Gründung der EU vor, bestehend aus **drei Säulen** (Wirtschafts- und Währungsunion, Gemeinsame Außen- und Sicherheitspolitik, Innen- und Rechtspolitik). Bundeskanzler **Helmut Kohl** und Staatspräsident **Václav Havel** unterzeichnen in Prag den Vertrag über gute Nachbarschaft und freundschaftliche Zusammenarbeit zwischen der **BR Dtl.** und der **ČSFR** (27.2.). Verteidigungsminister **Gerhard Stoltenberg** tritt aufgrund einer vom Haushaltsausschuss nicht genehmigten Panzerlieferung an die Türkei zurück (31.3.). Die Nachfolge tritt Volker Rühe an. Rumänien und Deutschland unterzeichnen in Bukarest den Vertrag über freundschaftliche Zusammenarbeit und Partnerschaft in Europa (21.4.). In Porto schließen die **EG** und **EFTA-Staaten** (Finnland, Island, Liechtenstein, Norwegen, Österreich, Schweden und Schweiz) den Gründungsvertrag eines **Europäischen Wirtschaftsraumes (EWR)** (3.5.). **Klaus Kinkel** löst Hans-Dietrich Genscher als Außenminister ab (18.5.). Der Bundestag verabschiedet mit den Stimmen von CDU/CSU, FDP und SPD ein neues **Asylgesetz**, das den Missbrauch des Asylrechtes eindämmen und das Verfahren verkürzen soll (5.6.). Das Bundeskabinett beschließt die Einführung der **Pflegeversicherung** zum 1.1.1996 (30.6.). Das **Abtreibungsrecht** wird neu geregelt (27.7.). Straffrei bleiben demnach Schwangerschaftsabbrüche bis zur 12. Schwangerschaftswoche. Nachdem die chilenische Botschaft in Moskau **Erich Honecker** das Gastrecht entzogen hat, kehrt er unter Druck nach Deutschland zurück (29.7.). **Willy Brandt**, Bundeskanzler von 1969–74, verstirbt (8.10.). Der Fund am Frankfurter Hauptbahnhof von zwei Behältern mit hochradioaktivem Material ist deutliches Anzeichen dafür, dass Deutschland Drehscheibe von **illegalem Atomschmuggel** aus Osteuropa ist (10.10.). Die ehemaligen Bundestagsabgeordneten der Grünen **Petra Kelly** und **Gert Bastian** werden tot in ihrer Wohnung aufgefunden (19.10.). Die Ermittler können die Umstände der Tat nicht vollständig aufklären. Das erste Gesetz zur Bereinigung von SED-Unrecht regelt die Rehabilitierung, Entschädigung bzw. Versorgung von Opfern des DDR-Regimes (29.10.). Für den Bundesgerichtshof ist trotz des DDR-Grenzgesetzes die Verurteilung ehemaliger **DDR-Grenzsoldaten** rechtmäßig, da die Todesschüsse einen Menschenrechtsverstoß schwerster Art darstellen (3.11.). **Prozessbeginn** gegen **Erich Honecker** wegen der Todesschüsse an der innerdeutschen Grenze vor dem Berliner Landgericht (12.11.). Der Bundestag ratifiziert den **Maastrichter Vertrag** (2.12.). In Edinburgh wird auf dem EG-Gipfel die **Sitzverteilung des**

Willy Brandt

Erich Honecker während seines Prozesses wegen der Tötung von DDR-Flüchtlingen an der innerdeutschen Grenze. Links: Ex-Stasi-Chef Erich Mielke

Europäischen Parlaments neu geregelt (11.12.). Demnach erhält das wieder vereinigte Deutschland ab der nächsten Wahl 99 statt bisher 81 Mandate.

Wirtschaft & Wissenschaft

Beginn des ersten flächendeckenden Arbeitskampfes im öffentlichen Dienst seit 1974 (27.4.). In München findet der **18. Weltwirtschaftsgipfel** statt (6.7.). Nach 44 Jahren erscheint die Zeitschrift *Quick* ein letztes Mal (27.8.). Die **deutsche Zentralbank** senkt nach vier Jahren erstmals die Leitzinsen. Der Diskontsatz fällt auf 8,25%, der Lombardsatz auf 9,5% (14.9.). Britisches Pfund und italienische Lira scheiden aus dem Wechselkurssystem des **Europäischen Währungssystems** (EWS) aus (16.9.). Dies ist die schwerste Krise des EWS seit dessen Gründung. Letztes Teilstück des umstrittenen **Rhein-Main-Donau-Kanals** eingeweiht (27.9.).

Kunst & Kultur

Auf dem Gebiet der ehemaligen DDR starten die neu gegründeten **Sendeanstalten ORB** und **MDR** ihr Programm (1.1.). Ausstellung *Jüdische Lebenswelten* öffnet in Berlin ihre Pforten (12.1.). In Berlin eröffnet die erste zentrale deutsche Gedenkstätte zur Erinnerung an den Holocaust (19.1.). **Marlene Dietrich** verstirbt in Paris (6.5.). Die **DEFA-Filmstudios** in Babelsberg werden an den französischen Konzern Générale des Eaux verkauft (19.5.). **Helmut Dietl** erhält für den Film *Schtonk* das Filmband in Gold bei der Verleihung des **Deutschen Filmpreises** (4.6.). In Bonn eröffnet die Kunst- und Ausstellungshalle der BR Dtl. und das Kunstmuseum (17.6.).

Gesellschaft & Sport

Deutsche Olympiamannschaft ist die erfolgreichste Nation bei den Winterspielen in Albertville (23.2.). **Maria Jepsen** wird **erste Bischöfin** der evangelisch-lutherischen Kirche (4.4.). **SV Werder Bremen** gewinnt den Fußball-Europapokal der Pokalsieger (6.5.), der **VfB Stuttgart** die Deutsche Fußballmeisterschaft (16.5.). Deutschland erreicht bei den **Olympischen Sommerspielen** in Barcelona den 3. Platz in der Nationenwertung (9.8.). **Ignatz Bubis** tritt die Nachfolge des verstorbenen Heinz Galinski als Vorsitzender des Zentralrates der Juden an (20.9.). Bei einem rechtsextremistisch motivierten **Brandanschlag** auf ein Mehrfamilienhaus in Mölln kommen drei Türkinnen ums Leben (23.11.). Anschließend protestieren hunderttausende Menschen mit **Lichterketten gegen rechte Gewalt.**

Marlene Dietrich

Weltgeschichte

Die UN-Vollversammlung wählt mit dem Ägypter **Boutros-Ghali** das erste Mal einen Afrikaner zum UN-Generalsekretär (1.1.). Mitgliedsstaaten der EG erkennen Slowenien und Kroatien an (15.1.). **Friedensabkommen** zwischen der linksgerichteten FMLN-Guerilla und der Regierung von El Salvador beendet 12 Jahre Bürgerkrieg in **Mexiko** (16.1.). Das Volk von Bosnien-Herzegowina spricht sich in einer Abstimmung für die **Unabhängigkeit von Jugoslawien** aus (29.2.). Anerkennung Bosnien-Herzegowinas als unabhängiger Staat durch EG-Staaten (6.4.). Eröffnung der bislang größten Weltausstellung in Sevilla/Spanien (20.4.). **Serbien** und **Montenegro** schließen sich zur Bundesrepublik Jugoslawien zusammen, die international nicht anerkannt wird (27.4.). Schwere **Rassenunruhen** in Los Angeles (29.4.). Die Dänen lehnen mit knapper Mehrheit bei einem Referendum den **Maastricht-Vertrag** und die EU ab (2.6.). **UNO-Umweltgipfel** in Rio de Janeiro eröffnet (3.6.). **Tschechien** und **Slowakei** beschließen die Teilung der ČSFR in zwei unabhängige Republiken zum 1.1.1993 (23.7.). USA, Mexiko und Kanada einigen sich auf die Gründung der **Freihandelszone NAFTA** (12.8.). 34 Staaten unterzeichnen in Genf nach 24-jährigen Verhandlungen einen Vertrag über die weltweite **Vernichtung aller chemischen Waffen** (3.9.). Ein Flugverbot des UN-Sicherheitsrates über Bosnien-Herzegowina soll Angriffe serbischer Kampfflugzeuge verhindern (9.10.). Eduard Schewardnadse als Staatsoberhaupt von Georgien im Amt bestätigt (11.10.). **Massenevakuierung** aus Sarajewo nach Split als Folge des Bürgerkrieges in Bosnien-Herzegowina (10.11.).

1993

Politik

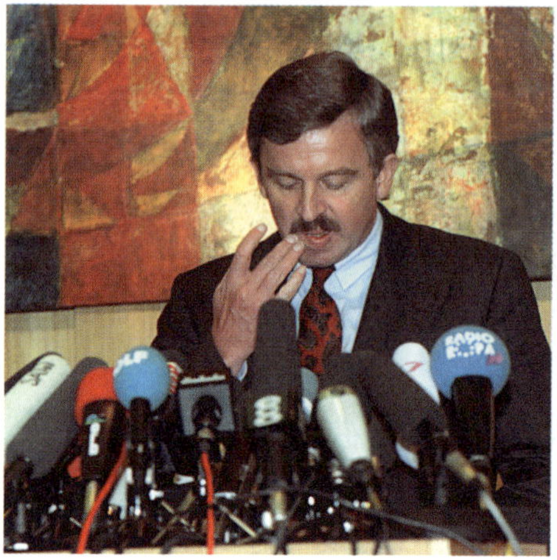

Bundeswirtschaftsminister Jürgen W. Möllemann gibt am 3.1.1993 seinen Rücktritt bekannt

EG-Binnenmarkt tritt in Kraft (1.1.). Wirtschaftsminister **Jürgen Möllemann** gibt aufgrund der sog. Briefbogenaffäre sein Amt auf (3.1.). Einstellung des Strafprozesses gegen **Erich Honecker**. Er verlässt Deutschland in Richtung Chile (13.1.). Lothar Bisky übernimmt als Nachfolger von Gregor Gysi den Parteivorsitz in der PDS (30.1.). **Solidarpakt zur Finanzierung der Deutschen Einheit** von Ministerpräsidenten der Bundesländer beschlossen (27.2.). Bei einem Bombenanschlag der **Roten Armee Fraktion** auf den Gefängnisneubau in Weiterstadt entsteht ein Sachschaden in Höhe von 100 Mio. DM (27.3.). Bundesverfassungsgericht weist Anträge von SPD und FDP auf eine einstweilige Anordnung gegen die Beteiligung deutscher Soldaten an **AWACS-Aufklärungsflügen** zur Durchsetzung des Flugverbotes über Bosnien zurück (8.4.). **Björn Engholm** tritt als schleswig-holsteinischer Ministerpräsident und als SPD-Vorsitzender wegen Falschaussage im Kieler **Barschel-Untersuchungsausschuss** zurück (3.5.). Bundesverkehrsminister Günther Krause (CDU) erklärt wegen ungerechtfertigter Bereicherung im Amt seinen Rücktritt (6.5.). **Grüne und Bündnis 90** beschließen Zusammenschluss auf gemeinsamem Parteitag in Leipzig (14.5.). Deutscher Bundestag beschließt **Gesetzesänderung zum Asylrecht**. Asylbewerber, die über ein Land der EG oder aus einem anderen sicheren Drittland kommen, werden zurückgewiesen (26.5.). FDP wählt Bundesaußenminister Klaus Kinkel zum neuen Parteivorsitzenden (11.6.). **Rudolf Scharping** übernimmt Parteivorsitz der SPD nach Urabstimmung (25.6.). Ein Beamter des Bundesgrenzschutzes und das mutmaßliche Mitglied der Roten Armee Fraktion Wolfgang Grams kommen bei einer **Anti-Terror-Aktion in Bad Kleinen** ums Leben (27.6.). Bundestag billigt den Einsatz von 1700 Bundeswehrsoldaten bei **UNO-Friedensaktion in Somalia** (2.7.). Bundesinnenminister Rudolf Seiters tritt wegen des missglückten Anti-Terror-Einsatzes in Bad Kleinen zurück (4.7.). Das **Bundesamt für Naturschutz** nimmt in Bonn seine Arbeit auf (16.8.). Freispruch für vier ehemalige Grenzsoldaten der DDR aus Mangel an Beweisen (1.9.). Der ehemalige Verteidigungsminister der DDR **Heinz Keßler**, dessen Stellvertreter **Fritz Streletz** und **Hans Albrecht**, früherer DDR-Bezirkschef von Suhl, erhalten vor Gericht mehrjährige **Haftstrafen** wegen der **Todesschüsse** an der innerdeutschen Grenze (16.9.). Nachdem das Bundesverfassungsgericht den **Maastricht-Vertrag** als verfassungskonform erklärt, ratifiziert der Bundestag das Vertragswerk (12.10.). Auflösung des Berliner Gesundheitsamtes bis Ende 1993 aufgrund krimineller Laborpraktiken im Umgang mit Blutspenden (13.10.). **Gleichgeschlechtliche Ehen** sind nach einem Urteil des Bundesverfassungsgerichtes nicht zulässig (13.10.). Der ehemalige Staatssicherheitsminister der DDR **Erich Mielke** erhält vom Berliner Landgericht wegen Doppelmordes im Jahr 1931 eine 6-jährige Haftstrafe (26.10.). Der Bundestag regelt das **Namensrecht** neu; für Eheleute ist es nicht mehr notwendig, den gleichen Familiennamen zu führen (28.10.). Bundesinnenminister Manfred Kanther verbietet die **Kurdische Arbeiterpartei PKK** (26.11.). **Markus Wolf**, früherer Spionagechef der DDR, wird zu sechs Jahren Haft verurteilt (6.12.), der Haftbefehl jedoch nicht vollstreckt.

Wirtschaft & Wissenschaft

Erste Ausgabe des neuen Nachrichtenmagazins *FOCUS* (18.1.). Privater Fernsehsender VOX nimmt den Sendebetrieb auf (25.1.). Sächsische Foron Haushaltswaren GmbH produziert den weltweit ersten **FCKW- und FKW-freien Kühlschrank** in Serie (15.3.). Der zweiwöchige **Streik** in der **ostdeutschen Metallindustrie** endet durch einen Tarifkompromiss, der eine Lohnangleichung auf westdeutsches Niveau für 1996 vorsieht (14.5.). 40 Kumpel des Kali-Bergwerks in Thüringen treten aus Protest gegen eine Stilllegung in den **Hungerstreik** (1.7.). Das Wolfsburger VW-Werk führt als erster Deutscher Konzern die **Vier-Tage-Woche** bei entsprechendem Lohnverlust ein (26.10.).

Kunst & Kultur

Mecklenburg-Vorpommern erwirbt den künstlerischen Nachlass des Bildhauers **Ernst Barlach** im Wert von 27,5 Mio. DM (23.3.). Neues Heinrich- und Thomas-Mann-Zentrum öffnet im Lübecker Buddenbrookhaus (6.5.). Der Film *In weiter Ferne, so nah* von **Wim Wenders** erhält bei den Filmfestspielen in Cannes den Großen Preis der Jury (24.5.). Schließung des fast 100 Jahre alten **Berliner Schiller-Theaters** zum Ende der Saison aufgrund von Haushaltskürzungen (22.6.). Das Land Berlin erwirbt den Nachlass der Schauspielerin **Marlene Dietrich** (25.10.). Die Neue Wache in Berlin als zentrale Gedenkstätte der BR Dtl. für die Opfer von Krieg und Gewaltherrschaft wird eingeweiht (14.11.).

Gesellschaft & Sport

Ein deutscher Fan von Steffi Graf attackiert **Monica Seles**, die die Weltrangliste im Damen-Tennis anführt, mit einem Messer (30.4.). Tod von **Heinrich Albertz**, dem früheren Regierenden Bürgermeister von Berlin (18.5.). Bei einem **Brandanschlag** rechtsextremer Gewalttäter auf ein Solinger Haus sterben fünf Türken (29.5.). **SV Werder Bremen** entscheidet am letzten Spieltag der Fußball-Bundesliga die Meisterschaft für sich (5.6.). **Unblutige Geiselnahme** von 23 Menschen im türkischen Generalkonsulat. Kurdische Geiselnehmer wollen gegen die Unterdrückung der Kurden in der Türkei protestieren (24.6.). Neues **fünfstelliges Postleitzahlensystem** löst den vierstelligen Zahlencode ab (1.7.).

Erste Ausgabe des Nachrichtenmagazins *FOCUS*

Weltgeschichte

Bill Clinton

Die Tschechoslowakei teilt sich in zwei souveräne Staaten, die **Tschechische Republik** und die **Slowakische Republik** (1.1.). Die Präsidenten von Russland und den USA, Boris Jelzin und George Bush, unterzeichnen das **Start-II-Abkommen** über die Verringerung strategischer Atomwaffen (3.1.). Der Demokrat **Bill Clinton** tritt sein Amt als 42. Präsident der USA an (20.1.). Ein Bombenanschlag auf das World Trade Center in New York fordert sechs Tote (26.2.). Der **UN-Sicherheitsrat** beschließt die Entsendung von mehr als 300.000 Blauhelm-Soldaten nach **Somalia** (26.3.). **Yitzhak Rabin**, israelischer Ministerpräsident, und **Yasir Arafat**, Vorsitzender der Palästinensischen Befreiungsorganisation PLO, unterzeichnen in Washington das **Gaza-Jericho-Abkommen**, das schrittweise eine palästinensische Teilautonomie vorsieht (13.9.). **Besetzung** des **Russischen Parlamentsgebäudes** durch Reformgegner, nachdem Präsident Boris Jelzin die Auflösung des Parlaments und Neuwahlen ausgerufen hat (21.9.). Der **Putschversuch** endet am 4.10., als sich die Reformgegner regierungstreuen Truppen ergeben. Der **Maastricht-Vertrag** über die Gründung der Europäischen Union tritt in Kraft (1.11.). Der im Gaza-Jericho-Abkommen festgelegte Abzug der israelischen Truppen scheitert an Detailfragen (13.12.).

Helmut Kohl

(*1930)

Leben

Helmut Kohl wurde am 3.4.1930 in Ludwigshafen geboren. Sein hohes Amt, das er 16 Jahre ausgeübt hat, war ihm nicht in die Wiege gelegt. Nach dem Abitur 1950 studierte er Geschichte, Rechts-, Sozial- und Staatswissenschaften in Heidelberg. Das Studium schloss er mit einer geschichtswissenschaftlichen Dissertation ab. Der politische Aufstieg Kohls, der bereits als Schüler zu Anfang des Jahres 1948 der CDU beigetreten war (und zuvor schon der Jungen Union), ließ nicht lange auf sich warten. Dem rheinland-pfälzischen CDU-Landesvorstand gehörte er schon 1955 an, dem Landtag 1959. 1961 wurde er stellvertretender Fraktionsvorsitzender in Rheinland-Pfalz, 1963 Fraktionsvorsitzender. Dieses Amt behielt Kohl, bis er 1969 den von 1947 an amtierenden Peter Altmeier als Ministerpräsident ablösen konnte. Das Land bekam durch ihn „frischen Wind".

Auch bundespolitisch war sein Aufstieg unaufhaltsam. Im Jahr der Übernahme des Ministerpräsidentenamtes wurde er stellvertretender Parteivorsitzender, 1973 im zweiten Anlauf, nachdem er zuvor (1971) Rainer Barzel unterlegen war, CDU-Parteivorsitzender (bis zum Jahr 1998). Nach seiner knappen

Altbundeskanzler Kurt Georg Kiesinger und Helmut Kohl im Januar 1971

Wahlniederlage als Kanzlerkandidat der Union im Jahre 1976 gab Kohl das Amt des Ministerpräsidenten auf und amtierte fortan als CDU/CSU-Fraktionsvorsitzender. Sechs Jahre später schlug Kohls große Stunde: Am 1.10.1982 wurde er mittels eines Konstruktiven Misstrauensvotums dank der Hilfe der FDP, die sich auf diese Weise von der SPD lossagte, zum sechsten Bundeskanzler in der Geschichte der Bundesrepublik Deutschland gewählt.

Sein Engagement galt der Konsolidierung der Finanzen und der Durchsetzung des NATO-Doppelbeschlusses im „heißen Herbst" 1983. Auch sonst stand die Bundesrepublik in der Ära Kohl an der Seite der USA. Im Jahr 1989 war die Kanzlerschaft Kohls, der allerorten heftig kritisiert wurde, kurzfristig bedroht. Mit der Wahl von Volker Rühe im September zum CDU-Generalsekretär, der den Kohl-Kritiker Heiner Geißler ablöste, war Kohls Position wieder gestärkt, zumal die „Wende" in der DDR sein ganzes Geschick bewies. Mit Kohls Zehn-Punkte-Plan vom 28.11.1989 geriet die Bundesrepublik deutschlandpolitisch in die Offensive. In dieser turbulenten Zeit machte Kohl keine Fehler, besaß zudem Fortune. Durch das inzwischen persönlich gute Verhältnis zu Michail Gorbatschow, dem sowjetischen Regierungschef, und zu George Bush sen., dem amerikanischen Präsidenten, lief die Entwicklung nicht aus dem Ruder, folgte die Wiedervereinigung binnen kurzem, da die ostdeutsche Bevölkerung Druck machte. Diese Zeit war die Stunde der Exekutive. Hingegen waren Kohls letzte Amtsjahre dadurch gekennzeichnet, dass die SPD über den Bundesrat die Regierungspolitik (etwa in der Frage der Steuerreform) blockieren konnte und daher Immobilismus dominierte.

Nach der klar verlorenen Bundestagswahl 1998 legte Kohl den Parteivorsitz nieder. Sein hohes Ansehen litt, als Ende des Jahres 1999 bekannt wurde, dass er für die Partei „schwarze Kassen" geführt hatte. Da Kohl nicht die Namen der Spender nennen wollte (er habe ihnen sein Ehrenwort gegeben), forderte ihn die eigene Partei auf, den Ehrenvor-

Helmut Kohl und Michail Gorbatschow am 12.9.2002 in Berlin

sitz niederzulegen, was auch umgehend geschah. Gleichwohl ist Kohl bei Wahlkämpfen weiterhin für die CDU aktiv.

Würdigung

Helmut Kohl war ein unterschätzter Kanzler. Viele trauten ihm, dem „Generalisten", eine solche Karriere nicht zu. Selbst in den ersten Regierungsjahren von Kohl hörte der Spott mancher Intellektueller über den Nicht-Intellektuellen keineswegs auf. Erst mit der deutschen Einheit, deren Kosten freilich auch Kohl nicht angemessen beurteilt hat, sprach er doch sehr früh schon von „blühenden Landschaften", änderte sich dies vielfach. Seine Stärken lagen in der Deutschland-, Europa- und Außenpolitik, weniger in der Innen- und Wirtschaftspolitik. Unter ihm stieg die Zahl der Arbeitslosen auf über 4 Mio.

Kohl fungierte als ein Koalitionskanzler. Er arbeitete mit der FDP, die ihre Minister allein bestimmen konnte, 16 Jahre loyal zusammen, besser als mit der CSU unter Franz Josef Strauß, der nach seiner gescheiterten Kanzlerkandidatur von 1980 keine Ambitionen mehr auf dieses Amt anmelden konnte. So war der Weg für Kohl frei, zumal er als langjähriger Parteivorsitzender über den entsprechenden Einfluss verfügte. Kohl regierte informell (über „Männerfreundschaften"), weniger institutionell. Seine Fähigkeit des Integrierens verschiedenartiger, ja gegensätzlicher Positionen stärkte ihn. Kritiker warfen ihm deswegen vor, Probleme „auszusitzen". Unter den Generalsekretären Kurt Biedenkopf (1973–77) und Heiner Geißler (1977–89) trug Kohl maßgeblich

Flagge der Europäischen Union

zum Wandel der CDU bei: Sie wurde eine moderne Volkspartei, verlor die Elemente einer Honoratiorenpartei.

In Kohls Amtszeit als Bundeskanzler fielen neben siegreichen Landtagswahlen in Rheinland-Pfalz (1971 und 1975) vier Bundestagswahlen (1983, 1987, 1990, 1994), die er allesamt gewann, wiewohl der Stimmenanteil für die Union immer mehr zurückging (1983: 48,8%; 1987: 44,3%; 1990: 43,8%; 1994: 41,5%). Allerdings stehen am Anfang und am Ende seiner bundespolitischen Karriere zwei Wahlniederlagen. Im Jahr 1976 erreichte die CDU/CSU unter dem Kanzlerkandidaten Kohl zwar respektable 48,6% der Stimmen, aber er konnte die Regierung nicht übernehmen, da die FDP zuvor erklärt hatte, die Politik der sozial-liberalen Regierung unter Helmut Schmidt zu unterstützen. Im Jahr 1998 stand die FDP hinter Bundeskanzler Kohl, der zum fünften Mal eine Bundestagswahl gewinnen wollte, doch scheiterte dieses Unterfangen klar. Mit 35,1% erhielt die Union so wenig Stimmen wie nie zuvor (mit Ausnahme der ersten Bundestagswahl 1949).

Kohl ist ein Machtpolitiker großen Ranges gewesen. Weder waren ihm Finessen noch Empfindlichkeiten fremd. Aber er hatte Ziele, an denen er in seinem gesamten politischen Leben unabhängig von Zeitgeisttendenzen festhielt. Neben der deutschen Einheit war dies die europäische Einheit. Er, der „Enkel Adenauers", sah keinen Widerspruch zwischen Westintegration und deutscher Einheit.

Dass Deutschland seit dem 3.10.1990 wieder vereinigt ist, hat viele Ursachen. Eine wesentliche liegt auch darin, dass der Kanzler mit seiner Politik dafür den Boden bereiten konnte. Helmut Kohl wird als Kanzler der deutschen Einheit in die Geschichtsannalen eingehen.

Eckhard Jesse

1994

Politik

Das In-Kraft-Treten des **Europäischen Wirtschaftsraums** (EWR) lässt den weltweit größten Markt für freien Waren-, Dienstleistungs- und Kapitalverkehr entstehen (1.1.). In Deutschland tritt das neue Namensrecht in Kraft (1.4.). Die Bundesversammlung wählt **Roman Herzog** zum ersten gesamtdeutschen Bundespräsidenten (23.5.). **Erich Honecker** stirbt im Alter von 81 Jahren in Santiago de Chile an den Folgen von Krebs (29.5.). Bei den **Direktwahlen zum Europäischen Parlament** erreichen in Deutschland die CDU/CSU 38,8%, die SPD 32,2% und die Grünen 10,1% der Stimmen. FDP und PDS scheitern an der Fünf-Prozent-Hürde (12.6.). Aus den **Landtagswahlen in Sachsen-Anhalt** geht eine Minderheitsregierung von SPD und Bündnis 90/Die Grünen unter Duldung der PDS hervor (26.6.). Das Bundesverfassungsgericht entscheidet, dass Auslandseinsätze der Bundeswehr auch außerhalb des NATO-Gebietes zulässig sind, sofern der Bundestag dem Einsatz mit einfacher Mehrheit zugestimmt hat (**Out-of-Area-Urteil**) (12.7.). Der **Bundestag** stimmt im Rahmen eines UN-Mandats der **Entsendung von Bundeswehr-Truppen** nach Bosnien-Herzegowina zu (22.7.). Neues Beschäftigungsförderungsgesetz erlaubt überregionale private Arbeitsvermittlung (1.8.). Auf dem Münchner Flughafen II werden 300 g **atomwaffenfähigen Plutoniums** sichergestellt (10.8.). Die letzten russischen Soldaten ziehen aus Deutschland ab (31.8.). Verabschiedung der seit 1945 in Berlin stationierten amerikanischen, britischen und französischen Truppen (8.9.). Bei den **Wahlen zum 13. Deutschen Bundestag** erreichen CDU/CSU 41,5%, SPD 36,4%, Bündnis 90/Die Grünen 7,3% und FDP 6,9% der Stimmen. Die PDS zieht aufgrund der sog. Alternativklausel mit 4,4% Stimmenanteil in den Bundestag ein, da sie im Ostteil Berlins vier Direktmandate erringen kann (16.10.). Das **Gerichtsverfahren** aufgrund der Todesschüsse an der innerdeutschen Grenze gegen den früheren DDR-Minister für Staatssicherheit **Erich Mielke** wird wegen Verhandlungsunfähigkeit des 86-jährigen Angeklagten eingestellt (3.11.). Der **Bundestag** wählt mit den Stimmen der konservativ-liberalen Regierungsmehrheit **Helmut Kohl** zum fünften Mal zum **Bundeskanzler** (15.11.). Die umstrittenen **Grundgesetzänderungen** zur verstärkten Durchsetzung der Gleichberechtigung von Männern und Frauen, dem Verbot der Benachteiligung von Behinderten und der Aufwertung des Umweltschutzes als Staatsziel treten in Kraft (15.11.). **Jutta Limbach** ist die erste Präsidentin des Bundesverfassungsgerichts (18.11.). Der Parteivorstand der SPD fasst Abgrenzungsbeschluss gegenüber der PDS. Koalitionen auf Landes- oder Bundesebene mit der PDS werden abgelehnt (5.12.). **Gregor Gysi, Lothar Bisky** und andere führende Mitglieder der PDS beenden ihren einwöchigen **Hungerstreik**, nachdem das Berliner Verwaltungsgericht Steuerforderungen gegenüber der PDS in Höhe von 67 Mio. ausgesetzt hat (7.12.). Auf dem **Gipfeltreffen der Europäischen Union** (EU) in Essen ermöglichen die Staats- und Regierungschefs den osteuropäischen Reformstaaten eine Aufnahme in die EU, ohne einen festen Zeitplan für den Beitritt festzulegen (10.12.).

Roman Herzog

Jutta Limbach, erste Präsidentin des Bundesverfassungsgerichts

Wirtschaft & Wissenschaft

Im Zuge der **Bahnstrukturreform** werden die Deutsche Bundesbahn und die Deutsche Reichsbahn privatisiert und zur Deutsche Bahn AG zusammengeführt (1.1.). Haftbefehl gegen den **Baulöwen Jürgen Schneider** wegen Verdachts auf Betrug und Urkundenfälschung in Zusammenhang mit Kreditvergaben an die Jürgen Schneider AG (26.4.). Der Unternehmer hatte besonders in prestigeträchtige Großprojekte in den neuen Bundesländern investiert. Die **Treuhandanstalt zur Verwaltung des Volkseigentums der ehemaligen DDR**, die größte staatliche Industrie-Holding der Welt, beendet ihre Arbeit, nachdem sie die ehemals volkseigenen DDR-Betriebe privatisiert hat (31.12.).

Kunst & Kultur

Die **Kabarettistin Lore Lorentz** stirbt in Düsseldorf an den Folgen einer Lungenentzündung (22.2.). In Bonn eröffnet das Haus der Geschichte der Bundesrepublik Deutschland (14. 6.). Das **Deutsche Historische Museum in Berlin** zeigt die Ausstellung *Mahnmale des Holocaust – Motive, Rituale und Stätten des Gedenkens* (13.9.). Der Schauspieler **Heinz Rühmann** stirbt im Alter von 92 Jahren (3.10.). Die Neue Nationalgalerie in Berlin und die Kunstsammlung Nordrhein-Westfalen in Düsseldorf eröffnen die Werkschau *George Grosz: Berlin – New York* (21.12.).

Michael Schumacher nach dem Gewinn seines ersten Formel-1-Weltmeistertitels

Gesellschaft & Sport

In Lillehammer/Norwegen enden die **XVII. Olympischen Winterspiele** (27.2.). Deutschland erreicht den zweiten Platz in der Nationenwertung. **Heftige Proteste** von **Kurden** in Deutschland gegen die Unterdrückung ihres Volkes in der Türkei (19.3.). Der für seine spektakulären Aktionen bekannte **Kaufhauserpresser Dagobert** wird in Berlin gefasst (22.4.). Der **FC Bayern München** gewinnt die Deutsche Fußballmeisterschaft (7.5.). Die Deutsche Fußball-Nationalmannschaft der Männer scheidet bereits im Viertelfinale der Weltmeisterschaft in den USA gegen Bulgarien mit einer 1:2-Niederlage aus (10.7.). **Michael Schumacher** gewinnt als erster Deutscher die Weltmeisterschaft der Formel-1 (13.11.).

Weltgeschichte

Das auf dem **NATO-Gipfel** in Brüssel beschlossene Programm **Partnerschaft für den Frieden** bietet den mittel- und osteuropäischen Reformstaaten eine engere Kooperation und die spätere Möglichkeit einer Aufnahme in die NATO an (11.1.). **Waffenstillstandsabkommen** zwischen der bosnischen und kroatischen Armee in Bosnien-Herzegowina (23.2.). Auf der sog. **Uruguay-Runde** der GATT (General Agreement of Tariffs and Trade) beschließen 104 Staaten die **Gründung der Welthandelsorganisation WTO** (15.4.). Yitzhak Rabin und Yasir Arafat unterzeichnen in Kairo das **Abkommen über die Autonomie der Palästinenser**. Dieses sieht die Verwaltung der von Israel besetzten Gebiete Gazastreifen und Jericho durch eine palästinensische Regierungsbehörde vor (4.5.). **Nelson Mandela** wird zum ersten schwarzen Präsidenten Südafrikas gewählt (9.5.). Die **Irisch-Republikanische Armee** (IRA) ruft einen **Waffenstillstand** in dem seit 1969 andauernden Nordirland-Konflikt aus (31.8.). Die finnische Bevölkerung spricht sich bei einem Referendum mit 57% für den Beitritt ihres Landes zur Europäischen Union (EU) aus (16.10.). Das **Friedensabkommen zwischen Israel und Jordanien** beendet den seit 1948 herrschenden Kriegszustand (26.10.). Während die schwedische Bevölkerung mit 52,2% dem Beitritt zur EU zustimmt (13.11.), lehnen 52,2% der Menschen in Norwegen einen EU-Beitritt ab (28.11.).

1995

Politik

Die ehemaligen Truppenteile der **Nationalen DDR-Volksarmee** werden in die NATO-Streitkräfte eingegliedert (3.2.). Mit dem In-Kraft-Treten des **Schengener Abkommens** fallen die systematischen Personenkontrollen an den Binnengrenzen zwischen Deutschland, Frankreich, den Benelux-Staaten, Spanien und Portugal weg (26.3.). Die **UN-Klimakonferenz** beginnt in Berlin (28.3.). Trotz intensiver Verhandlungen können sich die 160 Teilnehmerstaaten nicht auf konkrete Maßnahmen zum Klimaschutz einigen. Das Landgericht Karlsruhe verurteilt **Günter Deckert**, Vorsitzender der NPD, wegen Volksverhetzung und Anstachelung zum Rassenhass zu zwei Jahren Haft ohne Bewährung (21.4.). Der erste mit Atommüll gefüllte **CASTOR-Behälter** trifft im Zwischenlager **Gorleben/Niedersachsen** ein (25.4.). Zuvor war es immer wieder zu schweren Auseinandersetzungen zwischen den Sicherheitskräften und Kernkraftgegnern gekommen. Nach Vorwürfen des Nachrichtenmagazins *Der Spiegel* setzt der Bundestag einen **Untersuchungsausschuss** ein, um zu prüfen, inwieweit der Bundesnachrichtendienst über den Transport **atomwaffenfähigen Plutoniums** von Moskau nach München im August 1994 bereits im Vorfeld informiert war (26.4.). **Manfred Stolpe**, Ministerpräsident von Brandenburg, und **Eberhard Diepgen**, Bürgermeister von Berlin, unterzeichnen den Vertrag über die Gründung eines **gemeinsamen Bundeslandes** (27.4.). Auf der gemeinsamen Gedenkstunde von Bundesrat und Bundestag zum Ende des Zweiten Weltkriegs findet der polnische Außenminister deutliche Worte der Versöhnung (28.4.). Die Delegierten des Bundesparteitages der FDP wählen **Wolfgang Gerhardt** zum neuen Parteivorsitzenden (10. 6.). Der **Gipfel der Europäischen Union** (EU) in Cannes/Frankreich legt den Fahrplan zu einer einheitlichen Europäischen Währung fest (27.6.). Der wegen Mordes an zwei Polizisten im Jahr 1931 zu sechs Jahren Haft verurteilte frühere DDR-Minister für Staatsicherheit **Erich Mielke** wird aus gesundheitlichen Gründen vorzeitig aus der Haft entlassen (1.8.). Das **bayerische Schulrecht**, wonach in jedem Grundschul-Klassenzimmer ein **Kruzifix** hängen soll, ist laut Bundesverfassungsgericht verfassungswidrig (10. 8.). Das Oberlandesgericht in Düsseldorf verurteilt die vier Angeklagten, die einen Brandanschlag auf ein von Türken bewohntes Haus in Solingen verübt haben, bei dem fünf Frauen und Mädchen starben, zu Haftstrafen in Höhe von zehn bzw. 15 Jahren (13.10.). Laut Urteil des Europäischen Gerichtshofs ist die **Frauenquote**, die in mehreren Bundesländern zur Anwendung kommt, nicht vereinbar mit EU-Recht (17.10.). Der Bundestag beschließt, den **Grundwehrdienst** von zwölf auf zehn Monate zu verkürzen (27.10.). **Oskar Lafontaine** geht aus einer Kampfabstimmung gegen Rudolf Scharping auf dem Parteitag der **SPD** in Mannheim als neuer **Parteivorsitzender** hervor (16.11.). Die Kultusminister der Bundesländer beschließen die umstrittene **Reform der Rechtschreibung**, die vom 1.8.1998 an gelten soll (1.12.). Zur Verstärkung der 60.000 Mann starken internationalen **Friedenstruppe für Bosnien** genehmigt der Deutsche Bundestag die Entsendung von 4000 Bundeswehrsoldaten (6.12.).

Begleitet von Demonstranten wird der mit einer blauen Plane bedeckte CASTOR-Behälter von Polizisten auf der Straße von Dannenberg nach Gorleben eskortiert

Wirtschaft & Wissenschaft

Die **Deutsche Bahn AG** führt das sog. **Wochenendticket** ein (1.3.). Viele Menschen nutzen das Angebot, für 15 DM mit bis zu sechs Personen in Regionalzügen durch das gesamte Bundesgebiet reisen zu können, was zu einer teilweisen Überlastung der Züge führt. **Nick Leeson**, der unter Verdacht steht, durch Finanzspekulationen die britische Baring Bank in den Ruin getrieben zu haben, wird in Frankfurt a. M. verhaftet (2.3.). **Christiane Nüsslein-Volhard** erhält als erste deutsche Wissenschaftlerin zusammen mit ihren amerikanischen Kollegen Edward B. Lewis und Eric F. Wieschaus den **Nobelpreis für Medizin** aufgrund ihrer Forschungsergebnisse auf dem Gebiet der frühen Embryonalentwicklung (10.12.).

Kunst & Kultur

Gedenkveranstaltung in **Dresden** wegen der Zerstörung der Stadt durch die britische Luftwaffe vor 50 Jahren (13.2.). 100. Geburtstag des Schriftstellers **Ernst Jünger** (29.3.). Die erste Bundesgartenschau in den neuen Bundesländern öffnet in **Cottbus** ihre Pforten (29.4.). Als öffentlicher Ort des jüdischen Lebens wird das *Centrum Judaicum* in der **Neuen Synagoge in Berlin** eingeweiht (7.5.). Die **Künstler Christo und Jeanne Claude** verhüllen den Berliner Reichstag (23.6.). Etwa 5 Mio. Menschen lassen sich diese Kunstaktion nicht entgehen. **Heiner Müller**, Dramatiker und Regisseur, stirbt in Berlin an den Folgen eines Krebsleidens (30.12.). **Günter Grass** stellt seinen Roman *Ein weites Feld* fertig.

Gesellschaft & Sport

Die umstrittenen Pläne des Shell-Konzerns**,** die ausgediente Ölplattform **Brent Spar** in der Nordsee zu versenken, führen zu einem Boykott von Shell-Tankstellen (12.6.). Der Ölkonzern gibt schließlich dem Druck nach und verpflichtet sich, die Ölplattform umweltgerecht zu entsorgen. Mehrere **Briefbombenattentate** gegen Personen des öffentlichen Lebens erschüttern Deutschland (13.6.). **Borussia Dortmund** gewinnt nach 32 Jahren wieder die Deutsche Fußballmeisterschaft (17.6.). **Steffi Graf** gewinnt zum sechsten Mal das Tennisturnier in Wimbledon (8.7.). Bei den **Chaostagen in Hannover** liefern sich „Punks“ aus dem gesamten Bundesgebiet Straßenschlachten mit der Polizei (5.8.).

Christo vor dem *Verhüllten Reichstag*

Weltgeschichte

Yitzhak Rabin

Finnland, Schweden und Österreich treten der Europäischen Union bei (1.1.). Bosnische Serben erobern die **UN-Schutzzone Srebrenica** und vertreiben mit Gewalt fast 40.000 muslimische Zivilisten (11.7.). Das **UN-Kriegsverbrechertribunal** in Den Haag stellt den bosnischen Serbenführer **Radovan Karadzic** und seinen Militärchef **Ratko Mladic** wegen Verbrechen gegen die Menschlichkeit unter Anklage (25.7.). Die kroatische Armee beginnt mit der Rückeroberung des mehrheitlich von Serben bewohnten Gebietes Krajina (4.8.). 120.000 Serben müssen aus ihrer Heimat fliehen. Als Vergeltungsmaßnahme vertreiben bosnische Serben viele tausend Muslime und Kroaten aus der bosnischen Stadt Banja Luka (14.8.). Die bosnischen Serben befolgen das Ultimatum der NATO und ziehen ihre schweren Waffen aus einer Schutzzone um Sarajevo ab (14.9.). Die NATO stellt daraufhin ihre Luftangriffe auf Stellungen der bosnischen Serben ein. **Israel** und die **palästinensische Autonomiebehörde** unterzeichnen in Washington ein Abkommen, in dem die palästinensische Verwaltung auf das Westjordanland, mit Ausnahme der Stadt Hebron, ausgeweitet wird (28.9.). Ein jüdischer Fanatiker ermordet den israelischen **Regierungschef Yitzhak Rabin** während einer Friedenskundgebung in Tel Aviv (4.11.). Feierliche Unterzeichnung des **Friedensvertrages** für **Bosnien-Herzegowina** in Paris (14.12.).

1996

Politik

In einer Rede vor dem Bundestag mahnt der israelische Staatspräsident **Ezer Weizman** Wachsamkeit gegenüber neonationalsozialistischen Tendenzen an (16.1.). Im Zusammenhang mit der **Rinderseuche BSE** (Bovine Spongiforme Encephalopathie) räumt die britische Regierung erstmals die Möglichkeit einer Übertragung der Krankheit auf den Menschen ein (20.3.). Deutschland verhängt daraufhin ein Importverbot für britisches Rindfleisch (23.3.), da der sog. **Rinderwahnsinn** im Verdacht steht, eine neue Form des für den Menschen meist tödlichen **Creutzfeldt-Jakob-Syndroms** zu verursachen. Die **Kommission der Europäischen Union** (EU) verbietet die Ausfuhr britischen Rindfleisches (27.3.). Die Bundesregierung beschließt die erleichterte **Abschiebung ausländischer Gewalttäter** als Reaktion auf die gewalttätigen Proteste von Kurden in Deutschland (27.3.). In Deutschland ist nach 14 Jahren der **Anbau** von sog. **Nutz-Hanf** (der Gehalt des berauschenden Wirkstoffes Tetrahydrocannabinol ist kleiner als 0,3%) wieder erlaubt (16.4.). Die Bundesregierung normalisiert die 1992 abgebrochenen Beziehungen zu der aus Serbien und Montenegro bestehenden Bundesrepublik Jugoslawien

Bayerische Bauern protestieren gegen die britische BSE-Politik

(17.4.). Die Bürger Brandenburgs lehnen in einem gemeinsamen **Referendum** von **Berlin** und **Brandenburg** den geplanten Zusammenschluss der beiden Bundesländer ab (5.5.). Rund 19.000 Beamte der Polizei und des Bundesgrenzschutzes sind notwendig, um den sicheren **Castor-Transport** von hochradioaktivem Abfall aus der Wiederaufbereitungsanlage in La Hague/Frankreich in das Zwischenlager Gorleben/Niedersachsen zu gewährleisten (8.5.). Der südafrikanische Präsident **Nelson Mandela** bedankt sich in seiner Rede vor dem Bundestag bei den Deutschen für die Unterstützung des Kampfes

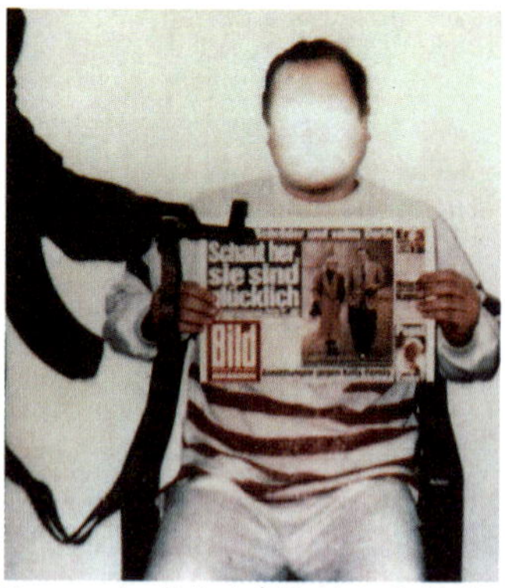

Das von der Polizei geblendete Polaroid-Foto zeigt Jan Philipp Reemtsma bei den Entführern mit einer Ausgabe der *Bild*-Zeitung vom 26. 3. 1996

gegen das – überwundene – Apartheidregime in seiner Heimat (22.5.). 350.000 Menschen **protestieren** in Bonn gegen die **Sparpläne** der **Bundesregierung** bei den staatlichen Sozialleistungen (26.6.). Laut der Absichtserklärung Deutschlands, Österreichs, der Schweiz, Liechtensteins und vier Ländern mit deutscher Minderheit soll die **Rechtschreibreform** ab dem 1.8.1998 in Schulen und Behörden verbindlich eingeführt werden (1.7.). Das Landgericht Berlin verhängt erstmals Strafen gegen sechs DDR-Kommandeure für die **Todesschüsse** an der innerdeutschen Grenze (10.9.). **Helmut Kohl** ist seit 5145 Tagen als Bundeskanzler im Amt und damit länger als Konrad Adenauer (31.10.). Das veränderte **Ladenschlussgesetz** verlängert die Geschäftszeiten des Einzelhandels von 6 bis 20 Uhr (1.11.). Der französische Staatspräsident **Jacques Chirac** und Bundeskanzler **Helmut Kohl** einigen sich auf eine gemeinsame Konzeption zur **Sicherheits- und Verteidigungspolitik** (9.12.). Der Bundestag stimmt der Beteiligung von Bundeswehrsoldaten an der neuen **internationalen Friedenstruppe** in Bosnien-Herzegowina **SFOR** (Stabilization Force) zu (13.12.). Auf dem Gipfeltreffen der EU in Dublin/Irland einigen sich die Staats- und Regierungschefs auf die Voraussetzungen für die **Einführung der Gemeinschaftswährung Euro** (14.12.). Der sog. **Stabilitätspakt** legt u. a. ein maximales Haushaltsdefizit von 3% fest, gemessen am Bruttoinlandsprodukt der einzelnen Euroländer.

Wirtschaft & Wissenschaft

Der Aufsichtsrat des **AEG-Konzerns** beschließt die Auflösung des 113 Jahre alten Unternehmens (17.1.). Die **Bremer Vulkan Verbund AG**, Deutschlands größtes Schiffsbauunternehmen, meldet Konkurs an (1.5.). Die Umweltschutzorganisation **Greenpeace** stellt ein Auto vor, das nur 3,21 Liter Sprit auf 100 km verbrauchen soll (13.8.). **Daniel Jonah Goldhagen**, Politologe aus den USA, nimmt erstmals in Deutschland zu seinen umstrittenen Thesen in einer öffentlichen Diskussion Stellung (4.9.). Er sieht den Holocaust als eine Konsequenz des deutschen Antisemitismus, die Deutschen seien Hitlers willige Vollstrecker gewesen. **Handelsstart** für die Aktien der **Deutschen Telekom** (18.11.).

Kunst & Kultur

Der auf Lebenszeit verliehene **Iffland-Ring**, eine bedeutende Auszeichnung für deutschsprachige Schauspieler, erhält nach dem Tod **Josef Meinrads** der Schweizer **Bruno Ganz** (28.2.). Im Alter von 89 Jahren stirbt der Schriftsteller **Wolfgang Koeppen** in München (15.3.). **Heiner Müllers** Schauspiel *Germania 3* wird in Bochum uraufgeführt (24.5.). **Konstantin Wecker** muss wegen Drogenmissbrauchs für zweieinhalb Jahre ins Gefängnis (26.9.). Wiedereröffnung des **Deutschen Doms** am Gendarmenmarkt in Berlin (2.10.). Das historische Gebäude beherbergt in Zukunft die Dauerausstellung *Fragen an die deutsche Geschichte*.

Gesellschaft & Sport

Bei einem **Feuer** auf dem **Düsseldorfer Flughafen** sterben 17 Menschen, 62 werden verletzt (11.4.). Der Multimillionär **Jan Philipp Reemtsma**, am 25.3. in Hamburg entführt, kommt gegen ein Lösegeld von 30 Mio. DM aus der Geiselhaft frei (26.4.). Obwohl drei mutmaßliche Entführer gefasst werden können, bleibt das Lösegeld zunächst verschwunden. Zum zweiten Mal in Folge gewinnt **Borussia Dortmund** die Deutsche Fußballmeisterschaft (18.5.). Die **Deutsche Fußballnationalmannschaft** besiegt im Finale der Europameisterschaft in England die Tschechische Republik mit 2:1 und wird **Europameister** (30.6.). In Atlanta/USA gehen die **XXVI. Olympischen Sommerspiele** zu Ende (4.8.). Deutschland ist Dritter in der Nationenwertung. Deutschlands erster Digitaler Fernsehsender *DF 1* geht auf Sendung (28.7.). Zum Abschluss seiner Karriere verliert der Boxer **Henry Maske** seinen Weltmeistertitel im Halbschwergewicht an den US-Amerikaner Virgil Hill (23.11.).

Weltgeschichte

Yasir Arafat

François Mitterrand, ehemaliger französischer Staatspräsident, erliegt im Alter von 74 Jahren einem Krebsleiden (8.1.). **Yasir Arafat** wird mit 87,1% der abgegebenen Stimmen bei den ersten demokratischen Wahlen zum Vorsitzenden des Palästinensischen Autonomierates gewählt (20.1.). Eine **Bombenexplosion** bei den **Olympischen Sommerspielen** in Atlanta/USA fordert zwei Menschenleben, 111 Personen werden verletzt (27.7.). Türkische Soldaten erschießen einen Griechen an der innerzypriotischen Grenze (14.8.). Der Vorfall führt zu schweren Unruhen auf der geteilten Insel und zu **Spannungen** zwischen den NATO-Partnern **Griechenland** und **Türkei**. **Russland** und die abtrünnige Kaukasusrepublik **Tschetschenien** schließen ein **Friedensabkommen**; der politische Status Tschetscheniens soll jedoch erst Ende 2001 festgelegt werden (31.8.). Es kommt zu heftigen **Zusammenstößen** zwischen **israelischen Sicherheitskräften** und **Palästinensern**, nachdem ein 2500 Jahre alter Tunnel, der den arabischen und den jüdischen Teil Jerusalems miteinander verbindet, geöffnet wird (25.9.). Radikal-islamische **Taliban-Milizen** erobern die afghanische Hauptstadt Kabul und besitzen nun die Kontrolle über zwei Drittel des Landes (27.9.). **Bill Clinton** erneut zum US-amerikanischen Präsidenten gewählt (5.11.). UNO-Vollversammlung wählt den Ghanaer **Kofi Annan** zum neuen Generalsekretär (17.12.).

1997

Politik

Bundeskanzler **Helmut Kohl** und sein tschechischer Amtskollege **Václav Klaus** unterzeichnen in Prag die deutsch-tschechische **Aussöhnungserklärung** (21.1.). Durch die gemeinsame Erklärung sollen die zukünftigen Beziehungen der beiden Staaten nicht durch das von beiden Seiten im Zusammenhang mit dem Zweiten Weltkrieg begangene Unrecht belastet werden. Deutschland registriert den fünften Fall eines mit **BSE** infizierten Rindes seit 1992 (21.1.). Bund und Länder beschließen daraufhin alle aus Großbritannien und der Schweiz importierten **Rinder notschlachten** zu lassen (22.1.). Das Berliner Kammergericht verurteilt im sog. **Mykonos-Prozess** vier von fünf Angeklagten wegen der Ermordung von vier iranisch-kurdischen Oppositionspolitikern im Herbst 1992 zu langjährigen Haftstrafen (10.4.). Da nach Erkenntnis der Richter die Drahtzieher des Attentats der iranischen Führung zuzurechnen sind, kommt es zu diplomatischen Spannungen zwischen der Bundesrepublik und dem Iran. **Roman Herzog** fordert in seiner „Ruck"-Rede im wieder erbauten Hotel Adlon in Berlin grundlegende gesellschaftliche Reformen für Deutschland (26.4.). Die **Europäische Union** (EU) schreibt

Bundespräsident Roman Herzog während seiner Rede im Berliner Hotel Adlon

die Kennzeichnung gentechnisch veränderter Lebensmittel vor (15.5.). Nach langjähriger Diskussion verabschiedet der Bundestag ein Gesetz, das die **Vergewaltigung in der Ehe** unter Strafe stellt (15.5.). **Markus Wolf**, früherer DDR-Spionagechef, wird wegen Freiheitsberaubung zu zwei Jahren Haft auf Bewährung verurteilt (27.5.). Der Verfassungsschutz erhält von den Innenministern des Bundes und der Länder den Auftrag, die **Scientology-Sekte** auf demokratiefeindliche Bestrebungen hin beobachten zu lassen (6.6.). Die Staats- und Regierungschefs der EU einigen sich bei ihrem Gipfeltreffen in Amsterdam auf eine verstärkte Zusammenarbeit in den Bereichen Beschäftigungs-, Außen- und Sicherheitspolitik (17.6.). Der Bundestag verabschiedet das **Transplantationsgesetz** zur gesetzlichen Regelung der Entnahme von Organen (25.6.). Der Fernsehsender SAT1 zeigt ein Privatvideo mit **Bundeswehrsoldaten**, die zur Ausbildung für die bosnische Friedenstruppe in **Hammelburg/Bayern** stationiert sind, wie sie Hinrichtungen und Vergewaltigungen simulieren (4.7.). Deutschland, Italien und Österreich vereinbaren den Wegfall der Grenzkontrollen zwischen den Staaten zum 1.4.1998 (17.7.). Urteilsverkündung im sog. **Politbüro-Prozess** (25.8.). **Egon Krenz**, letzter Staats- und Parteichef der DDR, erhält sechseinhalb Jahre Freiheitsentzug, die Angeklagten **Günter Schabowski** und **Günther Kleiber** bekommen drei Jahre. Bundespräsident Roman Herzog hält als erstes deutsches Staatsoberhaupt eine Rede im russischen Fernsehen, in der er für eine enge Zusammenarbeit zwischen Russland und Deutschland wirbt (1.9.). Die **Außenminister** der EU unterzeichnen den **Amsterdamer Vertrag**, der den Maastricht-Vertrag von 1992 novelliert (2.10.). Entgegen einer früheren Entscheidung, bestätigt der Europäische Gerichtshof die Vereinbarkeit der **Frauenquote** im Öffentlichen Dienst mit dem EU-Recht (11.11.). Bundesverteidigungsminister **Volker Rühe** verteidigt seine Truppe gegenüber den Anschuldigungen, in der Bundeswehr zeigten sich rechtsextreme Tendenzen (5.11.). Einen Monat später wird bekannt, dass der Rechtsextremist **Manfred Roeder** vor Offizieren der Bundeswehr einen Vortrag halten konnte (6.12.).

Wirtschaft & Wissenschaft

Der rund alle 2500 Jahre an der Erde vorbeiziehende **Komet Hale-Bopp** erreicht mit 197 Mio. km seinen erdnächsten Punkt (23.3.). Im **Erpressungsfall** gegen den **Nestlé-Konzern** findet die Polizei aufgrund eines anonymen Hinweises eine mit Zyanid vergiftete Senftube der Firma Nestlé in einem Saarbrücker Supermarkt (7.4.). Der Sportartikelhersteller **Adidas** kauft seinen französischen Konkurrenten Salomon auf und ist damit weltweit der **zweitgrößte Hersteller** von Sportartikeln (16.9.). Auf ihrer ersten Station in Deutschland öffnet in Mannheim die umstrittene Wanderausstellung **„Körperwelten“** ihre Pforten und erlebt einen wahren Publikumserfolg (29.10.).

Kunst & Kultur

Die Galerie der Gegenwart eröffnet in Hamburg (23.2.). Die umstrittene Wanderausstellung *Vernichtungskrieg. Verbrechen der Wehrmacht 1941 bis 1944* macht in München Station (24.2.). Der Schriftsteller **Jurek Becker** erliegt in Berlin einem Krebsleiden (14.3.). In Bremen taucht ein Kunstwerk auf, das vermutlich zum **legendären Bernsteinzimmer** gehört (13.5.). In Frankfurt/Main eröffnet der **Neubau** der **Deutschen Bibliothek** (14.5.). Die *documenta X* findet erstmals unter weiblicher Führung der Französin **Cathérin David** statt (21.6.). **Einweihung** des 1945 von einem Feuer zerstörten **Hotels Adlon** in Berlin (23.8.).

Gesellschaft & Sport

Jan Ullrich (Mitte) nach seinem Triumph bei der Tour de France

Der **FC Schalke 04** gewinnt den UEFA-Pokal (21.5.), **Borussia Dortmund** als erste deutsche Mannschaft die UEFA Champions League (28.5.). Der **FC Bayern München** wird zum 14. Mal Deutscher Fußballmeister (31.5.). 1 Mio. Menschen feiern auf der **Love Parade** in **Berlin** die weltweit größte Technoparty (12.7.). Als die ersten Deiche brechen, spitzt sich die Lage in dem vom **Oder-Hochwasser** bedrohten Bundesland Brandenburg zu (23.7.). Der Kampf der Bevölkerung und der Einsatzkräfte gegen die Fluten ist der größte zivile Katastropheneinsatz seit Bestehen der BR Dtl. Der Radprofi **Jan Ullrich** gewinnt als erster Deutscher die **Tour de France** (27.7.).

Weltgeschichte

Prinzessin Diana

Kofi Annan tritt sein Amt als neuer UNO-Generalsekretär an (1.1.), **Bill Clinton** sein Amt als US-Präsident (20.1.). Schottische Forscher des Roslin-Instituts verkünden, dass es erstmals gelungen ist, ein erwachsenes Säugetier (**Schaf Dolly**) zu klonen (23.2.). Die 1993 unterzeichnete Anti-Chemiewaffen-Konvention der UNO tritt in Kraft (29.4.). Demnach ist es verboten, Chemiewaffen zu entwickeln, zu produzieren und zu besitzen. **Tony Blair** löst den bisherigen Premierminister von England, John Major, ab (1.5.). Europäische Sicherheitspartnerschaft zwischen Russland und der NATO vereinbart (27.5.). In Denver/USA beginnt der **23. Weltwirtschaftgipfel** (21.6.). Erstmals von Beginn an dabei ist auch der russische Präsident **Boris Jelzin**. Ohne Einigung auf eine Bekämpfung der Klimaerwärmung geht in New York der **UN-Umweltgipfel** zu Ende (27.6.). **Hongkong**, seit 156 Jahren britische Kronkolonie, wird **China** für die nächsten 50 Jahre als **Sonderverwaltungszone** unterstellt (1.7.). Die britische **Prinzessin Diana** kommt bei einem **Autounfall** in Paris ums Leben (31.8.). 121 Staaten, ohne USA, China und Russland, unterzeichnen in Ottawa/Kanada das Abkommen über ein **Verbot von Landminen** (3.12.). Die Delegierten der **UNO-Klimakonferenz** in **Kyoto/Japan** unterzeichnen ein Abkommen zur Reduzierung der Treibhausgase (11.12.).

1998

Politik

Der verstärkte **Zustrom kurdischer Flüchtlinge** veranlasst die Staaten des Schengener Abkommens über freien Grenzverkehr, sich über verstärkte Kontrollen an den Außengrenzen zu verständigen (8.1.). Eine Grundgesetzänderung des Bundestages ermöglicht die akustische Wohnraumüberwachung, den sog. **großen Lauschangriff** (16.1.). Der Bundestag verabschiedet das neue **Hochschulrahmengesetz** (13.2.). Die Opposition kann sich mit ihrer Forderung nach einem Verbot von Studiengebühren nicht durchsetzen. Nach dem Sieg des SPD-Spitzenkandidaten **Gerhard Schröder** bei den Landtagswahlen in Niedersachsen nominiert ihn das Parteipräsidium zum **Kanzlerkandidaten** (2.3.). Im Zuge des **Schengener Abkommens** entfallen die Grenzkontrollen zwischen Dtl., Italien und Österreich (1.4.). Bei der britischen Nachrichtenagentur Reuters geht ein Schreiben der **Roten Armee Fraktion** ein, in dem sie nach fast 28 Jahren ihre **Auflösung** bekannt gibt (20.4.). Mit großer Mehrheit stimmt der Bundestag dem Beitritt zur Europäischen Währungsunion zum 1.1.1999 zu und damit auch der Einführung der Gemeinschaftswährung **Euro** (23.4.). Die **Deutsche Volksunion (DVU)** erreicht bei den Landtagswahlen in Sachsen-Anhalt 12,9% der Stimmen und zieht damit als erste rechtsextreme Partei in einen Landtag der Neuen Bundesländer ein (26.4.). Die Staats- und Regierungschefs der Europäischen Union (EU) legen die Länder fest (die 15 EU-Mitglieder außer Dänemark, Griechenland, Großbritannien und Schweden), in denen zum 1.1.1999 der **Euro** eingeführt wird, und ernennen den Niederländer **Wim Duisenberg** zum ersten **Präsidenten** der **Europäischen Zentralbank** (3.5.). Es stellt sich heraus, dass die **Castor-Behälter** zum Transport radioaktiven Atommülls einige Male verstrahlt waren. Daraufhin setzt das Bundesumweltministerium alle weiteren Transporte aus (20.5.). Erstes **Fahrverbot** für **Kraftfahrzeuge** in vier Bundesländern aufgrund hoher Ozonkonzentrationen in der Luft (12.8.). Bei den **Wahlen** zum **14. Deutschen Bundestag** kommt es zur ersten **vollständigen Ablösung** der **Regierung** durch Oppositionsparteien in der Geschichte der Bundesrepublik (27.9.). Die SPD erreicht einen Stimmenanteil von 40,9%, auf die CDU/CSU entfallen 35,1%, Bündnis 90/Die Grünen kommen auf 6,7%, die FDP erreicht 6,2%, und die PDS überspringt erstmals mit 5,1% der Stimmen die Fünf-Prozent-Hürde im gesamten Bundesgebiet. Bei einer Volksabstimmung in Schleswig-Holstein wird die Einführung der **Rechtschreibreform** von 56,4% der Bürger abgelehnt (27.9.). **Wolfgang Thierse** wird zum neuen Bundestagspräsidenten gewählt (26.10.). Der Bundestag wählt **Gerhard Schröder** von der SPD zum siebten deutschen **Bundeskanzler** (27.10.). Schröder beruft u. a. **Joschka Fischer** (Bündnis 90/Die Grünen) als Vizekanzler und **Außenminister** in sein Kabinett. Als Folge der Landtagswahlen in Mecklenburg-Vorpommern kommt es nach schwierigen Verhandlungen zur **ersten Koalition** zwischen **SPD** und **PDS** auf Länderebene (31.10.). **Wolfgang Schäuble** tritt die Nachfolge von Helmut Kohl als **CDU-Parteivorsitzender** an (7.11.). Die bayerischen Behörden schieben den unter dem Pseudonym **Mehmet** bekannten, in Dtl. geborenen und aufgewachsenen

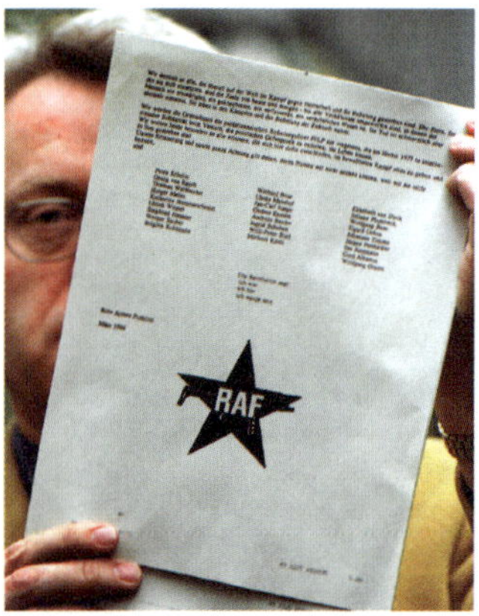

Die letzte Seite des Briefs der Roten Armee Fraktion (RAF), in dem sie ihre Auflösung bekannt gibt

Gerhard Schröder und seine Frau Doris jubelnd nach der gewonnenen Bundestagswahl

14-jährigen **türkischen Straftäter** nach langem juristischen Hin und Her in die Türkei ab (14.11.).

Wirtschaft & Wissenschaft

Die **Deutsche Post AG** und die **Deutsche Telekom AG** verlieren ihre Monopole im Briefverkehr bzw. in der Telekommunikation (1.1.). Der Volkswagen-Konzern stellt den **New Beetle** vor, den Nachfolger des alten VW-Käfers (5.1.). Der Ministerrat der Europäischen Union führt das **Tabakwerbeverbot** ab dem Jahr 2006 ein (12.2.). Der **Bertelsmannkonzern** übernimmt den New Yorker Buchverlag Random House (23.3.). Die Automobilkonzerne **Daimler-Benz** und **Chrysler/USA** kündigen ihre Fusion an, den größten Industriezusammenschluss der Welt (7.5.). Die **Deutsche Bank** und das US-Investmenthaus **Bankers Trust** fusionieren zum weltgrößten Kreditinstitut (30.11.).

Kunst & Kultur

Der Schriftsteller **Ernst Jünger** stirbt im Alter von 102 Jahren (17.2.). Boris Jelzin unterzeichnet das umstrittene russische **Beutekunstgesetz** (15.4.). Es sieht vor, dass alle im Zweiten Weltkrieg erbeuteten Kunstgegenstände in das Eigentum Russlands übergehen, u. a. Heinrich Schliemanns trojanischer Goldschatz. An der Dankesrede des Schriftstellers Martin Walser zur Verleihung des Friedenspreises des deutschen Buchhandels entzündet sich die sog. **Walser-Bubis-Debatte** (11.10.). Walser äußert sich in seiner Danksagung kritisch gegenüber der ständigen Medienpräsenz der NS-Vergangenheit, woraufhin ihn Ignatz Bubis, Vorsitzender des Zentralrates der Juden, einen „geistigen Brandstifter" nennt.

Gesellschaft & Sport

Die **deutschen Bischöfe** beschließen, auf Bitte des Papstes hin, **keine Beratungsscheine** mehr auszustellen, die für einen straffreien Schwangerschaftsabbruch notwendig sind (27.1.). In Nagano/Japan gehen die **XVIII. Olympischen Winterspiele** zu Ende (22.2.). Deutschland ist erfolgreichste Nation. Festnahme von **Thomas Drach**, des mutmaßlichen **Entführers** von **Jan Phillip Reemtsma**, in Buenos Aires/Argentinien (28.3.). Der

Das erste Bauteil der ISS

1. FC Kaiserslautern gewinnt direkt nach dem Wiederaufstieg in die 1. Bundesliga die Deutsche Fußballmeisterschaft (9.5.). Bei einem schweren **Zugunglück** in **Eschede/Niedersachsen** sterben 101 Menschen (3.6.). Bei der **Fußball Weltmeisterschaft** in Frankreich scheidet die deutsche Mannschaft bereits im Viertelfinale gegen Kroatien aus (4.7.).

Weltgeschichte

In Belfast/Nordirland geht die **Nordirland-Friedenskonferenz** mit einem Friedensabkommen, das für die Region mehr Selbstbestimmung vorsieht, und dem historischen Handschlag zwischen dem englischen Premier Tony Blair und seinem irischen Amtskollegen Bertie Ahern zu Ende (10.4.). Eröffnung der Weltausstellung **Expo ´98** in **Lissabon/Portugal** (21.5.). Gegen den Willen der USA beschließen die Delegierten einer Staatenkonferenz in Rom die **Gründung** eines ständigen **internationalen Gerichtshofs**, der bei Verdacht auf Völkermord, Verbrechen gegen die Menschlichkeit und Kriegsverbrechen tätig werden soll (18.7.). In der sog. **Lewinsky-Affäre** widerspricht die ehemalige Praktikantin im Weißen Haus in Washington Monica Lewinsky vor einem Untersuchungsausschuss der Aussage des US-amerikanischen Präsidenten **Bill Clinton**, indem sie sexuelle Kontakte mit ihm bestätigt (6.8.). Die traurige Bilanz zweier **Terroranschläge** auf die amerikanischen Botschaften in **Kenia** und **Tansania** lautet: 224 Tote und über 5500 Verletzte (7.8.). Im **Kosovo-Konflikt** zwischen Kosovo-Albanern und Serben stimmt der serbische Ministerpräsident **Slobodan Milosevic** auf internationalen Druck hin der Stationierung von 2000 internationalen Beobachtern zu (13.10.). Das erste Bauteil für die ständig bemannte **internationale Raumstation ISS** ist in den Weltraum geschossen (20.11.).

Der erste „ungefilterte" Regierungswechsel (27.9.1998)

Am 27.9.1998 fanden zum vierzehnten Mal Bundestagswahlen statt, die dritten gesamtdeutschen. Bundeskanzler Helmut Kohl stellte sich zum fünften Mal der Wahl, sein Herausforderer Gerhard Schröder zum ersten Mal. Was auf Landesebene schon oft geschehen war, bildete auf Bundesebene ein Novum: ein Regierungswechsel ohne Wenn und Aber. Die beiden Oppositionsparteien SPD und Bündnis 90/Die Grünen übernahmen die Regierung, die beiden bisherigen Regierungsparteien gingen in die Opposition. Ein solcher Vorgang gehört zur Normalität eines demokratischen Verfassungsstaates, zumal die Parteien eine derartige Entscheidung vor der Wahl verkündet hatten, ein entsprechendes Votum der Bevölkerung vorausgesetzt. Wie die Ruhe, mit der sich der Regierungswechsel vollzog, eindrucksvoll belegt, ist die Bundesrepublik meilenweit von der krisengeschüttelten ersten deutschen Demokratie entfernt, längst erwachsen geworden.

Der Ausgang in dieser Höhe überraschte: Die SPD allein erhielt mehr Stimmen als die Union und die Liberalen zusammen. Der triumphale Wahlsieg ging wesentlich auf die Person Gerhard Schröders zurück. Souverän kommunizierte er mit den Medien. Die „Kohl muss weg"-Stimmung trug ebenfalls zum Wahldesaster der Union bei. Sie hatte mit dem „Schlachtross" Kohl auf das falsche Pferd gesetzt.

SPD-Kanzlerkandidat Gerhard Schröder jubelt mit Vorstandsmitgliedern auf der Bühne in der Bonner Parteizentrale am 27.9.1998 über das Wahlergebnis

Regierungswechsel vor 1998

Die drei vorherigen Regierungswechsel im Bund hatten für mehr Irritationen gesorgt: 1966 sahen manche in der Großen Koalition nicht nur ein bedenkliches Zeichen parlamentarischen Regierens, sondern auch den Beginn des Endes der parlamentarischen Demokratie. Der Regierungswechsel im Jahr 1969 wurde von den Anhängern zu einem „Machtwechsel" stilisiert, von seinen Gegnern nicht so recht akzeptiert. Die Niederlage sollte möglichst schnell wettgemacht werden. Polarisierung und Konfrontation war die Folge. Auch der Regierungswechsel 1982 schlug hohe Wellen, war doch von „Verrat" die Rede.

Obwohl die Bundesrepublik Deutschland nach dem Proportionalsystem wählt (modifiziert allerdings durch die Fünf-Prozent-Klausel), entwickelten sich die Wahlen immer mehr zu einer Entscheidung über Regierung und Opposition. Denn der Wähler wusste vorher meistens, wer mit wem eine Koalition einzugehen beabsichtigte. Eine Art Zweiblöckesystem mit der Union und der FDP auf der einen und der SPD und dem Bündnis 90/Die Grünen auf der anderen Seite entstand. Allerdings zeigte sich das Paradoxon, dass in den Neunzigerjahren, in denen sich die beiden Blöcke zu konsolidieren schienen, durch die parlamentarische Existenz einer fünften Partei, deren bundespolitische Koalitionstauglichkeit von allen Seiten bestritten wird, eine Mehrheit nicht zustandekommen könnte. Dieser Kelch ging 1990, 1994, 1998 und auch 2002 an

den Wählern vorbei, nicht jedoch 2005.
Zwei der fünf Regierungswechsel waren während der Wahlperiode zustande gekommen (1966 und 1982) und drei aufgrund des Wahlausgangs nach ihr (1969, 1998 und 2005). Entgegen allen Befürchtungen der einen und den Hoffnungen der anderen haben Regierungswechsel weder die Stabilität noch die Kontinuität gefährdet. Extremistische Parteien spielten ohnehin kaum eine Rolle.

Extremistische Parteien

Eine rechtsextremistische Partei – die Deutsche Rechtspartei – war nur im ersten Deutschen Bundestag vertreten. In der zweiten Hälfte der Sechzigerjahre konnte die Nationaldemokratische Partei Deutschlands (NPD) in insgesamt sieben Landtage einziehen. Als sie bei der Bundestagswahl 1969 mit 4,3% an der Fünf-Prozent-Klausel scheiterte, gingen ihre Stimmenanteile schlagartig zurück. Die NPD erreichte bei den sächsischen Landtagswahlen im Herbst 2004 überraschend 9,2%. Seit Ende der Achtzigerjahre ist der Deutschen Volksunion (DVU) wie der Partei der „Republikaner" manchmal der Einzug in Landtage gelungen. Meistens waren dies nur „Eintagsfliegen", da solche Parteien, gewählt häufig aus Gründen des Protests, über keine größere fest gefügte Wählerschaft verfügen. Bei der Bundestagswahl 1998 kamen die drei untereinander zerstrittenen Rechtsaußenparteien zusammen auf 3,3% der Stimmen. Bei der Bundestagswahl 2002 zerbröselte das Votum für die Rechtsaußenparteien wieder: Die Partei der „Republikaner" erhielt 0,6%, die NPD 0,4%. 2005 bekam die NPD 1,6%, die Partei der „Republikaner" 0,6%.

Extremistische Parteien in Deutschland: NPD-Aufmarsch in Berlin

Saß die KPD zwischen 1949 und 1953 im Deutschen Bundestag, so war zwischen 1953 und 1990 keine linksextremistische Partei in ihm repräsentiert. Im Jahre 1990 zog die aus der SED hervorgegangene PDS dank einer für Ost und West gesondert geltenden Sperrklausel in das Bundesparlament ein (mit 2,4% der Stimmen), 1994 aufgrund des Gewinns von vier Direktmandaten (mit 4,4% der Stimmen), 1998 dank eines Stimmenanteils von 5,1% sogar in Fraktionsstärke. Einerseits ist damit gegenüber früher eine Zunahme linksextremistischer Positionen eingetreten, andererseits eine Abnahme. Denn die PDS verkörpert eine deutlich abgeschwächte Form des Extremismus im Vergleich zur KPD. Zudem ist sie klar eine Ostpartei, wie nicht zuletzt das Ergebnis der Bundestagswahl 1998 verdeutlichte (Wahlgebiet West: 1,2%; Wahlgebiet Ost: 21,6%).

PDS in der Verantwortung

Waren sich 1990 alle tragenden gesellschaftlichen Richtungen darin einig, dass eine Zusammenarbeit mit der PDS nicht infrage komme, so trat später eine Wandlung ein (jedenfalls bezogen auf

Wahlwerbung von PDS und SPD vor der Landtagswahl in Mecklenburg-Vorpommern 1998

den Osten). Nach der Landtagswahl in Sachsen-Anhalt im Jahre 1994 ließen sich SPD und Bündnis 90/Die Grünen von der PDS tolerieren. Dieses „Magdeburger Modell" setzte die SPD von 1998 bis 2002 fort.
Der 27.9.1998 ist noch aus einem anderen Grund bedeutsam. An jenem Tag fanden zugleich Landtagswahlen in Mecklenburg-Vorpommern statt. SPD und PDS bildeten danach eine Koalition. Damit wurde zum ersten Mal seit Beginn der Bundesrepublik eine Koalition mit einer Partei geschlossen, die kein Gralshüter des demokratischen Verfassungsstaates ist. Das „Schweriner Modell" hatte eine Vorbildfunktion für weitere Verbindungen zwischen den beiden Parteien in anderen Ländern (in Berlin wurde zu Beginn des Jahres 2002 eine solche Koalition gebildet) und machte damit die postkommunistische Partei salonfähig. Zugleich „entzauberte" diese Entwicklung jedoch die PDS. Bei der Bundestagswahl 2002 jedenfalls scheiterte sie mit 4,0% an der Fünf-Prozent-Klausel. Hingegen erreichte die PDS unter dem neuen Namen Die Linkspartei 8,7% – nicht zuletzt deshalb, weil die Unzufriedenheit über Hartz IV und die damit verbundenen Folgen groß war.

Eckhard Jesse

1999

Politik

Einführung der europäischen Gemeinschaftswährung **Euro** als bargeldloses Zahlungsmittel (1.1.). Deutschland übernimmt für eine halbes Jahr die Europäische Ratspräsidentschaft (1.1.). Sicherheitskräfte der israelischen Botschaft in Berlin erschießen drei **Kurden,** als diese

EURO-Zeichen

versuchen, aus Protest gegen die Verhaftung des PKK-Führers Abdullah Öcalan in Kenia die **Botschaft** zu **stürmen** (17.2.). Die erneuten Unstimmigkeiten zwischen der Tschechischen Republik und Deutschland wegen der Verbrechen während der deutschen Besatzung Tschechiens im 2. Weltkrieg und der anschließenden Vertreibung und Enteignung der Besitztümer von Sudetendeutschen können von den Regierungschefs beider Länder, Milos Zeman und Gerhard Schröder, in der sog. **Schlussstricherklärung** ausgeräumt werden (8.3.). **Oskar Lafontaine** legt seine Ämter als Finanzminister, SPD-Vorsitzender und Bundestagsabgeordneter nieder (11.3.). Die **Kommission der Europäischen Union** unter Führung des Präsidenten Jacques Santer tritt geschlossen zurück, da sie sich massiven Vorwürfen der **Misswirtschaft** und **Korruption** ausgesetzt sieht (15.3.). Der SPD-Sonderparteitag in Bonn wählt **Gerhard Schröder** zum neuen Parteivorsitzenden (12.4.). Neuer Bundesfinanzminister ist der frühere Ministerpräsident von Hessen **Hans Eichel** (12.4.). Erste reguläre Parlamentssitzung im Berliner Reichstag (19.4.). Der thüringische Landtag entzieht der **PDS-Abgeordneten Almuth Beck** aufgrund ihrer früheren Stasi-Tätigkeit in einem bislang einmaligen Akt ihr Mandat (29.4.). Der Bundestag verabschiedet das neue **Staatsbürgerschaftsrecht** (7.5.). Es ermöglicht u. a. die umstrittene **doppelte Staatsbürgerschaft** für in Deutschland geborene Kinder ausländischer Eltern. Die Delegierten des **Sonderparteitages** von **Bündnis 90/Die Grünen** sprechen sich dafür aus, die Bundesregierung aufzufordern, sich für die einseitige **Unterbrechung** der **NATO-Luftangriffe** auf Jugoslawien einzusetzen (13.5.). Ein Delegierter verletzt Joschka **Fischer** am Trommelfell, als er mit einem Farbbeutel auf den Außenminister wirft. Die Bundesversammlung wählt **Johannes Rau** zum achten Bundespräsidenten (23.5.). Der

Boris Jelzin

Bundestag stimmt einer Beteiligung deutscher Soldaten bei der **internationalen Friedenstruppe im Kosovo** (KFOR) zu (11.6.). Die CDU/CSU geht mit 48,7% der Stimmen als klarer Sieger bei den **Europawahlen** hervor (13.6.). Die SPD erhält 30,7%, Bündnis 90/Die Grünen 6,4% und die PDS 5,8% der Stimmen. Die FDP scheitert mit 3,0% an der Fünf-Prozent-Hürde. Nach langen und intensiv geführten Diskussionen entscheidet sich der Bundestag für den Bau eines **Holocaust-Denkmals** in Berlin nach den Entwürfen des US-amerikanischen Architekten Peter Eisenman (25.6.). Der Bundestag genehmigt den Einsatz von Sanitätssoldaten in **Ost-Timor** (7.10.). Aufgrund der Affären um illegale **Parteispenden** für die **CDU** und **Schmiergeldzahlungen** im Zusammenhang mit Panzerlieferungen an Saudi-Arabien unter der Regierung Helmut Kohls setzt der Bundestag einen **Untersuchungsausschuss** ein (2.12.). Einigung im **Entschädigungsverfahren für NS-Zwangsarbeiter** (17.12.). Die deutsche Wirtschaft und die Bundesregierung bringen je zur Hälfte 10 Mrd. DM für die finanzielle Ausstattung einer Bundesstiftung auf.

Wirtschaft & Wissenschaft

Die James-S.-McDonnel-Stiftung zeichnet **Stefan Rahmstorf**, Klimaforscher und Ozeanexperte aus Potsdam, mit dem sog. **Jahrhundertpreis** aus (28.1.). Ge-

Günter Grass nach der Verleihung des Literaturnobelpreises

schäfte in den Städten Berlin, Dessau, Halle und Leipzig öffnen am Sonntag (1.8.). Sie umgehen das **Sonntags-Verkaufsverbot** durch eine Auszeichnung ihrer Waren als touristischer Bedarf. Bald darauf verbieten Gerichte diese Praxis. Die **Daimler-Chrysler Aerospace AG** (DASA) und die **Aerospatiale Matra SA** fusionieren zum weltweit drittgrößten Luft- und Raumfahrtunternehmen mit dem Namen European Aeronautive, Defense and Space Company (EADS) (14.10.). Der Deutschamerikaner **Günter Blobel** erhält den **Nobelpreis für Medizin** (10.12.).

Kunst & Kultur

Das von Daniel Libeskind entworfene **Jüdische Museum in Berlin** öffnet seine Pforten (22.1.). Festlicher Eröffnungsakt für die diesjährige europäische **Kulturhauptstadt Weimar** (19.2.). **Tom Tykwers** Film *Lola rennt* erhält acht Auszeichnungen bei der Verleihung des Deutschen Filmpreises. Die Hauptdarstellerin **Franka Potente** bekommt die Auszeichnung zur Schauspielerin des Jahres (18.6.). Der deutschamerikanische Historiker **Fritz Stern**, der sich um die deutsch-jüdische Aussöhnung verdient gemacht hat, erhält den **Friedenspreis des Deutschen Buchhandels** (17.10.). Das Nobelkommitee verleiht dem Schriftsteller **Günter Grass** den **Nobelpreis für Literatur** (10.12.).

Gesellschaft & Sport

Der **FC Bayern München** gewinnt die Deutsche Fußballmeisterschaft (29.5.). Auf Weisung des Papstes beschließt die **katholische Bischofkonferenz,** keine **Beratungsscheine** mehr auszustellen, die für eine straffreie Abtreibung benötigt werden (23.6.). Nach dem Tennisturnier von Wimbledon erklärt **Boris Becker** seinen Rücktritt vom Profigeschäft (30.6.). In Süddeutschland beobachten Mio. von Menschen die letzte totale **Sonnenfinsternis** dieses Jahrhunderts (11.8.). **Steffi Graf** beendet ihre Karriere als Profi-Tennisspielerin (13.8.). Der Pay-TV-Sender Premiere World, ein Zusammenschluss von DF 1 und Premiere, geht auf Sendung (1.10.).

Weltgeschichte

Bei einem vermutlich von Serben verübten **Massaker** in dem Ort **Racak**/Kosovo finden 45 Kosovo-Albaner den Tod (15.1.). Die **Kosovo-Friedenskonferenz** unter Führung der Balkan-Kontaktgruppe (Deutschland, Frankreich, Großbritannien, Italien, Russland und USA) auf Schloss **Rambouillet** bei Paris geht ohne Ergebnis zu Ende (23.2.). Polen, Tschechien und Ungarn treten der NATO bei (12.3.). Nachdem sich auch bei der zweiten **Kosovo-Friedenskonferenz** in Paris (18.3.) die Konfliktparteien nicht auf einen gemeinsamen Vertrag einigen können, beginnt die **NATO**, ohne Mandat des Sicherheitsrates der Vereinten Nationen, mit **Luftangriffen** auf die Infrastruktur der jugoslawischen Armee (24.3.). NATO-Kampfflugzeuge bombardieren „versehentlich" die chinesische Botschaft in Belgrad (7.5.). Das **Kriegsverbrechertribunal** in Den Haag erhebt Anklage gegen den jugoslawischen Präsidenten **Slobodan Milosevic** (27.5.). Die NATO stellt die Luftangriffe auf Jugoslawien ein, nachdem sich die jugoslawische Armee vollständig aus dem Kosovo zurückgezogen hat (20.6.). Der Bevölkerungsfond der Vereinten Nationen gibt bekannt, dass die Anzahl der **Weltbevölkerung** die **Sechs-Milliarden-Grenze** überschritten hat (12.10.). Der ehemalige russische Geheimdienstchef **Vladimir Putin** übernimmt die Amtsgeschäfte des zurückgetretenen russischen Präsidenten Boris Jelzin (31.12.).

2000

Politik

Paul Spiegel tritt die Nachfolge des verstorbenen Ignatz Bubis als **Präsident des Zentralrats der Juden** in Deutschland an (9.1.). Nach einer Entscheidung des Europäischen Gerichtshofs müssen **Frauen** in der **Bundeswehr** auch Dienst an der Waffe leisten dürfen (11.1.). Bundestagspräsident Wolfgang Thierse verpflichtet die **CDU** zur Zahlung von 41 Mio. DM wegen eines fehlerhaften Rechenschaftsberichts im Zusammenhang mit der **Parteispenden-Affäre** (15.2.). Im Laufe des Skandals war es zu widersprüchlichen Aussagen von **Brigitte Baumeister**, frühere CDU-Schatzmeisterin, und dem CDU-Parteivorsitzenden **Wolfgang Schäuble** sowie der Aussageverweigerung bezüglich der Nennung der Spendernamen des CDU-Ehrenvorsitzenden **Helmut Kohl** gekommen. Bundespräsident **Johannes Rau** hält als erstes deutsches Staatsoberhaupt eine Rede vor dem israelischen Parlament; darin entschuldigt er sich für die Verfolgung der Juden während des Dritten Reichs (16.2.). **Joschka Fischer** ist seit neun Jahren der erste deutsche Außenminister, der zu offiziellen Gesprächen in den Iran reist (6.3.). 96% der Delegierten des CDU-Bundesparteitags in Essen wählen **Angela Merkel** zur neuen Parteivorsitzenden (10.4.). Der frühere Minister für Staatssicherheit, **Erich Mielke**, stirbt im Alter von 92 Jahren in einem Berliner Altenheim (21.5.). Das Bundeskabinett verabschiedet die sog. **Green-Card-Regelung** (31.5.). Sie sieht vor, ausländischen Computerexperten eine befristete Arbeitserlaubnis in Deutschland zu erteilen, um damit den Arbeitskräftemangel im Informationstechnik-Sektor zu beheben. Vertreter der Bundesregierung und der deutschen Energiewirtschaft einigen sich auf einen **Kompromiss** zum **Atomausstieg** (15.6.). Darin ist eine Restlaufzeit von 32 Jahren pro Reaktor festgeschrieben. Die Delegierten des Bundesparteitags von Bündnis 90/Die Grünen in Münster wählen **Renate Künast** und **Fritz Kuhn** als neue Parteivorsitzende (24.6.). **Jacques Chirac** spricht als erster ausländischer Staatschef im Berliner Reichstag (27.6.). Der Berliner Bürgermeister **Eberhard Diepgen** begnadigt zum zehnten Jahrestag der Deutschen Einheit das frühere Mitglied des SED-Politbüros **Günter Schabowski** (2.10.). Die ehemalige DDR-Bürgerrechtlerin **Marianne Birthler** tritt die Nachfolge von Joachim Gauck als Bundesbeauftragte für die Unterlagen des Staatssicherheitsdienstes der ehemaligen DDR an (11.10.). Ein Zeitungsinterview mit dem neuen Fraktionsvorsitzenden der CDU/CSU im Bundestag **Friedrich Merz** stößt eine Debatte um die Zuwanderungspolitik an (18.10.). In dem Interview plädiert Merz dafür, dass Immigranten, die auf Dauer in der BR Dtl. leben wollen, sich „einer gewachsenen freiheitlichen deutschen **Leitkultur** anpassen" müssten. Der Bundestag verabschiedet gegen die Stimmen der CDU/CSU und FDP das Gesetz zur Beendigung der Diskriminierung **gleichgeschlechtlicher Lebenspartnerschaften**. Danach können gleichgeschlechtliche Paare eine eheähnliche Bindung eingehen (10.11.). Erster Fall eines mit **BSE** infizierten, in Deutschland geborenen Rindes (24.11.). Die Bundesregierung beschließt den flächendeckenden Test aller geschlachteten Rinder, die über 30 Monate alt sind, und

Jacques Chirac

Das offizielle Wahrzeichen der Expo 2000 in Hannover: Der in Form eines Wals gestaltete „Pavillon der Hoffnung" des Christlichen Vereins junger Menschen (CVJM)

verhängt ein **Verbot** der **Verfütterung** von **Tiermehl** (1.12.). Die Staats- und Regierungschefs der Europäischen Union (EU) einigen sich auf den **Vertrag von Nizza** (11.12.). Er soll das gemeinsame Europa „fit" für die EU-Osterweiterung machen.

Wirtschaft & Wissenschaft

Die bis dato größte **Übernahmeschlacht** der Wirtschaftsgeschichte zwischen dem britischen Mobilfunkunternehmen **Vodafone-Airtouch** und dem deutschen Mischkonzern **Mannesmann** endet mit der Fusion der beiden Konkurrenten (3.2.). **Horst Köhler** wird als erster Deutscher zum geschäftsführenden Direktor des **Internationalen Währungsfonds** (IWF) gewählt (27.3.). Das Bundesfinanzministerium nimmt aus der Versteigerung von Lizenzen für die nächste Mobilfunkgeneration **UMTS** (Universal Mobile Telecommunications Systems) die Rekordsumme von 98,8 Mrd. DM ein (17.8.). Der frühere Vorstandschef von Mannesmann **Klaus Esser** scheidet aus dem Unternehmen mit einer **Rekordabfindung** von 30 Mio. DM aus (30.9.).

Kunst & Kultur

Der Herzog von Kent überreicht dem Dresdner Landesbischof ein neues, aus britischen Spenden finanziertes **Kuppelkreuz** für den Wiederaufbau der **Dresdner Frauenkirche** (13.2.). Anlass ist der 55. Jahrestag der Bombardierung Dresdens durch Flugzeuge der Briten und Amerikaner. **Wim Wenders'** Film *Million Dollar Hotel* wird bei den 50. Berliner Filmfestspielen mit dem Silbernen Bären ausgezeichnet (20.2.). Das zu einem **Literaturmuseum** umgebaute ehemalige Wohnhaus der Familie Mann öffnet in Lübeck (6.6.). Das letzte vor seinem Tod fertig geplante Projekt des österreichischen Malers und Baukünstlers **Friedensreich Hundertwasser**, der neu gestaltete **Bahnhof in Uelzen,** wird eingeweiht (25. 11.).

Gesellschaft & Sport

Der **FC Bayern München** ist zum 16. Mal Deutscher Fußballmeister (20.5.). Die Weltausstellung **EXPO 2000** öffnet in Hannover unter dem Motto „Mensch-Natur-Technik" ihre Pforten (1.6.). Die Ausstellung bleibt mit 18 Mio. Besuchern weit hinter den Erwartungen zurück. Die **Deutsche Fußball-Nationalmannschaft** scheidet bei der Europameisterschaft bereits nach der Vorrunde aus (10.6.). Deutschland bekommt die Ausrichtung der **Fußball-WM 2006** zugesprochen (6.7.). In Sydney gehen die **XXVII. Olympischen Sommerspiele** zu Ende (1.10.). Deutschland erreicht mit 56 Medaillen Platz Fünf in der Nationenwertung. Der designierte Bundestrainer **Christoph Daum** wird des Drogenkonsums überführt (20.10.).

Weltgeschichte

George W. Bush

Die Bedenken, dass der sog. **Jahr-2000-Bug** zahlreiche Computersysteme mit dem Beginn des neuen Jahres zum Absturz bringt, haben sich als unbegründet erwiesen (1.1.). Eine Explosion an Bord des **russischen Atom-U-Boots Kursk** bringt das Schiff in der Barentssee zum Sinken (12.8.). Nach missglückten Bergungsversuchen russischer Rettungstrupps nimmt der **russische Präsident Vladimir Putin** das Hilfsangebot westlicher Spezialeinheiten zur Hochseerettung an (16.8.). Für die 118 Besatzungsmitglieder kommt jede Hilfe zu spät. Den Besuch des israelischen Oppositionsführers **Ariel Sharon** auf dem **Tempelberg in Jerusalem** fassen die Palästinenser als Provokation auf; in Folge dessen kommt es zu blutigen Auseinandersetzungen zwischen Palästinensern und Israelis (30.9.). Aufgrund eines Manipulationsverdachtes bei den Präsidentschaftswahlen in Jugoslawien ruft der Oppositionsführer **Vojislav Koštunica** zum Generalstreik auf (28.9.). Ein Sternmarsch auf die Hauptstadt Belgrad endet mit der Erstürmung des Parlaments und der **Absetzung** des bisherigen jugoslawischen Präsidenten **Slobodan Milosevic** (5.10.). Koštunica tritt die Nachfolge als Präsident an (7.10.). Erst fünf Wochen nach der **US-Präsidentschaftswahl** geht **George W. Bush** als Gewinner hervor, nachdem der Oberste Gerichtshof das mehrmals von Hand nachgezählte, äußerst knappe Wahlergebnis im Bundesstaat Florida bestätigt (13.12.).

2001

Politik

Die Journalistin Bettina Röhl, Tochter der RAF-Führungsfigur Ulrike Meinhof, veröffentlicht Fotos, die Bundesaußenminister **Joschka Fischer** bei einer Attacke auf einen Polizisten in Franfurt/Main im Jahr 1973 zeigen (2.1.). Die CDU/CSU-Opposition fordert den Rücktritt des Ministers, da Fischers Vergangenheit als **Aktivist** der **gewaltbereiten Hausbesetzerszene** eine Belastung für das Amt des Außenministers darstelle. Die Bundesregierung reicht beim Bundesverfassungsgericht in Karlsruhe einen Antrag auf **Verbot der Nationaldemokratischen Partei Deutschlands (NPD)** ein (29.1.). Der Bundestag und der Bundesrat beantragen ebenfalls das Verbot der NPD beim Bundesverfassungsgericht (29.3.). Drastische Vorsorgemaßnahmen verhindern ein Übergreifen der in Großbritannien, Frankreich und der Niederlande ausgebrochenen **Maul- und Klauenseuche (MKS)** auf Deutschland, sodass das Verbraucherministerium Entwarnung geben kann (20.5.). Der Bundestag verabschiedet eine Entschließung, die nach monatelanger Verzögerung die Auszahlung von **Entschädigungen für ehemalige NS-Zwangsarbeiter** aus Mitteln der Bundesstiftung ermöglicht (30.5.). Der ehemalige Bundeskanzler **Helmut Kohl** setzt vor dem Verwaltungsgericht in Berlin durch, dass die ca. 2500 Seiten umfassenden **Aktenvermerke** der **DDR-Staatsicherheit** (Stasi) über ihn unter Verschluss bleiben (4.7.). **Marianne Birthler**, Bundesbeauftragte für die Stasi-Unterlagen, wollte die Akten Kohls zum Zweck der historischen Forschung und Aufklärung veröffentlichen. Der Bundestag beschließt den im Vorfeld zwischen den Ministerpräsidenten der Länder und dem Bundesfinanzministerium ausgehandelten Kompromiss zum neuen **Länderfinanzausgleich** und **Solidarpakt II** (5.7.). Das sog. Maßstäbegesetz bestimmt neue Kriterien für die Umverteilung der Mehrwertsteuereinnahmen, um damit eine Angleichung des Lebensstandards in Ost und West zu erreichen. In einer Regierungserklärung zu den **Terroranschlägen in den USA** versichert Gerhard Schröder den USA die „uneingeschränkte Solidarität Deutschlands" und bezeichnete die Attentate am 11. September als „Kriegserklärung gegen die gesamte zivilisierte Welt" (12.9.).

Bundespräsident Johannes Rau, Marcel Reich-Ranicki und ZDF-Intendant Dieter Stolte nach der letzten Sendung des *Literarischen Quartetts*

Die vom ehemaligen Strafrichter **Ronald Schill** gegründete „Partei Rechtsstaatliche Offensive" erreicht bei den **Bürgerschaftswahlen in Hamburg** 19,4% der Stimmen (23.9.). Die Sicherheitsbehörden nehmen in allen Bundesländern, mit Ausnahme Hessens, die umstrittene **Rasterfahndung** gegen mutmaßliche Terroristen auf (1.10.). Urteilsverkündung im sog. **La-Belle-Prozess** (13.11.). Bei einem Anschlag auf eine Diskothek in Berlin waren im April 1986 drei Menschen ums Leben gekommen, und über 200 wurden schwer verletzt. Das Berliner Landgericht verurteilt eine Deutsche und drei Araber zu Haftstrafen zwischen 12 und 14 Jahren. Der Bundestag entsendet rund 4000 Soldaten zur Unterstützung der Logistik und Überwachung für die **Operation „Enduring Freedom"** der Anti-Terror-Koalition unter US-amerikanischer Führung (16.11.). **Bundeskanzler Schröder** verknüpft die Abstimmung im Bundestag mit der **Vertrauensfrage**, da er fürchten muss, keine eigene Mehrheit unter den Abgeordneten der Regierungskoalition zu erhalten. Die Ergebnisse der internationalen **Schulleistungs-Studie PISA** (Programme for International Student Assessment) (4.12.) sind ernüchternd: Im Gesamtvergleich belegt Deutschland einen der hinteren Plätze. Eine **öffentliche Debatte** über Konsequenzen für die **Bildungspolitik** entbrennt.

Wirtschaft & Wissenschaft

Die Deutsche Angestellten Gewerkschaft (DAG) und vier Arbeitnehmervertretungen des Dienstleistungssektors fusionieren zur weltweit größten Einzelgewerkschaft **„ver.di“** mit über 3 Mio. Mitgliedern (17.3.). Der Pharmahersteller **Bayer** nimmt das Cholesterin-Präparat **Lipobay** vom Markt, da es im Zusammenhang mit der Einnahme des Medikaments zu 52 Todesfällen gekommen ist. Der Bayer-Konzern sieht sich mit Vorwürfen konfrontiert, zu spät über die gefährlichen Nebenwirkungen informiert zu haben (8.8.). Der Deutsche **Wolfgang Ketterle** erhält zusammen mit seinen beiden US-amerikanischen Kollegen Eric A. Cornell und Carl E. Wieman den **Nobelpreis für Physik** (9.10.).

Kunst & Kultur

Eine US-Stiftung erwirbt das teuerste Gemälde eines deutschen Malers aller Zeiten (10.5.). Für 22,6 Mio. US-Dollar wechselt das *Selbstbildnis mit Horn* von **Max Beckmann** den Besitzer. Der Bundestag entscheidet sich nach langer Debatte für den Wiederaufbau des **Berliner Stadtschlosses** (4.7.). Einweihung der **neuen Dresdner Synagoge** (9.11.). Die **Alte Nationalgalerie in Berlin** ist nach dreijährigen Bauarbeiten wieder eröffnet (2.12.). Sie ist das erste Gebäude der im Zweiten Weltkrieg stark zerstörten **Museumsinsel**, die bis 2010 vollständig aufgebaut sein soll. Der Schriftsteller **Stefan Heym** stirbt im Alter von 88 Jahren in Jerusalem (16.12.).

Gesellschaft & Sport

Die Rennfahrerin **Jutta Kleinschmidt** gewinnt als erste Frau die **Rallye Paris-Dakar** (21.1.). In einem dramatischen Fernduell mit dem FC Schalke 04 gewinnt der **FC Bayern München** durch einen Ausgleichstreffer in der Nachspielzeit die Deutsche Fußballmeisterschaft (19.5.). Der **FC Bayern München** besiegt nach Verlängerung und Elfmeterschießen den spanischen Vertreter FC Valencia im Finale der UEFA-Champions League (24. 5.). Die bundesweit erste **gleichgeschlechtliche Lebenspartnerschaft** wird auf dem Standesamt in Hannover geschlossen (1.8.). Nach 13 Jahren strahlt das ZDF das letzte Mal die Sendung des *Literarischen Quartetts* mit dem scharfzüngigen Kritiker **Marcel Reich-Ranicki** aus (14.12.).

Ein zweites Flugzeug nähert sich dem bereits brennenden World Trade Center in New York

Weltgeschichte

Osama Bin Laden

US-Präsident **George W. Bush** tritt sein Amt an (20.1.). Die afghanischen Taliban befehlen die **Zerstörung** der im 3. und 5. Jhd. erbauten einzigartigen **Buddha-Statuen von Bamian**, da der Koran keine menschlichen Abbilder neben Allah duldet (26.2.). 19 **Terroristen** entführen auf US-Inlandsflügen vier **Passagierflugzeuge** und benutzen sie als Waffen für mehrere Anschläge. Zwei davon fliegen in die beiden Türme des **World Trade Centers in New York**, die bald darauf einstürzen. Ein anderes schlägt im **US-Verteidigungsministerium in Washington** ein. Das vierte stürzt beim Anflug auf Washington auf unbewohntem Gebiet ab. Bei den Anschlägen sterben rund 3000 Menschen, darunter zahlreiche Rettungskräfte (11.9.). Hinweise sprechen dafür, dass der saudische Millionär und Kopf des Terrornetzwerkes **El Kaida**, Osama Bin Laden, verantwortlich für den terroristischen Akt ist. Der **Sicherheitsrat der Vereinten Nationen** (UN) verabschiedet eine Resolution, die den **USA** das Recht auf individuelle und kollektive **Selbstverteidigung** einräumt (12.9.). Die US-Regierung fordert Afghanistan dazu auf, **Osama Bin Laden** auszuliefern (15.9.). Die **NATO** ruft erstmals in ihrer Geschichte den **Bündnisfall** aus (2.10.). US-amerikanische und britische Truppen greifen **Afghanistan** an (7.10.). Auf dem **Petersberg in Bonn** findet die internationale Konferenz zur politischen Neuordnung Afghanistans statt (26.11.). Die letzte Taliban-Bastion, die Stadt Kandahar, fällt (7.12.).

2002

Politik

In Deutschland und weiteren elf Ländern der Europäischen Union startet die Ausgabe der **Euro-Scheine und -Münzen**; es beginnt der größte **Bargeldumtausch** der Geschichte (1.1.). In der Auseinandersetzung um den

Der Euro: ab 1.1.02 das offizielle Zahlungsmittel in vielen europäischen Ländern

geeigneten Kanzlerkandidaten (**„K-Frage“**) der CDU/CSU zwischen **Angela Merkel** und **Edmund Stoiber** verzichtet die CDU-Politikerin Merkel zugunsten des bayerischen Ministerpräsidenten Stoiber (11.1.). Das Bundesverfassungsgericht setzt das **NPD-Verbotsverfahren** vorläufig aus, nachdem sich herausstellt, dass Führungskräfte der NPD, die vor Gericht aussagen sollten, als **V-Leute** für Verfassungsschutzämter der Bundesländer arbeiten (22.1.). Als Reaktion auf den Skandal über **beschönigte Zahlen** über **geleistete Arbeitsvermittlung der Bundesanstalt für Arbeit** legt Bundesarbeitsminister Walter Riester ein Sofortprogramm zur Umstrukturierung der Behörde nach privatwirtschaftlichen Gesichtspunkten vor (22.2.). Das **neue Zuwanderungsgesetz**, das den Zuzug von Ausländern unter den Gesichtspunkten wirtschaftlicher Interessen und humanitärer Verpflichtungen steuern möchte, passiert den **Bundestag** (1.3.). Bei der **Abstimmung im Bundesrat** wertet der Bundesratspräsident Klaus Wowereit die nicht einheitlich abgegebene Stimme des Bundeslandes **Brandenburg**, vertreten durch Ministerpräsident Manfred Stolpe (SPD), der für die Annahme des Gesetzes stimmt, und Innenminister Jörg Schönbohm (CDU), der dagegen votiert, als Zustimmung und damit das Gesetz als verabschiedet, obwohl laut Grundgesetz ein **uneinheitliches Ländervotum** nicht vorgesehen ist (22.3.). Der **FDP-Landtagsabgeordnete Jamal Karsli** vergleicht die israelische Politik gegenüber den Palästinensern mit Nazi-Methoden. Forderungen nach dem Ausschluss Karslis aus der FDP-Fraktion werden laut. Im Laufe der öffentlichen Auseinandersetzung geraten der stellvertretende Vorsitzende des Zentralrats der Juden, **Michel Friedman**, und der Vorsitzende der nordrhein-westfälischen FDP, **Jürgen Möllemann**, persönlich aneinander. Möllemann sieht sich dem Antisemitismus-Vorwurf ausgesetzt, da er Friedmann scharf persönlich und politisch kritisiert. Nach einem Ultimatum des Bundesvorsitzenden der FDP, **Guido Westerwelle**, schließt Möllemann Karsli aus der Fraktion aus und entschuldigt sich bei den in Deutschland lebenden Juden, außer bei Friedman (6.6.). Die Vorschläge der sog. **Hartz-Kommission** zur Reform der Arbeitsvermittlung propagieren u. a. Veränderungen bei den sog. **Mini-Jobs**, eine neue Form der Selbstständigkeit, die **Ich-AG's**, und Verschärfung von Zumutbarkeits- und Sanktionsregelungen (16.8.). Die beiden Kanzlerkandidaten **Gerhard Schröder** von der SPD und **Edmund Stoiber** von der CSU treten erstmals in Deutschland in zwei **Fernsehduellen** am 25.8. und 8.9. gegeneinander an. Die rot-grüne Regierungskoalition erringt bei den **15. Wahlen zum Deutschen Bundestag** einen knappen Wahlsieg (22.9.). CDU/CSU und SPD kommen jeweils auf 38,5%; Bündnis 90/Die Grünen auf 8,6%; FDP auf 7,4%; PDS auf 4,0%; zwei Abgeordnete der PDS ziehen über das Direktmandat in den Bundestag ein. Das Bundesverfassungsgericht entscheidet, das **uneinheitliche Ländervotum Brandenburgs** bei der Bundesratsabstimmung zum **Zuwanderungsgesetz** sei als ungültig zu werten; deshalb tritt das Gesetz nicht in Kraft (18.12.).

Rudolf Augstein (links) und *Spiegel*-Chefredakteur Stefan Aust

Wirtschaft & Wissenschaft

Den von vielen Forschern geforderten Import von **embryonalen Stammzellen** lässt der Bundestag per Gesetz unter strengen Auflagen zu, aber die Gewinnung dieser Zellen ist in Deutschland weiterhin verboten (30.1.). Der Baukonzern **Philipp Holzmann AG** mit weltweit rund 34.000 Angestellten muss ebenso Insolvenz anmelden (21.3.) wie die **KirchMedia AG** des Münchner Medienunternehmers Leo Kirch (8.4.). Der Luftschiffbauer **CargoLifter AG**, lange Zeit Hoffnungsträger für die wirtschaftlich schwache Region Brandenburg, geht in Konkurs (7.6.). **Ron Sommer**, der in die Kritik geratene Chef der Deutschen Telekom, tritt von seinem Posten zurück (16.7.).

Edmund Stoiber (links) und Gerhard Schröder (rechts) vor dem ersten Fernsehduell

Kunst & Kultur

Die Autorin und Journalistin **Marion Gräfin Dönhoff** stirbt im Alter von 92 Jahren in Friesenhagen (11.3.). **Kunstdiebe** stehlen aus dem **Brücke-Museum in Berlin** neun Gemälde namhafter Expressionisten im Wert von 3,6 Mio. Euro (20.4.). **Caroline Links** Film *Nirgendwo in Afrika* erhält den **Filmpreis in Gold** beim 52. Deutschen Filmpreis (14.6.). Die *Frankfurter Allgemeine Zeitung* bezeichnet den neuen Roman von **Martin Walser** *Tod eines Kritikers* als tendenziell antisemitisch (27.6.). **Georg-Büchner-Preis** für den Schriftsteller **Wolfgang Hilbig** (26.10.). Der *Spiegel*-Gründer und -Herausgeber **Rudolf Augstein** stirbt im Alter von 79 Jahren an den Folgen einer Lungenentzündung (7.11.).

Gesellschaft & Sport

In Salt Lake City/USA gehen die **XIX. Olympischen Winterspiele** zu Ende (24.2.). Deutschland wird erfolgreichste Nation. Ein 19-jähriger Schüler richtet in einem **Erfurter Gymnasium** ein **Blutbad** an (26.4.). Er erschießt 16 Menschen, ehe er sich selbst tötet. **Borussia Dortmund** gewinnt die Deutsche Fußballmeisterschaft (4.5.). Die **Deutsche Fußball-Nationalmannschaft** verpasst durch ein 0:2 gegen Brasilien im Finale der **WM 2002** in Südkorea und Japan ihren vierten Weltmeistertitel (30.6.). Die Pegelstände der Flüsse Elbe und Mulde erreichen aufgrund lang anhaltender Regenfälle eine neue Rekordhöhe (12.8.). Die **Jahrhundertflut** zerstört weite Teile ländlicher und städtischer Gebiete.

Weltgeschichte

Die **argentinische Regierung** verabschiedet ein Notstandsprogramm zur Bekämpfung der **schwersten Wirtschaftskrise** in der Geschichte des Landes (5.1.). Die Delegierten des **Weltgipfels der Vereinten Nationen** (UN) für nachhaltige Entwicklung in Johannesburg/Südafrika verabschieden einen Umsetzungsplan zur Armutsbekämpfung und zum Umweltschutz (5.9.). Der afghanische Präsident **Hamid Karzai** überlebt nur knapp einen **Attentatsversuch** im eigenen Land (5.9.). Die **Schweiz** tritt als 190. Land den **Vereinten Nationen** bei (11.9.). **Saddam Hussein** gibt dem internationalen Druck nach und erklärt sich bereit, **UN-Waffeninspekteure** ohne Vorbedingungen in sein Land zu lassen (16.9.). Ungefähr sechs Monate, nachdem das erste Referendum in **Irland** den **Vertrag von Nizza** der Europäischen Union (EU) abgelehnt hatte, stimmen die Iren nun zu 62,9% dem Vertragwerk und damit der **EU-Osterweiterung** zu (19.10.). Der **NATO-Gipfel** in Prag beschließt, Bulgarien, Estland, Lettland, Litauen, Rumänien, die Slowakische Republik und Slowenien in das Verteidigungsbündnis aufzunehmen (22.11.). Die Staats- und Regierungschefs der **Europäischen Union** einigen sich bei ihrem Gipfeltreffen in Kopenhagen auf den Beginn der **Beitrittsverhandlungen** mit der **Türkei** im Dezember 2004. Dies ist jedoch an rechtsstaatliche und demokratische Reformbemühungen seitens des Beitrittskandidaten geknüpft.

2003

Politik

US-Außenminister Colin Powell, Präsident George W. Bush und Verteidigungsminister Donald Rumsfeld

Deutschland ist für die nächsten zwei Jahre nichtständiges **Mitglied im Sicherheitsrat** der Vereinten Nationen (UN) (1.1.). Der deutsche UN-Botschafter **Gunter Pleuger** nimmt erstmalig an einer Sitzung des Sicherheitsrates teil (7.1.). Außenminister **Joschka Fischer** warnt in einer **Rede** vor dem **UN-Sicherheitsrat** vor den „unkalkulierbaren Risiken" eines Militärschlags gegen den Irak (20.1.). Die Festlegung der **Bundesregierung**, bei einer Abstimmung im UN-Sicherheitsrat über eine militärische Intervention im Irak nicht mit „Ja" zu stimmen, stößt bei **CDU/CSU** auf **Kritik** (22.1.). Die **CDU** gewinnt zwei **Landtagswahlen** (2.2.). In Niedersachsen stellt sie zusammen mit der FDP die neue Regierung, in **Hessen** regiert sie allein. Deutschland und die Niederlande übernehmen für sechs Monate die **Führung** der **internationalen Afghanistan-Schutztruppe ISAF** (10.2.). Um im Zuge der sog. **Möllemann-Affäre** weiteren Schaden von der FDP abzuwenden, schließen die Parlamentarier der FDP den Abgeordneten Jürgen W. Möllemann aus der Bundestagsfraktion aus (11.2.). Im weltweit ersten **Prozess** um die **Terroranschläge** vom 11.9.2001verurteilt das **Hamburger Oberlandesgericht** den Angeklagten El Motassadeq wegen Beihilfe zum Mord zu 15 Jahren Haft (19.2.). Das **Bundeskabinett** beschließt die Einführung der **LKW-Maut** auf deutschen Autobahnen (26.2.). Das Bundesverfassungsgericht stellt das **Verbotsverfahren** gegen die **NPD** wegen eines nicht behebbaren Verfahrenshindernisses ein (19.3.). Der thüringische Landtag wählt **Dieter Althaus** (CDU) zum neuen Ministerpräsidenten (5.6.). Er tritt die Nachfolge von **Bernhard Vogel** an, der das Land elf Jahre lang regiert hat. Der mittlerweile aus der FDP ausgetretene Politiker **Jürgen Möllemann** sucht bei einem Fallschirmsprung den **Freitod** (5.6.). Vier **Bundeswehrsoldaten** sterben bei einem Terroranschlag in der afghanischen Hauptstadt Kabul (7.6.). Der **EU-Reformkonvent** unter Leitung des Franzosen Valéry Giscard d'Estaing hat nach 16 Monaten seine Arbeit am Entwurf für eine **europäische Verfassung** abgeschlossen (13.6.). Der Hamburger Bürgermeister **Ole von Beust** sieht sich durch Äußerungen von Innensenator **Ronald Schill** erpresst und entlässt diesen (19.8.). Regierung und Unionsparteien einigen sich auf eine gemeinsame **Gesundheitsreform**, die u.a. erheblich höhere Eigenbelastungen bei der Kranken- und Pflegeversicherung vorsieht (22.8.). Beim Probebetrieb der **LKW-Maut** zeigen sich gravierende technische Probleme (1.9.). Bei den **Landtagswahlen in Bayern** erreicht die CSU mit Ministerpräsident Edmund Stoiber 60,7% der Stimmen und eine Zwei-Drittel-Mehrheit im Parlament (21.9.). Die Unionsabgeordneten schließen **Martin Hohmann** wegen einer als antisemitisch geltenden Rede aus der Bundestagsfraktion aus (14.11.). Deutschland entgeht im EU-Ministerrat nur knapp einem **Defizit-Strafverfahren** nach dem Euro-Stabilitätspakt (25.11.). Der EU-Gipfel in Brüssel zur Verabschiedung der **EU-Verfassung** scheitert an der Auseinandersetzung über die künftige Stimmenge-

Der fraktionslose Jürgen W. Möllemann im Berliner Reichstag

wichtung der Mitgliedsstaaten bei Mehrheitsentscheidungen (13.12.). Nach zähen Verhandlungen im Vermittlungsausschuss einigen sich Regierung und Opposition auf weit reichende **Arbeitsmarkt- und Steuerreformen** (15.12.). Der letzte Staats- und Parteichef der DDR **Egon Krenz** kommt nach rund vier Jahren vorzeitig aus der Haft frei (18.12.).

Wirtschaft & Wissenschaft

Trotz des teils heftigen Widerstandes des Einzelhandels tritt eine Pfandabgabe auf Getränkeverpackungen, das sog. **Dosenpfand**, in Kraft (1.1.). Der Biomediziner **Detlev Ganten** erhält die höchste französische Auszeichnung; Ritter der französischen Ehrenlegion (18.3.). Die **IG Metall** bricht den **Streik** zur Einführung der 35-Stunden-Woche in **Ostdeutschland** ergebnislos ab (28.6.). Dies ist die erste Streikniederlage seit 1954. Der US-Milliardär **Haim Saban** kauft die **ProSiebenSat.1 Media AG** (9.8.). **Edward Teller**, der „Vater der Wasserstoffbombe", stirbt im Alter von 95 Jahren (9.9.). Die **Chipfabrik in Frankfurt/Oder** steht nach erneuten Finanzierungsproblemen vor dem Aus (27.11.).

Kunst & Kultur

In Ulm taucht ein **unveröffentlichter Briefwechsel** zwischen **Sophie Scholl** und ihrem Verlobten Fritz Hartnagel auf (3.2.). **Caroline Links** Literaturverfilmung *Nirgendwo in Afrika* erhält den Oscar für den besten nicht-englischsprachigen Film (24.3.). Die **Rekonstruktion** des legendären **Bernsteinzimmers** ist nach über 20 Jahren vollendet (13.5.). **Wolfgang Beckers** Film *Good Bye, Lenin!* bekommt neun Auszeichnungen beim 53. Deutschen Filmpreis (8.6.). Die Filmregisseurin und Fotografin **Leni Riefenstahl** stirbt im Alter von 101 Jahren in Pöcking (8.9.). Der Schauspieler **Johannes Heesters** feiert seinen 100. Geburtstag (5.12.).

Gesellschaft & Sport

Von Beginn des **Irakkrieges** am 20.3. an **demonstrieren** in Deutschland täglich zehntausende von Menschen. Der **FC Bayern München** wird **Deutscher Fußballmeister** (24.5.). Mit 40,8 Grad Celsius wird in Perl-Nennig (Saarland) ein **neuer Hitzerekord** für Deutschland gemessen (8.8.). **Helmut Rahn**, zweifacher Torschütze im Finale der Fußball-Weltmeisterschaft 1954 in Bern, ist tot (14.8.). Die Frauennationalmannschaft ist nach einem 2:1 Sieg über Schweden **Fußball-Weltmeister**. Als erster Rennfahrer holt sich **Michael Schumacher** zum sechsten Mal die Formel-1-Weltmeisterschaft (12.10.).

US-Militärfahrzeuge im Westirak

Weltgeschichte

Der US-amerikanische Außenminister **Colin Powell** betont bei einer Sitzung des Sicherheitsrates der Vereinten Nationen (UN), dass sich die USA aufgrund von Verstößen gegen die UN-Resolution 1441 einen Präventivschlag gegen den Irak vorbehalten, dagegen kann der UN-Chefinspekteur **Hans Blix** keine Beweise vorlegen, die ein militärisches Eingreifen im Irak rechtfertigen würden (5.2.). Mit der Vereidigung der ersten 18 Richter nimmt der **Internationale Strafgerichtshof** in Den Haag seine Arbeit auf (11.3.). Attentäter erschießen den serbischen Ministerpräsidenten **Zoran Djindjic** vor dem Regierungssitz in Belgrad (12.3.). Die **Weltgesundheitsorganisation (WHO)** spricht mit Blick auf die bisher unbekannte **Lungenkrankheit SARS** (Schweres Akutes Atemwegssyndrom) von einer „weltweiten Bedrohung" und gibt Reisewarnungen für die schwer betroffenen Gebiete (Hongkong, Kanada, Singapur, Südchina und Vietnam) heraus (15.3.). Der **Feldzug** US-amerikanischer und britischer Streitkräfte **gegen den Irak** beginnt ohne UN-Mandat (20.3.). Die Alliierten Streitkräfte nehmen nahezu widerstandslos die irakische Hauptstadt **Bagdad** ein (10.4.). US-Präsident George W. Bush erklärt den **Krieg zur Befreiung Iraks** offiziell als **beendet** (1.5.). Die schwedische Außenministerin **Anna Lindh** erliegt kurz vor der Volksabstimmung zum Euro den Verletzungen eines **Attentats** (11.9.). US-Truppen verhaften den flüchtigen irakischen Ex-Diktator **Saddam Hussein** in einem Erdloch nahe seiner Heimatstadt Tikrit (14.12.).

2004

Politik

Zu Jahresbeginn treten zahlreiche gesetzliche Neuregelungen in Kraft. Die **dritte Stufe der Steuerreform** senkt den Eingangs- und Höchststeuersatz um 3,9 bzw. 3,5%, Eigenheimzulage und Pendlerpauschale werden gekürzt, die Reform der Handwerksordnung beseitigt den Meisterzwang bei einer Vielzahl von Handwerksberufen, „Hartz III" bringt den Umbau der Bundesanstalt für Arbeit auf den Weg. Die **Gesundheitsreform** zur Entlastung der gesetzlichen Krankenkassen führt zu Mehrbelastungen der Bürger (1.1.). **Gerhard Schröder** gibt sein Amt als Parteivorsitzender der SPD ab (6.2.). Die Einführung der **LKW-Maut** gerät zur Farce. Nach monatelangem Verwirrspiel einigen sich Bundesverkehrsminister Manfred Stolpe und das Betreiberkonsortium Toll Collect auf den 1. Januar 2005 als endgültigen Starttermin (29.2.). CDU/CSU und FDP nominieren nach einer langwierigen Debatte den IWF-Präsidenten **Horst Köhler**, SPD und Grüne die Politikwissenschaftlerin Gesine Schwan als Kandidaten für das Amt des Bundespräsidenten (4.3.). Nachfolger von Gerhard Schröder als SPD-Vorsitzender wird **Franz Müntefering** (21.3.). **Bundesbankpräsident Ernst Welteke** tritt wegen einer Affäre um einen Aufenthalt im Berliner Adlon-Hotel Ende 2001 zurück. Zum Nachfolger bestimmt die Bundesregierung den „Wirtschaftsweisen" Axel Weber (16.4.). **Horst Köhler** entscheidet die Wahl durch die Bundesversammlung bereits im ersten Wahlgang für sich und ist somit zum neunten **Bundespräsident** der Bundesrepublik Deutschland gewählt (23.5.). Gerhard Schröder nimmt anlässlich des **60. Jahrestages des „D-Day"** an den alljährlichen Feierlichkeiten zur alliierten Landung in der Normandie 1944 teil (6.6.). Die **Wahl zum Europäischen Parlament** endet in Deutschland mit einem Einbruch der SPD und einem erstmalig zweistelligen Ergebnis der Grünen (11,9%). Die Wahlbeteiligung liegt bei lediglich 43% (13.6.). Wirtschaft und Politik schließen einen **Ausbildungspakt** zur Lösung der schlechten Lehrstellensituation. Die ursprünglich von der SPD geforderte Ausbildungsabgabe war an der Zustimmung des Bundesrates gescheitert (16.6.). Das umstrittene Gesetzespaket zur Arbeitsmarktreform **Hartz IV** (Zusammenlegung von Arbeitslosen- und Sozialhilfe) passiert neben der Neuregelung der Zuwanderung und gegen die Stimmen der fünf ostdeutschen Bundesländer den Bundesrat (9.7.). Regierungschef Gerhard Schröder nimmt an den **Gedenkfeiern für den Warschauer Aufstand** teil (1.8.). **Landtagswahlen**: In Thüringen erringt die CDU unter Ministerpräsident Dieter Althaus mit 43,0% der Stimmen die absolute Mehrheit der Mandate (13.6.). Sein saarländischer Amts- und Parteikollege Peter Müller baut mit einem Stimmenanteil von 47,5% seine absolute Mehrheit aus (5.9.). Die SPD unter Ministerpräsident Matthias Platzeck landet mit 31,9% der Stimmen in Brandenburg knapp vor der PDS (28%). Die CDU verliert in Sachsen mit 41,1% ihre absolute Mehrheit deutlich und muss mit der SPD (9,8%) eine Koalition eingehen. Für Aufsehen sorgt die rechtsextreme **NPD**. Mit ihrem Ergebnis in Sachsen von 9,2% gelingt ihr erstmals seit 1968 der Einzug in ein Landesparlament (19.9.).

Horst Köhler

Ein Lastwagen fährt durch eine LKW-Mautkontrollbrücke. Der endgültige Starttermin für die LKW-Maut ist nun der 1.1.2005.

Wirtschaft & Wissenschaft

Die **europäische Raumsonde Mars Express** entdeckt Wasser und Eis sowie atmosphärischen Wasserdampf auf dem Mars. (23.1.). Die **Rohölpreise** liegen mit zeitweilig 41,8 Dollar/Barrel etwa auf der Marge des Ölembargos von 1973/74 und führen zu erheblichen Kraftstoffverteuerungen in Deutschland (17.5.). Im **Mannesmann-Prozess** werden alle sechs Angeklagten freigesprochen, darunter Deutsche-Bank-Chef Josef Ackermann, Ex-Mannesmann-Chef Klaus Esser und der frühere IG-Metall-Vorsitzende Klaus Zwickel (22.7.). Die Gewerkschaft ver.di, der Betriebsrat sowie der Vorstand von **Karstadt-Quelle** einigen sich auf ein Sanierungspaket für das Unternehmen (14.10.). Krise bei **Opel**: Betriebsrat und Vorstand vereinbaren den Abbau von 9500 Stellen in Deutschland (9.12.).

Kunst & Kultur

Erstmals nach 18 Jahren gewinnt bei den **54. Internationalen Filmfestspielen von Berlin** mit *Gegen die Wand* eine deutsche Produktion des türkischstämmigen Regisseurs Fatih Akin den „Goldenen Bären" (12.2.). Mit Heinz von Lichbergs *Lolita* (1916) wird ein bislang unbekannter Vorläufer von Vladimir Nabokovs Roman *Lolita* (1955) entdeckt (20.3.). Der deutschstämmige **Sir Peter Ustinov** stirbt in Genf im Alter von 82 Jahren (28.3.). Eröffnung der Berliner Kreml-Ausstellung (26.6.). Die als „Mutter der Nation" bekannte Schauspielerin **Inge Meysel** stirbt im Alter von 94 Jahren bei Hamburg (10.7.). Der Soziologe **Jürgen Habermas** erhält den Kyoto-Preis für sein Lebenswerk (10.11.).

Gesellschaft & Sport

Die **Handballnationalmannschaft** ist zum ersten Mal Europameister (1.2.). **Werder Bremen** gewinnt das Double (22./29.5.). Nach 15 Jahren Erfolgsgeschichte findet die Berliner **Loveparade**, die weltweit größte Techno-Parade, wegen finanzieller Probleme nicht statt (10.7.). Das Sportjahr 2004 steht ganz im Zeichen der **Fußball EM in Portugal** (12.6.–4.7.) und der **26. Olympischen Sommerspiele in Athen** (13.8.–29.8.). Die deutsche Fußballnationalmannschaft scheidet bereits in der Vorrunde aus, Teamchef Rudi Völler tritt zurück. **Griechenland** mit Trainer Otto Rehhagel wird überraschend Europameister (4.7.). Der DFB beruft **Jürgen Klinsmann** zum Bundestrainer (29.7.) Mit 26,7 Millionen Euro geht der höchste **Jackpot** der deutschen Lottogeschichte an zwei Lottospieler aus Nordrhein-Westfalen (16.12.).

Griechenland ist Fußball-Europameister

Weltgeschichte

Tsunami-Katastrophe

Bei **Terroranschlägen** von El Kaida auf Personenzüge in **Madrid** sterben 200 Menschen, über 1400 werden verletzt (11.3.). Zweite **NATO-Osterweiterung** mit Estland, Lettland, Litauen, Slowenien, Bulgarien, Rumänien und der Slowakei (29.3.). Im Zuge der **Osterweiterung der EU** kommen zu den 15 Mitgliedstaaten hinzu: Estland, Lettland, Litauen, Polen, Tschechien, Slowakei, Ungarn, Slowenien, Malta und Zypern (1.5.). Die Staats- und Regierungschefs der EU einigen sich beim Brüsseler Verfassungsgipfel auf **Europas erste gemeinsame Verfassung** (18.6.). Tschetschenische Terroristen nehmen in einer Schule in **Beslan** (Nordossetien) mehr als 1200 Menschen als Geiseln, darunter großteils Kinder. Bei der Befreiungsaktion durch russische Sicherheitskräfte kommen über 360 Menschen ums Leben (1.9.). **Hamid Karzai** gewinnt die erste Präsidentschaftswahl in der Geschichte Afghanistans (9.10.). US-Präsident **George W. Bush** wird mit rund 51% der Wählerstimmen in seinem Amt bestätigt (2.11.). Palästinenserpräsident **Yasir Arafat** stirbt im Alter von 75 Jahren in Paris (11.11.) Ein Seebeben im Indischen Ozean von der Stärke 9,3 auf der Richterskala verwüstet Küsten Thailands, Indiens und Indonesiens. Die **Tsunami-Flutwellen** kosten 300.000 Menschen das Leben, mehr als 100.000 werden verletzt, über fünf Millionen obdachlos. Der Oppositionsführer **Wiktor Juschtschenko** siegt bei der Wiederholung der Stichwahl um die Präsidentschaft in der Ukraine (26.12.).

2005

Politik

Auf deutschen Autobahnen wird die **Mautpflicht für Lkws** eingeführt (1.1.). **Hartz IV** tritt in Kraft. Mit der Zusammenlegung von Arbeitslosen- und Sozialhilfe zum Arbeitslosengeld II startet die größte Arbeitsmarktreform in der Geschichte der Bundesrepublik (3.1.) Patt im Norden: Weder Rot-Grün noch Schwarz-Gelb erlangen bei der Landtagswahl in **Schleswig-Holstein** eine Mehrheit. (20.2.). Wiederwahl endet im Debakel: Ministerpräsidentin **Heidi Simonis** gelingt es in vier Versuchen nicht, alle Stimmen von SPD, Grünen und SSW auf sich zu vereinen (17.3.). Sie tritt zurück (18.3.). Es kommt zur Bildung einer Großen Koalition unter dem CDU-Politiker **Peter Harry Carstensen** (27.4.). Landtagswahl mit weitreichenden Folgen: Nach über 39 Jahren verliert die SPD die Macht in **Nordrhein-Westfalen**. Klare Sieger sind CDU und FDP. Noch am Wahlabend kündigen der SPD-Vorsitzende Müntefering und Bundeskanzler Schröder überraschend an, die **Bundestagswahl** vorziehen zu wollen (22.5.). CDU und CSU nominieren **Angela Merkel** zur ersten Kanzlerkandidatin (30.5.). Mit der Begründung, die Handlungsfähigkeit der Regierung sei mangels Unterstützung aus den eigenen Reihen gefährdet, stellt Bundeskanzler **Gerhard Schröder** im Bundestag die **Vertrauensfrage** und verliert sie wie gewünscht (1.7.). Bundespräsident **Horst Köhler** löst daraufhin den 15. Deutschen Bundestag auf (21.7.). Die Bundestagsabgeordneten Jelena Hoffmann (SPD) und Werner Schulz (Grüne) klagen gegen Köhlers Entscheidung vor dem Bundesverfassungsgericht. Der **XX. Weltjugendtag** unter dem Motto „Wir sind gekommen, um IHN anzubeten" zieht über eine Million Besucher nach Köln, Düsseldorf und Bonn (16.–21.8.). Höhepunkt ist der **Besuch Papst Benedikts XVI.** (18.–21.8.). Die Karlsruher Richter weisen die Klagen gegen die Auflösung des Bundestages als unbegründet zurück. Der **Weg für Neuwahlen** ist **frei** (25.8.). Wahlausgang gibt Rätsel auf: Bei der **Bundestagswahl** erzielen CDU/CSU 35,2%, SPD 34,2%, FDP 9,8%, Linkspartei 8,7%, Grüne 8,1%. Die Wahlbeteiligung liegt bei 77,7% (18.9.). Unionsparteien wie Sozialdemokraten beanspruchen das Amt des Bundeskanzlers. Nach langwierigen Verhandlungen einigen

Die erste deutsche Bundeskanzlerin: Angela Merkel

sich CDU, CSU und SPD auf die **Bildung einer Großen Koalition unter Führung Angela Merkels** (10.10.). Auf seiner konstituierenden Sitzung wählt der 16. Deutsche Bundestag den CDU-Politiker **Norbert Lammert** zum Bundestagspräsident (18.10.). **Franz Müntefering** gibt nach einer Abstimmungsniederlage im Parteivorstand über den Posten des Generalsekretärs seinen Rücktritt als SPD-Vorsitzender bekannt (31.10.). Die SPD wählt den brandenburgischen Ministerpräsidenten **Matthias Platzeck** zu ihrem neuen Vorsitzenden (15.11.). Der **Koalitionsvertrag** von CDU/CSU und SPD sieht u. a. vor: Senkung des Beitragssatzes zur Arbeits-

Matthias Platzeck und Angela Merkel mit dem unterzeichneten Koalitionsvertrag

losenversicherung von 2007 an auf 4,5%, Erhöhnung der Rentenversicherung und der Mehrwertsteuer von 16% auf 19% ab 2007, Ersetzung des Erziehungsgeldes durch ein Elterngeld, Einführung einer „Reichensteuer" für Spitzenverdiener (11.11.). Der Bundestag wählt die CDU-Vorsitzende **Angela Merkel** zur ersten deutschen **Kanzlerin** (22.11.). Unbekannte entführen im Irak die deutsche Wissenschaftlerin **Susanne Osthoff** (25.11.). Am 18.12. kommt sie wieder frei.

Wirtschaft & Wissenschaft

Volkswagen-Personalvorstand **Peter Hartz**, Namensgeber der

Arbeitsmarktreform, tritt im Zuge der **VW-Affäre** um Gehaltszahlungen an Bundes- und Landtagsabgeordnete zurück (8.7.). Der **Axel-Springer-Verlag** gibt bekannt, die **ProSieben Sat1 Media AG** für knapp 2,5 Milliarden Euro von der Investorengruppe um den US-Milliardär Haim Saban erwerben zu wollen (5.8.). **Porsche** steigt bei **VW** ein. Mit einer 19-prozentigen Beteiligung ist Porsche Hauptaktionär bei Europas größtem Automobilhersteller (25.9.). Stellenabbau in der Industrie: **DaimlerChrysler** beabsichtigt den Abbau von 8500 Stellen bei Mercedes (28.9.), der Electroluxkonzern die **Schließung des AEG-Werkes** in Nürnberg zum Jahresende 2007 (12.12.). Der Deutsche **Theodor W. Hänsch** erhält zusammen mit seinen amerikanischen Kollegen John L. Hall neben Roy J. Glauber den **Nobelpreis für Physik** (8.12).

Kunst & Kultur

Anlässlich des 200. Todestages Friedrich Schillers begeht Deutschland das **Schillerjahr**. Der Entertainer und Schauspieler **Harald Juhnke** stirbt im Alter von 75 Jahren in Berlin (1.4.). **Einweihung des Holocaust-Mahnmals** in Berlin. Das nach den Entwürfen Peter Eisenmans auf einer Fläche von 19.000 Quadratmetern errichtete Denkmal erinnert an die Ermordung der europäischen Juden im Nationalsozialismus (10.5.). Einführung der **Rechtschreibreform** in Schulen und Behörden (1.8.). Der Schauspieler **Hans Clarin** stirbt im Alter von 75 Jahren in Aschau im Chiemgau (28.8.). Sechzig Jahre nach ihrer Zerstörung im Zweiten Weltkrieg und nach zwölf Jahren Bauzeit wird die wiedererrichtete **Dresdner Frauenkirche** eingeweiht (30.10.).

Peter Eisenman und Bundespräsident Köhler vor dem Holocaust-Mahnmal

Gesellschaft & Sport

Der Modemacher **Rudolph Moshammer** (64) wird in seiner Münchener Wohnung ermordet aufgefunden (14.1.). **Manipulationsskandal** um den Schiedsrichter Robert Hoyzer erschüttert Fußball-Deutschland (21.1.). Box-Weltmeister **Max Schmeling** stirbt ein halbes Jahr vor seinem 100. Geburtstag (2.2.). Ein Spieler aus Nordrhein-Westfalen knackt den Jackpot und gewinnt den mit 20,4 Millionen Euro höchsten Einzelgewinn in der Lotto-Geschichte (20.3.). Der **FC Bayern München** gewinnt das **Double** (21./28.5.). In Potsdam stirbt Frieda Müller, mit 110 Jahren die bislang **älteste Deutsche** (21.7.). Das Berliner Landgericht verurteilt im Fußball-Manipulationsskandal den Hauptangeklagten Robert Hoyzer zu einer Freiheitsstrafe von zwei Jahren und fünf Monaten.

Eröffnung der Dresdner Frauenkirche

Weltgeschichte

Benedikt XVI.

Das palästinensische Volk wählt mit großer Mehrheit **Mahmud Abbas** zum Nachfolger von **Präsident** Yasir Arafat (9.1.). Im **Irak** finden die ersten freien **Parlamentswahlen** statt (30.1.). **Papst Johannes Paul II.** stirbt im Alter von 84 Jahren im Vatikan. Über eine Million Gläubige aus aller Welt begleiten den Pontifex in Rom auf seinem letzten Weg (2.4.). Das Konklave wählt im vierten Wahlgang den 78-jährigen deutschen Kurienkardinal **Joseph Ratzinger** zum neuen **Papst**. Er gibt sich den Namen **Benedikt XVI.** (19.4.). Eine **Anschlagserie** islamischer Extremisten auf drei U-Bahn-Züge und einen Doppeldeckerbus in **London** fordert 56 Menschenleben und über 700 Verletzte (7.7.). Die nordirische Terrororganisation **IRA** stellt ihren bewaffneten Kampf gegen Großbritannien offiziell ein (28.7.). Der **Hurrikan Katrina** verwüstet New Orleans (29.8.). Mit dem Abzug der letzten Soldaten beendet **Israel** nach 38 Jahren die Besetzung des Gazastreifens (12.9.). Einem schweren **Erdbeben** der Stärke 7,6 auf der Richterskala fallen in **Pakistan** über 87.000 Menschen zum Opfer (8.10.). Prozessauftakt gegen **Saddam Hussein** in Bagdad (19.10.).

Angela Merkel

(*1954)

Leben

Angela Merkel wurde am 17. Juni 1954 in Hamburg geboren. Ihr Vater trat kurz darauf seine erste Pfarrstelle in Brandenburg an. Angela verbrachte ihre Jugend im brandenburgischen Templin. Das FDJ-Mitglied absolvierte die Konfirmation und studierte nach dem Abitur Physik in Leipzig. Von 1978 an war sie Wissenschaftliche Mitarbeiterin an der Akademie der Wissenschaften in Berlin. 1986 promovierte sie über ein Gebiet aus der Quantenchemie. Sie gehörte weder der SED noch einer Blockpartei an.
Ende 1989 trat sie dem „Demokratischen Aufbruch“ bei, der bald in der CDU aufging. Die politische Karriere verlief atemberaubend schnell. Die stellvertretende Regierungssprecherin in der Koalitionsregierung von Lothar de Maizière gewann bei der ersten gesamtdeutschen Bundestagswahl ihren Wahlkreis in und um Stralsund. Von 1991 bis 1994 war sie Bundesministerin für Frauen und Jugend, von 1994 bis 1998 Bundesministerin für Umwelt, Naturschutz und Reaktorsicherheit. In dieser Zeit vermied sie jeden Konfrontationskurs. Sie machte zugleich auch in der Partei Karriere. Von Dezember 1991 bis November 1998 stellvertretende Parteivorsitzende (und von 1993 bis 2000 Vorsitzende des CDU-Landesverbandes Mecklenburg-Vorpommern), gelangte sie nach der verlorenen Bundestagswahl 1998 in das Amt der Generalsekretärin (als Nachfolgerin von Peter Hintze). Im Zuge der Spendenaffäre um den Altkanzler Helmut Kohl, von dem Merkel sich in einem spektakulären Artikel absetzte, musste Wolfgang Schäuble das Amt des Parteivorsitzenden abgeben. Angela Merkel wurde im April 2000 seine Nachfolgerin. Sie meisterte durch Unerschrockenheit, Offenheit und Glaubwürdigkeit die wohl größte Krise der CDU. Bei der Bundestagswahl 2000 musste Merkel dem bayerischen Ministerpräsidenten Edmund Stoiber die Kanzlerkandidatur der Union überlassen. Nach der knapp verloren gegangenen Wahl übernahm sie als Nachfolgerin des verbitterten Friedrich Merz den Fraktionsvorsitz der Union im Bundestag. Sie unterstützte massiv den Krieg der USA gegen den Irak, sprach sich für ein neues, vereinfachtes Steuersystem aus und setzte im Vorfeld der Bundestagswahl 2004 Horst Köhler als Bundespräsident durch. Schneller als erwartet eröffnete sich für sie die Möglichkeit auf das Bundeskanzleramt.

Angela Merkel

Nach der Ankündigung von Bundeskanzler Gerhard Schröder am Tage der nordrhein-westfälischen Landtagswahl, vorgezogene Neuwahlen im Bund einzuleiten, wurde sie Ende Mai 2005 zur Kanzlerkandidatin der Union nominiert. Das Ergebnis – 35,2 Prozent – war nach einem „ehrlichen“ Wahlkampf enttäuschend, reichte gleichwohl für die Kanzlerschaft, nachdem die SPD zunächst gezögert hatte. Allerdings musste die CDU eine Koalition mit der SPD eingehen. Am 22. November wurde Angela Merkel mit 397 von 611 Stimmen zur Bundeskanzlerin gewählt. Die Kanzlerin der zweiten Großen Koalition (nach 1966 bis 1969) hatte zunächst überragende Werte – nicht zuletzt aufgrund gelungener außenpolitischer Auftritte. Die Beziehungen zu den USA wurden verbessert, die zu Frankreich und zu Russland nicht verschlechtert. Allerdings ließen die hohen Sympathiewerte für sie und die Union zunehmend nach, weil die Große Koalition im Bereich der Innen- und Wirtschaftspolitik die Erwartungen bisher nicht erfüllt

Bundeskanzlerin Merkel erhält ihre Ernennungsurkunde von Bundespräsident Köhler

hat. Häufig einigte sich die Regierung auf den kleinsten gemeinsamen Nenner. Immerhin ist die Arbeitslosigkeit leicht gesunken. Wichtige Vorhaben – wie die Gesundheits- und die Steuerreform – stehen aus. Allerdings setzt Merkel die mit dem Namen Hartz IV umschriebene Arbeitsmarktreform ihres Vorgängers Gerhard Schröder fort.

Die Frau eines Berliner Chemieprofessors – „Merkel" ist der Nachname ihres ersten Mannes – macht nicht Aufhebens von der eigenen Person. Sie zeichnet sich durch ein hohes Maß an Ideologiefreiheit und Sachlichkeit aus. Manchmal fällt es schwer, ihre politischen Leitlinien zu erkennen. Das hat wohl auch damit zu tun, dass sie in einer Großen Koalition weniger die Richtlinien der Politik bestimmen kann als in einem Bündnis mit der FDP.

Würdigung

Mit der Wahl Angela Merkels zur Bundeskanzlerin waren drei Neuheiten verbunden. Zum ersten Mal übernahm eine Frau das wichtigste Amt im Staat; zum ersten Mal fiel es einer Person aus den neuen Bundesländern zu; keiner war bei dem Amtsantritt mit 51 Jahren so jung wie Angela Merkel, die – nach 56 Jahren – erst die achte Person in diesem bedeutendsten, wiewohl nicht höchsten Amt ist. Dabei war nur 15 Jahre zuvor die DDR der Bundesrepublik Deutschland beigetreten. Der Aufstieg Merkels mutet phänomenal an. Sie hat hohes Machtbewusstsein an den Tag gelegt. Nur so konnte sie sich als protestantische ostdeutsche „Seiteneinsteigerin" durchsetzen. Die Kehrseite zu ihrem Streben nach Macht ist vielleicht die mangelnde Ausprägung eines Weltbewusstseins. Effizienz dürfte Prinzipienreiterei überlagern. Im Laufe ihrer Kanzlerschaft muss Angela Merkel zeigen, wofür sie steht. Ist sie eher eine Wirtschaftsliberale oder stärker eine auf soziale Gerechtigkeit bedachte Politikerin? Es scheint so, als sehe Merkel eher die Vorteile der Globalisierung als deren Nachteile.

Die Herausforderungen, vor denen Angela Merkel steht, sind immens. Das bedeutet Chance und Gefahr zugleich. Die wegen ihres unauffälligen Auftretens zuweilen unterschätzte Politikerin, die betont kontrolliert agiert und reagiert, gewann in ihren bisherigen Ämtern schnell an Statur. Sie widerstand den vielfältigen Rankünen des politischen Geschäfts. Als Kanzlerin einer Großen Koalition kann sie schwerlich „einsame Beschlüsse" treffen. Ihr pragmatischer, sachbezogener und nüchterner Arbeitsstil ist auf Kooperation ausgerichtet, nicht auf Konflikt. Angela Merkel wurde in einer Diktatur sozialisiert. Das bedeutet, dass sie nicht zu Utopien neigt. Auch ihre naturwissenschaftliche Ausbildung fördert Pragmatismus. Merkels Bestreben dürfte es sein, sich durch einen verlässlichen Arbeitsstil auszuzeichnen. Vollmundige Versprechungen sind nicht ihre Sache, wie auch die Regierungserklärung mit dem Plädoyer für eine „Politik der kleinen Schritte" gezeigt hat. In mancher Hinsicht ist sie nahezu Gegenstück zu ihrem Vorgänger. Dessen präsidialen Stil macht sie sich nicht zu Eigen.

Es ist zu früh, darüber Spekulationen anzustellen, wie Angela Merkel die Kanzlerdemokratie prägt. Da die Bindung der Wähler an die Volksparteien zunehmend nachlässt, könnte künftig ein Zweierbündnis für die Regierungsbildung arithmetisch nicht ausreichen. Da weder Große Koalitionen noch Minderheitenregierungen in Deutschland hoch im Kurs stehen, liegt die Schlussfolgerung nahe, dass Angela Merkel lediglich dann die Chance auf die Fortsetzung ihrer Politik hat, wenn sie es schafft, die Grünen für ein Bündnis unter ihrer Ägide zu gewinnen und die Liberalen nicht zu verlieren. Das wäre eine strategische Meisterleistung.

Eckhard Jesse

2006

Politik

Im **Irak** werden die deutschen Ingenieure René Bräunlich und Thomas Nitzschke von Unbekannten entführt (24.1.). Der Bundestag wählt **Marianne Birthler** erneut zur Bundesbeauftragten für die Stasi-Unterlagen (26.1.). **Johannes Rau**, von 1999 bis 2004 Bundespräsident und von 1978 bis 1998 Ministerpräsident des Landes Nordrhein-Westfalens, stirbt im Alter von 75 Jahren in Berlin (27.1.). Drei **Landtagswahlen** am 26.3.: In Baden-Württemberg bleibt die CDU unter Ministerpräsident **Günter Oettinger** mit einem Stimmenanteil von 44,2% klar stärkste Partei und kann ihre Koalition mit der FDP (10,7%) fortsetzen. Die SPD fährt ihr schlechtestes Ergebnis in der Geschichte des Landes ein (25,2%), die Grünen erreichen 11,7%. In Rheinland-Pfalz erringt die SPD unter Ministerpräsident **Kurt Beck** mit 45,6% die absolute Mehrheit der Mandate und kann fortan allein regieren. Die CDU kommt auf 32,8%, die FDP auf 8,0%. In Sachsen-Anhalt verteidigt die CDU mit Ministerpräsident **Wolfgang Böhmer** zwar ihre Stellung als stärkste Partei (36,2%), muss aber die Koalition mit der FDP (6,7%) aufgeben und mit der SPD (21,4%) regieren. Zweitstärkste Kraft wird die PDS mit 24,1% (26.3.). **Matthias Platzeck** erklärt aus gesundheitlichen Gründen seinen **Rücktritt** als SPD-Vorsitzender (10.4.). Zum Nachfol-

Der neue SPD-Vorsitzende: Kurt Beck

ger wählen die Delegierten auf dem Parteitag in Berlin den rheinland-pfälzischen Ministerpräsidenten **Kurt Beck** (14.5.). Freilassung der entführten Deutschen René Bräunlich und Thomas Nitzschke nach 99 Tagen Geiselhaft (1.5.). Mit den Stimmen der Großen Koalition verabschiedet der Deutsche Bundestag die größte **Steuererhöhung der Nachkriegsgeschichte**. Danach erhöhen sich die **Mehrwertsteuer** und die Versicherungssteuer vom 1.1.2007 an von 16 auf 19%. Die Maßnahme gilt der Finanzierung der Absenkung des Beitrages zur Arbeitslosenversicherung sowie der Entlastung der Haushalte von Bund und Ländern (19.5.). Bundesverfassungsgericht stärkt **Schulpflicht**: Die Karlsruher Richter verwerfen die Verfassungsbeschwerde eines Elternpaares, das seine Kinder aus religiösen Gründen nicht „beschulen" lassen wollte (20.6.). Weitere Belastungen für die Bürger: Das **„Steueränderungsgesetz"** senkt die Pendlerpauschale und den Sparerfreibetrag; das Kindergeld für erwachsene Kinder wird eingeschränkt, eine „Reichensteuer" auf Jahreseinkommen ab 250.000 Euro für Ledige und 500.000 Euro für Verheiratete eingeführt (29.6.). Der Bundestag verabschiedet mit Zwei-Drittel-Mehrheit die **größte Verfassungsreform in der Geschichte der Bundesrepublik**. Die **Föderalismusreform** ordnet die Zuständigkeiten zwischen Bund und Ländern neu. Die Bundesländer verzichten auf einen Teil ihrer Mitwirkungsrechte im Bund und erhalten im Gegenzug die alleinige Kompetenz u. a. in den Bereichen Strafvollzug, Versammlungsrecht, Besoldung und Versorgung der Beamten, Hochschulrecht und Ladenschlussrecht (30.6.). Die Große Koalition einigt sich auf die Grundzüge einer **Gesundheitsreform**. Sie sieht die Einrichtung von Gesundheitsfonds, die Erhöhung der Beiträge um 0,5% sowie die Steuerfinanzierung für die Versicherung von Kindern vor. Die private Krankenversicherung bleibt bestehen (3.7.). Der Bundesrat stimmt der Föderalismusreform mit der erforderlichen Zwei-Drittel-Mehrheit zu (7.7.).

Wirtschaft & Wissenschaft

Daimler-Chrysler kündigt den Abbau von 6000 Verwaltungsstellen bis 2009 an (24.1.). Die **Arbeitslosenzahl** in Deutschland übersteigt erneut die 5-Mil-

Eröffnung des Berliner Hauptbahnhofs

lionen-Marke (31.1.). Der neue **Berliner Hauptbahnhof**, errichtet auf dem Gelände des ehemaligen Lehrter Bahnhofs, geht in Betrieb (28.5.). Für knapp 680 Millionen Euro übernimmt die **Deutsche Bank** die Berliner Bank (20.6.).

Kunst & Kultur

Die Europäische Union wählt **Essen** zur **Kulturhauptstadt Europas** 2010; Platz zwei belegt Görlitz (11.4.). *Das Leben der Anderen* ist der Film des Jahres. Allein bei der Verleihung des deutschen Filmpreises 2006 siegt der Streifen von Regisseur und Drehbuchautor Florian Henckel von Donnersmarck in sieben Kategorien (12.5.). Der Präsident des Zentralrates der Juden in Deutschland, **Paul Spiegel**, stirbt im Alter von 68 Jahren in Düsseldorf (30.4.). Seine Nachfolgerin wird **Charlotte Knobloch**. Der Schlagerstar **Drafi Deutscher** stirbt im Alter von 60 Jahren in Frankfurt a. M. (9.6.). Der Schriftsteller **Günter Grass** gibt bekannt, dass er der Waffen-SS angehört hat. (12.8).

Gesellschaft & Sport

Als erfolgreichste Nation beendet die deutsche Mannschaft die **XX. Olympischen Winterspiele** in Turin (26.2.). Novum im deutschen Fußball: Dem **FC Bayern München** gelingt die Verteidigung des Doubles (29.4./6.5.). Die **Fußball-Weltmeisterschaft** in Deutschland löst große nationale Begeisterung aus (9.6.–9.7.). Das Team von Bundestrainer Jürgen Klinsmann erreicht mit einem 3:1 gegen Portugal den dritten Platz (8.7.). **Weltmeister** wird **Italien** mit einem 6:4 n. E. über Frankreich (9.7.). **Jürgen Klinsmann** übergibt das Amt des Bundestrainers an **Joachim Löw** (12.7.). Ein **Manipulationsskandal** erschüttert Land des Fußball-Weltmeisters: Das italienische Sportgericht aberkennt Juventus Turin die letzten beiden Meistertitel und verurteilt den Verein neben Lazio Rom und dem AC Florenz zum Abstieg in die Serie B (14.7.). Tour de France-Sieger **Floyd Landis** wird des Dopings überführt (27.7.), nachdem **Jan Ullrich** und andere Spitzenfahrer von der Teilnahme an der berühmtesten Radrennfahrt wegen Dopingverdachts ausgeschlossen wurden.

Euphorische Stimmung währen der Fußball-WM

Italien ist Fußball-Weltmeister

Weltgeschichte

Kriegszerstörungen im Libanon

Die extremistische **Hamas** gewinnt die Parlamentswahlen in den palästinensischen Autonomiegebieten (25.1.). Nach über 18 Jahren endet die Amtszeit des Vorsitzenden der US-Notenbank, **Alan Greenspan** (31.1.). **Slobodan Milosevic**, ehemaliger serbischer Ministerpräsident und Angeklagter vor dem UN-Kriegsverbrechertribunal, stirbt im Alter von 64 Jahren in der Untersuchungshaft in Den Haag (11.3.). Amtsinhaber Alexander Lukaschenko gewinnt die **Präsidentschaftswahl in Weißrussland** mit 82,6% (20.3.). Wahlbeobachter der OSZE hegen Zweifel an der rechtmäßigen Durchführung der Wahl; in Minsk kommt es zu Massendemonstrationen der Opposition. **Machtwechsel in Italien**: Das Mitte-Links-Bündnis unter **Romano Prodi** gewinnt knapp die Parlamentswahlen gegen das Mitte-Rechts-Bündnis Silvio Berlusconis (10.4.). Prodi löst Berlusconi als Ministerpräsident ab (17.5.). **Montenegro unabhängig**: In einem Referendum votieren 55% der Montenegriner für die Auflösung des Staatenbundes mit Serbien (21.5.). Die Unabhängigkeitserklärung folgt am 3.6. **Eskalation im Nahen Osten**: Nach der Entführung zwei israelischer Soldaten greift die israelische Armee die Hisbollah im Libanon an (14.7.); das ist der Beginn einer schweren kriegerischen Auseinandersetzung. Nach einer UNO-Resolution tritt eine Waffenruhe in Kraft (14.8.).

Die Geschichte Deutschlands seit 1871

Deutschlands Geschichte bis 1871 war, mehr noch als die anderer Nationen, eine Geschichte verfehlter Versuche zur Einigung. Auch sonst unterschied sich Deutschland, das im Herzen Europas häufig zum Spielball anderer Mächte geriet, vielfach von Staaten wie Frankreich und England, ohne dass deswegen der Begriff des „Sonderweges" berechtigt ist. Wer die wechselvolle deutsche Geschichte seit der Gründung des Kaiserreiches im Jahre 1871 betrachtet, kann unterschiedlich vorgehen. Sie lässt sich als Geschichte wirkmächtiger Personen schildern, aber auch als die Geschichte struktureller Wandlungen. Beides gehört zusammen. Wie immer man die Gewichtung vornimmt: Große historische Gestalten haben der Entwicklung ihren spezifischen Stempel aufgedrückt, ebenso wie diese von ihr geprägt worden sind.

Brüche in der Geschichte

Die Brüche, die Deutschland in den letzten einhundert Jahren erlebte, sind tief greifender Natur. Kein Land Europas hat so viele Herrschaftsformen in dieser Zeit erfahren. Wer heute 90 Jahre alt ist, kam im Kaiserreich, aber nicht mehr zu Friedenszeiten auf die Welt; wer 80 Jahre zählt, wuchs als Kind zwar in einer Demokratie, aber unter extrem schwierigen wirtschaftlichen Verhältnissen auf; wer das Alter von 70 Jahren erreicht hat, kam in der Zeit zur Welt, als Adolf Hitler seine Diktatur etablierte; wer 60 Jahre geworden ist, wohnte als Kind entweder in der sowjetischen Besatzungszone oder in einer Besatzungszone des Westens (der US-Amerikaner, der Engländer, der Franzosen); wer 2003 seinen fünfzigsten Geburtstag feierte, wurde in dem Jahr geboren, in dem sowjetische Panzer den Volksaufstand in der DDR niederschlugen; wer 40 Jahre ist, kann sich an die drei ersten Kanzler der Bundesrepublik Deutschland, die aus den Reihen der CDU stammten (Konrad Adenauer, Ludwig Erhard, Kurt Georg Kiesinger) nicht oder kaum mehr erinnern; wer ein Alter von drei Jahrzehnten hat, wurde geboren, nachdem der Grundlagenvertrag zwischen den beiden deutschen Staaten in Kraft getreten war; wer 20 Jahre ist, mag nachlesen, dass kurz vor seinem Geburtstag ein „heißer Herbst" tobte, in dem die einen apokalyptisch sagten, die Aufstellung von Mittelstreckenraketen gefährde den Weltfrieden, und in dem die anderen das Gegenteil dessen annahmen; wer vor zehn Jahren das Licht der Welt erblickte, wurde im wieder vereinigten Deutschland geboren und kennt die Mauer nur vom Hörensagen (den Namen von Erich Honecker wahrscheinlich nicht einmal davon).

Wilhelm II.

Die einzelnen großen Abschnitte der deutschen Geschichte können nach mannigfachen Kriterien untergliedert werden – nach innen- oder außenpolitischen Zäsuren, nach wirtschaftlichen oder militärischen Gegebenheiten. In jedem Wandel, mag er noch so massiv sein, steckt Kontinuität – und in jeder Kontinuität Wandel. Insofern sind pauschale Wendungen wie die von der „Stunde null" eine Überzeichnung. Die folgende

Einteilung vollzieht sich nach jeweils anderen Merkmalen, weil die Einschnitte in den einzelnen Phasen deutscher Geschichte unterschiedlicher Natur waren.

Kaiserreich

Die Geschichte des Kaiserreichs zerfällt in zwei große Phasen: in die Zeit unter dem Reichskanzler und Gründer des Reichs Otto von Bismarck (1871–90) und in die Zeit unter Wilhelm II. (1888–1918), der im „Dreikaiserjahr" auf seinen Großvater Wilhelm I. und auf seinen Vater Friedrich III. folgte, den als liberal geltenden „Neunundneunzig-Tage-Kaiser". Zeigte sich in der Bismarck-Ära das Kaiserreich durch ein komplex-kunstvolles Bündnissystem gut abgesichert, so war dies danach anders. Die verschiedenen Stämme waren im Kaiserreich schnell zusammengewachsen, und es gab bald kaum mehr Stimmen, die gegen die deutsche Einheit das Wort ergriffen. Tatsächlich identifizierten sich breite Kreise mit dem Kaiserreich, wie beim Ausbruch des Ersten Weltkriegs erkennbar, auch wenn soziale und politische Defizite nicht behoben wurden. So blieb eine Reform des preußischen Dreiklassenwahlrechts – in dem weitaus mächtigsten Staat – bis zum Ende des Kaiserreichs aus.
In der Bismarckzeit vollzog sich ein schneller wirtschaftlicher Aufstieg, der dem Deutschen Reich Weltgeltung verschaffte. Reichsgründer und -kanzler Otto von Bismarck betrieb eine kunstvolle Außenpolitik. Immer wieder erklärte er Deutschland für „saturiert". Wegen der Mittellage des Landes fürchtete er einen Zweifrontenkrieg. So ging er mit Russland 1887 einen

Otto von Bismarck (Gemälde von Franz von Lenbach)

Rückversicherungsvertrag ein, um den „Erbfeind" Frankreich zu isolieren. Bereits zuvor hatte er mit Österreich den Zweibund (1879) geschlossen, der durch den Beitritt Italiens (1882) zum Dreibund erweitert worden war. Die Sozialgesetzgebung fiel für die damalige Zeit geradezu vorbildlich aus. Auf diese Weise sollte die Arbeiterschaft von der Sozialdemokratie entfremdet werden. Mit dem Sozialistengesetz, das ein Verbot der Betätigung der Sozialdemokratie vorsah, nicht aber ihre Beteiligung an den Wahlen unterband, erreichte er ebenso nicht sein Ziel. Da Bismarck sich mit dem neuen Monarchen nicht verstand, musste er zwei Jahre nach dessen Thronbesteigung seinen Rücktritt einreichen. Dem Tode des „Eisernen Kanzlers" (1898) folgte ein regelrechter Kult um ihn. Bismarckdenkmäler entstanden ebenso wie Bismarckvereine, die zur Heroisierung des Reichsgründers beitrugen.
In der Wilhelminischen Epoche zog ein „Neuer Kurs" ein. Die Militarisierung des öffentlichen Lebens schritt stark voran. So gewann der Marinestaatssekretär Alfred von Tirpitz, der die Kriegsflotte ausbaute, immer mehr an Ansehen und Einfluss. Wilhelm II., ein sprunghaft-unsteter Monarch, nahm sich zunächst verstärkt der „sozialen Frage" an (Verabschiedung einer Arbeiterschutzversicherung), verfolgte dieses brennende Problem später jedoch nicht weiter, wiewohl sich die materielle Lage der Arbeiterschaft zu verbessern begann. Im Jahre 1890 wurde der Rückversicherungsvertrag mit Russland nicht verlängert, sodass dieses sich Frankreich annäherte. Da das Deutsche Reich zudem die Kontakte zu Großbritannien vernachlässigte und durch die Flottenpolitik das Inselreich vor den Kopf stieß, bahnte sich seine verhängnisvolle Isolierung an. Nachdem die britische Monarchie mit Frankreich (1904) und mit Russland (1907) ein Bündnis eingegangen war, fühlte sich Deutschland „eingekreist". Es hatte lediglich Österreich-Ungarn und Italien auf seiner Seite. Die Machtverhältnisse waren so festgezurrt; bei einem Ausbruch eines kriegerischen Konflikts gab es für keinen Partner in den jeweiligen Bündnissystemen ein Zurück mehr. Wilhelm II. forcierte die Kolonialpolitik, strebte für Deutschland einen „Platz an der Sonne" an. Wenngleich es übertrieben ist, von einem „persönlichen Regiment" des Kaisers zu reden, mischte dieser in den Regierungsangelegenheiten mit, und sei es nur durch unbesonnen-großmannssüchtige Reden, die Empörung im Ausland auslösten. Während des Kriegsgeschehens litt seine

Autorität unter der dominierenden Rolle der Obersten Heeresleitung.
Das Kaiserreich war zwar ein Rechtsstaat, aber keine parlamentarische Demokratie. Das Parlament konnte den Reichskanzler weder ernennen noch absetzen. Dies oblag dem Kaiser. Freilich nahm der Einfluss des Reichstages allmählich zu. Das Kaiserreich endete so, wie es begann: mit einer „Revolution von oben". Die Einigung Deutschlands wie seine Parlamentarisierung kam auf diese Weise zustande. Aber die Monarchie ließ sich nicht mehr retten. Da für die Regierungsbildung Parteien nicht nötig waren, gewannen bei ihnen doktrinäre Züge die Oberhand. Fünf große Strömungen rangen um politisches Mitspracherecht. Den Konservativen ging es um die Bewahrung ihrer Privilegien; die Nationalliberalen votierten für die konstitutionelle Monarchie und bejahten später die Kolonialpolitik; die in unterschiedliche Richtungen gespaltenen Linksliberalen forderten die Parlamentarisierung des Reichs; der katholische Bevölkerungsteil scharte sich um das Zentrum, das verschiedene Strömungen auszutarieren hatte; die SPD, die von 1878 bis 1890 verboten war und dem Obrigkeitsstaat nichts Positives abgewinnen konnte, nahm als verteufelte Kraft eine Außenseiterposition ein. Die schon 1890 stimmenstärkste, aber erst 1912 die an Mandaten stärkste Partei galt beständig als „Reichsfeind"; dies traf zu bestimmten Zeiten ebenso auf die Linksliberalen und das Zentrum zu. Auch wenn die SPD den Klassenkampf predigte, wuchs sie allmählich in den Staat hinein.

Weimarer Republik

Für die Geschichte der ersten deutschen Demokratie, der Weimarer Zeit, bieten sich drei Phasen an: die besonders durch Aufstandsversuche und Staatsstreiche von links- und rechtsaußen gekennzeichnete Entstehungszeit 1918–23, die Zeit der relativen Stabilisierung 1924–29 und die Zeit der ökonomischen Entbehrungen aufgrund der Weltwirtschaftskrise ab 1930. Die Weimarer Republik war eine ungefestigte Demokratie. Zugleich wollte sie antidemokratische Kräfte abschaffen. Die Schwäche der Demokratie und die Stärke diktatorischer Bestrebungen erklären die nur kurze Dauer der Existenz des demokratischen Gemeinwesens.
Die ersten Jahre der Weimarer Republik waren überschattet von Erhebungen gegen das „System". Die Nationalversammlung tagte 1919 wegen der anhaltenden „Unruhen" nicht in Berlin, sondern in Weimar. Sie verabschiedete eine freiheitliche Verfassung, ohne zu berücksichtigen, dass ihre Gegner diese Freiheiten missbrauchen könnten. Im Januar 1919 kam es in Berlin zum sogenannten Spartakusaufstand, im März 1920 zum Ruhraufstand, 1921 zur Märzaktion und im Krisenjahr 1923 zu aufständischen Unternehmungen in Hamburg, Sachsen und Thüringen. Die rechte Seite des politischen Extremismus stand nicht nach: Der Kapp-Lüttwitz-Putsch brach im März 1920 zusammen, der Hitler-Ludendorff-Putsch scheiterte am 9.11.1923 kläglich: Den Marsch auf die Feldherrnhalle in München – Vorspiel für einen geplanten Marsch auf Berlin nach Mussolinis Vorbild, dem „Marsch auf Rom" 1922 – jagte die Polizei mit Pistolenkugeln auseinander. Im Jahr 1923 drohte Ungemach zudem von außen: Die Franzosen besetzten das Ruhrgebiet. Nach dem Abbruch des Ruhrkampfes – die Separatisten erfreuten sich keiner Beliebtheit – und der Einführung

Banknoten der Inflation 1923

der Währungsreform, die der galoppierenden Inflation ein Ende bereitete, hatte es den Anschein, dass sich die Weimarer Republik festigen könnte.
Die mittleren Jahre waren Jahre der relativen Stabilisierung. Außenminister Gustav Stresemann betrieb „Erfüllungspolitik", wie dies die Kräfte der extremen Rechten nannten. Dadurch erreichte er Erfolge: Sukzessive wurden das Ruhrgebiet und später das Rheinland von den Franzosen geräumt, die Zahlung der Reparationen im Dawes- (1924) und im Young-Plan (1929) geregelt. Allerdings war durch die Inflation das Vermögen vieler Leute dahingeschmolzen, sodass die Bevölkerung neben den historischen Belastungen auch deshalb wenig Vertrauen der Republik entgegenbrachte. Die Wendung von den „goldenen Zwanzigerjahren" bezieht sich weniger auf die politische Situation, vielmehr auf die kulturelle Blüte mit dem Zentrum in Berlin.
In den frühen Dreißigerjahren – nach der Weltwirtschaftskrise – gab es Präsidialkabinette. Diese Jahre zeichneten sich durch extreme wirtschaftliche und – damit zusammenhängend – politische Krisen aus. Reichskanzler Heinrich Brüning betrieb eine Deflationspolitik, die die negativen Auswirkungen der weltwirtschaftlichen Katastrophe verstärkte und zu einer Arbeitslosenzahl von etwa sechs Millionen führte. Die Präsidialkabinette, die ohne parlamentarische Mehrheiten regierten, hingen von der Gunst des Präsidenten ab. Nach der Entlassung Brünings berief Paul von Hindenburg 1932 mit Franz von Papen und Kurt von Schleicher zwei parteilose Kanzler, die keine arbeitsfähigen Regierungen zu bilden vermochten.
Die Weimarer Republik bestand aufgrund ihrer mannigfachen Strukturdefekte – es handelte sich nicht bloß um das Versagen einzelner – gerade einmal 14 Jahre. So gab es ein Spannungsverhältnis zwischen der großen Macht des Reichspräsidenten und der minderen Macht des Reichskanzlers, dessen Position immer wieder wechselte. Kein Parlament überstand die volle Dauer der Legislaturperiode, das Wechselspiel von Regierung und Opposition funktionierte nicht. Die Partei der rechten Mitte – die Deutsche Volkspartei Stresemanns – konnte nicht mit der großen Partei der linken Mitte – der Sozialdemokratie – konstruktiv zusammenarbeiten und umgekehrt.

Drittes Reich

Das Dritte Reich wies gut sechs Friedens- und knapp sechs Kriegsjahre auf. Als Paul von Hindenburg Adolf Hitler am 30.1.1933 mit der Bildung einer Regierung beauftragte (insofern war es keine „Machtergreifung", wie die Nationalsozialisten in der Folge meinten), ahnte kaum jemand, dass dieser Politiker nicht nur binnen kurzem eine totalitäre Diktatur errichten, sondern auch einen Krieg entfachen würde, dessen Auswirkungen noch heute spürbar sind. Die Geschichte des Nationalsozialismus ist nicht nur die Geschichte von Unterdrückung und Verführung, sondern auch die seiner Unterschätzung.
In den Jahren 1933–39 ging es den Bürgern besser, oder es schien ihnen besser zu gehen als zuvor – jedenfalls den weder politisch noch rassisch verfolgten. Die Etappen auf dem Weg zur Gleichschaltung überschlugen sich. Dem 30.1. folgte der 28.2. Einen Tag zuvor hatte der Reichstag gebrannt, angeblich angesteckt von Marinus van der Lubbe, einem holländischen Kommunisten. Die Notverord-

Adolf Hitler während einer Rede im Wahlkampf 1932

Plakat von 1939

nung „zum Schutz von Volk und Staat“ setzte wesentliche Grundrechte außer Kraft, und eine Verhaftungswelle war die Konsequenz. Dem 28.2. folgte der 5.3. Hitler hatte sich bei seiner Berufung zum Reichskanzler Neuwahlen ausbedungen, und an diesem Tag wählten – in einer Atmosphäre der Einschüchterung – 43,9% der Bürger die NSDAP, die so zusammen mit den Deutschnationalen die absolute Mehrheit der Stimmen erhielt. Dem 5.3. folgte der 21.3., der „Tag von Potsdam“. Bei der Eröffnung des Reichstages in der Potsdamer Garnisonskirche wurde der Öffentlichkeit das Schauspiel einer nahtlosen Verbindung zwischen dem Nationalsozialismus (dem „neuen Deutschland“) und Preußen (dem „alten Deutschland“) vorgeführt. Dem 21.3. folgte der 23.3., der Tag des Ermächtigungsgesetzes. Der Reichstag schaltete sich selbst aus, da er bis auf die mutig opponierenden Abgeordneten der SPD (die der KPD zwangsläufig fehlten) die Gewaltenteilung aufhob und die Regierung für eine Dauer von vier Jahren zum Erlass von Gesetzen ermächtigte. Dem 23.3. folgte der 14.7. An diesem Tag institutionalisierte ein Gesetz den Einparteienstaat und untersagte die Neubildung von Parteien. Die Bevölkerung nahm das hin, wenn sie nicht gar vom Ende des „Parteienhaders“ angetan war. Ereignisse wie die Olympischen Spiele 1936 in Berlin suchten Normalität in einer nicht normalen Zeit vorzutäuschen – häufig mit Erfolg.

Von 1939 bis 1945 tobte der von NS-Deutschland ausgelöste Zweite Weltkrieg, kurz nach dem Hitler-Stalin-Pakt, der ein geheimes Zusatzabkommen enthielt, das die gegenseitigen Interessenssphären absteckte (z. B. Aufteilung Polens). Dem anfänglichen „Blitzkrieg“ folgte der Überfall auf die Sowjetunion, die die Parole vom „Großen Vaterländischen Krieg“ ausgab und unter hohem Blutzoll Deutschland bezwang – gemeinsam mit den Westalliierten. Die Vernichtung weiter Teile des europäischen Judentums geschah außerhalb der Reichsgrenzen und im Verborgenen. Die Urheber waren sich offenkundig des eigenen Unrechts bewusst. Keiner hat den nationalen Interessen Deutschlands so viel Schaden zugefügt wie der Nationalist Hitler, der kurz vor Kriegsende im Bunker der Reichskanzlei in Berlin Selbstmord beging.

Das Dritte Reich hat zwölf Jahre überdauert und damit nicht einmal die Zeit der so viel geschmähten ersten deutschen Demokratie erreicht. Der Nationalsozialismus verstand es, u. a. dank geschickter Instrumentalisierung der Medien, mit pseudodemokratischen Mitteln und populistischen Parolen wie „Gemeinnutz geht vor Eigennutz“ die Menschen für die eigenen Ziele zu mobilisieren – bis weit in die Kriegsjahre hinein. Die Identität zwischen Volk und Führung („Führer befiehl, wir folgen dir“) war zeitweise weit fortgeschritten. Auch hier kam Hochmut vor dem Fall.

Die Teilung Deutschlands

Zwischen 1945 und 1949 stellte Deutschland ein Kondominium der Alliierten dar. Auch diese wenigen Jahre lassen sich in zwei Phasen unterteilen, wobei die Grenzen fließend sind: in die Zeit der Kooperation der Alliierten (1945–46) und die Zeit ihrer Konfrontation (1947–49), die Ausdruck des Kalten Kriegs war und ihn zugleich beförderte. In jener Zeit blieben die politisch entmachteten Deutschen angesichts der blutigen Niederlage

Die C.A.R.E. (gemeinnützige Gesellschaft für amerikanische Sendungen nach Europa) stellt im Juli 1946 in ihrem New Yorker Büro den Inhalt eines „Care-Pakets“ vor

und der verheerenden Hinterlassenschaft des Dritten Reiches Spielball der alliierten Politik.
Nach der bedingungslosen Kapitulation der Wehrmacht herrschte zunächst Einigkeit zwischen den Alliierten, die Deutschland in vier Besatzungszonen aufgeteilt hatten, so z. B. in der Frage der Bestrafung der Verbrechen des Nationalsozialismus. Verantwortliche sollten zur Rechenschaft gezogen werden. Dies geschah u. a. im Nürnberger Kriegsverbrecherprozess vom November 1945 bis Oktober 1946. In der Potsdamer Konferenz verständigten sich die „großen Drei" (Harry Truman, Josef Stalin und Winston Churchill sowie Clement Attlee nach der Wahlniederlage des konservativen Premierministers) auf unterschiedlich interpretierbare Grundsätze (Demokratisierung, Denazifizierung, Demilitarisierung, Dezentralisierung, Deindustrialisierung). Von einer Teilung Deutschlands sprach zunächst kein politisch Verantwortlicher.
Schon früh zeigten sich Risse im Zweckbündnis der Alliierten, etwa bei dem sich etablierenden Parteiensystem. In allen vier Besatzungszonen (und der Viersektorenstadt Berlin) ließen sie die kommunistische, die sozialdemokratische, die christlich-demokratische und die liberale Partei zu. Bereits im April 1946 erfolgte in der sowjetisch besetzten Zone unter Druck der Zusammenschluss von SPD und KPD zur Sozialistischen Einheitspartei Deutschlands (SED). Wurde dort der Pluralismus allmählich beseitigt, so lebte er in den Westzonen auf. Diese schlossen sich zunächst zur „Bizone" (Januar 1947), später zur „Trizone" (April 1949) zusammen. Die Sowjetunion schuf in ihrer Besatzungszone vollendete Tatsachen, sodass die westlichen Alliierten (Frankreich scherte dann und wann aus) mit den „Frankfurter Dokumenten" die Initiative zur Gründung eines Weststaates ergriffen. Die Währungsreformen und die Berliner Blockade markierten Meilensteine auf dem Weg der Teilung Deutschlands.
Die Übergangsperiode zwischen dem Ende des Dritten Reichs und der Gründung der beiden deutschen Staaten ist eine Phase voller Unwägbarkeiten gewesen. Der Berliner Historiker Heinrich August Winkler fasst diese Unsicherheit mit treffenden Worten zusammen. „Nie war die Zukunft in Deutschland so wenig vorhersehbar, nie das Chaos so allgegenwärtig wie im Frühjahr 1945. In der sowjetischen Besatzungszone erlebten die Deutschen, und vor allem die deutschen Frauen, die Willkür der Sieger auf ungleich brutalere Art als in den Westzonen; Rechtlosigkeit aber war in den ersten Wochen nach der Kapitulation eine gesamtdeutsche Erfahrung. Die ‚Zusammenbruchsgesellschaft' war in allen Besatzungszonen hochmobil: Millionen von ‚Displaced Persons', Heimatvertriebenen und Ausgebombten waren auf der Suche nach einer Bleibe; hungrige Stadtbewohner unternahmen ‚Hamsterfahrten' aufs Land, wo sie sich, auf dem Wege des Gütertausches, mit den notwendigsten Lebensmitteln versorgten; viele ehedem ‚Bessersituierte', die nun ohne Gehälter, Pensionen oder sonstige regelmäßige Einkünfte waren, mussten zeitweilig primitive Arbeiten verrichten; die ‚Trümmerfrauen' wurden zur Verkörperung eines radikalen Tausches der Geschlechterrollen." Diese Zeit ging durch den Überlebens- und Aufbauwillen der Menschen schneller zu Ende als seinerzeit vermutet.

Das geteilte Deutschland

Die deutsche Teilung war keine unmittelbare Folge des von Hitler angezettelten Zweiten Weltkrieges, sondern eine solche des Kalten Kriegs. Hingegen sahen viele sie als eine Art gerechte Strafe für den Zweiten Weltkrieg. So schien man sich im Westen allmählich mit der Teilung abgefunden zu haben. Denn ihre Kosten hatten vor allem die Menschen im anderen Teil Deutschlands zu tragen. Gab es zwei Jahrzehnte lang praktisch keine innerdeutschen Beziehungen auf offizieller Ebene, änderte sich dies mit der sozial-liberalen Regierung, die Verhandlungen mit der DDR suchte. Für das Zustandekommen solcher Kontakte war eine Politik der Entspannung zwischen den Großmächten eine Voraussetzung. Die Kontakte zwischen den beiden Staaten wiederum trugen zur Förderung weiterer Entspannungstendenzen bei.
Die zwei deutschen Staaten waren eng und vielfältig mitei nander verbunden: z. B. durch eine gemeinsame Geschichte und Kultur; durch verwandtschaftliche Beziehungen. Obwohl die DDR-Führung diese zu drosseln suchte, zeigten die Menschen in der DDR mehr Interesse am Westen als die Menschen im Westen am Osten. Der Grund liegt auf der Hand: Das westliche System galt im Osten für viele als Vorbild, das östliche

im Westen für viele als Schreckbild.
Die komplexe Verschlungenheit der Wechselbeziehungen zwischen dem östlichen und dem westlichen Deutschland ließ sich zuweilen erst nach der Wiedervereinigung erkennen. So hatte das Ministerium für Staatssicherheit in der DDR das „Verdienst" an der Verlängerung und der Verkürzung der Kanzlerschaft Willy Brandts zugleich. Wie wir nunmehr wissen, veranlasste die Staatssicherheit mit finanziellen Mitteln zwei Abgeordnete der Union dazu, beim Konstruktiven Misstrauensvotum 1972 dem CDU-Kanzlerkandidaten Rainer Barzel ihre Stimme nicht zu geben. Zwei Jahre später musste Brandt zurücktreten, weil die DDR einen Spion in seinem unmittelbaren Umfeld eingesetzt hatte.

Deutsche Demokratische Republik

Die Geschichte der DDR zerfällt in zwei lange Phasen. An sie schließt sich eine kurze Periode an: die etwa einjährige Zeit von der friedlichen Revolution bis zur deutschen Einheit. Zeichneten sich die ersten beiden Phasen durch diktatorische Gängelei aus, schüttelten im letzten Jahr der DDR die Bürger die ihnen oktroyierte Parteiherrschaft binnen kurzem ab. Die äußeren Rahmenbedingungen begünstigten die Selbstbefreiung von der Diktatur, die Teil des kommunistischen Weltsystems war.
In der Ära von Walter Ulbricht, der 1945 aus Moskau gekommen war („Gruppe Ulbricht") und 1950 das Amt des Generalsekretärs der SED übernommen hatte, errichtete die Einheitspartei eine kommunistische Diktatur nach sowjetischem Vorbild. 1952 stand der „Aufbau des Sozialismus" an. Die Niederschlagung der Volkserhebung vom 17.6.1953 verhinderte den Sturz des verhassten Systems, die Abriegelungsmaßnahmen am 13.8.1961 bewahrten das Land vor einem inneren Ausbluten und führten zu einer gewissen Stabilisierung, war doch so der „Abstimmung mit den Füßen" die Grundlage entzogen, nicht jedoch die für anhaltende Unzufriedenheit. Die ersten zwei Jahrzehnte der DDR zeichneten sich durch repressive Maßnahmen aus. Wer Widerspruch anmeldete, wurde mundtot gemacht. Die Honecker-Ära, die von 1971–89 dauerte, wies im Vergleich zur vorherigen Zeit eine größere Flexibilität auf. Nicht, dass die politische Führung den Alleinvertretungsanspruch des Marxismus-Leninismus infrage stellte: Aber durch die Kontakte mit dem Westen war eine gewisse Lockerung unumgänglich geworden. Die „Einheit von Wirtschafts- und Sozialpolitik" funktionierte nicht, sodass die DDR immer mehr über ihre Verhältnisse lebte. Gegenüber der sowjetischen Reformpolitik unter Michail Gorbatschow verhielt sich die politische Führung reserviert. Sie wusste, dass eine zu große Liberalität die Büchse der Pandora öffnen und damit den eigenen Untergang besiegeln würde. Die Überwachung durch die flächendeckend operierende Staatssicherheit, die vor „Zersetzungsmaßnahen" nicht Halt machte, kennzeichnete den entkräfteten DDR-Kommunismus der Siebziger- und Achtzigerjahre. Revolutionärer Überschwang wohnte ihm nicht mehr inne.
Die friedliche Revolution 1989/90, ausgelöst durch den Zerfall des kommunistischen Weltsystems, vollzog sich in einem Tempo, das nicht erwartet

VII. Parteitag der SED im April 1967: der sowjetische KPdSU-Generalsekretär Breschnew, SED-Chef Walter Ulbricht und sein späterer Nachfolger Erich Honecker worden war. Am 9.11.1989 fiel die Berliner Mauer, verursacht durch die Flucht- und die Demonstrationsbewegung. Die Nachfolger Honeckers konnten nurmehr reagieren, nicht agieren. Immerhin wandten sie zur Sicherung ihrer Herrschaft keine Gewalt an. Die Herbstrevolution mündete schnell in die deutsche Einheit. Nach der „Wende" des Jahres 1989 hat sich eine merkwürdige Verkehrung vollzogen. Legte die DDR-Führung zuvor großen Wert auf ihre Unabhängigkeit, so machten die Postkommunisten nunmehr ihre völlige Abhängigkeit vom „großen Bruder" geltend. Sprachen die entschiedendsten Gegner der DDR früher davon, sie sei bloß ein Anhängsel der Sowjetunion, kehren sie heute die Verantwortung der DDR-Kader heraus.

Die DDR ist wegen ihrer Staatsidee häufig als das „rote Preußen" bezeichnet worden, und selbst ihre Führung knüpfte zum Teil an diese Tradition an. Der Berliner Publizist Peter Bender lässt eine solche Parallele nicht gelten, ohne deswegen Preußen zu glorifizieren. Die „DDR wollte der erste Arbeiter- und Bauernstaat auf deutschem Boden sein und wähnte sich der kapitalistischen Bundesrepublik um eine historische Epoche voraus: die DDR, das sozialistische Modell für ganz Deutschland. Doch die Staatsidee war schon verraten, bevor der Staat verschwand. Nicht preußische Armut, sondern kommunistische Verkommenheit prägte das Land; nicht Nüchternheit bestimmte das Handeln der Regenten, sondern Fantasielosigkeit; nicht der pflichttreue Beamte trug die DDR, sondern der funktionierende Funktionär. Als kein Staatsgeheimnis mehr schützte, wurde spätestens offenbar, dass dieser Staat nicht Preußen war und mehr vom Schein als vom Sein lebte." Aber vor dem Zusammenbruch der kommunistischen Parteidiktatur ließ sich manch einer weniger vom Sein als vom Schein beeindrucken.

Bundesrepublik Deutschland 1949–1990

Die Bundesrepublik entwickelte sich bis zur deutschen Einheit als ein liberaler, politisch stabiler und wirtschaftlich prosperierender Staat, wie dies bei seiner Gründung nicht annähernd anzunehmen war. Man mag eine Reihe von Periodisierungsversuchen vorschlagen (z. B. in die Zeit vor und nach der Studentenbewegung), die alle ihre Probleme haben. Es bietet sich eine konventionelle Unterteilung an, und zwar nach dem Gesichtspunkt, welche politische Kraft die Richtung bestimmte: Von 1949 bis 1969 hatte die Bundesrepublik Kanzler der CDU: mit Konrad Adenauer, der von 1949 bis 1963 regierte und damit länger als die Weimarer Republik überhaupt bestand; Ludwig Erhard, der „Vater des Wirtschaftswunders" in den Jahren 1963–66; und Kurt Georg Kiesinger, Kanzler der ersten Großen Koalition zwischen 1966 und 1969, deren Leistungen mitunter nicht die angemessene Beachtung finden. Von 1969 bis 1982 stellte die SPD den Regie-

Feierstunde im Deutschen Bundestag

Porträtbüsten von Willy Brandt, Konrad Adenauer und Ludwig Erhard (Deutscher Pavillon der Expo 2000 in Hannover)

rungschef: Auf Willy Brandt (1969–74) folgte Helmut Schmidt (1974–82). Nachdem Helmut Schmidt mithilfe der FDP den Kandidaten der Union, den bayerischen Ministerpräsidenten Franz Josef Strauß, bei der Wahl im Jahr 1980 bezwungen hatte, unterstützten die Liberalen 1982 Helmut Kohl von der CDU bei seinem Versuch, mithilfe des Konstruktiven Misstrauensvotums das Amt des Kanzlers zu übernehmen. Kohl regierte acht Jahre bis zur deutschen Einheit (und acht weitere Jahre nach ihr).

Die ersten zwanzig Jahre sind wahrlich keine homogene Einheit gewesen. Konrad Adenauer lehnte jegliche Schaukelpolitik zwischen Ost und West ab und betrieb einen unbedingten Kurs der Westintegration. Damit wurde die Bundesrepublik bereits ein Jahrzehnt nach Kriegsende Mitglied der NATO. Seine Annahme, durch eine „Politik der Stärke" die DDR, die nicht als zweiter deutscher Staat anerkannt wurde, in die Knie zu zwingen, schlug fehl. Blieb die Regierungszeit Erhards ohne sonderliche Prägekraft, setzte die Große Koalition unter Kiesinger neue Akzente (etwa in der Wirtschaftspolitik). Diese Periode machte die SPD auf der Bundesebene in gewisser Weise salonfähig.

Die Zeit der SPD-Kanzler Willy Brandt und Helmut Schmidt war von Turbulenzen geprägt. Den Jahren der „inneren Reformen" unter Brandt folgte eine Konsolidierung der Verhältnisse unter Schmidt. Brandt gelang es, einen Teil der skeptisch abseits stehenden jungen Generation an die Demokratie zu binden. Helmut Schmidt sah sich einer Reihe von gravierenden innen-, außen- und wirtschaftspolitischen Problemen ausgesetzt. Die Troika Brandt (als Parteivorsitzender), Schmidt (als Kanzler) und Herbert Wehner (als Fraktionsvorsitzender) war sich in vielem persönlich gram, doch hielt sie einigermaßen zusammen, obwohl sich die Kooperation zunehmend schwierig gestaltete.

Die Regierungsjahre unter Helmut Kohl bis zur deutschen Einheit stabilisierten die Beziehungen zu den USA. Zwar sank die Arbeitslosigkeit nicht (mit anfangs zwei Mio.), wohl aber die Inflationsrate. Insgesamt überwog in jenen Jahren ein beträchtliches Maß an Kontinuität, was sowohl die Anhänger der neuen Regierung als auch ihre Gegner nicht wahrhaben wollten. Die Beziehungen setzten sich in gewohnter Weise fort. 1987 konnten mehr als eine Mio. Bewohner der DDR, die noch nicht im Rentenalter waren, der Bundesrepublik einen Besuch abstatten, und ausgerechnet der als Kalter Krieger geltende Franz Josef Strauß fädelte 1983 einen Milliardenkredit an die DDR ein. Dies führte zu allfälligen Irritationen.

Das Parteiensystem bewies über vierzig Jahre eine große Kontinuität. Die Union sog im ersten Jahrzehnt eine Reihe kleiner bürgerlicher Parteien auf. Als sich links von der SPD 1980 die Grünen bildeten, reichte die Kraft der SPD nicht aus, die „Anti-Parteien-Partei" (Petra Kelly), die aus einer außerparlamentarischen Protestbewegung hervorgegangen war, innerhalb der eigenen Reihen zu integrieren. Heute sind die großen und leidenschaftlichen Kontroversen der Adenauer-Ära (um die Westpolitik) und zu Anfang der sozial-liberalen Koalition (um die Ost- und Deutschlandpolitik) fast in Vergessenheit geraten. Fast alle sehen die Westbindungspolitik Adenauers ebenso als richtig an wie die Ostverbindungspolitik Brandts. In den vierzig Jahren änderte sich viel in der Einschätzung der deutschen Frage. Ende der Achtzigerjahre war der Glaube an eine schnelle deutsche Einheit geschwunden. Die Idee einer „Selbstanerkennung“ der Bundesrepublik machte sich breit. Insofern überraschte die friedliche Herbstrevolution in der DDR nicht nur die Machthaber im Osten, sondern auch die „politische Klasse“ im Westen.

Das wieder vereinigte Deutschland

Für die nunmehr dreizehn Jahre alte Geschichte des vereinigten Deutschland liegt die Fortsetzung des eben verwendeten Schemas nach der Dominanz der Parteien nahe. Von 1990 bis 1998 blieb die Union unter Helmut Kohl, unterstützt von der FDP, an der Regierung; von 1998 koalierte die SPD unter Bundeskanzler Gerhard Schröder mit den Grünen. Seit dem Herbst 2005 gibt es zum zweiten Mal eine Große Koalition im Bund – unter der aus der DDR stammenden Kanzlerin Angela Merkel. Die Vereinigung der DDR mit der Bundesrepublik ist die große Einheit. Die kleine Einheit fand am 1.1.1957 statt, als das Saarland – ebenfalls nach Art. 23 des Grundgesetzes – der Bundesrepublik beitrat. Rechtsextremisten sprechen gleichwohl von einer Teilvereinigung (wegen der Gebiete jenseits der Oder-Neiße-Grenze, auf welche die Bundesrepublik eigens verzichtet hat). Die Infrastruktur hat sich in den neuen Bundesländern beträchtlich verbessert. Dabei war die DDR keineswegs die „Schweiz des Ostens“, wie bis zur „Wende“ im Westen vielfach vermutet. Die Fixierung auf das Missglückte überlagert die Erwähnung des Geglückten. Allerdings ist eine strenge Scheidung zwischen Ost und West unmöglich. Über 2,5 Mio. Menschen verließen bis zum Bau der Mauer den Osten; knapp eine weitere Million folgte bis zur Öffnung der Mauer. In den Neunzigerjahren sind gut zwei Millionen in den Westen gegangen, der Arbeit oder der Liebe wegen, aber nicht mehr wegen der (Reise-)Freiheit. Den umgekehr-

Die Mauer ist gefallen: Begeistert werden die ersten Besucher aus dem Ostteil Berlins im Westen begrüßt

ten Weg haben knapp 1,25 Mio. eingeschlagen. Diese Wossis – Ex-Ossis bzw. Ex-Wessis – können Brücken schlagen (manche hingegen lösen durch Arroganz Abwehrreflexe aus) und haben mehr Erfahrungen gesammelt als jene, die nur einen Teil Deutschlands intensiv kennen. Es gibt zudem diejenigen Ostdeutschen, die sich aus Minderwertigkeitsgefühlen heraus wie ein Musterknabe an Gepflogenheiten des Westen anpassen – oder was sie dafür halten. Und die Zahl jener Westdeutschen, die sich in ihren Einstellungen „ostdeutscher“ gerieren als Leipziger und Rostocker, weil sie betonte Nicht-Dominanz pflegen, ist nicht gering. Jüngere Menschen sind eher frei von derartigen Verkrampfungen. Wer permanent in einer Art Nabelschau die – insgesamt nicht krassen – Konflikte zwischen Ost und West hochspielt und so tut, als überziehe Resignation das Land wie Mehltau eine Pflanze, sucht im Nachhinein die Einheit zu beschädigen.

Helmut Kohls zweiten acht Jahre verliefen insgesamt weniger glücklich als seine ersten – nicht zuletzt wegen der hoch gespannten Erwartungen. Vielen ging die Angleichung des Ostens an den Westen nicht schnell genug. Die Regierung Kohl, die sich auf ihren Lorbeeren ausruhte, verwaltete mehr, gestaltete weniger. Das lag nicht nur an sozialdemokratischer Blockadepolitik im Bundesrat. Ihre Innovationskraft schien erschöpft. Die wirtschaftlichen Probleme weiteten sich in den acht Jahren aus. Immerhin blieb der außenpolitische Kurs berechenbar.

Gerhard Schröder schien um die Massivität der Probleme zu wissen. Denn seine Regierung legte zu Beginn der Amtsübernahme 1998 nicht dasselbe Maß an Euphorie an den Tag wie die Regierung Brandt 1969. Der Kanzler überstand eine Reihe gravierender außen- und militärpolitischer Herausforderungen, und seine Regierung wurde 2002 im Amt bestätigt, wenn auch nur knapp. Was für die Koalition aus Union und FDP in den Neunzigerjahren galt, traf ebenso auf das rot-grüne Bündnis zutreffen: Wer die gravierenden Probleme im Bereich der Renten-, Gesundheits- und Steuerpolitik nicht überzeugend genug in Angriff nahm, bekam die Quittung des Wählers. Im Herbst 2005 kam es nach Neuwahlen zum Ende der rot-grünen Bundesregierung und zum Beginn einer Großem Koalition. Zum ersten Mal regiert mit Angela Merkel eine Frau Deutschland.

Die Bundesrepublik Deutschland verstand sich ausweislich des Grundgesetzes als ein Provisorium. Und dieses erwies sich als lebensfähig. Die DDR, eigenem Anspruch nach auf Dauer angelegt, brach wegen einer fehlenden eigenen Identität zusammen. Ihre Bürger fühlten sich als Deutsche, nicht als DDR-Bürger. Die Bundesrepublik hingegen ist längst keine „Schönwetterdemokratie" mehr, die bei Unbilden in eine schwere Krise gerät. Das vereinigte Deutschland stellt keine neue Republik, keine dritte Republik dar. Auch wenn im außenpolitischen Bereich mittlerweile eine ganz andere Verantwortung auf dem vereinigten Deutschland ruht: Es ist im Kern eine erweiterte Bundesrepublik Deutschland. Die institutionellen Bedingungen haben sich nicht geändert. Das Parteiensystem hat sich fortgesetzt, wenngleich mit der PDS, der Nachfolgepartei der SED, eine starke Kraft in die ostdeutschen Landesparlamente gezogen ist (und in den Bundestag), die es zuvor im Westteil des Landes nicht gab. Insofern ist der Terminus der „Berliner Republik" missverständlich, suggeriert er doch ein neues Staatswesen, als habe die „Berliner Republik" die „Bonner Republik" abgelöst. Davon kann keine Rede sein. Die Bundesrepublik verkörpert mit Berechenbarkeit und Liberalität Tugenden, die Deutschland in der Vergangenheit oft abgingen.

Ungeachtet zahlreicher Herausforderungen (man denke etwa an das demografische Problem): Das vereinigte Deutschland kann beruhigt in die Zukunft blicken und muss nicht selbstquälerisch zurückschauen. Der Berliner Historiker Hagen Schulze sieht gravierende Unterschiede gegenüber der ersten Gründung eines deutschen Nationalstaates. „Dass die zweite Gründung eines Staats der Deutschen unter weitaus glücklicheren Vorzeichen steht als die erste, begründet die Zuversicht, dass Deutschland sich diesmal innerhalb seiner europäischen Bindungen in eine westliche Normallage einpendeln wird. Das heißt nicht, dass uns nicht möglicherweise ökonomische und politische Krisen ins Haus stehen, in denen tief greifende innere Gegensätze und Auseinandersetzungen ausbrechen können. Aber die Anzeichen mehren sich, dass diese Auseinandersetzungen weniger verquält und überspannt geführt werden als bisher, dass insbesondere antidemokratische Kräfte mit weitaus weniger Zulauf rechnen können, als dies in früheren Krisen der Fall gewesen ist."

Der Berliner Reichstag: Sitz des Deutschen Bundestags

Offenheit der Geschichte

Die Deutschen haben ihre Lektion gelernt und ihre zweite

Chance genutzt. Aber hatten sie in ihrer Geschichte wirklich einen „Sonderweg“ eingeschlagen, wie es oft heißt? Wer die Geschichte der anderen großen europäischen Nationen betrachtet, der Briten oder der Franzosen etwa, wird Skepsis anmelden müssen. Der Begriff des „Sonderweges“ setzt im Grunde einen „Normalweg“ voraus. Diesen gibt es jedoch schwerlich. Für die zwölf Jahre des Nationalsozialismus ist der Begriff des „Sonderweges“ freilich angebracht. Allerdings war der Erfolg des Nationalsozialismus keineswegs eine zwangsläufige Konsequenz jahrhundertealter, bis auf Martin Luther zurückreichender Entwicklungen. Wer davon spricht, in Deutschland hätten die „Ideen von 1914“ gegenüber den „Ideen von 1789“ obsiegt, neigt zur Vereinfachung. Es musste nicht so kommen, wie es gekommen ist. Historische Gesetzmäßigkeiten existieren nicht. Geschichte ist offen. Antworten auf die Frage „Was wäre gewesen, wenn ...?“ erscheinen zwar müßig, aber sie machen den von vielen Faktoren abhängigen Gang der Geschichte deutlich. „Virtuelle Geschichte“ gibt es nicht, aber es mag reizvoll, ja verführerisch sein, sich auszumalen, wie die Entwicklung bei einem anderen Verlauf ausgesehen hätte: Wäre die Möglichkeit eines Zweifrontenkrieges vermieden worden, hätte Bismarck 1890 seinen Rücktritt nicht eingereicht? Hätte der Sieg Deutschlands im Ersten Weltkrieg später eine Nationalsozialistische Deutsche Arbeiterpartei auf den Plan gerufen? Hätte bei einem geglückten Attentat Johann Georg Elsers auf Hitler am 8.11.1939 das Dritte Reich eine solch verhängnisvolle Entwicklung eingeschlagen? Gesetzt den Fall, die Blockade von Westberlin durch die Sowjetunion wäre erfolgreich gewesen: Hätte die Sowjetunion in Deutschland dann weiter expandieren können? Wäre bei einem Erfolg des Konstruktiven Misstrauensvotums von Rainer Barzel 1972 (es scheiterte an zwei Stimmen) die Deutschlandpolitik erschwert oder erleichtert worden? Und welchen Einfluss hätte ein Kanzler Oskar Lafontaine auf die sich anbahnende deutsche Einheit genommen?

Offensichtlich wäre in dem einen oder anderen Fall der Gang der Geschichte ein anderer gewesen, sind alternative Geschichtsverläufe möglich. Insofern muten Vorhersagen schwierig an, besonders dann, wenn sie in die Zukunft gerichtet sind, um mit einem Bonmot zu schließen. Historiker sind nur rückwärts gewandte Propheten.

Eckhard Jesse

Silvester 1989 am Brandenburger Tor

Personenregister

A

B

C

D

E

F

G

H

I

J

K

L

M

N

O

P/Q

R

S

T

U

V

W

X/Y/Z